宮 五音 空 又恭也 蒲 供給本也 其 官地名又

美 供義同 姓又與恭同 又恭也掌 養設也 帳又終

同上 又窮也 日 物在手也 撥 菊秋華 輔人治

射也 又窮也 下又屈也 踘蹹 毬即戲 院詩作崖外

拳 網 共 奉 又大 駕下車馬山行冶 鵡鳩布 稿同下上

直 載物之中又 揭持也 尋 穹 同篙下

原音韻音雄 根中作火烤 小旋尔介齐韻 受上處究

籠罹 恐 煌 恐臆度也慮也 麹 麴

蓇 薄蚕草也蛸也 恐臆度也慮也 報燕竹枝

極也究也國名或作 窮弓求名病也 報燕竹枝

사성통해의 음운학적 연구

이강로

도서출판 박이정

I

사성통해의 연구 상권(上卷)이 2000년 2월 20일에 발행되었으니 거의 3년 가까운 시일이 흘렀다. 이 상권이 출간된 뒤에 곧바로 하권의 연구를 시작하여 2001년 2월에 컴퓨터로 데이터베이스화하여 디스크와 함께 원고를 출판사에 넘겼다. 그런데 그 뒤 교정지가 나오지 않더니 8월 중순에서야 입력된 디스크가 모두 소실(消失)되었다는 것이다. 이제 상권과의 연계 연구는 불가능하게 되었으므로 새로운 각도에서 새로운 방향으로 시발점을 잡아 다시 시작하였다. 그 고통과 절망은 말로 옮길 수 없을 지경이었다. 더욱 괴로운 것은 상권 다음에 하권이 발간되기를 기다리는 독자 여러분께 대할 면목이 없다. 우선 사죄하는 말씀을 드린다. 널리 이해하시기 바란다.

II

새로운 연구 방향은 순전히 중현자(重現字)의 호전(互轉) 문제와 몽고운, 운회음, 중원음운

등으로 변동된 음운 현상과 속음, 금속음(今俗音) 등에 관한 통시적 변동이다. 이것은 누락됨이 없이 온전히 수록하려고 애썼다. 다음으로는 한 글자가 여러 운모, 성모, 중성 등으로 변동된 유형을 살피었다. 한 글자가 어떠한 음운적 원리에서 어떠한 다른 음으로 바뀌었는지 관찰하여 그 변동의 방향을 규지(窺知)하려는 의도에서였다. 이런 험난한 과정을 거쳐 책표제도 '사성통해의 음운학적 연구'로 고치어 출판하게 되었다. 간행의 기쁨보다 독자나 나를 아끼는 여러분께 죄스러운 마음이 앞선다.

Ⅲ

이번에 새로 고쳐서 펴내는 책의 중요한 특징을 들면 다음과 같다.

(1) 전체를 두 갈래로 갈라서 엮었다.
(2) 첫째 갈래는 〈사성통해〉에 실린 음운변동의 자료 목록이다. 1권 동동송옥(東董送屋)에서 23권 염염염엽(鹽琰艶葉)에 이르기까지 변동 자료를 권별로 갈라서 실었다.
(3) 음운 변동은 구성 요소로는 운모, 성모, 중성, 종성, 성조의 5개 항으로 갈랐다.
(4) 둘째 갈래는 다시 1. 구성 요소에 의한 분석. 2. 중현 및 운서별 분석. 3. 속음의 분석. 4. 금속음의 분석. 5. ㅱㅸ 등의 변동과 그 소리값. 6. 입성의 분석. 7. 전탁음의 분석 등으로 갈라서 다루었다.
(5) 〈사성통해〉에는 번절이 없고, 번절을 모두 한글로 바꾸었다.
(6) 이 글에서는 번절의 중요점을 감안하여 성조와 그에 딸린 운모를 한 묶음으로 하고 번절 상하자를 한 묶음으로 하여 하나의 항을 설정하였다.
(7) 성모에 딸린 소운자는 누락된 것 없이 모두 수록하려고 노력하였으나 흔히 쓰이지 않는 벽자 약 100자 정도는 할 수 없이 제외하였다.
(8) 술어는 될 수 있는 대로 쉽게 풀어 쓰려 하였으나 한자의 특징상 완전히 통일되지 않았다. 다음에 고칠 것을 약속한다.
(9) 채자(採字)는 크게 두 갈래로 갈랐다. 하나는 중현자인데 이것은 상호 대응의 관계로 ㄱ음에서 ㄴ음으로 다시 ㄴ음에서 ㄱ음으로 서로 대응되는 변동이다.
(10) 다음은 몽고음, 운회음, 속음, 금속음으로 변동하는 것인데 이것은 일방적이다. 특히 몽고음과의 관계에서는 몽고음으로 변동된 표시가 없는 것은 본음과 몽고음이 모두 같은 것이다.

IV

중국이나 외국사람으로서 <홍무정운>의 문헌적 가치를 좋게 평하는 사람은 거의 없다. 지역과 시대가 다른 언어가 뒤섞이어 있고 이미 없어진 전탁음, 입성 들을 그대로 존치하고 있는 등 진정한 음운서로서의 가치가 거의 없다는 것이다. 이것은 사실이다. 이 점에 대하여 <홍무정운> 간행 후 80년이 지난 <홍무정운역훈> 작업에서 <중원음운> 시대부터 북경 일대에서 쓰이던 북방어계의 실지의 음운현상을 속음(俗音)이란 명칭으로 상세히 제시하였고 최세진은 <사성통해>에서 금속음(今俗音)이란 명칭으로 16세기 초의 북경을 중심으로 쓰이던 북방어계의 실지음을 제시하였다. 글쓴이가 알기로는 14세기에서 16세기에 걸쳐 북방어계의 실태를 이와 같이 자세히 거론한 성운학자를 아직 알지 못한다. 다만 글쓴이가 미숙한 견식으로 이런 문제를 다루는 데 있어서 방법론 상으로나 전개 방식 등에 많은 잘못이 있을 것으로 생각한다. 동학의 선배 여러분께서는 이 점에 대하여 많은 지적과 교시가 있으시기를 진심으로 바라 마지않는다.

이 책의 수록 자료의 전산화 작업에 모든 힘을 기울이어 데이터베이스의 설계 및 프로그래밍 작업으로 이 책이 출간될 수 있도록 애쓰신 분은 신구대학의 조상문(趙商文) 박사이다. 심심한 고마움을 표한다. 다음으로 처음에서 끝까지 한자로 이어져서 복잡하기 이를 데 없는 어려움을 참아가며, 아울러 이 책이 출간될 수 있도록 도와 주신 박이정출판사 박찬익 사장과 편집에 애써주신 홍현보 편집장, 그밖의 여러분께도 두루 감사의 인사를 드린다.

관악산의 진달래꽃은 한창인데 이라크 전쟁은 너무나 잔인하다.
그곳 어린이들의 머리 위에 신의 가호가 내리기를 손모아 빈다.
까치산의 장미원아파트에서.
2003년 4월 5일
지은이 적음

차 례

셋째갈래. 말소리를 바탕으로 한 분석 / 243

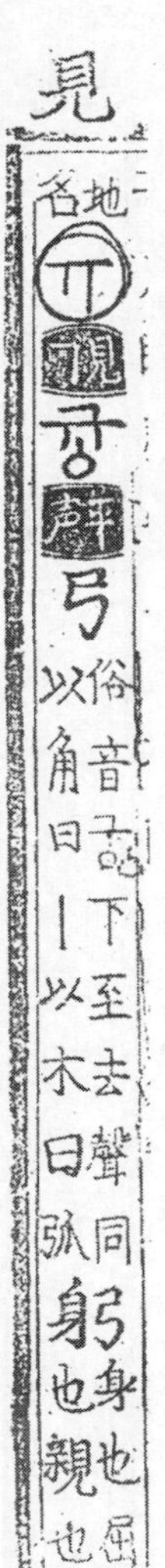

1. 이 책은 다음과 같이 세 개의 큰 갈래로 나누어진다.
   첫째갈래. 모두 풀이
   둘째갈래. 기본 자료
   셋째갈래. 말소리를 바탕으로 한 분석
   색   인. 한자 벽자 색인
2. 각 갈래 안에서의 목차 번호를 붙여나가는 체계는 다음과 같다.
   (1) 각 갈래 안에는 우선 1, 2, 3, 4 등으로 구분한다.
   (2) 1에서 다시 세부 분류는 1.1., 1.2., 1.3. 등으로 확장된다.
   (3) 다시 1.1.에서 세부 분류가 필요한 경우에는 1.1.1., 1.1.2., 1.1.3.과 같이 확장된다.
3. 자료, 문헌 기호 - 〈사성통해〉 음을 바탕으로 변동의 주체가 되는 자료 문헌의 기호는 다음과 같다.
   〔중〕 - 중현자(重現字)
   〔몽〕 - 몽고운(蒙古韻), 몽운(蒙韻) 등으로 표시된 문헌
   〔운〕 - 운회(韻會), 운회음(韻會音) 으로 표시된 문헌
   〔원〕 - 중원음운(中原音韻) 으로 표시된 문헌
   〔집〕 - 집운(集韻) 으로 표시된 문헌
   〔본〕 - 본운(本韻) 으로 표시된 문헌
   〔고〕 - 고운(古韻:古音) 으로 표시된 문헌
   〔속〕 - 속음(俗音:俗呼) 등으로 표시된 문헌
   〔금〕 - 금속음(今俗音:今俗呼) 등으로 표시된 문헌

   〈보기〉 : 泜 〔중〕〔운〕霈 〔모〕ㅉ〔속〕(중一 (종) ㅿ

4. 음운 대상 기호
   (운) - 운모(韻母) 의 기호
   (모) - 성모(聲母) 의 기호
   (중) - 중성(中聲) 의 기호
   (종) - 종성(終聲) 의 기호
   (조) - 성조(聲調) 의 기호

5. 차례

　〈사성통해〉에 수용된 한자 전체를 채록(採錄) 함에 있어서 보는 이의 편의를 위하여 다음과 같은 차례와 방법을 이용하였음을 밝히어 둔다.

　(1) 편운 차서

　　〈통해〉의 편운 차서에 따라 1. 동동송옥(東董送屋) 에서 시작하여 맨끝의 23. 염염염엽(鹽琰艶葉) 에서 끝난다.

　(2) 중종성 표시

　　① 중성은 〈통해〉 표시대로 'ㅜ ㅠ ㅡ ㅣ'들로 나타낸다.

　　② 종성은 평상거와 입성의 표시가 다를 경우, 평상거는 〈통해〉의 음 표시 그대로 따르고, 종성이 쓰이지 않은 것은 표시하지 않았다. 특별히 약운(藥韻) 의 경우는 'ㅸ'을 쓴다.

　(3) 기술 방법

　　총 목록 작성의 기술 방법은 대체로 통해의 방법 그대로 따르되 가로쓰기의 처제이니 만큼 왼쪽에서부터 성모자, 성모음, 운모음을 표시하고 줄을 바꾸어서 왼쪽에서부터 사성과 사성운, 번절, 예자(例字)의 차례로 배열하였다.

　　　〈보기〉 : 1. 동동송옥(東董送屋)

　　　　　　중성 ㅜ ㅠ. 종성 ㆁ.

　　　　　　〔ㅜ〕

　　　　　　見: 平東 古紅 公功紅工 …

　(4) 한국 한자음 결정의 표준 자료 - 전운옥편, 신자전, 자전석요

6. '음성' 표기에는 주로 'IPA'를 사용하였는데, 그것은 한글로 표기하여서는 여러 가지 불편한 점이 있기 때문이다. 〔ㅐ〕로써는 〔ε〕인지 〔ai〕인지 구별이 안 되며, 한 음소의 '변이음'은 한글로 표기하기가 매우 곤란한 점이 있기 때문이다. 성모 운모 성조 국제 음표들의 근거는 王力(1987)의 〈한어어음사〉를 기준으로 하되 그 중에서도 중원음운에 근거한 원대음계를 준칙으로 하였다.

7. 닿소리〔音〕의 음성 부호 다음에는 〔ㅡ〕 모음을 붙여 읽도록 한다.

　〈보기〉 : 〔P〕 …… 〔Pɿ 브〕로 읽을 것

8. 술어는 되도록 쉬운 우리말을 가려 쓰기에 힘썼다. 서투른 한자 술어는 되도록 피하였다. 그러나, 일반적으로 생소한 술어는 한글로 표기하고 ( ) 안에 한자를 써 넣기도 하고, 한자로 쓰기도 하였다.

9. 성모, 운모, 성조, 한글 표기 등의 준칙은 〈사성통해〉, 〈홍무정운역훈〉, 〈홍무정운〉의 세 개 문헌자료를 근거로 하되 으뜸되는 근거는 〈사성통해〉로 하였다.

10. 〈사성통해〉의 한글표기음은 14세기 초엽의 실지의 북방음계를 표기한 것으로 가정하고, 〈사성통해〉의 자음은 〈홍무정운〉을 이어받은 운서음으로 잡았다.

11. 〈사성통해〉에서 보충한 글자로 〈역훈〉에 없는 것은 〈광운〉의 번절에 따랐고, 〈광운〉에도 없는 것은 〈집운〉의 번절에 따랐다.

첫째갈래

모두 풀이

이 〈사성통해의 음운학적 연구〉는 크게 세 갈래로 나누었는데, 첫째가 '모두 풀이'이다. 이것은 둘째 갈래와 셋째 갈래를 이해하는 데에 바탕이 될 만한 것들을 글쓴이의 주관에 의하여 자료적 가치가 있다고 판단되는 것을 제시한 것이다. 이것들은 문헌자료, 사성통해, 〈사성통해〉와 〈홍무정운역훈〉, 한자, 훈민정음 풀이들이다.

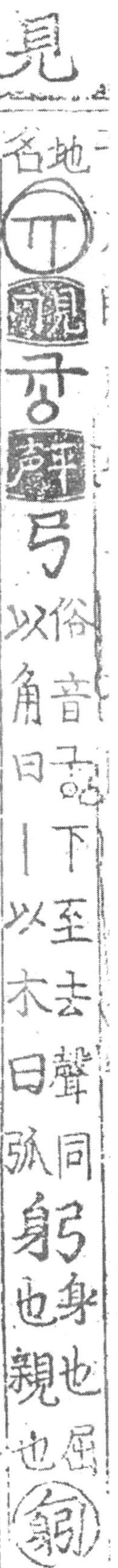

Ⅰ. 문헌자료

이 연구에는 많은 문헌 자료를 사용하였다. 그 중 많이 쓰이는 문헌 자료는 번거로움을 피하기 위하여 다음과 같은 '줄임'을 사용하였다. 문헌자료는 중국, 한국, 일본의 세 갈래로 갈라서 처리한다.

1.1. 중국자료

<문헌이름>	<펴낸때>	<줄임>
經傳釋文	583	(경석)
切韻	610	(절운)
一切經音義	645	(일체)
龍龕手鏡	997	(용감)
廣韻	1008	(광운)
新校互註宋本廣韻	2000.7	(신광)
集韻	1039	(집운)
韻補	1150쯤	(운보)
禮部韻略	1162	(예부)
壬子新刊禮部韻略(平水)	1252	(평수)
切韻指掌圖	1180?	(지장)
韻鏡	1197	(운1)
蒙古韻略	1269?	(몽략)
蒙古字韻 照那本	1987	(몽자)
古今韻會擧要	1297	(운회)
古今韻會擧要(明刊本)	2000.2	(명운)
中原音韻	1324	(중원)
洪武正韻	1375	(정운)
康熙字典	1716	(강희)
四聲切韻表	1750	(사절)
切韻考	1842	(절고)
韻略易通	1442	(운략)
音韻正訛	15세기쯤	(음정)

<문헌이름>	<펴낸 때>	<줄임>
音韻闡微	1726	(음천)
倂音連聲字學輯要	1574	(병음)
西儒耳目資	1626	(서유)
切韻音系	1973	(절음)
漢字古音手冊	1986	(곽한)
漢字古今音彙	1989	(한자)
蒙古字韻跟跟八思巴字 有關的韻書	1962	(정재)
韻圖考	1997	(운고)
漢字古今音表(漢語語音 發展史說略)	1997	(한고)
王力文集 4권 漢語音韻學	1986.12	(왕4)
王力文集 5권 漢語音韻	1986.12	(왕5)
王力文集 6권 詩經韻讀,楚辭韻讀	1986.12	(왕6)
王力文集 9권 漢語史攷	1988.4	(왕9)
王力文集 10권 漢語語音史	1987.12	(왕10)
王力文集 12권 中國語言學史	1990.9	(왕12)
王力文集 13권 康熙字典音讀正誤	1989.12	(왕13)
王力文集 17권 音韻通論, 上古音	1989.12	(왕17)
王力文集 18권 中古音等韻及 其他	1991.3	(왕18)
中國音韻學史(張世祿) 上	1998.4	(중상)
中國音韻學史(張世祿) 下	1998.4	(중하)

1.2. 한국자료

<문헌이름>	<펴낸 때>	<줄임>
訓民正音解例	1446	(훈해)
東國正韻	1448	(동국)
訓民正音諺解	1450쯤	(훈언)
洪武正韻譯訓	1455	(역훈)
續添洪武正韻		(속첨)
訓蒙字會	1527	(자회)
千字文(광주판)	1575	(천자)
類合	1576	(유합)
朴通事諺解	16세기초	(박통)
老乞大諺解	16세기초	(노걸)
華東正音通釋韻考	1747	(화동)
華東叶音通釋韻考	1788	(화협)
三韻聲彙	1751	(삼)
訓民正音韻解	1750	(훈운)
奎章全韻	1796	(규)
全韻玉篇	1796?	(전)
諺文志	1824	(언문)
字典釋要	1909	(자전)
新字典	1922	(신자)
국어음운학(허웅)	1985	(허음)

1.3. 일본자료

<문헌이름>	<펴낸 때>	<줄임>
攷定中原音韻	1925	(석산)
音注韻鏡校本	1971	(운2)
大漢和辭典	1968	(대자)

홍무 정운 31자모와 그 표기 일람표

번호	음종	성모	한글	국제음표	청탁	번호	음종	성모	한글	국제음표	청탁
1	牙音	見	ㄱ	k	全淸	16	齒頭音	精	ㅈ	ʦ	全淸
2		溪	ㅋ	k′	次淸	17		淸	ㅊ	ʦ′	次淸
3		群	ㄲ	g	全濁	18		從	ㅉ	ʣ	全濁
4		疑	ㆁ	ŋ	不淸不濁	19		心	ㅅ	s	全淸
5	舌頭音	端	ㄷ	t	全淸	20		邪	ㅆ	z	全濁
6		透	ㅌ	t′	次淸	21	正齒音	照	ㅈ	ʨ	全淸
7		定	ㄸ	d	全濁	22		穿	ㅊ	ʨ′	次淸
8		泥	ㄴ	n	不淸不濁	23		牀	ㅉ	ʥ	全濁
9	脣音重	幇	ㅂ	p	全淸	24		審	ㅅ	ɕ	全淸
10		滂	ㅍ	p′	次淸	25		禪	ㅆ	ʑ	全濁
11		並	ㅃ	b	全濁	26	喉音	影	ㆆ	ʔ	全淸
12		明	ㅁ	m	不淸不濁	27		曉	ㅎ	x	次淸
13	脣音輕	非	ㅸ	f	全淸	28		匣	ㆅ	ɣ	全濁
14		奉	ㅹ	v	全濁	29		喩	ㅇ	j	不淸不濁
15		微	ㅱ	ɱ	不淸不濁	30	半舌	來	ㄹ	l	不淸不濁
						31	半齒	日	ㅿ	ʐ	不淸不濁

(1) 이 31자모표는 사성통해의 권두에 실린 홍무운삼십일자모지도(洪武韻三十一字母之圖)에 의하였다.

(2) 사성통해의 자모도 뒤에 붙인 설명에 의하면 <광운>의 설상음 지철징(知徹澄)을 정치음 조천상(照穿牀)에 어우르고, 설상음 낭(孃)을 설두음 니(泥)에 어우르고, 순음경의 부(敷)를 비(非)에 어울러서 36자모에서 31자모가 되었다.

(3) 국제음표의 표기는 왕 역(王力)의 한어음운(漢語音韻) 76쪽의 것을 그대로 인용하였는데 <광운>의 36자모에서 (1)에서 지적한 5개 자모를 빼고 나머지만을 실었다. 이 중 상(床)을 상(牀)으로 고치고, 전탁음의 송기 부호를 삭제하였다.

사성통해 23운부 운모 표기 일람표

번호	平	上	去	入	사성통해	광운
1	東	董	送	屋	ㅜㅠ　ㆁ	uŋ　ǐuŋ
2	支	紙	寘		ㅡㅣ	ǐe　ǐwei
3	齊	薺	霽		ㅖ	iei　iwei
4	魚	語	御		ㅠ	ǐo
5	模	姥	暮		ㅜ	u
6	皆	解	泰		ㅐㅒㅙ	ai　wai
7	灰	賄	隊		ㅟ	uɒi
8	眞	軫	震	質	ㅣ　ㄴ	ǐen　ǐwen
9	文	吻	問	勿	ㅡㅜㅠ　ㄴ	ǐuən
10	寒	旱	翰	曷	ㅓㅕ　ㄴ	an
11	刪	産	諫	轄	ㅏㅑㅘ　ㄴ	an　wan
12	先	銑	霰	屑	ㅕㆊ　ㄴ	ien　iwen
13	蕭	篠	嘯		ㅕ　ㅱ	ieu
14	爻	巧	效		ㅏㅑ　ㅱ	au
15	歌	哿	箇		ㅓㅕ	a
16	麻	馬	禡		ㅏㅑㅘ	a　ǐa　wa
17	遮	者	蔗		ㅕㅠㅕ	
18	陽	養	漾	藥	ㅏㅑㅘ　ㆁ	ǐaŋ　ǐwaŋ
19	庚	梗	敬	陌	ㅣㅓㅟㆌ　ㆁ	ɐŋ　ǐɐŋ　ǐwɐŋ　wɐŋ
20	尤	有	宥		ㅡㅣ　ㅱ	ǐəu
21	侵	寢	沁	緝	ㅡㅣ　ㅁ	ǐem
22	覃	感	勘	合	ㅏㅑ　ㅁ	ɐm
23	鹽	琰	艷	葉	ㅕ　ㅁ	ǐɛm

주기:　① '사성'은 <사성통해> 권두의 운모정국(韻母定局)에 의하고 중종성 표기는 각 운부의 운(韻) 아래의 중종성을 그대로 따랐다.

②　<광운>은 곽석량(郭錫良:1986) 한자 고음수책(古音手冊)(이하 '곽한'으로 줄임)의 예언팔(例言八)(4)의 61개 운류 141개 운모의 기록에 의하였는데, 다음과 같은 문제점이 있었다.

(1) 6 개해태(皆解泰) 운은 <곽한>에는 개(皆)는 16 평성 ɐi wɐi로 표기되고, 해(解)는 나타나 있지 않고 해(蟹), 해(駭) 자가 대신 쓰이었고, 태(泰)는 14거성인데 ai wai로 표기되어 있다.

(2) 8진진진(眞軫震) 운은 <사통>에는 중성이 [ㅣ] 하나뿐인데, <곽한>에는 [ǐen, ǐwen]의 두 종류로 표기되었다.

(3) 11의 4개 운중 산(産)은 31산산간(刪濟諫)의 산(濟)을 빼고, 32의 산(産)을 대신 넣었다.

(4) 14의 효교효(爻巧效)의 효(爻)는 37효(肴) 대신 쓰이었다.

(5) 15 가가개(歌哿箇)의 중성은 ㅓ ㅝ 둘인데, <곽한>에는 a 하나뿐이다.

(6) 17 차자자(遮者蔗)는 <사성통해>에서 신설한 운류이다.

(7) 18 양양양(陽養漾)운의 중성은 ㅏ ㅑ ㅘ 셋인데, <곽한>에는 ĭaŋ ĭwaŋ 둘뿐이다.

(8) 19의 거성운이 <곽한>에는 영(映)으로 되어 있다.

이 설명에서는 종성의 있고 없고를 기준으로 설명한 것이지만 실지의 쓰임은 매우 다양하여 한마디로 규정 짓기 어렵다. <통해>의 중성은 한글로 표기되어 있는데 어떠한 운서의 번절을 어느 기준에 의하여 그와 같이 표기하였는지에 대하여는 뒤에 설명할 <홍무정운역훈>과의 비교에서 다시 논의될 것이다. 그리고 <곽한>의 표기도 <한고>의 표기와 대비하는 과정에서 달라질 수 있을 것이다.

2. 사성통해

2.1. 사성통해 서

<사성통해>를 짓게 된 동기나 그 경위에 대하여 그의 지은 사성통해 서(四聲通解序)에서 다음과 같이 설명하였다. 인쇄의 번잡을 덜기 위하여 번역하여 싣는다.

우리나라는 대대로 중국을 섬기었으나 말이 통하지 아니하여 반드시 통역관이 통역하여 전하는 데에 의존하였다. 그러므로 이 일을 맡을 관원을 선정하여 전담하게 하였다. 세종성왕께서 사대에 대한 정성이 갸륵하시어 이에 끔찍하게 관심을 두어 어떠한 것이든 중국과의 왕래 문제에 대하여는 반드시 임금께 올리어 친히 보시게 하였다. 그런데 우선 우리말을 통역하는 데 있어서는 성운학의 지식이 전제가 되어야 한다. 그러므로 훈민정음을 창제하시어 우리 글자를 만드시고 바로 뒤에 홍무정운을 번역하라고 명하시었는데 급기야 번역하고 보니 너무나 방대하여 열람하기에 매우 불편하였으므로 다시 고령 부원군 신숙주에게 명하여 여러 글자를 한데 모아 성질에 따라 취합하여 책을 만들었다. 그 체계는 한글음을 맨 앞에 내세우고 이것을 사성의 차례에 맞추고 청탁의 이치에 맞게 조화시키고 거기에 자모(字母)를 붙이어 저작한 책인데 이름을 사성통고(四聲通攷)라고 지으라고 명하시었다. 이 시점에서 처음 중국어를 배우

려고 하는 사람은 먼저 노걸대(老乞大)와 박통사(朴通事)를 읽어서 어학의 기초를 굳힌 다음에는 반드시 <사성통고>를 익히어 중국말의 정음과 속음을 정확히 알도록 배려하였다. 그러나 앞의 두 책은 훈을 달고 해석하고 한 것이 잘못이 다시 잘못을 생산하고 이 잘못이 바로 후대로 이어지는 폐단이 생겼고 <통고>에 수록된 여러 글자는 자음은 기록되어 있는데 해석은 없는 체계이다. 잘못이 잘못을 생산하고 이 잘못이 후대로 이어진다면 아무리 숙달한 통역이라도 바로잡을 수가 없을 것이고 자음만이 있고 해석은 없다면 한 글자가 두 번 되풀이 쓰이었을 때에 무슨 뜻으로 어떻게 쓴 것인지 방향을 알지 못하게 된다. 신(최 세진)이 이 노걸대 박통사 두 책을 한글로 풀어 번역하고 그 책에 나오는 옛말[古語] 따위를 한 데 모아 집람(輯覽)을 만들어 이것을 간행하여 누구나 이 책으로 참고서를 삼아 익히도록 할 것을 청한 일이 있었다.

이제 <사성통고>를 조정을 통하여 임금께 알리어 고운(古韻)을 근거하여 이를 증명하고 자음과 해석을 베끼어 이를 근거로 저작하였다. 밤낮을 가리지 않고 이의 저작에 몰두하여 그 초고를 일곱 번이나 다시 고쳐 쓴 끝에 이것을 다시 고치고 다듬는 데에 4년이 걸리어 탈고하여 上下 두 권으로 만들어서 그 책 이름을 사성통해(四聲通解)라고 붙이었다.

이것으로써 이 방면에 뜻을 두고 새로 공부하려는 사람에게 익히면 검열하는 데에도 편리할 뿐 아니라 자음의 연원이나 해석의 근거가 아주 분명하게 이해되고 한 글자의 자음이 여럿으로 갈린 것도 환하게 떠올라 잘못이나 불분명한 구절이 없이 분명하게 이해될 것이다.

대체로 옛 어른들이 한 글자의 음이 서로 조화되고 비슷한 것이 있는데 이런 것들끼리를 분류하여 취합한 것을 운서(韻書)라 하고 편방(偏旁)이 같은 것끼리를 그 형태적으로 분류하여 같은 것끼리를 한데 모아 엮은 책을 옥편(玉篇)이라고 한다. 본디부터 말소리는 있는데 형태가 없는 것은 그 운(韻)을 기준으로 그 음을 알게 되고 형태는 있는데 음을 모르는 것은 차례에 따라 그 운을 찾아보도록 한 것이다. 여기에서 운(韻)이 있으면 이 운을 기준으로 찾아보게 되는 것이니 이것이 바로 서로 어울리어 표리의 관계를 이루는 것으로서 이중 하나라도 결하게 되면 책으로서의 구실을 못하게 되는 것이다. 신이 홍무정운의 편운 체계를 보니 다만 그 말소리(즉, 평성의 동(東) 자운 따위)는 유추하였는데 그 형태[자형]는 무시하였다. 이것은 그 운은 있는데 그 편(篇)은 없는 것과 같다.

이상의 최 세진의 서문 내용에서 <사성통해>의 저작 동기와 그 편운 체계의 일단을 엿볼 수 있다. <통해>의 서지학적인 연구나 그 밖의 사항은 다음 기회로 미룬다.

2.2. 편운 체계

　　<사성통해>는 전에 간행된 어떤 운서보다도 혁신적인 편운 체계이다. 중국 운서는 절운(切韻)에서 당운(唐韻)으로, 당운에서 광운(廣韻)으로 발전하였고, 이들 운서를 근거로 다시 집운(集韻)이 출간되었다. 그리고 이 집운을 근거로 하여 운회(韻會) <고금운회거요(古今韻會擧要)>가 발간되고 맨나중에 <사성통해>의 준척이 되는 <홍무정운(洪武正韻)>이 발간되었는데, 간행 연대가 홍무 8년(1375)이다. 그런데 앞에 열거한 운서는 모두가 사성인 평상거입을 큰 뼈대로 한 편운 체계이었다. 이와 같은 편운 체계를 <홍무정운역훈>의 체계를 중심으로 살펴 보기로 하자. 견모(見母)의 동운(東韻)에 딸린 소자모들을 보기로 들어서 그 체계와 차례를 살펴본다.

　　　　홍무정운역훈:
　　　　평성동운(平聲東韻) 360쪽에서 368쪽 하단 3항까지,
　　　　　　見母 궁 古紅切 公功紅工攻邛釭玒蚣 총 9자 363쪽 하단～364쪽 상단
　　　　　　見母 궁 居中切 俗音궁下 躬躳宮恭共供龔 총 7자 367쪽 상단
　　　　그리고, 칠음의 벌린 차례는,
　　　　　端透定來來竝明淸精精從從匣曉溪見影非奉心穿照日牀牀喩疑 (27자)
　　　　上聲 董韻 97쪽～99쪽 下段
　　　　　見母 居竦切 拱共拲鞏栱珙蛬碽 (9자) 99쪽 下段
　　　　去聲 送韻 174쪽～176 下段
　　　　　見母 古送切 贛灨韹凟齈狛虹공공 (9자) 175쪽 上段
　　　　　見母 居用切 俗音궁下同 供共
　　　　入聲 屋韻　277～285쪽 下段
　　　　　見母 古祿切 穀穀縠谷告牿梏觳 (8자) 277쪽 上段
　　　　　見母 居六切 총 17자 282～283 上段

　　　　사성통해:　1권 東董送屋(貴重本 기준)　39～60쪽
　　　　　見母 平聲 東韻 古紅切 公功紅工攻釭蚣疘玒簑
　　　　　　　上聲 董韻 居竦切 拱(蒙音궁下同)珙栱拲(ㅠ)鞏蛬軪
　　　　　　　去聲 送韻 古送切 貢贛凟灨狛
　　　　　　　入聲 居韻 古祿切 穀穀穀縠觳谷梏牿

　　이상의 비교에서 보면 <역훈>에서는 동일한 見母가,

　　　　　　平聲 : 363～367쪽
　　　　　　上聲 :　97～ 99쪽

등으로 분리 처리되었는데 <통해>에서는 견모의 평상거입 사성이 모두 39~60쪽에 몰리어 있다. 그리고 <역훈>에서는 자모의 차례도 동일한 운모 앞에서 선후의 차례가 없다.

여기에서 <역훈> 서문 중,

夫洪武韻用韻倂析悉就於正 而獨七音先後不由其序 然不敢輕有變更 但因其舊 而分入字母於 各字之首

라고 하여, <홍무정운>에서 잘못 갈라 넣고 잘못 통합하고 한 것들을 역훈 작업을 하는 데 거의 바로잡았다. 그러나 칠음(七音)에 딸린 견계군의(見溪群疑)들의 자모 순서만은 감히 고칠 수가 없어서 <홍무정운>의 배열 순서 그대로 두었다는 것이다. 그러나 이 칠음의 배열 순서는 중국 성운학 연구에 가장 중요한 문제이므로 그 발전이나 순서를 바로잡은 경로들을 좀 자세히 살필 필요가 있는 것이다.

칠음 '아음(牙音), 설음(舌音), 순음(脣音), 치음(齒音), 후음(喉音), 반설(半舌), 반치(半齒)'가 ≪사성통해≫의 권두 세 군데에 보이는데, 제일 먼저 보인 것은 광운(廣韻) 36자모이고, 다음이 운회 35자모이고 세 번째가 홍무운 31자모이다. 이 세 운서의 차례가 모두 위와 같은 순서이고 청탁의 배열도 똑 같다. 그런데, 이것은 ≪통해≫의 저자 최 세진이 자의적으로 차례를 바꾼 것이지, 실지의 차례는 이 자모도의 차례와 아주 다르다.

칠음 차서에 대하여 분명히 지적한 것은 ≪운회≫ 범례의 음례이다.

音學久失 韻書譌舛相襲 今以司馬溫公切韻 參考諸家聲音之書 定着角徵宮商羽半徵商半商徵 之序 每音每等之首 並重圈注云某淸音某濁音(說見東韻公字下註)[1]

이 범례에서 칠음의 차서에 대하여 사마 온공의 절운을 기본으로 하고 다른 운서를 참고하기도 하여 칠음의 차서를 확립시키었다 하였다.

이 범례를 바탕으로 절운지장도를 검토한 바 칠음·청탁의 차서가 가로로 정연하게 배열되어 있다. 이 절운지장도의 권1은 '소조소(蕭篠嘯)'운인데, 이 운을 기준으로 칠음의 배열 차서를 현대식으로 표로 그리어 다음에 보인다.[2]

---

1) 원문의 '쌍항세자'를 글쓴이가 ( )에 넣었음.

칠음(七音)·청탁(淸濁) 계열 일람표

청탁 / 칠음	전청 (全淸)	차청 (次淸)	전탁 (全濁)	불청(不淸) 불탁(不濁)	전청 (全淸)	전탁 (全濁)
아음(牙音)	見	溪	群	疑		
설두음(舌頭音)	端	透	定	泥		
설상음(舌上音)	知	徹	澄	娘		
순음중(脣音重)	幫	滂	並	明		
순음경(脣音輕)	非	敷	奉	微		
치두음(齒頭音)	精	淸	從		心	邪
정치음(正齒音)	照	穿	牀		審	禪
후음(喉音)	影	曉	匣	喩		
반설(反舌)				來		
반치(半齒)				日		

　이 표에 근거하면 설음이 설두 설상으로 갈리고, 순음이 순음중, 순음경으로, 다시 치음이 치두, 청지로 갈리어 실지로는 10음이 되었다.

　전청이 10, 전탁이 10, 차청이 8, 불청불탁이 8, 모두 36개 자모이다.

　　≪洪武正韻≫ 平聲 東韻의 차서

　東通同 龍隆 蓬蒙 總宗 縱叢從 洪烘 空公翁 風馮 松充中 戎 崇蟲 融顒 弓穹窮 農舂 胸邕 雄

　이 차서는 '동통동(東通同)'은 설두음, '용륭(龍隆)'은 반설음, '봉몽(蓬蒙)'은 순음, '총종(總宗)'은 치두음들과 같이 되어 일정한 차서가 없다.

　이 '七音先後 不由其序'의 이해를 돕기 위하여 36자모의 첫째인 '견모(見母)'를 보기로 들어 검토하기로 하겠다.

---

2) 칠음 청탁의 명칭은 글쓴이가 보충한 것이다.

보기) 見母 ≪홍무정운≫(홍무정운역훈 포함)의 차서

1	2	3	4	
平	一東	見 궁	자모 차례 17번	
			예자 : 公功紅工攻邛釭玒蚣	9
		見 궁	자모 차례 28번	
			예자 : 弓躬躳宮恭共供龔	8
上	一董	見 : 궁	자모 차례 20번	
			예자 : 拱共拲鞏栱珙蚣蛬	8
去	一送	見 · 궁	자모 차례 13번	
			예자 : 貢贛灨狂虹	10
入	一屋	見 · 국	자모 차례 2번	
			예자 : 穀縠觳谷古牿梏	8
入	一屋	見 · 국	자모 차례 24번	
			예자 : 匊掬鞠菊蓻鞫告鵴踘挳.....	18

(＊ 인쇄의 편의를 위하여 벽자는 제외하였다.)

　이 기록에서 보면 '견모'가 평상거입 사성에 6번 나타났다. 곧 평성운에 핵모음 [ㅜ ㅠ] 두 번, 입성운의 핵모음 [ㅜ ㅠ]에 두 번 모두 여섯 번이다.

　이표에서 보면 동일한 '견모'자가 사성 운모의 다름에 따라 한번도 같은 차례로 나타난 일이 없다.

　≪홍무정운역훈≫은 ≪홍무정운≫보다 80년이 지난 1455년에 편찬되었다. ≪역훈≫ 업무의 진행에서 칠음 차서를 ≪운회≫의 차서와 같이,

必起於見字母角淸音　止於日字母半商徵音

에 근거하여, ≪역훈≫의 차서를 바로잡을 것인지, ≪홍무정운≫의 차서 그대로에 따를 것인지에 대하여 망설이다가 결국 '不敢輕有變更 但因其舊'라 하여 ≪홍무정운≫의 차서가 잘못된 것인 줄 알면서도 그대로 따른 것이다. 따라서 ≪홍무정운 역훈≫의 '平聲 東韻'의 체계는 ≪홍무정운≫의 그것과 한 글자의 틀림도 없이 똑같다.

　앞에서 제시한 ≪홍무정운≫의 수운자 '東通同 龍隆…'들과 위의 ≪역훈≫의 수운자를 비교하면 한 글자의 차이도 없고, 배열한 차서도 한 글자의 바뀜도 없다. 이것이 바로 ≪홍무

정운≫의 차서가 ≪절운지장도≫, ≪훈회≫들에서 정착한 정상적인 차서에 비하여 심하게 어긋나 있다.

　　이와 같이 무질서한 차서를 ≪통해≫ 범례 제9조에,

諸字於一母之下　洪武正韻與蒙韻同音者　入載於先　而不著蒙音
其異音則隨載於下　而各著所異之蒙音故　今撰字序不依通攷之次也

라고 적고 있는데, 이 범례의 내용은 홍무정운의 자음이나 몽고운의 음은 모두 같다는 것이다. 이와 같이 같은 것은 앞으로 몰아서 처리하고 다른 것만은 다른 성질에 따라 뒤로 몰아서 처리하였기 때문에 그 차서가 <역훈>이나 <통고>와 다르다는 것이다.

3. 〈사성통해〉와 〈홍무정운역훈〉

<통해> 범례 2조를 보면,

字之取捨音之正俗　專以洪武正韻爲準　但以俗所常用之字　而正韻遺闕者多矣　故今竝增添 或
以他韻叅補之

　　첫째, <통해>에서 그 글자를 채택할 것인가 버릴 것인가 하는 문제라든지 자음의 정음인지 속음인지를 결정하는 문제라든지, 이런 것을 판단하는 기준을 홍무정운으로 잣대를 삼았다는 것이고, 둘째, 최 세진 당시에 우리 나라에서 널리 쓰이는 글자로서 홍무정운에 누락한 글자가 많아서 그런 글자를 상당수 보충하였다는 것이다. 그리고, 곧이어 범례 3조에서 홍무정운에 실리지 않은 글자를 보충할 때에는 ○(동그라미)로 그 글자를 둘러싸서 구별하였다는 것이다.(범례 3조 참조)

　　셋째, 주해 문제는, <정운>에서는 모황(毛晃)의 증수예부운략(增修禮部韻略)에 따랐는데, 모씨의 실수를 <홍무정운>에서 바로잡지 않고 그냥 따랐다. 그러므로 <통해>에서는 이에 따르지 않고 운회의 주해에 따랐다는 것이다.(범례 3조 참조) 그러나, 이 몇 가지를 제하고는 모두 <홍무정운>에 따랐는데 다행하게도 <홍무정운역훈>이 출간되었으므로 <정운>에 따르려는 원칙에서 바로 <홍무정운역훈>에 따랐다. 이렇게 보면 <통해>에서 할 일을 대부분 <역훈>에서 이미 완전히 해냈기 때문에 일이 훨씬 수월하게 된 것이다.

신 숙주가 지은 <홍무정운역훈>의 서문에 세종대왕께서는 하늘이 내신 성인으로 높고 밝고 박학하고 통달하여 어느 것 하나 막히는 것이 없다. 그중에서도 성운학에 대한 근본 원리를 깊이 연구하여 칠음과 사성, 하나의 씨[經]와 하나의 날[緯]에 이르기까지 철저하게 연구하여 그 정체를 구명하였다. 그리하여 우리 나라에서 몇 천년 동안 풀지 못하던 문제들을 불과 열흘만 공부하면 모두를 터득할 수 있도록 하였다. 이것이 바로 훈민정음인데 이 원리를 되풀이 연구하여 그 진리를 터득하면 성운학이라고 하여 그 정세한 부분까지 미치지 못할 이유가 없는 것이다. 옛사람이 말하기를 범어(梵語) 글자는 중국에서도 많이 읽히고 있는데, 공자의 유교는 인도의 국경지대인 발제하(跋提河)를 넘어서 인도에 보급되지 못한 이유는 무엇일까? 이것은 글자에만 신경을 썼을 뿐, 글자의 모체가 되는 말소리에는 등한하게 생각했기 때문이다. 무릇 어떤 글자이든 그 소리를 바탕으로 글자를 만든 것이지 말소리를 전제로 하지 않는 글자가 있겠는가? 이제 훈민정음으로 한자를 번역하는 데 있어서 말소리가 홀소리와 잘 조화되어 음화(音和)3)이니 유격(類隔)4)이니 정절(正切)이니 회절(回切)이니 하는 까다롭고 번거로운 절차를 거치지 않고서도 입을 열어 말소리를 한번 내면 이것을 털끝만큼도 틀리는 일이 없게 되었으니, 풍속이 같지 않은 것을 걱정할 일이 있겠는가?

이 서문에서도 말소리와 글자와의 차이, 음소문자가 음절문자보다 훨씬 우수한 점들을 열거하였다.

3.1. 〈역훈〉 번역의 근거가 되는 번절(反切)

이 번절은 한자로 飜切, 反切 등으로 표기되는데 '反' 자의 음도 이 경우에는 '번'으로 읽어서 번절이 된다. 중국 성운학에 있어서 가장 중요한 것이 바로 이 번절법의 정확한 이해이다. <통해>의 범례 19조에 다음과 같이 적고 있다.

---

3) 음화(音和) : '음화절'과도 같은 말인데 번절상자와 피절자의 성모가 같고 번절아랫자와 피절자의 운과 등호가 동일한 번절을 말한다. 음절문자이기 때문에 위의 음과 피절자의 음 아래음과 피절자의 아래음들의 이중비교의 피해가 생기는 것이다.

4) 유격(類隔)- 성모 중 중순음과 경순음이 통용하거나 설두음과 설상음의 통용, 치두음과 정치음의 통용에서 일반적으로는 유격이라고 부를 수 없는 갑(匣)모와 유(喩)모의 통용까지 일컫는다.

篇切之式 古有門法 立成等局 不相通融 雖老師大儒 鮮能通解也
今但取其上字爲聲下字爲韻 而聲諧韻叶則音無不通矣 不必拘拘泥古也
故今撰通解 只著諺音 不取反切也

　　한마디로 번절법은 너무 어렵다. 자음 판정에 있어서 한 음절이 순하게 무리 없이 발음되면 그것으로 족한 것이기 때문에 <통해>에서는 다만 한글로 음을 표기하였을 뿐 굳이 번절은 표기하지 않았다는 것이다. 그러나 음운 분석이 핵심 과제인 연구에서는 번절이 바탕이 되지 않을 수 없겠기에 <역훈>에 쓰인 번절을 <통해>의 연구에 원용하였다. <역훈>에서 <정운>의 음을 우리 한글로 번역하는 데 있어서 번절은 그 핵심 자료이다. 그러므로 번절에 대한 정확한 이해가 없이는 정확한 번역은 이루어질 수 없는 것이다. <역훈>에 다음과 같이 적고 있는데,

　　　　但因其舊 而分入字母於諸韻各字之首　用訓民正音以代反切

　　이 서문에서 가장 주목할 대목이,

　　　　　分入字母於諸韻各字之首

이다. 즉 '자모를 모든 운의 제일 앞에 쓰인 글자의 위에 끼워 넣었다.'라는 것이다. 이 내용을 실지로 홍무정운과 비교하여 본 결과 <정운>에는 자모의 표시가 없다. 다만 수운자 아래에 곧바로 번절자가 이어졌다. 이 차이야말로 <역훈> 전편을 통한 위대한 발견이요 동시에 높이 평가하여야 할 큰 업적이다. 그러면 이 자모를 어느 자료 문헌에서 어느 근거에 의하여 제시되었는지를 고증하겠다.

　　고금운회거요(古今韻會擧要) 권지일(卷之一) 평성상(平聲上) ○公자 주에,

　　　　按舊韻之字本無次第 而諸音前後互出錯樣尤甚 近吳氏作叶韻補音[5]

---

5) <吳氏韻補>: 오 역(吳棫, 약 1100~1154), 중국 송나라 때의 고음학자, 자는 재로(才老), 남송의 건안(建安) 사람. 그의 저서로 <시전보음(詩傳補音)>, <운보(韻譜)> 들이 있는데, <시전보음>은 그 당시에 이미 망실되고 <운보>만이 세상에 전한다. <운보>는 진 봉오(陳鳳梧)의 서문 뒤에 50편의 인용 서목을 권두에 붙이었다. 그 인용한 서목이 모두 운(韻)과 관계가 있는 것들이다. <운부>는 <광운> 206운에서 고운(古韻)과 오 역 당시의 운과 맞지 않는 것들을 모아 사성별로 배열하였는데, 그 배열 순

依七音韻用三十六母排列韻字 始有倫緒 每韻必起於見字母角淸音
止於日字母半商徵音   三十六字母周徧爲一韻 如本韻公字母韻
公空○○東通同農   淸濁先後各有定序 其有音無字則闕 今韻所編
以此爲次 後皆倣此

이 내용 중,

每韻必起於見字母角淸音 止於日字母半商徵音

은 결국, '見溪群疑 端透定泥 幇滂並明非奉微 精淸從心邪 照穿牀審禪 影曉匣喩 來
日'의 31자모에 설상음의 '知徹澄娘'과 경순음의 '敷' 자모가 합하여 36개 자모가 된 것이다.
최 세진이 지은 <통해>에는 한 운부의 첫머리의 안에 그에 해당하는 중성을 표시하고 그 다
음 자모의 음과 자모를 한 묶음의 단위로 하여 음각으로 표시한 다음에 각 글자의 음을 한글로
표시하였다.

3.2. 〈홍무정운〉의 편운 체계

<홍무정운>의 편운 방식은 순전히 전통적인 한문의 운서 체계로서 <광운>이나 <고금운
회거요>보다 나중에 간행되었으면서도 짜임새가 매우 거친 조잡한 체계이다. 홍무정운의 첫
째권의 편운 체계는 다음과 같다.

洪武正韻卷第三(平聲上)
　　　八眞
眞之人切(글자의 설명)...
鎭(글자의 설명)..... 又[軫][震] 瑱同上   又[震][霰]
塡 又[下][先][銑][震][霰] 珍(설명) 磌(설명) 又[先]
籈(설명) 甄(설명) 又[先][震] 이하 例字 줄임
○申升人切(설명)....... 이하 例字 줄임

서가 '江沽紅切 控姑公切 禽渠客切...' 등과 같이 칠음의 '見溪群疑 端透定泥...'와 같은 차서를 취하
였다. 이런 관계로 <운회>의 평성 '東韻公字' 주에 "近吳氏作叶韻補音依七音韻用三十六母排列"
이란 말이 나온듯한데 '叶韻補音'이란 말이 이해가 잘 되지 않는다. 오 역이 지은 책은 <운보>인데,
이 운보의 내용이 '叶韻'에 관한 이론이 주류를 이루었으므로 '운보'를 '협운'으로 바꾸어 쓴 듯하다.
이 '叶韻'의 이론을 주 희(朱熹)가 거의 빠짐없이 인용하였으므로 <운보>의 협운 이론이 더욱 유명하
여졌다. 글쓴이가 소장하고 있는 책은 <四庫全書>본이다.

이 홍무정운에서 번역의 자료가 될 수 있는 내용은 '眞의 之人切과 申의 升人切'이다. 그 밖에 평상거입(平上去入)이 보조 자료로 쓰인 것뿐이다. 이 자료에서 <홍무정운역훈>이 창출된 것이다. 역훈 작업의 어려움을 단적으로 보여 준다.

3.3. <홍무정운역훈>의 편운 체계

<역훈>의 체계는 <정운>을 바탕으로 하여 그 자음을 한글로 번역한 체계인데도 훨씬 발전한 것이다. 다만 자음을 한글로 번역한 것뿐만 아니라 번역하기 위하여 그 순서 잡기나 설명 방식 등이 한층 새로워졌다. 이 체계를 표로 보인다.

<홍무정운역훈> 편운체계

1	2	3	4	5	6	7	8	9
문헌이름	권수	사성	권	운모	자모	소운자	반절	예 자
洪武正韻	三	平	入	眞	照	진 眞	之人	鎭瑱珍磌
					審	심 申	什人	伸信呻紳身娠
					穿	친 瞋	稱人	嗔縝
					禪	씬 辰	丞眞	晨宸麎神旦
					日	人	而隣	仁
					心	신 辛	斯隣	新信薪
					清	친 親	七人	
					精	진 津	眞辛	璡
					從	찐 秦	慈隣	蝼
					滂	핀 繽	紕民	

이 표에 의하면 5번 '眞'까지는 <홍무정운>의 체계와 똑같다. 6번의 자모자는 <역훈>에서 창출한 것이고 7번 소운자의 '眞' 앞에 한글로 음을 표시한 것이 <홍무정운역훈>의 가장 두드러진 업적이다. 이 조치로서 소운자의 반절음이 한국 한자음으로는 '진', '심', '친' 들과 같이 아주 똑똑히 이해하게 된 것이다. 이와 같이 한글 음을 정착하기에는 풍부한 음운론적 지식이 없이는 아니 되는 것이다.

3.4. 〈사성통해〉의 편운 체계

<통해>에서는 편운 체계가 아주 달라졌다. 우선 1권에 동동송옥(東董送屋)의 운부에 관한 음운학적 정보는 모두 이 한 권에 전부 들어 있다. 평성 동운(東韻), 상성 동운(董韻), 거성 송운(送韻), 입성 옥운(屋韻) 들이 한 자모 밑에 모두 예속되어 있다. 이와 같은 체계이므로 <역훈>의 편운 체계가 확 바뀌어 설명이 핵심 자모에 실리어 있게 되었다.

3.5. 운모의 조직 체계

중국말 연구에 있어서 운모의 체계는 가장 중요한 비중을 차지한다. 이것은 한자 자체가 음절 단위 문자이므로 자모와 운모로 분석하지 않고서는 연구가 불가능한데 그중에서도 운모는 다시 운두(韻頭), 운복(韻腹), 운미(韻尾)의 세 갈래로 갈리어 운두·운복은 중성의 체계로써 논하고 운미는 원음수미(元音收尾)를 제외하고는 종성에서 논하게 될 것이다.

<통해>는 23운부, 80개 운목으로 이루어졌는데, <정운>의 23개 운부, 76운목보다 1개 운부, 4개 운목이 더 많다. 이것은 <정운>의 진운(眞韻)이 <통해>에서 진운과 문운으로 갈리었기 때문이다. <통해>에는 운부의 첫머리에 네모진 음각 안에 '韻'이란 글자가 새기어 있고 그 다음에 이항세서(二行細書)로 오른쪽에는 한자로 '中聲'이라 세로로 쓰고, 왼쪽에는 해당되는 중성을 한글로 적었다. 중성이 하나인 것은 한글로 한 글자, 중성이 둘인 것, 셋인 것, 넷인 것을 모두 세로로 적었다. 이와 같은 체계가 23개 운부에 같은 체계로 한글로 표기되었다.

한 운부의 중성이 하나에서 네 개까지 있다. 이것을 운부별로 표를 만들어 보인다.

운부기준 중성 표기표

구분 번호	四 聲						
	平	上	去	중 성	종 성	입	종 성
1	東	董	送	ㅜㅠ	ㆁ	屋	
2	支	紙	寘	ㅡㅣ			
3	齊	薺	霽	ㅖ			
4	魚	語	御	ㅠ			

번호	平	上	去	中聲	終聲	入聲	
5	模	姥	暮	ㅜ			
6	皆	海	泰	ㅐㅒㅙ			
7	灰	賄	隊	ㅟ			
8	眞	軫	震	ㅣ	ㄴ	質	
9	文	吻	問	ㅡㅜㅠ	ㄴ	勿	
10	寒	旱	翰	ㅓㅕ	ㄴ	曷	
11	刪	産	諫	ㅏㅑㅘ	ㄴ	轄	
12	先	銑	霰	ㅕㅖ	ㄴ	屑	
13	蕭	篠	嘯	ㅕ	ㅸ		
14	爻	巧	效	ㅏㅑ	ㅸ		
15	歌	哿	箇	ㅓㅕ			
16	麻	馬	禡	ㅏㅑㅘ			
17	遮	者	蔗	ㅕㅖ			
18	陽	養	漾	ㅏㅑㅘ	ㆁ	藥	ㅸ
19	庚	梗	敬	ㅣㅓㅟㅖ	ㆁ	陌	
20	尤	有	宥	ㅡㅣ	ㅱ		
21	侵	寢	沁	ㅡㅣ	ㅁ	緝	
22	覃	感	勘	ㅏㅑ	ㅁ	合	
23	鹽	琰	艶	ㅕ	ㅁ	葉	

중성 기준 운부표

번호	중성	운부
1	/ㅏ/	(11)刪産諫轄　(14)爻巧效 (16)麻馬禡 (18)陽養漾藥 (22)覃感勘合
2	/ㅑ/	(11)刪産諫轄　(14)爻巧效 (16)麻馬禡 (18)陽養漾藥 (22)覃感勘合
3	/ㅐ/	(6)皆海泰
4	/ㅒ/	(6)皆海泰
5	/ㅓ/	(10)寒旱翰曷 (15)歌哿箇
6	/ㅕ/	(12)先銑霰屑 (13)蕭篠嘯 (17)遮者蔗 (23)鹽琰艶葉
7	/ㅖ/	(3)齊薺霽
8	/ㅘ/	(11)刪産諫轄 (16)麻馬禡 (18)陽養漾藥
9	/ㅙ/	(6)皆海泰
10	/ㅜ/	(1)東董送屋 (5)模姥暮 (9)文吻問勿
11	/ㅝ/	(10)寒旱翰曷(15)歌哿箇
12	/ㅟ/	(7)灰賄隊 (19)庚梗敬陌
13	/ㅠ/	(1)東董送屋 (4)魚語御 (9)文吻問勿
14	/ㅖ/	(12)先銑霰屑 (17)遮者蔗
15	/ㅞ/	(19)庚梗敬陌
16	/ㅡ/	(2)支紙寘 (9)文吻問勿 (20)尤有宥 (21)侵寢沁緝
17	/ㅓ/	(19)庚梗敬陌
18	/ㅣ/	(2)支紙寘　(8)眞軫震質 (19)庚梗敬陌 (21)侵寢沁緝

이 표에 보면 <통해>에 쓰인 중성은 모두 18개이다. 이것은 홑홀소리로 된 중성이나, 겹홀소리로 된 것이나 상관 없이 모두 한 단위로 쓸 수 있는 것을 한 중성으로 다루었다. 이 표에는 한국말에는 전혀 쓰이지 않는 '껴, ㎛' 등이 쓰이었고, 중국말에는 쓰이지 않는 'ㅡ, ㅢ' 와 전혀 쓰일 수 없는 '껴'가 들어 있다. 이런 점에서 중성의 세밀한 검증과 연구가 필요한 과제로 떠올랐다.

중국말의 운두는 상고 시대에는 까다로운 등운(等韻)이란 것이 있어서 이 문제에 부심하였으나, 원대 음계(1279~1368)[6]에서는 등운이 호(呼)에 흡수되어 이 시기 이후에는 호(呼)만이 사용되었다.

> 字音不再分爲二呼四等 而是分爲開齊合撮四呼 魚模仍如宋代, 擬測爲[u. iu].
> 魚模撮口呼之所以不擬測爲[y], 是考慮到[y] 不可能與[u]押韻.
> 試看現代曲藝的三十轍[y]歸衣期 不歸姑蘇.

[번역] 자음을 다시는 개구호, 합구호이니 일등 이등 삼등 사등이니 하는 체계로 분석하지 아니한다. 그래서 개구호(開口呼), 저치호(齊齒呼) 합구호(合口呼), 촬구호(撮口呼) 등의 4호로 분석한 것이다. 어운(魚韻)과 모운(模韻)은 송나라 때의 분류 그대로를 따라 [u, iu]로 의측하였다. 이것은 어운모운(魚韻模韻)은 촬구호이기 때문에 [y] 개음으로는 의측할 수 없기 때문이고, 따라서 [y]음으로서는 [u]운과 압운이 될 수 없기 때문이다. 시험 삼아 현대의 곡예의 십삼철(十三轍)을 보면 [y]를 의기(衣期)에 귀납시키었을 뿐 고소(姑蘇)에 귀납시키지 않은 것을 보아도 알 수 있는 것이다.

이와 같은 등운법이 없어진 뒤로는 오로지 호법(呼法)만 남게 되었다. 그리하여 왕 역(1989) <한어음운> 25쪽에는 이에 대한 설명이 있는데 이것을 번역하여 설명한다.

> 한어 음운학에서는 서로 다른 운두가 주요 원음의 성질을 서로 대조하여 운모를 사호(四呼)로 분류한다.
> 1. 운두가 없는 것, 쉽게 말하면 주요원음이 [i], [u], [y]가 아닌 것, 이것을 개구호라 부른다.
>   보기를 들면 "南"[nan], "北"[pei];
> 2. 운두에 [i]가 쓰인 것 또는 주요 원음이 [i]인 것 이것을 제치호라 부른다.
>   보기를 들면 "九" [tɕiou], "七" [tɕ'i];
> 3. 운두에 [u]인 것, 이것을 합구호라 부른다.
>   보기를 들면 "黃" [xuaŋ], "紅" [xuŋ];
> 4. 운두에 [y]가 쓰이었거나 주요원음이 [y]인 것, 이런 것을 촬구호라 부른다.
>   보기를 들면 "雪" [ɕyɛ], "云" [yn].

우리가 시를 지을 때에는 운부의 압운법을 많이 참조한다. 그리하여 운부와 운모는 전혀 다

---

6) 王力文集第十卷 漢語語音史(1987), 山東敎育出版社發行 473쪽

른 것이다. 운모가 운두가 있는 말이거나 운두를 감싸고 있는 말일 지라도 운부에서는 운두를 포괄하지 않는다. 운두가 같지 않은 글자로서 주요 원음과 운미가 서로 같다고 한다면, 정말로 운미가 딸려 있는 말이라면 이런 것은 운부가 같다고 보아 서로 압운할 수가 있는 것이다. 이 사실을 보기로 들어 보인다. 범성대(范成大)가 지은 전가(田家) 시이다.

낮에는 밭을 갈고 밤에는 길쌈하네	晝出耘田夜績麻([ma])
아이들은 집에서 집보고 있다	村莊兒女各當家([tɕia])
어린 것들이 밭갈고 길쌈하는 일 알턱이 있나	童孫未解供耕織
곁에 있는 뽕나무 그늘에 앉아 외심는 것이나 배우고 있지	也傍桑陰學種瓜([kua])

이 시에서는 무운두의 [a], [i] 운두의 [ia], [u] 운두의 [ua]가 모두 쓰이었다.

송대 32개 운부　　　　<왕10. 325p>

韻類 / 元音	陰 聲			入 聲			陽 聲		
u	1. u 魚母			2. uk 屋燭			3. uŋ 東鍾		
ɔ	4. ɔ 歌戈								
a	5. a 麻蛇	6. au 豪包	7. ai 皆來	8. ak 覺藥	9. at 曷黠	10. ap 合洽	11. aŋ 江陽	12. an 寒山	13. am 覃咸
ɐ			14. ɐi 灰堆		15. ɐt 物沒		16. ɐŋ 庚生	17. ɐn 聞魂	
æ	18. æu 蕭肴				19. æt 月薛	20. æp 業葉		21. æn 元仙	22. æm 産鹽
ə		23. əu 尤侯		24. ək 麥德			25. əŋ 烝登	26. ən 眞群	
i	27. i 支齊				28. it 質職	29. ip 緝習	30. iŋ 京青		31. im 侵尋
ɿ	32. ɿ 資思								

이 운부 설명을 보면 송나라(960~1279) 때에는 32개 운부를 보유하고 있는데 주요원음은 [u, ɔ, a, ɐ, æ, ə, i, ɿ] 의 8개이다. 이 중 1어모(魚模) 운부의 세부적 설명이 아래에 붙어 있는데 이 설명에는 다음과 같이 설명하였다.

    (1) 魚模
        合一[u]　切韻模姥暮
        合三[iu]　切韻魚語御, 虞麌遇
        合三[u] (輕脣) 切韻虞麌遇(輕脣), 尤有宥(輕脣)

        [u]는 합구 1등호인데, 절운의 모모모(模姥暮) 운부가 이에 딸리고
        [iu]는 합구 3등호인데 절운의 어어어(魚語御)와 우우우(虞麌遇)가 통합되었고
        [u]는 합구 3등호인데 절운의 우우우(虞麌遇)의 경순음과 우유유(尤有宥)의 경순음이 이에 딸린다.

3.6. 〈원대 운부〉

원나라(1279~1368) 운부는 원나라 때에 중국 북경을 중심으로 한 북방어계에서 89년간 쓰이던 운부이다. 이것은 주 덕청(朱德淸)의 중원음운(中原音韻)과 탁종지(卓從之)의 중주음운(中州音韻)에 근거한 것으로 북경을 중심으로 그 일대에서 실지로 쓰이던 자음에 근거한 것이라 한다. 앞의 송대 운부와 같은 출전이다.

원대의 운부표　<왕10. 392p>

元音 ＼ 韻類	陰　聲			陽　聲		
u	5. u 魚模			1. uŋ 東鐘		
ɔ	12. ɔ 歌戈				9. ɔn 桓歡	
	13. a 家麻	11. au 蕭豪	6. ai 皆來	2. aŋ 江陽	8. an 寒山	18. am 監咸
æ	14. æ 車遮				10. æn 先天	19. æm 廉線
ə		16. əu 尤侯		15. əŋ 庚青	7. ən 眞文	
i	4. i 齊微					17. im 侵尋
ɿʅ	3. ɿʅ 支思					

이 원대 운부의 주요원음과 성조를 송대 운부와 비교하여 보면,

        송대의 32개 운부에서 19개로,
        송대의 [u ɔ a ɐ æ ə i ɿ]에서,
        원대의 [u ɔ a   æ ə i ɿ]로,

송대의 주요원음 [ɐ]가 줄고, [ɿ] 주요원음이 [ɿ]로 분화되면서 한 음소에 묶인 것 들은 주요한 변화인 것이었다.

다음으로 송대의 음성(陰聲), 입성, 양성에서 원대에는 음성과 양성으로 줄었는데 이것도 큰 변화 중의 하나로 곱을 수는 있겠으나 이러한 변화가 한꺼번에 일어났으리라고 생각하기는 어렵다. 장기간에 걸쳐서 점진적으로 일어났을 것이라고 보는 면이 정확하다.

<한고>의 서례(敍例)는 일반적인 개념에서 범례와 비등한 것인데, 이 서례 4쪽에는 다음과 같이 적고 있다.

         韻部的等呼及韻頭擬音
         開口一等   無韻頭   合口一等   -u-
         開口二等   -e-   合口二等   -o-
         開口三等   -ĭ-   合口三等   -ĭw-
         開口四等   -i-   合口四等   -iwu-

곽석량의 한자고음수책(漢字古音手冊) 예언(例言) 5쪽에 있는 <한어사고(漢語史稿)>대상고운부채용료 등호적 관점(對上古韻部採用了等呼的觀點)을 형식만 바꾸어 그냥 옮겨 놓은 것이다. 그 설명의 의하면 입성운에는 긴 입성과 짧은 입성이 있는데 긴 입성에는 주요 원음 위에 " - "을 덧 붙이고 짧은 입성에는 주요 원음 위에 " ˇ "을 붙이었다. 한 점으로 보아 "ˇ"로 표시한 것은 짧은 입성을 표시한 것이다.

3.7. <홍무정운>의 잣대

<광운>의 편찬 연대는 1008년, 근대음의 대표로 인정 받는 중원음운이 1324년이고, 왕 역의 연대 구분으로는 송대가 960~1279, 원대가 1279~1368이다. 그리고 <사성통해>에서 준척으로 삼은 <홍무정음>의 편찬 연대는 1375년이다. 이것을 연대 순서로 보면 다음과 같다.

중고음계 $\left\{ \begin{array}{l} \text{광운 1008} \\ \text{왕역 960 ~ 1279} \end{array} \right\}$ 대체로 960 ~ 1289년

근대음계 $\left\{ \begin{array}{l} \text{중원음운 1324} \\ \text{왕역 1279 ~ 1368} \end{array} \right\}$ 대체로 1280 ~ 1370년

<홍무정운> 1375년

　이와 같은 시대 구분에 근거를 두면 <홍무정운>은 가장 뒤진 시기에 속한다. 그런데, <사성통해>에서는 음운적 사항에 대하여 <홍무정운>으로 준척을 삼는다 하였고, <홍무정운>에서는 '중원아음으로 준척을 삼는다' 하고 있으면서도 <홍무정운>에서는 중원아음의 근거가 되는 <중원음운>과도 다르면서 '운두나 주요원음 성조 등호'들에 대하여 명확하게 규정한 것이 없다. 이 점이 <사성통해>의 음운학적 연구에 가장 어려운 문제로 등장한 것이다.　할 수 없이 <사성통해>의 연구에서는 자모 번절 운모 성조들은 <홍무정운>을 근거로 한 <홍무정운역훈>을 근거로 하고 이들의 의음(擬音)이나 그밖의 상황은 <광운>에 근거를 두고 진행하도록 하였다. 그러므로 상당한 모순이 뒤따를 것임을 미리 말하여 둔다.

4.　한자

4.1. 한자의 구조

　한자는 자음과 자형과 자의 곧 형음의(形音義)의 3개 부분으로 이루어졌다. 그러므로 한자를 해독한다 하는 것은, 그 자형을 보고 그 음과 뜻을 알고 그 소리를 듣고 뜻과 형태를 아는 것을 말한다. 글자의 형체를 보고 그 소리와 뜻을 안다는 경우는 글말(문자언어, Written language)의 경우이고 그 소리를 듣고 자형과 자의를 이해하는 방법은 입말(口語, oral language)의 경우이다. 우리가 글을 읽을 때 자음과 자의의 반응을 끌어 일으키고 입말의 경우에는 소리를 귀에 집중시키어 그 자극을 일으킴으로써 자형과 자의를 이해하게 된다. 중국말을 경전이나 소설 등에서 쓰인 글자를 기준으로 그 의미를 이해하는 과정과 일반적인 말살이에서

말소리를 듣고 그 글자의 자음을 이해하는 과정을 그림으로 그리어 보이면 다음과 같다.(이 그림은 애위(艾偉)가 1955년에   지은 <한자문제(漢字問題)>(국립편역관출판)의 5쪽에 있는 것을 그대로 옮겨 싣는다.)

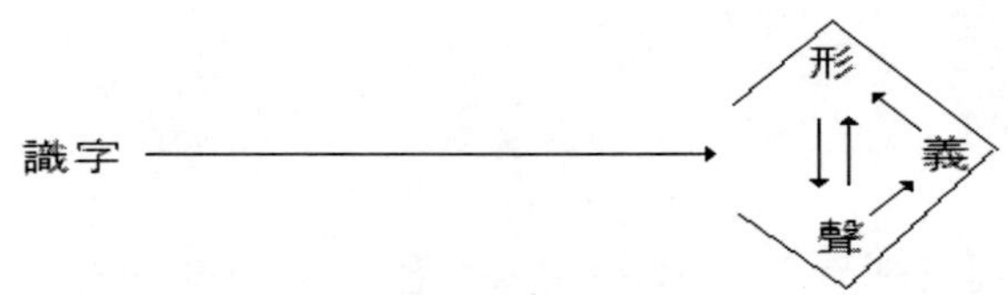

한자는 이와 같이 한 글자가 한 낱말이나 한 형태소의 뜻을 나타내므로 시대가 발전함에 따라 지식 계수가 높아지고, 따라서 낱말의 수가 불어나고 낱말의 수가 불어남에 따라 그에 상응한 글자를 만들지 않을 수 없는 절박한 처지가 끝임 없이 이어졌다. 이와 같은 문자적 환경에서 한자의 수가 계속 불어나서 창힐편(倉頡篇)을 지은 한나라 초기에는 3,300자 밖에 수록하지 못하였던 한자의 잣수가 1915년에 편찬된 중화대자전(中華大字典)에서는 44,908자로 불어나고 일본의 대수관(大修館)에서 발행한 대한화사전(大漢和辭典)에서는 약 500여자의 등록되지 않은 한자를 제하고서도 48,902자가 수록되어 있다. 이 한자의 체증 추세를 앞에 보기로 든 같은 책의 42쪽에서 그대로 옮기어 싣는다.

자전	시대	공역기원 (公曆紀元)	편 자	자 수	체증자수
倉 頡 篇	漢		漢	3,300	
訓 纂 篇	漢	1~5	楊雄	5,340	2,040
續 訓 篇	漢	60 ~ 70	班固	6,180	840
說文解字	漢	100	許愼	9,353	3.173
聲 類	魏	227~239	李登	11,520	2,167
字 林	晉		呂忱	12,824	1,394
字 統	後魏		楊承慶	13,734	910
廣 雅	後魏	480	張楫	18,150	4,416
玉 篇	梁	543	顧野王	22,726	4,576
唐 韻	唐	751	孫愐	26.194	3,468
韻海鏡源	唐	753	顔眞卿	26,911	717
類 篇	宋	1066	王洙胡宿	31,319	4,408
字 彙	明	1615	梅膺祚	33,179	1,860
正 字 通	明	1675	張自烈	33,440	261
康熙字典	清	1716	陳廷敬等	42,174	8,734
中華大字典	民國	1915	中華書房	44,908	2,734

이 통계에서 보면 약 2,000년 동안에 약 4만자가 불어난 것이다. 한자는 한 음절을 바탕으로 하여 이루어졌다. 그런데 음절은 음소의 집합체이므로 이것을 다시 음소 단위로 분석하여야 한다. 중국에 자음 결정의 가장 과학적인 방법으로는 광운 시대에나 20세기 전반기까지도 번절법(飜·反切法)을 썼다. 이 방법은 하나의 글자를 판정하는 방법으로 두 글자를 써서 나타내는데 상자(上字)는 피절자의 첫소리, [닿소리 더러는 홀소리]를 나타내고 하자(下字)는 피절자의 중종성[더러는 중성만]을 나타낸다. 그러므로 옛날의 자료 문헌에는 모두 ○○反 또는 ○○切이란 번절자가 쓰여 있다. 동운을 보기로 들면,

東德紅切 通佗紅切 同徒紅切 龍盧容切

이 번절자의 상자 '德'은 '東'의 첫소리를, '佗'는 '通'의 첫소리를, '徒'는 '同'의 첫소리를, '盧'는 '龍'의 첫소리를 나타내고, 하자는 '紅'이 '東通同'의 중종성을, '容'이 '龍'의 중종성을 나타낸다. 그런데 '東通同'의 첫소리를 나타내는 '德佗徒'들의 3자도 또한 음절문자이므로 이들 글자를 나타내는 번절자도 또한 두 글자로 된 번절자의 상자인 것이다. '德' 자의 번절은 '多則切'이다. 이와 같은 방법은 끝이 없이 되풀이 되나 진정한 첫소리는 알 길이 없다. 여기에서 20세기 초기를 전후하여 국제음표의 자음 결정 방법을 채택하게 된 것이다.

4.2. 국제음표(國際音標 International Phonetic Alphabet)

이 국제음표(앞으로 IPA로 줄이겠음)는 어느 나라 어느 지역에서 쓰이는 말이든 그 말의 음소를 영문자로 적기로 정한 것이다. 가령 우리나라의 /ㄱ/ 음소는 k로 /ㄴ/ 음소는 n 으로 나타내는 따위다. 중국에서 이 IPA를 수용한 경로와 IPA는 왕4 45쪽에 기록되어 있는데 이것을 국어로 번역하여 소개한다.

국제어음회는 1886년에 성립되었다. 어음학 대가인 Viëtor, Jespersen, Paul Passy, Daniel Jones 등이 모두 이 회의 중견 인물이다. 그들은 먼저 보통 음표의 단점을 충분히 인식하고 일종의 "국제음표"를 창조한 것이다. '국제음표'의 장점을 간단히 설명하면 하나의 음표는 반드시 하나의 음소(phoneme)를 대표한다는 것이다. 바꾸어 말하면 하나의 음소는 오직 하나의 음표로만 나타낼 수 있다는 것이다.

　다만 이 국제음표는 유럽의 말소리에 맞도록 편중되어 있다는 것이다. 따라서 중국말의 말소리를 적기에는 신발 신은 위로 가려운 데를 긁는 것처럼 중국말의 말소리를 분명히 나타내지 못한다. 그러므로 중국 사람들이 국제음표를 채용할 때에는 약간의 수정을 하지 않을 수 없게 되었다. 현재 우리는 다음의 2개 음표표를 채용하였는데 이것이 국제음표를 약간 수정한 것으로서 중국의 말소리를 적는 데에는 비교적 적합하리라고 생각한다.

輔音表[7]

发音方法	清浊	纯/送气	双唇音 (上唇/下唇)	齿唇音 (上齿/下唇)	齿音 (齿/舌尖)	齿上音 (后齿龈)	颚龈音 (舌尖及面)	颚音 (龈颚间/舌面)	舌面音 (硬颚)	舌根音 (硬软颚间)	小舌音 (软颚)	喉
塞音	清	纯	p		t	t		ʈ	c	k	q	ʔ
塞音	清	送气	p'		t'	t'		ʈ'	c'	k'	q'	ʔh
塞音	浊	纯	b		d	d		ɖ	ɟ	g	ɢ	
塞音	浊	送气	b'		•d'	d'		ɖ'	ʄ'	g'	ɢ'	
塞擦音	清	纯		pf	tθ ts	tʂ	tʃ	tɕ				
塞擦音	清	送气		pf'	tθ' ts'	tʂ'	tʃ'	tɕ'		kx		
塞擦音	浊	纯		bv	dð dz	dʐ	dʒ	dʑ				
塞擦音	浊	送气		bv'	dð' dz'	dʐ'	dʒ'	dʑ'				
鼻音	浊		m	ɱ	n	ɳ		ɳ̩	ɲ	ŋ	ɴ	
边音	浊				l	ɭ			ʎ			
滚音	浊				r	ɻ					R	
闪音	浊				ɾ							
摩擦音	清	纯	Φ	f	θ s ɬ(边)	ʂ	ʃ	ɕ	ç	x	χ	h
摩擦音	清	送气		f'	s'							
摩擦音	浊		β	v	ð z ɮ(边)	ʐ	ʒ	ʑ	j	ɣ	ʁ	ɦ
无及摩擦半通元音	清		ʍ,ɥ̊									
无及摩擦半通元音	浊		w,ɥ {ŭy̆}	ʋ		ɻ		j(ɥ) {ɪ̆,y̆}	(w)			

---

7) '輔音'은 우리나라의 닿소리[子音]를 말한다.

<사성통해>의 자음(字音)은 중국의 번절음을 한글로 번역한 것이므로 진정한 당시의 자음을 알기 위하여서는 번역한 한글 자음을 다시 이 IPA의 음으로 옮겨야만 하기 때문에 글쓴이의 연구에서도 중국의 실지 한자음은 자모와 번절음을 모두 이 IPA로 옮겨 적었다. <한고>에서는 이 IPA 대신에 로마자를 썼다.

元音表[8]

| 舌 \ 舌高低 | 舌尖 | | | | 前 | | 央 | | 后 | |
| | 前 | | 后 | | | | | | | |
	不圓	圓	不圓	圓	不圓	圓	不圓	圓	不圓	圓
高	ɿ	ʮ	ʅ	ʯ	i	y	ɨ	ʉ	ɯ	ʊ
次高					ɪ	ʏ				ʊ
半高					e	ø	ɘ	ɵ	ɤ	o
中					ɛ		ɞ			ɔ̈
半低					ɛ	œ	ɜ	ɵ	ʌ	
半低与低之间					æ		ɐ			ɔ
低					a		ɑ		ɑ	ɒ

元音图

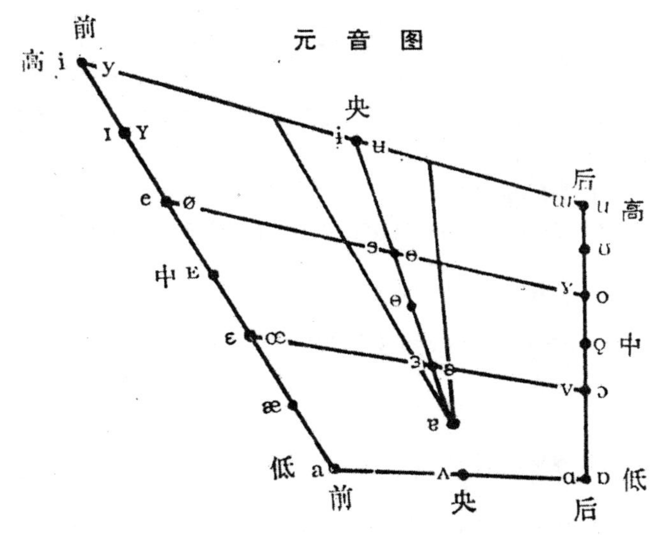

---

8) '元音'은 우리나라의 홀소리[母音]를 말한다.

4.3. 문(文)과 자(字)와 문자(文字)[9]

　이 문(文), 자(字), 문자(文字)들은 중국의 자학(字學)이나 성운학, 훈고학 들을 연구하는데
에 기초가 되는 말인 데도 그 개념이 매우 모호하게 쓰이는 듯하기에 설문해자(說文解字)의
설명을 바탕으로 그 개념을 밝히어 볼까 한다. <설문해자[10] 제십오 상>에,

　　倉頡之初作書　(1)蓋依類象形故謂之文　(2)其後形聲相益謂之字
　　(3)文者物象之本[11]　(4)字者言孶乳而浸多也　(5)著於竹帛謂之書

　위의 (1) ~ (5)의 인용문을 단주(段玉裁의 주)를 그대로 번역하여 해설에 대신한다.

　(1) 依類相形
　지사(指事)와 상형의 육서 원리를 설명한 것이다. 이것은 '지사'도 또한 상형인 까닭이다. 무늬[文]란
것은 짐승의 발자취를 바탕으로 획을 긋는 것을 말한다. 이리저리 획을 그으면 물체의 형상이 되는 것이
다. 가령 느릿느릿 남겨진 자취를 보고 토끼라는 것을 알게 되고 빨리 그어진 그림을 보고 그것이 사슴이
라는 것을 아는 따위이다. 이 설명에서는 文자가 물건을 보고 그 발자취와 대조하여 그 무늬를 식별의
대상으로 삶는다는 뜻으로 文은 '무늬'를 말한다는 것이다.
　(2) 形聲相益
　'형성(形聲)과 회의(會意)의 두 개념을 아울러 일컫는 것으로 형체가 있으면 반드시 소리가 생기게 마
련이다. 소리와 형체가 서로 어울리면 형성이 되고 형체와 형체가 서로 어울리면 회의가 된다. 其後라
일컫는 것은 창힐(倉頡) 이후의 시대를 말하는데 창힐 시대에는 지사와 상형 둘뿐이었다. 그 뒤에 무늬
[文]와 무늬가 서로 합하여 형성도 되고 회의도 되었다. 이것을 '자(字)'라고 한다. 이 원리는 마치 주역
에서 본디의 여덟 개의 괘(卦)뿐이었는데 괘와 괘가 서로 겹치면서 64괘가 된 원리와 같다.
　이 설명에서 文과 字의 뜻이 한층 분명해졌다. 곧 文은 단순한 형태이고 '자(字)'는 문과 문이 합한
복합체라는 것이다.
　(3) 各本無此六字
　이 대문은 다른 데에 없는 것을 단주본에서 보충한 것으로 문(文)이란 것은 물체를 형상화한 기본이
된다는 것이다.
　(4) 孶乳而浸多也
　자(孶)라는 글자의 뜻은 생명을 길러내는 근본이다. 사람이나 날짐승이나 새끼를 낳는 것을 젖[乳]이라

---

9) 이 표제에 대하여는 문 효근(1993) <훈민정음> 제자원리 <세종학 연구 8.77-80쪽>에 자세한 설명이
　있다.
10) 說文解字, 후한 때 허신(30-124)이 화제 영원 12(99)에 탈고한 중국 최초의 자해서.
11) 說文解字의 原文에는 단락을 설치하고 띄어쓰지 않았다. 이것을 段玉裁의 段氏 說文解字註에서 ①
　위의 인용문과 같이 단락을 메기고 ② 단락이 이어진 아래에 세 자 쌍 항(行)으로 주를 달고 ③ 원문에
　없던 (3)文者物象之本의 문구를 찾아서 보충하였다.

고 한다. 침(寢)이란 글자는 '자라난다'는 뜻과 같다. 그리고 자(字)는 젖[乳]이라는 뜻과 같다. 주례(周禮)의 외사(外史)나 예경(禮經)의 빙례나 논어의 자로편(子路篇) 들에서는 모두 명(名)이란 말을 썼다. 좌전에 정(正)의 반대말로 핍(乏)자를 쓴다든지 하는 현상을 말할 때 모두 문(文)이란 글자를 썼다. 육경(六經)에는 자(字)를 쓴 데가 없다.

진나라 때의 비(碑)에는 文字라는 말을 썼는데 字자를 쓴 시초이다. 정주(鄭注)의 두 예기 책이나 논어에서는 모두 옛날에는 名을 썼는데 이제는 字자를 쓴다 하였다. 내(단옥재) 생각에는 名이란 것은 그것 자체가 음(音)을 가졌다는 측면에서 이르는 말이고, 文이란 것은 스스로 그 형체를 가졌다는 측면에서 이르는 말이 아닌가 한다. 그리고 字라는 것은 그것이 스스로 불어난다는 측면에서 이르는 말일 것이다. 중용에서는 書同文이라 하였는데 이것이 字書의 시초이다. 내 생각으로는 독립된 한 체(體)를 文이라 하고 집합된 체를 字라고 하고 두 글자의 통합이 文字라고 정의할 수 있으리라고 생각한다.

이상 단옥재의 주를 종합하여 판단하여 보면 산(山), 토(土), 인(人) 따위와 같이 더 가를 수 없는 최소한의 단위는 문(文)이요, 이것들이 다시 다른 문(文)과 어울리어 선(仙), 지(地), 초(峭)들과 같이 된 것은 자(字)라고 정리할 수 있을 것이다. 실지로 설문해자(說文解字)의 제자 원리를 설명한 것을 보면 이상 설명이 어긋나지 않는 것 같다.

이 文을 확실히 증명하는 것으로,

　　　大宋重修廣韻一部[12] p9　　準景德四年十一月十五日勅　　四聲成文 六書垂法
　　　乃經籍之資始 寔簡冊之攸先 自吳楚辨音 隸古分體 年祀寖遠 攻習多門

이상을 요약하면, '말소리로 이루어진 사성(四聲)을 잣대로 하여 단일한 형태의 글자[文]가 창출되고 이 단일한 글자인 [文]을 바탕으로 하여 육서(六書)의 법이 생기면서 이것으로 경적을 지을 수 있는 자료가 비로소 생기고 간책이 제자리를 찾아서 정립되었다'는 것이다. 이 육서에 대하여 단씨설문해자주(段氏說文解字註)에서는 소상하게 설명하였다.

　　　保氏敎國子先以六書

육서라는 것은 문자와 성음과 의리(義理)를 모두 포함하고 있다. 지사(指事)니 상형(象形)이니 형성(形聲)이니 회의(會義)이니 하는 낱말로써 자형(字形)에 대한 설명을 정확하게 하였고 글자마다 모두 거기에 해당하는 음(音)이 있으니 성음에 대한 설명은 이것으로써 충분하고 전주(轉注)니 가차(假借)니 하는 말이 있으니 자의(字義)에 대한 설명도 충분하고, 글자는 다

---

12) 大宋重修廣韻 ：余迺永著, 新校互註宋本　廣韻(增訂本), 2000년 7월　上海辭書出版社

른데 뜻은 같은 것을 전주라 하고 뜻은 다른데 글자는 같은 것을 가차라고 한다. 전주(轉注)란 낱말에서 100자라도 하나는 뜻으로 규정할 수 있고 가차(假借)라는 낱갈에서 한 글자가 여러 뜻을 가질 수 있다. 이어서 육서에 대한 설명을 차례로 덧붙이었다.

첫째는 사물을 가리킨다[一曰指事]. 사물을 가리킨다는 뜻은 눈으로 보아 식별할 수 있고 정신차려 살펴보면 뜻도 볼 수 있으니 上자와 下자 따위가 이에 해당한다.

둘째는 형체를 본뜬 것이니[二曰象形], 형체를 본떴다 하는 뜻은 그 물체를 그림으로 형상화하여 그 형체에 뜻을 알아낼 수 있게 한 것이니 해[日], 달[月] 따위가 이것이다.

셋째는 소리를 형상화한 것이니[三曰形聲], 소리를 형상화하였다는 것은 사실에 근거하여 이름붙인 것이다. 비유법으로 이루어진 것으로써 강(江)이니 작은 강[河]이니 하는 것이 바로 이런 것이다.

넷째는 뜻으로 이해하는 것이니[四曰會意], 뜻으로 이해한다 하는 것은 동일한 것끼리 한데 모아 공통된 뜻을 찾아내어 귀납한 것이니 信 따위가 이에 해당한다.

다섯째는 전주이니[五曰轉注], 전주란 것은 동일한 여럿 중에서 하나를 대표로 내세워 같은 뜻으로 서로 통용하는 것이니 고로(考老) 따위가 바로 이것이다. ※이 설명은 매우 추상적이어서 이해하기 힘들다.

여섯째는 빌어쓴다[六曰假借], 가차라는 것이니 빌어쓴다는 것은 본디는 그에 해당하는 글자가 없어서 혹은 소리로써 사물을 흉내낸 것이다.[假聲托事], 영(令), 장(長) 따위가 이것이다.

그러나 이 육서의 설명은 후대로 내려올수록 많이 퇴색하여 현재는 육서의 근본 뜻에 맞는 글자보다 맞지 않는 글자가 더 많다고 한다. 이로써 문(文)에서 자(字), 다시 문(文)과 자(字)가 어울린 문자(文字), 다시 문자를 형성하는 기본 원리들에 대하여 설명하였다.

훈민정음은 이상의 원리를 더욱 발전시키어 말소리를 근거로 하여 음소문자를 창출한 것이다. 정인지의 꼬리글에,

有天地自然之聲　則必有天地自然之文　所以古人　因聲制字以通萬物之情　以載三才之道

천지 자연의 소리라는 이 '소리'는 분절할 수 있는 소리(segmental phone)를 말하는 것으로 사람의 말소리 이외의 소리로 확대할 수는 없다. 이 사람의 말소리를 바탕으로 문[文, phonemic Alphabet]을 만들었다는 것이다. 이것이 바로 중국의 옛날 사람들이 이 소리를 바탕으로 글자[文字]를 만들어서 세상의 모든 것을 글자로 바꾸어 나타내었다는 것이다.

최세진은 이 원리를 다시 부연하여 사성통해의 서문에서 다음과 같이 설명하고 있다.

臣竊惟 言出於口 淸濁隨聲 聲施諸文 平仄成韻 是知聲韻之體 與天地齊生 因是而有四聲之分
七音之辨也

말소리가 입에 나옴에 따라 청성과 탁성이 생기고 이 청성과 탁성을 단일형태의 문(文)으로
옮겨 놓았고 이 결과로 평성과 측성의 운(모)를 만들어 내었다. 이런 원리에서 성(聲)이니 운
(韻)이니 하는 본체는 하늘과 땅이 생기면서 함께 생겨난 것이고 이것을 바탕으로 사성이 나뉘
고 칠음(七音)의 구별이 생긴 것이다.

5. 훈민정음 풀이

<사성통해>에서는 한자의 자음(字音)을 한글로 표기하였다. 현재는 '한글'이라 하지만 이
한글을 창제할 당시의 이름은 훈민정음이고 한자와 대칭적으로 말할 때에는 우리 글자인데도
이것을 깎아내리어 언문(諺文)이라고도 하였다. 이 글에서는 <정음>으로 통일하기로 한다.
<통해>의 자음 번역에 쓰인 한글을 이해하기 위하여 훈민정음에 대하여 약간 설명하겠다.
(다음 설명은 허웅(1985) 국어음운학 306∼309쪽까지를 그대로 옮겨 적었다.)

5.1. 글자의 기술이 앞서야

지금말의 경우와는 달라서, 지난날의 언어는 글자의 기록에 의해서만 알 수 있다. 따라서
문헌에 의하지 않고서는 지난날의 언어는 바로 알 수 없다. 그러므로 우리는, 먼저 그 때의
문헌에 나타나는 글자를 조직적으로 기술하고, 나아가서 그 글자를 통해, 그 때의 발음 방법을
추정하지 않으면 안 된다.
훈민정음을 만들던 때의 글자의 조직은 훈민정음 해례에 매우 체계적으로 기술되어 있으므
로, 그 때의 글자 조직을 알기는 그리 힘든 일이 아니다. 그러나 여기에는 한 가지 명심해 둘
일이 있다.

5.2. 중국말 소리 적기

　정음을 만들던 때의 나라 안팎의 여러 가지 사정이나, 혹은 그 때의 문헌의 기록을 미루어 보아서, 정음을 만든 것은 단순히 우리말만을 적으려고 한 것이 아니라, 조선 한자음이나 중국 말의 소리를 적으려는 의도도 있었던 것으로 생각된다. 그러므로 정음의 운용도 세 계통으로 나누어 볼 수 있는 것이니, 순 우리말을 적은 것과, 조선 한자음과 중국 한자음을 적은 것이 그것이다.

　우리가 글자의 조직을 고찰함에 있어서도, 이 세 계통을 분별해야 하는 것이니, 그 이유는, 같은 글자가 경우에 따라 그 소리를 달리하는 일이 있기 때문이다. 이것은 중국말과 우리말의 음운 조직의 다름으로 말미암아 일어나는 당연한 현상인 것이다. 이를테면 [ᄫ]은, 중국말 소리 를 적을 경우에는 안울림으로 쓰인 듯하다. 그 이유는 :

　첫째, 자모를 '청탁'으로 나눔에 있어서, [ᄫ]은 [ㄱㄷㅂㅅㅈㆆ]들과 같이 '전청'으로 분류했고,

　둘째, 여러 학자들이 [ᄫ]자로 적힌 중국 한자의 옛 소리를 안울림으로 추정하였을 뿐 아니라, 지금 중국말 소리도 모두 [f]이기 때문이다.

　그러나 우리말을 적음에 있어서는, 뒤에서 설명함과 같이, 이 글자는 울림소리를 적는 데 쓰어 있는 것이다.

5.3. 훈민정음

　훈민정음 당시의 글자 수는 모두 28자인데, 그 중 첫소리(초성) 글자가 17이오, 가운데소리 (중성) 글작 11자이다.

　첫소리 17자는,

　　어금닛소리 ㄱㅋㆁ, 헛소리 ㄷㅌㄴ, 입술소리 ㅂㅍㅁ, 잇소리 ㅅㅈㅊ, 목소리 ㆆㅎㅇ

의 15글자와,

　　반헛소리 ㄹ, 반잇소리 ㅿ

이다. 가운뎃소리 글자는 하늘·땅·사람을 본뜬 기본글자 「·, ㅡ, ㅣ」와, 하늘에서 나온 「ㅗ, ㅏ」, 땅에서 나온 「ㅜ, ㅓ」, 그리고 '재출(再出)글자' 「ㅛ, ㅑ, ㅠ, ㅕ」의 넉 자를 합하여 모두 11글자가 된다.

　첫소리 글자나 가운뎃소리 글자를 물론하고, 두 글자 이상을 가로 나란히 쓰는 것을 '병서'(並書)라 하는데, 병서에는 다음과 같은 것이 있다.
　첫소리 병서: 같은 첫소리 글자들을 나란히 쓰는 것을 '각자병서(各自並書)'라 하고, 다른 글자를 둘 이상 나란히 쓰는 것을 '합용병서(合用並書)'라 한다.
　가운뎃소리 병서: 가운뎃소리에는 각자병서는 없고, 오직 합용병서만이 있다.
　하늘에서 나온 「ㅗ, ㅏ, ㅛ, ㅑ」가 거듭하면, 「ㅘ, ㅑ」가 되고, 땅에서 나온 「ㅜ, ㅓ,ㅠ, ㅕ」가 거듭하여서는 「ㅝ, ㆅ」가 된다.
　[ㅣ]를 뺀 가운뎃소리 글자 열에, [ㅣ]를 거듭하여서, 「ㆍㅣ, ㅢ, ㅚ, ㅐ, ㅟ, ㅔ, ㆉ, ㅒ, ㆌ, ㅖ」가 생겨나고, 또 「ㅙ, ㅙ, ㅞ, ㅞ」가 생긴다.
　이상 18글자 가운데 「ㅙ, ㅞ, ㅙ, ㅞ」네 글자는 우리말을 적는 데는 쓰이지 않는다. (<동국정운>, <사성통해>의 교정 한자음 표기에 더러 보인다.)
　그리고 첫소리 글자 둘을 세로로 이어 쓰는 것을 '연서(連書)'라 하는데, 연서에는 입술소리의 「ㅸ,ㅃ, ㆄ,ㅱ」와, 혓소리의 「ㄹ」가 있다.

　<글자 총괄> 이상 말해 온 바를 뭉뚱그리면 다음과 같다.

　　첫소리 글자:
　　　(ㄱ) 홑
　　　　ㄱㅋㆁ, ㄷㅌㄴ, ㅂㅍㅁ, ㅅㅈㅊ, ㆆㅎㅇ, ㄹ, ㅿ (17글자)
　　　(ㄴ) 겹
　　　　각자병서 : ㄲ, ㄸ, ㅃ, ㅉ, ㅆ, ㆅ, ㆀ, ㄴㄴ (8글자)
　　　　합용병서 : ㅳ, ㅄ, ㅶ, ㅴ; ㅺ, ㅼ, ㅽ, ㅾ; ㅴ, ㅵ (10글자)
　　　(ㄷ) 연서 : ㅸ

　　가운뎃소리 글자 :
　　　(ㄱ) 홑
　　　　· ㅡ ㅣ
　　　　ㅗ ㅏ ㅜ ㅓ
　　　　ㅛ ㅑ ㅠ ㅕ 　　　(11글자)

(ㄴ) 겹

　　합용 : ㅘ, ㅝ　(2글자)

　　홀 + ㅣ : ㅢ, ㅓ, ㅚ, ㅐ, ㅟ, ㅔ, ㄱ, ㅒ, ㅖ, ㅖ　(10글자)

　　합용 + ㅣ : ㅙ, ㅞ　(2글자)

5.4. 〈훈민정음〉의 〔ㆍ〕에 대한 풀이

　　허웅(1985) 341～342쪽에서는 중국말의 한글 표기에 가장 중대한 구실을 하는 〔ㆍ〕와 이 〔ㆍ〕를 바탕에 깔고 있는 홀소리에 대하여 매우 자세히 설명하였다. 이것을 전문 그대로 소개한다.

　　다음의 '사성통고 범례'의 중국말 홀소리의 설명으로도 어느 정도의 증거를 잡을 수 있다.

　　　"대컨 우리말의 소리는 가볍고 얕고, 중국말의 소리는 무겁고 깊다. 이제 훈딘정음은 우리말의 소리에 토대를 둔 것이니, 만약 중국말 소리를 적는데 쓰려면 반드시 변통을 해야 지장이 없게 된다. 가운뎃 소리의 「ㅏㅑㅓㅕ」와 같은 입을 벌리는 글자(소리)는 첫소리를 내는 입을 바꾸지 갈지며, 「ㅗㅛㅜㅠ」와 같은 입을 오므리는 글자는 첫소리를 내는 혀를 바꾸지 말아야 한다. 그러므로 가운뎃소리가 「ㅏ」인 (중국의) 글자는 「ㅏㆍ」의 사이소리로 읽고, 「ㅑ」인 글자는 「ㅑㆍ」의 사이소리로 읽고 「ㅓ」는 「ㅓㅡ」의 사이, 「ㅕ」는 「ㅕㅡ」의 사이, 「ㅗ」는 「ㅗㆍ」의 사이, 「ㅛ」는 「ㅛㆍ」의 사이, 「ㅜ」는 「ㅜㅡ」의 사이, 「ㅠ」는 「ㅠㅡ」의 사이, 「ㆍ」는 「ㆍㅡ」의 사이, 「ㅡ」는 「ㅡㆍ」의 사이 「ㅣ」는 「ㅣㅡ」의 사이로 읽어야 비로소 대강 중국말의 소리에 맞는다."

　　　大抵本國之音輕而淺　中國之音重而沈　今訓民正音出於本國之音　若用於漢音則
　　　必變而通之乃得無礙　如中聲ㅏㅑㅓㅕ張口之字則初聲所發之口不變　ㅗㅛㅜㅠ縮口
　　　之字則初聲所發之舌不變　故中聲　爲ㅏ之字則讀如ㅏㆍ之間　爲ㅑ之字則讀如ㅑㆍ
　　　之間　ㅓ則ㅓㅡ之間　ㅕ則ㅕㅡ之間　ㅗ則ㅗㆍ之間　ㅛ則ㅛㆍ之間　ㅜ則ㅜㅡ之間
　　　ㅠ則ㅠㅡ之間　ㆍ則ㆍㅡ之間　ㅡ則ㅡㆍ之間　ㅣ則ㅣㅡ之間　然後庶合中國之音矣

　　이것은 중국말의 홀소리를 적은 훈민정음의 발음법을 설명한 것인데, 중국말을 할 때는 국어의 발음대로 해서는 안 된다는 것이다.

　　대컨 말하면, 중국말 홀소리의 /ㅏ　ㅑ　ㅓ　ㅕ/와 같은, 입이 벌어지는 소리는, 국어에서처럼 그렇게 벌리지 말고, 첫소리를 낼 때의 입의 모양 —닿소리는 공깃길이 홀소리보다 작으므로 입도 따라서 덜 벌어지니까, 그 작게 벌린 입의 모양—을 그대로 유지하면서 홀소리를 내어야 하며 /ㅗ　ㅛ　ㅜ　ㅠ/와 같은 입을 오므리는 소리는, 입은 이미 오므라지게 되어있으니, 첫소리를 낼 때의 혀의 모양—공깃길이 작은 모양—을 그대로 유지하면서 홀소리를 발음해야 된다는 것이다.

그 결과는, ㅏ는 ㅏ, ·의 사잇소리로, ㅗ는 ㅗ, ·의 사잇소리로, ㅡ는 ㅡ, ·의 사잇소리로, ·는 ·, ㅡ의 사이소리로, ㅓ는 ㅓ, ㅡ의 사잇소리로, ㅜ는 ㅜ, ㅡ의 사잇소리로, ㅣ는 ㅣ, ㅡ의 사잇소리로 내어야 중국 소리에 가까워진다는 것이다.

사잇소리란, 적이 두 소리의 특색을 아울러 가짐을 의미한다. 따라서 /ㅏ·/의 사잇소리란, 적이 /·/의 특질을 가지고 있는 /ㅏ/ 소리란 뜻이다. 그러므로 이 두 소리는 서로 멀어서는 이러한 표현은 불가능하다. 사실상 /ㅓ/와 /ㅡ/, /ㅜ/와 /ㅡ/, /ㅣ/와 /ㅡ/는 모두 가까운 것이므로 /ㅏ/와 /·/, /ㅗ/와 /·/, /ㅡ/와 /·/도 모두 가까운 소리임을 인정하지 않을 수 없게 된다.

이상과 같이, 훈민정음의 설명으로 보나, 음소리의 변동이나 변화로 보나, 중국 홀소리와의 대조로 보나, /·/는 /ㅏ, ㅗ/에 가장 가깝고, /ㅡ/와도 상당히 가까운 거리에 있는 소리임을 인정하지 않을 수 없는 것이다.

5.5. 훈민정음 해례

이외에 순전히 한자음을 적기 위하여 새로 만들어 보충한 글자가 있다.

漢音齒聲[13]은 有齒頭正齒正齒之別ᄒᆞ니
ㅈㅊᅑㅅᄴ字는 用於齒頭ᄒᆞ고
ㅈㅊᅑㅅᄴ字는 用於正齒ᄒᆞᄂᆞ니
牙舌脣喉之字ᄂᆞᆫ 通用於漢音ᄒᆞᄂᆞ니라

이상은 본디의 훈민정음에 없던 기록을 뒤에 보충 첨가한 것인데 본디는 ㅈᅑㅊㅅᄴ 밖에 없었는데 한자음이나 중국말을 적기 위하여 치두음과 정치음으로 갈라 적도록 만들었다는 것이다. 실지로 <통해>의 한자음 적기에서는 이 이론을 충실히 이행하였다. 이 결과 <통해>에서 사용한 자모의 수는 31개가 되었다 그리고 ㅱㅸㅹ들의 음도 한국말에서는 ㅸ밖에 쓰이지 않았으나 한자음 적기에서는 모두 사용하였다.

---

13) 이글은 1981년 재판 발행 月印釋譜(卷1,2) 西江大學校出版部발행 28∼30쪽에 실린 기록이다.

둘째갈래

기본 자료

이 자료는 <사성통해> 전편에 나타난 변동자를 출현된 순서대로 수록한 것이다. 변동의 빈도로는 중현자에 나타난 변동이 가장 많고 다음이 몽고운 속음들이다. 중현자는 <통해>의 체제에서 모두 흑권(黑圈) 안에 음각한 것들이고 그 밖의 것은 모두 양각한 것들이다.

　* 이 둘째갈래에서 사용한 '〔몽〕〔중〕' 또는 '(운) (모)' 따위 가호는 '일러두기' 3, 4와 비추어 볼 것.

1. 동동송옥(東董送屋)

중성 : (ㅜ) 見溪端透定泥幇滂竝明非奉精淸從心牀審禪影曉匣來日

　　　 (ㅠ) 見溪群泥精從心邪照穿牀審影曉喩來日

종성 : 平上去: ㅇ . 入: ㄱ

　　　 다만 ㄱ은 표시하지 않음

성조 : 平 上 去 入

운모 : 東 董 送 屋

참고 : 입성 처리, 입성 옥(屋)운의 [ㄱ]은 표제 운모에는 'ㄱ'으로 표시하였으나 실제로는 쓰이지 않고 중성 [ㅜ] 또는 [ㅠ]로만 쓰였다. <역훈>에서는 입성 운미를 모두 표시하였다.

[ㅜ]

見ㄱ[k]

平東-古紅
　　紅 〔중〕(모)ㆅ
　　釭 〔중〕(운)陽
　　蚣 〔중〕(모)ㅈ (중)ㄲ
　　玒 〔중〕(운)陽

上董-居竦
　　拱 〔몽〕(중)ㄲ
　　珙 〔몽〕(중)ㄲ
　　栱 〔몽〕(중)ㄲ
　　鞏 〔중〕(중)ㄲ 〔몽〕(중)ㄲ
　　鞏 〔몽〕(중)ㄲ
　　巩 〔몽〕(중)ㄲ
　　輁 〔몽〕(중)ㄲ

去送-古送
　　贛 〔중〕(운)勘
　　灨 〔중〕(운)勘

入屋-古祿
　　縠 〔중〕(운)藥
　　谷 〔중〕(모)ㅇ.ㄹ (중)ㄲ
　　告 〔중〕(운)效

溪ㅋ[k']

平東-苦紅
　　空 〔중〕(조)上 去
　　倥 〔중〕(조)上 去
　　悾 〔중〕(운)陽 (조)上
　　椌 〔중〕(운)陽

上董-康董
　　空 〔중〕(조)平 去
　　悾 〔중〕(운)陽 (조)平
　　倥 〔중〕(조)平 去

去送-苦貢
　　倥 〔중〕(조)平 上
　　空 〔중〕(조)平 上

端ㄷ[t]

平東-德紅
　　涷 〔중〕(조)去
　　蝀 〔중〕(조)上 去

上董-多動
　　蝀 〔중〕(조)平 去

去送-多貢
　　涷 〔중〕(조)平
　　蝀 〔중〕(조)平 上

入屋-都毒
　　竺 〔중〕(모)ㅈ (중)ㄲ
　　毒 〔중〕(모)ㄸ
　　啄 〔중〕(운)藥

透ㅌ[t']

平東-他紅
　　侗 〔중〕(모)ㄸ

上董-他總
　　統 〔중〕(조)去
　　桶 〔중〕(모)ㅇ (중)ㅜ

去送-他貢
　　統 〔중〕(조)上

定ㄸ[d]

平東-徒紅
　　侗 〔중〕(모)ㅌ
　　峒 〔중〕(조)去
　　銅 〔중〕(모)ㅉ (중)ㄲ

箽 〔중〕(모)ㅇ (중)ㄸ
潼 〔중〕(모)ㅈ (중)ㄸ
橦 〔중〕(운)陽

上董-徒摠
　動 〔중〕(조)去
　運 〔중〕(조)去
　洞 〔중〕(조)去
　瞳 〔중〕(조)平

去送-徒弄
　洞 〔중〕(조)上
　峒 〔중〕(조)平
　動 〔중〕(조)上
　運 〔중〕(조)上

入屋-杜谷
　讀 〔중〕(운)宥
　髑 〔중〕(모)ㅆ
　犢 〔중〕(모)ㅆ
　毒 〔중〕(모)ㄷ
　碡 〔중〕(모)ㅉ
　黷 〔중〕(운)爻

泥ㄴ[n]

入屋-奴豆
　耨 〔중〕(운)宥

幫ㅂ[p]

上董-邊孔
　菶 〔중〕(모)ㅃ
　琫 〔몽〕(모)ㅃ

入屋-博木
　樸 〔중〕(운)藥

滂ㅍ[p']

入屋-普卜
　撲 〔중〕(운)藥
　剝 〔중〕(운)藥

竝ㅃ[b]

平東-蒲紅
　篷 〔금〕(중)一
　笝 〔금〕(중)一
　逢 〔중〕(모)뼝
　芃 〔중〕(모)뼝
　莑 〔중〕(모)ㅂ

入屋-步木
　曝 〔중〕(운)效
　暴 〔중〕(운)效　藥
　襮 〔중〕(운)藥
　瀑 〔중〕(운)效
　幞 〔몽〕(모)뼝 〔운〕(모)뼝 〔집〕(모)뼝

明ㅁ[m]

平東-莫紅
　蒙 〔금〕(중)一
　冡 〔금〕(중)一
　濛 〔중〕(조)上 〔금〕(중)一
　幪 〔중〕(조)上 〔금〕(중)一
　幪 〔금〕(중)一
　曚 〔금〕(중)一
　朦 〔금〕(중)一
　朦 〔금〕(중)一
　矇 〔금〕(중)一
　艨 〔금〕(중)一
　曚 〔금〕(중)一
　饛 〔금〕(중)一
　雺 〔중〕(조)去 〔금〕(중)一
　霧 〔중〕(조)去 〔금〕(중)一
　夢 〔중〕(조)去 〔몽〕(모)ㅇ 〔금〕(중)一
　瞢 〔중〕(운)庚 (조)去 〔몽〕(모)ㅇ 〔금〕(중)一

憜 〔중〕(운)敬 (조)上 去 〔몽〕(모)ㅱ 〔금〕(중)ㅡ
惷 〔중〕(운)敬 (조)上 去 〔몽〕(모)ㅱ 〔금〕(중)ㅡ

上董-母摠
蠓 〔금〕(중)ㅡ
蠔 〔중〕(조)平 〔금〕(중)ㅡ
濛 〔중〕(조)平 〔금〕(중)ㅡ
懵 〔중〕(운)敬 (조)平 去 〔금〕(중)ㅡ

去送-蒙弄
夢 〔중〕(조)平 〔몽〕(모)ㅱ 〔금〕(중)ㅡ
懜 〔몽〕(모)ㅱ 〔금〕(중)ㅡ
瞢 〔중〕(운)庚 (조)平 〔몽〕(모)ㅱ 〔금〕(중)ㅡ
霧 〔중〕(조)平 〔몽〕(모)ㅱ 〔금〕(중)ㅡ
霿 〔중〕(조)平 〔몽〕(모)ㅱ 〔금〕(중)ㅡ
懵 〔중〕(운)敬 (조)上 〔몽〕(모)ㅱ 〔금〕(중)ㅡ
懜 〔중〕(운)敬 (조)上 〔몽〕(모)ㅱ 〔금〕(중)ㅡ

入屋-莫卜
目 〔몽〕(모)ㅱ 〔운〕(모)ㅱ 〔집〕(모)ㅱ
苜 〔몽〕(모)ㅱ 〔운〕(모)ㅱ 〔집〕(모)ㅱ
睦 〔몽〕(모)ㅱ 〔운〕(모)ㅱ 〔집〕(모)ㅱ
穆 〔몽〕(모)ㅱ 〔운〕(모)ㅱ 〔집〕(모)ㅱ
牧 〔몽〕(모)ㅱ 〔운〕(모)ㅱ 〔집〕(모)ㅱ
坶 〔몽〕(모)ㅱ 〔운〕(모)ㅱ 〔집〕(모)ㅱ
繆 〔중〕(운)尤 〔몽〕(모)ㅱ 〔운〕(모)ㅱ
〔집〕(모)ㅱ

非ㅸ[f]

平東-方中
風 〔중〕(조)去
葑 〔중〕(조)去
封 〔중〕(조)去

去送-撫鳳
風 〔중〕(조)平
葑 〔중〕(조)平
封 〔중〕(조)平

入屋-方六
幅 〔중〕(운)陌
輻 〔중〕(운)宥

副 〔중〕(운)暮 陌 宥
福 〔중〕(운)陌
輹 〔중〕(모)ㅹ
覆 〔중〕(운)宥
復 〔중〕(운)宥 (모)ㅹ
馥 〔몽〕(모)ㅹ 〔운〕(모)ㅹ

奉ㅸ[v]

平東-符中
馮 〔중〕(운)庚
逢 〔중〕(모)ㅃ
縫 〔중〕(조)去
芃 〔중〕(모)ㅃ

去送-馮貢
縫 〔중〕(조)平

入屋-旁六
伏 〔중〕(운)宥
蕧 〔금〕(모)ㅂ (종)ㆁ
復 〔중〕(운)宥 (모)ㅸ
輹 〔중〕(모)ㅸ
匐 〔중〕(운)陌
宓 〔중〕(운)質

精ㅈ[ts]

平東-祖冬
緵 〔중〕(조)去
總 〔중〕(조)上
豵 〔중〕(조)上

上董-作孔
總 〔중〕(조)平
傯 〔중〕(조)去
豵 〔중〕(조)平
縱 〔중〕(모)ㅈ (중)ㅠ
蓯 〔중〕(모)ㅊ

去送-作弄

傯 〔즁〕(조)上
緵 〔즁〕(조)平

清ㅊ[tsʼ]

平東-倉紅
囱 〔즁〕(운)陽
樅 〔즁〕(운)宥 〔몽〕(즁)ㅠ 〔운〕(즁)ㅠ
從 〔즁〕(모)ㅈ 〔몽〕(즁)ㅠ 〔운〕(즁)ㅠ
蓯 〔즁〕(모)ㅈ 〔몽〕(즁)ㅠ 〔운〕(즁)ㅠ
璁 〔몽〕(즁)ㅠ 〔운〕(즁)ㅠ

入屋-千木
蔟 〔즁〕(운)宥
瘯 〔즁〕(운)宥
促 〔몽〕(즁)ㅠ
數 〔즁〕(운)모 藥
鏃 〔몽〕(모)ㅈ 〔운〕(모)ㅈ

從ㅉ[dz]

平東-徂紅
淙 〔즁〕(운)陽
鬃 〔즁〕(운)陽

心ㅅ[s]

入屋-蘇谷
薂 〔즁〕(운)宥
速 〔즁〕(운)尤
謖 〔몽〕(모)ㅅ
肅 〔몽〕(즁)ㅠ 〔운〕(즁)ㅠ
繡 〔몽〕(즁)ㅠ 〔운〕(즁)ㅠ
翻 〔몽〕(즁)ㅠ 〔운〕(즁)ㅠ
鷫 〔몽〕(즁)ㅠ 〔운〕(즁)ㅠ
驌 〔몽〕(즁)ㅠ 〔운〕(즁)ㅠ

牀ㅆ[dz]

平東-鉏中
漴 〔즁〕(운)陽

審ㅅ[ɕ]

入屋-所六
縮 〔몽〕(모)ㅅ (즁)ㅠ
蹜 〔몽〕(즁)ㅠ
茜 〔몽〕(즁)ㅠ

禪ㅅ[ʑ]

入屋-神六
孰 〔몽〕(모)ㅅ (즁)ㅠ 〔운〕(즁)ㅠ
熟 〔몽〕(모)ㅅ (즁)ㅠ 〔운〕(즁)ㅠ
　　〔원〕(모)ㅅ (즁)ㅣ (죵)ᅌ 〔금〕(모)ㅅ (즁)ㅣ (죵)ᅌ
塾 〔몽〕(모)ㅅ (즁)ㅠ 〔운〕(즁)ㅠ
鐲 〔즁〕(운)藥 〔몽〕(모)ㅅ (즁)ㅠ 〔운〕(즁)ㅠ
蜀 〔몽〕(모)ㅅ (즁)ㅠ 〔운〕(즁)ㅠ 〔속〕(즁)ㅠ
躅 〔몽〕(모)ㅅ (즁)ㅠ 〔운〕(즁)ㅠ 〔속〕(즁)ㅠ
璹 〔몽〕(모)ㅅ (즁)ㅠ 〔운〕(즁)ㅠ 〔속〕(즁)ㅠ
韣 〔즁〕(모)ㄸ 〔몽〕(모)ㅅ (즁)ㅠ
　　〔운〕(즁)ㅠ 〔속〕(즁)ㅠ
鸀 〔몽〕(모)ㅅ (즁)ㅠ 〔운〕(즁)ㅠ 〔속〕(즁)ㅠ
屬 〔즁〕(모)ㅈ (즁)ㅠ 〔몽〕(모)ㅅ (즁)ㅠ
　　〔운〕(즁)ㅠ 〔속〕(즁)ㅠ
蠋 〔운〕(즁)ㅠ 〔속〕(즁)ㅠ
襡 〔즁〕(모)ㄸ 〔운〕(즁)ㅠ 〔속〕(즁)ㅠ
襩 〔속〕(즁)ㅠ
蜀 〔속〕(즁)ㅠ
贖 〔몽〕(모)ㅉ (즁)ㅠ 〔운〕(모)ㅉ (즁)ㅠ
　　〔집〕(모)ㅉ (즁)ㅠ 〔속〕(즁)ㅠ

影ㆆ[ʔ]

入屋-烏谷
剭 〔즁〕(운)藥

曉ㅎ[x]

平東-呼洪
　　烘 〔중〕(조)去

去送-呼貢
　　烘 〔중〕(조)平

入屋-呼木
　　熇 〔중〕(운)蕭 藥

匣ㆅ[ɣ]

平東-胡公
　　烘 〔중〕(모)ㄱ
　　肛 〔중〕(운)陽

上董-胡孔
　　汞 〔운〕(모)ㅎ

去送-胡貢
　　浲 〔중〕(운)陽

入屋-胡谷
　　嚛 〔중〕(운)藥

來ㄹ[l]

去送-盧貢
　　礱 〔중〕(중)ㅠ

入屋-盧谷
　　漉 〔중〕(운)藥
　　谷 〔중〕(모)ㄱ ○ (중)ㅠ
　　碌 〔몽〕(중)ㅜ ㅠ 〔운〕(중)ㅠ
　　籙 〔몽〕(중)ㅠ 〔운〕(중)ㅠ
　　醁 〔몽〕(중)ㅠ 〔운〕(중)ㅠ
　　菉 〔몽〕(중)ㅠ 〔운〕(중)ㅠ
　　綠 〔몽〕(중)ㅠ 〔운〕(중)ㅠ
　　騄 〔몽〕(중)ㅠ 〔운〕(중)ㅠ

　　渌 〔몽〕(중)ㅠ 〔운〕(중)ㅠ
　　六 〔몽〕(중)ㅠ 〔운〕(중)ㅠ 〔원〕(중)ㅣ
　　　　(중)ㅠ (종)ㅸ
　　蚞 〔몽〕(중)ㅠ 〔운〕(중)ㅠ
　　陸 〔몽〕(중)ㅠ 〔운〕(중)ㅠ 〔원〕(중)ㅣ
　　　　(중)ㅠ (종)ㅸ
　　稑 〔몽〕(중)ㅠ 〔운〕(중)ㅠ
　　穆 〔중〕(운)篠 〔몽〕(중)ㅠ 〔운〕(중)ㅠ
　　蓼 〔중〕(운)篠 〔몽〕(중)ㅠ 〔운〕(중)ㅠ
　　戮 〔몽〕(중)ㅠ 〔운〕(중)ㅠ
　　勠 〔중〕(운)有 〔몽〕(중)ㅠ 〔운〕(중)ㅠ

日△[ɽ]

入屋-而六
　　肉 〔중〕(운)有 〔몽〕(중)ㅠ 〔운〕(중)ㅠ
　　　　〔원〕(중)ㅣ (종)ㅸ 〔금〕(중)ㅣ (종)ㅸ
　　辱 〔몽〕(중)ㅠ 〔운〕(중)ㅠ 〔원〕(중)ㅣ
　　　　(중)ㅠ (종)ㅸ
　　恧 〔몽〕(중)ㅠ 〔운〕(중)ㅠ
　　蓐 〔몽〕(중)ㅠ 〔운〕(중)ㅠ
　　褥 〔몽〕(중)ㅠ 〔운〕(중)ㅠ
　　縟 〔몽〕(중)ㅠ 〔운〕(중)ㅠ
　　溽 〔몽〕(중)ㅠ 〔운〕(중)ㅠ
　　嗕 〔몽〕(중)ㅠ 〔운〕(중)ㅠ

[ㅠ]

見ㄱ[k]

平東-居中
　　弓 〔속〕(중)ㅜ
　　躬 〔속〕(중)ㅜ
　　躳 〔속〕(중)ㅜ
　　宮 〔속〕(중)ㅜ
　　恭 〔속〕(중)ㅜ
　　供 〔속〕(중)ㅜ
　　共 〔속〕(중)ㅜ

去送-居用

供〔중〕(조)平〔속〕(중)ㅜ
入屋-居六
　拳〔중〕(중)ㅜ

溪ㅋ[k']

平東-丘中
　穹〔속〕(중)ㅜ
　芎〔속〕(중)ㅜ
　궁1〔속〕(중)ㅜ
　銎〔속〕(중)ㅜ
　簅〔속〕(중)ㅜ

上董-丘隴
　恐〔중〕(조)去〔속〕(중)ㅜ

去送-欺用
　恐〔중〕(조)上〔속〕(중)ㅜ

群ㄲ[g]

平東-渠宮
　蛩〔중〕(모)ㅎ

去送-渠用
　共〔중〕(모)ㄱ〔속〕(모)ㄱ

泥ㄴ[n]

入屋-女六
　忸〔중〕(운)有

精ㅈ[ts]

平東-將容
　縱〔중〕(중)ㅜ(조)去〔속〕(중)ㅜ
　蹤〔속〕(중)ㅜ

上董-卽容
　慫〔속〕(중)ㅠ

去送-足用
　縱〔중〕(중)ㅜ(조)平〔속〕(중)ㅜ
　瘲〔속〕(중)ㅜ

入屋-縱玉
　足〔중〕(운)御〔속〕(중)ㅜ(종)ㆆ
　鬣〔속〕(모)ㅈ(중)ㅜ(종)ㆆ
　顣〔속〕(모)ㅈ(중)ㅜ(종)ㆆ
　欶〔속〕(모)ㅈ(중)ㅜ(종)ㆆ
　蹴〔속〕(모)ㅈ(중)ㅜ(종)ㆆ
　繷〔속〕(모)ㅈ(중)ㅜ(종)ㆆ
　蹙〔속〕(모)ㅈ(중)ㅜ(종)ㆆ
　踧〔중〕(운)陌〔속〕(모)ㅈ(중)ㅜ(종)ㆆ

從ㅉ[dz]

平東-牆容
　從〔중〕(모)ㅊ(조)去〔속〕(중)ㅜ

去送-才仲
　從〔중〕(모)ㅊ(중)ㅜ(조)平〔속〕(중)ㅜ

心ㅅ[s]

平東-息中
　嵩〔속〕(중)ㅜ
　崧〔속〕(중)ㅜ
　菘〔속〕(중)ㅜ
　蜙〔속〕(중)ㅜ
　騦〔속〕(중)ㅜ
　鵗〔속〕(중)ㅜ
　娀〔속〕(중)ㅜ
　淞〔속〕(중)ㅜ
　㩳〔속〕(중)ㅜ
　鬆〔몽〕(중)ㅜ〔집〕(중)ㅜ〔속〕(중)ㅜ
　松〔몽〕(모)ㅆ〔운〕(모)ㅆ〔집〕(중)ㅜ
　　〔속〕(중)ㅜ

上董-息勇

竦 〔속〕(중)ㅜ
悚 〔속〕(중)ㅜ
摤 〔속〕(중)ㅜ
駷 〔속〕(중)ㅜ
聳 〔속〕(중)ㅜ

入屋-蘇玉

夙 〔속〕(중)ㅜ (종)ㆆ
宿 〔중〕(운)宥 〔속〕(중)ㅜ (종)ㆆ
蓿 〔속〕(중)ㅜ (종)ㆆ
粟 〔속〕(중)ㅜ (종)ㆆ

邪ㅆ[z]

去送-似用

頌 〔속〕(중)ㅜ
誦 〔속〕(중)ㅜ
訟 〔속〕(중)ㅜ

照ㅈ[ʥ]

平東-陟隆

中 〔중〕(조)去 〔속〕(중)ㅜ
衷 〔중〕(조)去 〔속〕(중)ㅜ
忠 〔속〕(중)ㅜ
終 〔속〕(중)ㅜ
螽 〔속〕(중)ㅜ
蚣 〔중〕(모)ㄱ (중)ㅜ 〔속〕(중)ㅜ
衆 〔속〕(중)ㅜ
種 〔속〕(중)ㅜ
忪 〔속〕(중)ㅜ
蹱 〔속〕(중)ㅜ

上董-知隴

腫 〔속〕(중)ㅜ
踵 〔속〕(중)ㅜ
歱 〔속〕(중)ㅜ
徸 〔속〕(중)ㅜ
種 〔중〕(조)去 〔몽〕(모)ㅆ 〔속〕(중)ㅜ
冢 〔속〕(중)ㅜ

塚 〔속〕(중)ㅜ
㙨 〔속〕(중)ㅜ
偅 〔속〕(중)ㅜ
瘇 〔몽〕(모)ㅆ 〔고〕(모)ㅆ 〔속〕(중)ㅜ
𩪘 〔속〕(중)ㅜ
𤺄 〔속〕(중)ㅜ

去送-之仲

衆 〔중〕(조)平 〔속〕(중)ㅜ
湩 〔속〕(중)ㅜ
穜 〔속〕(중)ㅜ
種 〔중〕(조)上 〔속〕(중)ㅜ
中 〔중〕(조)平 〔속〕(중)ㅜ
衷 〔중〕(조)平 〔속〕(중)ㅜ

入屋-之六

祝 〔중〕(운)宥 〔속〕(중)ㅜ
粥 〔속〕(중)ㅜ
鬻 〔속〕(중)ㅜ
竹 〔속〕(중)ㅜ
竺 〔중〕(모)ㄷ 〔속〕(중)ㅜ
筑 〔속〕(중)ㅜ
築 〔속〕(중)ㅜ
茿 〔속〕(중)ㅜ
燭 〔속〕(중)ㅜ
爥 〔속〕(중)ㅜ
矚 〔속〕(중)ㅜ
矚 〔속〕(중)ㅜ
屬 〔중〕(모)ㅆ 〔속〕(중)ㅜ
囑 〔속〕(중)ㅜ
斸 〔중〕(운)藥 〔속〕(중)ㅜ
钃 〔속〕(중)ㅜ
瘃 〔중〕(운)藥 〔속〕(중)ㅜ

穿ㅊ[ʨ']

平東-昌中

充 〔속〕(중)ㅜ
銃 〔속〕(중)ㅜ
䖝 〔속〕(중)ㅜ
琉 〔속〕(중)ㅜ
茺 〔속〕(중)ㅜ
流 〔속〕(중)ㅜ

忪 〔속〕(중)丅
忡 〔속〕(중)丅
衝 〔속〕(중)丅
衛 〔속〕(중)丅
罿 〔속〕(중)丅
憧 〔속〕(중)丅
轋 〔속〕(중)丅
艟 〔속〕(중)丅
穜 〔속〕(중)丅
傭 〔속〕(중)丅
沖 〔몽〕(모)ㅉ 〔운〕(모)ㅉ 〔본〕(모)ㅉ
〔속〕(중)丅
沖 〔몽〕(모)ㅉ 〔운〕(모)ㅉ 〔본〕(모)ㅉ
〔속〕(중)丅
种 〔몽〕(모)ㅉ 〔운〕(모)ㅉ 〔본〕(모)ㅉ
〔속〕(중)丅
狆 〔몽〕(모)ㅉ 〔운〕(모)ㅉ 〔본〕(모)ㅉ
〔속〕(중)ㅠ
沖 〔몽〕(모)ㅉ 〔운〕(모)ㅉ 〔본〕(모)ㅉ

上董-丑勇
籠 〔속〕(중)丅

去送-丑用
衝 〔중〕(운)陽 (모)ㅅ 〔속〕(중)丅

入屋-昌六
柷 〔속〕(중)丅 (종)ㆆ
稬 〔속〕(중)丅 (종)ㆆ
畜 〔중〕(운)有 (모)ㆆ 〔속〕(중)丅 (종)ㆆ
蓄 〔몽〕(모)ㆆ 〔속〕(중)丅 (종)ㆆ
蓫 〔속〕(중)丅 (종)ㆆ
菫 〔속〕(중)丅 (종)ㆆ
觸 〔속〕(중)丅 (종)ㆆ
歠 〔중〕(운)感 〔속〕(중)丅 (종)ㆆ
矗 〔속〕(중)丅 (종)ㆆ

牀ㅅ[ʤ]

平東-持中
蟲 〔속〕(중)丅
蛊 〔속〕(중)丅
爞 〔속〕(중)丅

穜 〔속〕(중)丅
重 〔중〕(조)上 去 〔속〕(중)丅

上董-直隴
重 〔중〕(조)平 去 〔속〕(중)丅
鮦 〔중〕(모)ㄸ 〔속〕(중)丅

去送-直衆
仲 〔속〕(중)丅
緟 〔속〕(중)丅
重 〔중〕(조)平 上 〔속〕(중)丅
蚛 〔속〕(중)丅 〔금〕(중)丅

入屋-直六
逐 〔중〕(운)尤 有 〔몽〕(중)丅 〔원〕(모)ㅈ
(중)ㅣ (종)ㅸ 〔속〕(중)丅 (종)ㅇ
柚 〔중〕(운)有 〔몽〕(중)丅 〔속〕(중)丅
(종)ㆆ 〔금〕(모)ㅊ (중)ㅣ (종)ㅸ
軸 〔몽〕(중)丅 〔속〕(중)丅 (종)ㅇ
〔금〕(모)ㅈ (중)ㅣ (종)ㅸ
舳 〔몽〕(중)丅 〔속〕(중)丅 (종)ㆆ
妯 〔중〕(운)尤 〔몽〕(중)丅 〔속〕(중)丅 (종)ㆆ
〔금〕(모)ㅈ (중)ㅣ (종)ㅸ
躅 〔몽〕(중)丅 〔속〕(중)丅 (종)ㆆ
蹢 〔몽〕(중)丅 〔속〕(중)丅 (종)ㆆ
蠋 〔중〕(모)ㄸ 〔몽〕(중)丅 〔속〕(중)丅 (종)ㆆ
薥 〔몽〕(중)丅 〔속〕(중)丅 (종)ㆆ
碡 〔중〕(모)ㄸ 〔몽〕(중)丅 〔속〕(중)丅 (종)ㆆ

審ㅅ[ɕ]

平東-書容
舂 〔몽〕(중)丅 〔속〕(중)丅 〔금〕(모)ㅊ (중)丅
椿 〔몽〕(중)丅 〔속〕(중)丅
衝 〔중〕(운)陽 (모)ㅊ 〔속〕(중)丅

入屋-式竹
叔 〔속〕(모)ㅅ (중)丅 (종)ㆆ
菽 〔속〕(모)ㅅ (중)丅 (종)ㆆ
朿 〔속〕(모)ㅅ (중)丅 (종)ㆆ
倏 〔속〕(모)ㅅ (중)丅 (종)ㆆ
儵 〔속〕(모)ㅅ (중)丅 (종)ㆆ
束 〔속〕(모)ㅅ (중)丅 (종)ㆆ

傲 [몽](모)ㅊ [운](모)ㅊ (모)ㅆ
  [속](모)ㅅ (중)ㅜ (종)ㆆ
琡 [몽](모)ㅈ ㅆ [운](모)ㅊ (모)ㅆ
  [속](모)ㅅ (중)ㅜ (종)ㆆ
淑 [몽](모)ㅆ [운](모)ㅆ [속](모)ㅅ
娵 [몽](모)ㅆ [운](모)ㅆ [속](모)ㅅ
  (중)ㅜ (종)ㆆ

影ㆆ[ʔ]

平東-於容
  雍 [중](조)去
  灉 [중](조)去
  灘 [중](조)去
  澭 [중](조)去
  壅 [중](모)ㅇ (조)去

去送-於用
  雍 [중](조)平
  灉 [중](조)平
  灘 [중](조)平
  澭 [중](조)平
  壅 [중](모)ㅇ (조)平

入屋-乙六
  墺 [중](운)效
  陳 [중](운)效
  澳 [중](운)效
  奧 [중](운)效
  燠 [중](운)效

曉ㅎ[x]

平東-許容
  兇 [중](조)上
  詾 [중](조)上
  訩 [중](조)上
  哅 [중](조)去
  洶 [중](조)上
  赳 [중](모)ㄲ
  兄 [중](운)漾 庚

上董-許拱
  兇 [중](조)平
  詾 [중](조)平
  訩 [중](조)平
  洶 [중](조)平

去送-許用
  哅 [중](조)平

入屋-許六
  畜 [중](운)有 (모)ㅊ

喩ㅇ[j]

平東-以中
  傭 [중](모)ㅊ [몽](모)ㅊ (중)ㅜ

上董-尹竦
  桶 [중](모)ㅌ (중)ㅜ
  奭 [중](운)魚
  箐 [중](모)ㄸ (중)ㅜ
  擁 [몽](모)ㆆ [고](모)ㆆ
  擁 [몽](모)ㆆ [고](모)ㆆ
  攞 [몽](모)ㆆ [고](모)ㆆ
  搯 [중](모)ㆆ [몽](모)ㆆ [고](모)ㆆ

入屋-余六
  鬻 [중](모)ㅈ
  煜 [중](운)緝
  谷 [중](모)ㄱ ㄹ (중)ㅜ ㅜ

來ㄹ[l]

平東-盧容
  龍 [속](중)ㅜ
  隆 [속](중)ㅜ
  隆 [속](중)ㅜ
  窿 [속](중)ㅜ
  癃 [속](중)ㅜ
  癃 [속](중)ㅜ
  犫 [속](중)ㅜ
  蘢 [속](중)ㅜ

籠 〔중〕(조)上 〔몽〕(중)ㅜ 〔운〕(중)ㅜ 〔속〕(중)ㅜ
襱 〔몽〕(중)ㅜ 〔운〕(중)ㅜ 〔속〕(중)ㅜ
龓 〔몽〕(중)ㅜ 〔운〕(중)ㅜ 〔속〕(중)ㅜ
巄 〔몽〕(중)ㅜ 〔운〕(중)ㅜ 〔속〕(중)ㅜ
曨 〔중〕(조)上 〔몽〕(중)ㅜ 〔운〕(중)ㅜ 〔속〕(중)ㅜ
聾 〔몽〕(중)ㅜ 〔운〕(중)ㅜ 〔속〕(중)ㅜ
巃 〔몽〕(중)ㅜ 〔운〕(중)ㅜ 〔속〕(중)ㅜ
蘢 〔몽〕(중)ㅜ 〔운〕(중)ㅜ 〔속〕(중)ㅜ
瓏 〔몽〕(중)ㅜ 〔운〕(중)ㅜ 〔속〕(중)ㅜ
礱 〔중〕(중)ㅜ 〔몽〕(중)ㅜ 〔운〕(중)ㅜ 〔속〕(중)ㅜ
龐 〔중〕(운)陽 (중)ㅜ 〔몽〕(중)ㅜ 〔운〕(중)ㅜ 〔속〕(중)ㅜ
窿 〔몽〕(중)ㅜ 〔운〕(중)ㅜ 〔속〕(중)ㅜ
襱 〔몽〕(중)ㅜ 〔운〕(중)ㅜ 〔속〕(중)ㅜ
窿 〔몽〕(중)ㅜ 〔운〕(중)ㅜ 〔속〕(중)ㅜ
攏 〔중〕(조)上 〔몽〕(중)ㅜ 〔운〕(중)ㅜ 〔속〕(중)ㅜ
爖 〔몽〕(중)ㅜ 〔운〕(중)ㅜ 〔속〕(중)ㅜ
瀧 〔중〕(운)陽 〔몽〕(중)ㅜ 〔운〕(중)ㅜ 〔속〕(중)ㅜ
龖 〔몽〕(중)ㅜ 〔운〕(중)ㅜ 〔속〕(중)ㅜ
龘 〔몽〕(중)ㅜ 〔운〕(중)ㅜ 〔속〕(중)ㅜ

上董-力董
隴 〔속〕(중)ㅜ
壟 〔속〕(중)ㅜ
曨 〔중〕(조)平 〔몽〕(중)ㅜ 〔운〕(중)ㅜ 〔속〕(중)ㅜ
籠 〔중〕(조)平 〔몽〕(중)ㅜ 〔운〕(중)ㅜ 〔속〕(중)ㅜ
寵 〔몽〕(중)ㅜ 〔운〕(중)ㅜ 〔속〕(중)ㅜ
攏 〔중〕(조)平 〔몽〕(중)ㅜ 〔운〕(중)ㅜ 〔속〕(중)ㅜ
儱 〔몽〕(중)ㅜ 〔운〕(중)ㅜ 〔속〕(중)ㅜ

駥 〔속〕(중)ㅜ
絨 〔속〕(중)ㅜ
狨 〔속〕(중)ㅜ
毧 〔속〕(중)ㅜ
茸 〔중〕(조)上 〔몽〕(모)ㅆ 〔운〕(모)ㅆ 〔속〕(중)ㅜ
慵 〔몽〕(모)ㅆ 〔운〕(모)ㅆ 〔원〕(모)ㅉ 〔속〕(중)ㅜ
鱅 〔몽〕(모)ㅆ 〔운〕(모)ㅆ 〔원〕(모)ㅉ 〔속〕(중)ㅜ

上董-而隴
冗 〔속〕(중)ㅜ
茸 〔속〕(중)ㅜ
氄 〔속〕(중)ㅜ
毿 〔속〕(중)ㅜ

日 △[ɾ]

平東-而中
戎 〔속〕(중)ㅜ
羢 〔속〕(중)ㅜ

2. 지지치(支紙寘)

중성 : (一) 精淸從心邪照穿

　　　　(ㅣ) 群𣬐滂竝明非奉微照穿牀審禪影曉喩日

종성 : 平上去: ø

성조 : 平　上　去

운모 : 支　紙　寘

주기 : 이 [△]를 표시하는 방법은 한국에서 창안한 것이다. 지지치(支紙寘)의 삼운(三韻) 중 치음(齒音)에 딸린 精[ㅈ], 淸[ㅊ], 從[ㅉ], 心[ㅅ], 邪[ㅆ], 照[ㅈ], 穿[ㅊ], 牀[ㅉ], 審[ㅅ, 禪[ㅆ] 들은 초호(初呼)에서는 구음(口音)이나 설음(舌音)의 구별이 없이 모두 종성에 △[日母]를 붙인다.

보기 : 眦쯩, 知징

다만 아음(牙音) 見溪群疑와 순음(脣音) 𣬐滂竝明非奉微들에서는 '△'를 붙이지 않는다.

참고 : 이 이론과 달리 실지에 있어서는 [△]를 붙이지 않았다.

위의 설명에 대하여 <번노박 범례9>에서는 그 해결 방안을 다음과 같이 설명하였다.

<통고>에서는 觜[14] 자음 '즈' 주에 이르기를 '속음에서는 支紙寘 운 중 치음에 딸린 여러 글자들은 입이나 혀의 모양이 변하지 아니하므로 △ 을 종성으로 붙인 다음에라야 그 본디의 음에 접근할 수 있다.' 하였다. 현재 치음에 딸린 여러 글자를 참고하여 자음 체계를 확정하려고 하니 문제점이 너무 많이 드러난다.

우선 <통고>의 규정에 따라 종성에 △ 를 붙인다면 초학자로서는 발음하기가 매우 어렵다. 그러므로 현재의 번역 체계에서는 그 △ 를 모두 없애버렸다. 그리고 나니 문제가 또 생겼다. 곧 이러한 결과로는 시음(時音)에 맞지 않는다. 이제(번역노걸대박통사언해)는 오른쪽에는 △

---

14) 자(觜) : 현재는 <통고>가 전하지 아니하여 <역훈>에 의하여 조사한 결과 支紙寘 3운의 각 자모의 자모운 아래에 '俗音支紙寘下同'이란 기록이 있다.

를 붙여 쓰는 글자의 정음을 적어서 이 글을 보는 사람들이 거기에 쓰인 정음을 기준으로 ㅿ 를 발음한 뒤에라야 시음에 맞는다고 하겠다.

<통고> 범례에 이르기를 ㅡ(으)는 ㅡ와 ㆍ(아래아)의 사이에서 나는 발음이라 하였는데 현재 중국의 발음 습관으로는 처음에 ㅡ(으)를 붙인 여러 글자의 기록한 보기를 보면 모두 ㆍ(?)를 쓰는 방향으로 사용하였다. 그러나 한편으로는 ㅡ, ㆍ의 중간에서 발음하여야 시음에 접근한 발음이 될 수 있을 것이다.(박노박 범례 9조 참조) 그러면 실지로 치음에서 ㅿ 를 붙인 글자의 발음과 ㅿ 를 붙이지 않은 것의 차이는 어디에 있을까? <한고>의 쓰임을 살펴보면 支운 자모에 딸린 각자의 발음이 중고음 tsie인데 근대음 tsï이다. 중고음의 주요 원음은 /e/이고 근대음의 주요원음은 /ï/이다. 이 표기로 미루어 보면 <통해>의 기술은 운서음의 ïe에서 실질적인 자음[時音]은 ï로 발음된다는 것이다. 이것을 IPA의 음과 비교하여 보면 혓바닥 가운데의 가장 높은 안둥근홀소리[舌面不圓高母音]에 해당하는 /i/음이 ï와 동일하다고 본다면 혀앞의 반높은 안둥근홀소리[舌前不圓半高音]이다. 그러므로 이 변화는 ïe → ï로 된 것이다. 그런데 <통해>에는 '牙音脣音則否'라고 하였다. 이 기술을 같은 한고의 支紙寘운에서 조사하여 본 결과 아음인 見溪群疑나 순음인 幫滂竝明에서는 각각 ïe →i 또는 i → ui로 나타나 있다. 이와 같은 음운 법칙을 치음의 종성으로 ㅿ 를 붙이고 안붙이고로 나타낸 것이라고 말할 수 있을 것이다.

[ㅡ]

精ㅈ[ʦ]

平支-津私
　　貲 〔속〕(종)△
　　訾 〔중〕(조)上 〔속〕(종)△
　　髭 〔속〕(종)△
　　頿 〔속〕(종)△
　　觜 〔중〕(운)賄 〔속〕(종)△
　　鄑 〔속〕(종)△
　　咨 〔속〕(종)△
　　諮 〔속〕(종)△
　　齎 〔중〕(운)齊 〔속〕(종)△
　　資 〔속〕(종)△
　　姿 〔속〕(종)△
　　粢 〔속〕(종)△
　　秶 〔속〕(종)△
　　齏 〔속〕(종)△
　　齍 〔속〕(종)△
　　濟 〔속〕(종)△
　　茲 〔중〕(모)ㅉ 〔속〕(종)△
　　玆 〔속〕(종)△
　　滋 〔속〕(종)△
　　孜 〔속〕(종)△
　　孶 〔중〕(모)ㅉ 〔속〕(종)△
　　嵫 〔속〕(종)△
　　鎡 〔속〕(종)△
　　鼒 〔속〕(종)△
　　仔 〔중〕(조)上 〔속〕(종)△
　　薋 〔속〕(종)△
　　茈 〔중〕(모)ㅉ (조)上 〔속〕(종)△
　　嘴 〔속〕(종)△
　　趑 〔몽〕(모)ㅊ 〔집〕(모)ㅊ 〔속〕(종)△
　　劑 〔중〕(운)霽 〔몽〕(중)ㅟ 〔운〕(중)ㅟ
　　　〔속〕(종)△

上紙-祖似
　　子 〔속〕(종)△
　　秄 〔속〕(종)△
　　芓 〔속〕(종)△
　　耔 〔속〕(종)△

　　梓 〔속〕(종)△
　　仔 〔중〕(조)平 〔속〕(종)△
　　杍 〔속〕(종)△
　　虸 〔속〕(종)△
　　紫 〔속〕(종)△
　　呰 〔속〕(종)△
　　訾 〔중〕(조)平 〔속〕(종)△
　　訿 〔속〕(종)△
　　啙 〔속〕(종)△
　　批 〔중〕(운)薺 〔속〕(종)△
　　跐 〔중〕(운)解 〔속〕(종)△
　　姊 〔속〕(종)△
　　秭 〔속〕(종)△
　　滓 〔몽〕(모)ㅈ 〔운〕(모)ㅈ 〔속〕(종)△
　　胏 〔몽〕(모)ㅈ 〔운〕(모)ㅈ 〔속〕(종)△
　　第 〔중〕(모)ㅈ (중)ㅣ 〔몽〕(모)ㅈ 〔운〕(모)ㅈ
　　　〔속〕(종)△
　　茈 〔중〕(모)ㅉ (조)平 〔몽〕(모)ㅈ
　　　〔운〕(모)ㅈ 〔속〕(종)△

去實-資四
　　恣 〔속〕(종)△
　　積 〔중〕(운)陌 〔속〕(종)△
　　漬 〔몽〕(모)ㅉ 〔운〕(모)ㅉ 〔속〕(종)△
　　眥 〔중〕(운)霽 泰 〔몽〕(모)ㅉ 〔운〕(모)ㅉ
　　　〔속〕(종)△
　　眦 〔몽〕(모)ㅉ 〔운〕(모)ㅉ 〔속〕(종)△
　　齰 〔속〕(종)△
　　裁 〔몽〕(모)ㅈ 〔운〕(모)ㅈ 〔속〕(종)△
　　剚 〔몽〕(모)ㅈ 〔운〕(모)ㅈ 〔속〕(종)△
　　傳 〔몽〕(모)ㅈ 〔운〕(모)ㅈ 〔속〕(종)△

清ㅊ[ʦʻ]

平支-此玆
　　雌 〔속〕(종)△

上紙-雌氏
　　此 〔속〕(종)△
　　佌 〔속〕(종)△
　　玼 〔중〕(운)薺 (모)ㅉ 〔속〕(종)△
　　泚 〔중〕(운)薺 〔속〕(종)△

去實-七四
  次 [속](종)△
  鬚 [중](운)尤 [속](종)△
  束 [속](종)△
  莿 [속](종)△
  策 [중](운)陌 [속](종)△
  刺 [중](운)陌 [속](종)△
  諫 [속](종)△
  伙 [속](종)△
  紻 [속](종)△
  載 [속](종)△
  蚝 [속](종)△
  瘯 [속](종)△

從ㅉ[dz]

平支-才資
  疵 [속](종)△
  玼 [중](운)薺 (모)ㅊ [속](종)△
  慈 [속](종)△
  磁 [속](종)△
  茲 [중](모)ㅈ [속](종)△
  瓷 [속](종)△
  鎡 [속](종)△
  批 [속](종)△
  鷓 [속](종)△
  餈 [속](종)△
  糍 [속](종)△
  疵 [중](모)ㅈ [속](종)△
  茨 [속](종)△
  薺 [중](모)ㅍ [속](종)△
  慈 [속](종)△
  檾 [속](종)△

去實-疾二
  自 [속](종)△
  字 [속](종)△
  孳 [중](모)ㅈ [속](종)△
  牸 [속](종)△

心ㅅ[s]

平支-相咨
  斯 [속](종)△
  撕 [중](운)齊 [속](종)△
  廝 [속](종)△
  禠 [속](종)△
  虒 [속](종)△
  澌 [중](운)齊 [속](종)△
  澌 [중](운)齊 (조)去 [속](종)△
  嘶 [속](종)△
  鵡 [속](종)△
  私 [속](종)△
  思 [중](조)去 [속](종)△
  覗 [속](종)△
  偲 [중](운)皆 [속](종)△
  罳 [중](운)皆 [속](종)△
  颸 [속](종)△
  緦 [속](종)△
  絲 [속](종)△
  司 [속](종)△
  鷥 [속](종)△

上紙-想姊
  死 [속](종)△

去實-息漬
  四 [속](종)△
  肆 [속](종)△
  柶 [속](종)△
  泗 [속](종)△
  駟 [속](종)△
  賜 [속](종)△
  澌 [중](운)齊 (조)平 [속](종)△
  笥 [속](종)△
  伺 [속](종)△ [금](모)ㅊ (중)ㅜ
  思 [중](조)平 [속](종)△
  寺 [몽](모)ㅆ [운](모)ㅆ [속](종)△
  嗣 [몽](모)ㅆ [운](모)ㅆ [속](종)△
  飼 [몽](모)ㅆ [운](모)ㅆ [속](종)△
  飤 [몽](모)ㅆ [운](모)ㅆ [속](종)△
  食 [중](운)陌 (모)ㅇ [속](종)△
  塸 [몽](중)ㅣ [속](종)△

邪ㅆ[z]

平支-詳茲
詞 [속](종)△
辭 [속](종)△
辝 [속](종)△
辞 [속](종)△
辭 [속](종)△
祠 [속](종)△

上紙-詳子
似 [속](종)△
巳 [중](운)薺 (모)ㅇ [속](종)△
祠 [속](종)△
禩 [속](종)△
汜 [속](종)△
姒 [속](종)△
耜 [속](종)△
兕 [속](종)△
竢 [몽](모)ㅉ [속](종)△
俟 [중](모)ㄲ (중)ㅣ [몽](모)ㅉ [속](종)△
涘 [몽](모)ㅉ [속](종)△

照ㅈ[tɕ]

平支-旨而
淄 [속](종)△
菑 [속](종)△
榴 [속](종)△
輜 [속](종)△
錙 [속](종)△
緇 [속](종)△
鶅 [속](종)△
甾 [속](종)△
鯔 [속](종)△

穿ㅊ[tɕ']

平支-叉茲
差 [중](운)皆 厏 [속](종)△
嵯 [중](운)歌 [속](종)△

去寘-昌智
厠 [속](종)△ [금](모)ㅅ (종)△
翅 [속](종)△
狧 [속](종)△
寘 [중](모)ㅅ (중)ㅣ [몽](모)ㅅ [운](모)ㅅ
   [속](종)△
熾 [몽](모)ㅊ [운](모)ㅊ [속](종)△
饎 [몽](모)ㅊ [운](모)ㅊ [속](종)△
糦 [몽](모)ㅊ [운](모)ㅊ [속](종)△
饎 [몽](모)ㅊ [운](모)ㅊ [속](종)△
幟 [몽](모)ㅊ [운](모)ㅊ [속](종)△
埴 [중](운)陌 [몽](모)ㅊ [운](모)ㅊ
   [속](종)△
碩 [몽](모)ㅊ [운](모)ㅊ [속](종)△

[ㅣ]

群ㄲ[g]

平支-渠宜
奇 [중](운)齊
騎 [중](조)去
錡 [중](모)ㅇ (조)上
碕 [중](운)齊
崎 [중](운)齊
其 [중](운)齊
期 [중](운)齊
棋 [중](운)齊
萁 [중](운)齊
蘄 [중](운)眞
幾 [중](운)齊
俟 [중](모)ㅆ
祇 [중](모)ㅈ (중)ㅖ [몽](모)ㄱ (중)ㅖ
示 [중](모)ㅆ
跂 [중](운)霽
伎 [중](조)上
蚑 [중](운)霽

上紙-巨綺
伎 [중](조)平

錡 〔중〕(모)ㅇ (조)平

去實-奇寄
　騎 〔중〕(조)平
　忌 〔중〕(운)霽
　偈 〔중〕(운)屑
　洎 〔중〕(운)霽
　堅 〔중〕(모)ㅎ

幫ㅂ[p]

平支-逋眉
　卑 〔속〕(중)ㅓ
　錍 〔중〕(모)ㅍ ㅃ 〔속〕(중)ㅓ
　裨 〔중〕(모)ㅃ 〔속〕(중)ㅓ
　萆 〔속〕(중)ㅓ
　椑 〔중〕(운)陌 (모)ㅃ 〔속〕(중)ㅓ
　鵯 〔중〕(운)質
　悲 〔몽〕(중)ㅟ 〔운〕(중)ㅟ 〔속〕(중)ㅓ
　陂 〔중〕(운)歌 (조)去 〔몽〕(중)ㅟ 〔운〕(중)ㅟ
　　〔속〕(중)ㅓ
　羆 〔몽〕(중)ㅟ 〔운〕(중)ㅟ 〔속〕(중)ㅓ
　詖 〔중〕(조)去 〔몽〕(중)ㅟ 〔운〕(중)ㅟ
　　〔속〕(중)ㅓ
　裨 〔몽〕(중)ㅟ 〔운〕(중)ㅟ 〔속〕(중)ㅓ

上紙-補委
　俾 〔속〕(중)ㅓ
　匕 〔속〕(중)ㅓ
　比 〔중〕(모)ㅃ 〔속〕(중)ㅓ
　朼 〔중〕(운)質 (모)ㅃ (조)去 〔속〕(중)ㅓ
　妣 〔속〕(중)ㅓ
　秕 〔속〕(중)ㅓ
　粃 〔속〕(중)ㅓ
　疕 〔운〕(모)ㅍ 〔속〕(중)ㅓ
　被 〔몽〕(중)ㅓ 〔운〕(중)ㅓ 〔속〕(중)ㅓ
　否 〔중〕(운)有 (모)ㅃ 〔몽〕(중)ㅓ
　　〔운〕(중)ㅓ 〔속〕(중)ㅓ
　啚 〔몽〕(중)ㅓ 〔운〕(중)ㅓ 〔속〕(중)ㅓ
　鄙 〔몽〕(중)ㅓ 〔운〕(중)ㅓ 〔속〕(중)ㅓ
　髀 〔몽〕(모)ㅃ 〔속〕(중)ㅓ

去實-兵媚
　芘 〔중〕(모)ㅍ ㅃ
　弊 〔중〕(모)ㅃ
　比 〔중〕(운)質 (모)ㅃ (조)平
　秘 〔몽〕(중)ㅟ 〔운〕(중)ㅟ
　毖 〔몽〕(중)ㅟ 〔운〕(중)ㅟ
　閟 〔몽〕(중)ㅟ 〔운〕(중)ㅟ
　泌 〔중〕(운)質 〔몽〕(중)ㅟ 〔운〕(중)ㅟ
　轪 〔몽〕(중)ㅟ 〔운〕(중)ㅟ
　柲 〔중〕(운)質 〔몽〕(중)ㅟ 〔운〕(중)ㅟ
　鉍 〔중〕(운)質 〔몽〕(중)ㅟ 〔운〕(중)ㅟ
　鄪 〔몽〕(중)ㅟ 〔운〕(중)ㅟ
　俾 〔몽〕(중)ㅟ 〔운〕(중)ㅟ
　詖 〔중〕(조)平 〔몽〕(중)ㅟ 〔운〕(중)ㅓ
　陂 〔중〕(운)歌 (조)平 〔몽〕(중)ㅟ 〔운〕(중)ㅟ
　跛 〔중〕(운)歌 〔몽〕(중)ㅟ 〔운〕(중)ㅓ
　彎 〔중〕(모)ㅎ 〔몽〕(중)ㅟ 〔운〕(중)ㅟ
　秘 〔중〕(모)ㅈ 〔몽〕(중)ㅟ 〔운〕(중)ㅟ
　賁 〔중〕(모)ㅎ 〔몽〕(중)ㅟ 〔운〕(중)ㅟ
　媲 〔몽〕(모)ㅍ
　帔 〔몽〕(모)ㅍ (중)ㅟ 〔운〕(중)ㅟ

滂ㅍ[p']

平支-篇夷
　紕 〔중〕(모)ㅃ
　批 〔중〕(운)屑 (조)上
　鈚 〔중〕(모)ㅃ
　錍 〔중〕(운)齊 (모)ㅃ
　鉟 〔중〕(모)ㅂ ㅃ
　披 〔중〕(조)上 〔몽〕(중)ㅟ 〔운〕(중)ㅟ
　嫓 〔몽〕(중)ㅟ 〔운〕(중)ㅟ
　鈹 〔몽〕(중)ㅟ 〔운〕(중)ㅟ
　鉟 〔몽〕(중)ㅟ 〔운〕(중)ㅟ
　帔 〔몽〕(중)ㅟ 〔운〕(중)ㅟ

上紙-普弭
　批 〔중〕(운)屑 (조)平
　芘 〔중〕(모)ㅂ ㅃ
　諀 〔몽〕(중)ㅟ 〔운〕(중)ㅟ
　㸏 〔몽〕(중)ㅟ 〔운〕(중)ㅟ
　秠 〔중〕(운)灰 〔몽〕(중)ㅟ 〔운〕(중)ㅟ
　庀 〔몽〕(중)ㅟ 〔운〕(중)ㅟ
　披 〔중〕(조)平 〔몽〕(중)ㅟ 〔운〕(중)ㅟ

坯 〔중〕(모)ㅇ 〔몽〕(모)ㅃ (중)ㅟ
    〔운〕(모)ㅃ (중)ㅟ

去聲-匹智
    澈 〔중〕(운)屑
    潷 〔몽〕(중)ㅜ

竝 ㅃ [b]

平支-蒲羆
    裨 〔중〕(모)ㅂ
    比 〔중〕(운)質 (모)ㅂ (조)去
    鈚 〔중〕(모)ㅂ
    錍 〔중〕(운)齊 (모)ㅍ
    錍 〔중〕(모)ㅂ ㅍ
    枇 〔중〕(모)ㅂ (조)去
    芘 〔중〕(모)ㅂ ㅍ
    椑 〔중〕(운)陌 (모)ㅂ
    皮 〔몽〕(중)ㅟ 〔운〕(중)ㅟ
    疲 〔몽〕(중)ㅟ 〔운〕(중)ㅟ
    罷 〔중〕(운)解 마 〔몽〕(중)ㅟ 〔운〕(중)ㅟ
    邳 〔중〕(운)灰 〔몽〕(중)ㅟ 〔운〕(중)ㅟ
    郫 〔몽〕(중)ㅟ 〔운〕(중)ㅟ

上紙-部比
    庫 〔중〕(조)去
    髀 〔중〕(모)ㅂ
    狴 〔중〕(운)齊
    否 〔중〕(운)有 (모)ㅂ 〔몽〕(중)ㅟ 〔운〕(중)ㅟ
    骳 〔중〕(조)去 〔몽〕(중)ㅟ 〔운〕(중)ㅟ
    被 〔중〕(조)去 〔몽〕(중)ㅟ 〔운〕(중)ㅟ
        〔금〕(중)ㅢ

去聲-毘意
    薜 〔중〕(운)陌
    紕 〔중〕(모)ㅍ
    弊 〔중〕(모)ㅂ
    比 〔중〕(운)質 (모)ㅂ (조)平
    庫 〔중〕(조)去
    枇 〔중〕(모)ㅂ (조)平
    被 〔중〕(조)上 〔몽〕(중)ㅟ 〔운〕(중)ㅟ
        〔금〕(중)ㅢ
    髲 〔몽〕(중)ㅟ 〔운〕(중)ㅟ 〔금〕(중)ㅢ

鞁 〔몽〕(중)ㅟ 〔운〕(중)ㅟ 〔금〕(중)ㅢ
弤 〔몽〕(중)ㅟ 〔운〕(중)ㅟ
備 〔몽〕(중)ㅟ 〔운〕(중)ㅟ
糒 〔중〕(운)泰 〔몽〕(중)ㅟ 〔운〕(중)ㅟ
骳 〔중〕(조)上 〔몽〕(중)ㅟ 〔운〕(중)ㅟ

明 ㅁ [m]

平支-忙皮
    麋 〔몽〕(중)ㅟ 〔운〕(중)ㅟ
    釄 〔몽〕(중)ㅟ 〔운〕(중)ㅟ
    蘪 〔몽〕(중)ㅟ 〔운〕(중)ㅟ
    糜 〔중〕(운)文 〔몽〕(중)ㅟ 〔운〕(중)ㅟ
    麛 〔중〕(운)薺 〔몽〕(중)ㅟ 〔운〕(중)ㅟ

非 ㅸ [f]

平支-芳微
    霏 〔금〕(중)ㅢ
    非 〔중〕(조)上 〔금〕(중)ㅢ
    妃 〔금〕(중)ㅢ
    騑 〔금〕(중)ㅢ
    非 〔금〕(중)ㅢ
    扉 〔금〕(중)ㅢ
    緋 〔금〕(중)ㅢ
    飛 〔금〕(중)ㅢ
    蜚 〔중〕(조)上 去 〔금〕(중)ㅢ
    誹 〔중〕(조)上 去 〔금〕(중)ㅢ

上紙-敷尾
    菲 〔중〕(조)平
    誹 〔중〕(조)平 去
    蜚 〔중〕(조)平 去

去聲-芳未
    誹 〔중〕(조)平 上
    沸 〔중〕(운)勿
    茀 〔중〕(운)勿
    肺 〔중〕(운)隊
    屝 〔중〕(운)東
    痱 〔중〕(운)賄 (모)ㅹ
    蜚 〔중〕(조)平 上

贗 〔중〕(운)文

奉ㅂ[v]

平支-符非
　脾 〔금〕(중)ㅓ
　淝 〔금〕(중)ㅓ
　腓 〔금〕(중)ㅓ
　痱 〔중〕(운)賄 (모)ㅂ 〔금〕(중)ㅓ
　賁 〔중〕(운)文 (모)ㅂ 〔금〕(중)ㅓ

微ㅁ[ŋ]

平支-無非
　微 〔금〕(중)ㅓ
　薇 〔금〕(중)ㅓ
　溦 〔금〕(중)ㅓ
　澂 〔금〕(중)ㅓ
　侑 〔몽〕(중)ㅖ 〔금〕(중)ㅓ
　維 〔몽〕(중)ㅖ 〔금〕(중)ㅓ
　惟 〔중〕(운)賄 〔몽〕(중)ㅖ 〔금〕(중)ㅓ
　濰 〔몽〕(중)ㅖ 〔금〕(중)ㅓ

上紙-無匪
　尾 〔금〕(중)ㅓ
　亹 〔중〕(모)ㅎ 〔금〕(중)ㅓ
　蠶 〔금〕(중)ㅓ

去寅-無沸
　未 〔금〕(중)ㅓ
　味 〔금〕(중)ㅓ

照ㅈ[tɕ]

平支-旨而
　知 〔속〕(종)△
　蜘 〔속〕(종)△
　鼅 〔속〕(종)△
　支 〔속〕(중)ㅡ (종)△
　枝 〔속〕(중)ㅡ (종)△

肢 〔속〕(중)ㅡ (종)△
胑 〔속〕(중)ㅡ (종)△
卮 〔속〕(중)ㅡ (종)△
氏 〔중〕(모)ㅆ 〔속〕(중)ㅡ (종)△
楮 〔속〕(중)ㅡ (종)△
揣 〔속〕(중)ㅡ (종)△
泜 〔중〕(운)霽 (모)ㅉ 〔속〕(중)ㅡ (종)△
褆 〔중〕(운)齊 (모)ㅉ 〔속〕(중)ㅡ (종)△
祗 〔중〕(모)ㄲ 〔속〕(중)ㅡ (종)△
秖 〔속〕(중)ㅡ (종)△
鳷 〔속〕(중)ㅡ (종)△
胝 〔속〕(중)ㅡ (종)△
胚 〔속〕(중)ㅡ (종)△
脂 〔속〕(중)ㅡ (종)△
之 〔속〕(중)ㅡ (종)△
芝 〔속〕(중)ㅡ (종)△
枝 〔속〕(중)ㅡ (종)△

上紙-諸氏
　紙 〔속〕(중)ㅡ (종)△ 〔금〕(모)ㅈ
　𧿹 〔속〕(중)ㅡ (종)△
　只 〔중〕(운)質 〔속〕(중)ㅡ (종)△
　咫 〔속〕(중)ㅡ (종)△
　抵 〔속〕(중)ㅡ (종)△
　抵 〔중〕(운)薺 〔속〕(중)ㅡ (종)△
　坻 〔중〕(운)薺 (모)ㄲ 〔속〕(중)ㅡ (종)△
　坻 〔속〕(중)ㅡ (종)△
　底 〔중〕(운)薺 〔속〕(중)ㅡ (종)△
　枳 〔중〕(운)薺 〔속〕(중)ㅡ (종)△
　軹 〔속〕(중)ㅡ (종)△
　旨 〔속〕(중)ㅡ (종)△
　恉 〔속〕(중)ㅡ (종)△
　指 〔속〕(중)ㅡ (종)△
　止 〔속〕(중)ㅡ (종)△
　時 〔속〕(중)ㅡ (종)△
　沚 〔속〕(중)ㅡ (종)△
　洔 〔속〕(중)ㅡ (종)△
　趾 〔속〕(중)ㅡ (종)△
　址 〔속〕(중)ㅡ (종)△
　阯 〔속〕(중)ㅡ (종)△
　芷 〔속〕(중)ㅡ (종)△
　徵 〔중〕(운)庚 〔속〕(중)ㅡ (종)△
　黹 〔속〕(중)ㅡ (종)△
　痕 〔속〕(중)ㅡ (종)△

去實-支義
　　　質 〔중〕(운)質 〔속〕(종)△
　　　識 〔중〕(운)陌 〔속〕(종)△
　　　織 〔중〕(운)陌 〔속〕(종)△
　　　寔 〔중〕(운)霽 〔속〕(종)△
　　　哲 〔중〕(운)屑 〔속〕(종)△
　　　晣 〔중〕(운)屑 〔속〕(종)△
　　　晰 〔중〕(운)屑 〔속〕(종)△
　　　狾 〔중〕(운)霽 〔속〕(종)△
　　　狾 〔중〕(운)霽 〔속〕(종)△
　　　第 〔중〕(모)ㅈ (중)ー 〔속〕(종)△
　　　至 〔속〕(모)ㅈ (중)ー (종)△
　　　志 〔속〕(모)ㅈ (중)ー (종)△

穿ᄎ[tɕ']

平支-抽知
　　　攡 〔중〕(운)齊 〔속〕(종)△

上紙-昌止
　　　齒 〔속〕(중)ー (종)△
　　　侈 〔속〕(중)ー (종)△
　　　褫 〔중〕(모)ㅉ 〔몽〕(모)ㅉ 〔속〕(종)△
　　　杝 〔몽〕(모)ㅉ 〔속〕(종)△

去實-丑吏
　　　眙 〔중〕(모)○ 〔속〕(종)△
　　　掣 〔중〕(운)屑 〔속〕(종)△

牀ᄶ[dʐ]

平支-陳知
　　　池 〔중〕(운)歌 〔속〕(종)△
　　　坻 〔중〕(운)薺 (모)ㅈ 〔속〕(종)△
　　　泜 〔중〕(운)霽 (모)ㅈ (조)上 〔속〕(종)△
　　　遲 〔중〕(조)去 〔속〕(종)△
　　　治 〔중〕(조)去 〔속〕(종)△
　　　褫 〔중〕(모)ㅊ (조)去 〔속〕(종)△

上紙-丈几
　　　豸 〔중〕(운)解 〔속〕(종)△

　　　廌 〔중〕(운)解 〔속〕(종)△
　　　薢 〔중〕(운)霽 〔속〕(종)△
　　　泜 〔중〕(운)霽 (모)ㅈ (조)去 〔속〕(종)△

去實-直意
　　　治 〔중〕(조)平 〔속〕(종)△
　　　遲 〔중〕(조)平 〔속〕(종)△
　　　植 〔중〕(운)陌 〔속〕(종)△
　　　襧 〔중〕(모)ㅊ (조)平 〔속〕(종)△

審ᄼ[ɕ]

平支-申之
　　　施 〔중〕(모)○ (조)去 〔속〕(모)ㅅ (중)ー (종)△
　　　絁 〔속〕(모)ㅅ (중)ー (종)△
　　　絁 〔속〕(모)ㅅ (중)ー (종)△
　　　詩 〔속〕(모)ㅅ (중)ー (종)△
　　　邿 〔속〕(모)ㅅ (중)ー (종)△
　　　尸 〔속〕(모)ㅅ (중)ー (종)△
　　　屍 〔속〕(모)ㅅ (중)ー (종)△
　　　鳲 〔속〕(모)ㅅ (중)ー (종)△
　　　著 〔속〕(모)ㅅ (중)ー (종)△
　　　蓍 〔속〕(모)ㅅ (중)ー (종)△
　　　釃 〔중〕(운)薺 模 〔몽〕(중)ー 〔운〕(중)ー
　　　　　〔속〕(모)ㅅ (중)ー (종)△
　　　簁 〔중〕(운)紙 皆 〔몽〕(중)ー 〔운〕(중)ー
　　　　　〔속〕(모)ㅅ (중)ー (종)△
　　　籭 〔중〕(운)皆 〔몽〕(중)ー 〔운〕(중)ー
　　　　　〔속〕(모)ㅅ (중)ー (종)△
　　　篩 〔몽〕(중)ー 〔운〕(중)ー 〔속〕(모)ㅅ
　　　　　(중)ー (종)△

上紙-詩止
　　　始 〔속〕(모)ㅅ (중)ー (종)△
　　　兕 〔속〕(모)ㅅ (중)ー (종)△
　　　𠒇 〔속〕(모)ㅅ (중)ー (종)△
　　　弛 〔속〕(모)ㅅ (중)ー (종)△
　　　豕 〔속〕(모)ㅅ (중)ー (종)△
　　　矢 〔속〕(모)ㅅ (중)ー (종)△
　　　屎 〔속〕(모)ㅅ (중)ー (종)△
　　　戻 〔속〕(모)ㅅ (중)ー (종)△
　　　水 〔속〕(모)ㅅ (중)ー (종)△ △
　　　史 〔몽〕(중)ー 〔운〕(중)ー 〔속〕(모)ㅅ

　　　　(중)一 (종)△
使 〔중〕(조)去 〔몽〕(중)ㅜ 〔운〕(중)ㅜ
　〔속〕(모)ㅅ (중)一 (종)△
駛 〔중〕(조)去 〔몽〕(중)一 〔운〕(중)一
　〔속〕(모)ㅅ (중)一 (종)△
駛 〔중〕(조)去 〔몽〕(중)一 〔운〕(중)一
　〔속〕(모)ㅅ (중)一 (종)△

去實-式至
試 〔속〕(모)ㅅ (중)一 (종)△
弑 〔속〕(모)ㅅ (중)一 (종)△
始 〔중〕(조)上 〔속〕(모)ㅅ (중)一 (종)△
啻 〔속〕(모)ㅅ (중)一 (종)△
翅 〔중〕(모)ㅊ (중)一 〔속〕(모)ㅅ (중)一
　(종)△
施 〔중〕(모)ㅇ (조)平 〔속〕(모)ㅅ (중)一
　(종)△
世 〔속〕(모)ㅅ (중)一 (종)△ △
貰 〔속〕(모)ㅅ (중)一 (종)△ △
勢 〔속〕(모)ㅅ (중)一 (종)△
使 〔중〕(조)上 〔몽〕(중)一 〔속〕(모)ㅅ (중)一
　(종)△
駛 〔중〕(조)上 〔몽〕(중)一 〔속〕(중)一 (종)△
駛 〔중〕(조)上 〔몽〕(중)一 〔속〕(중)一 (종)
　△

禪ᄼ[z]

平支-辰之
時 〔속〕(모)ㅅ (중)一 (종)△
旹 〔속〕(모)ㅅ (중)一 (종)△
塒 〔속〕(모)ㅅ (중)一 (종)△
匙 〔속〕(모)ㅅ (중)一 (종)△
　〔금〕(모)ㅉ (중)一 (종)△
鍉 〔중〕(운)陌 〔속〕(모)ㅅ (중)一 (종)△
　〔금〕(모)ㅉ (중)一 (종)△
鰣 〔속〕(모)ㅅ (중)一 (종)△
提 〔중〕(운)齊 〔속〕(모)ㅅ (중)一 (종)△
翅 〔중〕(모)ㅊ 〔속〕(모)ㅅ (중)一 (종)△
褆 〔중〕(운)齊 (모)ㅊ 〔속〕(모)ㅅ (중)一
　(종)△
蒔 〔중〕(조)去 〔속〕(중)一 (종)△
柢 〔속〕(모)ㅅ (중)一 (종)△

鰲 〔몽〕(모)ㅉ (중)一 〔속〕(모)ㅅ (중)一
　(종)△

上紙-上紙
市 〔중〕(조)去 〔속〕(모)ㅅ (중)一 (종)△
恃 〔속〕(모)ㅅ (중)一 (종)△
是 〔속〕(모)ㅅ (중)一 (종)△
是 〔중〕(조)去 〔속〕(모)ㅅ (중)一 (종)△
諟 〔속〕(모)ㅅ (중)一 (종)△
氏 〔중〕(모)ㅈ 〔속〕(모)ㅅ (중)一 (종)△
視 〔중〕(조)去 〔속〕(모)ㅅ (중)一 (종)△
眂 〔중〕(조)去 〔속〕(모)ㅅ (중)一 (종)△
眡 〔중〕(조)去 〔속〕(모)ㅅ (중)一 (종)△
舐 〔몽〕(모)ㅅ (중)一 〔속〕(모)ㅅ (중)一
　(종)△
甜 〔몽〕(모)ㄲ 〔속〕(모)ㅅ (중)一 (종)△
咶 〔몽〕(모)ㄲ 〔속〕(모)ㅅ (중)一 (종)△
士 〔중〕(조)去 〔몽〕(모)ㅅ 〔운〕(모)ㅅ (중)一
　〔속〕(모)ㅅ (중)一 (종)△
仕 〔중〕(조)去 〔몽〕(모)ㅅ (중)一 〔운〕(모)ㅅ
　(중)一 〔속〕(모)ㅅ (중)一 (종)△
厓 〔몽〕(모)ㅅ (중)一 〔운〕(모)ㅅ (중)一
　〔속〕(모)ㅅ (중)一 (종)△
柿 〔중〕(조)去 〔몽〕(모)ㅅ (중)一 〔운〕(모)ㅅ
　(중)一 〔속〕(모)ㅅ (중)一 (종)△

去實-時吏
侍 〔속〕(모)ㅅ (중)一 (종)△
寺 〔중〕(모)ㅅ (중)一 〔속〕(모)ㅅ (중)一
　(종)△
閈 〔속〕(모)ㅅ (중)一 (종)△
弑 〔중〕(조)平 〔속〕(모)ㅅ (중)一 (종)△
豉 〔속〕(모)ㅅ (중)一 (종)△
枝 〔속〕(모)ㅅ (중)一 (종)△
視 〔중〕(조)上 〔속〕(모)ㅅ (중)一 (종)△
眂 〔중〕(조)上 〔속〕(모)ㅅ (중)一 (종)△
眡 〔중〕(조)上 〔속〕(모)ㅅ (중)一 (종)△
市 〔속〕(모)ㅅ (중)一 (종)△
士 〔속〕(모)ㅅ (중)一 (종)△
仕 〔속〕(모)ㅅ (중)一 (종)△
寺 〔속〕(모)ㅅ (중)一 (종)△
柿 〔속〕(모)ㅅ (중)一 (종)△
嗜 〔속〕(모)ㅅ (중)一 (종)△
誓 〔속〕(모)ㅆ (중)一 (종)△
忕 〔속〕(모)ㅆ (중)一 (종)△

筮 [속](모)ㅆ (중)— (종)△
噬 [속](모)ㅆ (중)— (종)△
遾 [속](모)ㅆ (중)— (종)△
事 [몽](모)ㅉ (중)— [운](모)ㅉ (중)—
　　[속](중)— (종)△
示 [중](모)ㄲ [몽](모)ㅉ [운](모)ㅉ
　　[속](중)— (종)△
諡 [속](중)— (종)△

影ㆆ[ʔ]

平支-於宜
醫 [중](조)上
噫 [중](운)泰
衣 [중](조)去
猗 [중](운)歌 (조)上 去
椅 [중](조)上
旖 [중](조)上
黱 [중](조)去
繄 [중](조)去

上紙-隱綺
倚 [중](조)去
猗 [중](운)歌 (조)平 去
椅 [중](조)平
旖 [중](조)平
靉 [중](운)解
儗 [중](운)泰
醫 [중](조)去
醷 [중](운)陌

去寘-於戱
懿 [중](운)陌
倚 [중](조)上
倚 [중](운)歌 (조)平 上
衣 [중](조)平
黱 [중](조)平
繄 [중](조)平

曉ㅎ[x]

平支-虛宜

犧 [중](운)歌
戲 [중](운)模 (조)去
熹 [중](조)上 去
俙 [중](조)上
欷 [중](조)去
唏 [중](조)去
豨 [중](조)上
狶 [중](조)上

上紙-許里
喜 [중](조)去
嬉 [중](조)平 去
狶 [중](조)平
豨 [중](조)平
俙 [중](조)平
譆 [중](조)去

去寘-許意
戲 [중](운)霰 (조)平
喜 [중](조)上
嬉 [중](조)平 上
咥 [중](운)質 屑
燹 [중](운)銑
欷 [중](조)平
唏 [중](조)平
譆 [중](조)上
摡 [중](운)泰
塈 [중](모)ㄲ
愾 [중](운)泰

喩ㅇ[j]

平支-延知
洟 [중](운)霽
夷 [중](운)齊
酏 [중](조)上
蛇 [중](운)遮
匜 [중](조)上
台 [중](운)皆
詒 [중](운)解
胎 [중](모)ㅊ
坯 [중](모)ㅍ
訑 [중](운)諫

詑 〔중〕(운)歌
施 〔중〕(모)ㅅ (조)去
宜 〔몽〕(모)ㆁ 〔고〕(모)ㆁ
儀 〔몽〕(모)ㆁ 〔고〕(모)ㆁ
犧 〔몽〕(모)ㆁ 〔고〕(모)ㆁ
涯 〔중〕(운)皆 麻 〔몽〕(모)ㆁ 〔고〕(모)ㆁ
厓 〔중〕(운)皆 麻 〔몽〕(모)ㆁ 〔고〕(모)ㆁ
崖 〔중〕(운)皆 麻 〔몽〕(모)ㆁ 〔고〕(모)ㆁ
疑 〔중〕(운)皆 陌 〔몽〕(모)ㆁ 〔고〕(모)ㆁ
嶷 〔중〕(운)陌 〔몽〕(모)ㆁ 〔고〕(모)ㆁ
沂 〔몽〕(모)ㆁ 〔고〕(모)ㆁ
猗 〔몽〕(모)ㅉ
瘀 〔중〕(운)隊 〔몽〕(중)ㆈ 〔본〕(중)ㆉ

上紙-養里
已 〔중〕(운)薺 (모)ㅆ
迤 〔중〕(운)歌
酏 〔중〕(조)平
匜 〔중〕(조)平
螘 〔몽〕(모)ㆁ 〔고〕(모)ㆁ
蟻 〔몽〕(모)ㆁ 〔고〕(모)ㆁ
錡 〔중〕(모)ㄲ 〔몽〕(모)ㆁ 〔고〕(모)ㆁ
艤 〔몽〕(모)ㆁ 〔고〕(모)ㆁ
檥 〔몽〕(모)ㆁ 〔고〕(모)ㆁ
轙 〔몽〕(모)ㆁ 〔고〕(모)ㆁ
顗 〔몽〕(모)ㆁ 〔고〕(모)ㆁ
矣 〔몽〕(모)ㆁ 〔고〕(모)ㆁ
擬 〔몽〕(모)ㆁ 〔고〕(모)ㆁ
儗 〔몽〕(모)ㆁ 〔고〕(모)ㆁ
薿 〔중〕(운)陌 〔몽〕(모)ㆁ 〔고〕(모)ㆁ

去寘-以智
易 〔중〕(운)陌
施 〔중〕(모)ㅅ (조)平
食 〔중〕(운)陌 (모)ㅅ (중)ㅡ
拽 〔중〕(운)屑
抴 〔중〕(운)屑
洩 〔중〕(운)屑
泄 〔중〕(운)屑
枻 〔중〕(운)屑

日△[ɾ]

平支-如支
兒 〔중〕(운)齊 〔속〕(중)ㅡ (종)△
而 〔속〕(중)ㅡ (종)△
洏 〔속〕(중)ㅡ (종)△
胹 〔속〕(중)ㅡ (종)△
栭 〔속〕(중)ㅡ (종)△
鴯 〔속〕(중)ㅡ (종)△
輀 〔속〕(중)ㅡ (종)△
陑 〔속〕(중)ㅡ (종)△
髵 〔속〕(중)ㅡ (종)△

上紙-忍止
耳 〔속〕(중)ㅡ (종)△
絼 〔속〕(중)ㅡ (종)△
珥 〔중〕(조)去 〔속〕(중)ㅡ (종)△
洱 〔중〕(조)去 〔속〕(중)ㅡ (종)△
駬 〔속〕(중)ㅡ (종)△
餌 〔중〕(조)去 〔속〕(중)ㅡ (종)△
爾 〔속〕(중)ㅡ (종)△
尒 〔속〕(중)ㅡ (종)△
迩 〔속〕(중)ㅡ (종)△
邇 〔속〕(중)ㅡ (종)△

去寘-而至
二 〔속〕(중)ㅡ (종)△
弍 〔속〕(중)ㅡ (종)△
樲 〔속〕(중)ㅡ (종)△
餌 〔중〕(조)上 〔속〕(중)ㅡ (종)△
珥 〔중〕(조)上 〔속〕(중)ㅡ (종)△
刵 〔속〕(중)ㅡ (종)△
咡 〔속〕(중)ㅡ (종)△
洱 〔중〕(조)上 〔속〕(중)ㅡ (종)△

3. 제제제(齊薺霽)

중성 : (ㅖ) 見溪端透定泥幇明精淸從心牀影匣喩來
종성 : ø
성조 : 平 上 去
운모 : 齊 薺 霽
주기 : 중성의 [ㅖ]는 금속음에서는 모두 [ㅣ]로 발음한다. 雞(계)를 [기]로 발음한다. <통
　　　해>에서는 이대로 반영하였다.
　　　한글 표기 [예]는 <한고>에 따르면 중고음은 [iei]이고, 근대음은 [i]이다. <통
　　　해>의 지시는 [ei] → [i]를 표시한 것이다.

[ㅔ]

見ㄱ[k]

平齊-堅溪
　　雞 〔금〕(중)ㅣ
　　稽 〔중〕(모)ㅋ 〔금〕(중)ㅣ
　　笄 〔금〕(중)ㅣ
　　枅 〔중〕(운)先 〔금〕(중)ㅣ
　　乩 〔금〕(중)ㅣ
　　譏 〔금〕(중)ㅣ
　　鞿 〔금〕(중)ㅣ
　　羈 〔몽〕(중)ㅣ 〔운〕(중)ㅣ 〔금〕(중)ㅣ
　　羇 〔몽〕(중)ㅣ 〔운〕(중)ㅣ 〔금〕(중)ㅣ
　　寄 〔중〕(운)支 〔몽〕(중)ㅣ 〔운〕(중)ㅣ
　　　　〔금〕(중)ㅣ
　　畸 〔몽〕(중)ㅣ 〔운〕(중)ㅣ 〔금〕(중)ㅣ
　　饑 〔몽〕(중)ㅣ 〔운〕(중)ㅣ 〔금〕(중)ㅣ
　　飢 〔몽〕(중)ㅣ 〔운〕(중)ㅣ 〔금〕(중)ㅣ
　　肌 〔몽〕(중)ㅣ 〔운〕(중)ㅣ 〔금〕(중)ㅣ
　　飢 〔몽〕(중)ㅣ 〔운〕(중)ㅣ 〔금〕(중)ㅣ
　　鐖 〔몽〕(중)ㅣ 〔운〕(중)ㅣ 〔금〕(중)ㅣ
　　姬 〔몽〕(중)ㅣ 〔운〕(중)ㅣ 〔금〕(중)ㅣ
　　其 〔중〕(운)支 (조)去 〔몽〕(중)ㅣ 〔운〕(중)ㅣ
　　　　〔금〕(중)ㅣ
　　居 〔중〕(운)魚 〔몽〕(중)ㅣ 〔운〕(중)ㅣ
　　　　〔금〕(중)ㅣ
　　箕 〔몽〕(중)ㅣ 〔운〕(중)ㅣ 〔금〕(중)ㅣ
　　其 〔중〕(운)支 〔몽〕(중)ㅣ 〔운〕(중)ㅣ
　　　　〔금〕(중)ㅣ
　　錤 〔몽〕(중)ㅣ 〔운〕(중)ㅣ 〔금〕(중)ㅣ
　　朞 〔중〕(운)支 〔몽〕(중)ㅣ 〔운〕(중)ㅣ
　　　　〔금〕(중)ㅣ
　　踑 〔몽〕(중)ㅣ 〔운〕(중)ㅣ 〔금〕(중)ㅣ
　　基 〔몽〕(중)ㅣ 〔운〕(중)ㅣ 〔금〕(중)ㅣ
　　棋 〔중〕(운)支 〔몽〕(중)ㅣ 〔운〕(중)ㅣ
　　　　〔금〕(중)ㅣ
　　機 〔몽〕(중)ㅣ 〔운〕(중)ㅣ 〔금〕(중)ㅣ
　　璣 〔몽〕(중)ㅣ 〔운〕(중)ㅣ 〔금〕(중)ㅣ
　　譏 〔몽〕(중)ㅣ 〔운〕(중)ㅣ 〔금〕(중)ㅣ
　　磯 〔몽〕(중)ㅣ 〔운〕(중)ㅣ 〔금〕(중)ㅣ
　　幾 〔중〕(운)支 (조)上 去 〔몽〕(중)ㅣ 〔운〕(중)

　　　　ㅣ 〔금〕(중)ㅣ
　　機 〔몽〕(중)ㅣ 〔운〕(중)ㅣ 〔금〕(중)ㅣ

上薺-居里
　　己 〔중〕(운)紙 〔몽〕(중)ㅣ 〔운〕(중)ㅣ
　　　　〔금〕(중)ㅣ
　　几 〔몽〕(중)ㅣ 〔운〕(중)ㅣ 〔금〕(중)ㅣ
　　机 〔몽〕(중)ㅣ 〔운〕(중)ㅣ 〔금〕(중)ㅣ
　　麂 〔몽〕(중)ㅣ 〔운〕(중)ㅣ 〔금〕(중)ㅣ
　　庋 〔몽〕(중)ㅣ 〔운〕(중)ㅣ 〔금〕(중)ㅣ
　　庪 〔중〕(운)賄 〔몽〕(중)ㅣ 〔운〕(중)ㅣ
　　　　〔금〕(중)ㅣ
　　竗 〔몽〕(중)ㅣ 〔운〕(중)ㅣ 〔금〕(중)ㅣ
　　忌 〔몽〕(중)ㅣ 〔운〕(중)ㅣ 〔금〕(중)ㅣ
　　掎 〔몽〕(중)ㅣ 〔운〕(중)ㅣ 〔금〕(중)ㅣ
　　蟣 〔몽〕(중)ㅣ 〔운〕(중)ㅣ 〔금〕(중)ㅣ
　　機 〔중〕(운)支 (조)平 去 〔몽〕(중)ㅣ
　　　　〔운〕(중)ㅣ 〔금〕(중)ㅣ
　　枳 〔중〕(운)紙 〔몽〕(중)ㅣ 〔운〕(중)ㅣ
　　　　〔금〕(중)ㅣ
　　贅 〔몽〕(중)ㅣ 〔운〕(중)ㅣ 〔금〕(중)ㅣ
　　機 〔몽〕(중)ㅣ 〔운〕(중)ㅣ 〔금〕(중)ㅣ

去霽-吉詣
　　計 〔금〕(중)ㅣ
　　薊 〔금〕(중)ㅣ
　　罽 〔금〕(중)ㅣ
　　繫 〔중〕(모)ㆅ 〔금〕(중)ㅣ
　　係 〔중〕(모)ㆅ 〔금〕(중)ㅣ
　　継 〔금〕(중)ㅣ
　　髻 〔금〕(중)ㅣ
　　檵 〔금〕(중)ㅣ
　　瘈 〔금〕(중)ㅣ
　　瘛 〔금〕(중)ㅣ
　　痸 〔금〕(중)ㅣ
　　瘛 〔금〕(중)ㅣ
　　寄 〔운〕(중)ㅣ 〔원〕(중)ㅣ 〔금〕(중)ㅣ
　　驥 〔운〕(중)ㅣ 〔원〕(중)ㅣ 〔금〕(중)ㅣ
　　覬 〔몽〕(중)ㅣ 〔운〕(중)ㅣ 〔금〕(중)ㅣ
　　幾 〔중〕(운)支 (조)平 上 〔몽〕(중)ㅣ
　　　　〔운〕(중)ㅣ 〔금〕(중)ㅣ
　　記 〔몽〕(중)ㅣ 〔운〕(중)ㅣ 〔금〕(중)ㅣ
　　冀 〔몽〕(중)ㅣ 〔운〕(중)ㅣ 〔금〕(중)ㅣ
　　臮 〔몽〕(중)ㅣ 〔운〕(중)ㅣ 〔금〕(중)ㅣ

概 〔몽〕(중)ㅣ 〔운〕(중)ㅣ 〔금〕(중)ㅣ
洎 〔중〕(운)置 〔몽〕(중)ㅣ 〔운〕(중)ㅣ
　〔금〕(중)ㅣ
其 〔중〕(운)支 (조)平 〔몽〕(중)ㅣ 〔운〕(중)ㅣ
　〔금〕(중)ㅣ
忌 〔중〕(운)置 〔몽〕(중)ㅣ 〔운〕(중)ㅣ
　〔금〕(중)ㅣ
旣 〔몽〕(중)ㅣ 〔운〕(중)ㅣ 〔금〕(중)ㅣ
闋 〔몽〕(중)ㅣ 〔운〕(중)ㅣ 〔금〕(중)ㅣ
薊 〔몽〕(중)ㅣ 〔운〕(중)ㅣ 〔금〕(중)ㅣ
猘 〔몽〕(중)ㅣ 〔운〕(중)ㅣ 〔금〕(중)ㅣ
猘 〔중〕(운)置 〔금〕(중)ㅣ
季 〔몽〕(중)ㅠ 〔금〕(중)ㅣ

溪ㅋ[k']

平齊-牽奚
谿 〔금〕(중)ㅣ
溪 〔금〕(중)ㅣ
磎 〔금〕(중)ㅣ
鸂 〔금〕(중)ㅣ
敧 〔몽〕(중)ㅣ 〔금〕(중)ㅣ
攲 〔몽〕(중)ㅣ 〔금〕(중)ㅣ
蚑 〔몽〕(중)ㅣ 〔금〕(중)ㅣ
崎 〔중〕(운)支 〔몽〕(중)ㅣ 〔금〕(중)ㅣ
徛 〔몽〕(중)ㅣ 〔금〕(중)ㅣ
碕 〔중〕(운)支 〔몽〕(중)ㅣ 〔금〕(중)ㅣ
踦 〔몽〕(중)ㅣ 〔금〕(중)ㅣ
敨 〔몽〕(중)ㅣ 〔금〕(중)ㅣ
欺 〔몽〕(중)ㅣ 〔금〕(중)ㅣ
僛 〔몽〕(중)ㅣ 〔금〕(중)ㅣ
魌 〔몽〕(중)ㅣ 〔금〕(중)ㅣ
顗 〔몽〕(중)ㅣ 〔금〕(중)ㅣ
倛 〔몽〕(중)ㅣ 〔금〕(중)ㅣ
橖 〔몽〕(중)ㅣ 〔금〕(중)ㅣ

上薺-墟里
啓 〔금〕(중)ㅣ
稽 〔중〕(모)ㄱ 〔금〕(중)ㅣ
綮 〔금〕(중)ㅣ
綮 〔중〕(운)梗 〔금〕(중)ㅣ
起 〔몽〕(중)ㅣ 〔금〕(중)ㅣ
杞 〔몽〕(중)ㅣ 〔금〕(중)ㅣ

屺 〔몽〕(중)ㅣ 〔금〕(중)ㅣ
芑 〔몽〕(중)ㅣ 〔금〕(중)ㅣ
玘 〔몽〕(중)ㅣ 〔금〕(중)ㅣ
豈 〔몽〕(중)ㅣ 〔금〕(중)ㅣ
綺 〔몽〕(중)ㅣ 〔금〕(중)ㅣ
杞 〔몽〕(중)ㅣ 〔금〕(중)ㅣ

去霽-去冀
企 〔금〕(중)ㅣ
跂 〔중〕(운)支 〔금〕(중)ㅣ
蚑 〔중〕(운)支 〔금〕(중)ㅣ
棄 〔금〕(중)ㅣ
弃 〔금〕(중)ㅣ
契 〔중〕(운)質 屑 〔금〕(중)ㅣ
挈 〔금〕(중)ㅣ
挈 〔중〕(운)屑 〔금〕(중)ㅣ
器 〔몽〕(중)ㅣ 〔금〕(중)ㅣ
罻 〔몽〕(중)ㅣ 〔금〕(중)ㅣ
亟 〔중〕(운)陌 〔몽〕(중)ㅣ 〔금〕(중)ㅣ
氣 〔몽〕(중)ㅣ 〔금〕(중)ㅣ
炁 〔몽〕(중)ㅣ 〔금〕(중)ㅣ
乞 〔중〕(운)質 〔몽〕(중)ㅣ 〔금〕(중)ㅣ
憩 〔몽〕(중)ㅣ 〔금〕(중)ㅣ
憇 〔몽〕(중)ㅣ 〔금〕(중)ㅣ
愒 〔중〕(운)泰 曷 〔몽〕(중)ㅣ 〔금〕(중)ㅣ
揭 〔중〕(운)屑 〔몽〕(중)ㅣ 〔금〕(중)ㅣ

端ㄷ[t]

平齊-都黎
氐 〔몽〕(중)ㅣ 〔금〕(중)ㅣ
低 〔몽〕(중)ㅣ 〔금〕(중)ㅣ
仾 〔몽〕(중)ㅣ 〔금〕(중)ㅣ
隄 〔몽〕(중)ㅣ 〔금〕(중)ㅣ
堤 〔몽〕(중)ㅣ 〔금〕(중)ㅣ
柢 〔중〕(조)上 去 〔몽〕(중)ㅣ 〔금〕(중)ㅣ
瓱 〔몽〕(중)ㅣ 〔금〕(중)ㅣ
磾 〔몽〕(중)ㅣ 〔금〕(중)ㅣ
鞮 〔몽〕(중)ㅣ 〔금〕(중)ㅣ
仾 〔몽〕(중)ㅣ 〔금〕(중)ㅣ

上薺-典禮
邸 〔몽〕(중)ㅣ 〔금〕(중)ㅣ

柢 〔중〕(조)平 去 〔몽〕(중)ㅣ 〔금〕(중)ㅣ
底 〔중〕(운)紙 〔몽〕(중)ㅣ 〔금〕(중)ㅣ
詆 〔몽〕(중)ㅣ 〔금〕(중)ㅣ
觝 〔몽〕(중)ㅣ 〔금〕(중)ㅣ
牴 〔몽〕(중)ㅣ 〔금〕(중)ㅣ
抵 〔중〕(운)紙 〔몽〕(중)ㅣ 〔금〕(중)ㅣ
阺 〔몽〕(중)ㅣ 〔금〕(중)ㅣ
坁 〔중〕(운)支 〔몽〕(중)ㅣ 〔금〕(중)ㅣ
疷 〔몽〕(중)ㅣ 〔금〕(중)ㅣ
弤 〔몽〕(중)ㅣ 〔금〕(중)ㅣ
軧 〔몽〕(중)ㅣ 〔금〕(중)ㅣ
氐 〔몽〕(중)ㅣ 〔금〕(중)ㅣ

去霽-丁計
帝 〔몽〕(중)ㅣ 〔금〕(중)ㅣ
諦 〔몽〕(중)ㅣ 〔금〕(중)ㅣ
嚁 〔몽〕(중)ㅣ 〔금〕(중)ㅣ
柢 〔중〕(조)平 上 〔몽〕(중)ㅣ 〔금〕(중)ㅣ
蒂 〔몽〕(중)ㅣ 〔금〕(중)ㅣ
螮 〔중〕(운)置 〔몽〕(중)ㅣ 〔금〕(중)ㅣ
蝃 〔몽〕(중)ㅣ 〔금〕(중)ㅣ
蠜 〔몽〕(중)ㅣ 〔금〕(중)ㅣ
泜 〔중〕(운)支 〔몽〕(중)ㅣ 〔금〕(중)ㅣ

透ㅌ[t']

平齊-天黎
梯 〔몽〕(중)ㅣ 〔금〕(중)ㅣ
睇 〔중〕(모)ㄸ 〔몽〕(중)ㅣ 〔금〕(중)ㅣ
鷈 〔몽〕(중)ㅣ 〔금〕(중)ㅣ

上薺-他禮
體 〔몽〕(중)ㅣ 〔금〕(중)ㅣ
躰 〔몽〕(중)ㅣ 〔금〕(중)ㅣ
軆 〔몽〕(중)ㅣ 〔금〕(중)ㅣ
涕 〔중〕(조)去 〔몽〕(중)ㅣ 〔금〕(중)ㅣ
緹 〔중〕(모)ㄸ 〔몽〕(중)ㅣ 〔금〕(중)ㅣ

去霽-他計
替 〔몽〕(중)ㅣ 〔금〕(중)ㅣ
悌 〔몽〕(중)ㅣ 〔금〕(중)ㅣ
髰 〔몽〕(중)ㅣ 〔금〕(중)ㅣ
剃 〔몽〕(중)ㅣ 〔금〕(중)ㅣ

鬢 〔중〕(모)ㄸ 〔몽〕(중)ㅣ 〔금〕(중)ㅣ
殯 〔중〕(모)ㄴ 〔몽〕(중)ㅣ 〔금〕(중)ㅣ
涕 〔중〕(조)上 〔몽〕(중)ㅣ 〔금〕(중)ㅣ
洟 〔중〕(운)支 〔몽〕(중)ㅣ 〔금〕(중)ㅣ
薙 〔중〕(운)紙 〔몽〕(중)ㅣ 〔금〕(중)ㅣ
禘 〔몽〕(중)ㅣ 〔금〕(중)ㅣ
裼 〔중〕(운)陌 〔몽〕(중)ㅣ 〔금〕(중)ㅣ
履 〔몽〕(중)ㅣ 〔금〕(중)ㅣ
屜 〔몽〕(중)ㅣ 〔금〕(중)ㅣ
鞮 〔몽〕(중)ㅣ 〔금〕(중)ㅣ
屉 〔몽〕(중)ㅣ 〔금〕(중)ㅣ

定ㄸ[d]

平齊-杜兮
題 〔중〕(조)去 〔몽〕(중)ㅣ 〔금〕(중)ㅣ
嗁 〔몽〕(중)ㅣ 〔금〕(중)ㅣ
啼 〔중〕(운)支 (조)去 〔몽〕(중)ㅣ 〔금〕(중)ㅣ
禔 〔중〕(운)支 〔몽〕(중)ㅣ 〔금〕(중)ㅣ
媞 〔몽〕(중)ㅣ 〔금〕(중)ㅣ
醍 〔몽〕(중)ㅣ 〔금〕(중)ㅣ
綈 〔몽〕(중)ㅣ 〔금〕(중)ㅣ
緹 〔중〕(모)ㅌ 〔몽〕(중)ㅣ 〔금〕(중)ㅣ
蹄 〔몽〕(중)ㅣ 〔금〕(중)ㅣ
蹏 〔몽〕(중)ㅣ 〔금〕(중)ㅣ
騠 〔중〕(조)去 〔몽〕(중)ㅣ 〔금〕(중)ㅣ
鯷 〔몽〕(중)ㅣ 〔금〕(중)ㅣ
鶗 〔몽〕(중)ㅣ 〔금〕(중)ㅣ
鶙 〔몽〕(중)ㅣ 〔금〕(중)ㅣ
騠 〔몽〕(중)ㅣ 〔금〕(중)ㅣ
鷈 〔몽〕(중)ㅣ 〔금〕(중)ㅣ
稊 〔몽〕(중)ㅣ 〔금〕(중)ㅣ
苐 〔몽〕(중)ㅣ 〔금〕(중)ㅣ
荑 〔중〕(운)支 〔몽〕(중)ㅣ 〔금〕(중)ㅣ
梯 〔중〕(모)ㅌ 〔몽〕(중)ㅣ 〔금〕(중)ㅣ
鵜 〔몽〕(중)ㅣ 〔금〕(중)ㅣ
螏 〔몽〕(중)ㅣ 〔금〕(중)ㅣ
罤 〔몽〕(중)ㅣ 〔금〕(중)ㅣ

上薺-待禮
弟 〔중〕(조)去 〔몽〕(중)ㅣ 〔금〕(중)ㅣ

梯 〔중〕(조)去 〔몽〕(중)ㅣ 〔금〕(중)ㅣ
娣 〔중〕(조)去 〔몽〕(중)ㅣ 〔금〕(중)ㅣ
遞 〔중〕(조)去 〔몽〕(중)ㅣ 〔금〕(중)ㅣ
逝 〔중〕(조)去 〔몽〕(중)ㅣ 〔금〕(중)ㅣ

去霽-大計
第 〔몽〕(중)ㅣ 〔금〕(중)ㅣ
弟 〔중〕(조)上 〔몽〕(중)ㅣ 〔금〕(중)ㅣ
悌 〔중〕(조)上 〔몽〕(중)ㅣ 〔금〕(중)ㅣ
娣 〔중〕(조)去 〔몽〕(중)ㅣ 〔금〕(중)ㅣ
睇 〔중〕(모)ㅌ 〔몽〕(중)ㅣ 〔금〕(중)ㅣ
題 〔중〕(조)平 〔몽〕(중)ㅣ 〔금〕(중)ㅣ
遞 〔중〕(조)上 〔몽〕(중)ㅣ 〔금〕(중)ㅣ
逝 〔중〕(조)上 〔몽〕(중)ㅣ 〔금〕(중)ㅣ
遰 〔몽〕(중)ㅣ 〔금〕(중)ㅣ
髢 〔몽〕(중)ㅣ 〔금〕(중)ㅣ
鬄 〔중〕(모)ㅌ 〔몽〕(중)ㅣ 〔금〕(중)ㅣ
禘 〔몽〕(중)ㅣ 〔금〕(중)ㅣ
締 〔몽〕(중)ㅣ 〔금〕(중)ㅣ
鈦 〔중〕(운)泰 〔몽〕(중)ㅣ 〔금〕(중)ㅣ
棣 〔중〕(운)泰 〔몽〕(중)ㅣ 〔금〕(중)ㅣ
杕 〔몽〕(중)ㅣ 〔금〕(중)ㅣ
蹄 〔중〕(조)平 〔몽〕(중)ㅣ 〔금〕(중)ㅣ
提 〔중〕(운)支 (조)平 〔몽〕(중)ㅣ 〔금〕(중)ㅣ
逮 〔중〕(운)解 〔몽〕(중)ㅣ 〔금〕(중)ㅣ
地 〔몽〕(중)ㅣ 〔금〕(중)ㅣ

泥ㄴ[n]

平齊-年題
泥 〔중〕(조)上 去 〔몽〕(중)ㅣ 〔금〕(중)ㅣ
坭 〔중〕(운)勘 〔몽〕(중)ㅣ 〔금〕(중)ㅣ
鬵 〔몽〕(중)ㅣ 〔금〕(중)ㅣ
尼 〔중〕(운)質 〔몽〕(중)ㅣ 〔금〕(중)ㅣ
怩 〔중〕(운)質 〔몽〕(중)ㅣ 〔금〕(중)ㅣ
旎 〔중〕(조)上 〔몽〕(중)ㅣ 〔금〕(중)ㅣ
呢 〔몽〕(중)ㅣ 〔금〕(중)ㅣ
妮 〔몽〕(중)ㅣ 〔금〕(중)ㅣ

上薺-乃里
你 〔몽〕(중)ㅣ 〔금〕(중)ㅣ
柅 〔몽〕(중)ㅣ 〔금〕(중)ㅣ
梔 〔몽〕(중)ㅣ 〔금〕(중)ㅣ

旎 〔중〕(조)平 〔몽〕(중)ㅣ 〔금〕(중)ㅣ
抳 〔몽〕(중)ㅣ 〔금〕(중)ㅣ
苨 〔몽〕(중)ㅣ 〔금〕(중)ㅣ
禰 〔몽〕(중)ㅣ 〔금〕(중)ㅣ
泥 〔중〕(조)平 去 〔몽〕(중)ㅣ 〔금〕(중)ㅣ
瀰 〔중〕(모)ㅁ 〔몽〕(중)ㅣ 〔금〕(중)ㅣ
濔 〔몽〕(중)ㅣ 〔금〕(중)ㅣ

去霽-乃計
泥 〔중〕(조)平 上 〔몽〕(중)ㅣ 〔금〕(중)ㅣ
膩 〔몽〕(중)ㅣ 〔금〕(중)ㅣ
殢 〔중〕(모)ㅌ 〔몽〕(중)ㅣ 〔금〕(중)ㅣ

幫ㅂ[p]

平齊-邊迷
篦 〔몽〕(중)ㅣ 〔운〕(중)ㅣ 〔금〕(중)ㅣ
鎞 〔몽〕(중)ㅣ 〔운〕(중)ㅣ 〔금〕(중)ㅣ
䘒 〔몽〕(중)ㅣ 〔운〕(중)ㅣ 〔금〕(중)ㅣ
陛 〔몽〕(중)ㅣ 〔운〕(중)ㅣ 〔금〕(중)ㅣ
狴 〔몽〕(중)ㅣ 〔운〕(중)ㅣ 〔금〕(중)ㅣ
螕 〔몽〕(중)ㅣ 〔운〕(중)ㅣ 〔금〕(중)ㅣ
梐 〔몽〕(중)ㅣ 〔운〕(중)ㅣ 〔금〕(중)ㅣ
屄 〔몽〕(중)ㅣ 〔운〕(중)ㅣ 〔금〕(중)ㅣ

明ㅁ[m]

平齊-綿兮
迷 〔몽〕(중)ㅣ 〔금〕(중)ㅣ
麛 〔몽〕(중)ㅣ 〔금〕(중)ㅣ
彌 〔중〕(조)上 〔몽〕(중)ㅣ 〔금〕(중)ㅣ
采 〔몽〕(중)ㅣ 〔금〕(중)ㅣ
粎 〔몽〕(중)ㅣ 〔금〕(중)ㅣ
瀰 〔중〕(모)ㄴ (조)上 〔몽〕(중)ㅣ 〔금〕(중)ㅣ
獼 〔몽〕(중)ㅣ 〔금〕(중)ㅣ
嬰 〔몽〕(중)ㅣ 〔금〕(중)ㅣ

上薺-莫禮
米 〔몽〕(중)ㅣ 〔금〕(중)ㅣ
眯 〔몽〕(중)ㅣ 〔금〕(중)ㅣ
洣 〔몽〕(중)ㅣ 〔금〕(중)ㅣ
絖 〔몽〕(중)ㅣ 〔금〕(중)ㅣ

弭 〔몽〕(중)ㅣ 〔금〕(중)ㅣ
彌 〔중〕(조)平 〔몽〕(중)ㅣ 〔금〕(중)ㅣ
瀰 〔중〕(모)ㄴ (조)平 〔몽〕(중)ㅣ 〔금〕(중)ㅣ
芈 〔몽〕(중)ㅣ 〔금〕(중)ㅣ
敉 〔몽〕(중)ㅣ 〔금〕(중)ㅣ
靡 〔중〕(운)支 〔몽〕(중)ㅣ 〔운〕(중)ㅟ
　　〔원〕(중)ㅟ 〔속〕(중)ㄴ 〔금〕(중)ㅣ

去霽-彌計
窊 〔몽〕(중)ㅣ 〔속〕(중)ㄴ 〔금〕(중)ㅣ
袂 〔몽〕(중)ㅣ 〔속〕(중)ㄴ 〔금〕(중)ㅣ
謎 〔몽〕(중)ㅣ 〔속〕(중)ㄴ 〔금〕(중)ㅣ (중)ㄴ
采 〔몽〕(중)ㅣ 〔금〕(중)ㅣ

精ᄌ[ts]

平齊-牋西
齎 〔중〕(운)支 〔몽〕(중)ㅣ 〔금〕(중)ㅣ
賷 〔몽〕(중)ㅣ 〔금〕(중)ㅣ
躋 〔몽〕(중)ㅣ 〔금〕(중)ㅣ
隮 〔몽〕(중)ㅣ 〔금〕(중)ㅣ
擠 〔중〕(조)去 〔몽〕(중)ㅣ 〔금〕(중)ㅣ
齏 〔몽〕(중)ㅣ 〔금〕(중)ㅣ
齌 〔몽〕(중)ㅣ 〔금〕(중)ㅣ
虀 〔몽〕(중)ㅣ 〔금〕(중)ㅣ

上薺-子禮
濟 〔중〕(조)去 〔몽〕(중)ㅣ 〔금〕(중)ㅣ
泲 〔몽〕(중)ㅣ 〔금〕(중)ㅣ
霽 〔몽〕(중)ㅣ 〔금〕(중)ㅣ

去霽-子計
霽 〔몽〕(중)ㅣ 〔금〕(중)ㅣ
濟 〔중〕(조)上 〔몽〕(중)ㅣ 〔금〕(중)ㅣ
祭 〔중〕(운)泰 〔몽〕(중)ㅣ 〔금〕(중)ㅣ
淁 〔몽〕(중)ㅣ 〔금〕(중)ㅣ
祭 〔몽〕(중)ㅣ 〔금〕(중)ㅣ
穄 〔몽〕(중)ㅣ 〔금〕(중)ㅣ
擠 〔중〕(조)平 〔몽〕(중)ㅣ 〔금〕(중)ㅣ

淸ᄎ[ts']

平齊-千西
妻 〔중〕(조)去 〔몽〕(중)ㅣ 〔금〕(중)ㅣ
萋 〔몽〕(중)ㅣ 〔금〕(중)ㅣ
凄 〔몽〕(중)ㅣ 〔금〕(중)ㅣ
淒 〔몽〕(중)ㅣ 〔금〕(중)ㅣ
悽 〔몽〕(중)ㅣ 〔금〕(중)ㅣ
緀 〔몽〕(중)ㅣ 〔금〕(중)ㅣ

上薺-此禮
泚 〔중〕(운)紙 〔몽〕(중)ㅣ 〔금〕(중)ㅣ
玼 〔중〕(운)支 〔몽〕(중)ㅣ 〔금〕(중)ㅣ
批 〔중〕(운)紙 〔몽〕(중)ㅣ 〔금〕(중)ㅣ

去霽-七計
切 〔중〕(운)屑 〔몽〕(중)ㅣ 〔금〕(중)ㅣ
砌 〔몽〕(중)ㅣ 〔금〕(중)ㅣ
甄 〔몽〕(중)ㅣ 〔금〕(중)ㅣ
妻 〔중〕(조)平 〔몽〕(중)ㅣ 〔금〕(중)ㅣ
緀 〔몽〕(중)ㅣ 〔금〕(중)ㅣ
摖 〔몽〕(중)ㅣ 〔금〕(중)ㅣ

從ᄍ[dz]

平齊-前西
齊 〔중〕(조)去 〔몽〕(중)ㅣ 〔금〕(중)ㅣ
臍 〔몽〕(중)ㅣ 〔금〕(중)ㅣ
蠐 〔몽〕(중)ㅣ 〔금〕(중)ㅣ
薺 〔중〕(운)支 (조)上 去 〔몽〕(중)ㅣ
　　〔금〕(중)ㅣ

上薺-在禮
薺 〔중〕(운)支 (조)平 去 〔몽〕(중)ㅣ
　　〔금〕(중)ㅣ
濟 〔중〕(운)支 (조)上 〔몽〕(중)ㅣ
　　〔금〕(중)ㅣ

去霽-才詣
劑 〔중〕(운)支 〔몽〕(중)ㅣ 〔금〕(중)ㅣ
齊 〔중〕(조)平 〔몽〕(중)ㅣ 〔금〕(중)ㅣ
嚌 〔몽〕(중)ㅣ 〔금〕(중)ㅣ
懠 〔몽〕(중)ㅣ 〔금〕(중)ㅣ
癠 〔몽〕(중)ㅣ 〔금〕(중)ㅣ

積 [몽](중)ㅣ [금](중)ㅣ
皆 [중](운)置 泰 [몽](중)ㅣ [금](중)ㅣ
薺 [중](운)支 (조)平 上 [몽](중)ㅣ
　　[금](중)ㅣ
鮆 [중](운)支 (조)上 [몽](중)ㅣ [금](중)ㅣ

心ㅅ[s]

平齊-先齊
西 [몽](중)ㅣ [금](중)ㅣ
栖 [중](조)去 [몽](중)ㅣ [금](중)ㅣ
棲 [중](조)去 [몽](중)ㅣ [금](중)ㅣ
犀 [몽](중)ㅣ [금](중)ㅣ
撕 [중](운)支 [몽](중)ㅣ [금](중)ㅣ
嘶 [몽](중)ㅣ [금](중)ㅣ
澌 [중](운)支 [몽](중)ㅣ [금](중)ㅣ
漸 [중](운)支 [몽](중)ㅣ [금](중)ㅣ
榹 [몽](중)ㅣ [금](중)ㅣ
痲 [몽](중)ㅣ [금](중)ㅣ
恓 [몽](중)ㅣ [금](중)ㅣ

上薺-想里
洗 [중](운)銑 [몽](중)ㅣ [금](중)ㅣ
洒 [몽](중)ㅣ [금](중)ㅣ
徙 [몽](중)ㅡ [운](중)ㅡ [금](중)ㅣ
璽 [몽](중)ㅡ [운](중)ㅡ [금](중)ㅣ
枲 [몽](중)ㅡ [운](중)ㅡ [금](중)ㅣ
葸 [몽](중)ㅡ [운](중)ㅡ [금](중)ㅣ
躧 [중](운)解 [몽](중)ㅡ [운](중)ㅡ
　　[금](중)ㅣ
跣 [몽](중)ㅡ [운](중)ㅡ [금](중)ㅣ
屣 [몽](중)ㅡ [운](중)ㅡ [금](중)ㅣ
鞭 [몽](중)ㅡ [운](중)ㅡ [금](중)ㅣ
纚 [몽](중)ㅡ [운](중)ㅡ [금](중)ㅣ
釃 [중](운)支 模 [몽](중)ㅡ [운](중)ㅡ
　　[금](중)ㅣ
纚 [중](모)ㄹ [몽](중)ㅡ [운](중)ㅡ [금](중)
　　ㅣ
縰 [몽](중)ㅡ [운](중)ㅡ [금](중)ㅣ
葰 [몽](중)ㅡ [운](중)ㅡ [금](중)ㅣ
籭 [중](운)支 皆 [몽](중)ㅡ [운](중)ㅡ
　　[금](중)ㅣ

去霽-思計
細 [몽](중)ㅣ [금](중)ㅣ
栖 [중](조)平 [몽](중)ㅣ [금](중)ㅣ
棲 [중](조)平 [몽](중)ㅣ [금](중)ㅣ
壻 [몽](중)ㅣ [금](중)ㅣ
婿 [몽](중)ㅣ [금](중)ㅣ
智 [몽](중)ㅣ [금](중)ㅣ
聟 [몽](중)ㅣ [금](중)ㅣ

牀ㅉ[ʥ]

去霽-直例
滯 [몽](중)ㅣ [금](중)ㅣ
㿃 [중](운)泰 [몽](중)ㅣ [금](중)ㅣ

影ㆆ[ʔ]

平齊-淵畦
洼 [몽](중)ㅟ [금](중)ㅣ

匣ㆅ[ɣ]

平齊-弦鷄
兮 [금](중)ㅣ
谿 [금](중)ㅣ
奚 [금](중)ㅣ
嫨 [금](중)ㅣ
蹊 [금](중)ㅣ
鼷 [금](중)ㅣ
貕 [금](중)ㅣ
楷 [금](중)ㅣ
攜 [금](중)ㅣ
携 [몽](중)ㅖ [금](중)ㅣ
鑴 [몽](중)ㅖ [금](중)ㅣ
觽 [몽](중)ㅖ [금](중)ㅣ
蠵 [몽](중)ㅖ [금](중)ㅣ
巂 [중](운)賄 [몽](중)ㅖ [금](중)ㅣ
鄡 [몽](중)ㅖ [금](중)ㅣ
畦 [몽](중)ㅖ [금](중)ㅣ

上薺-戶禮
  傒 〔금〕(중)ㅣ
  傒 〔금〕(중)ㅣ

去霽-胡計
  系 〔금〕(중)ㅣ
  繫 〔중〕(모)ㄱ 〔금〕(중)ㅣ
  係 〔중〕(모)ㄱ 〔금〕(중)ㅣ
  盻 〔중〕(운)諫 〔금〕(중)ㅣ
  禊 〔금〕(중)ㅣ

喩ㅇ[j]

平齊-研奚
  倪 〔몽〕(중)ㅣ 〔금〕(중)ㅣ
  兒 〔중〕(운)支 〔몽〕(중)ㅣ 〔금〕(중)ㅣ
  齯 〔몽〕(중)ㅣ 〔금〕(중)ㅣ
  鯢 〔몽〕(중)ㅣ 〔금〕(중)ㅣ
  霓 〔몽〕(중)ㅣ 〔금〕(중)ㅣ
  蜺 〔몽〕(중)ㅣ 〔금〕(중)ㅣ
  輗 〔몽〕(중)ㅣ 〔금〕(중)ㅣ
  猊 〔몽〕(중)ㅣ 〔금〕(중)ㅣ
  麑 〔몽〕(중)ㅣ 〔금〕(중)ㅣ
  貌 〔몽〕(중)ㅣ 〔금〕(중)ㅣ

來ㄹ[l]

平齊-隣溪
  离 〔몽〕(중)ㅣ 〔금〕(중)ㅣ
  離 〔중〕(조)去 〔몽〕(중)ㅣ 〔금〕(중)ㅣ
  鸝 〔몽〕(중)ㅣ 〔금〕(중)ㅣ
  鷅 〔몽〕(중)ㅣ 〔금〕(중)ㅣ
  驪 〔몽〕(중)ㅣ 〔금〕(중)ㅣ
  孋 〔몽〕(중)ㅣ 〔금〕(중)ㅣ
  麗 〔중〕(조)去 〔몽〕(중)ㅣ 〔금〕(중)ㅣ
  纚 〔중〕(모)ㅅ 〔몽〕(중)ㅣ 〔금〕(중)ㅣ
  褵 〔몽〕(중)ㅣ 〔금〕(중)ㅣ
  縭 〔몽〕(중)ㅣ 〔금〕(중)ㅣ
  矖 〔몽〕(중)ㅣ 〔금〕(중)ㅣ
  攡 〔중〕(운)支 〔몽〕(중)ㅣ 〔금〕(중)ㅣ
  蘺 〔몽〕(중)ㅣ 〔금〕(중)ㅣ
  籬 〔몽〕(중)ㅣ 〔금〕(중)ㅣ

  蘺 〔몽〕(중)ㅣ 〔금〕(중)ㅣ
  樆 〔몽〕(중)ㅣ 〔금〕(중)ㅣ
  欐 〔몽〕(중)ㅣ 〔금〕(중)ㅣ
  醨 〔몽〕(중)ㅣ 〔금〕(중)ㅣ
  漓 〔몽〕(중)ㅣ 〔금〕(중)ㅣ
  灘 〔몽〕(중)ㅣ 〔금〕(중)ㅣ
  璃 〔몽〕(중)ㅣ 〔금〕(중)ㅣ
  瓈 〔몽〕(중)ㅣ 〔금〕(중)ㅣ
  欏 〔몽〕(중)ㅣ 〔금〕(중)ㅣ
  邐 〔몽〕(중)ㅣ 〔금〕(중)ㅣ
  釐 〔몽〕(중)ㅣ 〔금〕(중)ㅣ
  犛 〔중〕(운)效 〔몽〕(중)ㅣ 〔금〕(중)ㅣ
  犛 〔중〕(운)效 〔몽〕(중)ㅣ 〔금〕(중)ㅣ
  嫠 〔몽〕(중)ㅣ 〔금〕(중)ㅣ
  笭 〔몽〕(중)ㅣ 〔금〕(중)ㅣ
  劙 〔몽〕(중)ㅣ 〔금〕(중)ㅣ
  剺 〔몽〕(중)ㅣ 〔금〕(중)ㅣ
  蟸 〔중〕(조)上 〔몽〕(중)ㅣ 〔금〕(중)ㅣ
  蠡 〔중〕(운)歌 (조)上 〔몽〕(중)ㅣ 〔금〕(중)ㅣ
  邌 〔몽〕(중)ㅣ 〔금〕(중)ㅣ
  黎 〔몽〕(중)ㅣ 〔금〕(중)ㅣ
  黧 〔몽〕(중)ㅣ 〔금〕(중)ㅣ
  犁 〔몽〕(중)ㅣ 〔금〕(중)ㅣ
  利 〔몽〕(중)ㅣ 〔금〕(중)ㅣ
  鯬 〔몽〕(중)ㅣ 〔금〕(중)ㅣ
  鱺 〔몽〕(중)ㅣ 〔금〕(중)ㅣ
  藜 〔몽〕(중)ㅣ 〔금〕(중)ㅣ
  梨 〔몽〕(중)ㅣ 〔금〕(중)ㅣ
  棃 〔몽〕(중)ㅣ 〔금〕(중)ㅣ
  莉 〔중〕(조)去 〔몽〕(중)ㅣ 〔금〕(중)ㅣ
  蜊 〔몽〕(중)ㅣ 〔금〕(중)ㅣ
  蟍 〔몽〕(중)ㅣ 〔금〕(중)ㅣ
  貍 〔몽〕(중)ㅣ 〔금〕(중)ㅣ
  狸 〔몽〕(중)ㅣ 〔금〕(중)ㅣ
  樆 〔몽〕(중)ㅣ 〔금〕(중)ㅣ
  劦 〔몽〕(중)ㅣ 〔금〕(중)ㅣ

上薺-良以
  里 〔금〕(중)ㅣ
  理 〔금〕(중)ㅣ
  俚 〔금〕(중)ㅣ
  悝 〔중〕(운)灰 〔금〕(중)ㅣ
  鯉 〔금〕(중)ㅣ
  娌 〔금〕(중)ㅣ
  裏 〔금〕(중)ㅣ

裡 〔금〕(중) ㅣ
邐 〔금〕(중) ㅣ
峛 〔금〕(중) ㅣ
李 〔금〕(중) ㅣ
履 〔금〕(중) ㅣ
禮 〔금〕(중) ㅣ
澧 〔금〕(중) ㅣ
鱧 〔금〕(중) ㅣ
鱺 〔금〕(중) ㅣ
灃 〔금〕(중) ㅣ
蠡 〔중〕(운)歌 (조)平 〔금〕(중) ㅣ
盠 〔중〕(조)平 〔금〕(중) ㅣ

去霽-力地
利 〔금〕(중) ㅣ
痢 〔금〕(중) ㅣ
莉 〔중〕(조)平 〔금〕(중) ㅣ
茘 〔금〕(중) ㅣ
蒞 〔금〕(중) ㅣ
涖 〔금〕(중) ㅣ
詈 〔금〕(중) ㅣ
吏 〔금〕(중) ㅣ
荔 〔금〕(중) ㅣ
離 〔중〕(조)平 〔금〕(중) ㅣ
渗 〔금〕(중) ㅣ
隷 〔금〕(중) ㅣ
隸 〔금〕(중) ㅣ
隷 〔금〕(중) ㅣ
麗 〔중〕(조)平 〔금〕(중) ㅣ
麗 〔금〕(중) ㅣ
欐 〔금〕(중) ㅣ
戾 〔중〕(운)屑 〔금〕(중) ㅣ
唳 〔금〕(중) ㅣ
綟 〔금〕(중) ㅣ
鑗 〔금〕(중) ㅣ
捩 〔중〕(운)屑 〔금〕(중) ㅣ
攦 〔금〕(중) ㅣ
梸 〔금〕(중) ㅣ
例 〔금〕(중) ㅣ
厲 〔금〕(중) ㅣ
礪 〔금〕(중) ㅣ
禲 〔금〕(중) ㅣ
癘 〔금〕(중) ㅣ
疠 〔금〕(중) ㅣ
勵 〔금〕(중) ㅣ

蠣 〔금〕(중) ㅣ
栵 〔중〕(운)屑 〔금〕(중) ㅣ
俐 〔금〕(중) ㅣ

4. 어어어(魚語御)

중성 : (ㅠ) 見溪群疑泥精從心邪照穿牀審禪影曉喩來日
종성 : ø
성조 : 平 上 去
운모 : 魚 語 御

[ㅠ]

見ㄱ[k]

平魚-斤於
居 〔중〕(운)齊
据 〔중〕(조)去
車 〔중〕(운)遮
捄 〔중〕(운)尤
椐 〔몽〕(모)ㅋ

上語-居許
峋 〔중〕(운)宥
枸 〔중〕(운)尤
踽 〔중〕(모)ㄲ
拒 〔중〕(모)ㄲ

去御-居御
据 〔중〕(조)平
鐻 〔중〕(모)ㄲ
絇 〔중〕(모)ㄲ
句 〔중〕(운)尤 (모)ㄲ
瞿 〔중〕(모)ㄲ
遽 〔몽〕(모)ㄲ 〔운〕(모)ㄲ
勮 〔몽〕(모)ㄲ 〔운〕(모)ㄲ
詎 〔중〕(모)ㄲ 〔몽〕(모)ㄲ 〔운〕(모)ㄲ
醵 〔중〕(운)藥 (모)ㄲ 〔몽〕(모)ㄲ 〔운〕(모)ㄲ

溪ㅋ[k']

平魚-丘於
區 〔중〕(운)尤
胠 〔중〕(운)合 (조)上

上語-丘擧
去 〔중〕(조)去
胠 〔중〕(운)合 (조)平

去御-區遇
去 〔중〕(조)平

群ㄲ[g]

平魚-求於
鐻 〔중〕(모)ㄱ (조)上
醵 〔중〕(운)藥 (모)ㄱ
句 〔중〕(운)尤 (모)ㄱ
絇 〔중〕(모)ㄱ
瞿 〔중〕(모)ㄱ (조)去
龜 〔중〕(운)尤

上語-臼許
拒 〔중〕(모)ㄱ
詎 〔중〕(모)ㄱ
鐻 〔중〕(모)ㄱ (조)平
麟 〔몽〕(모)ㅋ 〔운〕(모)ㅋ
踽 〔중〕(모)ㄱ 〔몽〕(모)ㅋ 〔운〕(모)ㅋ

去御-忌遇
瞿 〔중〕(모)ㄱ (조)平

疑ㅇ[ŋ]

平魚-牛居
齵 〔중〕(운)尤
髃 〔중〕(운)尤
腢 〔중〕(운)尤

上語-偶許
語 〔중〕(조)去

去御-魚據
語 〔중〕(조)去
禺 〔중〕(조)平

泥ㄴ[n]

平魚-女居
挐 〔중〕(운)麻
拏 〔중〕(운)麻

上語-尼呂
    女〔중〕(조)去

去御-尼據
    女〔중〕(조)上

精ㅈ[ʦ]

平魚-子余
    且〔중〕(운)者 (모)ㅉ
    蛆〔집〕(모)ㅊ
    苴〔중〕(운)麻〔몽〕(모)ㅊ〔운〕(모)ㅊ
    疽〔몽〕(모)ㅊ〔운〕(모)ㅊ
    雎〔몽〕(모)ㅊ〔운〕(모)ㅊ
    鴡〔몽〕(모)ㅊ〔운〕(모)ㅊ
    狙〔중〕(모)ㅊ〔몽〕(모)ㅊ〔운〕(모)ㅊ
    趄〔몽〕(모)ㅊ〔운〕(모)ㅊ
    沮〔중〕(조)上 去〔몽〕(모)ㅊ〔운〕(모)ㅊ
    砠〔몽〕(모)ㅊ〔운〕(모)ㅊ
    岨〔중〕(운)模〔몽〕(모)ㅊ〔운〕(모)ㅊ
    菹〔몽〕(모)ㅈ〔운〕(모)ㅈ

上語-再呂
    沮〔중〕(조)平 去〔몽〕(모)ㅉ〔운〕(모)ㅉ
    咀〔몽〕(모)ㅉ〔운〕(모)ㅉ

去御-將豫
    沮〔중〕(조)平 上
    足〔중〕(운)屋

清ㅊ[ʦ']

去御-七慮
    狙〔중〕(모)ㅈ
    趣〔중〕(운)有
    蜡〔중〕(운)마

從ㅉ[ʣ]

上語-慈庾

聚〔중〕(조)去
    且〔중〕(운)者 (모)ㅈ
    屟〔집〕(조)平

去御-旅遇
    聚〔중〕(조)平

心ㅅ[s]

平魚-新於
    諝〔중〕(조)上
    湑〔중〕(조)上
    糈〔중〕(운)모

上語-私呂
    諝〔중〕(조)平
    湑〔중〕(조)平

去御-息據
    絮〔중〕(모)ㅊ ○

邪ㅆ[z]

上語-象呂
    黇〔중〕(모)○

照ㅈ[ʨ]

平魚-專於
    藷〔중〕(모)ㅉ

上語-腫庾
    柱〔중〕(모)ㅉ
    陼〔중〕(운)모
    紵〔중〕(모)ㅉ
    褚〔중〕(모)ㅊ

去御-陟慮
    著〔중〕(운)藥 (모)ㅉ
    澍〔중〕(모)ㅆ

穿ᅕ[tɕ']

平魚-抽居
　　樞 〔즁〕(운)尤 〔금〕(모)ㅅ
　　橋 〔즁〕(운)마

上語-敞呂
　　處 〔즁〕(조)去
　　褚 〔즁〕(모)ㅈ

去御-昌據
　　處 〔즁〕(조)上
　　處 〔즁〕(조)上
　　処 〔즁〕(조)上
　　絮 〔즁〕(모)ㅅ △

牀ᄍ[ɖ]

平魚-長魚
　　除 〔즁〕(조)去
　　藷 〔즁〕(모)ㅈ
　　蹰 〔즁〕(운)藥
　　屠 〔즁〕(운)模
　　禂 〔즁〕(운)蕭 爻 尤
　　蜍 〔몽〕(모)ㅆ 〔운〕(모)ㅆ
　　蟵 〔몽〕(모)ㅆ 〔운〕(모)ㅆ

上語-腫庾
　　柱 〔즁〕(모)ㅈ (조)去
　　宁 〔몽〕(모)ㅈ
　　貯 〔몽〕(모)ㅈ 〔운〕(모)ㅈ

去御-治據
　　著 〔즁〕(운)藥 (모)ㅈ
　　除 〔즁〕(조)平
　　駐 〔몽〕(모)ㅈ 〔운〕(모)ㅈ
　　柱 〔즁〕(모)ㅈ (조)上 〔몽〕(모)ㅈ 〔운〕(모)ㅈ
　　　　〔고〕(모)ㅈ

審ᄼ[ɕ]

平魚-商居
　　紓 〔즁〕(조)上
　　輸 〔즁〕(모)ㅆ

上語-賞呂
　　抒 〔몽〕(모)ㅈ 〔운〕(모)ㅈ 〔집〕(모)ㅆ
　　紓 〔즁〕(조)平 〔집〕(모)ㅆ

禪ᄽ[ʑ]

上語-承與
　　樹 〔즁〕(조)去

去御-殊遇
　　樹 〔즁〕(조)上
　　澍 〔즁〕(모)ㅈ
　　成 〔몽〕(모)ㅅ 〔운〕(모)ㅅ
　　輸 〔즁〕(운)軫 〔몽〕(모)ㅅ 〔운〕(모)ㅅ
　　腧 〔몽〕(모)ㅅ 〔운〕(모)ㅅ

影ᅙ[ʔ]

平魚-衣虛
　　於 〔즁〕(운)模
　　淤 〔즁〕(조)去
　　迂 〔즁〕(모)ㅇ
　　迃 〔즁〕(모)ㅇ

上語-於語
　　嫗 〔즁〕(조)去

去御-依據
　　淤 〔즁〕(조)平
　　菸 〔즁〕(운)先
　　嫗 〔즁〕(조)上

曉ㅎ[x]

Left column

平魚-休居
　呴 〔중〕(조)去
　訏 〔중〕(조)上
　芋 〔중〕(모)○
　煦 〔중〕(조)上　去
　昫 〔중〕(조)上　去
　姁 〔중〕(조)上

上語-虛呂
　許 〔중〕(운)모
　胸 〔중〕(조)平　去
　煦 〔중〕(조)平　去
　姁 〔중〕(조)平
　訏 〔중〕(조)平

去御-許御
　煦 〔중〕(조)平　上
　昫 〔중〕(조)平　上
　呴 〔중〕(조)平

喩ㅇ[j]

平魚-雲俱
　予 〔중〕(조)上
　畬 〔중〕(운)遮
　與 〔중〕(조)上　去
　譽 〔중〕(조)去
　鸒 〔중〕(조)去
　轝 〔중〕(조)去
　婾 〔중〕(운)尤
　窬 〔중〕(운)宥
　婾 〔중〕(운)尤
　褕 〔중〕(운)蕭
　臾 〔중〕(운)董
　悇 〔중〕(조)上
　楰 〔중〕(조)上

上語-弋渚
　與 〔중〕(조)平　去
　予 〔중〕(조)平
　楰 〔중〕(조)平
　悇 〔중〕(조)平

Right column

　瘉 〔중〕(조)去
　羽 〔중〕(조)去
　雨 〔중〕(조)去

去御-羊茹
　萸 〔중〕(모)ㅆ
　譽 〔중〕(조)平
　與 〔중〕(조)平　上
　鸒 〔중〕(조)平
　轝 〔중〕(조)平
　瘉 〔중〕(조)上
　芋 〔중〕(모)ㅎ
　雨 〔중〕(조)上

來ㄹ[l]

平魚-凌如
　臚 〔금〕(중)ㄷ
　蘆 〔중〕(운)模　歌
　慮 〔중〕(조)去
　婁 〔중〕(운)尤
　膢 〔중〕(운)尤
　鏤 〔중〕(운)有
　蔞 〔중〕(운)尤
　瘻 〔중〕(운)有
　慺 〔중〕(운)尤
　貗 〔중〕(운)尤
　樓 〔중〕(운)尤

上語-兩擧
　褸 〔중〕(운)尤
　僂 〔중〕(운)尤
　嶁 〔중〕(운)有

去御-良據
　慮 〔중〕(조)平
　錄 〔중〕(운)屋

日△[ɾ]

平魚-人余
　茹 〔중〕(조)上　去

絮 〔중〕(모)ㅅ ㅊ

上語-忍與
    茹 〔중〕(조)平 去
    乳 〔중〕(조)去
    擩 〔중〕(운)先

去御-而遇
    乳 〔중〕(조)上
    茹 〔중〕(조)平 上

5. 모모모(模姥暮)

중성 : (ㅜ)　　見溪疑端透定泥幇滂竝明非奉微精淸從心照穿牀審影曉匣來
종성 : ø
성조 : 平　上　去
운모 : 模　姥　暮

[ㅜ]

見ㄱ[k]

平模-攻乎
   酤 〔즁〕(모)ㅎㅎ (조)上 去
   叏 〔즁〕(조)上

上姥-公土
   詁 〔즁〕(조)去
   酤 〔즁〕(모)ㅎㅎ (조)平 去
   叏 〔즁〕(조)平
   苦 〔즁〕(모)ㅋ
   賈 〔즁〕(운)馬

去暮-古慕
   雇 〔즁〕(모)ㅎㅎ
   酤 〔즁〕(모)ㅎㅎ (조)平 上
   詁 〔즁〕(조)上

溪ㅋ[k']

上姥-孔五
   苦 〔즁〕(모)ㄱ
   楛 〔즁〕(모)ㅎㅎ

去暮-苦故
   胯 〔즁〕(운)마

疑ㅇ[ŋ]

平模-訛胡
   梧 〔즁〕(조)去

去暮-五故
   梧 〔즁〕(조)平

端ㄷ[t]

平模-東徒
   闍 〔즁〕(운)遮

上姥-董五
   陼 〔즁〕(운)語
   土 〔즁〕(모)ㅌ ㄸ
   肚 〔즁〕(모)ㄸ

去暮-都故
   斁 〔즁〕(운)陌

透ㅌ[t']

上姥-他魯
   土 〔즁〕(모)ㄷ ㄸ
   吐 〔즁〕(조)去
   稌 〔즁〕(모)ㄸ

去暮-土故
   菟 〔즁〕(모)ㄸ
   吐 〔즁〕(조)上

定ㄸ[d]

平模-同都
   涂 〔즁〕(운)麻
   捈 〔본〕(모)ㅌ
   稌 〔즁〕(모)ㅌ 〔고〕(모)ㅌ
   屠 〔즁〕(운)魚
   菟 〔즁〕(모)ㅌ

上姥-徒古
   殬 〔금〕(모)ㄷ
   塗 〔금〕(모)ㄷ
   土 〔즁〕(모)ㄷ ㅌ
   肚 〔즁〕(모)ㄷ

去暮-獨故
   度 〔즁〕(운)藥

泥ㄴ[n]

平模-農都
　　笯 〔중〕(조)上
　　笯 〔중〕(조)去

上姥-奴古
　　笯 〔중〕(조)平

去暮-奴故
　　笯 〔중〕(조)平

幫ㅂ[p]

平模-奔謨
　　餔 〔중〕(모)ㅃ
　　拂 〔중〕(조)去

上姥-博古
　　圃 〔중〕(조)去

去暮-博故
　　拂 〔중〕(조)平
　　圃 〔중〕(조)上
　　怖 〔몽〕(모)ㅍ 〔운〕(모)ㅍ

滂ㅍ[p']

平模-滂模
　　鋪 〔중〕(조)去
　　誧 〔몽〕(모)ㅂ 〔운〕(모)ㅂ

上姥-滂五
　　誧 〔중〕(조)平 去

去暮-普故
　　鋪 〔중〕(조)平
　　誧 〔중〕(조)平 上

並ㅃ[b]

平模-薄胡
　　酺 〔중〕(조)去
　　捗 〔중〕(조)去
　　莩 〔중〕(조)去

上姥-斐古
　　簿 〔중〕(운)藥
　　部 〔중〕(운)有
　　蔀 〔중〕(운)有

去暮-薄故
　　酺 〔중〕(조)平
　　餔 〔중〕(모)ㅂ
　　捗 〔중〕(조)平
　　莩 〔중〕(조)平

明ㅁ[m]

平模-莫胡
　　摸 〔중〕(운)藥
　　摸 〔중〕(운)藥
　　无 〔중〕(모)ㅇ

上姥-莫補
　　莽 〔중〕(운)養 有
　　母 〔중〕(운)有 (모)ㅇ
　　拇 〔중〕(운)有
　　踇 〔중〕(운)有
　　某 〔중〕(운)有
　　呆 〔중〕(운)有
　　畝 〔중〕(운)有
　　晦 〔중〕(운)有

非ㅸ[f]

平模-芳無
　　夫 〔중〕(모)ㅸ
　　扶 〔중〕(모)ㅸ
　　莩 〔중〕(운)篠

苻 〔즁〕(모)뽕
柎 〔즁〕(조)上
泭 〔몽〕(모)뽕
桴 〔즁〕(운)尤

上姥-斐古
柎 〔즁〕(조)平
父 〔즁〕(모)뽕
簠 〔즁〕(조)去

去暮-芳故
仆 〔즁〕(운)宥
傅 〔즁〕(모)뽕
富 〔즁〕(운)宥
副 〔즁〕(운)屋 陌 宥
簠 〔즁〕(조)上

奉뽕[v]

平模-逢夫
扶 〔즁〕(모)ㅸ
夫 〔즁〕(모)ㅸ
苻 〔즁〕(모)ㅸ

上姥-扶古
父 〔즁〕(모)ㅸ (조)去

去暮-防父
傅 〔즁〕(모)ㅸ
父 〔즁〕(모)ㅸ (조)上
嫄 〔즁〕(운)宥
負 〔즁〕(운)宥
蕡 〔즁〕(운)宥

微뭉[ŋ]

平模-微夫
无 〔즁〕(모)ㅁ
亡 〔즁〕(운)陽
亾 〔즁〕(운)陽

上姥-岡古

鵬 〔즁〕(운)有
膴 〔즁〕(모)ㅎ
䍃 〔즁〕(운)灰

精ㅈ[ts]

去暮-臧祚
作 〔즁〕(운)箇 藥

清ㅊ[tsʼ]

平模-倉胡
粗 〔즁〕(모)ㅉ

去暮-倉故
厝 〔즁〕(운)藥
錯 〔즁〕(운)藥
酢 〔즁〕(운)藥

從ㅉ[dz]

上姥-坐五
粗 〔즁〕(모)ㅊ

心ㅅ[s]

去暮-蘇故
愬 〔즁〕(운)陌

照ㅈ[tɕ]

上姥-壯所
齟 〔몽〕(모)ㅉ
鉏 〔즁〕(모)ㅉ 〔몽〕(모)ㅉ
岨 〔즁〕(운)魚 〔몽〕(모)ㅉ
詛 〔즁〕(조)去 〔몽〕(모)ㅉ

穿ᅕ[tɕ']

上姥-創祖
    楚〔중〕(조)去

去暮-創故
    楚〔중〕(조)上

牀ᅏ[dʑ]

平模-叢租
    鉏〔중〕(모)ᅏ
    鋤〔중〕(조)去

去暮-狀助
    鋤〔중〕(조)平

審ᄼ[ɕ]

平模-山租
    釃〔중〕(운)支 薺
    疏〔중〕(조)去
    㳅〔중〕(조)去
    疋〔중〕(운)質 馬

上姥-疎五
    糈〔중〕(운)魚
    數〔중〕(운)屋 藥 (조)去

去暮-所故
    疏〔중〕(조)平
    汚〔중〕(운)屋 藥 (조)上

影ᅙ[ʔ]

平模-汪胡
    惡〔중〕(운)藥 (조)去
    汚〔중〕(조)去
    汙〔중〕(운)麻 (조)去

汙〔중〕(운)箇 (조)去
於〔중〕(운)魚

去暮-烏故
    汙〔중〕(운)麻 (조)平
    汚〔중〕(조)平
    汚〔중〕(운)箇 (조)平
    惡〔중〕(운)藥 (조)平

曉ᅙ[x]

平模-荒胡
    呼〔중〕(조)去
    戲〔중〕(운)支
    虖〔중〕(모)ᅘᅘ
    膴〔중〕(모)ᄝ
    胡〔중〕(모)ᅘᅘ

去暮-荒故
    呼〔중〕(조)平

匣ᅘᅘ[ɣ]

平模-洪狐
    胡〔원〕(모)ㅇ
    瑚〔원〕(모)ㅇ
    餬〔원〕(모)ㅇ
    糊〔원〕(모)ㅇ
    湖〔원〕(모)ㅇ
    醐〔원〕(모)ㅇ
    醐〔원〕(모)ㅇ
    鶘〔원〕(모)ㅇ
    蝴〔원〕(모)ㅇ
    箶〔원〕(모)ㅇ
    褙〔원〕(모)ㅇ
    蹦〔원〕(모)ㅇ
    葫〔중〕(모)ᅙ〔원〕(모)ㅇ
    瓠〔중〕(조)去〔원〕(모)ㅇ
    壺〔원〕(모)ㅇ
    狐〔원〕(모)ㅇ
    礋〔원〕(모)ㅇ

弧 〔원〕(모)ㅇ
乎 〔원〕(모)ㅇ
摩 〔중〕(모)ㅎ 〔원〕(모)ㅇ
囫 〔원〕(모)ㅇ

上姥-侯古
雇 〔중〕(모)ㄱ
酤 〔중〕(모)ㄱ
楛 〔중〕(모)ㅋ

去暮-胡故
濩 〔중〕(운)藥
穫 〔중〕(운)藥
瓠 〔중〕(조)平
涸 〔중〕(운)藥

來ㄹ[1]

平模-龍都
蘆 〔중〕(운)魚 歌

去暮-魯故
輅 〔중〕(운)陌

6. 개해태(皆解泰)

중성 : (ㅐ) 見溪疑端透定泥幫竝明精淸從心照穿牀審影曉匣來
     (ㅒ) 見溪疑影匣喩
     (ㅙ) 見溪疑匣
종성 : ø
성조 : 平 上 去
운모 : 皆 解 泰

[ㅐ]

見ㄱ[k]

平皆-柯開
　　閡 〔중〕(모)ㆁ
　　荄 〔중〕(중)ㅐ
　　晐 〔중〕(조)上
　　頦 〔중〕(모)ㆅ (조)上 〔금〕(모)ㆅ

上解-居亥
　　頦 〔중〕(모)ㆅ (조)平
　　胲 〔중〕(조)平

去泰-居大
　　蓋 〔중〕(운)合
　　摡 〔중〕(운)置

溪ㅋ[k']

上解-可亥
　　開 〔중〕(조)去

去泰-丘蓋
　　愾 〔중〕(운)置
　　咳 〔중〕(모)ㆅ
　　鎧 〔중〕(조)上
　　愒 〔중〕(운)霽 曷
　　磕 〔중〕(운)合
　　石蓋 〔중〕(운)合

疑ㆁ[ŋ]

上解-語駭
　　騃 〔운〕(모)ㅇ (중)ㅐ

去泰-牛蓋
　　閡 〔중〕(모)ㄱ

端ㄷ[t]

去泰-當蓋
　　癉 〔중〕(운)霽

透ㅌ[t']

平皆-湯來
　　鮐 〔중〕(모)ㄸ
　　台 〔중〕(운)支

去泰-他開
　　貸 〔중〕(운)陌

定ㄸ[d]

平皆-堂來
　　鮐 〔중〕(모)ㅌ
　　駘 〔중〕(조)上 〔원〕(모)ㅌ

上解-蕩亥
　　待 〔중〕(조)去
　　逮 〔중〕(운)霽 (조)去
　　迨 〔중〕(조)去
　　駘 〔중〕(조)平
　　詒 〔중〕(운)支
　　𨢲 〔중〕(조)去
　　隸 〔중〕(조)去

去泰-度耐
　　逮 〔중〕(운)霽 (조)上
　　迨 〔중〕(조)上
　　待 〔중〕(조)上
　　駾 〔중〕(운)霽
　　𨢲 〔중〕(조)上
　　隸 〔중〕(조)上
　　예3 〔중〕(운)霽
　　大 〔중〕(운)解 〔속〕(중)ㅏ

泥ㄴ[n]

平皆-囊來
  能 〔중〕(운)庚 (조)去

上解-囊亥
  㾦 〔중〕(조)去

去泰-尼帶
  奈 〔중〕(운)箇
  能 〔중〕(운)庚 (조)平
  㾦 〔중〕(조)上

幫ㅂ[p]

上解-補買
  捭 〔중〕(운)陌
  罷 〔중〕(운)支 馬 〔몽〕(모)ㅃ 〔운〕(모)ㅃ 〔고〕(모)ㅃ

去泰-布怪
  扒 〔중〕(운)轄
  敗 〔중〕(모)ㅃ

並ㅃ[b]

平皆-步皆
  廳 〔중〕(운)梗

去泰-薄邁
  敗 〔중〕(모)ㅂ
  糒 〔중〕(운)置

明ㅁ[m]

去泰-莫懈
  眜 〔중〕(운)隊

精ㅈ[ʦ]

平皆-將來
  栽 〔중〕(조)去

上解-子亥
  載 〔중〕(조)去
  縡 〔중〕(조)上

去泰-作代
  縡 〔중〕(조)上
  載 〔몽〕(모)ㅉ 〔운〕(모)ㅉ
  栽 〔중〕(조)平 〔몽〕(모)ㅉ 〔운〕(모)ㅉ
  截 〔몽〕(모)ㅉ 〔운〕(모)ㅉ
  裁 〔몽〕(모)ㅉ 〔운〕(모)ㅉ

清ㅊ[ʦ']

平皆-倉才
  偲 〔중〕(운)支

上解-此宰
  采 〔중〕(조)去
  寀 〔중〕(조)去

去泰-倉代
  寀 〔중〕(조)上
  采 〔중〕(조)上

從ㅉ[dz]

平皆-牆來
  裁 〔중〕(모)ㅈ

上解-盡亥
  在 〔중〕(조)去

去泰-作代
  在 〔중〕(조)上

心ㅅ[s]

平皆-桑在
　　栖 〔중〕(운)灰
　　罳 〔중〕(운)支

去泰-先代
　　塞 〔중〕(운)陌

照ㅈ[tɕ]

去泰-側賣
　　祭 〔중〕(운)霽

穿ㅊ[tɕ']

平皆-初皆
　　差 〔중〕(운)支　麻　(조)去
　　釵 〔중〕(운)麻
　　叉 〔중〕(운)麻　〔금〕(운)麻

上解-初買
　　跐 〔중〕(운)紙

去泰-楚邁
　　瘥 〔중〕(운)歌
　　差 〔중〕(운)支　麻　(조)平
　　衩 〔중〕(운)麻　〔금〕(모)ㅊ
　　嘬 〔몽〕(중)ㅐ

牀ㅉ[dʑ]

上解-鉏買
　　厞 〔중〕(운)紙　〔원〕(모)ㅊ
　　豸 〔중〕(운)紙　(조)去

去泰-助邁
　　眦 〔중〕(운)置　薺
　　豸 〔중〕(운)紙　(조)上

審ㅅ[ɕ]

平皆-所皆
　　簁 〔중〕(운)支　薺
　　籭 〔중〕(운)支

上解-所蟹
　　灑 〔중〕(운)馬　(조)去
　　洒 〔중〕(운)薺　賄　馬　(조)去
　　躧 〔중〕(운)薺

去泰-所賣
　　灑 〔중〕(운)馬　(조)上
　　洒 〔중〕(운)薺　賄　馬　(조)上
　　殺 〔중〕(운)轄

影ㆆ[ʔ]

平皆-於開
　　欸 〔중〕(조)上
　　唉 〔중〕(모)ㅎ

上解-依亥
　　欸 〔중〕(조)去
　　藹 〔중〕(조)去
　　欸 〔중〕(조)平
　　矮 〔중〕(운)紙　(조)去

去泰-於蓋
　　僾 〔중〕(운)紙
　　矮 〔중〕(운)紙　(조)上
　　藹 〔중〕(조)上
　　欸 〔중〕(조)上
　　嘎 〔중〕(운)禡
　　喝 〔중〕(운)曷

曉ㅎ[x]

平皆-呼來
　　唉 〔중〕(모)ㅎ

匣ㆅ[ɣ]

平皆-何開
　咳〔중〕(모)ㅋ
　頦〔중〕(모)ㄱ

上解-下楷
　夥〔중〕(운)가〔속〕(모)ㄹ　(중)벼
　駭〔몽〕(중)ㅐ〔운〕(중)ㅐ

去泰-下蓋
　劾〔중〕(운)陌

來ㄹ[l]

平皆-郎才
　來〔중〕(조)去〔금〕(중)ㅕ
　徠〔중〕(조)去〔금〕(중)ㅕ
　래1〔중〕(조)去
　倈〔중〕(운)遮　(조)去

去泰-落蓋
　徠〔중〕(조)平
　來〔중〕(조)平
　倈〔중〕(운)遮　(조)平
　래1〔중〕(조)平

[ㅐ]

見ㄱ[k]

平皆-居諧
　皆〔속〕(중)ㅖ〔금〕(중)ㅐ
　偕〔속〕(중)ㅖ〔금〕(중)ㅐ
　階〔속〕(중)ㅖ〔금〕(중)ㅐ
　堦〔속〕(중)ㅖ〔금〕(중)ㅐ
　湝〔중〕(모)ㅎㅎ〔속〕(중)ㅖ〔금〕(중)ㅐ
　喈〔속〕(중)ㅖ〔금〕(중)ㅐ
　楷〔중〕(모)ㅋ〔속〕(중)ㅖ〔금〕(중)ㅐ
　飌〔속〕(중)ㅖ〔금〕(중)ㅐ
　荄〔중〕(중)ㅜ〔속〕(중)ㅖ〔금〕(중)ㅐ

痎〔속〕(중)ㅖ〔금〕(중)ㅐ
齴〔중〕(운)轄〔속〕(중)ㅖ〔금〕(중)ㅐ
稭〔중〕(운)轄〔속〕(중)ㅖ〔금〕(중)ㅐ
街〔속〕(중)ㅖ〔금〕(중)ㅐ

上解-佳買
　解〔중〕(모)ㅎㅎ(조)去〔속〕(중)ㅖ
　　〔금〕(중)ㅐ
　薢〔중〕(모)ㅎㅎ〔속〕(중)ㅖ〔금〕(중)ㅐ
　檞〔속〕(중)ㅖ〔금〕(중)ㅐ

去泰-居拜
　戒〔속〕(중)ㅖ〔금〕(중)ㅐ
　誡〔속〕(중)ㅖ〔금〕(중)ㅐ
　悈〔속〕(중)ㅖ〔금〕(중)ㅐ
　介〔중〕(운)轄〔속〕(중)ㅖ〔금〕(중)ㅐ
　界〔속〕(중)ㅖ〔금〕(중)ㅐ
　忦〔속〕(중)ㅖ〔금〕(중)ㅐ
　疥〔속〕(중)ㅖ〔금〕(중)ㅐ
　玠〔속〕(중)ㅖ〔금〕(중)ㅐ
　穼〔속〕(중)ㅖ〔금〕(중)ㅐ
　芥〔속〕(중)ㅖ〔금〕(중)ㅐ
　魝〔속〕(중)ㅖ〔금〕(중)ㅐ
　价〔속〕(중)ㅖ〔금〕(중)ㅐ
　犗〔속〕(중)ㅖ〔금〕(중)ㅐ
　屆〔속〕(중)ㅖ〔금〕(중)ㅐ
　懈〔속〕(중)ㅖ〔금〕(중)ㅐ
　解〔중〕(모)ㅎㅎ(조)上〔속〕(중)ㅖ〔금〕(중)ㅐ
　廨〔속〕(중)ㅖ〔금〕(중)ㅐ
　繲〔속〕(중)ㅖ〔금〕(중)ㅐ

溪ㅋ[k']

平皆-丘皆
　揩〔금〕(중)ㅐ

上解-口駭
　楷〔금〕(중)ㅐ
　鍇〔금〕(중)ㅐ

疑ㅇ[ŋ]

去泰-牛懈
　睚 〔중〕(모)ㅇ〔속〕(모)ㅇ〔금〕(중)ㅐ

影ㆆ[ʔ]

上解-鴉蟹
　矮 〔금〕(중)ㅐ
　痿 〔금〕(중)ㅐ
　왜1 〔금〕(중)ㅐ

去泰-烏懈
　隘 〔운〕(모)ㆆ〔금〕(중)ㅐ
　阨 〔중〕(운)陌〔운〕(모)ㆆ〔금〕(중)ㅐ
　阸 〔중〕(운)陌〔운〕(모)ㆆ〔금〕(중)ㅐ
　噫 〔중〕(운)支〔운〕(모)ㆆ〔금〕(중)ㅐ
　呝 〔운〕(모)ㆆ〔금〕(중)ㅐ
　詭 〔운〕(모)ㆆ〔금〕(중)ㅐ

匣ㆅ[ɣ]

平皆-雄皆
　諧 〔금〕(중)ㅐ
　湝 〔중〕(모)ㄱ〔금〕(중)ㅐ
　骸 〔금〕(중)ㅐ
　膎 〔금〕(중)ㅐ
　鮭 〔금〕(중)ㅐ
　鞵 〔금〕(중)ㅐ
　鞋 〔금〕(중)ㅐ
　鞳 〔금〕(중)ㅐ

上解-胡買
　蟹 〔금〕(중)ㅐ
　觧 〔금〕(중)ㅐ
　解 〔중〕(모)ㄱ(조)去〔금〕(중)ㅐ
　澥 〔금〕(중)ㅐ
　獬 〔중〕(조)去〔금〕(중)ㅐ
　懈 〔중〕(조)去〔금〕(중)ㅐ
　貕 〔중〕(조)去〔금〕(중)ㅐ
　嶰 〔금〕(중)ㅐ
　薢 〔중〕(모)ㄱ〔금〕(중)ㅐ

去泰-下戒
　械 〔금〕(중)ㅐ
　齘 〔금〕(중)ㅐ
　薤 〔금〕(중)ㅐ
　瀣 〔금〕(중)ㅐ
　解 〔중〕(모)ㄱ(조)上〔금〕(중)ㅐ
　獬 〔중〕(조)上〔금〕(중)ㅐ
　懈 〔중〕(조)上〔금〕(중)ㅐ
　邂 〔중〕(조)上〔금〕(중)ㅐ
　邂 〔금〕(중)ㅐ

喩ㅇ[j]

平皆-宜皆
　涯 〔중〕(운)支 厓〔운〕(모)ㅇ(중)ㅐ
　　〔고〕(모)ㆁ〔금〕(중)ㅐ
　厓 〔중〕(운)支 厓〔운〕(모)ㅇ(중)ㅐ
　　〔고〕(모)ㆁ〔금〕(중)ㅐ
　崖 〔중〕(운)支 厓〔운〕(모)ㅇ(중)ㅐ
　　〔고〕(모)ㆁ〔금〕(중)ㅐ
　睚 〔중〕(모)ㆁ(중)ㅐ〔운〕(모)ㅇ(중)ㅐ〔고〕
　　(모)ㆁ〔금〕(중)ㅐ
　捱 〔운〕(모)ㅇ(중)ㅐ〔고〕(모)ㆁ〔금〕(중)ㅐ

[ㅐ]

見ㄱ[k]

去泰-古壞
　壞 〔중〕(모)ㆅ
　夬 〔중〕(운)屑
　獪 〔중〕(운)隊
　澮 〔중〕(운)隊

溪ㅋ[k']

去泰-苦夬
　　駃 〔중〕(운)屑
　　簣 〔중〕(운)隊
　　塊 〔중〕(운)隊

疑ㅇ[ŋ]

去泰-五塊
　　外 〔몽〕(중)ㅟ 〔속〕(모)ㅇ
　　岇 〔몽〕(모)ㆁ 〔운〕(모)ㆁ

匣ㆅ[ɣ]

平皆-乎乖
　　槐 〔중〕(운)灰

去泰-華夬
　　壞 〔중〕(모)ㄱ

7. 회회대(灰賄隊)

중성 : (丅) 見溪群疑端透定泥幫滂竝明精淸從心邪照穿牀審影曉匣喩來日
종성 : ø
성조 : 平 上 去
운모 : 灰 賄 隊

[ㅟ]

見ㄱ[k]

平灰-姑回
  傀 〔중〕(모)ㅋ
  瑰 〔중〕(모)ㆅ
  規 〔운〕(중)ㅚ
  潙 〔중〕(모)ㅇ
  龜 〔중〕(운)尤
  圭 〔몽〕(중)ㅚ
  珪 〔몽〕(중)ㅚ
  閨 〔몽〕(중)ㅚ
  袿 〔몽〕(중)ㅚ
  窐 〔몽〕(중)ㅚ
  邽 〔몽〕(중)ㅚ

上賄-古委
  庋 〔중〕(운)薺
  庪 〔중〕(운)薺
  癸 〔몽〕(중)ㅚ
  蘬 〔중〕(모)ㅋ 〔고〕(모)ㅋ
  歸 〔중〕(모)ㅋ 〔고〕(모)ㅋ

去隊-古外
  獪 〔중〕(운)泰
  禬 〔중〕(모)ㅋ
  澮 〔중〕(운)泰
  會 〔중〕(모)ㆅ
  蹶 〔중〕(운)屑
  撅 〔중〕(운)屑
  桂 〔몽〕(중)ㅚ 〔운〕(모)ㄱ
  炅 〔중〕(운)梗
  香 〔중〕(운)梗

溪ㅋ[k']

平灰-枯回
  魁 〔중〕(조)上
  悝 〔중〕(운)薺
  蘬 〔중〕(모)ㄱ

歸 〔중〕(조)去 〔몽〕(중)ㅚ
窺 〔몽〕(중)ㅚ
闚 〔몽〕(중)ㅚ
聯 〔몽〕(중)ㅚ
奎 〔몽〕(중)ㅚ
骭 〔몽〕(중)ㅚ
刲 〔몽〕(중)ㅚ
劌 〔몽〕(중)ㅚ

上賄-犬藥
  跬 〔몽〕(중)ㅚ
  頯 〔몽〕(중)ㅚ
  魁 〔중〕(조)平 〔몽〕(중)ㅚ
  傀 〔중〕(모)ㄱ 〔몽〕(중)ㅚ

去隊-窺睡
  塊 〔중〕(운)泰 〔몽〕(중)ㅚ
  凷 〔중〕(운)泰 〔몽〕(중)ㅚ
  稽 〔중〕(모)ㄱ 〔몽〕(중)ㅚ
  襀 〔몽〕(중)ㅚ
  繢 〔중〕(모)ㆅ 〔몽〕(중)ㅚ
  喟 〔몽〕(중)ㅐ ㅚ 〔운〕(중)ㅐ
  嘳 〔몽〕(중)ㅚ
  歸 〔중〕(모)ㄱ (조)平

群ㄲ[g]

平灰-渠爲
  頄 〔중〕(운)尤
  葵 〔몽〕(중)ㅚ 〔속〕(중)ㅣ
  鄈 〔몽〕(중)ㅚ
  跻 〔몽〕(중)ㅚ

上賄-渠委
  跪 〔몽〕(모)ㅋ
  揆 〔몽〕(중)ㅚ

去隊-具位
  匱 〔중〕(운)泰 〔금〕(중)ㅓ
  悸 〔몽〕(중)ㅚ

疑ㅇ[ŋ]

平灰-吾回
    嵬 〔중〕(조)上

上賄-五罪
    嵬 〔중〕(조)平

端ㄷ[t]

平灰-都回
    鎚 〔중〕(모)ㅉ
    追 〔중〕(모)ㅈ
    敦 〔중〕(운)文 寒 (조)去
    磓 〔중〕(모)ㅉ
    槌 〔중〕(모)ㅉ
    搥 〔중〕(모)ㅉ

去隊-都內
    敦 〔중〕(운)文 寒 (조)平

透ㅌ[t']

平灰-通回
    推 〔중〕(모)ㅊ
    焞 〔중〕(운)文

去隊-吐內
    兌 〔중〕(모)ㄸ
    駾 〔중〕(모)ㄸ
    蛻 〔중〕(모)ㅅ

定ㄸ[d]

平灰-都回
    鎚 〔중〕(모)ㅉ

去隊-杜對
    兌 〔중〕(모)ㅌ

兌 〔중〕(모)ㅌ
駾 〔중〕(모)ㅌ
銳 〔중〕(모)ㅇ

泥ㄴ[n]

平灰-奴回
    捼 〔중〕(운)歌 (모)ㅅ
    挼 〔중〕(운)歌

上賄-弩罪
    餒 〔중〕(모)ㅎ

去隊-女[illegible]немте
    內 〔금〕(중)ㅢ

幇ㅂ[p]

平灰-晡回
    杯 〔속〕(중)ㅢ
    盃 〔속〕(중)ㅢ
    桮 〔속〕(중)ㅢ
    环 〔속〕(중)ㅢ

去隊-邦妹
    背 〔중〕(모)ㅃ 〔속〕(중)ㅢ
    輩 〔속〕(중)ㅢ
    軰 〔속〕(중)ㅢ
    褙 〔속〕(중)ㅢ
    絹 〔속〕(중)ㅢ
    軰 〔속〕(중)ㅢ
    軰 〔속〕(중)ㅢ
    貝 〔몽〕(중)ㅐ 〔운〕(중)ㅐ 〔속〕(중)ㅢ
    狽 〔몽〕(중)ㅐ 〔운〕(중)ㅐ 〔속〕(중)ㅢ

滂ㅍ[p']

平灰-鋪杯
    丕 〔속〕(중)ㅢ
    狉 〔속〕(중)ㅢ

髻 〔속〕(중)ㅓ
胚 〔속〕(중)ㅓ
岯 〔속〕(중)ㅓ
坏 〔속〕(중)ㅓ
醅 〔속〕(중)ㅓ
伾 〔속〕(중)ㅓ
岯 〔속〕(중)ㅓ
邳 〔중〕(운)支 〔속〕(중)ㅓ
秠 〔중〕(운)紙 〔속〕(중)ㅓ
駓 〔속〕(중)ㅓ

去隊-滂佩
　　配 〔속〕(중)ㅓ
　　肺 〔중〕(운)置 〔속〕(중)ㅓ
　　佈 〔고〕(모)ㅂ (중)ㅐ 〔속〕(중)ㅓ
　　沛 〔중〕(모)ㅃ 〔몽〕(모)ㅂ (중)ㅐ
　　　　〔운〕(모)ㅂ (중)ㅐ 〔속〕(중)ㅓ
　　霸 〔몽〕(중)ㅐ 〔속〕(중)ㅓ

並ㅃ [b]

平灰-蒲枚
　　裴 〔속〕(중)ㅓ
　　裵 〔속〕(중)ㅓ
　　徘 〔속〕(중)ㅓ
　　培 〔중〕(운)有 〔속〕(중)ㅓ
　　陪 〔속〕(중)ㅓ

上賄-部浼
　　琲 〔중〕(조)去 〔속〕(중)ㅓ
　　痱 〔중〕(운)支 〔속〕(중)ㅓ
　　痞 〔속〕(중)ㅓ
　　倍 〔중〕(조)去 〔몽〕(중)ㅐ 〔운〕(중)ㅐ
　　　　〔속〕(중)ㅓ
　　蓓 〔속〕(중)ㅓ

去隊-步昧
　　佩 〔속〕(중)ㅓ
　　珮 〔속〕(중)ㅓ
　　俏 〔속〕(중)ㅓ
　　背 〔중〕(중)ㅓ 〔속〕(중)ㅓ
　　倍 〔중〕(조)上 〔속〕(중)ㅓ
　　誖 〔중〕(운)勿 〔속〕(중)ㅓ

悖 〔중〕(운)勿 〔속〕(중)ㅓ
懲 〔중〕(운)勿 〔속〕(중)ㅓ
孛 〔중〕(운)勿 〔속〕(중)ㅓ
焙 〔속〕(중)ㅓ
熰 〔속〕(중)ㅓ
琲 〔중〕(조)上 〔속〕(중)ㅓ
北 〔중〕(운)陌 〔속〕(중)ㅓ
拔 〔중〕(운)曷 轄 〔속〕(중)ㅓ
邶 〔몽〕(중)ㅐ 〔운〕(중)ㅐ 〔속〕(중)ㅓ
旆 〔속〕(중)ㅓ
沛 〔속〕(중)ㅓ
肺 〔몽〕(모)ㅂ (중)ㅐ 〔운〕(모)ㅂ (중)ㅐ
　　〔속〕(중)ㅓ

明ㅁ [m]

平灰-謨杯
　　枚 〔속〕(중)ㅓ
　　玫 〔속〕(중)ㅓ
　　梅 〔속〕(중)ㅓ
　　楳 〔속〕(중)ㅓ
　　鋂 〔속〕(중)ㅓ
　　酶 〔속〕(중)ㅓ
　　每 〔중〕(조)上 〔속〕(중)ㅓ
　　莓 〔속〕(중)ㅓ
　　罞 〔중〕(운)모 〔속〕(중)ㅓ
　　脢 〔중〕(조)去 〔속〕(중)ㅓ
　　媒 〔속〕(중)ㅓ
　　煤 〔속〕(중)ㅓ
　　禖 〔속〕(중)ㅓ
　　塺 〔중〕(운)箇 〔속〕(중)ㅓ
　　堳 〔속〕(중)ㅓ
　　眉 〔속〕(중)ㅓ
　　嵋 〔속〕(중)ㅓ
　　湄 〔속〕(중)ㅓ
　　楣 〔속〕(중)ㅓ
　　郿 〔속〕(중)ㅓ
　　堳 〔속〕(중)ㅓ
　　黴 〔속〕(중)ㅓ

上賄-莫賄
　　浼 〔속〕(중)ㅓ
　　痗 〔중〕(조)去 〔속〕(중)ㅓ

每 〔중〕(조)平 〔속〕(중)ㅓ
美 〔속〕(중)ㅓ
嫩 〔속〕(중)ㅓ
渼 〔속〕(중)ㅓ

去隊-莫佩
妹 〔속〕(중)ㅓ
昧 〔속〕(중)ㅓ
靺 〔중〕(운)泰 〔속〕(중)ㅓ
眛 〔몽〕(중)ㅐ 〔운〕(중)ㅐ 〔속〕(중)ㅓ
沬 〔중〕(모)ㅎ 〔몽〕(중)ㅐ 〔운〕(중)ㅐ
　　〔속〕(중)ㅓ
胹 〔중〕(조)平 〔속〕(중)ㅓ
痗 〔중〕(조)上 〔속〕(중)ㅓ
媚 〔속〕(중)ㅓ
瑁 〔중〕(운)效 〔속〕(중)ㅓ
瑁 〔속〕(중)ㅓ
魅 〔속〕(중)ㅓ
彨 〔속〕(중)ㅓ
林 〔속〕(중)ㅓ

精ㅈ[ts]

平灰-遵綏
崔 〔중〕(모)ㅊ ㅉ
嗺 〔중〕(모)ㅅ

上賄-卽委
觜 〔중〕(운)支

去隊-將邃
晬 〔중〕(모)ㅅ
稡 〔중〕(운)産
蕞 〔중〕(모)ㅉ
蕝 〔중〕(운)屑

清ㅊ[ts']

平灰-倉回
崔 〔중〕(모)ㅈ ㅉ
衰 〔중〕(모)ㅅ 〔속〕(중)ㅐ
榱 〔몽〕(모)ㅅ (중)ㅐ 〔운〕(모)ㅅ (중)ㅐ

上賄-取猥
漼 〔중〕(모)ㅉ
洒 〔중〕(운)薺 解 馬

從ㅉ[dz]

平灰-徂回
崔 〔중〕(모)ㅈ ㅊ
漼 〔중〕(모)ㅊ

去隊-秦醉
蕞 〔중〕(모)ㅊ
襊 〔고〕(모)ㅊ
顇 〔중〕(모)ㅊ

心ㅅ[s]

平灰-蘇回
綏 〔중〕(모)ㅿ
挼 〔중〕(운)歌 (모)ㅊ
睢 〔중〕(모)ㅎ
毸 〔중〕(운)皆
毸 〔중〕(운)皆
嗺 〔중〕(모)ㅈ

上賄-息委
嶲 〔중〕(운)齊

去隊-須銳
繐 〔중〕(모)ㆅ
晬 〔중〕(모)ㅈ

邪ㅆ[z]

平灰-旬威
隨 〔중〕(모)ㅉ

照ㅈ[tɕ]

平灰-朱惟
    崔 〔중〕(운)寒
    追 〔중〕(모)ㄷ

上賄-主藥
    捶 〔중〕(운)智
    菙 〔중〕(모)△

去隊-之瑞
    錘 〔중〕(모)ㅈ
    綴 〔중〕(운)屑
    錣 〔중〕(운)屑
    醊 〔중〕(운)屑
    畷 〔중〕(운)屑

穿ㅊ[tɕ']

平灰-昌垂
    吹 〔중〕(조)去
    抽 〔중〕(모)ㅌ

上賄-楚委
    揣 〔중〕(운)智 〔몽〕(중)내 〔운〕(중)내
        〔속〕(중)내
    㪗 〔중〕(운)智 〔몽〕(중)내 〔운〕(중)내
        〔속〕(중)내

去隊-蚩瑞
    吹 〔중〕(조)平
    出 〔중〕(운)質
    毳 〔몽〕(모)ㅊ
    竁 〔중〕(운)霰 〔몽〕(모)ㅊ

牀ㅿ[dʑ]

平灰-直追
    錘 〔중〕(모)ㅈ (조)去
    鎚 〔중〕(모)ㄷ
    槌 〔중〕(모)ㄷ
    搥 〔중〕(모)ㄷ
    魋 〔중〕(모)ㄸ
    𩔨 〔중〕(운)智
    垂 〔중〕(모)ㅆ 〔몽〕(모)ㅆ
    陲 〔중〕(모)ㅆ 〔몽〕(모)ㅆ
    倕 〔중〕(모)ㅆ 〔몽〕(모)ㅆ

去隊-直類
    錘 〔중〕(모)ㅈ (조)平
    硾 〔중〕(모)ㄷ

審ㅅ[ɕ]

平灰-所追
    衰 〔중〕(모)ㅊ 〔몽〕(중)내 〔운〕(중)내
        〔속〕(중)내
    㒟 〔몽〕(중)내 〔운〕(중)내
        〔속〕(중)내

上賄-式軌
    水 〔중〕(운)紙

去隊-輸芮
    稅 〔중〕(운)翰
    說 〔중〕(운)屑
    蛻 〔중〕(모)ㅌ
    悅 〔몽〕(모)ㅊ
    帥 〔중〕(운)勿 〔몽〕(중)내 〔운〕(중)내
        〔속〕(중)내
    率 〔중〕(운)勿 〔몽〕(중)내 〔운〕(중)내
        〔속〕(중)내

影ㆆ[ʔ]

平灰-烏魁
    痿 〔중〕(모)△
    委 〔중〕(조)上 去
    倭 〔중〕(운)歌
    萎 〔중〕(조)上

上賄-烏賄
    萎 〔중〕(조)平
    委 〔중〕(조)平 去
    骫 〔중〕(조)去

蔦 [몽](모)ㆁ [고](모)ㅇ
遠 [몽](모)ㆁ [고](모)ㅇ
闖 [몽](모)ㆁ [고](모)ㅇ
藶 [몽](모)ㆁ [고](모)ㅇ
洧 [몽](모)ㆁ [고](모)ㅇ
鮪 [몽](모)ㆁ [고](모)ㅇ
痏 [몽](모)ㆁ [고](모)ㅇ
趪 [몽](모)ㆁ [고](모)ㅇ
葦 [몽](모)ㆁ [고](모)ㅇ
偉 [몽](모)ㆁ [고](모)ㅇ
韡 [몽](모)ㆁ [고](모)ㅇ
暐 [몽](모)ㆁ [고](모)ㅇ
煒 [몽](모)ㆁ [고](모)ㅇ
瑋 [몽](모)ㆁ [고](모)ㅇ
唯 [중](운)支 [몽](중)ㅖ [운](중)ㅖ
　　[고](모)ㅇ
壝 [중](모)ㅇ [몽](중)ㅖ [운](중)ㅖ
　　[고](모)ㅇ
莜 [몽](중)ㅖ [운](중)ㅖ [고](모)ㅇ

去隊-烏胃
濊 [중](운)曷
委 [중](조)平 上
飿 [중](조)上
餧 [중](모)ㄴ
尉 [중](운)勿
蔚 [중](운)勿

曉 ㅎ [x]

平灰-呼回
虺 [중](조)上
暉 [몽](중)ㅟ [운](중)ㅟ
輝 [몽](중)ㅟ [운](중)ㅟ
煇 [중](운)文 [몽](중)ㅟ [운](중)ㅟ
揮 [중](운)文 [몽](중)ㅟ [운](중)ㅟ
楎 [몽](중)ㅟ [운](중)ㅟ
翬 [몽](중)ㅟ [운](중)ㅟ
禕 [중](모)ㅇ [몽](중)ㅟ [운](중)ㅟ
徽 [몽](중)ㅟ [운](중)ㅟ
微 [몽](중)ㅟ [운](중)ㅟ
輝 [몽](중)ㅟ [운](중)ㅟ
睢 [중](모)ㅅ(조)去 [몽](중)ㅟ
　　[운](중)ㅟ

麾 [몽](중)ㅟ [운](중)ㅟ
摩 [몽](중)ㅟ [운](중)ㅟ
撝 [몽](중)ㅟ [운](중)ㅟ
隳 [몽](중)ㅟ
墮 [몽](운)智

上賄-呼罪
毀 [중](조)去 [몽](중)ㅟ
譭 [몽](중)ㅟ
燬 [몽](중)ㅟ
烜 [몽](중)ㅟ
塊 [몽](중)ㅟ
烜 [중](운)銑 [몽](중)ㅟ
虫 [몽](중)ㅟ
虺 [중](조)平 [몽](중)ㅟ
卉 [중](조)去 [몽](중)ㅟ
瘣 [몽](모)ㆅ [운](모)ㆅ
匯 [몽](모)ㆅ [운](모)ㆅ
庪 [몽](모)ㆅ [운](모)ㆅ

去隊-呼對
沫 [중](모)ㅁ
睢 [중](모)ㅅ(조)平
噦 [중](운)屑
卉 [중](조)上
毀 [중](조)上

匣 ㆅ [ɣ]

平灰-胡瑰
回 [중](조)去
虺 [중](운)尤
槐 [중](운)皆
瑰 [중](모)ㄱ

去隊-胡對
聵 [중](운)泰
會 [중](모)ㄱ
繪 [본](모)ㄱ [고](모)ㄱ
回 [중](조)平
慧 [몽](중)ㄱ [운](중)ㄱ
惠 [몽](중)ㄱ [운](중)ㄱ
憓 [몽](중)ㄱ [운](중)ㄱ
譓 [몽](중)ㄱ [운](중)ㄱ

蟪 〔몽〕(중)ㄱ 〔운〕(중)ㄱ
繢 〔중〕(모)ㅅ 〔몽〕(중)ㄱ 〔운〕(중)ㄱ
蕙 〔몽〕(중)ㄱ 〔운〕(중)ㄱ
嘒 〔몽〕(중)ㄱ 〔운〕(중)ㄱ
嘒 〔몽〕(중)ㄱ 〔운〕(중)ㄱ
憓 〔몽〕(중)ㄱ 〔운〕(중)ㄱ
暳 〔몽〕(중)ㄱ 〔운〕(중)ㄱ
恚 〔몽〕(모)ㆆ (중)ㅖ 〔운〕(모)ㆆ (중)ㅖ

喻ㅇ[j]

平灰-于嬀
　　為 〔중〕(조)去
　　爲 〔중〕(조)去
　　潙 〔중〕(모)ㄱ
　　禕 〔중〕(중)ㅟ
　　壝 〔중〕(모)ㆁ (조)去

去隊-于位
　　爲 〔중〕(조)平
　　為 〔중〕(조)平
　　叡 〔몽〕(중)ㅖ 〔속〕(모)△
　　睿 〔몽〕(중)ㅖ 〔속〕(모)△
　　銳 〔중〕(모)ㄸ 〔몽〕(중)ㅖ 〔속〕(모)△
　　遺 〔중〕(운)支 〔몽〕(중)ㅖ
　　蜼 〔중〕(운)有 (모)ㄹ 〔몽〕(중)ㅖ
　　雅 〔중〕(운)有 (모)ㄹ 〔몽〕(중)ㅖ
　　壝 〔중〕(모)ㆁ (조)平 〔몽〕(중)ㅖ

來ㄹ[l]

平灰-盧回
　　攂 〔중〕(조)去
　　攞 〔중〕(조)去
　　擂 〔중〕(조)去
　　纍 〔중〕(조)去
　　累 〔중〕(조)上 去
　　蘽 〔중〕(조)上

上賄-魯猥
　　蘽 〔중〕(조)平
　　累 〔중〕(조)平 去
　　蜼 〔중〕(운)有 (모)ㅇ

雅 〔중〕(운)有 (모)ㅇ

去隊-力遂
　　累 〔중〕(조)平 上
　　纍 〔중〕(조)平
　　攞 〔중〕(조)平
　　纍 〔중〕(조)平
　　擂 〔중〕(조)平

日△[ɽ]

平灰-如佳
　　綏 〔중〕(모)ㅅ
　　痿 〔중〕(모)ㆁ

上賄-如累
　　萎 〔몽〕(모)ㅆ 〔운〕(모)ㅆ

8. 진진진질(眞軫震質)

중성 : (ㅣ) 見溪群泥幇滂竝明精淸從照穿牀審禪影曉喩來
종성 : 平 上 去: ㄴ, 入: ㄹ
　　　 다만 ㄹ 표기하지 않는다.
성조 : 平 上 去 入
운모 : 眞 軫 震 質

[ㅣ]

見ㄱ[k]

平眞-居銀
斤 〔중〕(모)ㄲ
董 〔중〕(모)ㄲ
緊 〔중〕(중)ㅖ

入質-激質
吉 〔몽〕(중)ㅖ
拮 〔중〕(운)屑 〔몽〕(중)ㅖ
姞 〔몽〕(모)ㄲ
佶 〔몽〕(모)ㄲ

溪ㅋ[k']

入質-欺訖
乞 〔중〕(운)霽
契 〔중〕(운)霽 屑
詰 〔몽〕(중)ㅖ

群ㄲ[g]

平眞-渠巾
蘄 〔중〕(운)支
墐 〔중〕(조)去
董 〔중〕(모)ㄱ (조)去

上軫-巨謹
近 〔중〕(조)去

去震-具吝
墐 〔중〕(조)平
董 〔중〕(모)ㄱ
近 〔중〕(조)上
靳 〔몽〕(모)ㄱ 〔운〕(모)ㄱ
斤 〔중〕(모)ㄱ 〔몽〕(모)ㄱ 〔운〕(모)ㄱ
墐 〔몽〕(모)ㄱ 〔운〕(모)ㄱ

疑ㅇ[ŋ]

平眞-魚巾
銀 〔속〕(모)ㅇ
垠 〔중〕(운)文
齦 〔중〕(운)文 〔속〕(모)ㅇ
斳 〔중〕(운)支 陌 〔속〕(모)ㅇ (모)ㅇ (종)ㅎ
誾 〔속〕(모)ㅇ
嚚 〔속〕(모)ㅇ
訢 〔중〕(모)ㅎ 〔속〕(모)ㅇ
圁 〔속〕(모)ㅇ
狺 〔속〕(모)ㅇ
寅 〔몽〕(모)ㅇ 〔고〕(모)ㅇ 〔속〕(모)ㅇ
夤 〔몽〕(모)ㅇ 〔고〕(모)ㅇ 〔속〕(모)ㅇ
臏 〔몽〕(모)ㅇ 〔고〕(모)ㅇ 〔속〕(모)ㅇ
蟦 〔중〕(모)ㅇ 〔속〕(모)ㅇ

上軫-語謹
听 〔속〕(모)ㅇ

去震-魚僅
憖 〔속〕(모)ㅇ
垽 〔속〕(모)ㅇ

入質-魚乞
仡 〔속〕(모)ㅇ (종)ㅎ
疙 〔중〕(운)勿 〔속〕(모)ㅇ (종)ㅎ
屹 〔속〕(모)ㅇ (종)ㅎ
疑 〔중〕(운)支 陌 〔속〕(모)ㅇ (종)ㅎ

泥ㄴ[n]

入質-尼質
惄 〔중〕(운)陌
怩 〔중〕(운)齊
尼 〔중〕(운)齊

幫ㅂ[p]

平眞-卑民
賓 〔몽〕(모)ㅎ (중)ㅖ 〔운〕(모)ㅎ (중)ㅖ

上軫-必敏
  稟 〔몽〕(종)ㅁ 〔고〕(종)ㅁ 〔금〕(종)ㆁ
  稟 〔몽〕(종)ㅁ 〔고〕(종)ㅁ 〔금〕(종)ㆁ

入質-壁吉
  柲 〔중〕(운)置 (모)ㅃ
  鉍 〔중〕(운)置 (모)ㅃ
  鞸 〔중〕(운)梗
  筆 〔몽〕(중)ㆌ 〔운〕(중)ㆌ

滂ㅍ[p']

上軫-丕敏
  品 〔몽〕(종)ㅁ 〔고〕(종)ㅁ

入質-僻吉
  疋 〔중〕(운)魚 馬
  鷝 〔중〕(운)支

竝ㅃ[b]

平眞-毘賓
  蠙 〔중〕(운)先
  玭 〔중〕(운)先
  獱 〔중〕(운)先

入質-薄密
  泌 〔중〕(운)置
  柲 〔중〕(운)置 (모)ㅂ
  鉍 〔중〕(운)置 (모)ㅂ
  比 〔중〕(운)支
  弼 〔몽〕(중)ㆌ 〔운〕(중)ㆌ
  拂 〔중〕(운)勿
  佛 〔중〕(운)勿

明ㅁ[m]

平眞-彌隣
  玟 〔중〕(운)文
  忞 〔중〕(운)吻

上軫-弭盡
  黽 〔중〕(운)銑 梗
  澠 〔중〕(운)銑 梗

入質-覓筆
  蜜 〔중〕(운)屋
  密 〔몽〕(모)ㅊ 〔운〕(모)ㅊ
  宓 〔몽〕(중)ㆌ 〔운〕(중)ㆌ

精ㅈ[ʦ]

平眞-資辛
  璡 〔중〕(조)去

上軫-卽忍
  盡 〔중〕(모)ㅉ

去震-卽刃
  璡 〔중〕(조)平
  杓 〔중〕(모)ㅇ

入質-子悉
  聖 〔중〕(운)陌
  唧 〔중〕(운)陌

清ㅊ[ʦ']

平眞-七人
  親 〔중〕(조)去
  儭 〔중〕(운)問

去震-寸遴
  親 〔중〕(조)平

從ㅉ[dz]

上軫-慈忍
  盡 〔중〕(모)ㅈ (조)去

去震-齊進

盡 〔중〕(모)ㅈ (조)上
贐 〔몽〕(모)ㅆ 〔운〕(모)ㅆ
藎 〔몽〕(모)ㅆ 〔운〕(모)ㅆ

入質-昨悉
蝍 〔중〕(운)陌

照ㅈ[tɕ]

平眞-之人
甄 〔중〕(운)先
振 〔중〕(조)去
畛 〔중〕(조)上
侲 〔중〕(조)去
鎭 〔중〕(조)去

上軫-止忍
診 〔중〕(모)ㅉ
畛 〔중〕(조)平
疹 〔중〕(모)ㅊ

去震-之刃
娠 〔중〕(모)ㅅ
振 〔중〕(조)平
侲 〔중〕(조)平
瑱 〔중〕(운)霰
鎭 〔중〕(조)平
塡 〔중〕(운)先 (모)ㅉ

入質-職日
質 〔중〕(운)置
只 〔중〕(운)紙

穿ㅊ[tɕ']

上軫-丑忍
疢 〔중〕(조)去

去震-丑刃
趁 〔중〕(운)銑
疢 〔중〕(조)上
疹 〔중〕(모)ㅈ

入質-尺栗
咥 〔중〕(운)置 屑

牀ㅆ[dʑ]

平眞-池隣
塡 〔중〕(운)先 (모)ㅈ
臣 〔몽〕(모)ㅆ 〔운〕(모)ㅆ

上軫-直忍
紉 〔중〕(모)ㅇ

去震-直刃
紾 〔중〕(모)ㅈ

入質-直質
姪 〔중〕(운)屑

審ㅅ[ɕ]

平眞-升人
娠 〔중〕(모)ㅈ

入質-式質
實 〔몽〕(모)ㅉ 〔운〕(모)ㅉ

禪ㅆ[ʑ]

平眞-丞眞
辰 〔금〕(모)ㅉ
神 〔몽〕(모)ㅉ 〔운〕(모)ㅉ

去震-時刃
娠 〔중〕(조)上

影ㆆ[ʔ]

平眞-伊眞

歕 〔중〕(운)先
殷 〔중〕(운)刪 (조)上
灁 〔중〕(조)上
灂 〔중〕(조)上
㵼 〔중〕(조)上

上軫-於謹
隱 〔중〕(조)去
殷 〔중〕(운)刪 (조)平
檼 〔중〕(조)去
麘 〔중〕(조)去
灁 〔중〕(조)平
灂 〔중〕(조)平
㵼 〔중〕(조)平

去震-衣刃
隱 〔중〕(조)上
檼 〔중〕(조)上
麘 〔중〕(조)上

入質-益悉
馶 〔중〕(운)轄

曉ㅎ[x]

平眞-許斤
欣 〔몽〕(중)ㅖ
忻 〔몽〕(중)ㅖ
愀 〔몽〕(중)ㅖ
訢 〔중〕(모)ㆁ 〔몽〕(중)ㅖ
昕 〔몽〕(중)ㅖ
炘 〔몽〕(중)ㅖ

去震-許刃
愀 〔몽〕(중)ㅖ
釁 〔몽〕(중)ㅖ
曡 〔몽〕(중)ㅖ
釁 〔몽〕(중)ㅖ
焮 〔몽〕(중)ㅖ

入質-黑乙
欯 〔몽〕(중)ㅖ

喩ㅇ[j]

上軫-以忍
螾 〔중〕(모)ㆁ
戭 〔중〕(운)銑
繽 〔중〕(운)銑
演 〔중〕(운)銑
尹 〔몽〕(중)ㅠ 〔운〕(중)ㅠ

去震-羊進
紖 〔중〕(모)ㅉ
枸 〔중〕(모)ㅈ
孕 〔중〕(운)敬 〔몽〕(종)ㆁ 〔운〕(종)ㆁ
〔고〕(종)ㆁ

入質-弋質
軼 〔중〕(운)屑

來ㄹ[l]

平眞-離珍
粼 〔중〕(조)去
磷 〔중〕(조)去
轔 〔중〕(조)去
嶙 〔중〕(조)上
燐 〔중〕(조)上 去
粦 〔중〕(조)上 去

上軫-良忍
嶙 〔중〕(조)平
燐 〔중〕(조)平 去
粦 〔중〕(조)平 去

去震-良刃
轔 〔중〕(조)平
藺 〔중〕(운)霰
磷 〔중〕(조)平
燐 〔중〕(조)平 上
粦 〔중〕(조)平 上
粼 〔중〕(조)平

9. 문문문물(文吻問勿)

중성 : (一) 見溪疑照穿牀匣

　　　(丁) 見溪疑端透定幇滂竝明非奉精淸從心牀審影曉匣來

　　　(丌) 見溪群精淸心邪照穿審禪影曉喩匣來日

종성 : 平 上 去: ㄴ, 入: ㄹ

　　　다만 ㄹ 표시하지 않음

성조 : 平 上 去 入

운모 : 文 吻 問 勿

見ㄱ[k]

入勿-許訖
    疙 〔중〕(운)質
    紇 〔중〕(모)ㅎㅎ

溪ㅋ[k']

上吻-口很
    齦 〔중〕(운)眞

疑ㅇ[ŋ]

平文-五根
    垠 〔중〕(운)眞 〔속〕(모)ㅇ

照ㅈ[ts]

平文-側詵
    榛 〔중〕(모)ㅉ

穿ㅊ[tɕ']

上吻-初謹
    齔 〔중〕(조)去

去問-初覲
    齓 〔중〕(운)眞
    齔 〔중〕(조)上

牀ㅆ[dz]

平文-鉏臻

榛 〔중〕(모)ㅈ

匣ㆅ[ɣ]

入勿-下沒
    麧 〔몽〕(중)ㅜ 〔운〕(중)ㅜ
    籺 〔몽〕(중)ㅜ 〔운〕(중)ㅜ
    齕 〔중〕(모)ㄱ 〔몽〕(모)ㄱ (중)ㅜ 〔운〕(중)ㅜ

見ㄱ[k]

平文-公渾
    昆 〔중〕(모)ㅎㅎ
    混 〔중〕(모)ㅎㅎ
    錕 〔중〕(조)上

上吻-古本
    錕 〔중〕(조)平

入勿-古忽
    汩 〔중〕(운)陌
    淈 〔중〕(모)ㅎㅎ
    滑 〔중〕(운)轄
    搰 〔중〕(모)ㅋ

溪ㅋ[k']

入勿-苦骨
    堀 〔중〕(모)ㄲ
    搰 〔중〕(모)ㄱ

疑ㅇ[ŋ]

入勿-五忽
    兀 〔속〕(모)ㅇ (종)ㆆ

　　屼 〔속〕(모)ㅇ　(종)ㆁ
　　脆 〔속〕(모)ㅇ　(종)ㆁ
　　抓 〔속〕(모)ㅇ　(종)ㆁ

端ㄷ[t]

平文-都昆
　　敦 〔중〕(운)灰　寒　(모)ㄸ　(조)去

去問-都困
　　頓 〔중〕(모)ㄸ　(조)入
　　敦 〔중〕(운)灰　寒　(모)ㄸ　(조)平

入勿-當沒
　　咄 〔중〕(운)曷
　　頓 〔중〕(모)ㄸ　(조)去

透ㅌ[t']

平文-他昆
　　燉 〔중〕(모)ㄸ
　　焞 〔중〕(운)灰
　　呑 〔몽〕(중)ㅡ 〔속〕(중)ㅡ

定ㄸ[d]

平文-徒孫
　　屯 〔중〕(모)ㅈ (중)ㅠ
　　純 〔중〕(모)ㅈ ㅆ (중)ㅠ
　　燉 〔중〕(모)ㅌ (중)ㅠ

上吻-徒本
　　盾 〔중〕(모)ㅿ (중)ㅠ
　　敦 〔중〕(운)灰　寒　(모)ㄷ
　　遯 〔중〕(조)去
　　踳 〔중〕(조)去
　　遁 〔중〕(조)去

去問-杜困
　　頓 〔중〕(모)ㄷ

　　遯 〔중〕(조)上
　　遁 〔중〕(조)上
　　踳 〔중〕(조)上
　　踳 〔중〕(조)上

幫ㅂ[p]

平文-逋昆
　　奔 〔중〕(조)去 〔속〕(중)ㅡ
　　犇 〔속〕(중)ㅡ
　　賁 〔속〕(중)ㅡ
　　錛 〔속〕(중)ㅡ

上吻-包袞
　　夲 〔속〕(중)ㅡ
　　畚 〔속〕(중)ㅡ

去問-逋悶
　　奔 〔속〕(중)ㅡ
　　逩 〔속〕(중)ㅡ
　　俸 〔속〕(중)ㅡ

入勿-逋沒
　　不 〔중〕(운)尤

滂ㅍ[p']

平文-鋪魂
　　歕 〔중〕(조)去 〔속〕(중)ㅡ
　　噴 〔중〕(조)去 〔속〕(중)ㅡ

去問-普悶
　　噴 〔중〕(조)平 〔속〕(중)ㅡ
　　歕 〔중〕(조)平 〔속〕(중)ㅡ

竝ㅃ[b]

平文-蒲奔
　　盆 〔속〕(중)ㅡ
　　湓 〔중〕(조)去 〔속〕(중)ㅡ

上吻-部本
　　분 〔속〕(중)一
　　분 〔속〕(중)一
　　韇 〔속〕(중)一
　　분 〔속〕(중)一

去問-步悶
　　坌 〔중〕(중)一 〔속〕(중)一
　　体 〔속〕(중)一
　　湓 〔중〕(조)平 〔속〕(중)一

入勿-蒲沒
　　孛 〔중〕(운)隊 〔속〕(중)一 (종)ㆆ
　　悖 〔중〕(운)隊 〔속〕(중)一 (종)ㆆ
　　誖 〔중〕(운)隊 〔속〕(중)一 (종)ㆆ
　　懟 〔중〕(운)隊 〔속〕(중)一 (종)ㆆ
　　哱 〔속〕(중)一 (종)ㆆ
　　艴 〔몽〕(모)ㅱ 〔속〕(중)一 (종)ㆆ
　　芤 〔몽〕(모)ㅱ 〔속〕(중)一 (종)ㆆ
　　勃 〔속〕(중)一 (종)ㆆ
　　敦 〔속〕(중)一 (종)ㆆ
　　浡 〔속〕(중)一 (종)ㆆ
　　秫 〔속〕(중)一 (종)ㆆ
　　渤 〔속〕(중)一 (종)ㆆ
　　頰 〔속〕(중)一 (종)ㆆ
　　鵓 〔속〕(중)一 (종)ㆆ
　　薛 〔속〕(중)一 (종)ㆆ
　　餑 〔속〕(중)一 (종)ㆆ
　　桲 〔속〕(중)一 (종)ㆆ
　　脖 〔속〕(중)一 (종)ㆆ
　　荸 〔속〕(중)一 (종)ㆆ

明ㅁ[m]

平文-謨奔
　　門 〔속〕(중)一
　　捫 〔속〕(중)一
　　樠 〔중〕(운)寒 〔속〕(중)一
　　亹 〔중〕(운)紙 〔속〕(중)一
　　虋 〔속〕(중)一
　　麋 〔중〕(운)支 〔속〕(중)一
　　璊 〔속〕(중)一

汝 〔중〕(모)ㅱ 〔속〕(중)一

上吻-母本
　　濊 〔중〕(운)旱 (조)去 〔속〕(중)一

去問-莫困
　　悶 〔속〕(중)一
　　濊 〔중〕(운)旱 (조)上 〔속〕(중)一
　　們 〔속〕(중)一

入勿-莫勃
　　勿 〔중〕(모)ㅱ

非ㅸ[f]

平文-敷文
　　芬 〔속〕(중)一
　　雰 〔속〕(중)一
　　氛 〔몽〕(모)ㅸ 〔속〕(중)一
　　棻 〔몽〕(모)ㅸ 〔속〕(중)一
　　紛 〔속〕(중)一
　　肦 〔속〕(중)一
　　分 〔몽〕(모)ㅸ 〔속〕(중)一
　　鳻 〔몽〕(운)刪 〔속〕(중)一
　　鷃 〔중〕(운)曷 〔속〕(중)一
　　饋 〔속〕(중)一
　　餴 〔속〕(중)一

上吻-府吻
　　粉 〔속〕(중)一

入勿-敷勿
　　拂 〔중〕(운)質
　　帗 〔중〕(운)置
　　沸 〔중〕(운)置
　　妭 〔중〕(운)轄
　　茇 〔중〕(운)曷

奉ㅹ[v]

平文-符分
　　汾 〔속〕(중)一

粉 〔속〕(중)一
棼 〔중〕(모)ㅸ 〔속〕(중)一
頒 〔중〕(운)刪 〔속〕(중)一
朌 〔중〕(운)刪 〔속〕(중)一
蕡 〔속〕(중)一
豶 〔중〕(운)置 〔속〕(중)一
濆 〔속〕(중)一
墳 〔중〕(조)上 〔속〕(중)一
獖 〔속〕(중)一
豶 〔속〕(중)一
棻 〔속〕(중)一
幩 〔속〕(중)一
穦 〔속〕(중)一
賁 〔중〕(운)支 (모)ㅂ 〔속〕(중)一
鼖 〔속〕(중)一
焚 〔속〕(중)一
燌 〔속〕(중)一

上吻-房吻
憤 〔속〕(중)一
墳 〔중〕(조)平 〔속〕(중)一
鼢 〔속〕(중)一
蚡 〔속〕(중)一
坋 〔중〕(모)ㅃ 〔속〕(중)一
忿 〔뭉〕(모)ㅸ 〔운〕(중)ㆌ 〔속〕(중)一

去問-房問
分 〔중〕(모)ㅸ 〔속〕(중)一
僨 〔속〕(중)一
忿 〔중〕(조)上 〔속〕(중)一
奮 〔속〕(중)一
瀵 〔속〕(중)一
糞 〔속〕(중)一
畚 〔속〕(중)一

入勿-符勿
佛 〔중〕(운)質

微뭉[ŋ]

平文-無分
文 〔중〕(조)去 〔속〕(중)一
炆 〔속〕(중)一

紋 〔속〕(중)一
蚊 〔속〕(중)一
蟁 〔속〕(중)一
雯 〔속〕(중)一
聞 〔중〕(조)去 〔속〕(중)一
䎹 〔중〕(조)去 〔속〕(중)一
閺 〔속〕(중)一
閿 〔속〕(중)一
玟 〔중〕(운)眞 〔속〕(중)一

上吻-武粉
吻 〔속〕(중)一
抆 〔중〕(조)去 〔속〕(중)一
搵 〔중〕(조)去 〔속〕(중)一
刎 〔속〕(중)一
殁 〔속〕(중)一
脗 〔속〕(중)一
忞 〔중〕(운)眞 〔속〕(중)一

去問-文運
問 〔속〕(중)一
聞 〔중〕(조)平 〔속〕(중)一
䎹 〔중〕(조)平 〔속〕(중)一
抆 〔중〕(조)上 〔속〕(중)一
搵 〔중〕(조)上 〔속〕(중)一
璺 〔속〕(중)一
汶 〔중〕(모)ㅁ 〔속〕(중)一
紊 〔속〕(중)一
絻 〔속〕(중)一
免 〔중〕(운)銑 〔속〕(중)一
文 〔중〕(조)平 〔속〕(중)一

入勿-文拂
勿 〔중〕(모)ㅁ
吻 〔중〕(모)ㅎ

精ㅈ[ts]

平文-租昆
遵 〔뭉〕(중)ㅠ 〔운〕(중)ㅠ
遵 〔중〕(운)銑 〔뭉〕(중)ㅠ 〔운〕(중)ㅠ

去問-租峻

煥 〔중〕(중)ㅠ
挼 〔중〕(모)ㅊ (중)ㅠ
鐏 〔몽〕(모)ㅉ 〔운〕(모)ㅉ
鱒 〔중〕(모)ㅉ 〔몽〕(모)ㅉ 〔운〕(모)ㅉ

入勿-臧沒
卒 〔중〕(모)ㅊ (중)ㅠ
稡 〔중〕(운)隊

清ㅊ[ts']

入勿-蒼沒
卒 〔중〕(모)ㅈ (중)ㅠ

從ㅉ[dz]

平文-七倫
蹲 〔중〕(중)ㅠ

上吻-徂本
鱒 〔중〕(모)ㅈ

心ㅅ[s]

入勿-蘇骨
窣 〔중〕(중)ㅠ

審ㅅ[ɕ]

入勿-朔律
率 〔중〕(모)ㄹ (중)ㅠ 〔속〕(중)ㅐ (종)ㆁ
帥 〔중〕(운)隊 〔속〕(중)ㅐ (종)ㆁ
蟀 〔속〕(중)ㅐ (종)ㆁ
璱 〔속〕(중)ㅐ (종)ㆁ

影ㆆ[ʔ]

平文-烏昆
溫 〔중〕(모)ㆆ (중)ㅠ
縕 〔중〕(모)ㆆ (중)ㅠ

去問-於問
搵 〔중〕(모)ㆆ (중)ㅠ (조)入

入勿-烏骨
榅 〔중〕(모)ㆆ (중)ㅠ
搵 〔중〕(모)ㆆ (중)ㅠ (조)去
媼 〔중〕(운)巧

曉ㅎ[x]

入勿-呼骨
忽 〔중〕(모)ㅸ

匣ㆅ[ɣ]

平文-胡昆
渾 〔중〕(조)上
揮 〔중〕(운)灰
昆 〔중〕(모)ㄱ
餫 〔중〕(모)ㅇ (중)ㅠ

上吻-湖本
混 〔중〕(모)ㄱ
渾 〔중〕(조)平
棍 〔금〕(모)ㄱ

去問-胡困
顠 〔운〕(모)ㅇ 〔집〕(모)ㅇ

入勿-胡骨
淈 〔중〕(모)ㄱ
搰 〔중〕(모)ㄱ ㅋ
核 〔중〕(운)陌

來ㄹ[l]

平文-盧昆
　論〔중〕(중)ㅏ (조)去
　掄〔중〕(중)ㅠ
　淪〔중〕(중)ㅠ

去問-盧困
　論〔중〕(중)ㅠ (조)平

[ㅠ]

見ㄱ[k]

平文-規倫
　昀〔중〕(모)ㅇ

入勿-厥筆
　屈〔중〕(모)ㅋ ㄲ
　厥〔중〕(운)屑
　橘〔몽〕(중)ㅛ ㅣ
　繘〔중〕(모)ㅆ ㅇ
　苗〔중〕(운)轄 屑〔몽〕(모)ㅈ
　獝〔중〕(모)ㅇ 〔몽〕(모)ㅎ (중)ㅞ
　　〔운〕(모)ㄲ (중)ㅞ

溪ㅋ[k']

平文-區倫
　箇〔중〕(모)ㄲ

入勿-曲勿
　屈〔중〕(모)ㄱ ㄲ

群ㄲ[g]

上吻-巨隕
　箇〔중〕(모)ㅋ
入勿-渠勿

掘〔중〕(운)屑
堀〔중〕(모)ㅋ
屈〔중〕(모)ㄱ ㅋ

精ㅈ[ʦ]

去問-祖峻
　餕〔중〕(운)寒
　駿〔중〕(모)ㅅ
　魏〔중〕(모)ㅈ

入勿-卽律
　卒〔중〕(모)ㅊ (중)ㅜ ㅜ
　踤〔몽〕(모)ㅉ 〔운〕(모)ㅉ
　捽〔몽〕(모)ㅉ (중)ㅜ 〔운〕(모)ㅉ (중)ㅜ
　　〔금〕(모)ㅅ (중)ㅐ (종)ㅎ

清ㅊ[ʦ']

平文-七倫
　魏〔중〕(모)ㅈ
　竣〔중〕(운)先
　踆〔중〕(운)先
　拨〔중〕(모)ㅈ (중)ㅜ
　蹲〔중〕(모)ㅉ (중)ㅜ

入勿-促律
　焌〔중〕(모)ㅈ (중)ㅜ

心ㅅ[s]

平文-須倫
　恂〔중〕(조)去
　洵〔몽〕(모)ㅎ

上吻-聳允
　笋〔중〕(중)ㅜ
　箰〔중〕(중)ㅜ

去問-須閏

駿 〔중〕(모)ㅈ
恂 〔중〕(조)平

入勿-雪律
　岫 〔중〕(중)ㅜ

邪ㅿ[z]

平文-詳倫
　揗 〔중〕(모)ㅆ ㅿ

照ᅎ[tɕ]

平文-朱倫
　屯 〔중〕(모)ㄸ (중)ㅜ

上吻-之允
　準 〔중〕(운)屑
　埻 〔중〕(조)去
　純 〔중〕(모)ㄸ ㅆ (중)ㅜ

去問-朱閏
　埻 〔중〕(조)上

穿ㅊ[tɕ']

入勿-尺律
　出 〔중〕(운)隊
　絀 〔몽〕(모)ㅊ

審ᄼ[ɕ]

去問-輸閏
　眴 〔중〕(운)霰

禪ᄽ[z]

平文-殊倫

純 〔중〕(모)ㄸ ㅈ 〔금〕(모)ㅉ
醇 〔금〕(모)ㅉ
酏 〔금〕(모)ㅉ
莼 〔금〕(모)ㅉ
蓴 〔금〕(모)ㅉ
錞 〔금〕(모)ㅉ
淳 〔금〕(모)ㅉ
鶉 〔금〕(모)ㅉ
屑 〔몽〕(모)ㅉ 〔운〕(모)ㅉ 〔금〕(모)ㅉ
滑 〔몽〕(모)ㅉ 〔운〕(모)ㅉ 〔금〕(모)ㅉ
犉 〔몽〕(모)ㅉ ㅿ 〔운〕(모)ㅉ (모)ㅿ
　　〔금〕(모)ㅉ
瞤 〔몽〕(모)ㅉ ㅿ 〔운〕(모)ㅉ (모)ㅿ
　　〔금〕(모)ㅉ

去問-食閏
　順 〔몽〕(모)ㅉ
　揗 〔중〕(모)ㅆ ㅿ 〔몽〕(모)ㅉ
　楯 〔중〕(모)ㅿ 〔몽〕(모)ㅉ

入勿-食律
　術 〔몽〕(모)ㅉ 〔운〕(모)ㅊ
　述 〔몽〕(모)ㅉ 〔운〕(모)ㅊ
　沭 〔몽〕(모)ㅉ 〔운〕(모)ㅊ
　濡 〔중〕(운)屑 (모)ㅇ 〔몽〕(모)ㅉ 〔운〕(모)ㅊ
　繘 〔중〕(모)ㄱ ㅇ 〔몽〕(모)ㅉ 〔운〕(모)ㅊ
　秫 〔몽〕(모)ㅉ 〔운〕(모)ㅊ
　朮 〔몽〕(모)ㅉ 〔운〕(모)ㅊ (모)ㅉ
　荒 〔몽〕(모)ㅉ 〔운〕(모)ㅊ (모)ㅉ
　蒢 〔몽〕(모)ㅉ 〔운〕(모)ㅊ (모)ㅉ

影ᅙ[ʔ]

平文-紆倫
　熅 〔중〕(조)去

上吻-委粉
　縕 〔중〕(중)ㅜ (조)去
　蘊 〔중〕(조)去
　苑 〔중〕(운)銑
　薀 〔중〕(조)去
　醖 〔중〕(조)去
　慍 〔중〕(조)去

搵 〔중〕(중)ㅜ

去問-於問
　醞 〔중〕(조)上
　慍 〔중〕(조)上
　縕 〔중〕(중)ㅜ (조)上
　蘊 〔중〕(조)上
　薀 〔중〕(조)上
　熅 〔중〕(조)平
　溫 〔중〕(중)ㅜ
　榲 〔중〕(중)ㅜ

入勿-紆勿
　菀 〔중〕(운)銑
　尉 〔중〕(운)隊
　蔚 〔중〕(운)隊

曉ㅎ[x]

平文-許云
　葷 〔금〕(중)ㅜ
　煇 〔중〕(운)灰 (모)ㅇ

入勿-休筆
　獝 〔중〕(모)ㄱ 〔몽〕(모)ㅎ (중)ㅛㅣ
　矞 〔중〕(모)ㅇ

匣ㅎㅎ[ɣ]

入勿-叶勿
　欻 〔운〕(모)ㅎ 〔집〕(모)ㅎ
　흠1 〔운〕(모)ㅎ 〔집〕(모)ㅎ

喩ㅇ[j]

平文-于分
　昀 〔중〕(모)ㄱ
　筠 〔몽〕(중)ㅖ
　芸 〔몽〕(중)ㅖ
　雲 〔몽〕(중)ㅖ

耘 〔몽〕(중)ㅖ
芸 〔몽〕(중)ㅖ
蕓 〔몽〕(중)ㅖ
云 〔몽〕(중)ㅖ
員 〔중〕(운)先 (조)去 〔몽〕(중)ㅖ
貟 〔중〕(운)先 (조)去 〔몽〕(중)ㅖ
沄 〔몽〕(중)ㅖ
紜 〔몽〕(중)ㅖ
篔 〔몽〕(중)ㅖ
鄖 〔몽〕(중)ㅖ
邧 〔몽〕(중)ㅖ

上吻-羽敏
　隕 〔몽〕(중)ㅖ
　殞 〔몽〕(중)ㅖ

去問-禹慍
　運 〔몽〕(중)ㅖ
　暈 〔몽〕(중)ㅖ
　輝 〔중〕(모)ㅎ ㅎ 〔몽〕(중)ㅖ
　餫 〔중〕(모)ㅎㅎ (중)ㅜ 〔몽〕(중)ㅖ
　鄆 〔몽〕(중)ㅖ
　韗 〔몽〕(중)ㅖ
　韗 〔몽〕(중)ㅖ
　員 〔중〕(운)先 (조)平 〔몽〕(중)ㅖ
　貟 〔중〕(운)先 (조)平 〔몽〕(중)ㅖ
　韻 〔몽〕(중)ㅖ
　韵 〔몽〕(중)ㅖ

入勿-以律
　聿 〔몽〕(중)ㅖ
　遹 〔몽〕(중)ㅖ
　矞 〔몽〕(중)ㅖ
　霱 〔몽〕(중)ㅖ
　潏 〔몽〕(중)ㅖ
　鷸 〔몽〕(중)ㅖ
　馱 〔몽〕(중)ㅖ
　繘 〔중〕(모)ㄱ ㅆ 〔몽〕(중)ㅛ

來ㄹ[l]

平文-龍春
　綸 〔중〕(운)刪

掄 〔중〕(중)ㅜ
論 〔중〕(중)ㅜ
淪 〔중〕(중)ㅜ

入勿-劣戍
率 〔중〕(모)ㅊ ㅅ

日 △[ʐ]

上吻-乳允
蝡 〔중〕(운)銑
蠕 〔중〕(운)銑
盾 〔중〕(모)ㄸ 〔몽〕(모)ㅉ 〔운〕(모)ㅆ
楯 〔중〕(모)ㅆ 〔몽〕(모)ㅉ 〔운〕(모)ㅆ
揗 〔중〕(모)ㅆ ㅆ 〔몽〕(모)ㅉ 〔운〕(모)ㅆ

10. 한한한갈(寒旱翰曷)

중성 : (ㅓ) 見溪疑影曉匣

　　　　(ㅕ) 見溪疑端透定泥幇滂竝明精淸從心牀審禪影曉匣來

종성 :　平 上 去: ㄴ, 入: ㄹ

　　　　다만 ㄹ 표기하지 않음

성조 : 平 上 去 入

운모 : 寒 旱 翰 曷

[ㅓ]

見ㄱ[k]

平寒-居寒
　干 〔몽〕(중)ㅏ 〔속〕(중)ㅏ
　戋 〔몽〕(중)ㅏ 〔속〕(중)ㅏ
　杆 〔몽〕(중)ㅏ 〔속〕(중)ㅏ
　奸 〔몽〕(중)ㅏ 〔속〕(중)ㅏ
　肝 〔몽〕(중)ㅏ 〔속〕(중)ㅏ
　竿 〔몽〕(중)ㅏ 〔속〕(중)ㅏ
　玕 〔몽〕(중)ㅏ 〔속〕(중)ㅏ
　乾 〔중〕(운)先 〔몽〕(중)ㅏ 〔속〕(중)ㅏ

上旱-古旱
　稈 〔몽〕(중)ㅏ 〔속〕(중)ㅏ
　秆 〔몽〕(중)ㅏ 〔속〕(중)ㅏ
　笴 〔몽〕(중)ㅏ 〔속〕(중)ㅏ
　簳 〔몽〕(중)ㅏ 〔속〕(중)ㅏ
　鼾 〔몽〕(중)ㅏ 〔속〕(중)ㅏ
　衦 〔몽〕(중)ㅏ 〔속〕(중)ㅏ
　赶 〔몽〕(중)ㅏ 〔속〕(중)ㅏ
　趕 〔몽〕(중)ㅏ 〔속〕(중)ㅏ

去翰-古汗
　幹 〔몽〕(중)ㅏ 〔속〕(중)ㅏ
　靬 〔중〕(모)ㆅ 〔몽〕(중)ㅏ 〔속〕(중)ㅏ
　旰 〔몽〕(중)ㅏ 〔속〕(중)ㅏ

入曷-居曷
　葛 〔몽〕(중)ㅓ
　割 〔몽〕(중)ㅓ
　轕 〔몽〕(중)ㅓ
　鶡 〔몽〕(중)ㅓ

溪ㅋ[k']

平寒-丘寒
　看 〔중〕(조)去 〔몽〕(중)ㅏ 〔속〕(중)ㅏ
　栞 〔몽〕(중)ㅏ 〔속〕(중)ㅏ
　刊 〔몽〕(중)ㅏ 〔속〕(중)ㅏ

上旱-空旱
　侃 〔중〕(조)去 〔몽〕(중)ㅏ 〔속〕(중)ㅏ
　偘 〔중〕(조)去 〔몽〕(중)ㅏ 〔속〕(중)ㅏ
　偘 〔중〕(조)去 〔몽〕(중)ㅏ 〔속〕(중)ㅏ
　衎 〔중〕(조)去 〔몽〕(중)ㅏ 〔속〕(중)ㅏ

去翰-祛幹
　看 〔중〕(조)平 〔몽〕(중)ㅏ 〔속〕(중)ㅏ
　侃 〔중〕(조)上 〔몽〕(중)ㅏ 〔속〕(중)ㅏ
　偘 〔중〕(조)上 〔몽〕(중)ㅏ 〔속〕(중)ㅏ
　偘 〔중〕(조)上 〔몽〕(중)ㅏ 〔속〕(중)ㅏ
　衎 〔중〕(조)上 〔몽〕(중)ㅏ 〔속〕(중)ㅏ

入曷-丘葛
　渴 〔몽〕(중)ㅓ

疑ㆁ[ŋ]

平寒-何干
　豻 〔중〕(조)去 〔몽〕(모)ㆁ(중)ㅏ
　　　〔속〕(모)ㅇ(중)ㅏ
　犴 〔중〕(조)去 〔몽〕(모)ㆁ(중)ㅏ
　　　〔속〕(모)ㅇ(중)ㅏ

去翰-俄寒
　岸 〔몽〕(모)ㆁ(중)ㅏ 〔속〕(모)ㅇ(중)ㅏ
　豻 〔중〕(조)平 〔몽〕(모)ㆁ(중)ㅏ
　　　〔속〕(모)ㅇ(중)ㅏ
　犴 〔중〕(조)平 〔몽〕(모)ㆁ(중)ㅏ
　　　〔속〕(모)ㅇ(중)ㅏ
　研 〔몽〕(모)ㄱㆁ(중)ㅏ 〔속〕(모)ㅇ(중)ㅏ

影ㆆ[ʔ]

平寒-於寒
　安 〔몽〕(중)ㅏ 〔속〕(중)ㅏ
　鞍 〔몽〕(중)ㅏ 〔속〕(중)ㅏ

去翰-於幹
　案 〔몽〕(중)ㅏ 〔속〕(중)ㅏ
　按 〔몽〕(중)ㅏ 〔속〕(중)ㅏ

入曷-阿葛
　遏 〔몽〕(중)ㅓ
　按 〔중〕(조)去 〔몽〕(중)ㅓ
　頞 〔몽〕(중)ㅓ
　闕 〔중〕(운)先 〔몽〕(중)ㅓ
　堨 〔중〕(운)屑 〔몽〕(중)ㅓ

曉ㅎ[x]

上旱-許旱
　罕 〔몽〕(중)ㅏ 〔속〕(중)ㅏ
　䍐 〔몽〕(중)ㅏ 〔속〕(중)ㅏ
　暵 〔중〕(조)去 〔몽〕(중)ㅏ 〔속〕(중)ㅏ
　熯 〔중〕(운)銑 (조)去 〔몽〕(중)ㅏ 〔속〕(중)ㅏ
　蕇 〔몽〕(중)ㅏ 〔속〕(중)ㅏ

去翰-虛汗
　漢 〔몽〕(중)ㅏ 〔속〕(중)ㅏ
　暵 〔중〕(조)上 〔몽〕(중)ㅏ 〔속〕(중)ㅏ
　熯 〔중〕(운)銑 (조)上 〔몽〕(중)ㅏ 〔속〕(중)ㅏ

入曷-許葛
　喝 〔중〕(운)泰 〔몽〕(중)ㅓ
　愒 〔중〕(운)霽 泰 〔몽〕(중)ㅓ
　猲 〔중〕(운)屑 〔몽〕(중)ㅓ
　獥 〔중〕(운)屑 〔몽〕(중)ㅓ

匣ㅎㅎ[ɣ]

平寒-河干
　寒 〔몽〕(중)ㅏ 〔속〕(중)ㅏ
　榦 〔중〕(모)ㄱ 〔몽〕(중)ㅏ 〔속〕(중)ㅏ
　韓 〔몽〕(중)ㅏ 〔속〕(중)ㅏ
　汗 〔중〕(조)去 〔몽〕(중)ㅏ 〔속〕(중)ㅏ
　邯 〔몽〕(중)ㅏ 〔속〕(중)ㅏ
　邗 〔몽〕(중)ㅏ 〔속〕(중)ㅏ
　翰 〔중〕(조)去 〔몽〕(중)ㅏ 〔속〕(중)ㅏ

上旱-侯旱
　旱 〔몽〕(중)ㅏ 〔속〕(중)ㅏ
　悍 〔중〕(조)去 〔몽〕(중)ㅏ 〔속〕(중)ㅏ

去翰-侯幹
　翰 〔중〕(조)平 〔몽〕(중)ㅏ 〔속〕(중)ㅏ
　骭 〔몽〕(중)ㅏ 〔속〕(중)ㅏ
　悍 〔중〕(조)上 〔몽〕(중)ㅏ 〔속〕(중)ㅏ
　汗 〔중〕(조)平 〔몽〕(중)ㅏ 〔속〕(중)ㅏ
　瀚 〔몽〕(중)ㅏ 〔속〕(중)ㅏ
　捍 〔몽〕(중)ㅏ 〔속〕(중)ㅏ
　扞 〔몽〕(중)ㅏ 〔속〕(중)ㅏ
　銲 〔몽〕(중)ㅏ 〔속〕(중)ㅏ
　釬 〔몽〕(중)ㅏ 〔속〕(중)ㅏ
　閈 〔몽〕(중)ㅏ 〔속〕(중)ㅏ
　垾 〔몽〕(중)ㅏ 〔속〕(중)ㅏ
　鼾 〔몽〕(중)ㅏ 〔속〕(중)ㅏ
　軒 〔몽〕(중)ㅏ 〔속〕(중)ㅏ

入曷-何葛
　曷 〔몽〕(중)ㅓ
　褐 〔몽〕(중)ㅓ
　毼 〔몽〕(중)ㅓ
　鞨 〔몽〕(중)ㅓ
　鶡 〔중〕(운)文 〔몽〕(중)ㅓ
　蝎 〔몽〕(중)ㅓ

[ㅕ]

見ㄱ[k]

平寒-沽歡
　官 〔몽〕(중)ㅓ
　冠 〔중〕(조)去 〔몽〕(중)ㅓ
　棺 〔몽〕(중)ㅓ
　涫 〔몽〕(중)ㅓ
　倌 〔몽〕(중)ㅓ
　觀 〔중〕(조)去 〔몽〕(중)ㅓ
　莞 〔중〕(모)ㅎㅎ 〔몽〕(중)ㅓ
　菅 〔중〕(운)刪 〔몽〕(중)ㅓ

上旱-古緩
管 〔몽〕(중)궈
筦 〔몽〕(중)궈
琯 〔몽〕(중)궈
輨 〔몽〕(중)궈
錧 〔몽〕(중)궈
館 〔중〕(조)去 〔몽〕(중)궈
舘 〔몽〕(중)궈
盥 〔중〕(조)去 〔몽〕(중)궈
痯 〔몽〕(중)궈
斡 〔중〕(모)ㅎ 〔몽〕(중)궈
閕 〔몽〕(중)궈
脘 〔몽〕(중)궈
睆 〔몽〕(중)궈
惷 〔몽〕(중)궈
悺 〔몽〕(중)궈

去翰-古玩
貫 〔몽〕(중)궈
冠 〔중〕(조)平 〔몽〕(중)궈
祼 〔몽〕(중)궈
盥 〔중〕(조)上 〔몽〕(중)궈
觀 〔중〕(조)平 〔몽〕(중)궈
灌 〔몽〕(중)궈
鸛 〔몽〕(중)궈
瓘 〔몽〕(중)궈
矔 〔몽〕(중)궈
爟 〔몽〕(중)궈
館 〔중〕(조)上 〔몽〕(중)궈
罐 〔몽〕(중)궈
鑵 〔몽〕(중)궈

入曷-古活
括 〔중〕(모)ㆅ 〔몽〕(중)궈
聒 〔몽〕(중)궈
适 〔몽〕(중)궈
活 〔중〕(모)ㆅ 〔몽〕(중)궈
姡 〔중〕(모)ㆅ 〔몽〕(모)ㄱ (중)궈
栝 〔몽〕(모)ㄱ (중)궈
筶 〔몽〕(모)ㅋ (중)궈
鴰 〔몽〕(모)ㅋ (중)궈
鴰 〔몽〕(모)ㅋ (중)궈
秳 〔몽〕(모)ㅋ (중)궈
葀 〔몽〕(모)ㅋ (중)궈

髻 〔몽〕(모)ㅋ (중)궈
髻 〔몽〕(모)ㅋ (중)궈

溪ㅋ[k']

平寒-枯官
寬 〔몽〕(중)궈
髖 〔몽〕(중)궈

上旱-苦管
款 〔몽〕(중)궈
款 〔몽〕(중)궈
窾 〔중〕(운)歌 〔몽〕(중)궈

入曷-苦括
闊 〔몽〕(중)궈

疑ㆁ[ŋ]

平寒-多官
岏 〔몽〕(중)궈 〔속〕(모)ㅇ
刓 〔몽〕(중)궈 〔속〕(모)ㅇ

去翰-都玩
玩 〔몽〕(중)궈 〔속〕(모)ㅇ
貦 〔몽〕(중)궈 〔속〕(모)ㅇ
忨 〔몽〕(중)궈 〔속〕(모)ㅇ

端ㄷ[t]

平寒-多官
耑 〔몽〕(중)궈
端 〔몽〕(중)궈
褍 〔몽〕(중)궈
鍴 〔몽〕(중)궈
剬 〔몽〕(중)궈

上旱-都管
短 〔몽〕(중)궈
斷 〔중〕(중)궈 〔몽〕(중)궈

煗 〔중〕(중)ㅐ (조)去 〔몽〕(중)ㅝ

去翰-都玩

鍛 〔몽〕(중)ㅝ

煅 〔몽〕(중)ㅝ

碫 〔몽〕(중)ㅝ

腶 〔몽〕(중)ㅝ

斷 〔중〕(중)ㄲ (조)上 〔몽〕(중)ㅝ

入曷-都括

掇 〔몽〕(중)ㅝ

剟 〔중〕(운)屑 〔몽〕(중)ㅝ

咄 〔중〕(운)勿 〔몽〕(중)ㅝ

敠 〔몽〕(중)ㅝ

透ㅌ[t']

平寒-他官

湍 〔몽〕(중)ㅝ

猯 〔몽〕(중)ㅝ

貒 〔몽〕(중)ㅝ

豱 〔몽〕(중)ㅝ

上旱-土緩

疃 〔몽〕(중)ㅝ

畽 〔몽〕(중)ㅝ

痪 〔몽〕(중)ㅝ

入曷-他括

脫 〔몽〕(중)ㅝ

捝 〔몽〕(중)ㅝ

定ㄸ[d]

平寒-徒官

團 〔중〕(운)灰 文 〔몽〕(중)ㅝ

敦 〔몽〕(중)ㅝ

慱 〔몽〕(중)ㅝ

漙 〔몽〕(중)ㅝ

鷻 〔몽〕(중)ㅝ

剸 〔중〕(운)銑 〔몽〕(중)ㅝ

摶 〔몽〕(중)ㅝ

糰 〔몽〕(중)ㅝ

檲 〔몽〕(중)ㅝ

糂 〔몽〕(중)ㅝ

上旱-徒管

斷 〔중〕(모)ㄷ (조)去 〔몽〕(중)ㅝ

去翰-杜玩

段 〔몽〕(중)ㅝ

椴 〔몽〕(중)ㅝ

𣪞 〔몽〕(중)ㅝ

斷 〔중〕(모)ㄷ (조)上 〔몽〕(중)ㅝ

彖 〔몽〕(중)ㅝ 〔운〕(모)ㅌ

褖 〔몽〕(중)ㅝ

緣 〔중〕(운)先 〔몽〕(중)ㅝ

稅 〔중〕(운)隊 〔몽〕(중)ㅝ

入曷-徒活

脫 〔중〕(모)ㅌ

泥ㄴ[n]

上旱-乃管

煖 〔몽〕(중)ㅝ

暖 〔몽〕(중)ㅝ

煗 〔몽〕(중)ㅝ

暝 〔몽〕(중)ㅝ

餪 〔몽〕(중)ㅝ

愞 〔중〕(운)銑 箇 (조)去 〔몽〕(중)ㅝ

去翰-奴亂

愞 〔중〕(운)銑 箇 (조)上 〔몽〕(중)ㅝ

幇ㅂ[p]

平寒-逋潘

般 〔몽〕(중)ㅝ 〔속〕(중)ㅓ

搬 〔몽〕(중)ㅝ 〔속〕(중)ㅓ

䃑 〔몽〕(중)ㅝ 〔속〕(중)ㅓ

去翰-博漫

半 〔몽〕(중)ㅝ 〔속〕(중)ㅓ

絆 〔몽〕(중)ᅥ 〔속〕(중)ᅥ

入曷-北末
　　撥 〔중〕(모)ㅃ
　　般 〔중〕(운)刪 (모)ㅃ (조)平
　　茇 〔중〕(운)勿 (모)ㅃ
　　跋 〔중〕(모)ㅃ 〔몽〕(모)ㅍ (중)ᅥ

滂ㅍ[pʻ]

平寒-蒲官
　　潘 〔중〕(운)刪 〔몽〕(중)ᅥ 〔속〕(중)ᅥ
　　番 〔중〕(운)刪 歌 〔몽〕(중)ᅥ 〔속〕(중)ᅥ
　　拌 〔중〕(모)ㅃ (중)ᅥ 〔몽〕(중)ᅥ
　　　 〔속〕(중)ᅥ
　　拚 〔몽〕(중)ᅥ 〔속〕(중)ᅥ
　　拚 〔중〕(운)刪 霰 〔몽〕(중)ᅥ 〔속〕(중)ᅥ

去翰-普半
　　判 〔몽〕(중)ᅥ 〔속〕(중)ᅥ
　　牉 〔몽〕(중)ᅥ 〔속〕(중)ᅥ
　　泮 〔몽〕(중)ᅥ 〔속〕(중)ᅥ
　　沜 〔몽〕(중)ᅥ 〔속〕(중)ᅥ
　　頖 〔몽〕(중)ᅥ 〔속〕(중)ᅥ
　　沜 〔몽〕(중)ᅥ 〔속〕(중)ᅥ
　　伴 〔중〕(모)ㅃ 〔몽〕(중)ᅥ 〔속〕(중)ᅥ
　　胖 〔중〕(모)ㅃ 〔몽〕(중)ᅥ 〔속〕(중)ᅥ

入曷-普活
　　潑 〔몽〕(중)ᅥ
　　醗 〔몽〕(중)ᅥ
　　鏺 〔몽〕(중)ᅥ
　　馞 〔몽〕(중)ᅥ

竝ㅃ[b]

平寒-蒲官
　　槃 〔몽〕(중)ᅥ 〔속〕(중)ᅥ
　　柈 〔몽〕(중)ᅥ 〔속〕(중)ᅥ
　　盤 〔몽〕(중)ᅥ 〔속〕(중)ᅥ
　　般 〔중〕(운)刪 (모)ㅂ 〔몽〕(중)ᅥ 〔속〕(중)ᅥ

　　嚗 〔몽〕(중)ᅥ 〔속〕(중)ᅥ
　　弁 〔중〕(운)霰 〔몽〕(중)ᅥ 〔속〕(중)ᅥ
　　瘢 〔몽〕(중)ᅥ 〔속〕(중)ᅥ
　　鞶 〔몽〕(중)ᅥ 〔속〕(중)ᅥ
　　磐 〔몽〕(중)ᅥ 〔속〕(중)ᅥ
　　槃 〔몽〕(중)ᅥ 〔속〕(중)ᅥ
　　鬆 〔중〕(운)刪 〔몽〕(중)ᅥ 〔속〕(중)ᅥ
　　瀊 〔몽〕(중)ᅥ 〔속〕(중)ᅥ
　　繁 〔몽〕(중)ᅥ 〔속〕(중)ᅥ
　　幋 〔몽〕(중)ᅥ 〔속〕(중)ᅥ
　　蟠 〔중〕(운)刪 〔몽〕(중)ᅥ 〔속〕(중)ᅥ
　　搬 〔중〕(모)ㅍ 〔몽〕(중)ᅥ 〔속〕(중)ᅥ
　　胖 〔몽〕(중)ᅥ 〔속〕(중)ᅥ
　　礬 〔중〕(운)歌 〔몽〕(중)ᅥ 〔속〕(중)ᅥ
　　蟠 〔몽〕(중)ᅥ 〔속〕(중)ᅥ
　　繁 〔중〕(운)刪 〔몽〕(중)ᅥ 〔속〕(중)ᅥ
　　蹒 〔중〕(모)口 〔몽〕(중)ᅥ 〔속〕(중)ᅥ

上旱-蒲滿
　　伴 〔중〕(모)ㅍ 〔몽〕(중)ᅥ 〔속〕(중)ᅥ
　　拌 〔중〕(모)ㅍ 〔몽〕(중)ᅥ 〔속〕(중)ᅥ
　　秤 〔몽〕(중)ᅥ 〔속〕(중)ᅥ

去翰-蒲半
　　畔 〔몽〕(중)ᅥ 〔속〕(중)ᅥ
　　叛 〔몽〕(중)ᅥ 〔속〕(중)ᅥ

入曷-蒲撥
　　跋 〔중〕(모)ㅂ 〔몽〕(중)ᅥ
　　拔 〔중〕(운)隊 轄 〔몽〕(중)ᅥ
　　魃 〔몽〕(중)ᅥ
　　軷 〔몽〕(중)ᅥ
　　茇 〔중〕(운)勿 (모)ㅂ 〔몽〕(중)ᅥ
　　鈸 〔몽〕(중)ᅥ
　　拔 〔중〕(모)ㅂ 〔몽〕(중)ᅥ

明口[m]

平寒-謨官
　　瞞 〔몽〕(중)ᅥ 〔속〕(중)ᅥ
　　謾 〔중〕(운)諫 (조)去 〔몽〕(중)ᅥ 〔속〕(중)ᅥ
　　鏝 〔몽〕(중)ᅥ 〔속〕(중)ᅥ
　　墁 〔몽〕(중)ᅥ 〔속〕(중)ᅥ

榝 〔몽〕(중)ㅕ 〔속〕(중)ㅓ
饅 〔몽〕(중)ㅕ 〔속〕(중)ㅓ
爕 〔몽〕(중)ㅕ 〔속〕(중)ㅓ
糧 〔몽〕(중)ㅕ 〔속〕(중)ㅓ
鞔 〔몽〕(중)ㅕ 〔속〕(중)ㅓ
鄸 〔몽〕(중)ㅕ 〔속〕(중)ㅓ
構 〔중〕(운)文 〔몽〕(중)ㅕ 〔속〕(중)ㅓ
鬘 〔중〕(운)刪 〔몽〕(중)ㅕ 〔속〕(중)ㅓ
曼 〔중〕(운)諫 (조)上 去 〔몽〕(중)ㅕ
　　〔속〕(중)ㅓ
漫 〔중〕(조)去 〔몽〕(중)ㅕ 〔속〕(중)ㅓ
耰 〔중〕(조)去 〔몽〕(중)ㅕ 〔속〕(중)ㅓ
蔓 〔중〕(운)諫 〔몽〕(중)ㅕ 〔속〕(중)ㅓ
鰻 〔몽〕(중)ㅕ 〔속〕(중)ㅓ
蹒 〔중〕(모)ㅃ 〔몽〕(중)ㅕ 〔속〕(중)ㅓ

上旱-莫旱
滿 〔몽〕(중)ㅕ 〔속〕(중)ㅓ
懣 〔중〕(운)吻 〔몽〕(중)ㅕ 〔속〕(중)ㅓ
曼 〔중〕(운)諫 (조)平 去 〔몽〕(중)ㅕ
　　〔속〕(중)ㅓ

去翰-莫半
縵 〔중〕(운)諫 〔몽〕(중)ㅕ 〔속〕(중)ㅓ
耰 〔중〕(조)平 〔몽〕(중)ㅗㅕ 〔속〕(중)ㅓ
漫 〔중〕(조)平 〔몽〕(중)ㅕ 〔속〕(중)ㅓ
謾 〔중〕(운)諫 (조)平 〔몽〕(중)ㅕ 〔속〕(중)ㅓ
曼 〔중〕(운)諫 (조)平 上 〔몽〕(중)ㅕ
　　〔속〕(중)ㅓ
幔 〔몽〕(중)ㅕ 〔속〕(중)ㅓ

入曷-莫葛
抹 〔원〕(중)ㅏ (종)ㆁ 〔금〕(중)ㅏ (종)ㆁ

精ㅈ[ts]

平寒-祖官
鑽 〔중〕(조)去 〔몽〕(중)ㅕ

上旱-作管
纂 〔몽〕(중)ㅕ
纘 〔몽〕(중)ㅕ
鄼 〔중〕(운)諫 歌 (모)ㅉ 〔몽〕(중)ㅕ

償 〔중〕(운)産 〔몽〕(중)ㅕ
攢 〔몽〕(중)ㅕ

去翰-祖算
鑽 〔중〕(조)平 〔몽〕(중)ㅕ

入曷-子括
繓 〔몽〕(중)ㅕ
撮 〔중〕(모)ㅊ 〔몽〕(중)ㅕ
攥 〔몽〕(중)ㅕ

淸ㅊ[tsʼ]

去翰-取亂
竄 〔몽〕(중)ㅕ 〔속〕(중)ㅓ
攛 〔몽〕(중)ㅕ 〔속〕(중)ㅓ
爨 〔몽〕(중)ㅕ 〔속〕(중)ㅓ
竀 〔몽〕(중)ㅕ 〔속〕(중)ㅓ
鑹 〔몽〕(중)ㅕ 〔속〕(중)ㅓ
驉 〔몽〕(중)ㅕ 〔속〕(중)ㅓ

入曷-倉括
撮 〔중〕(모)ㅈ 〔몽〕(중)ㅕ

從ㅉ[dz]

平寒-祖官
攢 〔중〕(조)去 〔몽〕(중)ㅕ
巑 〔몽〕(중)ㅕ
菆 〔몽〕(중)ㅕ
遺 〔몽〕(중)ㅕ
欑 〔몽〕(중)ㅕ
積 〔몽〕(중)ㅕ
鄼 〔중〕(운)諫 歌 (모)ㅈ 〔몽〕(중)ㅕ

去翰-在玩
攢 〔중〕(조)平 〔몽〕(중)ㅕ

心ㅅ[s]

平寒-蘇官
  酸 〔몽〕(중)ㅕ
  餕 〔중〕(운)問 〔몽〕(중)ㅕ
  狻 〔몽〕(중)ㅕ
  狻 〔몽〕(중)ㅕ
  痠 〔몽〕(중)ㅕ

上旱-損管
  算 〔몽〕(중)ㅕ

去翰-蘇貫
  筭 〔몽〕(중)ㅕ
  蒜 〔몽〕(중)ㅕ

影ㆆ[ʔ]

平寒-烏歡
  剜 〔몽〕(중)ㅕ
  蜿 〔중〕(운)先 〔몽〕(중)ㅕ
  豌 〔몽〕(중)ㅕ
  眢 〔중〕(운)先 〔몽〕(중)ㅕ

上旱-烏管
  椀 〔몽〕(중)ㅕ
  盌 〔몽〕(중)ㅕ

入曷-烏活
  斡 〔중〕(모)ㄱ 〔몽〕(중)ㅕ 〔금〕(중)ㅘ (종)ㅇ

曉ㅎ[x]

平寒-呼官
  歡 〔몽〕(중)ㅕ
  懽 〔몽〕(중)ㅕ
  孉 〔몽〕(중)ㅕ
  驩 〔몽〕(중)ㅕ
  讙 〔중〕(운)先 〔몽〕(중)ㅕ
  嚾 〔중〕(운)先 〔몽〕(중)ㅕ
  貛 〔몽〕(중)ㅕ
  獾 〔몽〕(중)ㅕ
  貛 〔몽〕(중)ㅕ

去翰-呼玩
  喚 〔몽〕(중)ㅕ
  奐 〔몽〕(중)ㅕ
  煥 〔몽〕(중)ㅕ
  渙 〔몽〕(중)ㅕ
  焕 〔몽〕(중)ㅕ
  漶 〔중〕(모)ㆅ 〔몽〕(중)ㅕ

入曷-呼括
  濊 〔중〕(운)隊

匣ㆅ[ɣ]

平寒-胡官
  桓 〔몽〕(중)ㅕ 〔속〕(모)ㅇ
  貆 〔중〕(운)先 〔몽〕(중)ㅕ 〔속〕(모)ㅇ
  狟 〔중〕(운)先 〔몽〕(중)ㅕ 〔속〕(모)ㅇ
  洹 〔몽〕(중)ㅕ 〔속〕(모)ㅇ
  芄 〔몽〕(중)ㅕ 〔속〕(모)ㅇ
  汍 〔몽〕(중)ㅕ 〔속〕(모)ㅇ
  紈 〔몽〕(중)ㅕ 〔속〕(모)ㅇ
  萑 〔몽〕(중)ㅕ 〔속〕(모)ㅇ
  雚 〔중〕(운)灰 〔몽〕(중)ㅕ 〔속〕(모)ㅇ
  綄 〔몽〕(중)ㅕ 〔속〕(모)ㅇ
  豲 〔몽〕(중)ㅕ 〔속〕(모)ㅇ
  垸 〔몽〕(중)ㅕ 〔속〕(모)ㅇ
  完 〔몽〕(중)ㅕ 〔속〕(모)ㅇ
  丸 〔몽〕(중)ㅕ 〔속〕(모)ㅇ

上旱-胡管
  澣 〔몽〕(중)ㅕ 〔속〕(모)ㅇ
  浣 〔몽〕(중)ㅕ 〔속〕(모)ㅇ
  漶 〔중〕(모)ㅎ 〔몽〕(중)ㅕ 〔속〕(모)ㅇ
  緩 〔몽〕(중)ㅕ 〔속〕(모)ㅇ
  晥 〔몽〕(중)ㅘ 〔운〕(중)ㅘ
  皖 〔몽〕(중)ㅘ 〔운〕(중)ㅘ
  睆 〔몽〕(중)ㅘ 〔운〕(중)ㅘ
  睅 〔몽〕(중)ㅘ 〔운〕(중)ㅘ
  莞 〔중〕(모)ㄱ 〔몽〕(중)ㅘ 〔운〕(중)ㅘ

去翰-胡玩
  換 〔몽〕(중)ㅕ

逭 〔몽〕(중)ㅝ

入曷-戶括

活 〔중〕(모)ㄱ 〔몽〕(중)ㅝ

佸 〔중〕(모)ㄱ 〔몽〕(중)ㅝ

括 〔중〕(모)ㄱ 〔몽〕(중)ㅝ

越 〔중〕(운)屑 〔몽〕(중)ㅝ

蛞 〔몽〕(중)ㅝ

來ㄹ[l]

平寒-盧官

鸞 〔몽〕(중)ㅝ

鑾 〔몽〕(중)ㅝ

圞 〔몽〕(중)ㅝ

䜌 〔몽〕(중)ㅝ

灤 〔몽〕(중)ㅝ

欒 〔몽〕(중)ㅝ

上旱-魯管

卵 〔몽〕(중)ㅝ

去翰-盧玩

亂 〔몽〕(중)ㅗㅓ

乱 〔몽〕(중)ㅝ

䜌 〔몽〕(중)ㅝ

入曷-盧活

捋 〔몽〕(중)ㅝ

11. 산산간할(刪産諫轄)

중성 : (ㅏ) 端透定泥幇滂並明精淸從心照穿牀審

　　　(ㅑ) 見溪疑影匣

　　　(ㅘ) 見疑非奉微照影匣

종성 : 平 上 去: ㄴ, 入: ㄹ

　　　다만 ㄹ 표시하지 않음

성조 : 平 上 去 入

운모 : 刪 産 諫 轄

[ㅏ]

端ㄷ[t]

平刪-都艱
　單〔중〕(운)先
　癉〔중〕(운)箇 (모)ㄸ (조)上 去

上産-多簡
　癉〔중〕(운)箇 (모)ㄸ (조)平 去

去諫-得瀾
　疸〔중〕(조)入
　癉〔중〕(운)箇 (모)ㄸ (조)平 上

入轄-當拔
　疸〔중〕(조)去

透ㅌ[t']

平刪-他丹
　灘〔중〕(조)去
　攤〔중〕(모)ㄴ
　歎〔중〕(조)去
　嘆〔중〕(조)去

去諫-他晏
　歎〔중〕(조)平
　嘆〔중〕(조)平
　灘〔중〕(조)平

入轄-他達
　達〔중〕(모)ㄸ

定ㄸ[d]

平刪-唐闌
　彈〔중〕(조)去
　癉〔중〕(운)箇 (모)ㄴ

上産-徒亶
　袒〔중〕(모)ㅉ
　誕〔중〕(조)去
　蜑〔중〕(운)先

去諫-杜晏
　彈〔중〕(조)平
　訑〔중〕(운)支
　誕〔중〕(조)上

入轄-堂滑
　達〔중〕(모)ㅌ

泥ㄴ[n]

平刪-那亶
　難〔중〕(운)歌 (조)去

去諫-乃旦
　難〔중〕(운)歌 (조)平
　攤〔중〕(모)ㅌ

幫ㅂ[p]

平刪-逋還
　頒〔중〕(운)文
　般〔중〕(운)寒
　胐〔중〕(운)文
　扳〔중〕(모)ㅍ
　反〔중〕(모)ㅸ〔중〕ㅘ
　鬘〔중〕(운)寒
　蠻〔중〕(운)寒

入轄-布拔
　扒〔중〕(운)泰

滂ㅍ[p']

平刪-披班
　攀〔속〕(중)ㅓ

盼 〔중〕(조)上

上産-匹莧
　盼 〔중〕(조)平

去諫-普患
　扳 〔중〕(모)ㅂ
　盻 〔중〕(운)霽

並ㅃ[b]

入轄-蒲八
　拔 〔중〕(운)隊 曷

明ㅁ[m]

平刪-謨官
　鼆 〔중〕(운)寒

去諫-莫晏
　謾 〔중〕(운)寒
　縵 〔중〕(운)翰

精ㅈ[ts]

上産-積産
　儹 〔중〕(운)寒 〔몽〕(중)ㅓ 〔운〕(중)ㅓ
　　께집〕(중)ㅓ

去諫-則諫
　鄼 〔중〕(운)寒 歌

清ㅊ[ts']

平刪-千山
　餐 〔중〕(운)文
　湌 〔중〕(운)文

從ㅉ[dz]

平刪-財艱
　㦮 〔중〕(운)先

上産-在簡
　瓚 〔중〕(조)去
　棧 〔중〕(모)ㅉ (중)ㅑ 〔몽〕(모)ㅉ 〔운〕(모)ㅉ
　輚 〔몽〕(모)ㅉ 〔운〕(모)ㅉ
　轏 〔몽〕(모)ㅉ 〔운〕(모)ㅉ
　僝 〔몽〕(모)ㅉ 〔운〕(모)ㅉ

去諫-才贊
　瓚 〔중〕(조)上

入轄-才達
　巀 〔중〕(운)屑

心ㅅ[s]

平刪-相關
　散 〔중〕(조)上 去

上産-蘇簡
　散 〔중〕(조)平 去

去諫-先諫
　散 〔중〕(조)平 去

入轄-桑轄
　躠 〔중〕(운)屑

照ㅈ[tɕ]

入轄-側八
　苗 〔중〕(운)勿 屑 〔몽〕(중)ㅘ 〔운〕(중)ㅘ

穿ㅊ[tɕ']

上産-楚簡
　鏟 〔중〕(조)去
　弗 〔중〕(운)霰

産 〔몽〕(모)ㅅ 〔운〕(모)ㅅ
滻 〔몽〕(모)ㅅ 〔운〕(모)ㅅ
摌 〔몽〕(모)ㅅ 〔운〕(모)ㅅ

去諫-初諫
鏟 〔중〕(조)上

牀ᄶ[ʣ]

平刪-鉏山
潺 〔중〕(운)先
孱 〔중〕(운)先

上産-雛産
撰 〔중〕(운)銑 〔몽〕(중)ㅏ 〔속〕(중)ㅏ
饌 〔중〕(운)霰 〔몽〕(중)ㅏ 〔속〕(중)ㅏ
　〔금〕(중)ㅒ
棧 〔몽〕(중)ㅏ 〔속〕(중)ㅏ
輚 〔몽〕(중)ㅏ 〔속〕(중)ㅏ

去諫-丈襇
袒 〔중〕(모)ㅎ
棧 〔중〕(모)ㅆ

審ᄉ[ʂ]

平刪-師姦
潸 〔중〕(조)上
疝 〔중〕(조)去
珊 〔몽〕(모)ㅅ 〔운〕(모)ㅅ

上産-數版
潸 〔중〕(조)平

去諫-所晏
訕 〔중〕(조)平
疝 〔중〕(조)平

入轄-山戞
殺 〔중〕(운)泰
煞 〔중〕(운)泰
縼 〔중〕(운)泰

[ㅑ]

見ㄱ[k]

平刪-居顏
姦 〔금〕(중)ㅕ
奸 〔금〕(중)ㅕ
菅 〔중〕(운)寒 〔금〕(중)ㅕ
閒 〔중〕(모)ㆅ (조)去 〔금〕(중)ㅕ
間 〔중〕(조)去 〔금〕(중)ㅕ
艱 〔금〕(중)ㅕ
囏 〔금〕(중)ㅕ
蕑 〔금〕(중)ㅕ

上産-古限
簡 〔금〕(중)ㅕ
柬 〔금〕(중)ㅕ
揀 〔중〕(운)霰 〔금〕(중)ㅕ
滴 〔금〕(중)ㅕ

去諫-居晏
諫 〔금〕(중)ㅕ
澗 〔금〕(중)ㅕ
磵 〔금〕(중)ㅕ
栞 〔금〕(중)ㅕ
鐗 〔금〕(중)ㅕ
閒 〔중〕(모)ㆅ (조)平 〔금〕(중)ㅕ
間 〔중〕(조)平 〔금〕(중)ㅕ
襇 〔금〕(중)ㅕ
覸 〔금〕(중)ㅕ
瞷 〔중〕(모)ㆅ 〔금〕(중)ㅕ

入轄-訖黠
秸 〔중〕(운)皆
鶠 〔중〕(운)皆
介 〔중〕(운)泰
頡 〔중〕(운)屑
桔 〔중〕(운)屑

溪ㅋ[k']

平刪-丘閑
　　慳 〔금〕(중)ㅕ
　　髻 〔금〕(중)ㅕ
　　賢 〔운〕(모)ㆅ (중)ㅕ 〔금〕(중)ㅕ

入轄-丘瞎
　　楬 〔중〕(운)屑

疑ㅇ[ŋ]

平刪-牛姦
　　顔 〔몽〕(모)ㅇ 〔속〕(모)ㅇ 〔금〕(중)ㅕ

上産-五限
　　眼 〔몽〕(모)ㅇ 〔속〕(모)ㅇ 〔금〕(중)ㅕ

去諫-魚澗
　　雁 〔몽〕(모)ㅇ 〔속〕(모)ㅇ 〔금〕(중)ㅕ
　　贋 〔몽〕(모)ㅇ 〔속〕(모)ㅇ 〔금〕(중)ㅕ

入轄-牙八
　　糵 〔중〕(운)屑 〔몽〕(중)ㅕ 〔속〕(모)ㅇ (종)ㆁ
　　枿 〔중〕(운)屑 〔몽〕(중)ㅕ 〔속〕(모)ㅇ (종)ㆁ
　　齧 〔중〕(운)屑 〔몽〕(중)ㅕ 〔속〕(모)ㅇ (종)ㆁ

影ㆆ[ʔ]

平刪-烏閑
　　殷 〔중〕(운)眞 〔운〕(운)先 (중)ㅏ

入轄-乙黠
　　肐 〔중〕(운)質

匣ㆅ[ɣ]

平刪-何艱
　　閑 〔금〕(중)ㅕ
　　閒 〔중〕(모)ㄱ 〔금〕(중)ㅕ
　　嫺 〔금〕(중)ㅕ

瘌 〔금〕(중)ㅕ
간4 〔금〕(중)ㅕ
瞷 〔중〕(모)ㄱ 〔금〕(중)ㅕ
鷴 〔금〕(중)ㅕ

上産-下簡
　　限 〔금〕(중)ㅕ

去諫-狹襉
　　莧 〔중〕(운)霰 〔금〕(중)ㅕ

入轄-胡八
　　劼 〔몽〕(모)ㅋ 〔운〕(모)ㅋ

[ㅝ]

見ㄱ[k]

平刪-姑還
　　關 〔금〕(중)ㅓ
　　矜 〔중〕(운)庚
　　摜 〔중〕(모)ㆅ
　　綸 〔중〕(운)文

去諫-古患
　　串 〔중〕(운)霰
　　丱 〔중〕(운)梗

疑ㅇ[ŋ]

平刪-五還
　　頑 〔속〕(모)ㅇ

去諫-五患
　　薍 〔속〕(모)ㅇ

非ㅸ[f]

平刪-孚艱

 사성통해의 음운학적 연구

翻 〔몽〕(중)ㅏ 〔속〕(중)ㅏ
飜 〔몽〕(중)ㅏ 〔속〕(중)ㅏ
幡 〔몽〕(중)ㅏ 〔속〕(중)ㅏ
拚 〔중〕(운)寒 霰 〔몽〕(중)ㅏ 〔속〕(중)ㅏ
反 〔중〕(모)ㅂ (조)上 〔몽〕(중)ㅏ 〔속〕(중)ㅏ
旛 〔몽〕(중)ㅏ 〔속〕(중)ㅏ
繙 〔몽〕(중)ㅏ 〔속〕(중)ㅏ
轓 〔몽〕(중)ㅏ 〔속〕(중)ㅏ
藩 〔몽〕(중)ㅏ 〔속〕(중)ㅏ
蕃 〔몽〕(중)ㅏ 〔속〕(중)ㅏ
潘 〔몽〕(중)ㅏ 〔속〕(중)ㅏ
番 〔중〕(운)寒 歌 〔몽〕(중)ㅏ 〔속〕(중)ㅏ
璠 〔몽〕(모)ㅹ

上産-甫版
反 〔중〕(모)ㅂ (조)平
飯 〔몽〕(모)ㅹ 〔운〕(모)ㅹ

入轄-方伐
髮 〔몽〕(중)ㅏ 〔속〕(모)ㅸ (종)ㅇ
發 〔몽〕(중)ㅏ 〔속〕(모)ㅸ (종)ㅇ
冹 〔중〕(운)勿 〔몽〕(중)ㅏ 〔속〕(모)ㅸ (종)ㅇ

奉ㅹ[v]

平刪-符艱
煩 〔몽〕(중)ㅏ 〔속〕(중)ㅏ
蘠 〔몽〕(중)ㅏ 〔속〕(중)ㅏ
樊 〔몽〕(중)ㅏ 〔속〕(중)ㅏ
燔 〔몽〕(중)ㅏ 〔속〕(중)ㅏ
蹯 〔몽〕(중)ㅏ 〔속〕(중)ㅏ
燓 〔몽〕(중)ㅏ 〔속〕(중)ㅏ
鐇 〔몽〕(중)ㅏ 〔속〕(중)ㅏ
蕃 〔중〕(모)ㅸ 〔몽〕(중)ㅏ 〔속〕(중)ㅏ
墦 〔몽〕(중)ㅏ 〔속〕(중)ㅏ
膰 〔몽〕(중)ㅏ 〔속〕(중)ㅏ
燔 〔몽〕(중)ㅏ 〔속〕(중)ㅏ
蟠 〔몽〕(중)ㅏ 〔속〕(중)ㅏ
繁 〔중〕(운)寒 〔몽〕(중)ㅏ 〔속〕(중)ㅏ
蘩 〔몽〕(중)ㅏ 〔속〕(중)ㅏ
襻 〔몽〕(중)ㅏ 〔속〕(중)ㅏ
蘽 〔몽〕(중)ㅏ 〔속〕(중)ㅏ
袢 〔몽〕(중)ㅏ 〔속〕(중)ㅏ

去諫-符諫
飯 〔중〕(모)ㅸ 〔몽〕(중)ㅏ 〔속〕(중)ㅏ
餅 〔몽〕(중)ㅏ 〔속〕(중)ㅏ
䬳 〔몽〕(중)ㅏ 〔속〕(중)ㅏ

入轄-房滑
伐 〔몽〕(중)ㅏ 〔속〕(중)ㅏ
馛 〔몽〕(중)ㅏ 〔속〕(중)ㅏ
閥 〔몽〕(중)ㅏ 〔속〕(중)ㅏ
墢 〔중〕(운)曷 〔몽〕(중)ㅏ 〔속〕(중)ㅏ
垡 〔몽〕(중)ㅏ 〔속〕(중)ㅏ
筏 〔몽〕(중)ㅏ 〔속〕(중)ㅏ
栰 〔몽〕(중)ㅏ 〔속〕(중)ㅏ
罰 〔몽〕(중)ㅏ 〔속〕(중)ㅏ
䍻 〔몽〕(중)ㅏ 〔속〕(중)ㅏ

微ㅱ[ɱ]

上産-武綰
晩 〔몽〕(중)ㅏ
輓 〔중〕(중)ㅏ
挽 〔중〕(중)ㅏ
娩 〔중〕(중)ㅏ

去諫-無販
万 〔중〕(운)陌
曼 〔중〕(운)寒
蔓 〔중〕(운)寒

照ㅈ[tɕ]

平刪-阻頑
跧 〔중〕(운)先

影ㆆ[ʔ]

上産-烏版
綰 〔중〕(조)去

去諫-烏貫

縮 〔중〕(조)上 〔금〕(조)上
腕 〔몽〕(중)ㅕ 〔운〕(중)ㅓ
擎 〔몽〕(중)ㅕ 〔운〕(중)ㅓ
挈 〔몽〕(중)ㅕ 〔운〕(중)ㅓ
捥 〔몽〕(중)ㅕ 〔운〕(중)ㅓ
掔 〔몽〕(중)ㅕ 〔운〕(중)ㅓ
惋 〔몽〕(중)ㅕ 〔운〕(중)ㅓ

匣ㆅ[ɣ]

平刪-侯頑
　還 〔중〕(운)先
　環 〔중〕(조)去
　圜 〔중〕(운)先
　浸 〔중〕(운)先
　鐶 〔중〕(조)上

上產-戶版
　鐶 〔중〕(조)平

去諫-下患
　擐 〔중〕(모)ㄱ
　環 〔중〕(조)平
　骭 〔몽〕(중)ㅑ 〔운〕(중)ㅏ 〔원〕(중)ㅏ

入轄-戶八
　滑 〔중〕(운)勿

12. 선선산설(先銑霰屑)

중성 : (ㅕ) 見溪群疑端透定泥幫滂竝明精淸從心邪照穿牀審禪影曉匣喩來
　　　　(ㅖ) 見溪群疑淸心邪照穿牀審影曉喩來日
종성 : 平 上 去: ㄴ, 入: ㄹ
　　　　다만 ㄹ 표기하지 않음.
성조 : 平 上 去 入
운모 : 先 銑 霰 屑

[ㅕ]

見ㄱ[k]

平先-經天
　栞 〔중〕(운)齊
　幵 〔중〕(모)ㅋ
　麗 〔중〕(모)ㅋ
　甄 〔중〕(운)眞
　犍 〔중〕(모)ㄲ

去霰-經電
　見 〔중〕(모)ㆅ

入屑-古屑
　拮 〔중〕(운)質
　絜 〔중〕(모)ㆅ
　桔 〔중〕(운)轄
　揭 〔중〕(운)霽 (모)ㅋ ㄲ
　偈 〔중〕(운)置 霽 (모)ㅋ
　桀 〔중〕(모)ㄲ

溪ㅋ[k']

平先-苦堅
　牽 〔중〕(조)去
　麗 〔중〕(모)ㄱ
　幵 〔중〕(모)ㄱ

上銑-驅演
　遣 〔중〕(조)去
　繾 〔중〕(조)去

去霰-詰戰
　遣 〔중〕(조)上
　牽 〔운〕(조)去 〔원〕(조)上
　牽 〔중〕(조)平

入屑-詰結
　絜 〔중〕(운)霽
　契 〔중〕(운)霽 質 (모)ㅅ
　偈 〔중〕(운)置 (모)ㄱ

揭 〔중〕(운)霽 (모)ㄱ ㄲ

群ㄲ[g]

平先-渠焉
　乾 〔중〕(운)寒
　乹 〔중〕(운)寒
　犍 〔중〕(모)ㄱ

入屑-巨列
　桀 〔중〕(모)ㄱ
　楬 〔중〕(운)轄
　堨 〔중〕(운)曷
　揭 〔중〕(운)霽 (모)ㄱ ㅋ

疑ㅇ[ŋ]

上銑-語蹇
　讞 〔중〕(모)ㅇ (조)入

入屑-魚列
　孼 〔중〕(운)轄
　枿 〔중〕(운)轄
　辥 〔중〕(운)轄
　讞 〔중〕(모)ㅇ (조)上
　臬 〔운〕(모)ㄴ
　槷 〔운〕(모)ㄴ
　齧 〔운〕(모)ㄴ

端ㄷ[t]

平先-多年
　瘨 〔중〕(모)ㄸ

去霰-丁練
　殿 〔중〕(모)ㄸ

透ㅌ[t']

去霰-他甸

瑱 〔중〕(운)震

定ㄸ[d]

平先-亭年
佃 〔중〕(조)去
塡 〔중〕(운)眞 (조)上
闐 〔중〕(조)去
鈿 〔중〕(조)去

上銑-徒典
蜓 〔중〕(운)庚
瘨 〔중〕(모)ㄷ
塡 〔중〕(운)眞 (조)平

去霰-蕩練
殿 〔중〕(모)ㄷ
佃 〔중〕(조)平
鈿 〔중〕(조)上
闐 〔중〕(조)上

入屑-杜結
姪 〔중〕(운)質
軼 〔중〕(운)質
咥 〔중〕(운)眞 質

泥ㄴ[n]

上銑-尼展
趁 〔중〕(운)震

去霰-女箭
輾 〔중〕(모)ㅈ
晛 〔중〕(모)ㅎㅎ

入屑-乃結
茶 〔중〕(운)葉

幫ㅂ[p]

平先-卑眠

編 〔중〕(모)ㅃ
猵 〔중〕(운)眞 (모)ㅍ

上銑-補典
扁 〔중〕(모)ㅍ ㅃ
褊 〔중〕(모)ㅍ
諞 〔중〕(모)ㅃ

入屑-必列
別 〔중〕(모)ㅃ

滂ㅍ[p']

平先-紕連
扁 〔중〕(모)ㅂ ㅃ
艑 〔중〕(모)ㅃ
褊 〔중〕(모)ㅂ 〔고〕(모)ㅃ
偏 〔중〕(운)眞 (모)ㅂ
蹁 〔몽〕(모)ㅃ 〔운〕(모)ㅃ 〔집〕(모)ㅂ (모)ㅃ

入屑-匹蔑
撇 〔중〕(운)置

竝ㅃ[b]

平先-蒲眠
蠙 〔몽〕(조)上 〔금〕(조)去
玭 〔중〕(운)眞
駢 〔중〕(운)眞
骿 〔중〕(운)庚
便 〔중〕(운)庚
平 〔중〕(조)去
諞 〔중〕(운)庚
編 〔중〕(모)ㅂ

上銑-婢免
編 〔중〕(모)ㅂ
扁 〔중〕(모)ㅂ ㅍ
艑 〔중〕(모)ㅍ

去霰-毘面
便 〔중〕(조)平

拚 〔중〕(운)寒 刪
弁 〔중〕(운)寒

入屑-避列
  別 〔중〕(모)ㅂ
  批 〔중〕(운)支

明ㅁ[m]

上銑-美辨
  免 〔중〕(운)問
  黽 〔중〕(운)軫 梗
  澠 〔중〕(운)軫 梗

去霰-莫見
  瞑 〔중〕(운)庚

精ㅈ[ts]

平先-則前
  濺 〔중〕(조)去
  湔 〔중〕(조)去
  戔 〔중〕(운)刪
  煎 〔중〕(조)上 去

上銑-子踐
  煎 〔중〕(조)平 去
  錢 〔중〕(모)ㅉ

去霰-作旬
  煎 〔중〕(조)平 上
  濺 〔중〕(조)平
  湔 〔중〕(조)平

清ㅊ[ts']

去霰-倉旬
  倩 〔중〕(운)敬

入屑-千結
  切 〔중〕(운)霽

從ㅉ[ʣ]

平先-才先
  錢 〔중〕(모)ㅈ

上銑-慈演
  餞 〔중〕(조)去

去霰-在線
  餞 〔중〕(조)上

入屑-昨結
  巀 〔중〕(운)轄

心ㅅ[s]

平先-蘇前
  先 〔중〕(조)去
  鮮 〔중〕(조)上

上銑-蘇典
  洗 〔중〕(운)薺
  鮮 〔중〕(조)平
  燹 〔중〕(운)置

去霰-先見
  先 〔중〕(조)平

入屑-先結
  薛 〔중〕(운)轄
  契 〔중〕(운)霽 質 (모)ㅋ
  泄 〔중〕(운)置
  洩 〔중〕(운)置
  栵 〔중〕(운)置

邪ㅆ[z]

去霰-似面
  羨 〔중〕(모)ㅇ

照ㅈ[tɕ]

平先-諸延
　邅 〔즁〕(모)ㅉ

上銑-之輦
　輾 〔즁〕(조)去
　襢 〔즁〕(모)ㄴ

去霰-之膳
　襢 〔즁〕(조)上

入屑-之列
　晣 〔즁〕(운)置
　喇 〔즁〕(운)置
　晢 〔즁〕(운)置
　蜇 〔즁〕(모)ㅅ (즁)ㄲ
　折 〔즁〕(모)ㅆ

穿ㅊ[tɕ']

平先-抽延
　燀 〔즁〕(조)上

上銑-齒善
　繟 〔즁〕(조)去
　燀 〔즁〕(조)平

去霰-尺戰
　繟 〔즁〕(조)上

入屑-勅列
　徹 〔즁〕(모)ㅉ
　撤 〔즁〕(모)ㅉ
　掣 〔즁〕(운)實

牀ㅆ[dʑ]

平先-呈延
　纏 〔즁〕(조)去
　單 〔즁〕(운)刪 (모)ㅆ 〔몽〕(모)ㅆ 〔운〕(모)ㅆ
　澶 〔몽〕(모)ㅆ 〔운〕(모)ㅆ

　嬋 〔몽〕(모)ㅆ 〔운〕(모)ㅆ
　禪 〔즁〕(모)ㅆ 〔몽〕(모)ㅆ 〔운〕(모)ㅆ
　孱 〔즁〕(운)刪 〔몽〕(모)ㅆ 〔운〕(모)ㅆ
　潺 〔즁〕(운)刪 〔몽〕(모)ㅆ 〔운〕(모)ㅆ
　蟬 〔몽〕(모)ㅆ 〔운〕(모)ㅆ

上銑-雛免
　撰 〔즁〕(운)産 (즁)ㄲ 〔몽〕(즁)ㅘ
　譔 〔즁〕(즁)ㄲ 〔몽〕(즁)ㅘ
　僎 〔몽〕(운)文 (즁)ㅘ

去霰-除戀
　纏 〔즁〕(조)平
　邅 〔즁〕(모)ㅈ

入屑-直列
　徹 〔즁〕(모)ㅊ
　撤 〔즁〕(모)ㅊ

審ㅅ[ɕ]

平先-尸連
　埏 〔즁〕(모)ㅇ
　煽 〔즁〕(조)去
　扇 〔즁〕(조)去
　搧 〔즁〕(조)去

去霰-式戰
　扇 〔즁〕(조)平
　煽 〔즁〕(조)平
　搧 〔즁〕(조)平

禪ㅆ[ʑ]

上銑-上演
　善 〔즁〕(조)去
　蕭 〔즁〕(조)去
　墠 〔즁〕(조)上
　單 〔즁〕(운)刪 (모)ㅉ
　膳 〔즁〕(조)去
　饍 〔즁〕(조)去
　煤 〔몽〕(모)ㅿ 〔운〕(모)ㅿ

去霰-時戰
　　膳 〔중〕(조)上
　　饍 〔중〕(조)上
　　善 〔중〕(조)上
　　禪 〔중〕(모)ᄶ
　　墠 〔중〕(조)去

入屑-食列
　　折 〔중〕(모)ᄌ
　　揲 〔중〕(운)葉

影ㆆ[ʔ]

平先-因扁
　　燕 〔중〕(조)上
　　咽 〔중〕(조)去 入
　　關 〔중〕(운)曷 (조)入
　　菸 〔중〕(운)御
　　焉 〔중〕(모)ㅇ
　　鄢 〔중〕(조)上
　　歅 〔중〕(운)眞

上銑-於幰
　　鄢 〔중〕(조)平
　　嬊 〔중〕(조)去
　　堰 〔중〕(조)去

去霰-伊甸
　　燕 〔중〕(조)平
　　咽 〔중〕(조)平 入
　　嬊 〔중〕(조)上
　　堰 〔중〕(조)上

入屑-於歇
　　關 〔중〕(운)曷 (조)平
　　咽 〔중〕(조)平 去

曉ㅎ[x]

去霰-形甸
　　獻 〔중〕(운)歌

入屑-許竭
　　獻 〔중〕(운)曷
　　猲 〔중〕(운)曷

匣ㆅ[ɣ]

去霰-形甸
　　見 〔중〕(모)ㄱ
　　睍 〔중〕(모)ㄴ 〔몽〕(모)ㄴ 〔운〕(모)ㄴ
　　　　〔본〕(모)ㄴ
　　縣 〔몽〕(중)쪄 〔운〕(중)쪄

入屑-胡結
　　頡 〔중〕(운)轄
　　絜 〔중〕(모)ㄱ

喩ㅇ[j]

平先-夷然
　　埏 〔중〕(모)ㅅ
　　蜒 〔중〕(운)産
　　妍 〔운〕(모)ㆁ 〔고〕(모)ㆁ
　　研 〔운〕(모)ㆁ
　　言 〔운〕(모)ㆁ
　　焉 〔중〕(모)ㆁ 〔운〕(모)ㆁ
　　馮 〔운〕(모)ㆁ
　　沿 〔몽〕(모)ㆁ (중)쪄 〔운〕(모)ㆁ (중)쪄
　　鉛 〔몽〕(모)ㆁ (중)쪄
　　緣 〔중〕(운)翰 (모)ㆁ (중)쪄 (조)去
　　　　〔몽〕(모)ㆁ (중)쪄 〔운〕(모)ㆁ (중)쪄
　　蝝 〔중〕(모)ㆁ (중)쪄 〔몽〕(모)ㆁ (중)쪄
　　　　〔운〕(모)ㆁ (중)쪄

上銑-以淺
　　衍 〔중〕(조)去
　　演 〔중〕(운)軫
　　縯 〔중〕(운)軫
　　戭 〔중〕(운)軫
　　兗 〔몽〕(모)ㆁ (중)쪄 〔운〕(모)ㆁ (중)쪄
　　沇 〔몽〕(모)ㆁ (중)쪄 〔운〕(모)ㆁ (중)쪄
　　渷 〔몽〕(모)ㆁ (중)쪄 〔운〕(모)ㆁ (중)쪄

去霰-倪甸
    衍 〔중〕(조)上
    羨 〔중〕(모)ㅆ
    彦 〔몽〕(모)ㅇ 〔운〕(모)ㅇ 〔고〕(모)ㅇ
    喭 〔몽〕(모)ㅇ 〔운〕(모)ㅇ 〔고〕(모)ㅇ
    唁 〔몽〕(모)ㅇ 〔운〕(모)ㅇ 〔고〕(모)ㅇ
    諺 〔몽〕(모)ㅇ 〔운〕(모)ㅇ 〔고〕(모)ㅇ
    讞 〔중〕(모)ㅇ
    掾 〔몽〕(중)ㅖ 〔운〕(중)ㅖ
    緣 〔중〕(운)翰 (중)ㅖ (조)平 〔몽〕(중)ㅖ
        〔운〕(중)ㅖ

入屑-延結
    拽 〔중〕(운)置

來ㄹ[l]

平先-靈年
    零 〔중〕(운)庚
    連 〔중〕(조)上

上銑-力展
    連 〔중〕(조)平

去霰-郞甸
    揀 〔중〕(운)産
    繭 〔중〕(운)震

入屑-良薜
    栵 〔중〕(운)霽
    戾 〔중〕(운)霽
    捩 〔중〕(운)霽

[ㅖ]

見ㄱ[k]

平先-圭淵
    睊 〔중〕(조)去

上銑-古泫
    罥 〔중〕(조)去
    羂 〔중〕(조)去
    卷 〔중〕(모)ㅋ ㄲ (조)去
    捲 〔중〕(모)ㄲ

去霰-吉掾
    睊 〔중〕(조)平
    罥 〔중〕(조)平
    羂 〔중〕(조)平
    眷 〔몽〕(중)ㅓ
    卷 〔중〕(모)ㅋ ㄲ (조)上 〔몽〕(중)ㅓ
    桊 〔몽〕(중)ㅓ
    繯 〔몽〕(중)ㅓ

入屑-居月
    厥 〔중〕(운)勿
    蹶 〔중〕(운)隊
    馱 〔중〕(운)泰
    抉 〔중〕(모)ㅇ
    夬 〔중〕(운)泰
    潏 〔중〕(운)勿

溪ㅋ[k']

平先-驅圓
    圈 〔중〕(모)ㄲ
    卷 〔중〕(모)ㄱ ㄲ 〔몽〕(중)ㅓ
    夯 〔몽〕(중)ㅓ

上銑-苦泫
    綣 〔중〕(조)去

去霰-區願
    綣 〔중〕(조)上

群ㄲ[g]

平先-達員
    卷 〔중〕(모)ㄱ ㅋ
    捲 〔중〕(모)ㄱ

上銑-巨卷
　　圈 〔중〕(모)ㅋ (조)去
　　蜎 〔중〕(모)ㅎ

去霰-逵眷
　　圈 〔중〕(모)ㅋ (조)上

入屑-其月
　　掘 〔중〕(운)勿
　　撅 〔중〕(운)隊

疑ㅇ[ŋ]

上銑-五遠
　　遠 〔중〕(조)去

去霰-虞怨
　　遠 〔중〕(조)上
　　媛 〔중〕(모)ㅇ
　　援 〔중〕(모)ㅇ

入屑-魚厥
　　越 〔중〕(운)曷
　　悅 〔고〕(모)ㅇ
　　說 〔중〕(운)隊 (모)ㅅ 〔고〕(모)ㅇ
　　閱 〔고〕(모)ㅇ

清ㅊ[ts']

平先-且緣
　　詮 〔중〕(운)刪
　　竣 〔중〕(운)文
　　踆 〔중〕(운)文
　　源 〔중〕(조)去

去霰-取絹
　　縓 〔중〕(조)平

心ㅅ[s]

平先-息緣

腅 〔몽〕(모)ㅈ

上銑-須兗
　　選 〔중〕(조)去

去霰-須絹
　　選 〔중〕(조)上

入屑-蘇絶
　　蚭 〔중〕(모)ㅈ 〔중〕ㅕ

邪ㅆ[z]

平先-旬緣
　　旋 〔중〕(조)去
　　漩 〔중〕(조)去
　　淀 〔중〕(조)去
　　還 〔중〕(운)刪
　　鏇 〔중〕(조)去

去霰-隨戀
　　旋 〔중〕(조)平
　　漩 〔중〕(조)平
　　淀 〔중〕(조)平
　　鏇 〔중〕(조)平

照ㅈ[tɕ]

上銑-止兗
　　剸 〔중〕(운)寒
　　轉 〔중〕(조)去

去霰-株戀
　　轉 〔중〕(조)上
　　傳 〔중〕(모)ㅉ

入屑-朱劣
　　綴 〔중〕(운)隊 〔금〕(운)隊
　　啜 〔중〕(모)ㅊ
　　剟 〔중〕(운)曷
　　畷 〔중〕(운)隊
　　醊 〔중〕(운)隊

餕 〔중〕(운)隊
茁 〔중〕(운)勿 轄
準 〔중〕(운)吻
蕝 〔중〕(운)隊 〔몽〕(모)ㅈ 〔운〕(모)ㅈ

穿 ㅊ [tɕ']

平先-昌緣
　穿 〔중〕(조)去

去霰-樞絹
　穿 〔중〕(조)平
　串 〔중〕(운)諫
　弗 〔중〕(운)産
　篡 〔중〕(운)隊

入屑-昌悅
　啜 〔몽〕(모)ㅆ (중)ㄲ 〔집〕(모)ㅆ (중)ㄲ

牀 ㅉ [dʑ]

平先-重圓
　傳 〔중〕(운)賄 (조)去
　遄 〔몽〕(모)ㅆ 〔운〕(모)ㅆ
　篇 〔몽〕(모)ㅆ 〔운〕(모)ㅆ
　圖 〔몽〕(모)ㅆ 〔운〕(모)ㅆ

上銑-柱兗
　篆 〔원〕(조)去

去霰-柱戀
　傳 〔중〕(모)ㅈ (조)平
　饌 〔중〕(운)産 〔몽〕(중)ㅕ 〔운〕(중)ㅘ
　撰 〔중〕(중)ㅕ 〔몽〕(중)ㅕ 〔운〕(중)ㅘ
　譔 〔중〕(중)ㅕ 〔몽〕(중)ㅕ 〔운〕(중)ㅘ

審 ㅅ [ɕ]

入屑-輸爇
　說 〔중〕(운)隊 (모)ㆁ

影 ㆆ [ʔ]

平先-縈圓
　蜎 〔중〕(모)ㄲ
　宛 〔중〕(조)上
　蜿 〔중〕(운)寒 (조)上
　智 〔중〕(운)寒

上銑-於阮
　宛 〔중〕(조)平
　菀 〔중〕(운)勿
　苑 〔중〕(운)吻
　蜿 〔중〕(운)寒 (조)平

入屑-一決
　抉 〔중〕(모)ㄱ
　噦 〔중〕(운)隊

曉 ㅎ [x]

平先-呼淵
　讙 〔중〕(운)寒
　嚾 〔중〕(운)寒
　狟 〔중〕(운)寒
　貆 〔중〕(운)寒
　駽 〔중〕(조)去
　嬛 〔중〕(운)庚
　蠉 〔중〕(조)上

上銑-況遠
　烜 〔중〕(운)賄
　蠉 〔중〕(조)平

去霰-翾眩
　昫 〔중〕(운)問
　駽 〔중〕(조)平
　敻 〔중〕(운)敬

入屑-呼決
　血 〔금〕(중)ㅕ (종)ㆁ

喩 ㅇ [j]

平先-于權
　　蜫 〔중〕(중)ㅕ
　　緣 〔중〕(운)翰 (중)ㅕ
　　員 〔중〕(운)文 〔운〕(모)ㆁ
　　負 〔운〕(모)ㆁ
　　圓 〔운〕(모)ㆁ
　　圍 〔중〕(운)刪 〔운〕(모)ㆁ
　　湲 〔중〕(운)刪 〔운〕(모)ㆁ
　　袁 〔운〕(모)ㆁ
　　爰 〔운〕(모)ㆁ
　　援 〔중〕(모)ㆁ 〔운〕(모)ㆁ
　　媛 〔중〕(모)ㆁ 〔운〕(모)ㆁ
　　鶱 〔운〕(모)ㆁ
　　園 〔운〕(모)ㆁ
　　垣 〔운〕(모)ㆁ
　　轅 〔운〕(모)ㆁ
　　榬 〔운〕(모)ㆁ
　　榱 〔운〕(모)ㆁ
　　猿 〔운〕(모)ㆁ
　　猨 〔운〕(모)ㆁ
　　蝯 〔운〕(모)ㆁ
　　元 〔운〕(모)ㆁ 〔고〕(모)ㆁ
　　芫 〔운〕(모)ㆁ 〔고〕(모)ㆁ
　　原 〔운〕(모)ㆁ 〔고〕(모)ㆁ
　　源 〔운〕(모)ㆁ 〔고〕(모)ㆁ
　　沅 〔운〕(모)ㆁ 〔고〕(모)ㆁ
　　邧 〔운〕(모)ㆁ 〔고〕(모)ㆁ
　　嫄 〔운〕(모)ㆁ 〔고〕(모)ㆁ
　　蟲 〔운〕(모)ㆁ 〔고〕(모)ㆁ
　　螈 〔운〕(모)ㆁ 〔고〕(모)ㆁ
　　蚖 〔운〕(모)ㆁ 〔고〕(모)ㆁ
　　黿 〔운〕(모)ㆁ 〔고〕(모)ㆁ
　　騵 〔운〕(모)ㆁ 〔고〕(모)ㆁ

來ㄹ[l]

平先-閭圓
　　攣 〔몽〕(중)ㅓ 〔운〕(중)ㅓ

上銑-盧轉
　　臠 〔몽〕(중)ㅓ 〔원〕(중)ㅓ
　　變 〔몽〕(중)ㅓ 〔원〕(중)ㅓ

去霰-龍眷
　　攣 〔중〕(조)平
　　變 〔중〕(조)上

日△[r]

平先-而宣
　　㘝 〔중〕(조)去
　　壖 〔중〕(조)去
　　堧 〔중〕(조)去
　　㘝 〔중〕(조)去
　　壖 〔중〕(조)上
　　瑌 〔중〕(조)上
　　碝 〔중〕(조)上
　　蝡 〔중〕(운)吻 (조)上
　　蠕 〔중〕(운)吻 (조)上
　　擩 〔중〕(운)語

上銑-乳兗
　　碝 〔중〕(조)平
　　壖 〔중〕(조)平
　　瑌 〔중〕(조)平
　　愞 〔중〕(운)旱 箇
　　蝡 〔중〕(운)吻 (조)平
　　蠕 〔중〕(운)吻 (조)平

去霰-儒轉
　　㘝 〔중〕(조)平
　　堧 〔중〕(조)平
　　壖 〔중〕(조)平
　　壖 〔중〕(조)平

13. 소조소(蕭篠嘯)

중성 : (ㅕ) 見溪群疑端透定泥幇滂竝明精淸從心照穿牀審禪影曉喩來日
종성 : ㅱ
성조 : 平 上 去
운모 : 蕭 篠 嘯

특징 : 종성에 [ㅱ]을 사용하였다는 사실이다. 중국 본토에는 이와 같은 종성은 없다. 따라서
　　　[ㅱ] 종성을 쓴 글자를 <한고>에서 조사하여 보니 蕭篠嘯爻巧效들의 <중고음>
　　　은 [ieu]이고 근대음은 [iau]이었다.

見ㄱ[k]

平蕭-堅堯
嶢 〔속〕(중)ㅑ
梟 〔속〕(중)ㅑ
澆 〔중〕(모)ㆁ〔속〕(중)ㅑ
澡 〔속〕(중)ㅑ
撽 〔중〕(조)去〔속〕(중)ㅑ
憿 〔속〕(중)ㅑ
僥 〔중〕(모)ㅇ〔속〕(중)ㅑ
蟜 〔속〕(중)ㅑ
穚 〔속〕(중)ㅑ
驕 〔중〕(모)ㅋ〔속〕(중)ㅑ
憍 〔속〕(중)ㅑ
鷮 〔속〕(중)ㅑ
嬌 〔속〕(중)ㅑ
墽 〔속〕(중)ㅑ

上篠-吉了
皎 〔속〕(중)ㅑ
曒 〔속〕(중)ㅑ
皦 〔속〕(중)ㅑ
璬 〔속〕(중)ㅑ
繳 〔중〕(운)藥〔속〕(중)ㅑ
矯 〔속〕(중)ㅑ
撟 〔속〕(중)ㅑ
蹻 〔중〕(운)藥 (모)ㅋ〔속〕(중)ㅑ
敽 〔속〕(중)ㅑ

去嘯-古弔
叫 〔속〕(중)ㅑ
噭 〔속〕(중)ㅑ
晈 〔속〕(중)ㅑ
嘂 〔속〕(중)ㅑ
徼 〔중〕(조)平〔속〕(중)ㅑ

溪ㅋ[k']

平蕭-丘妖

蹺 〔속〕(중)ㅑ
趬 〔속〕(중)ㅑ
蹻 〔중〕(운)藥 (모)ㄱ〔속〕(중)ㅑ
趭 〔속〕(중)ㅑ
驕 〔중〕(모)ㄱ〔속〕(중)ㅑ
교4 〔속〕(중)ㅑ
轎 〔속〕(중)ㅑ

去嘯-苦弔
竅 〔속〕(중)ㅑ

群ㄲ[g]

平蕭-祁堯
橋 〔속〕(중)ㅑ
喬 〔속〕(중)ㅑ
僑 〔속〕(중)ㅑ
蕎 〔속〕(중)ㅑ
荍 〔속〕(중)ㅑ
招 〔중〕(모)ㅈ〔속〕(중)ㅑ
翹 〔중〕(모)ㅆ〔속〕(중)ㅑ
劭 〔속〕(중)ㅑ

上篠-其紹
糾 〔중〕(운)有〔속〕(중)ㅑ

去嘯-渠廟
교5 〔속〕(중)ㅑ
轎 〔몽〕(조)平〔속〕(중)ㅑ〔금〕(조)去

疑ㆁ[ŋ]

去嘯-五弔
澆 〔중〕(모)ㅅ〔속〕(중)ㅑ

端ㄷ[t]

平蕭-丁聯
貂 〔속〕(중)ㅑ
鼦 〔속〕(중)ㅑ
鵰 〔속〕(중)ㅑ

雕 〔속〕(중)ㅑ
彫 〔속〕(중)ㅑ
凋 〔속〕(중)ㅑ
琱 〔속〕(중)ㅑ
弴 〔속〕(중)ㅑ
貂 〔속〕(중)ㅑ
刁 〔속〕(중)ㅑ
裯 〔중〕(운)魚 爻 尤 〔속〕(중)ㅑ

去嘯-多嘯
弔 〔중〕(운)陌 〔속〕(중)ㅑ
吊 〔속〕(중)ㅑ
釣 〔속〕(중)ㅑ
蔦 〔중〕(모)ㄴ 〔속〕(중)ㅑ
窵 〔속〕(중)ㅑ
瘹 〔속〕(중)ㅑ

透ㅌ[t']

平蕭-他彫
祧 〔속〕(중)ㅑ
跳 〔속〕(중)ㅑ
恌 〔중〕(모)ㄸ 〔속〕(중)ㅑ
條 〔중〕(모)ㄸ 〔속〕(중)ㅑ
挑 〔중〕(운)爻 (조)上 〔속〕(중)ㅑ
脁 〔속〕(중)ㅑ
庣 〔속〕(중)ㅑ
銚 〔중〕(모)ㄸ ㅇ 〔속〕(중)ㅑ
斨 〔속〕(중)ㅑ

上篠-土了
朓 〔속〕(중)ㅑ
窱 〔속〕(중)ㅑ
𦚾 〔속〕(중)ㅑ
挑 〔중〕(운)爻 (조)平 〔속〕(중)ㅑ

去嘯-他弔
糶 〔속〕(중)ㅑ
眺 〔속〕(중)ㅑ
覜 〔속〕(중)ㅑ
越 〔속〕(중)ㅑ
跳 〔중〕(모)ㄸ 〔속〕(중)ㅑ

定ㄸ[d]

平蕭-田聊
迢 〔속〕(중)ㅑ
跳 〔중〕(모)ㅌ 〔속〕(중)ㅑ
髫 〔속〕(중)ㅑ
韶 〔속〕(중)ㅑ
佻 〔속〕(중)ㅑ
調 〔중〕(운)尤 (조)去 〔속〕(중)ㅑ
儵 〔중〕(모)ㅌ 〔속〕(중)ㅑ
條 〔속〕(중)ㅑ
苕 〔속〕(중)ㅑ
芍 〔속〕(중)ㅑ
蜩 〔속〕(중)ㅑ
鰷 〔속〕(중)ㅑ
儵 〔속〕(중)ㅑ
岧 〔속〕(중)ㅑ

上篠-徒了
窕 〔속〕(중)ㅑ
掉 〔중〕(조)去 〔속〕(중)ㅑ
誂 〔중〕(모)ㅌ 〔속〕(중)ㅑ

去嘯-杜弔
調 〔중〕(운)尤 (조)平 〔속〕(중)ㅑ
掉 〔중〕(조)上 〔속〕(중)ㅑ
銚 〔중〕(모)ㅌ ㅇ 〔속〕(중)ㅑ
蓧 〔속〕(중)ㅑ
莜 〔속〕(중)ㅑ
藋 〔속〕(중)ㅑ

泥ㄴ[n]

上篠-尼了
裊 〔속〕(중)ㅑ
驤 〔속〕(중)ㅑ
裊 〔속〕(중)ㅑ
嫋 〔속〕(중)ㅑ
儇 〔속〕(중)ㅑ
嬈 〔중〕(모)△ 〔속〕(중)ㅑ
嬈 〔속〕(중)ㅑ
嬲 〔속〕(중)ㅑ

鳥 〔몽〕(모)ㄷ 〔운〕(모)ㄷ 〔속〕(중)ㅑ
蔦 〔중〕(모)ㄷ 〔몽〕(모)ㄷ 〔운〕(모)ㄷ
　　ㄲ[속](중)ㅑ

去嘯-奴弔
溺 〔중〕(운)陌 〔속〕(중)ㅑ
尿 〔속〕(중)ㅑ

幫ㅂ[p]

平蕭-卑遙
猋 〔속〕(중)ㅑ
飇 〔속〕(중)ㅑ
飄 〔중〕(모)ㅍ 〔몽〕(모)ㅃ (종)ㅁ 〔속〕(중)ㅑ
標 〔중〕(조)上 〔속〕(중)ㅑ
幖 〔속〕(중)ㅑ
杓 〔중〕(운)藥 〔속〕(중)ㅑ
熛 〔속〕(중)ㅑ
票 〔중〕(모)ㅍ ㅃ 〔속〕(중)ㅑ
摽 〔중〕(모)ㅃ 〔속〕(중)ㅑ
鑣 〔속〕(중)ㅑ
鏢 〔속〕(중)ㅑ
瀌 〔속〕(중)ㅑ
皫 〔중〕(운)爻 〔속〕(중)ㅑ
穮 〔속〕(중)ㅑ
薦 〔중〕(모)ㅃ 〔속〕(중)ㅑ
儦 〔속〕(중)ㅑ
臕 〔속〕(중)ㅑ
瘭 〔속〕(중)ㅑ

上篠-彼小
表 〔속〕(중)ㅑ
褾 〔속〕(중)ㅑ
標 〔중〕(조)平 〔속〕(중)ㅑ
嘌 〔속〕(중)ㅑ

去嘯-悲廟
俵 〔속〕(중)ㅑ

滂ㅍ[p']

平蕭-紕招

漂 〔중〕(조)去 〔속〕(중)ㅑ
縹 〔중〕(조)上 〔속〕(중)ㅑ
票 〔중〕(모)ㅂ ㅃ 〔속〕(중)ㅑ
飄 〔중〕(모)ㅃ 〔속〕(중)ㅑ
慓 〔속〕(중)ㅑ
僄 〔중〕(조)去 〔속〕(중)ㅑ
嘌 〔속〕(중)ㅑ

上篠-普沼
縹 〔중〕(조)平 〔속〕(중)ㅑ
醥 〔속〕(중)ㅑ
膘 〔속〕(중)ㅑ 〔금〕(모)ㅂ
瞟 〔속〕(중)ㅑ
鰾 〔몽〕(모)ㅃ 〔집〕(모)ㄱ (조)去
　　〔금〕(모)ㅃ (조)去

去嘯-匹妙
勡 〔속〕(중)ㅑ
剽 〔속〕(중)ㅑ
僄 〔중〕(조)平 〔속〕(중)ㅑ
漂 〔중〕(조)平 〔속〕(중)ㅑ
影 〔속〕(중)ㅑ
瞟 〔속〕(중)ㅑ

並ㅃ[b]

平蕭-毗招
瓢 〔속〕(중)ㅑ
薸 〔속〕(중)ㅑ
瓤 〔속〕(중)ㅑ

上篠-婢小
摽 〔중〕(모)ㅂ 〔속〕(중)ㅑ
藨 〔속〕(중)ㅑ
殍 〔속〕(중)ㅑ
莩 〔속〕(중)ㅑ
荽 〔속〕(중)ㅑ
莩 〔중〕(운)模 〔속〕(중)ㅑ
藨 〔중〕(모)ㅂ 〔운〕(모)ㅍ 〔속〕(중)ㅑ

去嘯-毗召
驃 〔속〕(중)ㅑ
票 〔몽〕(모)ㅂ ㅍ 〔속〕(중)ㅑ

嫖 〔속〕(중)ㅑ

明ㅁ[m]

平蕭-眉鑣
苗 〔속〕(중)ㅑ
描 〔속〕(중)ㅑ
貓 〔중〕(운)爻 〔속〕(중)ㅑ
緢 〔속〕(중)ㅑ

上篠-弭沼
眇 〔속〕(중)ㅑ
渺 〔속〕(중)ㅑ
緲 〔속〕(중)ㅑ
杪 〔속〕(중)ㅑ
淼 〔속〕(중)ㅑ
藐 〔중〕(운)藥 〔속〕(중)ㅑ
秒 〔속〕(중)ㅑ

去嘯-彌笑
妙 〔속〕(중)ㅑ
廟 〔속〕(중)ㅑ
庿 〔속〕(중)ㅑ

精ㅈ[ts]

平蕭-茲消
焦 〔속〕(중)ㅑ
蕉 〔중〕(조)去 〔속〕(중)ㅑ
鷦 〔속〕(중)ㅑ
蕉 〔속〕(중)ㅑ
膲 〔속〕(중)ㅑ
噍 〔중〕(모)ㅉ 〔속〕(중)ㅑ
鐎 〔속〕(중)ㅑ
僬 〔중〕(조)去 〔속〕(중)ㅑ
嶕 〔중〕(모)ㅉ 〔속〕(중)ㅑ
椒 〔속〕(중)ㅑ
礁 〔속〕(중)ㅑ
鷦 〔속〕(중)ㅑ
羶 〔속〕(중)ㅑ

上篠-子了
剿 〔속〕(중)ㅑ

剝 〔속〕(중)ㅑ
勦 〔중〕(운)爻 〔속〕(중)ㅑ
湫 〔중〕(운)尤 〔속〕(중)ㅑ

去嘯-子肖
醮 〔속〕(중)ㅑ
燋 〔중〕(조)平 〔속〕(중)ㅑ
僬 〔중〕(조)平 〔속〕(중)ㅑ
釂 〔속〕(중)ㅑ
爵 〔중〕(운)藥 〔속〕(중)ㅑ
爝 〔중〕(운)藥 〔속〕(중)ㅑ

清ㅊ[ts']

平蕭-此遙
鍫 〔속〕(중)ㅑ
幧 〔속〕(중)ㅑ
簁 〔중〕(운)尤 (조)去 〔속〕(중)ㅑ
東 〔속〕(중)ㅑ
鏒 〔속〕(중)ㅑ
秋 〔속〕(중)ㅑ

上篠-七小
悄 〔속〕(중)ㅑ
愀 〔속〕(중)ㅑ

去嘯-七肖
鞘 〔속〕(중)ㅑ
峭 〔속〕(중)ㅑ
硝 〔중〕(모)ㅅ 〔속〕(중)ㅑ
誚 〔중〕(운)尤 (조)平 〔속〕(중)ㅑ

從ㅉ[dz]

平蕭-慈消
樵 〔속〕(중)ㅑ
瞧 〔속〕(중)ㅑ
譙 〔중〕(조)去 〔속〕(중)ㅑ
嶕 〔중〕(모)ㅈ 〔속〕(중)ㅑ
憔 〔속〕(중)ㅑ
憔 〔속〕(중)ㅑ
蟭 〔속〕(중)ㅑ

顥 〔속〕(즁)ㅑ
癄 〔속〕(즁)ㅑ

去嘯-在笑
噍 〔즁〕(모)ㅈ〔속〕(즁)ㅑ
誚 〔속〕(즁)ㅑ
譙 〔즁〕(조)平〔속〕(즁)ㅑ

心ㅅ[s]

平蕭-先彫
蕭 〔속〕(즁)ㅑ
簫 〔속〕(즁)ㅑ
箾 〔즁〕(운)藥〔속〕(즁)ㅑ
彇 〔속〕(즁)ㅑ
瀟 〔속〕(즁)ㅑ
蠨 〔속〕(즁)ㅑ
驦 〔속〕(즁)ㅑ
熽 〔속〕(즁)ㅑ
宵 〔속〕(즁)ㅑ
霄 〔속〕(즁)ㅑ
消 〔속〕(즁)ㅑ
逍 〔속〕(즁)ㅑ
綃 〔속〕(즁)ㅑ
銷 〔속〕(즁)ㅑ
焇 〔속〕(즁)ㅑ
髇 〔속〕(즁)ㅑ
蛸 〔즁〕(운)ㅿ〔속〕(즁)ㅑ
捎 〔즁〕(운)ㅿ〔속〕(즁)ㅑ
哨 〔즁〕(모)ㅊ〔속〕(즁)ㅑ
硝 〔속〕(즁)ㅑ
痟 〔속〕(즁)ㅑ
鮹 〔속〕(즁)ㅑ

上篠-先了
篠 〔속〕(즁)ㅑ
謏 〔속〕(즁)ㅑ
小 〔속〕(즁)ㅑ

去嘯-蘇弔
嘯 〔속〕(즁)ㅑ
歗 〔속〕(즁)ㅑ
笑 〔속〕(즁)ㅑ

唉 〔속〕(즁)ㅑ
肖 〔속〕(즁)ㅑ
鞘 〔즁〕(운)ㅿ〔속〕(즁)ㅑ
鉊 〔속〕(즁)ㅑ

照ㅈ[tɕ]

平蕭-之遙
昭 〔즁〕(모)ㅆ〔속〕(즁)ㅑ
招 〔즁〕(모)ㄲ〔속〕(즁)ㅑ
釗 〔속〕(즁)ㅑ
朝 〔즁〕(모)ㅉ〔속〕(즁)ㅑ
鉊 〔속〕(즁)ㅑ

上篠-止少
沼 〔속〕(즁)ㅑ

去嘯-之笑
照 〔속〕(즁)ㅑ
炤 〔즁〕(운)藥〔속〕(즁)ㅑ
詔 〔속〕(즁)ㅑ
曌 〔속〕(즁)ㅑ

穿ㅊ[tɕ']

平蕭-蚩招
弨 〔속〕(즁)ㅑ
超 〔속〕(즁)ㅑ
怊 〔속〕(즁)ㅑ

上篠-尺沼
麨 〔속〕(즁)ㅑ
麵 〔속〕(즁)ㅑ
精 〔속〕(즁)ㅑ

牀ㅆ[dʑ]

平蕭-馳遙
潮 〔속〕(즁)ㅑ
鼂 〔속〕(즁)ㅑ
晁 〔속〕(즁)ㅑ

朝 〔중〕(모)ㅈ 〔속〕(중)ㅑ

上篠-直紹
　　趙 〔속〕(중)ㅑ
　　搠 〔속〕(중)ㅑ
　　肇 〔속〕(중)ㅑ
　　肇 〔속〕(중)ㅑ
　　姚 〔속〕(중)ㅑ
　　兆 〔속〕(중)ㅑ
　　朓 〔속〕(중)ㅑ

去嘯-直笑
　　召 〔중〕(모)ㅆ 〔속〕(중)ㅑ

審ㅅ[ɕ]

平蕭-尸昭
　　燒 〔중〕(조)去 〔속〕(중)ㅑ

上篠-始紹
　　少 〔중〕(조)去 〔속〕(중)ㅑ

去嘯-失照
　　少 〔중〕(조)上 〔속〕(중)ㅑ
　　燒 〔중〕(조)平 〔속〕(중)ㅑ

禪ㅅ[ʑ]

平蕭-時召
　　韶 〔속〕(중)ㅑ
　　磬 〔속〕(중)ㅑ
　　佋 〔중〕(조)上 〔속〕(중)ㅑ
　　昭 〔중〕(모)ㅈ 〔속〕(중)ㅑ

上篠-市沼
　　紹 〔속〕(중)ㅑ
　　佋 〔중〕(조)平 〔속〕(중)ㅑ

去嘯-實照
　　邵 〔속〕(중)ㅑ
　　召 〔중〕(모)ㅉ 〔속〕(중)ㅑ
　　邵 〔속〕(중)ㅑ

劭 〔중〕(모)ㄲ 〔속〕(중)ㅑ

影ㆆ[ʔ]

平蕭-伊堯
　　么 〔속〕(중)ㅑ
　　要 〔중〕(조)去 〔속〕(중)ㅑ
　　腰 〔속〕(중)ㅑ
　　葽 〔속〕(중)ㅑ
　　邀 〔속〕(중)ㅑ
　　喓 〔속〕(중)ㅑ
　　褑 〔속〕(중)ㅑ
　　妖 〔속〕(중)ㅑ
　　祆 〔속〕(중)ㅑ
　　祅 〔속〕(중)ㅑ
　　祅 〔속〕(중)ㅑ
　　訞 〔속〕(중)ㅑ
　　夭 〔중〕(운)巧 (조)上 〔속〕(중)ㅑ
　　殀 〔속〕(중)ㅑ

上篠-伊鳥
　　杳 〔속〕(중)ㅑ
　　窅 〔속〕(중)ㅑ
　　窈 〔속〕(중)ㅑ
　　窔 〔속〕(중)ㅑ
　　宎 〔속〕(중)ㅑ
　　宎 〔중〕(조)去 〔속〕(중)ㅑ
　　夭 〔중〕(운)巧 (조)平 〔속〕(중)ㅑ
　　殀 〔속〕(중)ㅑ
　　偠 〔속〕(중)ㅑ
　　嫇 〔속〕(중)ㅑ
　　騕 〔속〕(중)ㅑ
　　滐 〔몽〕(모)ㅇ 〔운〕(모)ㅇ 〔속〕(중)ㅑ
　　鷕 〔몽〕(모)ㅇ 〔운〕(모)ㅇ 〔속〕(중)ㅑ
　　舀 〔중〕(운)尤 〔몽〕(모)ㅇ 〔운〕(모)ㅇ 〔속〕(중)ㅑ
　　晶 〔몽〕(모)ㆅ 〔운〕(모)ㆅ 〔속〕(중)ㅑ 〔금〕(모)ㆅ
　　漡 〔몽〕(모)ㆅ 〔운〕(모)ㆅ 〔속〕(중)ㅑ

去嘯-一笑
　　要 〔중〕(조)平 〔속〕(중)ㅑ
　　約 〔중〕(운)藥 〔속〕(중)ㅑ
　　窔 〔중〕(조)上 〔속〕(중)ㅑ

突 [중](조)上 [속](중)ㅑ
宍 [중](조)上 [속](중)ㅑ

曉ㅎ[x]

平蕭-呼驕
　嚻 [중](운)ㅊ [속](중)ㅑ
　枵 [속](중)ㅑ
　薨 [속](중)ㅑ
　鴞 [몽](모)ㆁ [운](모)ㆁ [속](중)ㅑ
　獢 [속](중)ㅑ
　歊 [중](조)去 [속](중)ㅑ
　熇 [중](운)屋 藥 [속](중)ㅑ
　嘵 [속](중)ㅑ

上篠-馨杳
　曉 [속](중)ㅑ

去嘯-許照
　歊 [중](조)平 [속](중)ㅑ

喩ㅇ[j]

平蕭-餘招
　堯 [속](중)ㅑ
　僥 [중](모)ㄱ [속](중)ㅑ
　嶢 [속](중)ㅑ
　遙 [속](중)ㅑ
　徭 [속](중)ㅑ
　傜 [속](중)ㅑ
　瑤 [속](중)ㅑ
　搖 [속](중)ㅑ
　謠 [속](중)ㅑ
　繇 [중](운)尤 [속](중)ㅑ
　颻 [속](중)ㅑ
　蘨 [속](중)ㅑ
　窯 [속](중)ㅑ
　窰 [속](중)ㅑ
　窅 [속](중)ㅑ
　愮 [속](중)ㅑ
　嗂 [속](중)ㅑ
　猺 [속](중)ㅑ
　姚 [중](조)去 [속](중)ㅑ

珧 [속](중)ㅑ
銚 [중](모)ㅌㄸ [속](중)ㅑ
陶 [중](운)爻 [속](중)ㅑ
鸓 [속](중)ㅑ
軺 [속](중)ㅑ
轎 [속](중)ㅑ
褕 [중](운)魚 [속](중)ㅑ

去嘯-弋笑
　燿 [속](중)ㅑ
　耀 [속](중)ㅑ
　曜 [속](중)ㅑ
　鷂 [속](중)ㅑ
　姚 [중](조)平 [속](중)ㅑ

來ㄹ[l]

平蕭-連條
　聊 [속](중)ㅑ
　寮 [속](중)ㅑ
　僚 [중](조)上 [속](중)ㅑ
　繚 [중](조)上 [속](중)ㅑ
　璙 [중](조)去 [속](중)ㅑ
　嘹 [중](조)去 [속](중)ㅑ
　遼 [속](중)ㅑ
　鷯 [속](중)ㅑ
　鐐 [중](조)去 [속](중)ㅑ
　撩 [중](조)上 [속](중)ㅑ
　獠 [중](운)巧 [속](중)ㅑ
　豂 [중](운)巧 [속](중)ㅑ
　嫽 [중](조)去 [속](중)ㅑ
　瞭 [중](조)上 [속](중)ㅑ
　橑 [중](운)巧 [속](중)ㅑ
　膋 [속](중)ㅑ
　膫 [속](중)ㅑ
　寮 [속](중)ㅑ
　廖 [중](운)有 (조)去 [속](중)ㅑ
　漻 [속](중)ㅑ
　料 [중](조)去 [속](중)ㅑ
　尞 [속](중)ㅑ
　飉 [속](중)ㅑ

上篠-盧皎

了 〔속〕(중) ㅑ
繚 〔중〕(조)平 〔속〕(중) ㅑ
瞭 〔중〕(조)平 〔속〕(중) ㅑ
蓼 〔중〕(운)屋 〔속〕(중) ㅑ
嫽 〔속〕(중) ㅑ
僚 〔중〕(조)平 〔속〕(중) ㅑ
撩 〔중〕(조)平 〔속〕(중) ㅑ
燎 〔중〕(조)平 〔속〕(중) ㅑ
竂 〔속〕(중) ㅑ
簝 〔운〕(조)去 〔속〕(중) ㅑ

去嘯-力弔
料 〔중〕(조)平 〔속〕(중) ㅑ
竂 〔속〕(중) ㅑ
鐐 〔중〕(조)平 〔속〕(중) ㅑ
燎 〔중〕(조)上 〔속〕(중) ㅑ
獠 〔속〕(중) ㅑ
嘹 〔중〕(조)平 〔속〕(중) ㅑ
璙 〔중〕(조)平 〔속〕(중) ㅑ
嶚 〔중〕(조)平 〔속〕(중) ㅑ
療 〔속〕(중) ㅑ
瘵 〔속〕(중) ㅑ
廖 〔중〕(운)有 (조)平 〔속〕(중) ㅑ

日△[ɾ]

平蕭-如招
饒 〔중〕(조)去 〔속〕(중) ㅑ
橈 〔중〕(운)巧 〔속〕(중) ㅑ
嬈 〔중〕(모)ㄴ (조)上 〔속〕(중) ㅑ
蕘 〔속〕(중) ㅑ
蟯 〔속〕(중) ㅑ

上篠-爾紹
擾 〔속〕(중) ㅑ
嬈 〔중〕(모)ㄴ (조)平 〔속〕(중) ㅑ
繞 〔중〕(조)去 〔속〕(중) ㅑ
遶 〔속〕(중) ㅑ

去嘯-人要
繞 〔중〕(조)上 〔속〕(중) ㅑ
饒 〔중〕(조)平 〔속〕(중) ㅑ

14. 효교효(爻巧效)

중성 : （ㅏ） 見溪疑端透定泥幫竝明精清從心照穿牀審影曉匣來

     （ㅑ） 見溪疑影曉匣

종성 : ㅱ

성조 : 平 上 去

운모 : 爻 巧 效

주기 : 모든 글자의 중성은 몽고운에서는 모두 [ㅗ]와 같이 읽고 금속음에서는 혹은 [ㅗ] 혹은 [ㅓ]로 읽으므로 이에 각 글자의 다음에 모두 시음을 붙이었다.

특징 : 앞 장 소조소(蕭篠嘯)의 경우와 같이 종성에 [ㅱ]을 사용한 것이다. 해법은 앞 장 13 에서와 같다.

見ㄱ[k]

平爻-姑勞
　膏 〔중〕(조)去
　咎 〔중〕(운)有

上巧-古老
　皓 〔중〕(모)ㅎㅎ
　鎬 〔중〕(모)ㅎㅎ
　槀 〔중〕(모)ㅋ
　槁 〔중〕(모)ㅋ

去效-居號
　告 〔중〕(운)屋
　槀 〔중〕(조)平
　浩 〔중〕(모)ㅎㅎ

溪ㅋ[k']

上巧-苦浩
　槀 〔중〕(모)ㄱ
　薧 〔중〕(모)ㅎ

疑ㅇ[ŋ]

平爻-牛刀
　遨 〔속〕(모)ㅇ
　敖 〔중〕(조)去 〔속〕(모)ㅇ
　熬 〔속〕(모)ㅇ
　厫 〔속〕(모)ㅇ
　鰲 〔속〕(모)ㅇ
　鼇 〔속〕(모)ㅇ
　獒 〔속〕(모)ㅇ
　謷 〔속〕(모)ㅇ
　螯 〔속〕(모)ㅇ
　嗷 〔속〕(모)ㅇ
　翱 〔속〕(모)ㅇ
　鼇 〔몽〕(모)ㅇ (중)ㅑ 〔속〕(모)ㅇ

　獒 〔몽〕(모)ㅇ (중)ㅑ 〔속〕(모)ㅇ
　磝 〔몽〕(모)ㅇ (중)ㅑ 〔속〕(모)ㅇ
　囂 〔중〕(운)蕭〔몽〕(모)ㅇ (중)ㅑ 〔속〕(모)ㅇ

去效-魚到
　傲 〔속〕(모)ㅇ
　慠 〔속〕(모)ㅇ
　嫩 〔속〕(모)ㅇ
　敖 〔중〕(조)平 〔속〕(모)ㅇ
　驁 〔속〕(모)ㅇ
　鏊 〔속〕(종)ㅁ
　臭 〔속〕(모)ㅇ

端ㄷ[t]

平爻-都高
　裯 〔중〕(운)魚 蕭 尤

上巧-都皓
　倒 〔중〕(조)去
　禱 〔중〕(조)去

去效-都導
　倒 〔중〕(조)上
　禱 〔중〕(조)上

透ㅌ[t']

平爻-他刀
　洮 〔중〕(모)ㄸ
　挑 〔중〕(운)蕭

定ㄸ[d]

平爻-徒刀
　陶 〔중〕(운)蕭
　洮 〔중〕(모)ㅌ
　翻 〔중〕(조)去

上巧-杜皓
　道 〔중〕(조)去

衙〔중〕(조)去
橐〔중〕(조)去

去效-杜到
　導〔중〕(조)上
　翿〔중〕(조)平
　纛〔중〕(운)屋
　幬〔중〕(운)尤
　橐〔중〕(조)上

泥ㄴ[n]

平爻-奴刀
　臑〔중〕(조)去
　撓〔중〕(모)ㅎ　(조)上　去

上巧-女巧
　橈〔중〕(운)蕭　(조)去
　撓〔중〕(모)ㅎ　(조)平　去

去效-奴報
　臑〔중〕(조)平
　撓〔중〕(모)ㅎ　(조)平　上
　橈〔중〕(운)蕭　(조)上

幫ㅂ[p]

上巧-博浩
　堡〔금〕(중)ㅜ

去效-布恔
　爆〔중〕(운)藥
　爆〔중〕(운)藥

並ㅃ[b]

平爻-蒲交
　麃〔중〕(운)蕭
　鉋〔중〕(조)去

去效-蒲報

暴〔중〕(운)屋　藥
曝〔중〕(운)屋
瀑〔중〕(운)屋
鉋〔중〕(조)平

明ㅁ[m]

平爻-謨交
　貓〔중〕(운)蕭
　氂〔중〕(운)齊
　氂〔중〕(운)齊
　楙〔중〕(운)有

上巧-莫鮑
　茆〔중〕(운)尤

去效-眉敎
　兒〔중〕(운)藥
　瑁〔중〕(운)隊
　冒〔중〕(운)陌

精ㅈ[ʦ]

上巧-子皓
　繰〔중〕(모)ㅅ
　繰〔중〕(모)ㅅ

去效-則到
　懆〔중〕(모)ㅊ

清ㅊ[ʦ']

平爻-倉刀
　操〔중〕(조)去

上巧-采早
　懆〔중〕(모)ㅈ
　懆〔중〕(모)ㅅ

去效-七到
　操〔중〕(조)平

造 〔중〕(모)ㅉ

從 ㅉ[dz]

平爻-財勞
　　漕 〔중〕(조)去

上巧-在早
　　造 〔중〕(모)ㅊ

去效-在到
　　漕 〔중〕(조)平
　　鑿 〔중〕(운)藥

心 ㅅ[s]

平爻-蘇曹
　　繰 〔중〕(모)ㅊ
　　繰 〔중〕(모)ㅊ
　　慅 〔중〕(모)ㅊ

上巧-蘇老
　　掃 〔중〕(조)去
　　埽 〔중〕(조)去
　　燥 〔중〕(조)去

去效-先到
　　燥 〔중〕(조)上
　　埽 〔중〕(조)上
　　掃 〔중〕(조)上

照 ㅈ[tɕ]

平爻-陟交
　　嘲 〔몽〕(모)ㅈ (중)ㅑ
　　啁 〔중〕(운)尤 〔몽〕(모)ㅈ (중)ㅑ
　　翼 〔몽〕(모)ㅈ (중)ㅑ

上巧-側絞
　　獠 〔중〕(운)蕭 (모)ㄹ
　　獠 〔중〕(운)蕭 (모)ㄹ

去效-陟敎
　　抓 〔금〕(모)ㅈ (중)ㅘ

穿 ㅊ[tɕ']

平爻-楚交
　　鈔 〔중〕(조)去
　　抄 〔중〕(조)去

去效-勅敎
　　鈔 〔중〕(조)平
　　抄 〔중〕(조)平
　　趠 〔중〕(운)藥

牀 ㅉ[dz]

平爻-鋤交
　　剿 〔중〕(운)篠

審 ㅅ[ɕ]

平爻-所交
　　捎 〔중〕(운)蕭
　　鞘 〔중〕(운)嘯
　　蛸 〔중〕(운)蕭

上巧-山巧
　　稍 〔중〕(조)去

去效-所敎
　　稍 〔중〕(조)上

影 ㆆ[?]

上巧-於巧
　　媪 〔중〕(운)勿
　　夭 〔중〕(운)蕭
　　懊 〔중〕(조)去

去效-於敎
　　奧 〔중〕(운)屋
　　墺 〔중〕(운)屋
　　隩 〔중〕(운)屋
　　澳 〔중〕(운)屋
　　燠 〔중〕(운)屋
　　懊 〔중〕(조)上

曉ㅎ[x]

平爻-呼高
　　撓 〔중〕(모)ㄴ
　　薅 〔중〕(모)ㅋ

上巧-許皓
　　好 〔중〕(조)去

去效-虛到
　　好 〔중〕(조)上

匣ㆅ〔ɣ〕

平爻-胡刀
　　號 〔중〕(조)去

上巧-胡老
　　皓 〔중〕(모)ㄱ
　　皞 〔중〕(모)ㄱ
　　鄗 〔중〕(운)藥
　　浩 〔중〕(모)ㄱ

去效-胡到
　　號 〔중〕(조)平

來ㄹ[l]

平爻-郞刀
　　勞 〔중〕(조)去
　　嫪 〔중〕(조)去
　　轑 〔중〕(조)上

上巧-魯皓

獠 〔중〕(운)蕭 (모)ㅈ 〔몽〕(모)ㅈ
獠 〔중〕(운)蕭 (모)ㅈ 〔몽〕(모)ㅈ
燎 〔중〕(운)ㅈ
轑 〔중〕(조)平
潦 〔중〕(조)去

去效-郞到
　　勞 〔중〕(조)平
　　嫪 〔중〕(조)平
　　潦 〔중〕(조)上

[ㅑ]

見ㄱ[k]

平爻-居肴
　　敎 〔중〕(조)去
　　咬 〔중〕(모)ㆁ
　　嘐 〔중〕(모)ㆅ
　　茭 〔중〕(운)尤
　　茮 〔중〕(운)尤

上巧-古巧
　　鉸 〔중〕(조)去
　　笅 〔중〕(모)ㅎ

去效-居效
　　敎 〔중〕(조)平
　　覺 〔중〕(운)藥
　　校 〔중〕(모)ㆅ
　　較 〔중〕(운)藥
　　較 〔중〕(운)藥
　　鉸 〔중〕(조)上
　　窌 〔몽〕(모)ㅍ

溪ㅋ[k']

平爻-丘交
　　敲 〔중〕(조)去
　　磽 〔중〕(모)ㆁ (조)去
　　墝 〔중〕(모)ㆁ (조)去

髐 〔중〕(조)去

去效-口敎
敲 〔중〕(조)平
磽 〔중〕(모)ㆁ (조)平
墝 〔중〕(모)ㆁ (조)平
髐 〔중〕(조)平

疑ㆁ[ŋ]

上巧-五巧
齩 〔몽〕(모)ㅇ 〔속〕(모)ㅇ
咬 〔몽〕(모)ㅇ 〔속〕(모)ㅇ

去效-魚敎
墝 〔중〕(모)ㅋ
樂 〔몽〕(모)ㅇ
磽 〔중〕(모)ㅋ (조)平 〔몽〕(모)ㅇ

影ㆆ[ʔ]

平爻-於交
凹 〔중〕(운)마 合 〔금〕(모)ㆆ (중)ㅘ (조)上

上巧-於巧
抝 〔중〕(조)去

去效-於敎
抝 〔중〕(조)上

曉ㅎ[x]

平爻-虛交
烋 〔중〕(운)尤
嘮 〔중〕(모)ㅋ
嗃 〔중〕(운)藥 (조)去

去效-許敎
嗃 〔중〕(운)藥 (조)平

匣ㆅ[ɣ]

平爻-何交
笯 〔중〕(모)ㄱ

去效-胡敎
校 〔중〕(모)ㄱ

15. 가가개(歌哿箇)

중성 : (ㅓ) 見溪疑端透定泥精淸從心影曉匣來
　　　 (ㅕ) 見溪疑幫滂竝明從心影曉匣
　　주기 : 금속음에서는 모두 [ㅗ]음으로 발음한다. 모든 성모가 같다.
종성 : ø
성조 : 平 上 去
운모 : 歌 哿 箇

見ㄱ[k]

平歌-居何
珂 〔금〕(중)ㅓ
軻 〔금〕(중)ㅓ
哥 〔금〕(중)ㅓ
柯 〔금〕(중)ㅓ
謌 〔금〕(중)ㅓ
牁 〔금〕(중)ㅓ
馹 〔금〕(중)ㅓ
菏 〔중〕(모)ᅘ (조)上 〔금〕(중)ㅓ
渮 〔금〕(중)ㅓ

上哿-嘉我
哿 〔금〕(중)ㅓ
舸 〔금〕(중)ㅓ
菏 〔중〕(모)ᅘ (조)平 〔금〕(중)ㅓ

去箇-古荷
箇 〔금〕(중)ㅓ
個 〔금〕(중)ㅓ
个 〔금〕(중)ㅓ

溪ㅋ[k']

平歌-丘何
珂 〔금〕(중)ㅓ
軻 〔중〕(조)上 去 〔금〕(중)ㅓ

上哿-口我
可 〔금〕(중)ㅓ
軻 〔중〕(조)平 去 〔금〕(중)ㅓ
坷 〔중〕(조)去 〔금〕(중)ㅓ
岢 〔금〕(중)ㅓ

去箇-口介
軻 〔중〕(조)平 上 〔금〕(중)ㅓ
坷 〔중〕(조)上 〔금〕(중)ㅓ

疑ㅇ[ŋ]

平歌-牛何
莪 〔몽〕(중)ㅚ 〔속〕(모)ㅇ 〔금〕(중)ㅗ
哦 〔몽〕(중)ㅚ 〔속〕(모)ㅇ 〔금〕(중)ㅗ
娥 〔몽〕(중)ㅚ 〔속〕(모)ㅇ 〔금〕(중)ㅗ
俄 〔몽〕(중)ㅚ 〔속〕(모)ㅇ 〔금〕(중)ㅗ
峨 〔몽〕(중)ㅚ 〔속〕(모)ㅇ 〔금〕(중)ㅗ
蛾 〔몽〕(중)ㅚ 〔속〕(모)ㅇ 〔금〕(중)ㅗ
鵝 〔몽〕(중)ㅚ 〔속〕(모)ㅇ 〔금〕(중)ㅗ
睋 〔몽〕(중)ㅚ 〔속〕(모)ㅇ 〔금〕(중)ㅗ

上哿-五可
我 〔몽〕(중)ㅚ 〔속〕(모)ㅇ 〔금〕(중)ㅗ

去箇-五箇
餓 〔몽〕(중)ㅚ 〔속〕(모)ㅇ 〔금〕(중)ㅗ
臥 〔몽〕(중)ㅚ 〔속〕(모)ㅇ 〔금〕(중)ㅗ

端ㄷ[t]

平歌-得何
多 〔금〕(중)ㅗ
陊 〔금〕(중)ㅗ
梻 〔금〕(중)ㅗ

上哿-都大
觰 〔금〕(중)ㅗ
軃 〔금〕(중)ㅗ
朶 〔몽〕(중)ㅓ 〔운〕(중)ㅓ 〔금〕(중)ㅗ
揣 〔중〕(운)賄 〔몽〕(중)ㅓ 〔운〕(중)ㅓ
　〔금〕(중)ㅗ
捶 〔중〕(운)賄 〔몽〕(중)ㅓ 〔운〕(중)ㅓ
　〔금〕(중)ㅗ
敮 〔중〕(운)賄 〔몽〕(중)ㅓ 〔운〕(중)ㅓ
　〔금〕(중)ㅗ
椯 〔몽〕(중)ㅓ 〔운〕(중)ㅓ 〔금〕(중)ㅗ
埵 〔몽〕(중)ㅓ 〔운〕(중)ㅓ 〔금〕(중)ㅗ
鬌 〔중〕(운)灰 〔몽〕(중)ㅓ 〔운〕(중)ㅓ
　〔금〕(중)ㅗ
種 〔몽〕(중)ㅓ 〔운〕(중)ㅓ 〔금〕(중)ㅗ
綵 〔몽〕(중)ㅓ 〔운〕(중)ㅓ 〔금〕(중)ㅗ
腄 〔몽〕(중)ㅓ 〔운〕(중)ㅓ 〔금〕(중)ㅗ

躱 〔몽〕(중)더 〔운〕(중)더 〔금〕(중)ㄴ
趓 〔몽〕(중)더 〔운〕(중)더 〔금〕(중)ㄴ

去箇-丁佐
癉 〔금〕(중)ㄴ
剁 〔중〕(조)上 〔집〕(중)더 〔금〕(중)ㄴ
䤷 〔중〕(조)上 〔금〕(중)ㄴ

透ㅌ[t']

平歌-湯何
佗 〔중〕(모)ㄸ (조)去 〔속〕(중)ㅏ
他 〔중〕(모)ㄸ
詑 〔몽〕(중)ㅕ 〔운〕(중)ㅕ 〔금〕(중)ㄴ
扡 〔중〕(모)ㄸ (조)去 〔몽〕(중)ㅕ
　　〔운〕(중)ㅕ 〔금〕(중)ㄴ
拖 〔중〕(모)ㄸ (조)去 〔몽〕(중)ㅕ
　　〔운〕(중)ㅕ 〔금〕(중)ㄴ

上哿-吐火
妥 〔몽〕(중)ㅕ 〔운〕(중)ㅕ 〔금〕(중)ㄴ
鰖 〔몽〕(중)ㅕ 〔운〕(중)ㅕ 〔금〕(중)ㄴ
楕 〔몽〕(중)ㅕ 〔운〕(중)ㅕ 〔금〕(중)ㄴ
媠 〔몽〕(중)ㅕ 〔운〕(중)ㅕ 〔금〕(중)ㄴ
挼 〔몽〕(중)ㅕ 〔운〕(중)ㅕ 〔금〕(중)ㄴ
惰 〔중〕(모)ㄸ 〔몽〕(모)ㄸ (중)ㅕ
　　〔운〕(모)ㄸ (중)ㅕ 〔금〕(모)ㄸ (중)ㅕ ㄴ
墮 〔중〕(운)灰 〔몽〕(모)ㄸ (중)ㅕ
　　〔운〕(모)ㄸ (중)ㅕ 〔금〕(모)ㄸ (중)ㅕ ㄴ
隋 〔몽〕(모)ㄸ (중)ㅕ 〔운〕(모)ㄸ (중)ㅕ
　　〔금〕(모)ㄸ (중)ㅕ ㄴ
垜 〔몽〕(모)ㄸ (중)ㅕ 〔운〕(모)ㄸ (중)ㅕ
　　〔금〕(모)ㄸ (중)ㅕ ㄴ

去箇-吐臥
唾 〔금〕(중)ㄴ
湤 〔금〕(중)ㄴ
拖 〔중〕(모)ㄸ (조)平 〔금〕(중)ㄴ
扡 〔중〕(모)ㄸ (조)平 〔금〕(중)ㄴ
佗 〔중〕(모)ㄸ (조)平 〔금〕(중)ㄴ

定ㄸ[d]

平歌-唐何
駝 〔금〕(중)ㄴ
馲 〔금〕(중)ㄴ
䭴 〔금〕(중)ㄴ
駄 〔중〕(조)去 〔금〕(중)ㄴ
佗 〔중〕(모)ㅌ 〔금〕(중)ㄴ
紽 〔금〕(중)ㄴ
跎 〔금〕(중)ㄴ
跎 〔금〕(중)ㄴ
酡 〔금〕(중)ㄴ
鮀 〔금〕(중)ㄴ
沱 〔금〕(중)ㄴ
池 〔중〕(운)支 〔금〕(중)ㄴ
迤 〔중〕(운)紙 〔금〕(중)ㄴ
鼉 〔금〕(중)ㄴ
驒 〔금〕(중)ㄴ
陀 〔금〕(중)ㄴ
阤 〔금〕(중)ㄴ
他 〔중〕(모)ㅌ 〔금〕(중)ㄴ
碢 〔금〕(중)ㄴ

上哿-得可
扡 〔중〕(모)ㅌ 〔금〕(중)ㄴ
拖 〔중〕(모)ㅌ 〔금〕(중)ㄴ
柂 〔금〕(중)ㄴ
橢 〔금〕(중)ㄴ
舵 〔금〕(중)ㄴ
舿 〔금〕(중)ㄴ

去箇-杜臥
駄 〔중〕(조)平 〔금〕(중)ㄴ
大 〔중〕(운)泰 〔원〕(중)ㅏ 〔금〕(중)ㅏ (중)ㄴ
惰 〔몽〕(중)더 〔운〕(중)더 〔금〕(중)ㄴ
探 〔금〕(중)ㄴ

泥ㄴ[n]

平歌-奴何
那 〔중〕(조)上 去 〔속〕(중)ㅏ 〔금〕(중)ㅕ
儺 〔중〕(조)上 〔금〕(중)ㄴ
難 〔중〕(운)寒 〔금〕(중)ㄴ
挪 〔금〕(중)ㄴ

挼 〔중〕(운)灰 〔몽〕(중)ㅓ 〔운〕(중)ㅓ
　　ㅟ 〔금〕(중)ㅗ
按 〔중〕(운)灰 〔금〕(중)ㅗ

上智-奴可
　　那 〔중〕(조)平 去 〔속〕(중)ㅏ
　　娜 〔속〕(중)ㅏ 〔금〕(중)ㅗ
　　儺 〔금〕(중)ㅗ
　　袲 〔금〕(중)ㅗ
　　姼 〔금〕(중)ㅗ
　　橠 〔금〕(중)ㅗ

去箇-乃介
　　奈 〔중〕(운)泰 〔속〕(중)ㅏ 〔금〕(중)ㅐ
　　那 〔중〕(조)平 上 〔속〕(중)ㅏ 〔금〕(중)ㅏ
　　懦 〔몽〕(중)ㅓ 〔운〕(중)ㅓ 〔금〕(중)ㅗ
　　愞 〔중〕(운)翰 銑 〔운〕(중)ㅓ 〔금〕(중)ㅗ
　　稬 〔운〕(중)ㅓ 〔금〕(중)ㅗ
　　穤 〔운〕(중)ㅓ 〔금〕(중)ㅗ
　　糩 〔운〕(중)ㅓ ㅓ 〔금〕(중)ㅗ
　　糯 〔운〕(중)ㅓ 〔금〕(중)ㅗ

精ㅈ[ʦ]

上智-臧可
　　左 〔중〕(조)去 〔금〕(중)ㅗ

去箇-子賀
　　佐 〔금〕(중)ㅗ
　　左 〔중〕(조)上 〔금〕(중)ㅗ
　　作 〔중〕(운)暮 藥 〔금〕(중)ㅗ

清ㅊ[ʦ']

平歌-倉何
　　瑳 〔중〕(모)ㅉ 〔금〕(중)ㅗ
　　瑳 〔중〕(조)上 〔금〕(중)ㅗ
　　磋 〔중〕(모)ㅉ 〔금〕(중)ㅗ
　　嵯 〔중〕(운)支 〔운〕(모)ㅉ 〔금〕(중)ㅗ
　　搓 〔금〕(중)ㅗ

上智-千可

瑳 〔중〕(조)平 〔금〕(중)ㅗ

去箇-昨禾
　　鹾 〔중〕(모)ㅉ (중)ㅓ 〔금〕(중)ㅗ

從ㅉ[ʣ]

平歌-才何
　　醝 〔금〕(중)ㅗ
　　齹 〔금〕(중)ㅗ
　　瘥 〔중〕(운)泰
　　痤 〔금〕(중)ㅗ
　　酇 〔금〕(중)ㅗ
　　巀 〔중〕(운)寒 諫 〔금〕(중)ㅗ
　　籛 〔금〕(중)ㅗ

去箇-才臥
　　磋 〔중〕(모)ㅊ 〔몽〕(모)ㅊ (중)ㅕ
　　　　〔운〕(모)ㅊ 〔집〕(모)ㅊ 〔금〕(중)ㅗ
　　蹉 〔중〕(모)ㅊ 〔몽〕(모)ㅊ (중)ㅕ
　　　　〔운〕(모)ㅊ 〔집〕(모)ㅊ 〔금〕(중)ㅗ
　　剉 〔몽〕(모)ㅊ (중)ㅕ 〔운〕(중)ㅓ
　　　　〔집〕(모)ㅊ 〔금〕(중)ㅗ
　　莝 〔몽〕(모)ㅊ (중)ㅕ 〔운〕(중)ㅓ
　　　　〔집〕(모)ㅊ 〔금〕(모)ㅊ (중)ㅕ ㅗ
　　挫 〔몽〕(모)ㅈ (중)ㅕ 〔운〕(모)ㅈ (중)ㅓ
　　　　〔금〕(중)ㅗ
　　夎 〔중〕(운)麻 〔몽〕(모)ㅈ (중)ㅕ
　　　　〔운〕(모)ㅈ (중)ㅓ 〔금〕(중)ㅗ

心ㅅ[s]

平歌-桑何
　　娑 〔중〕(조)去 〔금〕(중)ㅗ
　　抄 〔금〕(중)ㅗ
　　莏 〔금〕(중)ㅗ
　　杪 〔중〕(운)麻 〔금〕(중)ㅗ
　　傞 〔금〕(중)ㅗ
　　犧 〔중〕(운)支 〔금〕(중)ㅗ
　　獻 〔중〕(운)霰 〔금〕(중)ㅗ
　　鈔 〔금〕(중)ㅗ
　　莎 〔몽〕(중)ㅓ 〔운〕(중)ㅓ 〔금〕(중)ㅗ

蓑 〔몽〕(중)ㅓ 〔운〕(중)ㅓ 〔금〕(중)ㅗ
梭 〔몽〕(중)ㅓ 〔운〕(중)ㅓ 〔금〕(중)ㅗ
唆 〔중〕(운)마 〔몽〕(중)ㅓ 〔운〕(중)ㅓ
　　〔금〕(중)ㅗ

去箇-蘇箇
　　些 〔중〕(운)遮 〔금〕(중)ㅗ
　　娑 〔중〕(조)平 〔금〕(중)ㅗ

影ㆆ[ʔ]

平歌-於何
　　阿 〔속〕(중)ㅏ
　　痾 〔금〕(중)ㅗ
　　疴 〔금〕(중)ㅗ
　　屙 〔금〕(중)ㅗ

上哿-烏可
　　娿 〔금〕(중)ㅗ
　　妸 〔금〕(중)ㅗ
　　襄 〔금〕(중)ㅗ
　　旃 〔금〕(중)ㅗ
　　猗 〔중〕(운)支 〔금〕(중)ㅗ
　　檹 〔금〕(중)ㅗ

曉ㅎ[x]

平歌-虎何
　　訶 〔금〕(중)ㅓ
　　呵 〔중〕(조)去 〔금〕(중)ㅓ

上哿-許我
　　訶 〔금〕(중)ㅓ

去箇-呼介
　　呵 〔중〕(조)平 〔금〕(중)ㅓ
　　蔄 〔금〕(중)ㅓ

匣ㆅ[ɣ]

平歌-寒歌

何 〔금〕(중)ㅕ
荷 〔중〕(조)上 去 〔금〕(중)ㅕ
河 〔금〕(중)ㅕ
苛 〔금〕(중)ㅕ
菏 〔중〕(모)ㄱ 〔금〕(중)ㅕ
蚵 〔금〕(중)ㅕ

上哿-下可
　　荷 〔중〕(조)平 去 〔금〕(중)ㅕ

去箇-胡臥
　　賀 〔금〕(중)ㅕ
　　襎 〔금〕(중)ㅕ
　　荷 〔중〕(조)平 上 〔몽〕(중)ㅕ 〔운〕(중)ㅓ
　　　　〔금〕(중)ㅕ (중)ㅗ
　　和 〔중〕(중)ㅓ 〔몽〕(중)ㅕ 〔운〕(중)ㅓ

來ㄹ[l]

平歌-郞何
　　羅 〔금〕(중)ㅗ
　　蘆 〔중〕(운)魚 模 〔금〕(중)ㅗ
　　蘿 〔금〕(중)ㅗ
　　籮 〔금〕(중)ㅗ
　　玀 〔금〕(중)ㅗ
　　儸 〔금〕(중)ㅗ
　　囉 〔금〕(중)ㅗ
　　欏 〔금〕(중)ㅗ
　　攞 〔금〕(중)ㅗ
　　灑 〔금〕(중)ㅗ
　　贏 〔몽〕(중)ㅓ 〔운〕(중)ㅓ 〔금〕(중)ㅗ
　　驘 〔몽〕(중)ㅓ 〔운〕(중)ㅓ 〔금〕(중)ㅗ
　　穊 〔몽〕(중)ㅓ 〔운〕(중)ㅓ 〔금〕(중)ㅗ
　　鑼 〔몽〕(중)ㅓ 〔운〕(중)ㅓ 〔금〕(중)ㅗ
　　贏 〔중〕(조)上 〔몽〕(중)ㅓ 〔운〕(중)ㅓ
　　　　〔금〕(중)ㅗ
　　螺 〔몽〕(중)ㅓ 〔운〕(중)ㅓ 〔금〕(중)ㅗ
　　蠡 〔중〕(운)齊 (조)上 〔몽〕(중)ㅓ 〔운〕(중)ㅓ
　　　　〔금〕(중)ㅗ
　　覼 〔몽〕(중)ㅓ 〔운〕(중)ㅓ 〔금〕(중)ㅗ
　　覶 〔몽〕(중)ㅓ 〔운〕(중)ㅓ 〔금〕(중)ㅗ

上哿-魯果

邏 〔금〕(중)ㅗ
裸 〔몽〕(중)ㅓ 〔운〕(중)ㅓ 〔금〕(중)ㅗ
蠃 〔몽〕(중)ㅓ 〔운〕(중)ㅓ 〔금〕(중)ㅗ
躶 〔몽〕(중)ㅓ 〔운〕(중)ㅓ 〔금〕(중)ㅗ
臝 〔몽〕(중)ㅓ 〔운〕(중)ㅓ 〔금〕(중)ㅗ
倮 〔중〕(운)馬 〔몽〕(중)ㅓ 〔운〕(중)ㅓ
　　ㄲ금〕(중)ㅗ
嬴 〔중〕(조)平 〔몽〕(중)ㅓ 〔운〕(중)ㅓ
　　〔금〕(중)ㅗ
蠡 〔중〕(운)齊 (조)平 〔몽〕(중)ㅓ
　　〔운〕(중)ㅓ 〔금〕(중)ㅗ
瘰 〔몽〕(중)ㅓ 〔운〕(중)ㅓ 〔금〕(중)ㅗ
癵 〔몽〕(중)ㅓ 〔운〕(중)ㅓ 〔금〕(중)ㅗ
蓏 〔몽〕(중)ㅓ 〔운〕(중)ㅓ 〔금〕(중)ㅗ

去箇-郎佐
邏 〔중〕(조)上 〔금〕(중)ㅗ
攞 〔몽〕(중)ㅓ 〔운〕(중)ㅓ 〔금〕(중)ㅗ

[ㅓ]

見ㄱ[k]

平歌-古禾
戈 〔금〕(중)ㅗ
過 〔금〕(중)ㅗ
過 〔중〕(조)去 〔금〕(중)ㅗ
騧 〔중〕(운)麻 〔금〕(중)ㅗ
鍋 〔금〕(중)ㅗ
堝 〔금〕(중)ㅗ

上哿-古火
果 〔금〕(중)ㅗ
菓 〔금〕(중)ㅗ
裹 〔중〕(조)去 〔금〕(중)ㅗ

去箇-古臥
過 〔중〕(조)平 〔금〕(중)ㅗ
鍋 〔금〕(중)ㅗ
裹 〔중〕(조)上 〔금〕(중)ㅗ

溪ㅋ[k']

平歌-苦禾
科 〔금〕(중)ㅗ
蝌 〔금〕(중)ㅗ
窠 〔금〕(모)ㅎ (중)ㅗ
薖 〔금〕(중)ㅗ
䯌 〔중〕(운)旱 〔금〕(중)ㅗ
稞 〔금〕(중)ㅗ

上哿-苦果
顆 〔금〕(중)ㅗ

去箇-苦臥
課 〔금〕(중)ㅗ
騍 〔금〕(중)ㅗ

疑ㅇ[ŋ]

平歌-吾禾
訛 〔몽〕(중)ㅓ 〔속〕(모)ㅇ (중)ㅓ 〔금〕(중)ㅗ
吪 〔몽〕(중)ㅓ 〔속〕(모)ㅇ (중)ㅓ 〔금〕(중)ㅗ
譌 〔몽〕(중)ㅓ 〔속〕(모)ㅇ (중)ㅓ 〔금〕(중)ㅗ
囮 〔중〕(운)尤 〔몽〕(중)ㅓ 〔속〕(모)ㅇ (중)ㅓ
　　〔금〕(중)ㅗ

上哿-五果
妸 〔몽〕(중)ㅓ 〔집〕(모)ㄴ 〔속〕(모)ㅇ (중)ㅓ
　　〔금〕(중)ㅗ

幫ㅂ[p]

平歌-補禾
波 〔금〕(중)ㅗ
番 〔중〕(운)寒 刪 〔금〕(중)ㅗ
嶓 〔금〕(중)ㅗ
碆 〔금〕(중)ㅗ
磻 〔중〕(운)寒 〔금〕(중)ㅗ
菠 〔금〕(중)ㅗ

上哿-補火
跛 〔중〕(운)置 〔금〕(중)ㅗ

簸 〔중〕(조)去 〔금〕(중)ㅗ
蚾 〔금〕(중)ㅗ

去箇-補過
播 〔금〕(중)ㅗ
簸 〔중〕(조)上 〔금〕(중)ㅗ

滂ㅍ[p']

平歌-普禾
頗 〔중〕(조)上 〔금〕(중)ㅗ
陂 〔중〕(운)支 〔금〕(중)ㅗ
坡 〔금〕(중)ㅗ
玻 〔금〕(중)ㅗ

上哿-普火
頗 〔중〕(조)平 〔금〕(중)ㅗ
叵 〔금〕(중)ㅗ

去箇-普過
破 〔금〕(중)ㅗ

竝ㅃ[b]

平歌-蒲禾
婆 〔금〕(중)ㅗ
鄱 〔금〕(중)ㅗ
皤 〔금〕(중)ㅗ
櫇 〔금〕(중)ㅗ

去箇-步臥
啵 〔금〕(중)ㅗ

明ㅁ[m]

平歌-眉波
摩 〔몽〕(중)ㅓ 〔금〕(중)ㅗ
攠 〔몽〕(중)ㅓ 〔금〕(중)ㅗ
磨 〔중〕(조)去 〔몽〕(중)ㅓ 〔금〕(중)ㅗ
麼 〔중〕(조)上 〔몽〕(중)ㅓ 〔속〕(중)ㅏ 〔금〕(중)ㅗ
魔 〔몽〕(중)ㅓ 〔금〕(중)ㅗ

劘 〔몽〕(중)ㅓ 〔금〕(중)ㅗ
饍 〔몽〕(중)ㅓ 〔금〕(중)ㅗ

上哿-忙果
麽 〔중〕(조)平 〔몽〕(중)ㅓ 〔금〕(중)ㅗ

去箇-莫臥
磨 〔중〕(조)平 〔몽〕(중)ㅓ 〔금〕(중)ㅗ
蘑 〔중〕(운)灰 〔몽〕(중)ㅓ 〔금〕(중)ㅗ

從ㅉ[ʣ]

平歌-徂火
矬 〔금〕(중)ㅗ
銼 〔중〕(모)ㅊ (중)ㅓ 〔금〕(중)ㅗ

上哿-徂果
坐 〔중〕(조)去 〔금〕(중)ㅗ
脞 〔몽〕(모)ㅊ (중)ㅕ 〔운〕(모)ㅊ (중)ㅓ 〔금〕(중)ㅗ

去箇-徂臥
坐 〔중〕(조)上 〔금〕(중)ㅗ
座 〔금〕(중)ㅗ

心ㅅ[s]

上哿-蘇果
鎖 〔금〕(중)ㅗ
鏁 〔금〕(중)ㅗ
瑣 〔금〕(중)ㅗ
璅 〔금〕(중)ㅗ

影ㆆ[ʔ]

平歌-烏禾
渦 〔금〕(중)ㅗ
踒 〔금〕(중)ㅗ
窩 〔금〕(중)ㅗ
倭 〔금〕(중)ㅗ
猧 〔금〕(중)ㅗ
萵 〔금〕(중)ㅗ

上哿-烏果
　　媒〔금〕(중)ㅗ

去箇-烏臥
　　浼〔금〕(중)ㅗ
　　汚〔중〕(운)模〔금〕(중)ㅗ

曉ㅎ[x]

上哿-虎果
　　火〔금〕(중)ㅗ

去箇-呼臥
　　貨〔금〕(중)ㅗ

匣ㅎㅎ[ɣ]

平歌-戶戈
　　和〔중〕(중)ㅓ〔금〕(중)ㅗ
　　龢〔금〕(중)ㅗ
　　鉌〔금〕(중)ㅗ
　　禾〔금〕(중)ㅗ

上哿-胡果
　　禍〔금〕(중)ㅗ
　　襠〔금〕(중)ㅗ
　　瞷〔금〕(중)ㅗ
　　輠〔금〕(중)ㅗ
　　蜾〔금〕(중)ㅗ
　　夥〔중〕(운)解〔금〕(중)ㅗ

去箇-許箇
　　囮〔금〕(중)ㅗ
　　愢〔금〕(중)ㅗ

16. 마마마(麻馬禡)

중성 : (ㅏ) 端泥幇竝明照穿牀審
　　　 (ㅑ) 見溪群疑影曉匣
　　　 (ㅘ) 見溪疑審影曉匣
종성 : ø
성조 : 平 上 去
운모 : 麻 馬 禡

[ㅏ]

端ㄷ[t]

上馬-都瓦
　　打 [중](운)梗

泥ㄴ[n]

平庥-女加
　　拏 [중](운)魚
　　挐 [중](운)魚

幫ㅂ[p]

去禡-必駕
　　覇 [중](운)陌
　　杷 [중](모)ㅃ [금](조)上

並ㅃ[b]

平庥-蒲巴
　　杷 [중](모)ㅂ (조)去

去禡-皮駕
　　罷 [중](운)支 解
　　杷 [중](모)ㅂ (조)平

明ㅁ[m]

平庥-謨加
　　麻 [중](운)侵

照ㅈ[tɕ]

平庥-莊加
　　樝 [중](모)ㅈ

上馬-側下
　　苴 [중](운)魚 (모)ㅉ

去禡-側駕
　　蚱 [중](운)陌
　　蔗 [중](운)箇

穿ㅊ[tɕ']

平庥-初加
　　叉 [중](운)皆
　　差 [중](운)支 皆 (조)去
　　釵 [중](운)皆

上馬-齒下
　　姹 [중](조)去
　　妊 [중](조)去

去禡-丑亞
　　差 [중](운)支 皆 (조)平
　　衩 [중](운)皆
　　咤 [몽](모)ㅈ [운](모)ㅈ
　　吒 [몽](모)ㅈ [운](모)ㅈ
　　姹 [중](조)上 [몽](모)ㅈ [운](모)ㅈ
　　妊 [중](조)上 [몽](모)ㅈ [운](모)ㅈ
　　詫 [몽](모)ㅈ [운](모)ㅈ

牀ㅉ[dʑ]

平庥-鋤加
　　樝 [중](모)ㅈ
　　苴 [중](운)魚 (모)ㅈ
　　涂 [중](운)模

去禡-助駕
　　蜡 [중](운)御

審ㅅ[ɕ]

平庥-師加

柴 〔중〕(운)歌
莎 〔중〕(운)歌

上馬-沙下
灑 〔중〕(운)解
洒 〔중〕(운)薺 解 賄

去禡-所嫁
嗄 〔중〕(운)泰
廈 〔중〕(모)ㅎㅎ (중)ㅑ

[ㅑ]

見ㄱ[k]

平麻-居牙
佳 〔몽〕(중)ㅐ
茄 〔몽〕(운)遮
迦 〔몽〕(중)ㅕ 〔집〕(중)ㅑ
瘕 〔중〕(모)ㅎㅎ (중)ㅑ

上馬-擧下
賈 〔중〕(운)姥
仮 〔중〕(운)陌 (조)去

去禡-居亞
假 〔중〕(운)陌 (조)上

溪ㅋ[k']

平麻-丘加
呿 〔몽〕(중)ㅕ

群ㄲ[g]

平麻-具牙
伽 〔몽〕(중)ㅕ 〔운〕(중)ㅕ 〔금〕(중)ㅕ

疑ㆁ[ŋ]

平麻-牛加
牙 〔몽〕(모)ㆁ 〔속〕(모)ㆁ
芽 〔몽〕(모)ㆁ 〔속〕(모)ㆁ
衙 〔몽〕(모)ㆁ 〔속〕(모)ㆁ
涯 〔중〕(운)支 皆 〔몽〕(모)ㆁ 〔속〕(모)ㆁ
厓 〔중〕(운)支 皆 〔몽〕(모)ㆁ 〔속〕(모)ㆁ
崖 〔중〕(운)支 皆 〔몽〕(모)ㆁ 〔속〕(모)ㆁ

上馬-語下
雅 〔몽〕(모)ㆁ 〔속〕(모)ㆁ
疋 〔중〕(운)魚 質 〔몽〕(모)ㆁ 〔속〕(모)ㆁ

去禡-五駕
訝 〔몽〕(모)ㆁ 〔속〕(모)ㆁ
迓 〔몽〕(모)ㆁ 〔속〕(모)ㆁ
砑 〔몽〕(모)ㆁ 〔속〕(모)ㆁ

影ㆆ[ʔ]

上馬-倚下
啞 〔중〕(운)陌

曉ㅎ[x]

去禡-虛訝
嚇 〔중〕(운)陌

匣ㆅ[ɣ]

平麻-何加
瘕 〔중〕(모)ㄱ

上馬-亥雅
下 〔중〕(조)去
夏 〔중〕(조)去
廈 〔중〕(모)ㅅ (중)ㅑ

去禡-胡駕
下 〔중〕(조)上

夏 〔중〕(조)上

[ㅘ]

見ㄱ[k]

平麻-古華
    媧 〔몽〕(중)ㅐ 〔운〕(중)ㅐ 〔고〕(중)ㅐ
    蝸 〔몽〕(중)ㅐ 〔운〕(중)ㅐ 〔고〕(중)ㅐ
        〔속〕(모)ㅇ
    騧 〔몽〕(중)ㅐ 〔운〕(중)ㅐ 〔고〕(중)ㅐ
    騧 〔몽〕(중)ㅐ 〔운〕(중)ㅐ 〔고〕(중)ㅐ
    緺 〔몽〕(중)ㅐ 〔운〕(중)ㅐ 〔고〕(중)ㅐ
    瘑 〔중〕(운)歌 〔몽〕(중)ㅐ 〔운〕(중)ㅐ
        〔고〕(중)ㅐ

上馬-古瓦
    寡 〔고〕(중)ㅐ

去禡-古畫
    卦 〔고〕(중)ㅐ
    掛 〔고〕(중)ㅐ
    挂 〔고〕(중)ㅐ
    絓 〔고〕(중)ㅐ
    罣 〔고〕(중)ㅐ
    詿 〔고〕(중)ㅐ

溪ㅋ[k']

平麻-枯瓜
    夸 〔중〕(조)上

上馬-苦瓦
    夸 〔중〕(조)平

去禡-苦化
    胯 〔중〕(운)暮

疑ㅇ[ŋ]

上馬-五寡
    瓦 〔속〕(모)ㅇ

去禡-五呉
    亙 〔속〕(모)ㅇ
    凹 〔중〕(운)ㅊ 合 〔속〕(모)ㅇ

審ㅅ[ɕ]

去禡-數化
    唆 〔중〕(운)歌

影ㆆ[ʔ]

平麻-烏瓜
    汙 〔중〕(운)模
    洼 〔몽〕(중)ㅐ
    哇 〔몽〕(중)ㅐ
    喎 〔몽〕(중)ㅐ
    娃 〔몽〕(중)ㅐ
    蛙 〔몽〕(중)ㅐ
    鼃 〔몽〕(중)ㅐ

曉ㅎ[x]

平麻-呼瓜
    華 〔중〕(모)ㆅ

匣ㆅ[ɣ]

平麻-胡瓜
    華 〔중〕(모)ㅎ (조)去
    譁 〔몽〕(모)ㅎ (중)ㅚ

上馬-戶瓦
    踝 〔금〕(모)ㄱ (중)ㅗㅓ
    倮 〔중〕(운)가

去禡-胡挂
    華 〔중〕(모)ㅎ

樗 〔중〕(운)魚
攄 〔중〕(운)陌
畵 〔몽〕(중)ᄾᅢ 〔운〕(중)ᄾᅢ
畫 〔중〕(운)陌 〔몽〕(중)ᄾᅢ 〔운〕(중)ᄾᅢ
話 〔몽〕(중)ᄾᅢ 〔운〕(중)ᄾᅢ

17. 차자자(遮者蔗)

중성 : (ㅕ) 群明精淸從心邪照穿審禪喩日
　　　　(ㅖ) 群曉來
종성 : ø
성조 : 平 上 去
운모 : 遮 者 蔗

[ㅕ]

群ㄲ[g]

平遮-具遮
  茄 〔중〕(운)麻

明ㅁ[m]

平遮-母野
  乜 〔중〕(조)上

精ㅈ[ʦ]

去蔗-子夜
  唶 〔중〕(운)陌

清ㅊ[ʦ']

上者-七野
  且 〔중〕(운)魚

從ㅉ[dz]

上者-才野
  灺 〔몽〕(모)ㅆ 〔운〕(모)ㅆ

心ㅅ[s]

平遮-思遮
  些 〔중〕(운)箇

上者-先野
  瀉 〔중〕(조)去

去蔗-司夜
  瀉 〔중〕(조)上

邪ㅆ[z]

平遮-徐嗟
  邪 〔중〕(모)○
  斜 〔중〕(모)○

去蔗-詞夜
  藉 〔중〕(운)陌 〔몽〕(모)ㅉ 〔운〕(모)ㆅ
    〔고〕(모)ㆅ

照ㅈ[tɕ]

上者-止夜
  者 〔금〕(조)去

去蔗-之夜
  炙 〔중〕(운)陌
  這 〔중〕(운)陌

穿ㅊ[tɕ']

平遮-昌遮
  車 〔중〕(운)魚

審ㅅ[ɕ]

平遮-詩遮
  畬 〔중〕(운)魚

禪ㅆ[ʑ]

平遮-石遮
  闍 〔중〕(운)模
  蛇 〔중〕(운)支 〔몽〕(모)ㅉ 〔집〕(모)ㅉ

去蔗-神夜
  射 〔중〕(운)陌 (모)○
  躭 〔중〕(운)陌
  貰 〔중〕(운)置

喩ㅇ[j]

平遮-于遮
　　邪〔중〕(모)ㅆ
　　斜〔중〕(모)ㅆ

去蔗-寅射
　　射〔중〕(운)陌 (모)ㅆ

日△[ɻ]

上者-爾者
　　若〔중〕(운)藥

[ㅖ]

來ㄹ[l]

平遮-郎才
　　倈〔중〕(운)皆

18. 양양양약(陽養漾藥)

중성 : (ㅏ) 見溪疑端透定泥幇滂竝明非奉微精淸從心照穿牀審禪影曉匣來

　　　　(ㅑ) 見溪群精淸從心照穿牀審禪影曉匣喩來日

　　　　　주기 : 금속음의 입성에서는 모두 [ㅛ]와 같이 발음한다.

　　　　(ㅘ) 見溪群照牀影曉匣喩

　　　　　주기 : 입성은 금속음에서 모두 [ㅗ]로 발음한다.

종성 : 平上去: ㆁ , 入: ㅸ

성조 : 平 上 去 入

운모 : 陽 養 漾 藥

특징 : <한고>에 의하면 약운(藥韻) 입성이 중고음에서는 [yak], 근대음에서는 [iau]로,
　　　　[ㅗ]로 바뀌었다고 하는 예자는 [iɔ]로 바뀌었다.

[ㅏ]

見ㄱ[k]

平陽-居郎
　　亢 〔중〕(모)ㅋ
　　扛 〔몽〕(중)ㅑ 〔운〕(중)ㅑ
　　杠 〔몽〕(중)ㅑ 〔운〕(중)ㅑ
　　釭 〔중〕(운)東 〔몽〕(중)ㅑ 〔운〕(중)ㅑ
　　矼 〔몽〕(중)ㅑ 〔운〕(중)ㅑ
　　缸 〔몽〕(모)ㅎㅎ (중)ㅑ 〔운〕(모)ㅎㅎ (중)ㅑ
　　　　〔금〕(모)ㅎㅎ
　　项 〔몽〕(모)ㅎㅎ (중)ㅑ 〔운〕(모)ㅎㅎ (중)ㅑ
　　瓨 〔몽〕(모)ㅎㅎ (중)ㅑ 〔운〕(모)ㅎㅎ (중)ㅑ

入藥-葛鶴
　　各 〔몽〕(종)ㅁ 〔금〕(중)ㅓ (종)ㅇ
　　格 〔중〕(운)陌

溪ㅋ[k']

去漾-口浪
　　亢 〔중〕(모)ㄱ

疑ㅇ[ŋ]

上養-魚兩
　　仰 〔몽〕(모)ㅇ (중)ㅑ 〔운〕(모)ㅇ (중)ㅑ
　　　　〔속〕(모)ㅇ (중)ㅑ

去漾-魚向
　　仰 〔몽〕(모)ㅇ (중)ㅑ 〔운〕(모)ㅇ (중)ㅑ
　　釀 〔몽〕(모)ㅇ (중)ㅑ 〔운〕(모)ㅇ (중)ㅑ 〔금〕(모)ㅇ (중)ㅑ

端ㄷ[t]

平陽-都郎
　　當 〔중〕(조)去

鐺 〔중〕(운)庚

上養-多曩
　　讜 〔중〕(조)去

去漾-丁浪
　　當 〔중〕(조)平
　　讜 〔중〕(조)上

透ㅌ[t']

平陽-他郎
　　湯 〔중〕(모)ㅅ (중)ㅑ

上養-他曩
　　儻 〔중〕(조)去
　　趟 〔중〕(모)ㄸ 〔금〕(조)去

去漾-他浪
　　儻 〔중〕(조)上
　　盪 〔중〕(모)ㄸ
　　湯 〔중〕(모)ㅅ (중)ㅑ

入藥-他各
　　拓 〔중〕(운)陌
　　魄 〔중〕(운)陌 (모)ㅃ
　　跅 〔중〕(운)陌

定ㄸ[d]

平陽-徒郎
　　碭 〔중〕(조)上 去

上養-徒黨
　　蕩 〔중〕(조)去
　　愓 〔중〕(조)去
　　盪 〔중〕(모)ㅋ (조)去
　　碭 〔중〕(조)平 去

去漾-徒浪
　　碭 〔중〕(조)平 上
　　踼 〔중〕(모)ㅌ

惕 〔중〕(조)上
蕩 〔중〕(조)上
盪 〔중〕(모)ㅌ (조)上

入藥-達各
度 〔중〕(운)暮

泥ㄴ[n]

平陽-奴當
曩 〔중〕(모)△ (중)ㅑ

上養-乃黨
瀁 〔중〕(모)△ (중)ㅑ

入藥-奴各
搦 〔중〕(운)陌 〔몽〕(중)ㅘ (종)ㅇ

幇ㅂ[p]

平陽-搏旁
彭 〔중〕(운)庚 (모)ㅃ
搒 〔중〕(운)敬 (조)去

上養-補曩
榜 〔중〕(운)庚

去漾-補曠
搒 〔중〕(운)敬 (조)平

入藥-伯各
薄 〔중〕(모)ㅍ ㅃ
膊 〔중〕(모)ㅍ
爆 〔중〕(운)效
爆 〔중〕(운)效
襮 〔중〕(운)屋
剝 〔중〕(운)屋

滂ㅍ[p']

平陽-普郎

旁 〔중〕(운)庚 (모)ㅃ

入藥-匹各
濼 〔중〕(운)屋 (모)ㄹ (종)ㅇ
薄 〔중〕(모)ㅂ ㅃ
髆 〔중〕(모)ㅂ
樸 〔중〕(운)屋

竝ㅃ[b]

平陽-蒲光
旁 〔중〕(운)庚 (모)ㅍ
傍 〔중〕(운)庚 (조)去
房 〔중〕(모)ㅹ
彷 〔중〕(운)庚 (모)ㅂ
龐 〔중〕(운)東

去漾-蒲浪
彷 〔중〕(운)庚 (조)平

入藥-弼角
汋 〔중〕(모)ㅈ (중)ㅑ
撲 〔중〕(운)屋
暴 〔중〕(운)屋 效
薄 〔중〕(모)ㅂ ㅍ
簿 〔중〕(운)模
魄 〔중〕(운)陌 (모)ㅌ (종)ㅇ

明ㅁ[m]

平陽-謨郎
硭 〔중〕(모)ㅇ

上養-母黨
莽 〔중〕(운)모 有
孟 〔중〕(운)敬

入藥-末各
莫 〔중〕(운)陌
膜 〔중〕(운)模
摸 〔중〕(운)模
藐 〔중〕(운)篠

貌 〔중〕(운)效
兒 〔중〕(운)效

非ᄫ[f]

平陽-敷房
坊 〔중〕(모)ㅃ
跞 〔중〕(운)庚

去漾-敷亮
防 〔중〕(모)ㅹ 〔몽〕(모)ㅹ 〔운〕(모)ㅹ

奉ᄬ[v]

平陽-符方
房 〔중〕(모)ㅃ
防 〔중〕(모)ㅸ
坊 〔중〕(모)ㅸ

微ᄝ[ŋ]

平陽-無方
亡 〔중〕(운)模
厶 〔중〕(운)模
忘 〔중〕(조)去
芒 〔중〕(모)ㅁ
硭 〔중〕(모)ㅁ
㝉 〔중〕(운)庚

去漾-巫放
忘 〔중〕(조)平

精ᅎ[ts]

平陽-茲郎
牂 〔중〕(모)ㅁ

入藥-卽各
作 〔중〕(운)暮 箇
鑿 〔중〕(운)效 (모)ㅉ

清ᅔ[ts']

平陽-千剛
倉 〔중〕(중)ㅑ
傖 〔중〕(운)庚
搶 〔중〕(운)庚 (중)ㅑ
蒼 〔중〕(조)上
鶬 〔중〕(중)ㅑ

上養-采莽
蒼 〔중〕(조)平

入藥-七角
錯 〔중〕(운)暮
厝 〔중〕(운)暮

從ᅏ[dz]

平陽-徂郎
藏 〔중〕(조)去

上養-在黨
奘 〔중〕(조)去

去漾-才浪
臟 〔중〕(조)平
奘 〔중〕(조)上

入藥-疾各
酢 〔중〕(운)暮
鑿 〔중〕(운)效 (모)ㅊ
柞 〔중〕(운)陌

心ᄼ[s]

平陽-蘇郎
喪 〔중〕(조)去

去漾-蘇浪
喪 〔중〕(조)平

入藥-者各
　索 〔중〕(운)陌

照ㅈ[tɕ]

平陽-側霜
　莊 〔속〕(모)ㅈ (중)ㅘ
　裝 〔속〕(모)ㅈ (중)ㅘ
　妝 〔속〕(모)ㅈ (중)ㅘ
　娤 〔속〕(모)ㅈ (중)ㅘ
　粧 〔속〕(모)ㅈ (중)ㅘ
　糚 〔속〕(모)ㅈ (중)ㅘ
　椿 〔속〕(모)ㅈ (중)ㅘ
　鸙 〔속〕(모)ㅈ (중)ㅘ

去漾-陟降
　壯 〔속〕(모)ㅈ (중)ㅘ
　戇 〔중〕(운)東 (모)ㅊ 〔속〕(모)ㅈ (중)ㅘ
　撞 〔중〕(모)ㅉ (중)ㅑ 〔몽〕(모)ㅉ (중)ㅘ
　　　〔속〕(모)ㅈ (중)ㅘ
　泏 〔속〕(모)ㅈ (중)ㅘ

穿ㅊ[tɕ']

平陽-初莊
　瘡 〔속〕(중)ㅘ
　創 〔중〕(조)去 〔속〕(중)ㅘ
　悤 〔몽〕(중)ㅘ 〔속〕(중)ㅘ
　窻 〔몽〕(중)ㅘ 〔속〕(중)ㅘ
　窓 〔몽〕(중)ㅘ 〔속〕(중)ㅘ
　囱 〔중〕(운)東 〔몽〕(중)ㅘ 〔속〕(중)ㅘ
　摐 〔몽〕(중)ㅘ 〔속〕(중)ㅘ
　戇 〔중〕(운)東 (모)ㅈ 〔몽〕(중)ㅘ 〔속〕(중)ㅘ
　䠉 〔몽〕(중)ㅘ 〔속〕(중)ㅘ

去漾-楚浪
　創 〔중〕(조)平
　倉 〔중〕(모)ㅈ

入藥-側各
　婼 〔몽〕(모)ㅊ (중)ㅘ (종)ㅇ

　婇 〔몽〕(모)ㅊ (중)ㅘ (종)ㅇ
　孎 〔몽〕(모)ㅊ (중)ㅘ (종)ㅇ
　齪 〔몽〕(모)ㅊ (중)ㅘ (종)ㅇ
　擉 〔몽〕(모)ㅊ (중)ㅘ (종)ㅇ
　箹 〔몽〕(모)ㅊ (중)ㅘ (종)ㅇ
　稩 〔몽〕(모)ㅊ (중)ㅘ (종)ㅇ
　戳 〔몽〕(모)ㅊ (중)ㅘ (종)ㅇ

牀ㅉ[dz]

平陽-助莊
　牀 〔속〕(중)ㅘ
　床 〔속〕(중)ㅘ
　淙 〔중〕(운)東 〔속〕(중)ㅘ
　樁 〔중〕(운)東 〔속〕(중)ㅘ
　幢 〔속〕(중)ㅘ
　撞 〔중〕(모)ㅊ 〔속〕(중)ㅘ
　鬃 〔중〕(운)東 〔속〕(중)ㅘ
　淙 〔중〕(운)東 (조)去 〔속〕(중)ㅘ
　饡 〔속〕(중)ㅘ
　噇 〔속〕(중)ㅘ

去漾-助浪
　狀 〔속〕(중)ㅘ
　漴 〔중〕(운)東 (조)平 〔속〕(중)ㅘ
　覾 〔속〕(중)ㅘ

審ㅅ[ɕ]

平陽-師莊
　霜 〔속〕(중)ㅘ
　驦 〔속〕(중)ㅘ
　騻 〔중〕(조)上 〔속〕(중)ㅘ
　霜 〔속〕(중)ㅘ
　鸘 〔중〕(조)上 〔속〕(중)ㅘ
　孀 〔속〕(중)ㅘ
　雙 〔몽〕(중)ㅘ 〔속〕(중)ㅘ
　慃 〔몽〕(중)ㅘ 〔속〕(중)ㅘ
　瀧 〔중〕(운)東 (모)ㄹ 〔몽〕(중)ㅘ 〔속〕(중)ㅘ

上養-所兩
　爽 〔속〕(중)ㅘ

壞 〔속〕(중)ㅘ
懷 〔속〕(중)ㅘ
鶀 〔중〕(조)平 〔속〕(중)ㅘ
騤 〔중〕(조)平 〔속〕(중)ㅘ

入藥-色角
朔 〔속〕(중)ㅘ
嗽 〔중〕(운)有 〔속〕(중)ㅘ
嗍 〔속〕(중)ㅘ
矟 〔속〕(중)ㅘ
槊 〔속〕(중)ㅘ
箾 〔중〕(운)蕭 〔속〕(중)ㅘ
數 〔중〕(운)屋 模 〔속〕(중)ㅘ
蒴 〔속〕(중)ㅘ
搠 〔속〕(중)ㅘ

禪ㅅ[ʑ]

入藥-食角
洬 〔몽〕(모)ㅉ 〔운〕(모)ㅉ
驦 〔몽〕(모)ㅉ 〔운〕(모)ㅉ
籗 〔몽〕(모)ㅉ 〔운〕(모)ㅉ
鋥 〔몽〕(모)ㅉ 〔운〕(모)ㅉ

影ㆆ[ʔ]

上養-於黨
泱 〔중〕(중)ㅑ

入藥-遏各
惡 〔중〕(운)模 〔금〕(모)ㆆ (중)ㅓ

曉ㅎ[x]

入藥-黑角
郝 〔중〕(운)巧
嗃 〔중〕(운)爻
熇 〔중〕(운)屋 蕭

匣ㆅ[ɣ]

平陽-胡剛
吭 〔중〕(조)上 去
肮 〔중〕(조)上 去
行 〔중〕(운)庚 (조)去
桁 〔중〕(운)庚 (조)去

上養-下黨
肮 〔중〕(조)平 去
吭 〔중〕(조)平 去

去漾-下浪
行 〔중〕(운)庚 (조)平
肮 〔중〕(조)平 上
桁 〔중〕(운)庚 (조)平

入藥-曷各
鶴 〔금〕(중)ㅓ (종)ㆁ
鸖 〔금〕(중)ㅓ (종)ㆁ
鷽 〔금〕(중)ㅓ (종)ㆁ
鶮 〔금〕(중)ㅓ (종)ㆁ
涸 〔중〕(운)暮

喩ㅇ[j]

入藥-逆各
諤 〔몽〕(모)ㆁ (종)ㅸ
愕 〔몽〕(모)ㆁ (종)ㅸ
鄂 〔몽〕(모)ㆁ (종)ㅸ
堮 〔몽〕(모)ㆁ (종)ㅸ
鍔 〔몽〕(모)ㆁ (종)ㅸ
崿 〔몽〕(모)ㆁ (종)ㅸ
鶚 〔몽〕(모)ㆁ (종)ㅸ
萼 〔몽〕(모)ㆁ (종)ㅸ
蕚 〔몽〕(모)ㆁ (종)ㅸ
鰐 〔몽〕(모)ㆁ (종)ㅸ
鱷 〔몽〕(모)ㆁ (종)ㅸ
齶 〔몽〕(모)ㆁ (종)ㅸ
腭 〔몽〕(모)ㆁ (종)ㅸ
咢 〔몽〕(모)ㆁ (종)ㅸ
噩 〔몽〕(모)ㆁ (종)ㅸ

來ㄹ[l]

平陽-魯堂
　　浪 〔중〕(조)上 去
　　狼 〔중〕(조)去
　　踉 〔중〕(중)ㅑ
　　蜋 〔중〕(중)ㅑ
　　瀧 〔중〕(운)東 (모)ㅅ

上養-里黨
　　浪 〔중〕(조)平 去
　　悢 〔중〕(중)ㅑ

去漾-郎宕
　　浪 〔중〕(조)平 上
　　眼 〔금〕(중)ㅑ
　　狼 〔중〕(조)平

入藥-歷各
　　樂 〔중〕(운)效 (모)ㅇ (종)ㅱ
　　駱 〔중〕(운)陌
　　犖 〔몽〕(중)ㅘ (종)ㅱ
　　濼 〔중〕(운)屋 (모)ㅍ

[ㅑ]

見ㄱ[k]

平陽-居良
　　豇 〔중〕(운)東

去漾-古巷
　　降 〔중〕(모)ㆅ
　　洚 〔중〕(운)送

入藥-訖岳
　　覺 〔중〕(운)效 〔금〕(중)ㅛ
　　角 〔금〕(중)ㅓ ㅛ (종)ㆁ
　　觼 〔금〕(중)ㅛ
　　捔 〔금〕(중)ㅛ
　　桷 〔금〕(중)ㅛ
　　㩁 〔금〕(중)ㅛ

榷 〔금〕(중)ㅛ
較 〔중〕(운)效 〔금〕(중)ㅛ
挍 〔중〕(운)效 〔금〕(중)ㅛ
珏 〔금〕(중)ㅛ
㲉 〔중〕(운)屋 〔금〕(중)ㅛ
斠 〔금〕(중)ㅛ
傕 〔금〕(중)ㅛ
㲉 〔금〕(중)ㅛ
塙 〔중〕(모)ㅋ 〔금〕(중)ㅛ
脚 〔몽〕(중)ㅑ (종)ㆁ 〔금〕(중)ㅛ
噈 〔몽〕(중)ㅑ (종)ㆁ 〔금〕(중)ㅛ
蹻 〔중〕(운)蕭 (모)ㄲ (종)ㆁ 〔몽〕(중)ㅑ
　　(종)ㆁ 〔금〕(중)ㅛ
属 〔몽〕(중)ㅑ (종)ㆁ 〔금〕(중)ㅛ
攫 〔몽〕(모)ㅋ (중)ㅒ (종)ㆁ 〔금〕(중)ㅛ
獲 〔몽〕(모)ㅋ (중)ㅒ (종)ㆁ 〔금〕(중)ㅛ
蠖 〔몽〕(모)ㅋ (중)ㅒ (종)ㆁ 〔금〕(중)ㅛ
钁 〔몽〕(모)ㅋ (중)ㅒ (종)ㆁ 〔금〕(중)ㅛ
矍 〔몽〕(모)ㅋ (중)ㅒ (종)ㆁ 〔금〕(중)ㅛ
懼 〔중〕(모)ㅎ (중)ㅘ (종)ㆁ 〔몽〕(모)ㅋ
　　(중)ㅒ (종)ㆁ 〔금〕(중)ㅛ

溪ㅋ[k']

平陽-驅羊
　　悾 〔중〕(운)東
　　椌 〔중〕(운)東

入藥-丘縛
　　殼 〔금〕(중)ㅛ
　　愨 〔금〕(중)ㅛ
　　確 〔금〕(중)ㅛ
　　塙 〔중〕(모)ㄱ 〔금〕(중)ㅛ
　　敲 〔금〕(중)ㅛ
　　却 〔몽〕(모)ㄲ (중)ㅕ (종)ㆁ 〔속〕(중)ㅓ
　　　　(종)ㆆ 〔금〕(중)ㅛ
　　卻 〔금〕(중)ㅛ
　　㕁 〔금〕(중)ㅛ
　　躩 〔몽〕(중)ㅒ (종)ㆁ 〔금〕(중)ㅛ

群ㄲ[g]

平陽-渠良
  彊 〔중〕(조)上
  强 〔중〕(조)上 去

上養-巨兩
  彊 〔중〕(조)平
  强 〔중〕(조)平 去

去漾-其亮
  强 〔중〕(조)平 上 〔금〕(모)ㅋ

入藥-極虐
  臄 〔몽〕(모)ㄲ (중)ㅕ (종)ㅇ 〔금〕(중)ㅛ
  腏 〔몽〕(모)ㄲ (중)ㅕ (종)ㅇ 〔금〕(중)ㅛ
  谷 〔몽〕(모)ㄲ (중)ㅕ (종)ㅇ 〔금〕(중)ㅛ
  噱 〔몽〕(모)ㄲ (중)ㅕ (종)ㅇ 〔금〕(중)ㅛ
  각3 〔몽〕(모)ㄲ (중)ㅕ (종)ㅇ 〔금〕(중)ㅛ
  釀 (종)ㅇ 〔운〕魚 〔몽〕(모)ㄲ (중)ㅕ (종)ㅇ
    〔금〕(중)ㅛ
  蹻 〔중〕(운)蕭 (모)ㄱ 〔몽〕(모)ㄲ (중)ㅕ
    (종)ㅇ 〔금〕(중)ㅛ

精ㅈ[ʦ]

平陽-資良
  將 〔중〕(모)ㅊ (조)去
  蔣 〔중〕(조)上

上養-子兩
  蔣 〔중〕(조)平

去漾-子亮
  將 〔중〕(모)ㅊ (조)平

入藥-卽約
  爵 〔금〕(중)ㅛ
  雀 〔속〕(모)ㅊ (중)ㅏ 〔금〕(중)ㅛ
  爝 〔중〕(운)嘯 〔금〕(모)ㅊ (중)ㅛ

清ㅊ[ʦ']

平陽-千羊

  將 〔중〕(운)暮
  槍 〔중〕(운)東
  搶 〔중〕(운)庚 (모)ㅊ (조)上
  鶬 〔중〕(모)ㅊ (중)ㅏ

上養-七兩
  搶 〔중〕(운)庚 (모)ㅊ (중)ㅏ (조)平
    〔몽〕(모)ㅊ (중)ㅏ 〔금〕(모)ㅊ (중)ㅏ

入藥-七雀
  鵲 〔몽〕(중)ㅕ (종)ㅇ 〔금〕(중)ㅛ
  皵 〔중〕(운)陌 〔몽〕(중)ㅕ (종)ㅇ 〔금〕(중)ㅛ
  碏 〔몽〕(중)ㅕ (종)ㅇ 〔금〕(중)ㅛ
  猎 〔몽〕(중)ㅕ (종)ㅇ 〔금〕(중)ㅛ
  逴 〔몽〕(중)ㅕ (종)ㅇ 〔금〕(중)ㅛ

從ㅉ[dz]

入藥-疾雀
  嚼 〔금〕(중)ㅛ
  皭 〔중〕(운)嘯 〔금〕(중)ㅛ

心ㅅ[s]

平陽-息良
  葙 〔중〕(모)ㅿ
  相 〔중〕(조)去

去漾-息亮
  相 〔중〕(조)平

入藥-息約
  削 〔몽〕(종)ㅇ 〔금〕(중)ㅛ

照ㅈ[tɕ]

平陽-止良
  墇 〔중〕(조)去
  障 〔중〕(조)去
  廧 〔중〕(조)去
  鄣 〔중〕(조)去

張 〔중〕(조)去

上養-止兩
張 〔중〕(모)ㅈ

去漾-知亮
障 〔중〕(조)平
墇 〔중〕(조)平
廧 〔중〕(조)平
鄣 〔중〕(조)平
張 〔중〕(조)平

入藥-職略
斲 〔중〕(중)ㅘ 〔금〕(중)ㅛ
斫 〔몽〕(중)ㅕ (종)ㅇ 〔금〕(중)ㅛ
灼 〔몽〕(중)ㅕ (종)ㅇ 〔금〕(중)ㅛ
焯 〔몽〕(중)ㅕ (종)ㅇ 〔금〕(중)ㅛ
炤 〔중〕(운)嘯 〔몽〕(중)ㅕ (종)ㅇ 〔금〕(중)ㅛ
酌 〔몽〕(중)ㅕ (종)ㅇ 〔금〕(중)ㅛ
妁 〔몽〕(중)ㅕ (종)ㅇ 〔금〕(중)ㅛ
彴 〔중〕(모)ㅃ (중)ㅏ 〔몽〕(중)ㅕ (종)ㅇ
〔금〕(중)ㅛ
禚 〔몽〕(중)ㅕ (종)ㅇ 〔금〕(중)ㅛ
繳 〔중〕(운)篠 〔몽〕(중)ㅕ (종)ㅇ 〔금〕(중)ㅛ
著 〔중〕(운)御 (모)ㅈ 〔몽〕(중)ㅕ (종)ㅇ
〔금〕(중)ㅛ
着 〔중〕(중)ㅛ 〔몽〕(중)ㅕ (종)ㅇ 〔금〕(중)ㅛ
勺 〔몽〕(중)ㅕ (종)ㅇ 〔금〕(중)ㅛ

穿ㅊ[tɕ']

平陽-齒良
倡 〔중〕(조)去

去漾-尺亮
倡 〔중〕(조)平

入藥-尺約
綽 〔몽〕(중)ㅕ (종)ㅇ 〔금〕(중)ㅛ
繛 〔몽〕(중)ㅕ (종)ㅇ 〔금〕(중)ㅛ
婥 〔몽〕(중)ㅕ (종)ㅇ 〔금〕(중)ㅛ
逴 〔몽〕(중)ㅑ (종)ㅇ 〔금〕(중)ㅛ
趠 〔중〕(운)效 〔몽〕(중)ㅑ (종)ㅇ 〔금〕(중)ㅛ

婼 〔몽〕(중)ㅑ (종)ㅇ 〔금〕(중)ㅛ
躇 〔중〕(운)魚 〔몽〕(중)ㅑ (종)ㅇ 〔금〕(중)ㅛ

牀ㅉ[dz]

平陽-陳羊
長 〔중〕(모)ㅈ (조)去
場 〔중〕(모)ㅅ
常 〔몽〕(모)ㅆ
尙 〔중〕(모)ㅆ 〔몽〕(모)ㅆ
嘗 〔몽〕(모)ㅆ
甞 〔몽〕(모)ㅆ
鱨 〔몽〕(모)ㅆ
償 〔몽〕(모)ㅆ
瑺 〔몽〕(모)ㅆ
徜 〔몽〕(모)ㅆ
鏛 〔몽〕(모)ㅆ
銄 〔몽〕(모)ㅆ
裳 〔몽〕(모)ㅆ 〔속〕(모)ㅆ

上養-呈兩
杖 〔중〕(조)去
仗 〔중〕(조)去

去漾-直亮
仗 〔중〕(조)上
杖 〔중〕(조)上
長 〔중〕(모)ㅈ (조)平

入藥-直略
著 〔중〕(운)御 (모)ㅈ 〔금〕(중)ㅛ

審ㅅ[ɕ]

平陽-尸羊
湯 〔중〕(모)ㅌ (중)ㅏ
場 〔중〕(모)ㅉ

去漾-式亮
向 〔중〕(모)ㅎ

入藥-式灼
鑠 〔몽〕(중)ㅑ (종)ㅇ 〔금〕(중)ㅛ

爍 〔몽〕(중)ㅑ (종)ㅇ 〔금〕(중)ㅛ

禪ㅅ[z]

上養-是掌
    上 〔중〕(조)去

去漾-時亮
    尙 〔중〕(모)ㅉ
    上 〔중〕(조)上

入藥-裳灼
    杓 〔중〕(운)蕭 〔금〕(중)ㅛ
    勺 〔중〕(모)ㅈ 〔금〕(중)ㅛ
    芍 〔중〕(운)陌 〔금〕(중)ㅛ

影ㆆ[ʔ]

平陽-於良
    泱 〔중〕(중)ㅏ
    鞅 〔중〕(조)上

上養-倚兩
    鞅 〔중〕(조)平
    快 〔중〕(조)去
    怏 〔중〕(운)庚

去양-於亮
    快 〔중〕(조)上

入藥-乙角
    渥 〔금〕(중)ㅛ
    喔 〔금〕(중)ㅛ
    握 〔금〕(중)ㅛ
    幄 〔금〕(중)ㅛ
    偓 〔금〕(중)ㅛ
    剭 〔중〕(운)屋 〔금〕(중)ㅛ
    齷 〔금〕(중)ㅛ
    箹 〔몽〕(중)ㅑ (종)ㅇ 〔금〕(중)ㅛ
    蒻 〔금〕(중)ㅛ
    約 〔중〕(운)嘯 〔금〕(중)ㅛ

曉ㅎ[x]

平陽-虛良
    肛 〔중〕(운)東

上養-許兩
    嚮 〔중〕(조)去
    鷭 〔중〕(조)去

去漾-許亮
    向 〔중〕(모)ㅅ
    嚮 〔중〕(조)上
    鷭 〔중〕(조)上

入藥-迄却
    謔 〔몽〕(중)ㅕ (종)ㅇ 〔금〕(중)ㅛ

匣ㆅ[ɣ]

平陽-胡江
    降 〔중〕(모)ㄱ

入藥-轄覺
    學 〔금〕(중)ㅛ
    鸞 〔금〕(중)ㅛ
    确 〔금〕(중)ㅛ
    礐 〔중〕(운)屋 〔금〕(중)ㅛ
    攉 〔몽〕(중)ㅏ (종)ㅇ 〔금〕(중)ㅛ

喩ㅇ[j]

平陽-移章
    颺 〔중〕(조)去
    痒 〔중〕(조)上
    煬 〔중〕(조)去

上養-以兩
    養 〔중〕(조)去
    痒 〔중〕(조)平

去漾-餘亮

養 〔중〕(조)上
煬 〔중〕(조)平
颺 〔중〕(조)平

入藥-弋灼
藥 〔금〕(중)ㅛ
躍 〔금〕(중)ㅛ
禴 〔금〕(중)ㅛ
礿 〔금〕(중)ㅛ
瀹 〔금〕(중)ㅛ
爚 〔금〕(중)ㅛ
龠 〔금〕(중)ㅛ
籥 〔금〕(중)ㅛ
鑰 〔금〕(중)ㅛ
虐 〔몽〕(모)ㅇ (중)ㅕ 〔금〕(중)ㅛ
瘧 〔몽〕(모)ㅇ (중)ㅕ (종)ㅸ 〔운〕(모)ㅇ 〔금〕
　　(중)ㅛ
嶽 〔몽〕(모)ㅇ 〔운〕(모)ㅇ 〔금〕(중)ㅛ
岳 〔운〕(모)ㅇ 〔금〕(중)ㅛ
鸑 〔운〕(모)ㅇ 〔금〕(중)ㅛ
樂 〔중〕(운)效 (모)ㄹ (중)ㅏ 〔운〕(모)ㅇ
　　〔금〕(중)ㅛ

來ㄹ[l]

平陽-龍張
蜋 〔중〕(중)ㅏ
踉 〔중〕(중)ㅏ
量 〔중〕(조)去
凉 〔중〕(조)去

上養-良奬
兩 〔중〕(조)去

去漾-力仗
凉 〔중〕(조)平
掠 〔중〕(조)入
悢 〔중〕(중)ㅏ
量 〔중〕(조)平
兩 〔중〕(조)上

入藥-力灼
略 〔몽〕(중)ㅕ (종)ㅸ 〔금〕(중)ㅛ
掠 〔몽〕(중)ㅕ (종)ㅸ 〔금〕(중)ㅛ

蟯 〔몽〕(중)ㅕ (종)ㅸ 〔금〕(중)ㅛ
蜂 〔몽〕(중)ㅕ (종)ㅸ 〔금〕(중)ㅛ
掠 〔중〕(조)去 〔몽〕(중)ㅕ (종)ㅸ 〔금〕(중)ㅛ
劋 〔몽〕(중)ㅕ (종)ㅸ 〔금〕(중)ㅛ

日ㅿ[ɾ]

平陽-如羊
穰 〔중〕(조)上
攘 〔중〕(조)上
瀼 〔중〕(모)ㄴ (중)ㅏ
蘘 〔중〕(모)ㄴ (중)ㅏ
襄 〔중〕(모)ㅅ

上養-汝兩
穰 〔중〕(조)平
攘 〔중〕(조)平

入藥-如灼
若 〔중〕(운)者 〔금〕(중)ㅛ
弱 〔금〕(중)ㅛ
蒻 〔금〕(중)ㅛ
箬 〔금〕(중)ㅛ
翁 〔금〕(중)ㅛ
爇 〔금〕(중)ㅛ

[ㅘ]

見ㄱ[k]

上養-古滉
廣 〔중〕(조)去

去漾-古況
迋 〔중〕(모)ㅋ ㄲ ㅇ
廣 〔중〕(조)上

入藥-古博
郭 〔금〕(중)ㄴ
槨 〔금〕(중)ㄴ
彉 〔중〕(모)ㅎ 〔금〕(중)ㄴ

溪ㅋ[k']

平陽-曲王
　　迋 〔중〕(모)ㄱ ㄲ ㅇ

入藥-苦郭
　　郭 〔금〕(중)ㄴ
　　鞹 〔금〕(중)ㄴ
　　擴 〔금〕(중)ㄴ
　　漷 〔중〕(운)陌 〔금〕(중)ㄴ

群ㄲ[g]

上養-具往
　　廷 〔중〕(모)ㄱ ㅋ ㅇ

照ㅈ[tɕ]

入藥-竹角
　　捉 〔금〕(중)ㄴ
　　斲 〔중〕(중)ㅑ 〔금〕(중)ㄴ
　　斵 〔금〕(중)ㄴ
　　椓 〔금〕(중)ㄴ
　　琢 〔금〕(중)ㄴ
　　擆 〔금〕(중)ㄴ
　　涿 〔금〕(중)ㄴ
　　啄 〔중〕(운)模 〔금〕(중)ㄴ
　　啅 〔금〕(중)ㄴ
　　瘃 〔중〕(운)屋 〔금〕(중)ㄴ
　　諑 〔금〕(중)ㄴ
　　斀 〔중〕(운)屋 〔금〕(중)ㄴ
　　卓 〔금〕(중)ㄴ
　　倬 〔금〕(중)ㄴ

牀ㅉ[dʑ]

入藥-直角
　　濁 〔금〕(중)ㄴ
　　濯 〔금〕(중)ㄴ

擢 〔금〕(중)ㄴ
鐲 〔중〕(운)屋 〔금〕(중)ㄴ

影ㆆ[ʔ]

入藥-烏郭
　　臛 〔몽〕(중)ㅑ 〔집〕(중)ㅑ 〔금〕(중)ㄴ
　　蠖 〔금〕(중)ㄴ
　　矱 〔금〕(중)ㄴ
　　頀 〔금〕(중)ㄴ
　　籰 〔금〕(중)ㄴ

曉ㅎ[x]

上養-詡往
　　怳 〔중〕(중)ㅘ

去漾-虛放
　　況 〔몽〕(중)ㅘ 〔속〕(중)ㅘ 〔금〕(모)ㅋ (중)ㅘ
　　貺 〔몽〕(중)ㅘ 〔속〕(중)ㅘ
　　兄 〔중〕(운)東 庚

入藥-忽郭
　　霍 〔금〕(중)ㄴ
　　藿 〔금〕(중)ㄴ
　　攉 〔금〕(중)ㄴ
　　彉 〔중〕(모)ㄱ 〔금〕(중)ㄴ
　　癨 〔금〕(중)ㄴ
　　劐 〔금〕(중)ㄴ
　　戄 〔중〕(모)ㄱ (중)ㅑ 〔금〕(중)ㄴ

匣ㆅ[ɣ]

上養-戶廣
　　慌 〔몽〕(모)ㅎ 〔운〕(모)ㅎ 〔집〕(모)ㅎ
　　恍 〔몽〕(모)ㅎ 〔운〕(모)ㅎ 〔집〕(모)ㅎ
　　䀮 〔몽〕(모)ㅎ 〔운〕(모)ㅎ 〔집〕(모)ㅎ

入藥-胡郭
　　穫 〔중〕(운)暮 〔금〕(중)ㄴ
　　鑊 〔금〕(중)ㄴ

濩 〔중〕(운)暮 〔금〕(중)ㄴ
覆 〔몽〕(중)ㄲ 〔금〕(중)ㄴ
攫 〔몽〕(중)ㄲ 〔금〕(중)ㄴ
孃 〔몽〕(중)ㄲ 〔금〕(중)ㅛ

喩ㅇ[j]

平陽-于方
　　王 〔중〕(조)去

上養-羽枉
　　眶 〔중〕(조)去

去漾-于放
　　迬 〔중〕(모)ㄱ ㅋ ㄲ
　　眶 〔중〕(조)上
　　王 〔중〕(조)平

19. 경경경맥(庚梗敬陌)

중성 : (ㅣ) 見溪群疑端透定泥幇滂竝明精淸從心邪照穿牀審禪影曉匣來日

　　　 (ㅓ) 見溪端透定泥幇滂竝明精淸從心邪照穿牀審禪影曉匣來

　　　　　 주기 : 원나라말(몽고말)에서는 입성발음이 모두 [ㅐ]로 발음하는데 몽고음에서
　　　　　　　　 도 또한 [ㅐ]로 발음한다. 금속음에서는 대체로 [ㅣ]로 발음하지만 혹은
　　　　　　　　 [ㅐㅕ] 두 소리로 발음한다.

　　　 (ㅟ) 見溪竝影曉匣

　　　 (ㅞ) 見溪群疑影曉匣喩

종성 : 平上去 : ㅇ, 入 : ㄱ

　　　 다만 ㄱ 표기하지 않음.

성조 : 平 上 去 入

운모 : 庚 梗 敬 陌

특징 : <한고>의 표기로서 몽고말 표기가 없으므로 알 수 없으나 금속음으로 대신할 수
　　　 있을 것으로 생각한다. <한고>에서는 중고음의 입성 맥(陌)을 [ɐk]으로 근대음을
　　　 [ai]로 표기하였는데, 중고음 개구음은 [ĩek], 근대음은 [i]로 중고음 합구음은 [wɐk]
　　　 등으로 표기하였다.

[ㅣ]

見ㄱ[k]

平庚-居卿
　矜 〔중〕(운)ㅒ
　經 〔몽〕(중)ㅖ
　涇 〔몽〕(중)ㅖ

上梗-居永
　繁 〔중〕(모)ㄲ
　剄 〔몽〕(중)ㅖ
　剄 〔몽〕(중)ㅖ
　耿 〔몽〕(중)ㅖ 〔운〕(중)ㅜ 〔본〕(중)ㅠ
　　 〔금〕(중)ㅜ
　憬 〔몽〕(중)ㅖ 〔운〕(중)ㅜ
　頴 〔몽〕(중)ㅖ ㅛ 〔운〕(중)ㅜ

去敬-居慶
　勁 〔몽〕(중)ㅖ
　徑 〔몽〕(중)ㅖ
　逕 〔몽〕(중)ㅖ
　脛 〔몽〕(중)ㅖ

入陌-訖逆
　亟 〔중〕(운)霽
　革 〔중〕(중)ㅐ
　激 〔몽〕(중)ㅖ
　擊 〔몽〕(중)ㅖ
　墼 〔몽〕(중)ㅖ

溪ㅋ[k']

平庚-丘京
　輕 〔몽〕(중)ㅖ

上梗-棄挺
　謦 〔몽〕(중)ㅖ 〔원〕(조)去
　綮 〔중〕(운)薺

去敬-丘正
　罄 〔몽〕(중)ㅖ

磬 〔몽〕(중)ㅖ
鑋 〔몽〕(중)ㅖ

入陌-乞逆
　愍 〔몽〕(중)ㅖ 〔금〕(모)ㅊ

群ㄲ[g]

平庚-渠京
　擎 〔중〕(모)ㄱ (조)去

去敬-具映
　擎 〔중〕(모)ㄱ (조)平
　擎 〔중〕(조)平

疑ㅇ[ŋ]

平庚-魚陵
　凝 〔중〕(조)去

去敬-魚慶
　凝 〔중〕(조)平
　迎 〔중〕(모)ㅇ
　鞕 〔몽〕(모)ㅇ 〔운〕(모)ㅇ
　硬 〔몽〕(모)ㅇ 〔운〕(모)ㅇ

端ㄷ[t]

平庚-當經
　丁 〔중〕(모)ㅈ (중)ㄴ
　玎 〔중〕(모)ㅊ (중)ㄴ
　釘 〔중〕(조)去

上梗-都領
　打 〔몽〕(중)ㅜ 〔금〕(운)馬

去敬-丁定
　釘 〔중〕(조)平
　定 〔중〕(모)ㄸ
　訂 〔중〕(모)ㄸ

入陌-丁歷
　　勺 〔중〕(운)藥
　　弔 〔중〕(운)嘯
　　蹢 〔중〕(모)ㅉ
　　適 〔중〕(모)ㅅ
　　鍉 〔중〕(운)支

透ㅌ[t']

平庚-他經
　　聽 〔중〕(조)去

去敬-他定
　　聽 〔중〕(조)平
　　庭 〔중〕(모)ㄸ

入陌-他歷
　　摘 〔중〕(모)ㅈ (중)ㅓ
　　擿 〔중〕(모)ㅈ ㅉ (중)ㅜ

定ㄸ[d]

平庚-唐丁
　　庭 〔중〕(모)ㅌ
　　蜓 〔중〕(운)銑

上梗-徒鼎
　　挺 〔운〕(모)ㅌ 〔속〕(모)ㅌ
　　梃 〔속〕(모)ㅌ
　　莛 〔속〕(모)ㅌ
　　艇 〔속〕(모)ㅌ
　　珽 〔몽〕(모)ㅌ 〔운〕(모)ㅌ 〔속〕(모)ㅌ
　　頲 〔몽〕(모)ㅌ 〔운〕(모)ㅌ 〔속〕(모)ㅌ
　　町 〔몽〕(모)ㅌ 〔운〕(모)ㅌ 〔속〕(모)ㅌ
　　侹 〔몽〕(모)ㅌ 〔운〕(모)ㅌ 〔속〕(모)ㅌ
　　脡 〔몽〕(모)ㅌ 〔운〕(모)ㅌ 〔속〕(모)ㅌ
　　訂 〔중〕(모)ㄷ 〔몽〕(모)ㅌ 〔운〕(모)ㅌ
　　　　〔속〕(모)ㅌ

去敬-徒逕
　　定 〔중〕(모)ㄷ

入陌-杜歷
　　翟 〔중〕(모)ㅉ (중)ㅓ
　　跡 〔중〕(운)屋

泥ㄴ[n]

平庚-奴經
　　寧 〔중〕(조)去

去敬-乃定
　　寧 〔중〕(조)平

入陌-女力
　　惬 〔중〕(운)質
　　溺 〔중〕(운)嘯
　　搦 〔중〕(운)藥 〔몽〕(중)ㅐ 〔원〕(중)ㅐ

幫ㅂ[p]

平庚-補明
　　幷 〔중〕(조)去
　　倂 〔중〕(모)ㅃ (조)上 去
　　氷 〔중〕(조)去
　　掤 〔금〕(중)一
　　屛 〔중〕(모)ㅃ (조)上 去

上梗-補永
　　怲 〔중〕(조)去
　　倂 〔중〕(모)ㅃ (조)平 去
　　屛 〔중〕(모)ㅃ (조)平 去
　　俜 〔중〕(모)ㅃ
　　鞞 〔중〕(운)質

去敬-陂病
　　怲 〔중〕(조)上
　　倂 〔중〕(모)ㅃ (조)平 上
　　幷 〔중〕(조)平
　　屛 〔중〕(모)ㅃ (조)平 上
　　氷 〔중〕(조)平

入陌-必歷
　　辟 〔중〕(모)ㅃ

逼 〔몽〕(중)ㅟ 〔운〕(모)ㅃ
偪 〔몽〕(중)ㅟ 〔운〕(모)ㅃ
幅 〔중〕(운)屋 〔몽〕(중)ㅟ 〔운〕(모)ㅃ
湢 〔몽〕(중)ㅟ 〔운〕(모)ㅃ
碧 〔몽〕(중)ㅟ 〔운〕(모)ㅃ
福 〔중〕(운)屋 〔몽〕(중)ㅟ
堛 〔몽〕(중)ㅟ 〔운〕(모)ㅍ (중)ㅟ
愊 〔몽〕(중)ㅟ 〔운〕(모)ㅍ (중)ㅟ
稫 〔몽〕(중)ㅟ 〔운〕(모)ㅍ (중)ㅟ
副 〔중〕(운)屋 暮 有 〔몽〕(중)ㅟ

滂ㅍ[p']

平庚-披耕
抨 〔몽〕(중)ㅡ
怦 〔몽〕(중)ㅡ

入陌-匹力
僻 〔중〕(모)ㅃ
擗 〔중〕(모)ㅃ

竝ㅃ[b]

平庚-蒲明
平 〔중〕(운)先 (조)去
評 〔중〕(조)去
駢 〔중〕(운)先
騈 〔중〕(운)先
屛 〔중〕(모)ㅸ
凭 〔중〕(조)去
馮 〔중〕(운)東

上梗-部迥
並 〔중〕(조)去
併 〔중〕(모)ㅸ (조)去
偋 〔중〕(조)去 〔몽〕(중)ㅡ

去敬-皮命
評 〔중〕(조)平
平 〔중〕(운)先 (조)平
凭 〔중〕(조)平
偋 〔중〕(조)上 〔몽〕(중)ㅡ

並 〔몽〕(모)ㅱ
併 〔중〕(모)ㅸ (조)上 〔몽〕(모)ㅱ
偋 〔중〕(모)ㅸ 〔몽〕(모)ㅱ

入陌-毘亦
擗 〔속〕(모)ㅍ (종)ㆆ
闢 〔속〕(모)ㅍ (종)ㆆ
辟 〔중〕(모)ㅂ
僻 〔중〕(모)ㅍ
椑 〔중〕(운)支
愎 〔몽〕(중)ㅟ
煏 〔몽〕(중)ㅟ
煏 〔몽〕(중)ㅟ
憊 〔몽〕(중)ㅟ
膈 〔몽〕(중)ㅟ

明ㅁ[m]

平庚-眉兵
盟 〔중〕(중)ㅣ
瞑 〔중〕(조)去
莫 〔중〕(조)入
溟 〔중〕(운)銑
瞑 〔중〕(운)霰 (조)去

上梗-母耿
黽 〔중〕(운)軫 銑

去敬-眉病
瞑 〔중〕(조)平
瞑 〔중〕(운)霰 (조)平

入陌-莫狄
莫 〔중〕(조)平
汩 〔중〕(운)勿

精ㅈ[ts]

平庚-子盈
靑 〔중〕(모)ㅊ

入陌-資昔

積 〔중〕(운)置
績 〔속〕(모)ㅊ (종)ㅇ
喞 〔중〕(운)質
唧 〔중〕(운)質
堲 〔중〕(운)質 〔몽〕(모)ㅉ 〔운〕(모)ㅉ
磧 〔몽〕(모)ㅊ 〔운〕(모)ㅊ

淸ㅊ[ʦ']

平庚-七情
　　靑 〔중〕(모)ㅈ

上梗-七靜
　　請 〔중〕(모)ㅆ

去敬-七正
　　倩 〔중〕(운)霰

入陌-七迹
　　刺 〔중〕(운)置
　　敮 〔중〕(운)藥

從ㅉ[ʣ]

平庚-慈盈
　　睛 〔중〕(조)去

上梗-疾郢
　　靚 〔중〕(조)去
　　艵 〔중〕(조)去
　　穽 〔중〕(조)去

去敬-疾正
　　穽 〔중〕(조)上
　　請 〔중〕(모)ㅊ
　　靚 〔중〕(조)上
　　艵 〔중〕(조)上
　　睛 〔중〕(조)平

入陌-前歷
　　藉 〔중〕(운)蔗

心ㅅ[s]

平庚-思營
　　醒 〔중〕(조)上 去
　　惺 〔중〕(조)上
　　騂 〔몽〕(중)ㅠ 〔운〕(중)ㅠ 〔속〕(모)ㅅ
　　觲 〔몽〕(중)ㅠ 〔운〕(중)ㅠ
　　垶 〔몽〕(중)ㅠ 〔운〕(중)ㅠ
　　埕 〔몽〕(중)ㅠ 〔운〕(중)ㅠ

上梗-息井
　　省 〔중〕(중)ㅓ
　　醒 〔중〕(조)平 去
　　惺 〔중〕(조)平

去敬-息正
　　醒 〔중〕(조)平 上

入陌-思積
　　裼 〔중〕(운)霽

邪ㅆ[z]

平庚-徐盈
　　餳 〔집〕(모)ㅉ

照ㅈ[ʨ]

平庚-諸成
　　正 〔중〕(조)去
　　徵 〔중〕(운)紙

去敬-之盛
　　正 〔중〕(조)平

入陌-之石
　　拓 〔중〕(운)藥
　　炙 〔중〕(운)蔗
　　這 〔중〕(운)蔗
　　織 〔중〕(운)置

穿ᅕ[tɕʰ']

平庚-丑成
　逞 [즁](모)ㅈ (즁)ㄴ (조)去
　偵 [즁](모)ㅈ (즁)ㄴ (조)去
　稱 [즁](조)去

去敬-丑正
　稱 [즁](조)平
　逞 [즁](모)ㅈ (즁)ㄱ
　偵 [즁](모)ㅈ (즁)ㄱ

入陌-昌石
　跅 [즁](운)藥

床ᄿ[dz]

平庚-時征
　乘 [즁](모)ᄽ
　成 [뭉](모)ᄽ
　城 [뭉](모)ᄽ
　誠 [뭉](모)ᄽ
　盛 [즁](모)ᄽ [뭉](모)ᄽ
　郕 [뭉](모)ᄽ
　筬 [뭉](모)ᄽ
　承 [뭉](모)ᄽ
　丞 [뭉](모)ᄽ
　瞪 [즁](조)去 [뭉](모)ᄽ

去敬-直正
　瞪 [즁](조)平
　鋥 [뭉](즁)ㅡ
　瞠 [뭉](즁)ㅡ

入陌-直隻
　摘 [즁](모)ㅌ ㅈ (즁)ㄴ
　蹢 [즁](모)ㄷ

審ᄼ[ɕ]

平庚-書征

勝 [즁](조)去

去敬-式正
　勝 [즁](조)平

入陌-施隻
　奭 [즁](모)ㅎ
　適 [즁](모)ㄷ
　識 [즁](운)置

禪ᄽ[ʑ]

平庚-神陵
　繩 [뭉](모)ᅑ [운](모)ᅑ [집](모)ᅑ
　澠 [즁](운)輴 鉠 [뭉](모)ᅑ [운](모)ᅑ

去敬-時正
　盛 [즁](모)ᅑ
　乘 [즁](모)ᅑ
　膡 [운](모)ㅇ

入陌-裳隻
　植 [즁](운)置
　埴 [즁](운)置
　食 [즁](운)置 [뭉](모)ᅑ
　蝕 [뭉](모)ᅑ
　射 [즁](운)蔗 (모)ㅇ [뭉](모)ᅑ
　躬 [즁](운)蔗 [뭉](모)ᅑ

影ㆆ[ʔ]

平庚-於京
　柍 [즁](운)陽
　纓 [즁](조)去
　應 [즁](조)去
　膺 [즁](조)去
　鷹 [즁](조)去

上梗-於丙
　㯡 [뭉](모)ㅇ [운](모)ㅇ

去敬-於證

應〔중〕(조)平
膺〔중〕(조)平
鷹〔중〕(조)平
纓〔중〕(조)平

入陌-伊昔
醷〔중〕(운)紙
薏〔중〕(운)置

曉ㅎ[x]

平庚-虛陵
馨〔몽〕(중)ㅖ
興〔중〕(조)去〔몽〕(중)ㅖ

去敬-許應
興〔중〕(조)平

入陌-迄逆
奭〔중〕(모)ㅅ
闃〔몽〕(중)ㅳ

匣ㆅ[ɣ]

平庚-何庚
行〔중〕(운)陽(조)上去〔몽〕(중)ㅖ
桁〔중〕(운)陽〔몽〕(중)ㅖ
衡〔중〕(중)ㅟ〔몽〕(중)ㅖ
珩〔몽〕(중)ㅖ
蘅〔몽〕(중)ㅖ
莖〔몽〕(중)ㅖ
牼〔몽〕(중)ㅖ
形〔몽〕(중)ㅖ
刑〔몽〕(중)ㅖ
侀〔몽〕(중)ㅖ
鈃〔몽〕(중)ㅖ
硎〔몽〕(중)ㅖ
邢〔몽〕(중)ㅖ
型〔몽〕(중)ㅖ
荇〔몽〕(중)ㅖ
恒〔중〕(모)ㄱ(중)ㅓ〔몽〕(중)ㅖ〔속〕(중)ㅡ
姮〔몽〕(중)ㅖ

上梗-下頂
杏〔몽〕(중)ㅖ
荇〔몽〕(중)ㅖ
莕〔몽〕(중)ㅖ
幸〔몽〕(중)ㅖ
倖〔몽〕(중)ㅖ
婞〔몽〕(중)ㅖ
悻〔몽〕(중)ㅖ
行〔중〕(운)陽(조)平去〔몽〕(중)ㅖ
脛〔중〕(조)去〔몽〕(중)ㅖ
踁〔중〕(조)去〔몽〕(중)ㅖ

去敬-胡孟
行〔중〕(운)陽(조)平上〔몽〕(중)ㅖ
脛〔중〕(조)上〔몽〕(중)ㅖ
踁〔중〕(조)上〔몽〕(중)ㅖ

入陌-刑狄
檄〔몽〕(중)ㅖ
覡〔몽〕(중)ㅖ

喩ㅇ[j]

平庚-餘輕
迎〔중〕(모)ㆁ〔몽〕(모)ㆁ

上梗-庾頃
瘿〔몽〕(모)ㆆ〔운〕(모)ㆆ
穎〔몽〕(중)ㅠ〔운〕(중)ㅠ
潁〔몽〕(중)ㅠ〔운〕(중)ㅠ

去敬-孕證
孕〔중〕(운)震

入陌-夷益
繹〔중〕(모)ㅉ(중)ㅓ
歝〔중〕(운)暮
射〔중〕(운)蔗(모)ㅆ
易〔중〕(운)置
鷁〔속〕(모)ㆁ(종)ㆆ
鶂〔속〕(모)ㆁ(종)ㆆ
鷊〔속〕(모)ㆁ(종)ㆆ
虉〔속〕(모)ㆁ(종)ㆆ
逆〔몽〕(모)ㆁ〔속〕(모)ㆁ(종)ㆆ

繼 〔몽〕(모)ㅇ 〔속〕(모)ㅇ (종)ㅇ
呻 〔몽〕(모)ㅇ 〔속〕(모)ㅇ (종)ㅇ
嶷 〔중〕(운)支 〔몽〕(모)ㅇ 〔속〕(모)ㅇ (종)ㅇ
嶷 〔중〕(운)紙 〔몽〕(모)ㅇ 〔속〕(모)ㅇ (종)ㅇ
疑 〔중〕(운)支 質 〔몽〕(모)ㅇ 〔속〕(모)ㅇ (종)ㅇ

來ㄹ[l]

平庚-離呈
令 〔중〕(조)去
零 〔중〕(운)先 (조)去
攡 〔중〕(조)去
凌 〔중〕(조)去
輘 〔중〕(중)ㅓ
陵 〔집〕(중)ㅜ

去敬-力正
令 〔중〕(조)平
零 〔중〕(운)先 (조)平
攡 〔중〕(조)平
凌 〔중〕(조)平

入陌-郎狄
鬲 〔중〕(모)ㄱ (중)ㅓ

日△[ɾ]

平庚-女陵
仍 〔속〕(종)ㄴ

[ㅢ]

見ㄱ[k]

平庚-居登
庚 〔몽〕(중)ㅖ 〔속〕(중)ㅡ (중)ㅣ
賡 〔몽〕(중)ㅖ 〔속〕(중)ㅡ (중)ㅣ
更 〔중〕(조)去 〔몽〕(중)ㅖ 〔속〕(중)ㅡ (중)ㅣ 〔금〕(중)ㅣ

秔 〔몽〕(중)ㅖ 〔속〕(중)ㅡ (중)ㅣ
硬 〔몽〕(중)ㅖ 〔속〕(중)ㅡ (중)ㅣ
粳 〔몽〕(중)ㅖ 〔속〕(중)ㅡ (중)ㅣ 〔금〕(중)ㅣ
羹 〔몽〕(중)ㅖ 〔속〕(중)ㅡ (중)ㅣ
鶊 〔몽〕(중)ㅖ 〔속〕(중)ㅡ (중)ㅣ
耕 〔몽〕(중)ㅖ 〔속〕(중)ㅡ (중)ㅣ
畊 〔몽〕(중)ㅖ 〔속〕(중)ㅡ (중)ㅣ
　　〔금〕(중)ㅡ (중)ㅣ
拒 〔몽〕(중)ㅡ 〔속〕(중)ㅡ (중)ㅣ
揑 〔몽〕(중)ㅡ 〔속〕(중)ㅡ (중)ㅣ
緪 〔몽〕(중)ㅡ 〔속〕(중)ㅡ (중)ㅣ
絚 〔몽〕(중)ㅡ 〔속〕(중)ㅡ (중)ㅣ

上梗-古杏
梗 〔몽〕(중)ㅖ 〔속〕(중)ㅡ (중)ㅣ
黄 〔몽〕(중)ㅖ 〔속〕(중)ㅡ (중)ㅣ
挭 〔몽〕(중)ㅖ 〔속〕(중)ㅡ (중)ㅣ
鯁 〔몽〕(중)ㅖ 〔속〕(중)ㅡ (중)ㅣ
骾 〔몽〕(중)ㅖ 〔속〕(중)ㅡ (중)ㅣ
哽 〔몽〕(중)ㅖ 〔속〕(중)ㅡ (중)ㅣ
綆 〔몽〕(중)ㅖ 〔속〕(중)ㅡ (중)ㅣ
統 〔몽〕(중)ㅖ 〔속〕(중)ㅡ (중)ㅣ
挭 〔몽〕(중)ㅖ 〔속〕(중)ㅡ (중)ㅣ

去敬-居孟
更 〔몽〕(중)ㅖ 〔속〕(중)ㅡ (중)ㅣ 〔금〕(중)ㅡ
亘 〔몽〕(중)ㅜ ㅖ 〔속〕(중)ㅡ (중)ㅣ 〔금〕(중)ㅡ
恒 〔몽〕(중)ㅜ ㅖ 〔속〕(중)ㅡ (중)ㅣ 〔금〕(중)ㅡ

入陌-各額
格 〔중〕(운)藥 (모)ㆅ (중)ㅓ
　　〔몽〕(중)ㅐ (중)ㅒ 〔금〕(중)ㅣ
洛 〔몽〕(중)ㅐ ㅒ 〔금〕(중)ㅣ
假 〔중〕(운)馬 〔몽〕(중)ㅐ (중)ㅒ 〔금〕(중)ㅣ
搕 〔몽〕(중)ㅐ ㅒ 〔금〕(중)ㅣ
骼 〔몽〕(중)ㅐ ㅒ 〔금〕(중)ㅣ
敠 〔몽〕(중)ㅐ ㅒ 〔금〕(중)ㅣ
茖 〔몽〕(중)ㅐ ㅒ 〔금〕(중)ㅣ
隔 〔몽〕(중)ㅐ ㅒ 〔금〕(중)ㅣ
膈 〔몽〕(중)ㅐ ㅒ 〔금〕(중)ㅣ
鬲 〔몽〕(중)ㅐ ㅒ 〔금〕(중)ㅣ
亷 〔중〕(모)ㄹ (중)ㅣ 〔몽〕(중)ㅐ (중)ㅒ

〔금〕(중) l
隔 〔몽〕(중)ㅐ ㅐ 〔금〕(중) l
革 〔중〕(중) l 〔몽〕(중)ㅐ (중)ㅐ 〔금〕(중) l
槅 〔몽〕(중)ㅐ ㅐ 〔금〕(중) l
觡 〔몽〕(중)ㅐ ㅐ 〔금〕(중) l

溪ㅋ[k']

平庚-丘庚
　　阬 〔몽〕(중)ㅖ 〔속〕(중)ㅡ
　　坑 〔몽〕(중)ㅖ 〔속〕(중)ㅡ
　　鏗 〔몽〕(중)ㅖ 〔속〕(중)ㅡ
　　硻 〔몽〕(중)ㅖ 〔속〕(중)ㅡ
　　硜 〔몽〕(중)ㅖ 〔속〕(중)ㅡ
　　牼 〔몽〕(중)ㅖ 〔속〕(중)ㅡ

上梗-苦等
　　肯 〔몽〕(중)ㅡ 〔속〕(중)ㅡ (종)ㄴ
　　肎 〔몽〕(중)ㅡ 〔속〕(중)ㅡ (종)ㄴ
　　肎 〔몽〕(중)ㅡ 〔속〕(중)ㅡ (종)ㄴ

入陌-乞格
　　克 〔몽〕(중)ㅐ ㅐ 〔금〕(중) l
　　剋 〔몽〕(중)ㅐ ㅐ 〔금〕(중) l
　　刻 〔몽〕(중)ㅐ ㅐ 〔금〕(중) l
　　客 〔몽〕(중)ㅐ ㅐ 〔금〕(중) l

端ㄷ[t]

平庚-都騰
　　登 〔몽〕(중)ㅡ 〔속〕(중)ㅡ
　　登 〔몽〕(중)ㅡ 〔속〕(중)ㅡ
　　甂 〔몽〕(중)ㅡ 〔속〕(중)ㅡ
　　燈 〔몽〕(중)ㅡ 〔속〕(중)ㅡ
　　甋 〔몽〕(중)ㅡ 〔속〕(중)ㅡ
　　簦 〔몽〕(중)ㅡ 〔속〕(중)ㅡ
　　豋 〔몽〕(중)ㅡ 〔속〕(중)ㅡ

上梗-多肯
　　等 〔몽〕(중)ㅡ 〔속〕(중)ㅡ

去敬-丁鄧

嶝 〔몽〕(중)ㅡ 〔속〕(중)ㅡ
隥 〔몽〕(중)ㅡ 〔속〕(중)ㅡ
磴 〔몽〕(중)ㅡ 〔속〕(중)ㅡ
墱 〔몽〕(중)ㅡ 〔속〕(중)ㅡ
鐙 〔몽〕(중)ㅡ 〔속〕(중)ㅡ
橙 〔중〕(모)ㅉ(종)ㆆ〔몽〕(중)ㅡ 〔속〕(중)ㅡ
凳 〔몽〕(중)ㅡ 〔속〕(중)ㅡ
鐙 〔몽〕(중)ㅡ 〔속〕(중)ㅡ

入陌-多則
　　德 〔몽〕(중)ㅐ 〔속〕(중) l
　　悳 〔몽〕(중)ㅐ 〔속〕(중) l
　　得 〔몽〕(중)ㅐ 〔속〕(중) l

透ㅌ[t']

入陌-惕德
　　忒 〔몽〕(중)ㅐ 〔금〕(중) l
　　慝 〔몽〕(중)ㅐ 〔금〕(중) l
　　忑 〔몽〕(중)ㅐ 〔금〕(중) l
　　貸 〔중〕(운)泰 (모)ㄸ 〔몽〕(중)ㅐ 〔금〕(중) l

定ㄸ[d]

平庚-徒登
　　騰 〔몽〕(중)ㅡ 〔속〕(중)ㅡ
　　滕 〔몽〕(중)ㅡ 〔속〕(중)ㅡ
　　膯 〔몽〕(중)ㅡ 〔속〕(중)ㅡ
　　縢 〔몽〕(중)ㅡ 〔속〕(중)ㅡ
　　螣 〔중〕(조)去 〔몽〕(중)ㅡ 〔속〕(중)ㅡ
　　藤 〔몽〕(중)ㅡ 〔속〕(중)ㅡ
　　籐 〔몽〕(중)ㅡ 〔속〕(중)ㅡ
　　疼 〔몽〕(중)ㅡ 〔속〕(중)ㅡ
　　臘 〔중〕(조)入 〔몽〕(중)ㅡ 〔속〕(중)ㅡ
　　驣 〔몽〕(중)ㅡ 〔속〕(중)ㅡ

去敬-唐亘
　　鄧 〔몽〕(중)ㅡ 〔속〕(중)ㅡ
　　蹬 〔몽〕(중)ㅡ 〔속〕(중)ㅡ
　　螣 〔중〕(조)平 〔몽〕(중)ㅡ 〔속〕(중)ㅡ

入陌-敵德

特 〔몽〕(중)ㅐ 〔속〕(중)ㅣ
犆 〔몽〕(중)ㅐ 〔속〕(중)ㅣ
特 〔몽〕(중)ㅐ 〔속〕(중)ㅣ
螣 〔몽〕(중)ㅐ 〔속〕(중)ㅣ
蟘 〔몽〕(중)ㅐ 〔속〕(중)ㅣ
貸 〔중〕(운)泰 (모)ㅌ 〔몽〕(중)ㅐ 〔속〕(중)ㅣ

泥ㄴ[n]

平庚-奴登
能 〔중〕(운)皆 〔몽〕(중)ㅡ 〔속〕(중)ㅡ
儜 〔몽〕(중)ㅡ 〔속〕(중)ㅡ
獰 〔몽〕(중)ㅡ 〔속〕(중)ㅡ

幫ㅂ[p]

平庚-補耕
絣 〔몽〕(중)ㅜ 〔속〕(중)ㅡ
繃 〔몽〕(중)ㅜ 〔속〕(중)ㅡ
絣 〔몽〕(중)ㅜ 〔속〕(중)ㅡ
閍 〔몽〕(중)ㅜ 〔속〕(중)ㅡ
祊 〔몽〕(중)ㅜ 〔속〕(중)ㅡ
旁 〔중〕(운)陽 〔몽〕(중)ㅜ 〔속〕(중)ㅡ
傍 〔중〕(운)陽 〔몽〕(중)ㅜ 〔속〕(중)ㅡ
榜 〔중〕(운)養 〔몽〕(중)ㅜ 〔속〕(중)ㅡ
垹 〔몽〕(중)ㅜ 〔속〕(중)ㅡ
浜 〔몽〕(중)ㅜ 〔속〕(중)ㅡ
崩 〔몽〕(중)ㅜ 〔속〕(중)ㅡ
絣 〔속〕(중)ㅡ
伻 〔몽〕(모)ㅍ (중)ㅡ 〔속〕(중)ㅡ
弸 〔몽〕(모)ㅍ (중)ㅡ 〔속〕(중)ㅡ

去敬-比孟
迸 〔몽〕(중)ㅡ 〔속〕(중)ㅡ
趕 〔몽〕(중)ㅡ 〔속〕(중)ㅡ
搒 〔중〕(운)陽 〔몽〕(중)ㅡ 〔속〕(중)ㅡ

入陌-博陌
百 〔중〕(모)ㅁ 〔몽〕(중)ㅐ 〔금〕(중)ㅣ
伯 〔몽〕(중)ㅐ 〔금〕(중)ㅣ
佰 〔중〕(모)ㅁ 〔몽〕(중)ㅐ 〔금〕(중)ㅣ
迫 〔몽〕(중)ㅐ 〔금〕(중)ㅣ

栢 〔몽〕(중)ㅐ 〔금〕(중)ㅣ
薜 〔중〕(운)置 〔몽〕(중)ㅐ 〔금〕(중)ㅣ
檗 〔몽〕(중)ㅐ 〔금〕(중)ㅣ
蘗 〔몽〕(중)ㅐ 〔금〕(중)ㅣ
擘 〔몽〕(중)ㅐ 〔금〕(중)ㅣ
捭 〔중〕(운)解 〔몽〕(중)ㅐ 〔금〕(중)ㅣ
北 〔중〕(중)ㅟ 〔몽〕(중)ㅐ 〔금〕(중)ㅣ

滂ㅍ[p']

平庚-補庚
烹 〔몽〕(중)ㅜ 〔속〕(중)ㅜ

入陌-普伯
拍 〔몽〕(중)ㅐ 〔금〕(중)ㅣ
珀 〔몽〕(중)ㅐ 〔속〕(중)ㅐ (종)ㆁ 〔금〕(중)ㅣ
魄 〔중〕(운)藥 〔몽〕(중)ㅐ 〔금〕(중)ㅣ
覇 〔중〕(운)마 〔몽〕(중)ㅐ 〔금〕(중)ㅣ

並ㅃ[b]

平庚-蒲庚
彭 〔중〕(운)陽 〔몽〕(중)ㅜ 〔속〕(중)ㅜ
騯 〔몽〕(중)ㅜ 〔속〕(중)ㅜ
筹 〔몽〕(중)ㅜ 〔속〕(중)ㅜ
膨 〔몽〕(중)ㅜ 〔속〕(중)ㅜ
蟛 〔몽〕(중)ㅜ 〔속〕(중)ㅜ
翢 〔몽〕(중)ㅜ 〔속〕(중)ㅜ
棚 〔몽〕(중)ㅜ 〔속〕(중)ㅜ
朋 〔몽〕(중)ㅜ 〔운〕(중)ㅡ
鵬 〔몽〕(중)ㅜ 〔운〕(중)ㅡ
堋 〔몽〕(중)ㅜ 〔운〕(중)ㅡ
骼 〔몽〕(중)ㅜ 〔운〕(중)ㅡ
蚄 〔중〕(운)陽 〔몽〕(중)ㅜ 〔운〕(중)ㅡ

入陌-簿陌
白 〔몽〕(중)ㅐ 〔금〕(중)ㅣ
帛 〔몽〕(중)ㅐ 〔금〕(중)ㅣ
舶 〔몽〕(중)ㅐ 〔금〕(중)ㅣ
欂 〔몽〕(중)ㅐ 〔금〕(중)ㅣ
蔔 〔몽〕(중)ㅟ 〔금〕(중)ㅣ
蔔 〔몽〕(중)ㅟ 〔금〕(중)ㅣ (종)ㆁ

踎 〔몽〕(중)ㅟ 〔금〕(중)ㅣ
棘 〔몽〕(중)ㅟ 〔금〕(중)ㅣ

明ㅁ [m]

平庚-眉庚
盲 〔몽〕(중)ㅜ 〔운〕(중)ㅜ 〔속〕(중)ㅡ
氓 〔중〕(운)陽 〔몽〕(중)ㅜ 〔운〕(중)ㅜ
　　ㅟ〔속〕(중)ㅡ
蝱 〔몽〕(중)ㅜ 〔운〕(중)ㅜ 〔속〕(중)ㅡ
虻 〔몽〕(중)ㅜ 〔운〕(중)ㅜ 〔속〕(중)ㅡ
郉 〔몽〕(중)ㅜ 〔운〕(중)ㅜ 〔속〕(중)ㅡ
甍 〔중〕(운)東 (조)去 〔몽〕(중)ㅜ 〔운〕(중)ㅜ
　　〔속〕(중)ㅡ
茵 〔몽〕(중)ㅜ 〔운〕(중)ㅜ 〔속〕(중)ㅡ
薨 〔몽〕(중)ㅜ 〔운〕(중)ㅜ 〔속〕(중)ㅡ
萌 〔몽〕(중)ㅜ 〔운〕(중)ㅜ 〔속〕(중)ㅡ
氓 〔몽〕(중)ㅜ 〔운〕(중)ㅜ 〔속〕(중)ㅡ
甿 〔몽〕(중)ㅜ 〔운〕(중)ㅜ 〔속〕(중)ㅡ

上梗-母梗
猛 〔몽〕(중)ㅜ 〔운〕(중)ㅜ 〔속〕(중)ㅡ
艋 〔몽〕(중)ㅜ 〔운〕(중)ㅜ 〔속〕(중)ㅡ
蜢 〔몽〕(중)ㅜ 〔운〕(중)ㅜ 〔속〕(중)ㅡ

去敬-莫更
孟 〔중〕(운)養 〔몽〕(중)ㅜ 〔운〕(중)ㅜ
　　〔속〕(중)ㅡ
盟 〔중〕(중)ㅣ 〔몽〕(중)ㅜ 〔운〕(중)ㅜ
　　〔속〕(중)ㅡ
蓋 〔몽〕(중)ㅜ 〔운〕(중)ㅜ 〔속〕(중)ㅡ
懵 〔몽〕(중)ㅜ 〔운〕(중)ㅜ 〔속〕(중)ㅡ
懞 〔중〕(운)東 〔몽〕(중)ㅜ 〔운〕(중)ㅜ
　　〔속〕(중)ㅡ
瞢 〔중〕(운)東 (조)平 〔몽〕(중)ㅜ 〔운〕(중)ㅜ
　　〔속〕(중)ㅡ
夢 〔몽〕(중)ㅜ 〔운〕(중)ㅜ 〔속〕(중)ㅡ

入陌-莫白
陌 〔중〕(모)ㅂ (중)ㅓ 〔몽〕(중)ㅐ
　　〔금〕(중)ㅓ (중)ㅣ
佰 〔몽〕(중)ㅐ 〔금〕(중)ㅓ (중)ㅣ
貊 〔몽〕(중)ㅐ 〔금〕(중)ㅓ (중)ㅣ

莫 〔중〕(운)藥 〔몽〕(중)ㅐ 〔금〕(중)ㅓ (중)ㅣ
駂 〔몽〕(중)ㅐ 〔금〕(중)ㅓ (중)ㅣ
貘 〔몽〕(중)ㅐ 〔금〕(중)ㅓ (중)ㅣ
百 〔중〕(모)ㅂ (중)ㅓ 〔몽〕(중)ㅐ
　　〔금〕(중)ㅓ (중)ㅣ
驀 〔몽〕(중)ㅐ 〔금〕(중)ㅓ (중)ㅣ
麥 〔몽〕(중)ㅐ 〔금〕(중)ㅓ (중)ㅣ
霡 〔몽〕(중)ㅐ 〔금〕(중)ㅓ (중)ㅣ
霢 〔몽〕(중)ㅐ 〔금〕(중)ㅓ (중)ㅣ
脉 〔몽〕(중)ㅐ 〔금〕(중)ㅓ (중)ㅣ
脈 〔몽〕(중)ㅐ 〔금〕(중)ㅓ (중)ㅣ
覛 〔몽〕(중)ㅐ 〔금〕(중)ㅓ (중)ㅣ
眽 〔몽〕(중)ㅐ 〔금〕(중)ㅓ (중)ㅣ
蛨 〔몽〕(중)ㅐ 〔금〕(중)ㅣ
墨 〔몽〕(중)ㅐㅟ 〔금〕(중)ㅣ
默 〔몽〕(중)ㅐㅟ 〔금〕(중)ㅣ
嘿 〔몽〕(중)ㅐㅟ 〔금〕(중)ㅣ
嚜 〔몽〕(중)ㅐㅟ 〔금〕(중)ㅣ
纆 〔몽〕(중)ㅐㅟ 〔금〕(중)ㅣ
冒 〔중〕(운)效 〔몽〕(중)ㅐ (중)ㅟ 〔금〕(중)ㅣ
万 〔중〕(운)諫 〔몽〕(중)ㅐ (중)ㅟ 〔금〕(중)ㅣ

精ㅈ [ts]

平庚-咨登
增 〔중〕(조)去 〔몽〕(중)ㅡ 〔속〕(중)ㅡ
曾 〔중〕(모)ㅉ 〔몽〕(중)ㅡ 〔속〕(중)ㅡ
憎 〔몽〕(중)ㅡ 〔속〕(중)ㅡ
矰 〔몽〕(중)ㅡ 〔속〕(중)ㅡ
甑 〔몽〕(중)ㅡ 〔속〕(중)ㅡ
罾 〔몽〕(중)ㅡ 〔속〕(중)ㅡ
橧 〔몽〕(중)ㅡ 〔속〕(중)ㅡ
翻 〔몽〕(중)ㅡ 〔속〕(중)ㅡ
璔 〔몽〕(중)ㅡ 〔속〕(중)ㅡ

去敬-子孕
增 〔중〕(조)平 〔속〕(중)ㅡ
甑 〔몽〕(중)ㅣ 〔운〕(중)ㅣ 〔속〕(중)ㅡ
䰜 〔몽〕(중)ㅣ 〔운〕(중)ㅣ 〔속〕(중)ㅡ

入陌-子德
則 〔몽〕(중)ㅐ 〔금〕(중)ㅣ

清 ㅊ[ts']

去敬-七鄧
    蹭 〔속〕(중)ㅡ

從 ㅉ[dz]

平庚-慈陵
    層 〔몽〕(중)ㅡ 〔속〕(중)ㅡ
    曾 〔몽〕(중)ㅡ 〔속〕(중)ㅡ
    嶒 〔몽〕(중)ㅣ 〔속〕(중)ㅡ
    繒 〔몽〕(중)ㅣ 〔운〕(중)ㅣ 〔속〕(중)ㅡ
    䄅 〔몽〕(중)ㅣ 〔운〕(중)ㅣ 〔속〕(중)ㅡ
    驓 〔몽〕(중)ㅣ 〔운〕(중)ㅣ 〔속〕(중)ㅡ

去敬-昨亘
    贈 〔몽〕(중)ㅡ 〔속〕(중)ㅡ
    騬 〔속〕(중)ㅡ

入陌-疾力
    賊 〔몽〕(중)ㅐ 〔금〕(중)ㅣ
    蠈 〔몽〕(중)ㅐ 〔금〕(중)ㅣ
    鰂 〔몽〕(중)ㅐ 〔금〕(중)ㅣ
    鯽 〔몽〕(중)ㅐ 〔금〕(중)ㅣ
    崱 〔몽〕(모)ㅆ(중)ㅐ 〔금〕(중)ㅣ
    萴 〔몽〕(중)ㅐ 〔금〕(중)ㅣ

心 ㅅ[s]

平庚-思登
    僧 〔몽〕(중)ㅡ 〔속〕(중)ㅡ
    鬙 〔몽〕(중)ㅡ 〔속〕(중)ㅡ

入陌-悉則
    塞 〔중〕(운)泰 〔몽〕(중)ㅐ 〔금〕(중)ㅣ
    賽 〔몽〕(중)ㅐ 〔금〕(중)ㅣ

照 ㅈ[tɕ]

平庚-甾耕

爭 〔중〕(조)去 〔몽〕(중)ㅡ 〔속〕(중)ㅡ
猙 〔몽〕(중)ㅡ 〔속〕(중)ㅡ
箏 〔몽〕(중)ㅡ 〔속〕(중)ㅡ
丁 〔중〕(모)ㄴ 〔몽〕(중)ㅡ 〔속〕(중)ㅡ
玎 〔중〕(모)ㄷ 〔몽〕(중)ㅡ 〔속〕(중)ㅡ
睜 〔몽〕(중)ㅡ 〔속〕(중)ㅡ

去敬-側迸
    諍 〔몽〕(중)ㅡ 〔속〕(중)ㅡ
    爭 〔중〕(조)平 〔몽〕(중)ㅡ 〔속〕(중)ㅡ
    掙 〔중〕(모)ㅊ 〔몽〕(중)ㅡ 〔속〕(중)ㅡ
    偵 〔중〕(모)ㅊ(중)ㅣ 〔몽〕(중)ㅡ 〔속〕(중)ㅡ
    遉 〔중〕(모)ㅊ(중)ㅣ 〔몽〕(중)ㅡ 〔속〕(중)ㅡ
    幀 〔몽〕(중)ㅡ 〔속〕(중)ㅡ
    鐙 〔몽〕(중)ㅡ 〔속〕(중)ㅡ
    掌 〔몽〕(중)ㅡ 〔속〕(중)ㅡ

入陌-側格
    側 〔몽〕(중)ㅐ 〔금〕(중)ㅣ
    仄 〔몽〕(중)ㅐ 〔금〕(중)ㅣ
    昃 〔몽〕(중)ㅐ 〔금〕(중)ㅣ
    庂 〔몽〕(중)ㅐ 〔금〕(중)ㅣ
    窄 〔몽〕(중)ㅐ 〔금〕(중)ㅣ
    迮 〔몽〕(중)ㅐ 〔금〕(중)ㅣ
    笮 〔몽〕(중)ㅐ 〔금〕(중)ㅣ
    柞 〔중〕(운)藥 〔몽〕(중)ㅐ 〔금〕(중)ㅣ
    唶 〔중〕(운)蔗 〔몽〕(중)ㅐ 〔금〕(중)ㅣ
    舴 〔몽〕(중)ㅐ 〔금〕(중)ㅣ
    蚱 〔중〕(운)마 〔몽〕(중)ㅐ 〔금〕(중)ㅣ
    蚝 〔몽〕(중)ㅐ 〔금〕(중)ㅣ
    馲 〔중〕(운)藥 〔몽〕(중)ㅐ 〔금〕(중)ㅣ
    責 〔몽〕(중)ㅐ 〔금〕(중)ㅣ
    嘖 〔몽〕(중)ㅐ 〔금〕(중)ㅣ
    讀 〔몽〕(중)ㅐ 〔금〕(중)ㅣ
    幘 〔몽〕(중)ㅐ 〔금〕(중)ㅣ
    簀 〔몽〕(중)ㅐ 〔금〕(중)ㅣ
    礋 〔몽〕(중)ㅐ 〔금〕(중)ㅣ
    砳 〔몽〕(중)ㅐ 〔금〕(중)ㅣ
    摘 〔중〕(모)ㅌ(중)ㅣ 〔몽〕(중)ㅐ 〔금〕(중)ㅣ
    擿 〔중〕(모)ㅌㅉ(중)ㅣㅣ 〔몽〕(중)ㅐ 〔금〕(중)ㅣ
    謫 〔몽〕(중)ㅐ 〔금〕(중)ㅣ
    讁 〔몽〕(중)ㅐ 〔금〕(중)ㅣ

穿ㅊ[tɕʰ']

平庚-抽庚
    錚 〔뭉〕(즁)ㅡ 〔쇽〕(즁)ㅡ
    琤 〔뭉〕(즁)ㅡ 〔쇽〕(즁)ㅡ
    瞠 〔뭉〕(즁)ㅡ 〔쇽〕(즁)ㅡ
    樘 〔뭉〕(즁)ㅡ 〔쇽〕(즁)ㅡ
    撑 〔뭉〕(즁)ㅡ 〔쇽〕(즁)ㅡ
    撐 〔뭉〕(즁)ㅡ 〔쇽〕(즁)ㅡ
    鎗 〔뭉〕(즁)ㅡ 〔쇽〕(즁)ㅡ
    鏜 〔즁〕(운)陽 〔뭉〕(즁)ㅡ 〔쇽〕(즁)ㅡ
    槍 〔즁〕(운)陽 〔뭉〕(즁)ㅡ 〔쇽〕(즁)ㅡ
    搶 〔즁〕(운)陽 〔뭉〕(즁)ㅡ 〔쇽〕(즁)ㅡ
    崝 〔뭉〕(즁)ㅡ 〔운〕(모)ㅉ 〔쇽〕(즁)ㅡ
    撑 〔즁〕(모)ㅅ 〔뭉〕(즁)ㅡ 〔쇽〕(즁)ㅡ

入陌-恥格
    測 〔뭉〕(즁)ㅐ 〔금〕(즁)ㅣ
    惻 〔뭉〕(즁)ㅐ 〔금〕(즁)ㅣ
    畟 〔뭉〕(즁)ㅐ 〔금〕(즁)ㅣ
    坼 〔뭉〕(즁)ㅐ 〔금〕(즁)ㅣ
    圻 〔뭉〕(즁)ㅐ 〔금〕(즁)ㅣ
    墌 〔뭉〕(즁)ㅐ 〔금〕(즁)ㅣ
    策 〔뭉〕(즁)ㅐ 〔금〕(즁)ㅣ
    冊 〔뭉〕(즁)ㅐ 〔금〕(즁)ㅣ
    柵 〔뭉〕(즁)ㅐ 〔금〕(즁)ㅣ

牀ㅉ[dʑ]

平庚-除庚
    棖 〔뭉〕(즁)ㅡ 〔쇽〕(즁)ㅡ
    朾 〔뭉〕(즁)ㅡ 〔쇽〕(즁)ㅡ
    橙 〔뭉〕(즁)ㅡ 〔쇽〕(즁)ㅡ
    傖 〔즁〕(운)陽 〔뭉〕(즁)ㅡ 〔쇽〕(즁)ㅡ
    鬔 〔뭉〕(즁)ㅡ 〔쇽〕(즁)ㅡ

入陌-直格
    宅 〔뭉〕(즁)ㅐ 〔금〕(즁)ㅣ (종)ㆁ
    澤 〔뭉〕(즁)ㅐ 〔금〕(즁)ㅣ
    擇 〔뭉〕(즁)ㅐ 〔금〕(즁)ㅣ
    罯 〔즁〕(모)ㅇ 〔뭉〕(즁)ㅐ 〔금〕(즁)ㅣ
    翟 〔즁〕(모)ㄸ 〔뭉〕(즁)ㅐ 〔금〕(즁)ㅣ
    襗 〔뭉〕(즁)ㅐ 〔금〕(즁)ㅣ

審ㅅ[ɕ]

平庚-師庚
    生 〔즁〕(조)去 〔뭉〕(즁)ㅡ 〔쇽〕(즁)ㅡ
    笙 〔뭉〕(즁)ㅡ 〔쇽〕(즁)ㅡ
    甥 〔뭉〕(즁)ㅡ 〔쇽〕(즁)ㅡ
    牲 〔뭉〕(즁)ㅡ 〔쇽〕(즁)ㅡ
    猩 〔뭉〕(즁)ㅡ 〔쇽〕(즁)ㅡ
    狌 〔뭉〕(즁)ㅡ 〔쇽〕(즁)ㅡ
    鉎 〔뭉〕(즁)ㅡ 〔쇽〕(즁)ㅡ
    鼪 〔뭉〕(즁)ㅡ 〔쇽〕(즁)ㅡ

上梗-所敬
    省 〔즁〕(즁)ㅣ 〔뭉〕(즁)ㅡ 〔쇽〕(즁)ㅡ
    眚 〔뭉〕(즁)ㅡ 〔쇽〕(즁)ㅡ

去敬-所景
    生 〔즁〕(조)平 〔뭉〕(즁)ㅡ 〔쇽〕(즁)ㅡ

入陌-色窄
    色 〔뭉〕(즁)ㅐ 〔금〕(즁)ㅣ (즁)ㅐ (종)ㆁ
    嗇 〔뭉〕(즁)ㅐ 〔금〕(즁)ㅣ
    穡 〔뭉〕(즁)ㅐ 〔금〕(즁)ㅣ
    濇 〔뭉〕(즁)ㅐ 〔금〕(즁)ㅣ
    嗇 〔뭉〕(즁)ㅐ 〔금〕(즁)ㅣ
    索 〔즁〕(운)藥 〔뭉〕(즁)ㅐ 〔금〕(즁)ㅣ
        (즁)ㅐ (종)ㆁ
    愬 〔즁〕(운)暮 〔뭉〕(즁)ㅐ 〔금〕(즁)ㅣ
    槭 〔뭉〕(즁)ㅐ 〔금〕(즁)ㅣ
    槭 〔뭉〕(즁)ㅐ 〔금〕(즁)ㅣ

禪ㅆ[ʑ]

入陌-士革
    賾 〔뭉〕(모)ㅉ(즁)ㅐ 〔운〕(모)ㅉ(즁)ㅐ
        〔금〕(즁)ㅣ
    齰 〔뭉〕(모)ㅉ(즁)ㅐ 〔운〕(모)ㅉ(즁)ㅐ
        〔금〕(즁)ㅣ
    咋 〔뭉〕(모)ㅉ(즁)ㅐ 〔운〕(모)ㅉ(즁)ㅐ
        〔금〕(즁)ㅣ

影ㆆ[ʔ]

入陌-乙革
　　厄 [몽](중)ㅐ
　　厓 [몽](중)ㅐ
　　阨 [중](운)泰 [몽](중)ㅐ
　　阸 [중](운)泰 [몽](중)ㅐ
　　軛 [몽](중)ㅐ
　　輗 [몽](중)ㅐ
　　啞 [중](운)馬 [몽](중)ㅐ
　　餩 [몽](중)ㅐ
　　搤 [몽](중)ㅐ
　　扼 [몽](중)ㅐ
　　呝 [몽](중)ㅐ

曉ㅎ[x]

平庚-虛庚
　　亨 [몽](중)ㅖ [속](중)ㅣ [금](중)ㅡ
　　脝 [몽](중)ㅖ [속](중)ㅣ [금](중)ㅡ

入陌-呼格
　　黑 [몽](중)ㅐ [금](중)ㅣ
　　赫 [몽](중)ㅐ ㅖ [속](중)ㅣ (종)ㆁ
　　　[금](중)ㅓ (중)ㅣ ㅣ (종)ㆁ
　　嚇 [몽](중)ㅐ ㅖ [금](중)ㅣ
　　爀 [중](운)마 [몽](중)ㅐ (중)ㅖ
　　　[금](중)ㅣ

匣ㆅ[ɣ]

入陌-胡得
　　劾 [중](운)泰 [몽](중)ㅐ [금](중)ㅣ
　　覈 [몽](중)ㅐ ㅐ [금](중)ㅣ
　　核 [중](운)質 [몽](중)ㅐ (중)ㅐ [금](중)ㅣ
　　翮 [몽](중)ㅐ ㅐ [금](중)ㅣ
　　格 [중](운)藥 (모)ㄱ [몽](중)ㅐ (중)ㅐ
　　　[금](중)ㅣ
　　輅 [중](운)暮 [몽](중)ㅐ (중)ㅐ [금](중)ㅣ

喩ㅇ[j]

入陌-鄂格
　　額 [몽](중)ㅐ [속](모)ㆁ (종)ㆁ
　　　[금](모)ㆁ (중)ㅓ (종)ㆁ
　　頟 [몽](중)ㅐ [속](모)ㆁ (종)ㆁ
　　　[금](모)ㆁ (중)ㅓ (종)ㆁ
　　詻 [몽](중)ㅐ

來ㄹ[l]

平庚-盧登
　　棱 [몽](중)ㅜ [속](중)ㅜ
　　稜 [몽](중)ㅜ [속](중)ㅜ
　　楞 [몽](중)ㅜ [속](중)ㅜ
　　輘 [중](중)ㅏ [몽](중)ㅜ [속](중)ㅜ

上梗-魯杏
　　冷 [몽](중)ㅜ [속](중)ㅜ

入陌-歷德
　　勒 [몽](중)ㅐ [금](중)ㅣ
　　肋 [몽](중)ㅐ [금](중)ㅣ
　　扐 [몽](중)ㅐ [금](중)ㅣ
　　泐 [몽](중)ㅐ [금](중)ㅣ
　　仂 [몽](중)ㅐ [금](중)ㅣ
　　芳 [몽](중)ㅐ [금](중)ㅣ

[ㅟ]

見ㄱ[k]

平庚-姑橫
　　觥 [몽](중)ㅜ [운](중)ㅜ [원](중)ㅜ
　　　[금](중)ㅜ
　　觵 [몽](중)ㅜ [운](중)ㅜ [원](중)ㅜ
　　　[금](중)ㅜ

胘 〔몽〕(중)ㅜ 〔운〕(중)ㅜ 〔원〕(중)ㅜ
　　〔금〕(중)ㅜ
玄 〔몽〕(중)ㅜ 〔운〕(중)ㅜ 〔원〕(중)ㅜ
　　〔금〕(중)ㅜ

上梗-古猛
　　礦 〔금〕(중)ㅜ
　　鑛 〔중〕(운)諫 (모)ㆅ
　　釬 〔중〕(운)諫 (모)ㆅ
　　叩 〔중〕(운)諫 (모)ㆅ

入陌-古伯
　　國 〔속〕(중)ㅓ ㅟ (종)ㅇ
　　虢 〔몽〕(중)ㅙ 〔속〕(중)ㅓ (중)ㅟ (종)ㅇ
　　蟈 〔몽〕(중)ㅙ 〔속〕(중)ㅓ (중)ㅟ (종)ㅇ
　　摑 〔몽〕(중)ㅙ 〔속〕(중)ㅓ (중)ㅟ (종)ㅇ
　　幗 〔몽〕(중)ㅙ 〔속〕(중)ㅓ (중)ㅟ (종)ㅇ
　　簂 〔몽〕(중)ㅙ 〔속〕(중)ㅓ (중)ㅟ (종)ㅇ
　　馘 〔몽〕(중)ㅙ 〔속〕(중)ㅓ (중)ㅟ (종)ㅇ
　　膕 〔몽〕(중)ㅙ

溪ㅋ[k']

平庚-丘肱
　　輄 〔원〕(모)ㄱ 〔금〕(모)ㄱ

並ㅃ[b]

上梗-蒲猛
　　麠 〔중〕(운)皆

影ㆆ[?]

平庚-烏宏
　　泓 〔몽〕(중)ㅠㅔ 〔금〕(중)ㅜ

曉ㅎ[x]

平庚-呼宏
　　鍧 〔몽〕(중)ㅜ 〔운〕(중)ㅜ 〔금〕(중)ㅜ
　　轟 〔몽〕(중)ㅜ 〔운〕(중)ㅜ 〔금〕(중)ㅜ

輷 〔몽〕(중)ㅜ 〔운〕(중)ㅜ 〔금〕(중)ㅜ
薨 〔몽〕(중)ㅜ 〔운〕(중)ㅜ 〔금〕(중)ㅜ
轟 〔몽〕(중)ㅜ 〔운〕(중)ㅜ 〔금〕(중)ㅜ
鐑 〔몽〕(중)ㅜ 〔운〕(중)ㅜ 〔금〕(중)ㅜ

入陌-霍虢
　　謋 〔몽〕(중)ㅐ
　　砉 〔몽〕(중)ㅐ
　　謋 〔몽〕(중)ㅐ
　　漷 〔중〕(운)藥 〔몽〕(중)ㅐ
　　劃 〔몽〕(모)ㆅ (중)ㅐ 〔금〕(중)ㅐ
　　嚆 〔몽〕(모)ㆅ (중)ㅐ 〔금〕(중)ㅐ
　　嚄 〔운〕(모)ㆅ (중)ㅐ
　　攉 〔몽〕(모)ㆆ (중)ㅐ

匣ㆅ[ɣ]

平庚-胡盲
　　橫 〔중〕(조)去 〔몽〕(중)ㅜ 〔속〕(중)ㅜ
　　　　〔금〕(중)ㅜ
　　衡 〔중〕(중)ㅣ 〔몽〕(중)ㅜ 〔속〕(중)ㅜ
　　鬞 〔몽〕(중)ㅜ 〔속〕(중)ㅜ
　　喤 〔몽〕(중)ㅜ 〔속〕(중)ㅜ
　　鍠 〔몽〕(중)ㅜ 〔속〕(중)ㅜ
　　鐄 〔몽〕(중)ㅜ 〔속〕(중)ㅜ
　　彋 〔몽〕(중)ㅜ 〔속〕(중)ㅜ
　　宏 〔몽〕(중)ㅜ 〔속〕(중)ㅜ
　　閎 〔몽〕(중)ㅜ 〔속〕(중)ㅜ
　　紘 〔몽〕(중)ㅜ 〔속〕(중)ㅜ
　　翃 〔몽〕(중)ㅜ 〔속〕(중)ㅜ
　　罞 〔몽〕(중)ㅜ 〔속〕(중)ㅜ
　　紭 〔몽〕(중)ㅜ 〔속〕(중)ㅜ
　　橐 〔몽〕(중)ㅜ 〔속〕(중)ㅜ
　　弘 〔몽〕(중)ㅜ 〔속〕(중)ㅜ
　　嶸 〔몽〕(중)ㅜ 〔속〕(중)ㅜ
　　磁 〔몽〕(중)ㅜ 〔속〕(중)ㅜ
　　峪 〔몽〕(중)ㅜ 〔속〕(중)ㅜ
　　耾 〔몽〕(중)ㅜ 〔속〕(중)ㅜ

上梗-胡猛
　　叩 〔중〕(운)諫 (모)ㄱ 〔몽〕(중)ㅜ 〔운〕(중)ㅜ
　　　　〔속〕(중)ㅜ 〔금〕(모)ㄱ (중)ㅡ

去敬-戶孟
  橫 〔몽〕(중)ㅜ 〔속〕(중)ㅜ 〔금〕(중)ㅜ

入陌-穫北
  蟈 〔중〕(모)ㆆ (중)ㅒ
  獲 〔몽〕(중)ㅐ
  畫 〔중〕(운)마 〔몽〕(중)ㅐ

[ㅖ]

見ㄱ[k]

平庚-涓熒
  扃 〔몽〕(중)ㅛ 〔운〕(중)ㅠ 〔속〕(중)ㅠ
  坰 〔몽〕(중)ㅛ 〔운〕(중)ㅠ 〔속〕(중)ㅠ
  駉 〔몽〕(중)ㅛ 〔운〕(중)ㅠ 〔속〕(중)ㅠ
  絅 〔중〕(모)ㅋ 〔몽〕(중)ㅛ 〔운〕(중)ㅠ
       〔속〕(중)ㅠ

上梗-居永
  冏 〔몽〕(중)ㅠ 〔운〕(중)ㅠ 〔속〕(중)ㅠ
  璟 〔몽〕(중)ㅠ 〔운〕(중)ㅠ 〔속〕(중)ㅠ
  臩 〔운〕(중)ㅠ 〔속〕(중)ㅠ
  香 〔중〕(운)隊 〔운〕(중)ㅠ 〔속〕(중)ㅠ
  燛 〔운〕(중)ㅠ 〔속〕(중)ㅠ

入陌-古闃
  馘 〔몽〕(중)ㅚ
  膕 〔몽〕(중)ㅚ
  湨 〔몽〕(중)ㅚ

溪ㅋ[k']

平庚-窺營
  傾 〔중〕(조)上 〔몽〕(중)ㅛ 〔운〕(중)ㅠ
       〔속〕(중)ㅣ
  頃 〔중〕(조)上 〔몽〕(중)ㅛ 〔운〕(중)ㅠ
       〔속〕(중)ㅣ

上梗-丘穎

  頃 〔중〕(조)平 〔속〕(중)ㅣ
  傾 〔중〕(조)平 〔속〕(중)ㅣ
  巇 〔속〕(중)ㅣ
  頔 〔속〕(중)ㅣ
  尙 〔속〕(중)ㅣ
  褧 〔속〕(중)ㅣ
  絅 〔중〕(모)ㄱ 〔속〕(중)ㅣ

入陌-苦昊
  闃 〔몽〕(중)ㅚ

群ㄲ[g]

平庚-渠營
  瓊 〔몽〕(중)ㅛ 〔속〕(중)ㅣ 〔금〕(중)ㅠ
  璚 〔몽〕(중)ㅛ 〔속〕(중)ㅣ 〔금〕(중)ㅠ
  璟 〔몽〕(중)ㅛ 〔속〕(중)ㅣ 〔금〕(중)ㅠ
  悙 〔몽〕(중)ㅛ 〔속〕(중)ㅣ 〔금〕(중)ㅠ
  橝 〔몽〕(중)ㅛ 〔속〕(중)ㅣ 〔금〕(중)ㅠ
  藑 〔몽〕(중)ㅛ 〔속〕(중)ㅣ 〔금〕(중)ㅠ
  煢 〔몽〕(중)ㅛ 〔속〕(중)ㅣ 〔금〕(중)ㅠ
  嫏 〔중〕(운)先 〔몽〕(중)ㅛ 〔속〕(중)ㅣ
       〔금〕(중)ㅠ
  撌 〔몽〕(중)ㅛ 〔속〕(중)ㅣ 〔금〕(중)ㅠ

疑ㅇ[ŋ]

入陌-越逼
  役 〔몽〕(모)ㅇ (중)ㅖ
       〔금〕(모)ㅇ (중)ㅣ (종)ㆆ
  疫 〔몽〕(모)ㅇ (중)ㅖ
       〔금〕(모)ㅇ (중)ㅣ (종)ㆆ
  域 〔몽〕(모)ㆆ (중)ㅒ 〔운〕(모)ㆆ (중)ㅟ
       〔금〕(모)ㅇ (중)ㅣ (종)ㆆ
  淢 〔중〕(모)ㆆ (중)ㅒ 〔몽〕(모)ㆆ (중)ㅒ
       〔운〕(모)ㆆ (중)ㅟ
       〔금〕(모)ㅇ (중)ㅣ (종)ㆆ
  罭 〔몽〕(모)ㆆ (중)ㅒ 〔운〕(모)ㆆ (중)ㅟ
       〔금〕(모)ㅇ (중)ㅣ (종)ㆆ
  棫 〔몽〕(모)ㆆ (중)ㅒ 〔운〕(모)ㆆ (중)ㅟ
       〔금〕(모)ㅇ (중)ㅣ (종)ㆆ
  蜮 〔중〕(모)ㆆ (중)ㅒ 〔몽〕(모)ㆆ (중)ㅒ

〔운〕(모)ㅎ (중)ㅟ 〔금〕(모)ㅇ (중)ㅣ
(종)ㅎ
絨 〔몽〕(모)ㅎ (중)ㅞ 〔운〕(모)ㅎ (중)ㅟ
〔금〕(모)ㅇ (중)ㅣ (종)ㅎ
闄 〔몽〕(모)ㅎ (중)ㅞ 〔운〕(모)ㅎ (중)ㅟ
〔금〕(모)ㅇ (중)ㅣ (종)ㅎ

影ㆆ[ʔ]

去敬-縈定
瑩 〔중〕(중)ㅞ 〔몽〕(중)ㅜ 〔운〕(중)ㅣ
〔속〕(중)ㅣ

曉ㅎ[x]

平庚-呼榮
兄 〔중〕(운)東 양 〔몽〕(중)ㅖ 〔금〕(중)ㅠ

上梗-火迥
訶 〔중〕(조)去 〔몽〕(중)ㅠ (중)ㅖ
〔금〕(중)ㅠ

去敬-呼正
訶 〔중〕(조)上 〔몽〕(중)ㅠ 〔금〕(중)ㅠ
夐 〔중〕(운)霰 〔몽〕(중)ㅠ 〔금〕(중)ㅠ

入陌-呼臭
洫 〔금〕(중)ㅠ (종)ㅎ
減 〔중〕(모)ㅇ (중)ㅞ 〔금〕(중)ㅠ (종)ㅎ
侐 〔금〕(중)ㅠ (종)ㅎ
殈 〔몽〕(중)ㅟ 〔운〕(중)ㅚ
〔금〕(중)ㅠ (종)ㅎ
砉 〔중〕(중)ㅟ 〔몽〕(중)ㅟ 〔운〕(중)ㅚ
〔금〕(중)ㅠ (종)ㅎ
騞 〔중〕(중)ㅟ 〔몽〕(중)ㅟ 〔운〕(중)ㅚ
〔금〕(중)ㅠ (종)ㅎ

匣ㆅ[ɣ]

上梗-戶頂
訶 〔몽〕(중)ㅛ 〔금〕(중)ㅠ

洞 〔몽〕(중)ㅛ 〔금〕(중)ㅠ
炯 〔몽〕(중)ㅛ 〔운〕(모)ㄱ (중)ㅠ
〔본〕(모)ㄱ (중)ㅠ 〔금〕(중)ㅠ

喩ㅇ[j]

平庚-于平
營 〔몽〕(중)ㅠ 〔속〕(중)ㅠ 〔금〕(중)ㅣ
塋 〔몽〕(중)ㅠ 〔속〕(중)ㅠ 〔금〕(중)ㅣ
嫈 〔몽〕(중)ㅠ 〔속〕(중)ㅠ 〔금〕(중)ㅣ
瑩 〔중〕(모)ㅎ 〔몽〕(중)ㅠ 〔운〕(모)ㆁ
〔속〕(중)ㅠ 〔금〕(중)ㅣ
縈 〔중〕(모)ㅎ 〔몽〕(모)ㅎ (중)ㅜ
〔운〕(모)ㅎ (중)ㅜ 〔속〕(중)ㅠ 〔금〕(중)ㅣ
熒 〔몽〕(중)ㅛ 〔운〕(중)ㅠ 〔집〕(모)ㆅ (중)ㅠ
〔속〕(중)ㅠ 〔금〕(중)ㅣ
滎 〔몽〕(중)ㅛ 〔운〕(중)ㅠ 〔속〕(중)ㅠ
〔금〕(모)ㆅ (중)ㅣ ㅠ
螢 〔몽〕(중)ㅛ 〔운〕(중)ㅠ 〔속〕(중)ㅠ
〔금〕(모)ㆅ (중)ㅣ ㅠ
榮 〔몽〕(모)ㆁ (중)ㅠ 〔속〕(중)ㅠ 〔금〕(중)ㅠ
蠑 〔몽〕(모)ㆁ (중)ㅠ 〔속〕(중)ㅠ 〔금〕(중)ㅠ

上梗-于憬
永 〔몽〕(모)ㆁ (중)ㅠ 〔금〕(중)ㅠ

去敬-爲命
詠 〔몽〕(모)ㆁ (중)ㅠ 〔금〕(중)ㅠ
咏 〔몽〕(모)ㆁ (중)ㅠ 〔금〕(중)ㅠ
泳 〔몽〕(모)ㆁ (중)ㅠ 〔금〕(중)ㅠ
榮 〔몽〕(모)ㆁ (중)ㅠ 〔금〕(중)ㅠ
醟 〔몽〕(모)ㆁ (중)ㅠ 〔금〕(중)ㅠ

20. 우유유(尤有宥)

중성 : (一) 見溪疑透定泥滂竝明非奉精淸心照審影曉匣來

      (ㅣ) 見溪群疑泥明精淸從心邪照穿牀審禪影曉喩來日

종성 : ㅁㅇ

성조 : 平 上 去

운모 : 尤 有 宥

특징 : 종성 [ㅁㅇ]의 처리는 13. 소조소(蕭篠嘯), 14. 효교효(爻巧效)의 처리에 준한다.

[ㅡ]

見ㄱ[k]

平尤-居侯
　　句 〔중〕(운)御 (조)去
　　勾 〔중〕(조)去
　　竉 〔중〕(운)魚
　　枸 〔중〕(운)語 (조)上
　　篝 〔중〕(조)去

上有-擧后
　　枸 〔중〕(운)語 (조)平
　　岣 〔중〕(운)語
　　垢 〔중〕(모)ㅎ ㅎㅎ (조)去 〔원〕(모)ㅎㅎ (조)去

去有-居侯
　　篝 〔중〕(조)平
　　句 〔중〕(운)語 (조)平
　　句 〔중〕(조)平
　　詬 〔중〕(모)ㅎ ㅎㅎ (조)上 〔몽〕(모)ㅋ

溪ㅋ[k']

上有-苦厚
　　叩 〔중〕(조)去
　　扣 〔중〕(조)去

去有-丘候
　　扣 〔중〕(조)上
　　叩 〔중〕(조)上

疑ㅇ[ŋ]

平尤-魚侯
　　齲 〔중〕(운)魚 〔속〕(모)ㅇ
　　腢 〔중〕(운)魚 (조)上 〔속〕(모)ㅇ
　　髃 〔중〕(운)魚 (조)上 〔속〕(모)ㅇ

上有-語口

偶 〔중〕(조)去 〔속〕(모)ㅇ
耦 〔속〕(모)ㅇ
蕅 〔속〕(모)ㅇ
藕 〔속〕(모)ㅇ
腢 〔중〕(운)魚 (조)平 〔속〕(모)ㅇ
髃 〔중〕(운)魚 (조)平 〔속〕(모)ㅇ

去宥-五豆
　　偶 〔중〕(조)上 〔속〕(모)ㅇ

透ㅌ[t']

平尤-他侯
　　嗴 〔중〕(운)魚

定ㄸ[d]

去宥-大透
　　竇 〔중〕(운)魚
　　讀 〔중〕(운)屋

泥ㄴ[n]

去宥-乃豆
　　耨 〔중〕(운)屋

滂ㅍ[p']

上有-普厚
　　剖 〔몽〕(중)ㅜ
　　掊 〔중〕(모)ㅃ 〔몽〕(중)ㅜ
　　部 〔중〕(운)모 〔몽〕(모)ㅃ (중)ㅜ 〔운〕(모)ㅃ
　　培 〔중〕(운)灰 〔몽〕(모)ㅃ (중)ㅜ 〔운〕(모)ㅃ
　　蔀 〔중〕(운)모 〔몽〕(모)ㅃ (중)ㅜ 〔운〕(모)ㅃ
　　瓿 〔몽〕(모)ㅃ (중)ㅜ 〔운〕(모)ㅃ

竝ㅃ[b]

平尤-蒲侯

掊 〔중〕(모)ㅍ

明ㅁ[m]

平尤-莫侯
　　謨 〔몽〕(중)ㅜ
　　牟 〔몽〕(중)ㅜ
　　麰 〔몽〕(중)ㅜ
　　侔 〔몽〕(모)ᅙ (중)ㅜ
　　蛑 〔몽〕(중)ㅜ
　　矛 〔몽〕(중)ㅜ
　　蝥 〔몽〕(중)ㅜ
　　鍪 〔몽〕(모)ᅙ (중)ㅜ
　　鏊 〔몽〕(모)ᅙ (중)ㅜ
　　眸 〔몽〕(모)ᅙ (중)ㅜ
　　蛑 〔몽〕(모)ᅙ (중)ㅜ

上有-莫厚
　　母 〔중〕(운)姥 〔몽〕(중)ㅜ
　　拇 〔중〕(운)姥 〔몽〕(중)ㅜ
　　踇 〔중〕(운)姥 〔몽〕(중)ㅜ
　　畝 〔중〕(운)姥 〔몽〕(중)ㅜ
　　晦 〔중〕(운)姥 〔몽〕(중)ㅜ
　　鵬 〔중〕(운)姥 〔몽〕(중)ㅜ
　　某 〔중〕(운)姥 〔몽〕(중)ㅜ
　　呆 〔중〕(운)姥 〔몽〕(중)ㅜ
　　牡 〔몽〕(중)ㅜ
　　莽 〔중〕(운)姥 養 〔몽〕(중)ㅜ

去有-莫候
　　戊 〔몽〕(중)ㅜ
　　茂 〔몽〕(중)ㅜ
　　楙 〔중〕(운)✕ 〔몽〕(중)ㅜ
　　懋 〔몽〕(중)ㅜ
　　袤 〔몽〕(중)ㅜ
　　貿 〔몽〕(중)ㅜ
　　瞀 〔몽〕(중)ㅜ

非ㅸ[f]

上有-俯九
　　缶 〔몽〕(중)ㅜ

瓿 〔몽〕(중)ㅜ
否 〔중〕(운)紙 〔몽〕(중)ㅜ
茶 〔중〕(모)ㅹ 〔몽〕(중)ㅜ
炁 〔몽〕(중)ㅜ
殕 〔몽〕(중)ㅜ

去宥-敷救
　　富 〔중〕(운)暮 〔몽〕(중)ㅜ
　　副 〔중〕(운)屋 暮 陌 〔몽〕(중)ㅜ
　　輻 〔중〕(운)屋 〔몽〕(중)ㅜ
　　覆 〔중〕(운)屋 (모)ㅹ 〔몽〕(중)ㅜ
　　仆 〔중〕(운)暮 (모)ㅍ 〔몽〕(중)ㅜ

奉ㅽ[v]

平尤-房鳩
　　鶵 〔몽〕(모)ㅸ (중)ㅜ 〔운〕(모)ㅸ (중)ㅜ
　　　〔집〕(모)ㅸ (중)ㅜ
　　紑 〔몽〕(모)ㅸ (중)ㅜ 〔운〕(모)ㅸ (중)ㅜ
　　　〔집〕(모)ㅸ (중)ㅜ
　　浮 〔몽〕(중)ㅝ
　　罦 〔몽〕(중)ㅝ
　　芣 〔몽〕(모)ㅹ (중)ㅝ
　　桴 〔중〕(운)暮 〔몽〕(중)ㅝ
　　枹 〔몽〕(중)ㅝ
　　蜉 〔몽〕(중)ㅝ
　　涪 〔몽〕(중)ㅝ

上有-房缶
　　阜 〔몽〕(중)ㅝ
　　負 〔중〕(운)暮 〔몽〕(중)ㅝ
　　偩 〔몽〕(모)ㅹ (중)ㅝ
　　婦 〔중〕(운)暮 〔몽〕(중)ㅝ
　　娩 〔중〕(운)暮 〔몽〕(중)ㅝ
　　蠱 〔몽〕(중)ㅝ
　　蕡 〔중〕(운)暮 〔몽〕(중)ㅝ

去宥-扶富
　　復 〔중〕(운)屋 〔몽〕(중)ㅝ
　　覆 〔중〕(운)屋 (모)ㅸ 〔몽〕(중)ㅝ
　　伏 〔중〕(운)屋 〔몽〕(중)ㅝ
　　輹 〔몽〕(중)ㅝ

精ㅈ[ts]

平尤-將侯
　　鯫 〔중〕(모)ㅊ 〔몽〕(모)ㅉ

上有-子口
　　走 〔중〕(조)去

去宥-則候
　　走 〔중〕(조)上

清ㅊ[ts']

上有-此苟
　　趣 〔중〕(운)御
　　鯫 〔중〕(모)ㅊ

去宥-千候
　　嗾 〔중〕(모)ㅅ
　　蔟 〔중〕(운)屋

心ㅅ[s]

平尤-先侯
　　涑 〔중〕(운)屋 (조)去
　　漱 〔중〕(조)去

上有-蘇后
　　叟 〔중〕(모)ㅅ
　　嗾 〔중〕(모)ㅊ (조)去
　　藪 〔중〕(운)屋

去宥-先奏
　　漱 〔중〕(조)平
　　涑 〔중〕(운)屋 (조)平
　　嗾 〔중〕(모)ㅊ
　　嗽 〔중〕(운)藥

照ㅈ[tɕ]

平尤-側鳩

緅 〔몽〕(모)ㅈ

審ㅅ[ɕ]

平尤-疏鳩
　　叟 〔중〕(중)ㅜ
　　醙 〔중〕(조)上
　　溲 〔중〕(조)上

上有-所九
　　溲 〔중〕(조)平
　　醙 〔중〕(조)平

影ㆆ[ʔ]

平尤-烏侯
　　嘔 〔중〕(조)上
　　漚 〔중〕(조)去
　　歐 〔중〕(조)上
　　區 〔중〕(운)魚 (모)ㅋ (중)ㅣ
　　摳 〔중〕(운)魚
　　慪 〔중〕(조)去

上有-於口
　　歐 〔중〕(조)平
　　嘔 〔중〕(조)平

去宥-於候
　　漚 〔중〕(조)平
　　慪 〔중〕(조)平

曉ㅎ[x]

去宥-許候
　　詬 〔중〕(모)ㄱ
　　蔻 〔금〕(모)ㅋ

匣ㆅ[ɣ]

上有-胡口
　　后 〔중〕(조)去

後 〔중〕(조)去

去宥-胡茂
　后 〔중〕(조)上
　後 〔중〕(조)上
　詬 〔중〕(모)ㄱ ㅎ

來ㄹ[l]

平尤-盧侯
　婁 〔중〕(운)魚
　蔞 〔중〕(운)魚
　慺 〔중〕(운)魚
　褸 〔중〕(운)語
　膢 〔중〕(운)魚
　僂 〔중〕(운)語 (조)去
　貗 〔중〕(운)魚
　貗 〔중〕(운)魚

上有-郎斗
　嶁 〔중〕(운)語 (조)去

去宥-郎豆
　鏤 〔중〕(운)魚
　僂 〔중〕(운)語 (조)平
　瘻 〔중〕(운)魚
　嶁 〔중〕(운)語 (조)上

[ㅣ]

見ㄱ[k]

平尤-居尤
　芁 〔중〕(운)爻
　朹 〔중〕(운)爻 (모)ㄲ
　樛 〔몽〕(중)ㅔ

上有-舉有
　灸 〔중〕(조)去
　糾 〔중〕(운)篠 〔몽〕(모)ㄲ (중)ㅔ
　紃 〔몽〕(모)ㄲ (중)ㅔ

趀 〔몽〕(모)ㄲ (중)ㅔ

去宥-居又
　捄 〔중〕(운)魚 (모)ㄲ

溪ㅋ[k']

平尤-驅尤
　龜 〔중〕(운)灰
　區 〔중〕(운)魚 (모)ㅎ

群ㄲ[g]

平尤-渠尤
　球 〔중〕(운)魚 (모)ㄱ
　頄 〔중〕(운)灰
　朹 〔중〕(운)爻 (모)ㄱ
　虯 〔몽〕(중)ㅔ
　觓 〔몽〕(중)ㅔ
　觩 〔몽〕(중)ㅔ
　蟉 〔몽〕(중)ㅔ

上有-巨九
　咎 〔중〕(운)爻

疑ㆁ[ŋ]

平尤-于求
　牛 〔속〕(모)ㄴ

泥ㄴ[n]

上有-女九
　杻 〔중〕(모)ㅊ
　狃 〔중〕(조)去
　忸 〔중〕(운)屋

去宥-女救
　糅 〔중〕(모)ㅿ
　狃 〔중〕(조)上

明ㅁ[m]

平尤-莫彪
　　繆〔중〕(운)屋　(조)去

去宥-靡幼
　　繆〔중〕(운)屋　(조)平

精ㅈ[ʦ]

平尤-卽由
　　湫〔중〕(운)篠

淸ㅊ[ʦ']

平尤-此由
　　篍〔중〕(운)蕭

從ㅉ[ʣ]

平尤-慈秋
　　蝤〔중〕(모)○
　　囚〔몽〕(모)ㅆ〔운〕(모)ㅆ

心ㅅ[s]

上有-息有
　　訹〔중〕(운)質

去宥-息救
　　琇〔중〕(모)○
　　宿〔중〕(운)屋

邪ㅆ[z]

去宥-似救
　　褎〔중〕(모)○

照ㅈ[ʨ]

平尤-職流
　　調〔중〕(운)蕭
　　襃〔중〕(운)爻

去宥-職救
　　祝〔중〕(운)屋

穿ㅊ[ʨ']

平尤-丑鳩
　　妯〔중〕(운)屋

上有-齒九
　　魗〔중〕(모)ㅉ
　　杻〔중〕(모)ㄴ

去宥-尺救
　　畱〔중〕(모)ㅎ

牀ㅆ[dʑ]

平尤-除留
　　幬〔중〕(운)效
　　裯〔중〕(운)蕭　爻
　　紬〔중〕(조)去
　　讎〔몽〕(모)ㅆ〔운〕(모)ㅆ
　　酬〔몽〕(모)ㅆ〔운〕(모)ㅆ
　　醻〔몽〕(모)ㅆ〔운〕(모)ㅆ
　　詶〔몽〕(모)ㅆ〔운〕(모)ㅆ
　　雦〔중〕(모)ㅊ〔몽〕(모)ㅆ〔운〕(모)ㅆ
　　犨〔몽〕(모)ㅆ〔운〕(모)ㅊ

去宥-直又
　　紬〔중〕(조)平

審ㅅ[ɕ]

平尤-尺周
　　收〔중〕(조)去

上有-始九
　首 〔중〕(조)去
　昏 〔중〕(조)去
　守 〔중〕(조)去

去宥-舒救
　守 〔중〕(조)上
　首 〔중〕(조)上
　昏 〔중〕(조)上
　收 〔중〕(조)平

禪ㅆ[z]

上有-是酉
　綬 〔중〕(조)去
　壽 〔중〕(조)去
　授 〔중〕(조)去 〔몽〕(모)ㅸ

去宥-承呪
　授 〔중〕(조)上
　壽 〔중〕(조)上
　綬 〔중〕(조)上

影ㆆ[ʔ]

平尤-於尤
　攸 〔몽〕(모)ㅇ 〔운〕(모)ㅇ 〔고〕(모)ㅇ
　悠 〔몽〕(모)ㅇ 〔운〕(모)ㅇ 〔고〕(모)ㅇ
　滺 〔몽〕(모)ㅇ 〔운〕(모)ㅇ 〔고〕(모)ㅇ

曉ㅎ[x]

平尤-虛尤
　休 〔몽〕(중)ㅖ
　烋 〔중〕(운)ㅊ 〔몽〕(중)ㅖ
　庥 〔몽〕(중)ㅖ
　咻 〔몽〕(중)ㅖ
　貅 〔몽〕(중)ㅖ
　鵂 〔몽〕(중)ㅖ
　髹 〔몽〕(중)ㅖ
　髤 〔중〕(운)置 〔몽〕(중)ㅖ

鵂 〔몽〕(중)ㅖ

上有-許久
　朽 〔몽〕(중)ㅖ

去宥-許救
　齅 〔몽〕(중)ㅖ
　嗅 〔몽〕(중)ㅖ
　畜 〔중〕(모)ㅊ 〔몽〕(중)ㅖ
　畜 〔중〕(운)屋 〔몽〕(중)ㅖ

喩ㅇ[j]

平尤-于求
　蕕 〔중〕(운)蕭
　猶 〔중〕(조)去
　貁 〔중〕(운)歌
　蝤 〔중〕(모)ㅆ
　輶 〔중〕(조)去
　楢 〔중〕(조)上
　櫌 〔중〕(조)上
　尤 〔몽〕(모)ㆁ 〔운〕(모)ㆁ
　肬 〔몽〕(모)ㆁ 〔운〕(모)ㆁ
　疣 〔몽〕(모)ㆁ 〔운〕(모)ㆁ
　訧 〔몽〕(모)ㆁ 〔운〕(모)ㆁ
　郵 〔몽〕(모)ㆁ 〔운〕(모)ㆁ
　蚘 〔중〕(운)가 〔몽〕(모)ㆁ 〔운〕(모)ㆁ
　揂 〔중〕(운)魚 〔몽〕(모)ㆁ 〔운〕(모)ㆁ
　扰 〔몽〕(모)ㆁ
　舀 〔몽〕(모)ㆁ
　逌 〔몽〕(모)ㆁ

上有-云九
　楢 〔중〕(조)平
　櫌 〔중〕(조)平
　輶 〔중〕(조)平
　㻛 〔중〕(모)ㅅ
　有 〔중〕(조)去 〔몽〕(모)ㆁ 〔운〕(모)ㆁ
　右 〔중〕(조)去 〔몽〕(모)ㆁ 〔운〕(모)ㆁ
　友 〔몽〕(모)ㆁ 〔운〕(모)ㆁ

去宥-爰救
　蜼 〔중〕(운)賄
　雅 〔중〕(운)賄

褎 〔중〕(모)ㅆ
褎 〔중〕(모)ㅆ
柚 〔중〕(운)屋
猶 〔중〕(조)平
樢 〔중〕(조)平 上
楢 〔중〕(조)上
宥 〔몽〕(모)ㆁ 〔운〕(모)ㆁ
侑 〔몽〕(모)ㆁ 〔운〕(모)ㆁ
囿 〔몽〕(모)ㆁ 〔운〕(모)ㆁ
佑 〔몽〕(모)ㆁ 〔운〕(모)ㆁ
右 〔중〕(조)上 〔몽〕(모)ㆁ 〔운〕(모)ㆁ
祐 〔몽〕(모)ㆁ 〔운〕(모)ㆁ
又 〔몽〕(모)ㆁ 〔운〕(모)ㆁ
有 〔중〕(조)上 〔몽〕(모)ㆁ 〔운〕(모)ㆁ

去宥-如又
　蹂 〔중〕(조)平 上
　揉 〔중〕(조)平 上
　糅 〔중〕(모)ㄴ
　肉 〔중〕(운)屋

來ㄹ[l]

平尤-力求
　留 〔중〕(조)去
　嵧 〔중〕(조)去
　瘤 〔중〕(조)去
　遛 〔중〕(조)去
　瀏 〔중〕(조)上

上有-力九
　瀏 〔중〕(조)平

去宥-力救
　遛 〔중〕(조)平
　留 〔중〕(조)平
　廖 〔중〕(운)蕭
　勠 〔중〕(운)屋

日△[ᴣ]

平尤-而由
　蹂 〔중〕(조)上 去
　揉 〔중〕(조)上 去

上有-忍九
　蹂 〔중〕(조)平 去 〔원〕(조)平
　揉 〔중〕(조)平 去

21. 침침심집(侵寢沁緝)

중성 : (一) 精照穿牀審

    (丨) 見溪群疑泥精淸心邪照穿牀審禪影曉喩來日

       주기 : 금속음에서는 모두 [ㅁ]을 [ㄴ]으로 발음하는데, [ㅁ]으로 발음하는 사람
           도 많다. 그러므로 <통고>에서와 같이 변동 표시를 하지 않았다. 22.
           담감감합(覃感勘合)이나 23. 염염염엽(鹽琰艶葉)도 모두 같다.

종성 : 平上去: ㅁ, 入: ㅂ

    다만 ㅂ 표기하지 않음.

성조 : 平 上 去 入

운모 : 侵 寢 沁 緝

특징 : 이와 같이 종성이 [ㅁ]에서 [ㄴ]으로 바뀐 현상을 <한고>에서는 중성만 바뀌고 종
    성은 중고음과 마찬가지로 [ㅁ]이다. 아마도 변동하는 과정 [linguistic fluctuation]에
    있는 음임을 반영한 것으로 생각된다. 21, 22, 23의 세 개 운부에 공통으로 적용된다.

[ㅡ]

精ㅈ[ʦ]

上寢-子沈
  怎 〔금〕(종)ㄴ

照ㅈ[ʨ]

平侵-緇深
  簪 〔중〕(운)覃 〔금〕(종)ㄴ
  篸 〔중〕(운)覃 〔금〕(종)ㄴ
  撍 〔중〕(운)感 〔금〕(종)ㄴ

去沁-側禁
  譖 〔중〕(운)艷 〔금〕(종)ㄴ

穿ㅊ[ʨ']

上寢-楚錦
  墋 〔금〕(종)ㄴ
  磣 〔금〕(종)ㄴ

去沁-楚禁
  讖 〔금〕(종)ㄴ

牀ㅉ[ʥ]

平侵-鋤簪
  岑 〔금〕(종)ㄴ
  涔 〔금〕(종)ㄴ

審ㅅ[ɕ]

平侵-疏簪
  森 〔금〕(종)ㄴ
  罧 〔중〕(조)去 〔금〕(종)ㄴ
  槮 〔중〕(운)感 (조)去 〔금〕(종)ㄴ

  參 〔중〕(운)覃 (모)ㅊ 〔금〕(종)ㄴ
  葠 〔금〕(종)ㄴ
  蔘 〔금〕(종)ㄴ
  鬖 〔중〕(운)覃 〔금〕(종)ㄴ

去沁-所禁
  滲 〔금〕(종)ㄴ
  墋 〔중〕(운)感 (조)平 〔금〕(종)ㄴ
  罧 〔금〕(종)ㄴ

入緝-色入
  扱 〔중〕(운)合

[ㅣ]

見ㄱ[k]

平侵-居吟
  今 〔금〕(종)ㄴ
  紟 〔중〕(모)ㄲ 〔금〕(종)ㄴ
  衿 〔중〕(모)ㄲ 〔금〕(종)ㄴ
  襟 〔금〕(종)ㄴ
  金 〔금〕(종)ㄴ
  禁 〔중〕(조)去 〔금〕(종)ㄴ

上寢-居飲
  錦 〔금〕(종)ㄴ

去沁-居廕
  禁 〔중〕(조)平 〔금〕(종)ㄴ
  噤 〔중〕(모)ㆁ 〔금〕(종)ㄴ
  舚 〔금〕(종)ㄴ
  濮 〔중〕(모)ㆁ 〔금〕(종)ㄴ

溪ㅋ[k']

平侵-驅音
  欽 〔금〕(종)ㄴ
  衾 〔금〕(종)ㄴ
  嶔 〔금〕(종)ㄴ
  礏 〔금〕(종)ㄴ

去沁-丘禁
    撳 〔금〕(종)ㄴ

群ㄲ[g]

平侵-渠金
    琴 〔금〕(종)ㄴ
    禽 〔금〕(종)ㄴ
    檎 〔금〕(종)ㄴ
    噙 〔금〕(종)ㄴ
    黔 〔즁〕(운)鹽 〔금〕(종)ㄴ
    擒 〔금〕(종)ㄴ
    捦 〔금〕(종)ㄴ
    撌 〔금〕(종)ㄴ
    芩 〔금〕(종)ㄴ

上寢-渠飮
    噤 〔즁〕(모)ㄱ 〔금〕(종)ㄴ
    澿 〔즁〕(모)ㄱ 〔금〕(종)ㄴ

去沁-巨禁
    紟 〔즁〕(모)ㄱ 〔금〕(종)ㄴ
    衿 〔즁〕(모)ㄱ 〔금〕(종)ㄴ
    妗 〔금〕(종)ㄴ
    麶 〔금〕(종)ㄴ

入緝-忌立
    笈 〔즁〕(운)葉
    芨 〔몽〕(모)ㆁ 〔운〕(모)ㆁ 〔본〕(모)ㆁ (종)ㆆ

疑ㅇ[ŋ]

平侵-魚吟
    吟 〔속〕(모)ㅇ (종)ㄴ 〔금〕(종)ㄴ
    唫 〔속〕(모)ㅇ (종)ㄴ 〔금〕(종)ㄴ
    금3 〔속〕(모)ㅇ (종)ㄴ 〔금〕(종)ㄴ

泥ㄴ[n]

上寢-忍甚

恁 〔즁〕(모)ㅿ (조)去 〔금〕(종)ㄴ

去沁-女禁
    賃 〔금〕(종)ㄴ
    恁 〔즁〕(모)ㅿ 〔금〕(종)ㄴ

精ㅈ[ts]

去沁-子鴆
    浸 〔금〕(종)ㄴ
    寖 〔금〕(종)ㄴ
    湛 〔즁〕(운)覃 (모)ㅉ 〔금〕(종)ㄴ
    祲 〔즁〕(모)ㅊ 〔금〕(종)ㄴ

入緝-責入
    揖 〔즁〕(모)ㆆ

清ㅊ[ts']

平侵-七林
    侵 〔금〕(종)ㄴ
    駸 〔금〕(종)ㄴ
    梫 〔금〕(종)ㄴ
    綅 〔금〕(종)ㄴ
    祲 〔즁〕(모)ㅈ 〔몽〕(모)ㅊ 〔운〕(모)ㅈ
       〔금〕(종)ㄴ

上寢-七稔
    寢 〔금〕(종)ㄴ
    鋟 〔금〕(종)ㄴ
    癏 〔금〕(종)ㄴ

去沁-七鴆
    沁 〔금〕(종)ㄴ
    伈 〔금〕(종)ㄴ
    復 〔금〕(종)ㄴ

心ㅅ[s]

平侵-思林
    心 〔금〕(종)ㄴ

入緝-息入
　　霫 〔몽〕(모)ㅆ 〔운〕(모)ㅊ 〔집〕(모)ㅆ
　　颲 〔몽〕(모)ㅆ 〔집〕(모)ㅆ

邪ㅆ[z]

平侵-徐心
　　尋 〔금〕(종)ㄴ
　　潯 〔금〕(종)ㄴ
　　鄩 〔금〕(종)ㄴ
　　鐔 〔금〕(종)ㄴ
　　燖 〔중〕(운)鹽 〔금〕(종)ㄴ
　　郡 〔금〕(종)ㄴ
　　蕈 〔금〕(종)ㄴ

入緝-席入
　　褶 〔중〕(운)葉

照ㅈ[tɕ]

平侵-諸深
　　斟 〔금〕(종)ㄴ
　　針 〔중〕(조)去 〔금〕(종)ㄴ
　　鍼 〔중〕(운)鹽 〔금〕(종)ㄴ
　　箴 〔금〕(종)ㄴ
　　碪 〔금〕(종)ㄴ
　　砧 〔금〕(종)ㄴ
　　椹 〔중〕(모)ㅆ 〔금〕(종)ㄴ
　　鍖 〔금〕(종)ㄴ
　　葴 〔금〕(종)ㄴ

上寢-章荏
　　枕 〔중〕(조)去 〔금〕(종)ㄴ
　　燅 〔금〕(종)ㄴ

去沁-職任
　　枕 〔중〕(조)上 〔금〕(종)ㄴ
　　針 〔중〕(조)平 〔금〕(종)ㄴ
　　揕 〔금〕(종)ㄴ

入緝-側入

戢 〔몽〕(중)一 〔운〕(모)ㅎ
澓 〔몽〕(중)一 〔운〕(모)ㅎ
觯 〔몽〕(중)一 〔운〕(모)ㅎ
戠 〔몽〕(중)一 〔운〕(모)ㅎ

穿ㅊ[tɕ']

平侵-丑森
　　琛 〔금〕(종)ㄴ
　　瞫 〔금〕(종)ㄴ
　　郴 〔금〕(종)ㄴ
　　嵾 〔몽〕(모)ㅊ 〔금〕(종)ㄴ
　　參 〔중〕(운)覃 (모)ㅉ 〔몽〕(모)ㅊ 〔금〕(종)ㄴ

上寢-昌枕
　　審 〔속〕(종)ㄴ 〔금〕(종)ㄴ

去沁-丑禁
　　闖 〔금〕(종)ㄴ
　　睒 〔금〕(종)ㄴ

入緝-尺入
　　蟄 〔중〕(모)ㅉ

牀ㅉ[dz]

平侵-持林
　　沉 〔금〕(종)ㄴ
　　沈 〔중〕(모)ㅅ 〔금〕(종)ㄴ
　　湛 〔중〕(운)覃 (모)ㅈ 〔금〕(종)ㄴ
　　霃 〔금〕(종)ㄴ

上寢-呈稔
　　朕 〔금〕(종)ㄴ
　　瘎 〔금〕(종)ㄴ

去沁-直禁
　　鴆 〔금〕(종)ㄴ
　　酖 〔중〕(운)覃 〔금〕(종)ㄴ

入緝-直入
　　蟄 〔중〕(모)ㅊ

審ㅅ[ɕ]

平侵-式針
深 〔중〕(조)去 〔금〕(종)ㄴ
深 〔금〕(종)ㄴ

上寢-式荏
甚 〔금〕(종)ㄴ
沈 〔중〕(모)ㅉ〔금〕(종)ㄴ
嬸 〔금〕(종)ㄴ
諗 〔금〕(종)ㄴ
瀋 〔중〕(운)琛〔금〕(종)ㄴ
痒 〔금〕(종)ㄴ

去沁-式禁
甚 〔중〕(조)平〔금〕(종)ㄴ

禪ㅅ[ʑ]

平侵-時壬
諶 〔금〕(모)ㅉ(종)ㄴ
忱 〔금〕(종)ㄴ
煁 〔금〕(종)ㄴ
棋 〔중〕(운)鹽〔금〕(종)ㄴ

上寢-食枕
甚 〔중〕(조)去〔금〕(종)ㄴ
甚 〔몽〕(모)ㅉ〔금〕(종)ㄴ
椹 〔몽〕(모)ㅈ〔금〕(종)ㄴ

去沁-時鴆
甚 〔몽〕(모)ㅉ〔금〕(중)ㅡ(종)ㄴㅁ

影ㆆ[ʔ]

平侵-於禽
音 〔금〕(종)ㄴ
瘖 〔금〕(종)ㄴ
陰 〔금〕(종)ㄴ
黔 〔금〕(종)ㄴ

憎 〔금〕(종)ㄴ

上寢-於錦
飲 〔중〕(조)去 〔금〕(종)ㄴ

去沁-於禁
蔭 〔금〕(종)ㄴ
廕 〔금〕(종)ㄴ
癊 〔금〕(종)ㄴ
瘖 〔금〕(종)ㄴ
飲 〔중〕(조)上〔금〕(종)ㄴ
窨 〔금〕(종)ㄴ
暗 〔중〕(운)覃〔금〕(종)ㄴ

入緝--一入
揖 〔중〕(모)ㅈ
邑 〔몽〕(모)ㆁ
熠 〔몽〕(모)ㅇ〔운〕(모)ㆁ
煜 〔중〕(운)屋

曉ㅎ[x]

平侵-虛金
歆 〔몽〕(중)ㅔ〔금〕(종)ㄴ

喻ㅇ[j]

平侵-夷斟
淫 〔금〕(종)ㄴ
婬 〔금〕(종)ㄴ
霪 〔금〕(종)ㄴ
蟫 〔중〕(운)覃〔금〕(종)ㄴ

來ㄹ[l]

平侵-犁沈
林 〔금〕(종)ㄴ
琳 〔금〕(종)ㄴ
霖 〔금〕(종)ㄴ
淋 〔중〕(조)去〔금〕(종)ㄴ
臨 〔중〕(조)去〔금〕(종)ㄴ

棽 〔금〕(종)ㄴ
痲 〔중〕(운)痲 〔금〕(종)ㄴ

上寢-力錦
凜 〔금〕(종)ㄴ
懍 〔금〕(종)ㄴ
凜 〔금〕(종)ㄴ
檁 〔금〕(종)ㄴ

去沁-力禁
淋 〔중〕(조)平 〔금〕(종)ㄴ
臨 〔중〕(조)平 〔금〕(종)ㄴ

入緝-力入
苙 〔몽〕(모)ㅋ

日△[ʅ]

平侵-如深
任 〔중〕(조)去 〔금〕(종)ㄴ
壬 〔금〕(종)ㄴ
絍 〔중〕(조)去 〔금〕(종)ㄴ
紝 〔중〕(조)去 〔금〕(종)ㄴ
䰯 〔금〕(종)ㄴ

上寢-忍甚
餁 〔금〕(종)ㄴ
飪 〔금〕(종)ㄴ
恁 〔금〕(종)ㄴ
荏 〔금〕(종)ㄴ
稔 〔금〕(종)ㄴ
衽 〔중〕(조)去 〔금〕(종)ㄴ
袵 〔중〕(조)去 〔금〕(종)ㄴ
腍 〔금〕(종)ㄴ
恁 〔중〕(모)ㄴ 〔금〕(종)ㄴ

去沁-汝鴆
任 〔중〕(조)平 〔금〕(종)ㄴ
姙 〔금〕(종)ㄴ
妊 〔금〕(종)ㄴ
衽 〔중〕(조)上 〔금〕(종)ㄴ
袵 〔중〕(조)上 〔금〕(종)ㄴ
絍 〔중〕(조)平 〔금〕(종)ㄴ

紝 〔중〕(조)平 〔금〕(종)ㄴ

入緝-日執
入 〔속〕(중)ㅠ (종)ㆆ 〔금〕(중)ㅣ (종)ㆆ

22. 담감감합(覃感勘合)

중성 : (ㅏ) 見溪疑端透定泥竝奉精淸從心照穿牀審影曉匣來

　　　 (ㅑ) 見溪疑影曉匣

종성 : 平上去: ㅁ, 入: ㅂ

　　　 다만 ㅂ 표기하지 않음.

성조 : 平　上　去　入

운모 : 覃　感　勘　合

[ㅏ]

見ㄱ[k]

平覃-沽三
甘 〔금〕(종)ㄴ
柑 〔중〕(운)鹽 〔금〕(종)ㄴ
泔 〔금〕(종)ㄴ
弇 〔중〕(운)琰 〔금〕(종)ㄴ
疳 〔금〕(종)ㄴ

上感-古欖
感 〔금〕(종)ㄴ
敢 〔금〕(종)ㄴ
橄 〔금〕(종)ㄴ
壈 〔금〕(종)ㄴ

去勘-古暗
紺 〔금〕(종)ㄴ
灨 〔중〕(운)送 〔금〕(종)ㄴ
贛 〔중〕(운)送 〔금〕(종)ㄴ
淦 〔금〕(종)ㄴ

入合-古沓
合 〔몽〕(중)ㅗㅓ 〔속〕(중)ㅓ (종)ㅇ
欱 〔몽〕(중)ㅗㅓ 〔속〕(중)ㅓ (종)ㅇ
鴿 〔몽〕(중)ㅗㅓ 〔속〕(중)ㅓ (종)ㅇ
蛤 〔몽〕(중)ㅗㅓ 〔속〕(중)ㅓ (종)ㅇ
閤 〔몽〕(중)ㅗㅓ 〔속〕(중)ㅓ (종)ㅇ
鉿 〔몽〕(중)ㅗㅓ 〔속〕(중)ㅓ (종)ㅇ
頜 〔몽〕(중)ㅗㅓ 〔속〕(중)ㅓ (종)ㅇ
蓋 〔중〕(운)泰 (모)ㅎㅎ 〔몽〕(중)ㅗㅓ
〔속〕(중)ㅏ (종)ㅇ

溪ㅋ[k']

平覃-苦含
堪 〔금〕(종)ㄴ
龕 〔금〕(종)ㄴ
龕 〔금〕(종)ㄴ
戡 〔금〕(종)ㄴ

上感-苦感
坎 〔금〕(종)ㄴ
埳 〔중〕(모)ㅎㅎ 〔금〕(종)ㄴ
轗 〔중〕(조)去 〔금〕(종)ㄴ
欿 〔금〕(종)ㄴ
輡 〔금〕(종)ㄴ
砍 〔금〕(종)ㄴ

去勘-苦濫
勘 〔금〕(종)ㄴ
勘 〔금〕(종)ㄴ
瞰 〔금〕(종)ㄴ
闞 〔중〕(모)ㅎ 〔금〕(종)ㄴ
轗 〔중〕(조)上 〔금〕(종)ㄴ

入合-克盍
榼 〔몽〕(중)ㅕ 〔금〕(중)ㅓ (종)ㅇ
磕 〔중〕(운)泰 〔몽〕(중)ㅕ 〔금〕(중)ㅓ (종)ㅇ
礚 〔중〕(운)泰 〔몽〕(중)ㅕ 〔금〕(중)ㅓ (종)ㅇ
溘 〔몽〕(중)ㅕ 〔금〕(중)ㅓ (종)ㅇ
磕 〔몽〕(중)ㅕ 〔금〕(중)ㅓ (종)ㅇ
瞌 〔몽〕(중)ㅕ 〔금〕(중)ㅓ (종)ㅇ

疑ㆁ[ŋ]

上感-五感
頷 〔중〕(모)ㅎㅎ 〔속〕(모)ㅇ (종)ㄴ 〔금〕(종)ㄴ
顉 〔금〕(종)ㄴ

端ㄷ[t]

平覃-都含
耽 〔금〕(종)ㄴ
酖 〔중〕(운)沁 〔금〕(종)ㄴ
妉 〔금〕(종)ㄴ
湛 〔중〕(운)侵 (모)ㅉ 〔금〕(종)ㄴ
眈 〔금〕(종)ㄴ
擔 〔중〕(조)去 〔금〕(종)ㄴ
儋 〔중〕(조)去 〔금〕(종)ㄴ
聸 〔금〕(종)ㄴ
耽 〔몽〕(모)ㅌ 〔운〕(모)ㅌ 〔금〕(종)ㄴ
朏 〔금〕(종)ㄴ

上感-都感
　　沈 〔금〕(종)ㄴ
　　膽 〔금〕(종)ㄴ
　　礂 〔금〕(종)ㄴ
　　黕 〔금〕(종)ㄴ
　　舊 〔금〕(종)ㄴ

去勘-都濫
　　擔 〔중〕(조)平 〔금〕(종)ㄴ
　　担 〔금〕(종)ㄴ
　　儋 〔중〕(조)平 〔금〕(종)ㄴ
　　甔 〔금〕(종)ㄴ

入合-得合
　　搭 〔중〕(모)ㅌ

透ㅌ[t']

平覃-他含
　　貪 〔금〕(종)ㄴ
　　探 〔중〕(조)去 〔금〕(종)ㄴ
　　撢 〔중〕(조)去 〔금〕(종)ㄴ
　　坍 〔금〕(종)ㄴ
　　沜 〔금〕(종)ㄴ

上感-他感
　　醓 〔금〕(종)ㄴ
　　噴 〔금〕(종)ㄴ
　　菼 〔금〕(종)ㄴ
　　毯 〔금〕(종)ㄴ
　　緂 〔금〕(종)ㄴ
　　錟 〔금〕(종)ㄴ
　　忐 〔금〕(종)ㄴ

去勘-他紺
　　探 〔중〕(조)平 〔금〕(종)ㄴ
　　撢 〔중〕(조)平 〔금〕(종)ㄴ
　　睒 〔중〕(모)ㄸ 〔금〕(종)ㄴ

入合-託合
　　搭 〔중〕(모)ㄷ
　　闒 〔중〕(모)ㄸ

定ㄸ[d]

平覃-徒含
　　覃 〔금〕(종)ㄴ
　　潭 〔금〕(종)ㄴ
　　蟫 〔중〕(운)侵 〔금〕(종)ㄴ
　　醰 〔금〕(종)ㄴ
　　覘 〔금〕(종)ㄴ
　　曇 〔금〕(종)ㄴ
　　壜 〔금〕(종)ㄴ
　　罎 〔금〕(종)ㄴ
　　墰 〔금〕(종)ㄴ
　　薞 〔금〕(종)ㄴ
　　譚 〔금〕(종)ㄴ
　　談 〔금〕(종)ㄴ
　　惔 〔금〕(종)ㄴ
　　郯 〔금〕(종)ㄴ
　　痰 〔금〕(종)ㄴ
　　餤 〔금〕(종)ㄴ
　　澹 〔중〕(조)去 〔금〕(종)ㄴ

上感-徒感
　　禫 〔금〕(종)ㄴ
　　髧 〔금〕(종)ㄴ
　　黮 〔중〕(모)ㄷ 〔금〕(종)ㄴ
　　窞 〔금〕(종)ㄴ
　　萏 〔금〕(종)ㄴ
　　啖 〔중〕(조)去 〔금〕(종)ㄴ
　　噉 〔중〕(조)去 〔금〕(종)ㄴ
　　啗 〔중〕(조)去 〔금〕(종)ㄴ
　　憺 〔중〕(조)去 〔금〕(종)ㄴ

去勘-徒濫
　　淡 〔금〕(종)ㄴ
　　澹 〔중〕(조)平 〔금〕(종)ㄴ
　　憺 〔중〕(조)上 〔금〕(종)ㄴ
　　啗 〔중〕(조)上 〔금〕(종)ㄴ
　　啖 〔중〕(조)上 〔금〕(종)ㄴ
　　噉 〔중〕(조)上 〔금〕(종)ㄴ

入合-達合
　　闒 〔중〕(모)ㅌ

泥ㄴ[n]

平覃-那含
  　南 〔금〕(종)ㄴ
  　男 〔금〕(종)ㄴ
  　枏 〔중〕(운)鹽 〔금〕(종)ㄴ
  　楠 〔금〕(종)ㄴ
  　諵 〔금〕(종)ㄴ
  　喃 〔금〕(종)ㄴ
  　譀 〔중〕(운)鹽 〔금〕(종)ㄴ

上感-乃感
  　腩 〔금〕(종)ㄴ
  　湳 〔금〕(종)ㄴ

入合-奴荅
  　㲫 〔중〕(운)勘 〔금〕(종)ㄴ
* 원본의 잘못을 바로잡음.

奉ㅸ[v]

平覃-符咸
  　凡 〔금〕(종)ㄴ
  　凡 〔금〕(종)ㄴ
  　帆 〔금〕(종)ㄴ
  　颿 〔금〕(종)ㄴ
  　飌 〔금〕(종)ㄴ
  　氾 〔중〕(조)去 〔금〕(종)ㄴ

上感-房唊
  　範 〔금〕(종)ㄴ
  　笵 〔금〕(종)ㄴ
  　范 〔금〕(종)ㄴ
  　軓 〔금〕(종)ㄴ
  　帆 〔금〕(종)ㄴ
  　犯 〔금〕(종)ㄴ

去勘-扶泛
  　梵 〔금〕(종)ㄴ
  　泛 〔금〕(종)ㄴ
  　汎 〔금〕(종)ㄴ

贬 〔중〕(운)琰 〔금〕(종)ㄴ
氾 〔중〕(조)平 〔금〕(종)ㄴ

精ㅈ[ʦ]

平覃-祖含
  　簪 〔중〕(운)侵 〔금〕(종)ㄴ
  　參 〔중〕(운)侵 (조)去 〔금〕(종)ㄴ
  　鐕 〔금〕(종)ㄴ
  　譖 〔금〕(종)ㄴ
  　糌 〔금〕(종)ㄴ
  　喒 〔금〕(종)ㄴ

上感-子感
  　寁 〔금〕(종)ㄴ
  　昝 〔금〕(종)ㄴ
  　撍 〔금〕(종)ㄴ
  　朁 〔중〕(운)侵 〔금〕(종)ㄴ

去勘-作紺
  　參 〔중〕(운)侵 (조)平 〔금〕(종)ㄴ

入合-作荅
  　唼 〔중〕(모)ㅅ
  　喋 〔중〕(모)ㅅ

清ㅊ[ʦ']

平覃-蒼含
  　參 〔중〕(운)侵 (조)去 〔금〕(종)ㄴ
  　毶 〔금〕(종)ㄴ
  　驂 〔금〕(종)ㄴ

上感-七感
  　慘 〔금〕(종)ㄴ
  　憯 〔금〕(종)ㄴ
  　懆 〔금〕(종)ㄴ
  　朁 〔금〕(종)ㄴ
  　黲 〔금〕(종)ㄴ

去勘-七紺
  　參 〔중〕(운)侵 (조)平 〔금〕(종)ㄴ

傖 〔중〕(모)ㅉ 〔금〕(종)ㄴ

從 ㅉ [dz]

平覃-徂含
　蠶 〔금〕(종)ㄴ
　蚕 〔금〕(종)ㄴ
　蠜 〔금〕(종)ㄴ

上感-徂感
　歜 〔중〕(운)屋 〔금〕(종)ㄴ
　槧 〔중〕(운)鹽 〔금〕(종)ㄴ
　劗 〔중〕(모)ㅉ 〔금〕(종)ㄴ

去勘-昨濫
　暫 〔금〕(종)ㄴ
　賟 〔금〕(종)ㄴ
　壍 〔몽〕(조)平 〔금〕(종)ㄴ

心 ㅅ [s]

平覃-蘇監
　三 〔중〕(조)去 〔금〕(종)ㄴ
　弎 〔금〕(종)ㄴ
　叄 〔금〕(종)ㄴ
　毿 〔금〕(종)ㄴ
　鬖 〔중〕(운)侵 〔금〕(종)ㄴ

上感-桑感
　糂 〔금〕(종)ㄴ
　糝 〔중〕(운)侵 〔금〕(종)ㄴ

去勘-息暫
　三 〔중〕(조)平 〔금〕(종)ㄴ

入合-悉合
　靸 〔중〕(운)緝

照 ㅈ [tɕ]

平覃-知咸

詀 〔중〕(모)ㅉ 〔금〕(종)ㄴ

上感-側減
　斬 〔금〕(종)ㄴ
　蒇 〔금〕(종)ㄴ
　劖 〔중〕(모)ㅉ 〔금〕(종)ㄴ

去勘-莊陷
　蘸 〔금〕(종)ㄴ
　蹔 〔금〕(종)ㄴ
　站 〔금〕(종)ㄴ

入合-竹洽
　眨 〔중〕(운)葉

穿 ㅊ [tɕ']

平覃-初銜
　欃 〔금〕(종)ㄴ
　攙 〔금〕(종)ㄴ
　劖 〔운〕(모)ㅉ 〔금〕(종)ㄴ
　鑱 〔중〕(모)ㅉ 〔운〕(모)ㅉ 〔금〕(종)ㄴ
　漸 〔중〕(운)鹽 〔운〕(모)ㅉ 〔금〕(종)ㄴ

去勘-楚鑑
　懺 〔금〕(종)ㄴ

入合-測洽
　扱 〔중〕(운)緝

牀 ㅉ [dz]

平覃-鋤咸
　讒 〔금〕(종)ㄴ
　巉 〔금〕(종)ㄴ
　饞 〔금〕(종)ㄴ
　嚵 〔금〕(종)ㄴ
　儳 〔중〕(모)ㅋ (조)去 〔금〕(종)ㄴ
　巉 〔중〕(조)上 〔금〕(종)ㄴ
　憉 〔몽〕(모)ㅉ 〔운〕(모)ㅉ 〔금〕(종)ㄴ

上感-丈減

湛 〔중〕(운)侵 (모)ㄷ (조)去 〔금〕(종)ㄴ
嶄 〔금〕(종)ㄴ
巉 〔중〕(조)平 〔금〕(종)ㄴ

去勘-士監
湛 〔중〕(운)侵 (모)ㄷ (조)上 〔금〕(종)ㄴ
儳 〔중〕(모)ㅊ (조)平 〔금〕(종)ㄴ
鑱 〔중〕(모)ㅊ 〔금〕(종)ㄴ
賺 〔금〕(종)ㄴ
賺 〔금〕(종)ㄴ
謙 〔금〕(종)ㄴ
詀 〔중〕(모)ㅈ 〔금〕(종)ㄴ
巉 〔금〕(종)ㄴ
撕 〔금〕(종)ㄴ
巉 〔금〕(종)ㄴ

入合-直甲
喋 〔중〕(운)葉

審ㅅ[ɕ]

平覃-所含
攙 〔중〕(운)鹽 〔금〕(종)ㄴ
摻 〔중〕(조)上 〔금〕(종)ㄴ
衫 〔금〕(종)ㄴ
縿 〔금〕(종)ㄴ
幓 〔금〕(종)ㄴ
襂 〔금〕(종)ㄴ
杉 〔금〕(종)ㄴ
榵 〔금〕(종)ㄴ
芟 〔금〕(종)ㄴ

上感-所斬
摻 〔중〕(조)平 〔금〕(종)ㄴ

去勘-所鑑
釤 〔금〕(종)ㄴ

影ㆆ[ʔ]

平覃-烏含
諳 〔금〕(종)ㄴ

韽 〔금〕(종)ㄴ
俺 〔원〕(조)上 〔금〕(종)ㄴ
庵 〔금〕(종)ㄴ
菴 〔중〕(운)鹽 (조)上 去 〔금〕(종)ㄴ
暗 〔중〕(운)沁 〔금〕(종)ㄴ
腤 〔금〕(종)ㄴ
闇 〔중〕(조)上 去 〔금〕(종)ㄴ
唵 〔중〕(조)上 〔금〕(종)ㄴ
盦 〔중〕(조)入 〔금〕(종)ㄴ

上感-鄔感
唵 〔중〕(운)琰 〔금〕(종)ㄴ
菴 〔중〕(운)鹽 (조)平 去 〔금〕(종)ㄴ
醃 〔금〕(종)ㄴ
唵 〔중〕(조)平 〔금〕(종)ㄴ
闇 〔중〕(조)平 去 〔금〕(종)ㄴ
揞 〔금〕(종)ㄴ
黬 〔금〕(종)ㄴ
揜 〔중〕(운)琰 〔금〕(종)ㄴ
匼 〔중〕(조)入 〔금〕(종)ㄴ

去勘-烏紺
暗 〔금〕(종)ㄴ
闇 〔중〕(조)平 上 〔금〕(종)ㄴ
菴 〔중〕(운)鹽 (조)平 上 〔금〕(종)ㄴ

入合-遏合
匼 〔중〕(조)上 〔금〕(중)ㅓ (종)ㅎ
罨 〔중〕(운)琰 〔금〕(중)ㅓ (종)ㅎ
唈 〔중〕(운)緝 〔금〕(중)ㅓ (종)ㅎ
淹 〔금〕(중)ㅓ (종)ㅎ
匌 〔금〕(중)ㅓ (종)ㅎ
凹 〔중〕(운)爻 마 〔금〕(중)ㅘ (조)上
盦 〔중〕(조)平

曉ㅎ[x]

平覃-下瞰
憨 〔금〕(종)ㄴ
谽 〔금〕(종)ㄴ
蛤 〔금〕(종)ㄴ

匣 ㆅ[ɣ]

平覃-胡南
含 〔중〕(조)去 〔금〕(종)ㄴ
哈 〔중〕(조)去 〔금〕(종)ㄴ
函 〔중〕(중)ㅑ 〔금〕(종)ㄴ
涵 〔금〕(종)ㄴ
浛 〔금〕(종)ㄴ
腩 〔금〕(종)ㄴ
錎 〔금〕(종)ㄴ
椷 〔중〕(중)ㅑ 〔운〕(중)ㅑ 〔금〕(종)ㄴ
酣 〔금〕(종)ㄴ
蚶 〔운〕(모)ㆅ 〔금〕(종)ㄴ
鉗 〔운〕(모)ㆅ 〔금〕(종)ㄴ
蚶 〔운〕(모)ㆅ 〔금〕(종)ㄴ
歛 〔운〕(모)ㆅ 〔금〕(종)ㄴ
欸 〔운〕(모)ㆅ 〔금〕(종)ㄴ

上感-戶感
頷 〔중〕(모)ㆁ 〔금〕(종)ㄴ
憾 〔금〕(종)ㄴ
菡 〔중〕(조)去 〔원〕(조)去 〔금〕(종)ㄴ

去勘-胡紺
憾 〔중〕(조)上 〔금〕(종)ㄴ
琀 〔금〕(종)ㄴ
含 〔중〕(조)平 〔금〕(종)ㄴ
哈 〔중〕(조)平 〔금〕(종)ㄴ

入合-胡閤
合 〔중〕(모)ㄱ (중)ㅓ 〔속〕(중)ㅓ (종)ㆆ
盒 〔속〕(중)ㅓ (종)ㆆ
郃 〔속〕(중)ㅓ (종)ㆆ
迨 〔속〕(중)ㅓ (종)ㆆ
盍 〔속〕(중)ㅓ (종)ㆆ
闔 〔속〕(중)ㅓ (종)ㆆ
嗑 〔속〕(중)ㅓ (종)ㆆ
蓋 〔중〕(운)泰 (모)ㄱ 〔속〕(중)ㅓ (종)ㆆ
欱 〔몽〕(모)ㆅ (중)ㅓ 〔운〕(모)ㆅ (중)ㅓ
   〔속〕(중)ㅓ (종)ㆆ
哈 〔속〕(중)ㅓ (종)ㆆ

來 ㄹ[l]

平覃-盧含
婪 〔금〕(종)ㄴ
惏 〔금〕(종)ㄴ
啉 〔금〕(종)ㄴ
嵐 〔금〕(종)ㄴ
爁 〔중〕(조)上 〔금〕(종)ㄴ
藍 〔금〕(종)ㄴ
籃 〔금〕(종)ㄴ
襤 〔금〕(종)ㄴ
儱 〔금〕(종)ㄴ
繿 〔금〕(종)ㄴ
燷 〔금〕(종)ㄴ
藍 〔금〕(종)ㄴ
黵 〔금〕(종)ㄴ

上感-魯敢
壈 〔금〕(종)ㄴ
燷 〔중〕(조)平 〔금〕(종)ㄴ
覽 〔금〕(종)ㄴ
覽 〔금〕(종)ㄴ
攬 〔금〕(종)ㄴ
攬 〔금〕(종)ㄴ
擥 〔금〕(종)ㄴ
欖 〔금〕(종)ㄴ
漤 〔금〕(종)ㄴ
灠 〔금〕(종)ㄴ

去勘-魯瞰
濫 〔중〕(모)ㆅ (중)ㅑ 〔금〕(종)ㄴ
纜 〔원〕(조)上 去 〔금〕(종)ㄴ

入合-落合
拹 〔중〕(운)葉
摺 〔중〕(운)葉

[ㅏ]

見 ㄱ[k]

平覃-古銜
監 〔중〕(조)去 〔금〕(중)ㅏ (중)ㅕ (종)ㄴ
緘 〔금〕(중)ㅏ ㅕ (종)ㄴ

械 〔금〕(중)ㅏㅕ (종)ㄴ
瑊 〔금〕(중)ㅏㅕ (종)ㄴ
鑑 〔중〕(조)去 〔금〕(중)ㅏ (중)ㅕ (종)ㄴ

上感-古斬
減 〔금〕(중)ㅏㅕ (종)ㄴ
鹻 〔금〕(중)ㅏㅕ (종)ㄴ
鹼 〔금〕(중)ㅏㅕ (종)ㄴ

去勘-古陷
鑑 〔중〕(조)平 〔금〕(중)ㅏ (중)ㅕ (종)ㄴ
監 〔중〕(조)平 〔금〕(중)ㅏ (중)ㅕ (종)ㄴ

入合-古洽
夾 〔중〕(운)葉
挾 〔중〕(운)葉
筴 〔중〕(운)葉
梜 〔중〕(운)葉
押 〔중〕(모)ㅇ
俠 〔중〕(운)葉
袷 〔중〕(운)葉
鞈 〔중〕(모)ㄱ (중)ㅏ (종)ㄴ
蛺 〔중〕(운)葉 (모)ㆅ

溪ㅋ[k']

平覃-丘銜
嵌 〔원〕(조)上 〔금〕(중)ㅏ (중)ㅕ (종)ㄴ
膁 〔중〕(운)鹽 〔금〕(중)ㅏ (중)ㅕ (종)ㄴ

入合-苦洽
胠 〔중〕(운)魚

疑ㅇ[ŋ]

平覃-魚咸
嵒 〔속〕(모)ㅇ (종)ㄴ 〔금〕(중)ㅏ (중)ㅕ (종)ㄴ
碞 〔속〕(모)ㅇ (종)ㄴ 〔금〕(중)ㅏ (중)ㅕ (종)ㄴ
巖 〔중〕(운)鹽 〔속〕(모)ㅇ (종)ㄴ 〔금〕(중)ㅏ (중)ㅕ (종)ㄴ
壧 〔속〕(모)ㅇ (종)ㄴ 〔금〕(중)ㅏ (중)ㅕ (종)ㄴ

影ㆆ[ʔ]

上感-乙減
黯 〔금〕(중)ㅏㅕ (종)ㄴ
黤 〔중〕(운)琰 〔금〕(중)ㅏ (중)ㅕ (종)ㄴ

入合-乙甲
押 〔중〕(모)ㄱ

曉ㅎ[x]

上感-虎覽
闞 〔중〕(모)ㅋ (중)ㅏ 〔금〕(중)ㅏ (중)ㅕ (종)ㄴ
喊 〔금〕(중)ㅏㅕ (종)ㄴ
顑 〔금〕(중)ㅏㅕ (종)ㄴ

匣ㅎㅎ[ɣ]

平覃-胡岩
咸 〔금〕(중)ㅏㅕ (종)ㄴ
諴 〔금〕(중)ㅏㅕ (종)ㄴ
鹹 〔금〕(중)ㅏㅕ (종)ㄴ
函 〔중〕(중)ㅣ 〔금〕(중)ㅏ (중)ㅕ (종)ㄴ
椷 〔중〕(모)ㆅ (중)ㅏ 〔금〕(중)ㅏ (중)ㅕ (종)ㄴ
峾 〔금〕(중)ㅏㅕ (종)ㄴ
銜 〔금〕(중)ㅏㅕ (종)ㄴ
衘 〔금〕(중)ㅏㅕ (종)ㄴ
嗛 〔중〕(운)琰 〔금〕(중)ㅏ (중)ㅕ (종)ㄴ
啣 〔금〕(중)ㅏㅕ (종)ㄴ

上感-下斬
嗛 〔금〕(중)ㅏㅕ (종)ㄴ
濫 〔중〕(모)ㄹ (중)ㅏ 〔금〕(중)ㅏ (중)ㅕ (종)ㄴ
檻 〔금〕(중)ㅏㅕ (종)ㄴ
轞 〔금〕(중)ㅏㅕ (종)ㄴ
艦 〔금〕(중)ㅏㅕ (종)ㄴ

去勘-乎韽
陷 〔금〕(중)ㅏㅕ (종)ㄴ
埳 〔중〕(모)ㅋ 〔금〕(중)ㅏ (중)ㅕ (종)ㄴ

呂 〔금〕(중)ㅏㅕ (종)ㄴ
餡 〔금〕(중)ㅏㅕ (종)ㄴ
檻 〔금〕(중)ㅏㅕ (종)ㄴ
覽 〔금〕(중)ㅏㅕ (종)ㄴ
鹽 〔금〕(중)ㅏㅕ (종)ㄴ

入合-胡夾
陜 〔중〕(운)琰
蛺 〔중〕(운)葉 (모)ㄱ

23. 염염염엽(鹽琰艶葉)

중성 : (ㅕ) 見溪群疑端透定泥幇精清從心邪照穿牀審禪影曉匣喩來日

종성 : 平上去: ㅁ, 入: ㅂ

　　　다만 ㅂ 표기하지 않음

성조 : 平　上　去　入

운모 : 鹽　琰　艶　葉

[ㅕ]

見ㄱ[k]

平鹽-古嫌
　兼 〔금〕(종)ㄴ
　縑 〔금〕(종)ㄴ
　鰜 〔금〕(종)ㄴ
　鶼 〔금〕(종)ㄴ
　蒹 〔금〕(종)ㄴ

上琰-居奄
　檢 〔금〕(종)ㄴ
　撿 〔금〕(종)ㄴ
　瞼 〔금〕(종)ㄴ
　臉 〔금〕(모)ㄹ (종)ㄴ

去艶-居欠
　劒 〔금〕(종)ㄴ
　籢 〔금〕(종)ㄴ

入葉-古協
　筴 〔중〕(운)合
　梜 〔중〕(운)合
　夾 〔중〕(운)合 (모)ㅎㅎ (중)ㅒ
　頰 〔중〕(운)合
　蛺 〔중〕(운)合

溪ㅋ[k']

平鹽-苦兼
　謙 〔금〕(종)ㄴ

上琰-苦簟
　歉 〔중〕(조)去 〔금〕(종)ㄴ
　嗛 〔중〕(운)合 〔금〕(종)ㄴ
　慊 〔중〕(조)入 〔금〕(종)ㄴ
　膁 〔중〕(운)覃 (모)ㄹ 〔금〕(종)ㄴ

去艶-乞協

　欠 〔금〕(종)ㄴ
　歉 〔중〕(조)上 〔금〕(종)ㄴ
　傔 〔금〕(종)ㄴ
　傼 〔중〕(모)ㄲ 〔금〕(종)ㄴ

入葉-乞協
　慊 〔중〕(조)上

群ㄲ[g]

平鹽-其廉
　箝 〔금〕(종)ㄴ
　拑 〔금〕(종)ㄴ
　柑 〔중〕(운)覃 〔금〕(종)ㄴ
　鉗 〔금〕(종)ㄴ
　鈐 〔금〕(종)ㄴ
　鹹 〔중〕(운)侵 〔금〕(종)ㄴ
　蚙 〔금〕(종)ㄴ
　黔 〔중〕(운)侵 〔금〕(종)ㄴ

上琰-巨險
　儉 〔금〕(종)ㄴ
　芡 〔금〕(종)ㄴ

入葉-極曄
　笈 〔중〕(운)緝

疑ㅇ[ŋ]

平鹽-牛廉
　噞 〔속〕(모)ㅇ 〔금〕(종)ㄴ

上琰-魚檢
　噞 〔속〕(모)ㅇ 〔금〕(종)ㄴ

去艶-魚欠
　釅 〔속〕(모)ㅇ 〔금〕(종)ㄴ
　醶 〔속〕(모)ㅇ 〔금〕(종)ㄴ
　驗 〔속〕(모)ㅇ 〔금〕(종)ㄴ
　噞 〔중〕(조)平 上 〔속〕(모)ㅇ 〔금〕(종)ㄴ

端ㄷ[t]

平鹽-處占
战 〔금〕(종)ㄴ
佔 〔금〕(종)ㄴ
心 〔금〕(종)ㄴ

上琰-多忝
點 〔금〕(종)ㄴ
坫 〔중〕(조)去 〔원〕(조)去 〔금〕(종)ㄴ
蔵 〔금〕(종)ㄴ

去艷-都念
店 〔금〕(종)ㄴ
坫 〔중〕(조)上 〔금〕(종)ㄴ
坫 〔금〕(종)ㄴ
墊 〔금〕(종)ㄴ

入葉-丁協
喋 〔중〕(운)合
褶 〔중〕(운)緝 (모)ㅈ
鰈 〔중〕(운)合
慴 〔중〕(모)ㅈ
揲 〔중〕(운)屑 (모)ㅇ

透ㅌ[t']

平鹽-他兼
添 〔금〕(종)ㄴ

上琰-他點
忝 〔금〕(종)ㄴ
餂 〔금〕(종)ㄴ

去艷-他念
栝 〔금〕(종)ㄴ

定ㄸ[d]

上琰-徒點
簟 〔금〕(종)ㄴ
驔 〔금〕(종)ㄴ

居 〔중〕(조)去 〔금〕(종)ㄴ

去艷-徒紺
墰 〔금〕(종)ㄴ
居 〔중〕(조)上 〔금〕(종)ㄴ
磹 〔금〕(종)ㄴ

泥ㄴ[n]

平鹽-尼占
鮎 〔금〕(종)ㄴ
拈 〔금〕(종)ㄴ
黏 〔금〕(종)ㄴ
粘 〔금〕(종)ㄴ

去艷-奴玷
念 〔금〕(종)ㄴ
㮇 〔금〕(종)ㄴ
艌 〔금〕(종)ㄴ

入葉-尼輒
聶 〔중〕(모)ㅉ
苶 〔중〕(운)屑
讘 〔운〕(모)ㅿ 〔고〕(모)ㅿ

幫ㅂ[p]

平鹽-悲廉
砭 〔중〕(조)去 〔금〕(종)ㄴ
貶 〔중〕(조)去 〔금〕(종)ㄴ

上琰-悲檢
貶 〔중〕(운)合 〔금〕(종)ㄴ

去艷-陂驗
窆 〔금〕(종)ㄴ
砭 〔중〕(조)平 〔금〕(종)ㄴ
貶 〔중〕(조)平 〔금〕(종)ㄴ

精ㅈ[ts]

平鹽-將廉
  尖 〔금〕(종)ㄴ
  殲 〔금〕(종)ㄴ
  瀸 〔금〕(종)ㄴ
  漸 〔중〕(운)覃 (모)ㄲ 〔금〕(종)ㄴ
  蔪 〔중〕(모)ㄲ 〔금〕(종)ㄴ
  熸 〔금〕(종)ㄴ
  攙 〔중〕(운)覃 〔금〕(종)ㄴ
  櫼 〔금〕(종)ㄴ

去艷-子念
  僭 〔금〕(종)ㄴ
  譖 〔중〕(운)沁 〔금〕(종)ㄴ

入葉-卽涉
  接 〔중〕(모)ㄲ
  腅 〔중〕(운)合
  倢 〔중〕(모)ㄲ

清ㅊ[ts']

平鹽-千廉
  僉 〔금〕(종)ㄴ
  籤 〔금〕(종)ㄴ
  幟 〔금〕(종)ㄴ
  簽 〔금〕(종)ㄴ
  槧 〔중〕(운)感 (조)去 〔금〕(종)ㄴ
  鑱 〔금〕(종)ㄴ

去艷-七艷
  塹 〔금〕(종)ㄴ
  槧 〔중〕(운)感 (조)平 〔금〕(종)ㄴ

從ㄲ[dz]

平鹽-慈鹽
  潛 〔금〕(종)ㄴ
  橬 〔중〕(운)侵 〔금〕(종)ㄴ
  灊 〔금〕(종)ㄴ

上琰-秦冉
  漸 〔중〕(운)覃 (모)ㅈ 〔금〕(종)ㄴ

蔪 〔중〕(모)ㅈ 〔금〕(종)ㄴ

入葉-疾葉
  倢 〔중〕(모)ㅈ
  接 〔중〕(모)ㅈ

心ㅅ[s]

平鹽-思廉
  銛 〔금〕(종)ㄴ
  鐵 〔금〕(종)ㄴ
  纖 〔금〕(종)ㄴ
  孅 〔금〕(종)ㄴ
  䰐 〔금〕(종)ㄴ
  憸 〔금〕(종)ㄴ
  㦃 〔금〕(종)ㄴ
  暹 〔금〕(종)ㄴ

去艷-七紺
  礹 〔금〕(종)ㄴ

邪ㅆ[z]

平鹽-徐廉
  燖 〔금〕(종)ㄴ
  燅 〔금〕(종)ㄴ
  燖 〔중〕(운)侵 〔금〕(종)ㄴ
  撏 〔중〕(모)ㅆ 〔금〕(종)ㄴ

照ㅈ[tɕ]

平鹽-之廉
  詹 〔금〕(종)ㄴ
  瞻 〔금〕(종)ㄴ
  譫 〔금〕(종)ㄴ
  讝 〔중〕(운)覃 〔금〕(종)ㄴ
  占 〔중〕(조)去 〔금〕(종)ㄴ
  沾 〔금〕(종)ㄴ
  霑 〔금〕(종)ㄴ

上琰-職琰

颭 〔금〕(종)ㄴ
鸜 〔금〕(종)ㄴ

去艷-章豔
　　占 〔중〕(조)平 〔금〕(종)ㄴ

入葉-質涉
　　熠 〔중〕(모)ㄷ
　　摺 〔중〕(운)合
　　褶 〔중〕(운)緝 (모)ㄷ

穿ㅊ[tɕ']

平鹽-蚩占
　　襜 〔중〕(조)去 〔금〕(종)ㄴ
　　幨 〔금〕(종)ㄴ
　　裧 〔금〕(종)ㄴ
　　襜 〔금〕(종)ㄴ
　　覘 〔중〕(조)去 〔금〕(종)ㄴ

上琰-丑琰
　　諂 〔금〕(종)ㄴ
　　讇 〔금〕(종)ㄴ
　　品 〔금〕(종)ㄴ

去艷-昌豔
　　襜 〔중〕(조)平 〔금〕(종)ㄴ
　　幨 〔중〕(조)平 〔금〕(종)ㄴ
　　韂 〔금〕(종)ㄴ
　　韂 〔금〕(종)ㄴ
　　覘 〔중〕(조)平 〔금〕(종)ㄴ

牀ㅉ[dʐ]

入葉-直涉
　　晶 〔중〕(모)ㄴ
　　堞 〔중〕(모)ㅇ

審ㅅ[ɕ]

平鹽-詩廉
　　苫 〔중〕(조)去 〔금〕(종)ㄴ
　　痁 〔금〕(종)ㄴ

上琰-失冉
　　閃 〔금〕(종)ㄴ
　　淰 〔중〕(운)寢 〔금〕(종)ㄴ
　　覢 〔금〕(종)ㄴ
　　睒 〔금〕(종)ㄴ
　　潤 〔금〕(종)ㄴ
　　陝 〔중〕(운)合 〔금〕(종)ㄴ
　　剡 〔몽〕(모)ㅆ 〔운〕(모)ㅆ 〔금〕(종)ㄴ

去艷-舒贍
　　苫 〔중〕(조)平 〔금〕(종)ㄴ
　　掞 〔금〕(종)ㄴ
　　搟 〔금〕(종)ㄴ
　　贍 〔운〕(모)ㅆ 〔금〕(종)ㄴ

入葉-失涉
　　葉 〔중〕(모)ㅇ
　　歃 〔중〕(운)緝
　　涉 〔운〕(모)ㅉ

禪ㅆ[ʑ]

平鹽-時占
　　蟾 〔금〕(종)ㄴ
　　憛 〔중〕(모)ㅆ 〔금〕(종)ㄴ
　　樑 〔금〕(종)ㄴ

影ㆆ[ʔ]

平鹽-衣炎
　　淹 〔중〕(조)去 〔금〕(종)ㄴ
　　閹 〔중〕(조)上 〔금〕(종)ㄴ
　　崦 〔중〕(조)上 〔금〕(종)ㄴ
　　醃 〔금〕(종)ㄴ
　　腌 〔중〕(모)ㅇ 〔금〕(종)ㄴ
　　懕 〔금〕(종)ㄴ
　　厭 〔중〕(모)ㅇ (조)上 去 〔금〕(종)ㄴ
　　猒 〔금〕(종)ㄴ
　　壓 〔중〕(조)去 〔금〕(종)ㄴ

菴 〔즁〕(운)覃 〔금〕(죵)ㄴ

上琰-於檢
　　奄 〔금〕(죵)ㄴ
　　掩 〔금〕(죵)ㄴ
　　揜 〔즁〕(운)感 〔금〕(죵)ㄴ
　　罨 〔즁〕(운)合 〔금〕(죵)ㄴ
　　崦 〔즁〕(조)平 〔금〕(죵)ㄴ
　　崦 〔즁〕(조)平 〔금〕(죵)ㄴ
　　晻 〔즁〕(운)感 〔금〕(죵)ㄴ
　　渰 〔금〕(죵)ㄴ
　　弇 〔즁〕(운)覃 〔금〕(죵)ㄴ
　　郁 〔금〕(죵)ㄴ
　　埯 〔금〕(죵)ㄴ
　　罨 〔금〕(죵)ㄴ
　　黬 〔금〕(죵)ㄴ
　　厭 〔즁〕(모)ㅇ (조)平 去 〔금〕(죵)ㄴ
　　黶 〔즁〕(운)感 (모)ㅇ 〔금〕(죵)ㄴ
　　闇 〔즁〕(운)感 〔금〕(죵)ㄴ
　　黶 〔금〕(죵)ㄴ
　　黶 〔금〕(죵)ㄴ

去艶-於艶
　　厭 〔즁〕(모)ㅇ (조)平 上 〔금〕(죵)ㄴ
　　黶 〔즁〕(조)平 〔금〕(죵)ㄴ
　　淹 〔즁〕(조)平 〔금〕(죵)ㄴ
　　綩 〔금〕(죵)ㄴ

曉ㅎ[x]

平鹽-虛嚴
　　枚 〔금〕(죵)ㄴ
　　忺 〔금〕(죵)ㄴ
　　薂 〔즁〕(모)ㄹ 〔금〕(죵)ㄴ
　　瘷 〔금〕(죵)ㄴ
　　菱 〔즁〕(모)ㄹ 〔금〕(죵)ㄴ

上琰-虛檢
　　險 〔금〕(죵)ㄴ
　　嶮 〔금〕(죵)ㄴ
　　譣 〔금〕(죵)ㄴ
　　玁 〔금〕(죵)ㄴ
　　獫 〔즁〕(모)ㄹ 〔금〕(죵)ㄴ

匣ㆅ[ɣ]

平鹽-胡兼
　　嫌 〔금〕(죵)ㄴ

入葉-胡頰
　　挾 〔즁〕(운)合
　　夾 〔즁〕(운)合 (모)ㄱ
　　俠 〔즁〕(운)合
　　脅 〔집〕(모)ㆅ
　　挾 〔즁〕(운)合

喩ㅇ[j]

平鹽-移廉
　　鹽 〔금〕(죵)ㄴ
　　塩 〔금〕(죵)ㄴ
　　檐 〔금〕(죵)ㄴ
　　簷 〔금〕(죵)ㄴ
　　櫚 〔금〕(죵)ㄴ
　　閻 〔금〕(죵)ㄴ
　　閆 〔금〕(죵)ㄴ
　　炎 〔금〕(죵)ㄴ
　　嚴 〔금〕(죵)ㄴ
　　簾 〔금〕(죵)ㄴ
　　巖 〔즁〕(운)覃 〔금〕(죵)ㄴ
　　灨 〔금〕(죵)ㄴ
　　鹽 〔즁〕(조)去 〔금〕(죵)ㄴ

上琰-以冉
　　琰 〔금〕(죵)ㄴ
　　剡 〔즁〕(모)ㅅ 〔금〕(죵)ㄴ
　　栞 〔금〕(죵)ㄴ
　　錟 〔금〕(죵)ㄴ
　　燄 〔즁〕(조)去 〔금〕(죵)ㄴ
　　焰 〔즁〕(조)去 〔금〕(죵)ㄴ
　　扊 〔금〕(죵)ㄴ
　　奓 〔금〕(죵)ㄴ
　　爓 〔즁〕(조)去 〔금〕(죵)ㄴ
　　灨 〔즁〕(조)去 〔금〕(죵)ㄴ
　　儼 〔몽〕(모)ㆁ 〔운〕(모)ㆁ 〔금〕(죵)ㄴ

曬 〔금〕(종)ㄴ

去艷-以贍
　豔 〔금〕(종)ㄴ
　艷 〔금〕(종)ㄴ
　灩 〔중〕(조)上〔금〕(종)ㄴ
　瀲 〔중〕(조)上〔금〕(종)ㄴ
　灧 〔중〕(조)平〔금〕(종)ㄴ
　焱 〔중〕(조)上〔금〕(종)ㄴ
　燄 〔중〕(조)上〔금〕(종)ㄴ
　焰 〔금〕(종)ㄴ

入葉-弋涉
　葉 〔중〕(모)ㅅ
　揲 〔중〕(운)屑(모)ㄷ
　殜 〔중〕(모)ㅉ
　曄 〔운〕(모)ㆁ〔집〕(모)ㅇ
　爗 〔운〕(모)ㆁ〔집〕(모)ㅇ
　燁 〔운〕(모)ㆁ〔집〕(모)ㅇ
　饁 〔운〕(모)ㆁ〔집〕(모)ㅇ
　厭 〔중〕(모)ㅎ〔운〕(모)ㆁ(모)ㅎ〔집〕(모)ㅇ
　醶 〔중〕(모)ㅎ〔운〕(모)ㅎ〔집〕(모)ㅎ
　魘 〔중〕(모)ㅎ〔운〕(모)ㅎ〔집〕(모)ㅎ
　擪 〔운〕(모)ㅎ〔집〕(모)ㅎ
　浥 〔운〕(모)ㅎ〔집〕(모)ㅎ(고)(모)ㅎ
　裛 〔중〕(운)緝〔운〕(모)ㅎ〔집〕(모)ㅎ
　　〔고〕(모)ㅎ
　腌 〔중〕(모)ㅎ〔운〕(모)ㅎ〔집〕(모)ㅎ
　　〔고〕(모)ㅎ

來 ㄹ [l]

平鹽-力鹽
　廉 〔금〕(종)ㄴ
　鎌 〔금〕(종)ㄴ
　鐮 〔금〕(종)ㄴ
　濂 〔금〕(종)ㄴ
　燫 〔금〕(종)ㄴ
　熑 〔금〕(종)ㄴ
　磏 〔금〕(종)ㄴ
　磏 〔금〕(종)ㄴ
　簾 〔금〕(종)ㄴ
　簾 〔금〕(종)ㄴ
　籢 〔금〕(종)ㄴ
　覝 〔금〕(종)ㄴ
　臁 〔금〕(종)ㄴ
　濂 〔중〕(운)覃(모)ㅋ〔금〕(종)ㄴ
　奩 〔금〕(종)ㄴ
　匳 〔금〕(종)ㄴ
　薟 〔중〕(모)ㅎ(조)上〔금〕(종)ㄴ
　帘 〔금〕(종)ㄴ

上琰-力冉
　斂 〔중〕(조)去〔금〕(종)ㄴ
　溓 〔중〕(조)去〔금〕(종)ㄴ
　薟 〔중〕(모)ㅎ〔금〕(종)ㄴ
　蘞 〔중〕(모)ㅎ〔금〕(종)ㄴ

去艷-力驗
　斂 〔중〕(조)上〔금〕(종)ㄴ
　溓 〔중〕(조)上〔금〕(종)ㄴ
　殮 〔금〕(종)ㄴ
　獫 〔중〕(모)ㅎ〔금〕(종)ㄴ

日 △ [ʝ]

平鹽-而占
　髯 〔금〕(종)ㄴ
　顟 〔금〕(종)ㄴ
　袡 〔금〕(종)ㄴ
　枏 〔중〕(운)覃〔금〕(종)ㄴ
　蚺 〔금〕(종)ㄴ
　蚦 〔금〕(종)ㄴ

上琰-而琰
　冉 〔금〕(종)ㄴ
　苒 〔금〕(종)ㄴ
　染 〔중〕(조)去〔금〕(종)ㄴ

　去艷-而豔
　染 〔중〕(조)上

1. 구성요소 기준의 분석

중국말은 예나 이제나 말소리를 단위로 변별되는데, 특히 지난날의 언어는 글자의 기록에 의해서만 알 수 있다. 따라서 문헌에 의하지 않고서는 지난날의 언어를 바로 알 수가 없는데, 기록의 단위가 한자이다. 한자에는 5개의 기본 요소를 갖추고 있으니 곧 운모(韻母), 성모(聲母), 중성(中聲), 종성(終聲), 성조(聲調)이다. 이 다섯 개의 요소가 환경에 따라 다른 요소로 바뀌게 된다. 이 바뀌는 현상을 이 갈래에서 다룰 것이다. 보기를 들면 동운(東韻), 견모(見母), 평성(平聲)의 소운자 釭, 玒은 양운(陽韻), 견모(見母), 평성(平聲)에 딸린 소운자 釭으로 바뀐 것이다. 다시 동운, 견모, 평성의 소운자 蚣은 성모는 동일한 동운의 조모(照母), 평성으로 바뀌었다.

이것은 곧 [ㄱ]에서 [ㅈ]로 바뀐 것이고, 중성은 [ㅜ] 동운, 견모, 평성에서 [ㅠ]의 조모, 평성으로 바뀌었다. 이것은 중성이 [ㅜ]에서 [ㅠ]로 바뀐 것이다. 이와 같은 변동을 살피는 것이 바로 이 갈래의 목적이다.

1.1. 운모

1.1.1. 동동송옥(東董送屋)

◆ 東韻의 바뀜 ◆

〔東〕→〔陽〕
見 - 釭 玒
溪 - 悾 椌
定 - 橦
淸 - 囱
從 - 淙 鬃
牀 - 漴
審 - 憃
匣 - 肛
來 - 龐 瀧

〔東〕→〔漾〕
曉 - 兄

〔東〕→〔庚〕
明 - 甍
奉 - 馮
曉 - 兄

〔東〕→〔敬〕
明 - 懜 儚

〔東〕→〔宥〕
淸 - 樬

◆ 董韻의 바뀜 ◆

〔董〕→〔魚〕
喩 - 臾

〔董〕→〔陽〕
溪 - 悾

〔董〕→〔敬〕
明 - 懜

◆ 送韻의 바뀜 ◆

〔送〕→〔陽〕
穿 - 憃

〔送〕→〔漾〕
匣 - 泽

〔送〕→〔庚〕

〔送〕→〔敬〕
明 - 甍 懜 儚

〔送〕→〔勘〕
見 - 贛 灨

◆ 屋韻의 바뀜 ◆

〔屋〕→〔御〕
精 - 足

〔屋〕→〔姥〕
淸 - 數

〔屋〕→〔暮〕
非 - 副

〔屋〕→〔質〕
奉 - 宓

〔屋〕→〔蕭〕
曉 - 熇

〔屋〕→〔篠〕
來 - 穋 蓼

〔屋〕→〔爻〕
定 - 讀

〔屋〕→〔效〕
見 - 告
竝 - 曝 暴 瀑
影 - 墺 隩 澳 奧 燠

〔屋〕→〔藥〕
　見 - 縠
　端 - 啄
　幇 - 樸
　滂 - 撲 剝
　竝 - 暴 襮
　淸 - 數
　照 - 屬 瘃
　禪 - 鐲
　影 - 剧
　曉 - 熇
　匣 - 翯
　來 - 濼

〔屋〕→〔陌〕
　非 - 幅 副 福
　奉 - 匐
　精 - 踧

〔屋〕→〔尤〕
　明 - 繆
　心 - 速
　牀 - 逐 妯

〔屋〕→〔有〕
　泥 - 忸

〔屋〕→〔宥〕
　定 - 讀
　泥 - 耨
　非 - 輻 副 覆 復
　奉 - 伏 復
　淸 - 蔟 瘯
　心 - 薂
　心 - 宿
　照 - 祝
　穿 - 畜
　牀 - 逐 柚
　曉 - 畜
　來 - 勠
　日 - 肉

〔屋〕→〔緝〕
　喩 - 煜

〔屋〕→〔感〕
　穿 - 歊

1.1.2. 지지치(支紙寘)

◆ 支韻의 바뀜 ◆

〔支〕→〔紙〕
　審 - 箽

〔支〕→〔齊〕
　群 - 奇 碕 崎 其 期 棋 其 幾
　滂 - 鎞
　竝 - 鎞
　精 - 齎
　心 - 撕 澌 漸
　照 - 褆
　穿 - 攡
　禪 - 提 褆
　喩 - 夷
　日 - 兒

〔支〕→〔薺〕
　明 - 靡
　精 - 紫
　從 - 玼
　牀 - 坻
　審 - 釃

〔支〕→〔霽〕
　群 - 跂 蚑
　精 - 劑
　照 - 泚
　牀 - 泚
　喩 - 洟

〔支〕→〔模〕
　審 - 釃
　曉 - 戲

〔支〕→〔皆〕
　心 - 偲 罳

穿 - 差
審 - 篪籬
喩 - 台涯厓崖疑

〔支〕→〔解〕
竝 - 罷
喩 - 詒

〔支〕→〔泰〕
影 - 噫

〔支〕→〔灰〕
竝 - 邳

〔支〕→〔賄〕
奉 - 腓
微 - 惟
精 - 觜

〔支〕→〔隊〕
喩 - 遺

〔支〕→〔眞〕
群 - 蘄

〔支〕→〔質〕
幇 - 鴨
竝 - 比

〔支〕→〔文〕
明 - 糜
奉 - 蕡

〔支〕→〔諫〕
喩 - 訑

〔支〕→〔屑〕
滂 - 批

〔支〕→〔歌〕
幇 - 陂
穿 - 嵯
牀 - 池
曉 - 犧
喩 - 詑

〔支〕→〔哿〕
影 - 猗

〔支〕→〔麻〕
穿 - 差
喩 - 涯厓崖

〔支〕→〔禡〕
竝 - 罷

〔支〕→〔遮〕
喩 - 蛇

〔支〕→〔陌〕
幇 - 椑
竝 - 椑
禪 - 鍉
喩 - 疑嶷

◆ 紙韻의 바뀜 ◆

〔紙〕→〔齊〕
竝 - 狴

〔紙〕→〔薺〕
精 - 批
淸 - 玼沘
邪 - 巳
照 - 抵坻底枳
喩 - 已

〔紙〕→〔霽〕
牀 - 薙派

〔紙〕→〔解〕
精 - 跐
牀 - 豸廌

〔紙〕→〔泰〕
影 - 靉僾

〔紙〕→〔灰〕
滂 - 秠

〔紙〕→〔質〕
　幫 - 朼
　照 - 只

〔紙〕→〔屑〕
　滂 - 批

〔紙〕→〔歌〕
　喩 - 迆

〔紙〕→〔哿〕
　影 - 猗

〔紙〕→〔庚〕
　照 - 徵

〔紙〕→〔陌〕
　影 - 醷
　喩 - 蘱

〔紙〕→〔有〕
　幫 - 否
　竝 - 否

◆ 寘韻의 바뀜 ◆

〔寘〕→〔東〕
　非 - 屝

〔寘〕→〔齊〕
　心 - 澌

〔寘〕→〔霽〕
　群 - 忌 洎
　精 - 皆
　照 - 寨 猘 狋

〔寘〕→〔泰〕
　竝 - 糒
　精 - 皆
　曉 - 摡 愾

〔寘〕→〔賄〕

〔寘〕→〔隊〕
　非 - 胐 肺

〔寘〕→〔質〕
　幫 - 比 泌 柲 鉍
　竝 - 比
　照 - 質
　曉 - 咥

〔寘〕→〔文〕

〔寘〕→〔勿〕
　非 - 饙 沸 茀

〔寘〕→〔銑〕

〔寘〕→〔霰〕
　曉 - 燹 戲

〔寘〕→〔屑〕
　群 - 偈
　滂 - 澈
　照 - 哲 晰 晰
　穿 - 掣
　曉 - 咥
　喩 - 拽 抴 洩 泄 枻

〔寘〕→〔歌〕

〔寘〕→〔哿〕
　幫 - 陂 跛
　影 - 倚

〔寘〕→〔陌〕
　竝 - 薜
　精 - 積
　淸 - 策 刺
　心 - 食
　照 - 識 織
　穿 - 埴
　牀 - 植
　影 - 薏
　喩 - 易 食

〔寘〕→〔尤〕

清 - 髹

1.1.3. 제제제(齊薺霽)

◆ 齊韻의 바뀜 ◆

[齊] → [支]
　見 - 寄其其碁棋幾
　溪 - 崎碕
　定 - 嗁禔羙
　精 - 齏
　從 - 薺
　心 - 撕澌漸
　喩 - 兒
　來 - 攡

[齊] → [魚]
　見 - 居

[齊] → [賄]
　匣 - 蕢

[齊] → [質]
　泥 - 尼怩

[齊] → [先]
　見 - 枅

[齊] → [效]

[齊] → [歌]
　來 - 鼙莝蓏

[齊] → [勘]
　泥 - 埑

◆ 薺韻의 바뀜 ◆

[薺] → [支]
　見 - 機
　端 - 坻
　明 - 靡
　清 - 玼

從 - 薺紫
心 - 釃筵

[薺] → [紙]
　見 - 己枳
　端 - 底抵
　清 - 泚批

[薺] → [模]

[薺] → [皆]

[薺] → [解]
　心 - 釃筵躧

[薺] → [灰]
　來 - 悝

[薺] → [賄]
　見 - 庡

[薺] → [銑]
　心 - 洗

[薺] → [歌]
　來 - 蠡

[薺] → [梗]
　溪 - 綮

◆ 霽韻의 바뀜 ◆

[霽] → [支]
　見 - 幾其
　溪 - 跂蚑
　端 - 泜
　透 - 渧
　定 - 提
　從 - 劑薺紫

[霽] → [紙]
　透 - 薙

[霽] → [寘]
　見 - 洎忌狤

端 - 寠
從 - 皆

〔霽〕→〔解〕
定 - 逮

〔霽〕→〔泰〕
溪 - 愒
定 - 欽 棣
精 - 祭
從 - 皆
牀 - 癠

〔霽〕→〔曷〕
溪 - 契 乞 愒

〔霽〕→〔諫〕
匣 - 盼

〔霽〕→〔屑〕
溪 - 契 挈 揭
淸 - 切
來 - 戾 捩 栵

〔霽〕→〔陌〕
溪 - 砉
透 - 裼

1.1.4. 어어어(魚語御)

◆ 魚韻의 바뀜 ◆

〔魚〕→〔董〕
喩 - 臾

〔魚〕→〔齊〕
見 - 居

〔魚〕→〔模〕
精 - 咀
牀 - 屠
影 - 於

來 - 蘆

〔魚〕→〔姥〕
心 - 糈

〔魚〕→〔蕭〕
牀 - 裯
喩 - 褕

〔魚〕→〔爻〕
牀 - 裯

〔魚〕→〔歌〕
來 - 蘆

〔魚〕→〔麻〕
泥 - 挐 挐
精 - 苴

〔魚〕→〔禡〕
穿 - 樗

〔魚〕→〔遮〕
見 - 車
喩 - 畬

〔魚〕→〔者〕
精 - 且

〔魚〕→〔藥〕
群 - 醵
牀 - 躇

〔魚〕→〔尤〕
見 - 捄
溪 - 區
群 - 句 龜
疑 - 齵 齲 膢
穿 - 樞
牀 - 裯
喩 - 歈 歈
來 - 婁 膢 蔞 慺 獹 獹

〔魚〕→〔有〕
喩 - 窬

來 - 鏤瘻

〔魚〕→〔合〕
  溪 - 胅

◆ 語韻의 바뀜 ◆

〔語〕→〔姥〕
  照 - 陼
  曉 - 許

〔語〕→〔先〕
  日 - 擩

〔語〕→〔者〕
  從 - 且

〔語〕→〔尤〕
  見 - 枸
  來 - 褸僂

〔語〕→〔宥〕
  見 - 岣
  來 - 嶁

〔語〕→〔合〕
  溪 - 胅

◆ 御韻의 바뀜 ◆

〔御〕→〔屋〕
  精 - 足
  來 - 錄

〔御〕→〔軫〕
  禪 - 蜃

〔御〕→〔先〕
  影 - 菸

〔御〕→〔禡〕
  淸 - 蜡

〔御〕→〔藥〕
  見 - 醵

照 - 著
牀 - 著

〔御〕→〔尤〕
  見 - 句

〔御〕→〔有〕
  淸 - 趣

1.1.5. 모모모(模姥暮)

◆ 模韻의 바뀜 ◆

〔模〕→〔支〕
  審 - 釃
  曉 - 戯

〔模〕→〔薺〕
  審 - 釃

〔模〕→〔魚〕
  定 - 屠
  影 - 於
  來 - 蘆

〔模〕→〔質〕
  審 - 疋

〔模〕→〔篠〕
  非 - 莩

〔模〕→〔歌〕
  來 - 蘆

〔模〕→〔箇〕
  影 - 汙

〔模〕→〔麻〕
  定 - 涂
  影 - 汙

〔模〕→〔馬〕

審 - 疋

〔模〕→〔遮〕
　端 - 闍

〔模〕→〔陽〕
　微 - 亡凶

〔模〕→〔藥〕
　明 - 摸 摸
　影 - 惡

〔模〕→〔尤〕
　非 - 桴

〔姥〕→〔屋〕
　審 - 汚

〔姥〕→〔魚〕
　照 - 岨
　審 - 稰

〔姥〕→〔語〕
　端 - 陼

〔姥〕→〔灰〕
　微 - 㠊

〔姥〕→〔馬〕
　見 - 賈

〔姥〕→〔養〕
　明 - 莽

〔姥〕→〔藥〕
　竝 - 簿
　審 - 汚

〔姥〕→〔有〕
　竝 - 部 蔀
　明 - 莽 母 拇 踇 某 呆 畝 晦
　微 - 鶥

◆ 暮韻의 바낌 ◆

〔暮〕→〔屋〕
　非 - 副
　審 - 汚

〔暮〕→〔箇〕
　精 - 作

〔暮〕→〔麻〕
　影 - 汚 汙

〔暮〕→〔禡〕
　溪 - 胯

〔暮〕→〔藥〕
　定 - 度
　精 - 作
　清 - 厝 錯 酢
　審 - 汚
　影 - 惡
　匣 - 濩 穫 涸

〔暮〕→〔陌〕
　端 - 歎
　非 - 副
　心 - 愬
　來 - 輅

〔暮〕→〔有〕
　奉 - 婦 負 蔔

〔暮〕→〔宥〕
　非 - 仆 富 副

1.1.6. 개해태(皆解泰)

◆ 皆韻의 바낌 ◆

〔皆〕→〔支〕
　透 - 台
　清 - 偲
　心 - 罳

穿 - 差
審 - 箽麗
喩 - 涯厓崖

〔皆〕→〔薺〕
　審 - 箽

〔皆〕→〔灰〕
　心 - 毸
　匣 - 槐

〔皆〕→〔轄〕
　見 - 藞稭

〔皆〕→〔麻〕
　穿 - 差釵叉叉
　喩 - 涯厓崖

〔皆〕→〔遮〕
　來 - 倰

〔皆〕→〔庚〕
　泥 - 能

〔皆〕→〔梗〕
　竝 - 廲

　　◆ 解韻의 바뀜 ◆

〔解〕→〔支〕
　定 - 詒
　幫 - 罷

〔解〕→〔紙〕
　穿 - 跐
　牀 - 廌豸
　影 - 靉

〔解〕→〔薺〕
　審 - 洒躧

〔解〕→〔霽〕
　定 - 逮

〔解〕→〔賄〕

審 - 洒

〔解〕→〔智〕
　匣 - 夥

〔解〕→〔馬〕
　審 - 灑洒

〔解〕→〔禡〕

〔解〕→〔陌〕
　幫 - 罷捭

　　◆ 泰韻의 바뀜 ◆

〔泰〕→〔支〕
　穿 - 差
　影 - 噫

〔泰〕→〔紙〕
　牀 - 豸
　影 - 優靉

〔泰〕→〔寘〕
　見 - 摡
　溪 - 愒
　竝 - 糒

〔泰〕→〔薺〕
　牀 - 皆皆
　審 - 洒

〔泰〕→〔霽〕
　溪 - 愒
　端 - 瘶
　定 - 逮釱 예3
　照 - 祭

〔泰〕→〔解〕
　定 - 大

〔泰〕→〔賄〕
　審 - 洒

〔泰〕→〔隊〕

見 - 獪 澮
溪 - 簣 塊 塊
明 - 韎

〔泰〕→〔曷〕
溪 - 愒
影 - 喝

〔泰〕→〔轄〕
見 - 介
幇 - 扒
審 - 殺

〔泰〕→〔屑〕
見 - 夬
溪 - 駃

〔泰〕→〔歌〕
穿 - 瘥

〔泰〕→〔箇〕
泥 - 奈

〔泰〕→〔麻〕
穿 - 差 衩

〔泰〕→〔馬〕
審 - 灑 洒

〔泰〕→〔禡〕
影 - 嗄

〔泰〕→〔遮〕
來 - 俫

〔泰〕→〔庚〕
泥 - 能

〔泰〕→〔陌〕
透 - 貸
心 - 塞
影 - 呃 阨
匣 - 劾

〔泰〕→〔合〕

見 - 蓋
溪 - 磕 石蓋

1.1.7. 최최대(灰賄隊)

◆ 灰韻의 바낌 ◆

〔灰〕→〔支〕

〔灰〕→〔紙〕
㳠 - 邳 秠

〔灰〕→〔薺〕
溪 - 悝

〔灰〕→〔姥〕
明 - 罨

〔灰〕→〔皆〕
心 - 䌟 毸
匣 - 槐

〔灰〕→〔文〕
端 - 敦
透 - 焞
曉 - 輝 揮

〔灰〕→〔寒〕
端 - 敦
照 - 萑

〔灰〕→〔歌〕
泥 - 挼 捼
心 - 挼
影 - 倭

〔灰〕→〔賀〕
牀 - 髻
曉 - 墮

〔灰〕→〔箇〕
明 - 塺

〔灰〕→〔尤〕
　見 - 龜
　群 - 頯
　匣 - 蚘

〔灰〕→〔有〕
　竝 - 培

◆ 賄韻의 바뀜 ◆

〔賄〕→〔支〕
　竝 - 痱
　精 - 觜
　影 - 唯

〔賄〕→〔紙〕
　審 - 水

〔賄〕→〔齊〕
　心 - 嶲

〔賄〕→〔薺〕
　見 - 庋 庪

〔賄〕→〔解〕
　清 - 洒 洒

〔賄〕→〔銑〕
　曉 - 烜

〔賄〕→〔哿〕
　照 - 捶
　穿 - 揣 敠

〔賄〕→〔馬〕
　清 - 洒

〔賄〕→〔宥〕
　來 - 蓷 雅

◆ 隊韻의 바뀜 ◆

〔隊〕→〔支〕

　喩 - 遺

〔隊〕→〔寘〕
　滂 - 肺

〔隊〕→〔泰〕
　見 - 獪 澮
　溪 - 塊 凷
　群 - 蕢
　明 - 靺
　匣 - 瞶

〔隊〕→〔質〕
　穿 - 出

〔隊〕→〔文〕
　端 - 敦

〔隊〕→〔勿〕
　竝 - 誖 悖 愂 孛
　審 - 帥 率
　影 - 尉 蔚

〔隊〕→〔寒〕
　端 - 敦

〔隊〕→〔翰〕
　審 - 稅

〔隊〕→〔曷〕
　竝 - 拔
　影 - 濊

〔隊〕→〔勿〕
　精 - 稡

〔隊〕→〔轄〕
　竝 - 拔

〔隊〕→〔黠〕
　穿 - 鏙

〔隊〕→〔屑〕
　見 - 蕨 撅
　精 - 蕝

照 - 綴 鍛 醊 畷
審 - 說
曉 - 歔

〔隊〕→〔效〕
　明 - 瑁

〔隊〕→〔梗〕
　見 - 炅 香

〔隊〕→〔陌〕
　竝 - 北

〔隊〕→〔宥〕
　喩 - 蜼 雅

1.1.8. 진진진질(眞軫震質)

◆ 眞韻의 바낌 ◆

〔眞〕→〔支〕
　群 - 蘄

〔眞〕→〔文〕
　疑 - 斳 垠 齦

〔眞〕→〔吻〕
　明 - 玫 忞

〔眞〕→〔問〕
　淸 - 儓

〔眞〕→〔刪〕
　影 - 殷

〔眞〕→〔先〕
　竝 - 蠙 妣 猵
　照 - 甄
　牀 - 塡
　影 - 歅

〔眞〕→〔陌〕

疑 - 斳

◆ 軫韻의 바낌 ◆

〔軫〕→〔刪〕
　影 - 殷

〔軫〕→〔銑〕
　明 - 黽 澠
　喩 - 戭 繍 演

〔軫〕→〔梗〕
　明 - 黽 澠

◆ 震韻의 바낌 ◆

〔震〕→〔先〕
　照 - 塡

〔震〕→〔銑〕
　穿 - 趁

〔震〕→〔霰〕
　照 - 瑱
　來 - 藺

〔震〕→〔敬〕
　喩 - 孕

◆ 質韻의 바낌 ◆

〔質〕→〔屋〕
　明 - 蜜

〔質〕→〔支〕
　疑 - 疑
　滂 - 鵯
　竝 - 比

〔質〕→〔紙〕
　照 - 只

〔質〕→〔寘〕
　幇 - 秘 鉍

竝 - 泌秘鉍
照 - 質
穿 - 咥

〔質〕→〔齊〕
泥 - 怩尼

〔質〕→〔霽〕
溪 - 乞契

〔質〕→〔魚〕
滂 - 疋

〔質〕→〔勿〕
疑 - 疙
竝 - 拂佛

〔質〕→〔轄〕
影 - 盩

〔質〕→〔屑〕
見 - 拮
溪 - 契
穿 - 咥
牀 - 姪
喩 - 軼

〔質〕→〔馬〕
滂 - 疋

〔質〕→〔梗〕
幇 - 鞸

〔質〕→〔陌〕
疑 - 疑
泥 - 惄
精 - 聖喞
從 - 蝍

1.1.9. 문문문물(文吻問勿)

◆ 文韻의 바뀜 ◆

〔文〕→〔支〕
明 - 麋
奉 - 賁

〔文〕→〔紙〕
明 - 亹

〔文〕→〔寘〕
奉 - 贑

〔文〕→〔灰〕
端 - 敦
透 - 焞
曉 - 煇
匣 - 揮

〔文〕→〔眞〕
疑 - 垠
微 - 玟

〔文〕→〔寒〕
端 - 敦
明 - 構

〔文〕→〔曷〕

〔文〕→〔刪〕
非 - 鷾鴇
奉 - 頒朌
來 - 綸

〔文〕→〔先〕
淸 - 竣踆
喩 - 員貟

〔文〕→〔銑〕
精 - 遵

◆ 吻韻의 바뀜 ◆

〔吻〕→〔灰〕
定 - 敦

〔吻〕→〔眞〕

溪 - 麒
微 - 态

〔吻〕→〔寒〕
定 - 敦

〔吻〕→〔旱〕
明 - 懣

〔吻〕→〔銑〕
影 - 苑
日 - 蠓 蠕

〔吻〕→〔屑〕
照 - 準

◆ 問韻의 바뀜 ◆

〔問〕→〔灰〕
端 - 敦

〔問〕→〔眞〕
穿 - 儭

〔問〕→〔寒〕
端 - 敦
精 - 餕

〔問〕→〔旱〕
明 - 懣

〔問〕→〔先〕
喩 - 員 負

〔問〕→〔銑〕
微 - 免

〔問〕→〔霰〕
審 - 昫

◆ 勿韻의 바뀜 ◆

〔勿〕→〔寘〕
非 - 芾 沸

〔勿〕→〔隊〕
竝 - 孛 悖 誖 慹
精 - 稡
穿 - 出
審 - 帥
影 - 尉 蔚

〔勿〕→〔質〕
見 - 疙
非 - 拂
奉 - 佛

〔勿〕→〔曷〕
端 - 咄
非 - 茇

〔勿〕→〔轄〕
見 - 滑
見 - 茁
非 - 汝

〔勿〕→〔銑〕
影 - 菀

〔勿〕→〔屑〕
見 - 厥 茁
群 - 掘
禪 - 潏

〔勿〕→〔巧〕
影 - 媼

〔勿〕→〔陌〕
見 - 汩
匣 - 核

〔勿〕→〔尤〕
幇 - 不

1.1.10. 한한한갈(寒旱翰曷)

◆ 寒韻의 바뀜 ◆

[寒] → [灰]
　定 - 團
　匣 - 萑

[寒] → [文]
　定 - 團
　明 - 橆

[寒] → [問]
　心 - 鋑

[寒] → [刪]
　見 - 菅
　滂 - 潘 番 拚
　竝 - 般 鬆 蟹 繁

[寒] → [諫]
　明 - 鬘 謾 曼 蔓
　從 - 酇

[寒] → [先]
　見 - 乾
　影 - 蜿 瞀
　曉 - 謹 嚾
　匣 - 貆 狟

[寒] → [銑]
　定 - 嵤

[寒] → [霰]
　滂 - 拚
　竝 - 弁

[寒] → [歌]
　滂 - 番
　竝 - 磻
　從 - 酇

◆ 旱韻의 바뀜 ◆

[旱] → [吻]
　明 - 懣

[旱] → [産]
　精 - 儧

[旱] → [諫]
　明 - 曼
　精 - 鄼

[旱] → [銑]
　泥 - 愞
　曉 - 熯

[旱] → [歌]
　溪 - 欸
　精 - 鄼

[旱] → [箇]
　泥 - 愞

◆ 翰韻의 바뀜 ◆

[翰] → [隊]
　定 - 稅

[翰] → [諫]
　明 - 縵 謾 曼

[翰] → [先]
　定 - 緣

[翰] → [銑]
　泥 - 愞
　曉 - 熯

[翰] → [箇]
　泥 - 愞

◆ 曷韻의 바뀜 ◆

[曷] → [霽]

[曷] → [泰]
　曉 - 愒 喝 愒

[曷] → [隊]
　竝 - 拔

曉 – 㵀

〔曷〕→〔文〕
　匣 – 鶡

〔曷〕→〔勿〕
　端 – 咄
　幫 – 茇
　並 – 茇

〔曷〕→〔刪〕
　幫 – 般

〔曷〕→〔轄〕
　並 – 拔

〔曷〕→〔先〕
　影 – 闕

〔曷〕→〔屑〕
　端 – 剟
　影 – 堨
　曉 – 猲 獥
　匣 – 越

1.1.11. 산산간핳(刪產諫轄)

◆ 刪韻의 바뀜 ◆

〔刪〕→〔眞〕
　影 – 殷

〔刪〕→〔文〕
　見 – 綸
　幫 – 頒 肦
　清 – 餐 浪

〔刪〕→〔寒〕
　見 – 菅
　幫 – 般 髲 蟄
　明 – 鬘
　非 – 拚 番

奉 – 繁

〔刪〕→〔先〕
　端 – 單
　從 – 戔
　照 – 跧
　牀 – 潺 屛
　影 – 殷
　匣 – 還 圜 澴

〔刪〕→〔霰〕
　非 – 拚

〔刪〕→〔歌〕
　泥 – 難
　非 – 番

〔刪〕→〔箇〕
　端 – 癉
　定 – 癉

〔刪〕→〔庚〕
　見 – 矜

◆ 產韻의 바뀜 ◆

〔產〕→〔寒〕
　精 – 債

〔產〕→〔先〕
　定 – 蜑

〔產〕→〔銑〕
　牀 – 撰

〔產〕→〔霰〕
　見 – 揀
　穿 – 弗
　牀 – 饌

〔產〕→〔箇〕
　端 – 癉

◆ 諫韻의 바뀜 ◆

〔諫〕→〔支〕
定 - 詑

〔諫〕→〔霽〕
滂 - 盼

〔諫〕→〔寒〕
明 - 謾
微 - 曼蔓
精 - 酇

〔諫〕→〔翰〕
明 - 縵

〔諫〕→〔霰〕
見 - 串
匣 - 莧

〔諫〕→〔歌〕
泥 - 難
精 - 酇

〔諫〕→〔箇〕
端 - 癉

〔諫〕→〔梗〕
見 - 卝

〔諫〕→〔陌〕
微 - 万

◆ 轄韻의 바뀜 ◆

〔轄〕→〔皆〕

〔轄〕→〔泰〕
見 - 稽藠介
幫 - 扒
審 - 殺煞絅

〔轄〕→〔隊〕
竝 - 拔

〔轄〕→〔質〕

〔轄〕→〔勿〕
非 - 冹
照 - 茁
匣 - 滑

〔轄〕→〔曷〕
竝 - 拔
奉 - 墢

〔轄〕→〔屑〕
見 - 頡桔
溪 - 楬
疑 - 櫱枿嶭
從 - 巀
心 - 躠
照 - 茁

1.1.12. 선선산설(先銑霰屑)

◆ 先韻의 바뀜 ◆

〔先〕→〔齊〕
見 - 栞

〔先〕→〔語〕
日 - 擩

〔先〕→〔御〕
影 - 菸

〔先〕→〔賄〕
牀 - 傳

〔先〕→〔眞〕
見 - 甄
定 - 塡
幫 - 猵
滂 - 褊
竝 - 玭駢

影 - 歆

〔先〕→〔文〕
清 - 竣 踆
喩 - 員

〔先〕→〔吻〕
日 - 蝡 蠕

〔先〕→〔寒〕
群 - 乾 乹
影 - 蜿 腎
曉 - 讙 嚾 狟 狟

〔先〕→〔翰〕
喩 - 緣
喩 - 緣

〔先〕→〔曷〕
影 - 斡

〔先〕→〔刪〕
精 - 戔
清 - 跧
邪 - 還
牀 - 單 孱 潺
喩 - 圜 湲

〔先〕→〔産〕
喩 - 蜓

〔先〕→〔蕭〕
曉 - 祆

〔先〕→〔庚〕
竝 - 骿 便 諞
曉 - 嬽
來 - 零

◆ 銑韻의 바뀜 ◆

〔銑〕→〔實〕

〔銑〕→〔薺〕
心 - 燹 洗

〔銑〕→〔賄〕
曉 - 烜

〔銑〕→〔眞〕
定 - 塡

〔銑〕→〔軫〕
明 - 黽 澠
喩 - 演 縯 蕻

〔銑〕→〔震〕
泥 - 趁

〔銑〕→〔文〕
牀 - 僎

〔銑〕→〔吻〕
影 - 苑
日 - 蝡 蠕

〔銑〕→〔問〕
明 - 免

〔銑〕→〔勿〕
影 - 菀

〔銑〕→〔寒〕
照 - 剸
影 - 蜿

〔銑〕→〔旱〕
日 - 愞

〔銑〕→〔刪〕
禪 - 單

〔銑〕→〔産〕
牀 - 撰

〔銑〕→〔箇〕
日 - 愞

〔銑〕→〔庚〕
定 - 蜓

〔銑〕→〔梗〕
　明 - 電澠

◆ 霰韻의 바낌 ◆

〔霰〕→〔隊〕
　穿 - 篹

〔霰〕→〔震〕
　透 - 瑱
　來 - 繭

〔霰〕→〔問〕
　曉 - 昫

〔霰〕→〔寒〕
　竝 - 拚弁

〔霰〕→〔翰〕
　喻 - 緣

〔霰〕→〔刪〕
　竝 - 拚

〔霰〕→〔産〕
　穿 - 弗
　牀 - 饌
　來 - 揀

〔霰〕→〔諫〕
　穿 - 串

〔霰〕→〔歌〕
　曉 - 獻

〔霰〕→〔庚〕
　明 - 瞑

〔霰〕→〔敬〕
　清 - 倩
　曉 - 夐

◆ 屑韻의 바낌 ◆

〔屑〕→〔支〕
　竝 - 批

〔屑〕→〔寘〕
　見 - 偈
　溪 - 偈
　滂 - 澈
　心 - 泄 洩 枻
　照 - 晰 唽 晢
　穿 - 掣
　喻 - 拽

〔屑〕→〔霽〕
　見 - 揭 偈
　溪 - 挈 契 揭
　群 - 揭
　清 - 切
　心 - 契
　來 - 栵 戾 捩

〔屑〕→〔泰〕

〔屑〕→〔隊〕
　見 - 馱 夬 蹶
　群 - 撅
　疑 - 說
　照 - 綴 綴 畷 醊 餟 歠
　審 - 說
　影 - 噦

〔屑〕→〔眞〕
　定 - 咥

〔屑〕→〔質〕
　見 - 拮
　溪 - 契
　定 - 姪 軼 咥
　心 - 契

〔屑〕→〔吻〕
　照 - 準

〔屑〕→〔勿〕
　見 - 厥 㓮
　群 - 掘

照 - 苗

〔屑〕→〔曷〕
群 - 堨
疑 - 越
照 - 烮
影 - 關
曉 - 獦 猲

〔屑〕→〔轄〕
見 - 桔
群 - 楬
疑 - 孼 柿 嶭
從 - 巀
心 - 辥
照 - 苗
匣 - 頡

〔屑〕→〔葉〕
泥 - 茶
禪 - 撲

1.1.13. ㅅㅗㅅ(蕭篠嘯)

◆ 蕭韻의 바낌 ◆

〔蕭〕→〔屋〕
曉 - 熇

〔蕭〕→〔魚〕
端 - 裯
喻 - 褕

〔蕭〕→〔爻〕
端 - 裯
透 - 挑
幫 - 瘭
明 - 貓
心 - 蛸 捎
曉 - 嚻
喻 - 陶

〔蕭〕→〔巧〕
影 - 夭
來 - 獠 獠 橑
日 - 橈

〔蕭〕→〔藥〕
溪 - 蹻
幫 - 杓
心 - 箾
曉 - 熇

〔蕭〕→〔尤〕
端 - 裯
定 - 調
清 - 篍
喻 - 繇

〔蕭〕→〔宥〕
來 - 廖

◆ 篠韻의 바낌 ◆

〔篠〕→〔屋〕
來 - 蓼

〔篠〕→〔模〕
竝 - 莩

〔篠〕→〔爻〕
透 - 挑
精 - 勦

〔篠〕→〔巧〕
影 - 夭

〔篠〕→〔藥〕
見 - 繳 蹻
明 - 藐

〔篠〕→〔尤〕
精 - 湫
影 - 舀

〔篠〕→〔有〕
群 - 糾

◆ 嘯韻의 바뀜 ◆

〔嘯〕→〔爻〕
　心 － 鞘

〔嘯〕→〔藥〕
　精 － 嚼爝
　照 － 炤
　影 － 約

〔嘯〕→〔陌〕
　端 － 弔
　泥 － 溺

〔嘯〕→〔尤〕
　定 － 調
　淸 － 哨

〔嘯〕→〔宥〕
　來 － 廖

1.1.14. 효교효(爻巧效)

◆ 爻韻의 바뀜 ◆

〔爻〕→〔齊〕
　明 － 犛氂

〔爻〕→〔魚〕
　端 － 裯

〔爻〕→〔蕭〕
　疑 － 嚚
　端 － 裯
　透 － 挑
　定 － 陶
　竝 － 庖
　明 － 貓
　審 － 捎蛸

〔爻〕→〔篠〕
　牀 － 剿

〔爻〕→〔嘯〕
　審 － 鞘

〔爻〕→〔禡〕
　影 － 凹

〔爻〕→〔藥〕
　曉 － 嗃

〔爻〕→〔尤〕
　見 － 艽芁
　端 － 裯
　照 － 啁
　曉 － 烋

〔爻〕→〔有〕
　見 － 咎

〔爻〕→〔宥〕
　明 － 楙

〔爻〕→〔合〕
　影 － 凹

◆ 巧韻의 바뀜 ◆

〔巧〕→〔勿〕
　影 － 媼

〔巧〕→〔蕭〕
　泥 － 橈
　照 － 獠獠
　影 － 夭

〔巧〕→〔爻〕
　來 － 獠獠憭

〔巧〕→〔藥〕
　匣 － 鄗

〔巧〕→〔尤〕
　明 － 茆

◆ 效韻의 바뀜 ◆

〔效〕→〔屋〕
　見 － 告
　定 － 纛
　竝 － 暴 曝 瀑
　影 － 奧 墺 隩 懊 燠

〔效〕→〔隊〕
　明 － 瑁

〔效〕→〔蕭〕
　泥 － 橈

〔效〕→〔藥〕
　見 － 覺 較 較
　幇 － 爆 爆
　竝 － 暴
　明 － 皃
　從 － 鑿
　穿 － 趠
　曉 － 嗃

〔效〕→〔陌〕
　明 － 冒

〔效〕→〔尤〕
　定 － 幬

1.1.15. 가가개(歌哿箇)

◆ 歌韻의 바뀜 ◆

〔歌〕→〔支〕
　定 － 池
　滂 － 陂
　淸 － 嵯
　心 － 犧

〔歌〕→〔紙〕
　定 － 迤

〔歌〕→〔齊〕

〔歌〕→〔魚〕

〔歌〕→〔模〕
　來 － 蠡 蘆 蘆

〔歌〕→〔泰〕
　從 － 瘥

〔歌〕→〔灰〕

〔歌〕→〔寒〕
　泥 － 捼 挼 難
　幇 － 番 皤
　從 － 酂

〔歌〕→〔旱〕
　溪 － 欼

〔歌〕→〔刪〕
　幇 － 番

〔歌〕→〔諫〕
　從 － 酇

〔歌〕→〔霰〕
　心 － 獻

〔歌〕→〔麻〕
　見 － 過

〔歌〕→〔禡〕
　心 － 杪 唆

〔歌〕→〔尤〕
　疑 － 囮

◆ 哿韻의 바뀜 ◆

〔哿〕→〔支〕
　影 － 猗

〔哿〕→〔寘〕

幇 - 跛

〔咍〕→〔齊〕
來 - 蠡

〔咍〕→〔解〕
匣 - 夥

〔咍〕→〔灰〕
端 - 鬘
透 - 墮

〔咍〕→〔賄〕
端 - 揣 捶 敠

〔咍〕→〔馬〕
來 - 倮

◆ 箇韻의 바뀜 ◆

〔箇〕→〔模〕
影 - 汙

〔箇〕→〔暮〕
精 - 作

〔箇〕→〔泰〕
定 - 大
泥 - 奈

〔箇〕→〔灰〕
明 - 啵

〔箇〕→〔翰〕

〔箇〕→〔銑〕
泥 - 懊

〔箇〕→〔禡〕
從 - 蔆

〔箇〕→〔遮〕
心 - 些

〔箇〕→〔藥〕

精 - 作

1.1.16. 마마마(麻馬禡)

◆ 麻韻의 바뀜 ◆

〔麻〕→〔支〕
疑 - 涯厓崖
穿 - 差

〔麻〕→〔魚〕
泥 - 拏挐

〔麻〕→〔模〕
牀 - 苴涂
影 - 汙

〔麻〕→〔皆〕
疑 - 涯厓崖
穿 - 叉差釵

〔麻〕→〔歌〕
見 - 瘑
審 - 柴莎

〔麻〕→〔遮〕
見 - 茄

〔麻〕→〔侵〕
明 - 麻

◆ 馬韻의 바뀜 ◆

〔馬〕→〔薺〕
審 - 洒

〔馬〕→〔魚〕
疑 - 疋
照 - 苴

〔馬〕→〔姥〕
見 - 賈

〔馬〕→〔解〕

〔馬〕→〔賄〕
審 - 灑 洒 洒

〔馬〕→〔質〕
疑 - 疋

〔馬〕→〔哿〕
匣 - 俁

〔馬〕→〔梗〕
端 - 打

〔馬〕→〔陌〕
見 - 仮
影 - 啞

◆ 禡韻의 바뀜 ◆

〔禡〕→〔支〕
竝 - 罷
穿 - 差

〔禡〕→〔魚〕
匣 - 樗

〔禡〕→〔御〕
牀 - 蜡

〔禡〕→〔暮〕
溪 - 胯

〔禡〕→〔皆〕
穿 - 差 衩

〔禡〕→〔解〕
竝 - 罷

〔禡〕→〔泰〕
審 - 嗄

〔禡〕→〔爻〕
疑 - 凹

〔禡〕→〔歌〕
審 - 唆

〔禡〕→〔箇〕
照 - 蔗

〔禡〕→〔陌〕
見 - 仮
幇 - 霸
照 - 蚱
曉 - 嚇
匣 - 擭 畫

〔禡〕→〔合〕
疑 - 凹

1.1.17. 차자자(遮者蔗)

◆ 遮韻의 바뀜 ◆

〔遮〕→〔支〕
禪 - 蛇

〔遮〕→〔魚〕
穿 - 車
審 - 畲

〔遮〕→〔模〕
禪 - 闍

〔遮〕→〔皆〕
來 - 倈

〔遮〕→〔箇〕
心 - 些

〔遮〕→〔麻〕
群 - 茄

◆ 者韻의 바뀜 ◆

〔者〕→〔魚〕
清 - 且

〔者〕→〔藥〕
日 - 若

◆ 蔗韻의 바뀜 ◆

〔蔗〕→〔實〕
禪 - 貰

〔蔗〕→〔陌〕
精 - 唶
邪 - 藉
照 - 炙 這
禪 - 射 斁
喩 - 射

1.1.18. 양양양약(陽養漾藥)

◆ 陽韻의 바뀜 ◆

〔陽〕→〔東〕
見 - 釭
見 - 豇
溪 - 悾 椌
竝 - 龐
清 - 槍
穿 - 囪 憃
牀 - 淙 橦 鬃 淙
審 - 瀧
曉 - 肛
來 - 瀧

〔陽〕→〔模〕
微 - 亡 凵

〔陽〕→〔暮〕
清 - 將

〔陽〕→〔庚〕
端 - 鐺

幫 - 彭
滂 - 旁
竝 - 旁 傍 彷
非 - 趵
微 - 宋
清 - 傖 搶
清 - 搶
匣 - 行 桁

〔陽〕→〔敬〕
幫 - 搒

◆ 養韻의 바뀜 ◆

〔養〕→〔姥〕
明 - 莽

〔養〕→〔庚〕
幫 - 榜
清 - 搶
影 - 桒

〔養〕→〔敬〕

〔養〕→〔有〕
明 - 孟 莽

◆ 漾韻의 바뀜 ◆

〔漾〕→〔東〕
照 - 憃
牀 - 漴
曉 - 兄

〔漾〕→〔送〕
見 - 洚

〔漾〕→〔庚〕
竝 - 彷
曉 - 兄
匣 - 行 桁

〔漾〕→〔敬〕
幫 - 搒

◆ 藥韻의 바뀜 ◆

〔藥〕→〔屋〕
　見 － 觳
　幫 － 襮 剝
　滂 － 濼 樸
　竝 － 撲 暴
　照 － 瘃 斸
　牀 － 鐲
　審 － 數
　影 － 剧
　曉 － 熇
　匣 － 鬻
　來 － 濼

〔藥〕→〔魚〕
　群 － 醵
　穿 － 躇

〔藥〕→〔御〕
　照 － 著
　牀 － 著

〔藥〕→〔模〕
　竝 － 簿
　明 － 膜 摸
　照 － 啄
　影 － 惡

〔藥〕→〔姥〕
　審 － 數

〔藥〕→〔暮〕
　定 － 度
　精 － 作
　淸 － 錯 厝
　從 － 酢
　匣 － 涸
　匣 － 穫 濩

〔藥〕→〔蕭〕
　見 － 蹺
　群 － 蹻
　審 － 簫
　禪 － 杓

曉 － 熇

〔藥〕→〔篠〕
　明 － 藐
　照 － 繳

〔藥〕→〔嘯〕
　精 － 爝
　從 － 嚼
　照 － 炤
　影 － 約

〔藥〕→〔爻〕

〔藥〕→〔巧〕
　曉 － 嗃 敲

〔藥〕→〔效〕
　見 － 覺 較 較
　幫 － 爆 燺
　竝 － 暴
　明 － 貌 皃
　精 － 鑿
　從 － 鑿
　穿 － 趠
　喩 － 樂
　來 － 樂

〔藥〕→〔箇〕
　精 － 作

〔藥〕→〔者〕
　日 － 若

〔藥〕→〔陌〕
　見 － 格
　溪 － 潒
　透 － 拓 魄 跅
　泥 － 搦
　竝 － 魄
　明 － 莫
　淸 － 散
　從 － 柞
　心 － 索
　禪 － 芍

來 - 駝

[藥] → [有]
　審 - 嗽

1.1.19. 경경경맥(庚梗敬陌)

◆ 庚韻의 바뀜 ◆

[庚] → [東]
　竝 - 馮
　明 - 蕾
　曉 - 兄

[庚] → [紙]
　照 - 徵

[庚] → [皆]
　泥 - 能

[庚] → [軫]
　禪 - 澠

[庚] → [刪]
　見 - 矜

[庚] → [先]
　群 - 嬛
　竝 - 平 駢 缾
　來 - 零

[庚] → [銑]
　定 - 蜓
　明 - 溟
　禪 - 澠

[庚] → [霰]
　明 - 瞑

[庚] → [陽]
　幫 - 旁 傍
　竝 - 彭 蚊

明 - 𣄸
穿 - 鐺 槍 搶
牀 - 傖
影 - 柍
匣 - 行 桁

[庚] → [養]
　幫 - 榜

[庚] → [漾]
　曉 - 兄

◆ 梗韻의 바뀜 ◆

[梗] → [薺]
　溪 - 綮

[梗] → [皆]
　竝 - 矔

[梗] → [隊]
　見 - 哽

[梗] → [軫]
　明 - 黽

[梗] → [質]
　幫 - 鞸

[梗] → [諫]
　見 - 鑛 鈃 艸
　匣 - 艸

[梗] → [銑]
　明 - 黽

[梗] → [馬]
　端 - 打

[梗] → [陽]
　匣 - 行

◆ 敬韻의 바뀜 ◆

[敬] → [東]

明 - 懜 曹

〔敬〕→〔震〕
喩 - 孕

〔敬〕→〔先〕
竝 - 平
來 - 零

〔敬〕→〔霰〕
明 - 瞑
清 - 倩
曉 - 夐

〔敬〕→〔陽〕
幇 - 搒
匣 - 行

〔敬〕→〔養〕
明 - 孟

◆ 陌韻의 바뀜 ◆

〔陌〕→〔屋〕
定 - 跾
幇 - 幅福副

〔陌〕→〔支〕
端 - 鍉
竝 - 椑
喩 - 巀疑

〔陌〕→〔紙〕
影 - 醷
喩 - 蘶

〔陌〕→〔寘〕
幇 - 薜
精 - 積
清 - 刺
照 - 織
審 - 識
禪 - 植埴食
影 - 薏
喩 - 易

〔陌〕→〔霽〕
見 - 亟
心 - 裼

〔陌〕→〔暮〕
幇 - 副
匣 - 輅
喩 - 歟

〔陌〕→〔解〕
幇 - 捭

〔陌〕→〔泰〕
透 - 貸
定 - 貸
心 - 塞
影 - 阨阸
匣 - 劾

〔陌〕→〔質〕
泥 - 惬
精 - 唧蝍堲
匣 - 核
喩 - 疑

〔陌〕→〔勿〕
明 - 汩

〔陌〕→〔諫〕
明 - 万

〔陌〕→〔嘯〕
端 - 弔
泥 - 溺

〔陌〕→〔效〕
明 - 冒

〔陌〕→〔馬〕
見 - 仮
影 - 啞

〔陌〕→〔禡〕
滂 - 霸

照 － 蚱
曉 － 爀
匣 － 畵

〔陌〕→〔蔗〕
從 － 藉
照 － 炙 這
照 － 唶
禪 － 射 斁
喩 － 射

〔陌〕→〔藥〕
見 － 格
端 － 芍
泥 － 搦
滂 － 魄
明 － 莫
淸 － 散
照 － 拓
照 － 柞 馲
穿 － 跖
審 － 索 愬
曉 － 㴩
匣 － 格

〔陌〕→〔宥〕
幇 － 副

1.1.20. 우유유(尤有宥)

◆ 尤韻의 바뀜 ◆

〔尤〕→〔屋〕
明 － 繆
心 － 涑
穿 － 妯

〔尤〕→〔實〕
曉 － 髹

〔尤〕→〔魚〕
見 － 龜

溪 － 區
群 － 捄
疑 － 齵 腢 髃
透 － 婾
影 － 區 樞
喩 － 揄
來 － 塿 蔞 慺 膢 獿 貜

〔尤〕→〔語〕
見 － 朐
來 － 樓 僂

〔尤〕→〔御〕
見 － 句

〔尤〕→〔暮〕
奉 － 桴

〔尤〕→〔灰〕
溪 － 龜
群 － 頄

〔尤〕→〔蕭〕
淸 － 篍
照 － 調
牀 － 裯
喩 － 繇

〔尤〕→〔篠〕
精 － 湫

〔尤〕→〔爻〕
見 － 艽 虯
群 － 虯
照 － 襃
牀 － 裯
曉 － 烋

〔尤〕→〔效〕
牀 － 幬

〔尤〕→〔歌〕

〔尤〕→〔哿〕
喩 － 庮 蚴

◆ 有韻의 바낌 ◆

〔有〕→〔屋〕
　泥 - 忸
　心 - 蕀

〔有〕→〔紙〕
　非 - 否

〔有〕→〔魚〕
　疑 - 腢髃

〔有〕→〔語〕
　見 - 枸岣
　來 - 嶁

〔有〕→〔御〕
　清 - 趣

〔有〕→〔姥〕
　滂 - 部蔀
　明 - 母拇踇畝晦鵬某呆莽

〔有〕→〔暮〕
　奉 - 負婦嫵瞀

〔有〕→〔灰〕
　滂 - 培

〔有〕→〔質〕
　心 - 訧

〔有〕→〔篠〕
　見 - 糾

〔有〕→〔爻〕
　群 - 咎

〔有〕→〔養〕
　明 - 莽

◆ 宥韻의 바낌 ◆

〔宥〕→〔屋〕

定 - 讀
泥 - 耨
明 - 繆
非 - 副輻覆
奉 - 復覆伏
清 - 蔟
心 - 涑
心 - 宿
照 - 祝
曉 - 畜
喩 - 柚
來 - 勠
日 - 肉

〔宥〕→〔魚〕
　見 - 捄
　定 - 窬
　來 - 鏤瘻

〔宥〕→〔語〕
　見 - 句
　來 - 僂嶁

〔宥〕→〔暮〕
　非 - 富副仆

〔宥〕→〔賄〕
　喩 - 蜼雅

〔宥〕→〔蕭〕
　來 - 廖

〔宥〕→〔爻〕
　明 - 楸

〔宥〕→〔藥〕
　心 - 嗽

〔宥〕→〔陌〕
　非 - 副

1.1.21. 침침심집(侵寢沁緝)

◆ 侵韻의 바뀜 ◆

〔侵〕→〔麻〕
　來 - 痲

〔侵〕→〔覃〕
　照 - 簪 篸
　穿 - 參
　牀 - 湛
　審 - 參 鬖
　喩 - 蟫

〔侵〕→〔感〕
　照 - 揞
　審 - 墋

〔侵〕→〔鹽〕
　群 - 黔
　邪 - 燖
　照 - 鍼
　禪 - 橁

◆ 寢韻의 바뀜 ◆

〔寢〕→〔琰〕
　審 - 渰

◆ 沁韻의 바뀜 ◆

〔沁〕→〔覃〕
　精 - 湛
　牀 - 酖
　影 - 暗

〔沁〕→〔感〕
　審 - 墋

〔沁〕→〔艶〕
　照 - 譫

◆ 緝韻의 바뀜 ◆

〔緝〕→〔屋〕

影 - 煜

〔緝〕→〔合〕
　審 - 靸

〔緝〕→〔葉〕
　群 - 笈
　邪 - 褶

1.1.22. 담감감합(覃感勘合)

◆ 覃韻의 바뀜 ◆

〔覃〕→〔侵〕
　端 - 湛
　定 - 蟫
　精 - 簪 篸
　清 - 參
　心 - 鬖

〔覃〕→〔沁〕
　端 - 酖
　影 - 暗

〔覃〕→〔鹽〕
　見 - 柑
　溪 - 膁
　疑 - 巖
　泥 - 柟 諵
　穿 - 漸
　審 - 攕
　影 - 菴

〔覃〕→〔琰〕
　見 - 弇
　匣 - 嗛

◆ 感韻의 바뀜 ◆

〔感〕→〔屋〕
　從 - 蔟

〔感〕→〔侵〕
　精 － 摺
　心 － 椮
　牀 － 湛

〔感〕→〔鹽〕
　從 － 槧

〔感〕→〔琰〕
　影 － 菴 晻 揜
　影 － 黶

◆ 勘韻의 바뀜 ◆

〔勘〕→〔送〕
　見 － 灨 贛

〔勘〕→〔侵〕
　精 － 篸
　清 － 參
　牀 － 湛

〔勘〕→〔勘〕
　竝 － 湮

〔勘〕→〔鹽〕
　影 － 菴

〔勘〕→〔琰〕
　奉 － 貶

◆ 合韻의 바뀜 ◆

〔合〕→〔魚〕
　溪 － 胠

〔合〕→〔泰〕
　見 － 蓋
　溪 － 磕 礚
　匣 － 蓋

〔合〕→〔爻〕

〔合〕→〔䁂〕

影 － 凹

〔合〕→〔緝〕
　心 － 靸
　穿 － 扱

〔合〕→〔琰〕
　影 － 唵 罨
　匣 － 陜

〔合〕→〔葉〕
　見 － 夾 挾 筴 梜 俠 袷 蛺
　照 － 鍤
　牀 － 喋
　匣 － 峽
　來 － 拹 摺

1.1.23. 염염염엽(鹽琰艷葉)

◆ 鹽韻의 바뀜 ◆

〔鹽〕→〔侵〕
　群 － 鍼 黔
　從 － 楷
　邪 － 燂

〔鹽〕→〔覃〕
　群 － 柑
　精 － 漸 攕
　照 － 讖
　影 － 菴
　喩 － 巖
　來 － 濂
　日 － 枏

〔鹽〕→〔感〕
　清 － 槧

◆ 琰韻의 바뀜 ◆

〔琰〕→〔寢〕
　審 － 渰

〔琰〕→〔覃〕
  溪 - 謙
  從 - 漸

〔琰〕→〔感〕
  影 - 弇 揜 晻 黤 闇

〔琰〕→〔合〕
  溪 - 嗛
  幇 - 貶
  審 - 陝
  影 - 罨

◆ 艶韻의 바뀜 ◆

〔艶〕→〔沁〕
  精 - 譖

〔艶〕→〔感〕
  淸 - 槧

◆ 葉韻의 바뀜 ◆

〔葉〕→〔屑〕
  端 - 揲
  泥 - 苶
  喻 - 揲

〔葉〕→〔緝〕
  群 - 笈
  端 - 褶
  照 - 褶
  審 - 歃
  喻 - 裛

〔葉〕→〔合〕
  見 - 筴 梜 夾 頰 蛺
  端 - 喋 鰈
  精 - 浹
  照 - 摺
  匣 - 挾 夾 俠 拹

전체 운모의 변동 통계

東 : 陽13 漾1 庚3 敬2 有1
董 : 魚1 陽1 敬1
送 : 陽1 漾1 庚1 敬2 勘2
屋 : 御1 姥1 暮1 質1 蕭1 篠2 爻1 效9 藥15 陌5 尤4 有1 宥19 緝1 感1
支 : 紙1 齊20 薺5 霽6 模2 皆10 解2 泰1 賄3 隊1 眞1 質2 文2 諫1 屑1 歌5 哿1 麻4 禡1 遮1 陌5
紙 : 齊1 薺9 霽2 解4 泰1 灰1 質2 屑1 歌1 哿1 庚1 陌2 有2
寘 : 東1 齊1 霽6 泰4 賄1 隊1 質7 文1 勿2 銑1 霰1 屑12 歌1 箇2 陌12 尤1
齊 : 支18 魚1 賄1 質2 先1 效2 歌1 勘1
薺 : 支8 紙6 模1 皆1 解1 灰1 賄1 銑1 歌1 梗1
霽 : 支10 紙1 寘5 解1 泰6 質2 曷1 諫1 屑7 陌2
魚 : 董1 齊1 模4 姥1 蕭2 爻1 歌1 麻3 禡1 遮2 者1 藥2 尤17 宥3 合1
語 : 姥2 先1 者1 尤3 宥2 合1
御 : 屋2 軫1 先1 禡1 藥3 尤1 有1
模 : 支2 薺1 魚3 質1 篠1 歌1 箇1 麻2 馬1 遮1 陽2 藥3 尤1
姥 : 屋1 魚2 語1 灰1 馬1 養1 藥2 有11
暮 : 屋2 箇2 麻1 禡1 藥10 陌4 有3 宥3
皆 : 支9 薺1 灰2 轄2 麻7 遮1 庚1 梗1
解 : 支2 紙4 薺2 霽1 賄1 哿1 馬2 禡1 陌1
泰 : 支2 紙3 寘4 薺2 霽6 解1 賄1 隊6 曷2 轄3 屑2 歌1 箇1 麻2 馬2 禡1 遮1 庚1 陌5 合3
灰 : 支1 紙1 薺1 姥1 皆3 文4 寒2 歌4 哿2 箇1 尤3 有1
賄 : 支3 紙1 齊1 薺3 解1 銑1 哿3 馬1 有2

隊 : 支₁ 寘₁ 泰₇ 質₁ 文₁ 勿₈ 寒₁ 翰₁ 曷₂ 産₁ 轄₁
　　霰₁ 屑₉ 效₁ 梗₂ 陌₁ 宥₂

眞 : 支₂ 文₃ 吻₁ 問₁ 刪₁ 先₆ 陌₁

軫 : 刪₁ 銑₅ 梗₂

震 : 先₁ 銑₁ 霰₂ 敬₁

質 : 屋₁ 支₃ 紙₁ 寘₇ 齊₂ 霽₂ 魚₁ 勿₃ 轄₁ 屑₅ 馬₁
　　梗₁ 陌₅

文 : 支₂ 紙₁ 寘₁ 灰₄ 眞₂ 寒₂ 曷₁ 刪₄ 先₄ 銑₁

吻 : 灰₁ 眞₂ 寒₁ 旱₁ 銑₃ 屑₁

問 : 灰₁ 眞₁ 寒₂ 旱₁ 先₂ 銑₁ 霰₁

勿 : 寘₂ 隊₉ 質₃ 曷₂ 轄₃ 銑₁ 屑₄ 巧₁ 陌₂ 尤₁

寒 : 灰₂ 文₂ 問₁ 刪₉ 諫₄ 先₇ 銑₁ 霰₂ 歌₃

旱 : 吻₁ 産₁ 諫₂ 銑₂ 歌₂ 箇₁

翰 : 隊₁ 諫₃ 先₁ 銑₂ 箇₁

曷 : 霽₁ 泰₂ 隊₂ 文₁ 勿₃ 刪₁ 轄₁ 先₁ 屑₅

刪 : 眞₁ 文₅ 寒₈ 先₉ 霰₁ 歌₂ 箇₂ 庚₁

産 : 寒₁ 先₁ 銑₁ 霰₃ 箇₁

諫 : 支₁ 霽₁ 寒₄ 翰₁ 霰₂ 歌₂ 箇₁ 梗₁ 陌₁

轄 : 皆₂ 泰₅ 隊₁ 質₁ 勿₃ 曷₂ 屑₉

先 : 齊₁ 語₁ 御₁ 賄₁ 眞₇ 文₃ 吻₂ 寒₈ 翰₂ 曷₁ 刪₈
　　産₁ 蕭₁ 庚₅

銑 : 寘₁ 薺₁ 賄₁ 眞₁ 軫₅ 震₁ 文₁ 吻₃ 問₁ 勿₁ 寒₂
　　旱₁ 刪₁ 産₁ 箇₁ 庚₁ 梗₂

霰 : 隊₁ 震₂ 問₁ 寒₂ 翰₁ 刪₁ 産₃ 諫₁ 歌₁ 庚₁ 敬₂

屑 : 支₁ 寘₁₁ 霽₁₁ 泰₂ 隊₁₁ 眞₁ 質₆ 吻₁ 勿₄ 曷₆
　　轄₉ 葉₂

蕭 : 屋₁ 魚₂ 爻₈ 巧₅ 藥₄ 尤₄ 宥₁

篠 : 屋₁ 模₁ 爻₂ 巧₁ 藥₃ 尤₂ 有₁

嘯 : 爻₁ 藥₄ 陌₂ 尤₂ 宥₁

爻 : 齊₂ 魚₁ 蕭₈ 篠₁ 嘯₁ 禡₁ 藥₁ 尤₅ 有₁ 宥₁ 合₁

巧 : 勿₁ 蕭₆ 爻₁ 藥₁ 尤₁

效 : 屋₁₀ 隊₁ 蕭₁ 藥₁₀ 陌₁ 尤₁

歌 : 支₄ 紙₁ 齊₁ 魚₁ 模₁ 泰₁ 灰₂ 寒₄ 旱₁ 刪₁ 諫₁
　　霰₁ 麻₂ 禡₁ 尤₁

哿 : 支₁ 寘₁ 齊₁ 解₁ 灰₂ 賄₃ 馬₁

箇 : 模₁ 暮₁ 泰₂ 灰₁ 翰₁ 銑₁ 禡₁ 遮₁ 藥₁

麻 : 支₄ 魚₃ 模₂ 皆₆ 歌₃ 遮₁ 侵₁

馬 : 薺₁ 魚₂ 姥₁ 解₂ 賄₁ 質₁ 哿₁ 梗₁ 陌₂

禡 : 支₂ 魚₁ 御₁ 暮₁ 皆₂ 解₁ 泰₁ 爻₁ 歌₁ 箇₁ 陌₆

合₁

遮 : 支₁ 魚₂ 模₁ 皆₁ 箇₁ 麻₁

者 : 魚₁ 藥₁

蔗 : 寘₁ 陌₇

陽 : 東₁₅ 模₂ 暮₁ 庚₁₃ 敬₁

養 : 姥₁ 庚₃ 敬₁ 有₁

漾 : 東₃ 送₁ 庚₄ 敬₁

藥 : 屋₁₅ 魚₂ 御₂ 模₅ 姥₁ 暮₈ 蕭₅ 篠₂ 嘯₄ 爻₁ 巧₁
　　效₁₃ 箇₁ 者₁ 陌₁₃ 宥₁

庚 : 東₃ 紙₁ 皆₁ 軫₁ 刪₁ 先₅ 銑₃ 霰₁ 陽₁₂ 養₁ 漾₁

梗 : 薺₁ 皆₁ 隊₁ 軫₁ 質₁ 諫₄ 銑₁ 馬₁ 陽₁

敬 : 東₂ 震₁ 先₂ 霰₃ 陽₂ 養₁

陌 : 屋₄ 支₄ 紙₂ 寘₁₀ 霽₂ 暮₃ 解₁ 泰₆ 質₆ 勿₁ 諫₁
　　嘯₂ 效₁ 馬₂ 禡₄ 蔗₇ 藥₁₄ 宥₁

尤 : 屋₃ 寘₁ 魚₁₆ 語₃ 御₁ 暮₁ 灰₂ 蕭₄ 篠₁ 爻₆ 效₁
　　歌₁ 哿₁

有 : 屋₂ 紙₁ 魚₂ 語₃ 御₁ 姥₁₁ 暮₄ 灰₁ 質₁ 篠₁ 爻₁
　　養₁

宥 : 屋₁₇ 魚₄ 語₃ 暮₃ 賄₂ 蕭₁ 爻₁ 藥₁ 陌₁

侵 : 麻₁ 覃₇ 感₂ 鹽₄

寢 : 琰₁

沁 : 覃₃ 感₁ 艶₁

緝 : 屋₁ 合₁ 葉₂

覃 : 侵₆ 沁₂ 鹽₈ 琰₂

感 : 屋₁ 侵₃ 鹽₂ 琰₃

勘 : 送₂ 侵₃ 勘₁ 鹽₁ 琰₁

合 : 魚₁ 泰₄ 爻₁ 禡₁ 緝₃ 琰₂ 葉₁₂

鹽 : 侵₄ 覃₈ 感₁

琰 : 寢₁ 覃₃ 感₄ 合₄

艶 : 沁₁ 感₁

葉 : 屑₃ 緝₅ 合₁₃

1.2. 성모

▲ 見ㄱ[k]母의 바뀜 ▲

[ㄱ] → [ㅋ]
ㅖ - 稽
ㅠ - 椐
ㅜ - 苦
ㅒ - 楷
ㅟ - 傀 蘱 蘱 歸 歸 繪
ㅜ - 捐
ㅠ - 屈
ㅓ - 筶 舐 鴣 萿 蒰 鬐 醤
ㅋ - 开 麗 揭 偈
ㅖ - 卷 卷
ㅑ - 驕 蹻
ㅏ - 槀 槗 亢
ㅑ - 垿 攫 玃 蠖 钁 矍 戄
ㅘ - 迋
ㅟ - 絧
ㅡ - 詁

[ㄱ] → [ㄲ]
ㅠ - 踽 拒 鑢 約 句 瞿 遽 遽 醵 醵 詎 詎 詎 釀 釀 釀
ㅣ - 斤 董 姞 佶
ㅠ - 屈 獝
ㅋ - 犍 揭 桀
ㅖ - 卷 捲 卷
ㅑ - 蹻
ㅘ - 迋
ㅣ - 檠 芁 斜 糺 赳 捄 紟 衿

[ㄱ] → [ㆁ]
ㅒ - 闃
ㅋ - 澆
ㅑ - 咬
ㅣ - 嘌 漂

[ㄱ] → [ㅍ]
ㅑ - 竆

[ㄱ] → [ㅈ]

ㅜ - 蚣

[ㄱ] → [ㅆ]
ㅠ - 茁 繘

[ㄱ] → [ㆆ]
ㅓ - 斡
ㅣ - 抉
ㅑ - 押

[ㄱ] → [ㅎ]
ㅠ - 獝
ㅑ - 笑 懼
ㅘ - 璜
ㅡ - 垢 詬

[ㄱ] → [ㆅ]
ㅜ - 紅
ㅖ - 繫 係
ㅜ - 酤 酤 雇 酤
ㅒ - 頰 頰 頰
ㅒ - 澅 解 薢 解
ㅙ - 壞
ㅟ - 瑰 會
ㅡ - 紇
ㅜ - 昆 混 涽 揖
ㅓ - 斡
ㅓ - 莞 括 活 佸
ㅑ - 閒 閒 瞯
ㅘ - 擐
ㅕ - 見 絜
ㅏ - 皓 皜 浩
ㅑ - 嘐 校
ㅓ - 淆 菏
ㅑ - 瘕
ㅏ - 缸 缸 缸 項 項 瓵 瓵
ㅑ - 降
ㅓ - 格
ㅟ - 鑛 釬 艸
ㅡ - 垢 垢 詬
ㅏ - 蓋
ㅑ - 蛺
ㅋ - 夾

[ㄱ] → [ㅇ]

ㅜ - 谷
ㅓ - 濔
ㅠ - 昀 緧 獝
ㅕ - 僥
ㅘ - 蝸 迂

〔ㄱ〕→〔ㄹ〕
ㅜ - 谷
ㅓ - 寓
ㅕ - 臉

▲ 溪ㅋ〔k'〕母의 바뀜 ▲

〔ㅋ〕→〔ㄱ〕
ㅖ - 稽
ㅜ - 苦
ㅟ - 傀 稽 巋
ㅜ - 揎
ㅠ - 屈
ㅕ - 麗 幵 偈 揭
ㅖ - 卷
ㅕ - 蹻 驕
ㅏ - 稾 尢
ㅑ - 埆
ㅘ - 迂
ㅟ - 軱 軏
ㅞ - 絅

〔ㅋ〕→〔ㄲ〕
ㅜ - 堀
ㅠ - 窟 屈
ㅕ - 揭
ㅖ - 圈 卷
ㅑ - 却
ㅘ - 迂
ㅕ - 傒

〔ㅋ〕→〔ㆁ〕
ㅑ - 礚 境 礚 境

〔ㅋ〕→〔ㅈ〕
ㅜ - 苦

〔ㅋ〕→〔ㅊ〕
ㅣ - 瞉

〔ㅋ〕→〔ㅅ〕
ㅕ - 契

〔ㅋ〕→〔ㆆ〕
ㅓ - 窾
ㅣ - 區

〔ㅋ〕→〔ㅎ〕
ㅏ - 甕 闞

〔ㅋ〕→〔ㆅ〕
ㅜ - 枯 楛
ㅐ - 咳
ㅟ - 繢
ㅜ - 揖
ㅑ - 馨
ㅏ - 垍

〔ㅋ〕→〔ㅇ〕
ㅘ - 迂

〔ㅋ〕→〔ㄹ〕
ㅕ - 臁

▲ 群ㄲ〔g〕母의 바뀜 ▲

〔ㄲ〕→〔ㄱ〕
ㅠ - 共 共
ㅣ - 祇
ㅠ - 鐻 醵 句 約 瞿 拒 詎 鐻 踽 瞿
ㅣ - 董 董 斳 斳 斤 斤 斤 搃 搃
ㅠ - 屈
ㅕ - 犍 桀 揭
ㅣ - 卷 捲
ㅑ - 蹻
ㅘ - 廷
ㅣ - 檠 檠 捄 芁 噤 澿 紟 衿

〔ㄲ〕→〔ㅋ〕
ㅠ - 齲 齲 踽 踽
ㅟ - 跪

ㅠ - 箘堀屈
ㅕ - 揭
ㅖ - 卷圈
ㅑ - 强
ㅘ - 廷

〔ㄲ〕 → 〔ㄲ〕
ㅑ - 膿朘谷噱釀蹻

〔ㄲ〕 → 〔ㅇ〕

〔ㄲ〕 → 〔ㅆ〕

〔ㄲ〕 → 〔ㅈ〕
ㅣ - 芨芨芨俟祇
ㅕ - 招

〔ㄲ〕 → 〔ㅆ〕
ㅣ - 示
ㅕ - 翹

〔ㄲ〕 → 〔ㆆ〕
ㅖ - 蜎

〔ㄲ〕 → 〔ㆅ〕
ㅠ - 跫

〔ㄲ〕 → 〔ㅇ〕
ㅣ - 壄錡錡
ㅘ - 廷

▲ 疑ㆁ〔ŋ〕母의 바뀜 ▲

〔ㆁ〕 → 〔ㄱ〕
ㅐ - 閡
ㅓ - 矸

〔ㆁ〕 → 〔ㅋ〕
ㅑ - 璟磽

〔ㆁ〕 → 〔ㆁ〕
ㅒ - 凷凷
ㅓ - 犴犴岸犴犴矸

〔ㆁ〕 → 〔ㄴ〕
ㅕ - 臬槷臲
ㅓ - 妮
ㅣ - 牛

〔ㆁ〕 → 〔ㅅ〕
ㅖ - 說
ㅕ - 澆

〔ㆁ〕 → 〔ㆆ〕
ㅖ - 域域減減嘆嘆椷椷蜮蜮蟵蟵閾閾

〔ㆁ〕 → 〔ㆆ〕
ㅣ - 听
ㅖ - 減

〔ㆁ〕 → 〔ㆅ〕
ㅑ - 頷

〔ㆁ〕 → 〔ㅇ〕
ㅐ - 駃
ㅒ - 睚睚
ㅙ - 外
ㅣ - 銀齦斷斷閽喖訢罵猏寅寅寅貧貧貧膍膍膍蟆蟆听愁坚圪疙屹疑
ㅡ - 垠
ㅜ - 兀岏虺扤
ㅓ - 犴犴岸犴犴矸
ㅝ - 岏刓玩翫忨
ㅑ - 顔顔眼眼雁雁贗贗業枿齳
ㅘ - 頑薍
ㅕ - 讞讞
ㅖ - 媛援悅說閱
ㅏ - 遨敖熬厫鰲鼇獒鼇螯嗷翱聱聱謷謷磝磝囂囂傲傲嫩敖驁臬
ㅑ - 齩齩咬咬樂磽
ㅓ - 莪哦娥俄峨蛾鵝睋我餓臥
ㅝ - 訛吪譌圛姽
ㅑ - 牙牙芽芽衙衙涯涯厓厓崖崖雅雅疋疋訝訝迓迓研研
ㅘ - 瓦宐凹
ㅏ - 仰仰仰仰仰釀釀釀

ㅣ - 迎鞭鞭硬硬
ㅟ - 役役疫疫域減罭械蝛絨閾
ㅡ - 齵腢髑偶耦薄藕腢髑偶
ㅣ - 吟唫
ㅏ - 頷
ㅑ - 嵒嵓巖壖
ㅕ - 噞噞釅醶驗噞

▲ 端ㄷ[t]母의 바꿈 ▲

[ㄷ] → [ㅌ]
　ㅜ - 土
　ㅏ - 聤聤搭

[ㄷ] → [ㄸ]
　ㅜ - 毒土肚敦頓敦頓
　ㅏ - 癉癉癉
　ㅕ - 瘨殿
　ㅣ - 定訂

[ㄷ] → [ㄴ]
　ㅕ - 蔦

[ㄷ] → [ㅉ]
　ㅟ - 碓

[ㄷ] → [ㅈ]
　ㅜ - 竺
　ㅟ - 追
　ㅣ - 丁
　ㅕ - 褶慴

[ㄷ] → [ㅊ]
　ㅣ - 玎

[ㄷ] → [ㅉ]
　ㅟ - 鎚槌搥
　ㅣ - 蹢
　ㅓ - 橙
　ㅏ - 湛

[ㄷ] → [ㅅ]
　ㅓ - 適

[ㄷ] → [ㅇ]
　ㅕ - 揲

▲ 透ㅌ[t']母의 바꿈 ▲

[ㅌ] → [ㄷ]
　ㅜ - 土
　ㅏ - 搭

[ㅌ] → [ㄸ]
　ㅜ - 侗
　ㅖ - 睇緹鬄
　ㅜ - 土稅菟
　ㅐ - 鮐
　ㅟ - 兌駾
　ㅜ - 燉
　ㅏ - 達
　ㅕ - 佻條銚跳
　ㅏ - 洮
　ㅓ - 佗他扡拖惰惰惰惰墮墮墮
　　　隋隋隋垛垛垛拖扡佗
　ㅏ - 踼盝
　ㅣ - 庭
　ㅢ - 貸
　ㅑ - 睒闟

[ㅌ] → [ㄴ]
　ㅖ - 殢

[ㅌ] → [ㅃ]

[ㅌ] → [ㅅ]
　ㅏ - 攤魄湯

[ㅌ] → [ㅈ]
　ㅣ - 摘擿

[ㅌ] → [ㅊ]
　ㅟ - 推

[ㅌ] → [ㅉ]
　ㅣ - 擿

〔ㅌ〕→〔ㅅ〕
　　ㅕ - 蛻
　　ㅏ - 湯

〔ㅌ〕→〔ㅇ〕
　　ㅜ - 桶
　　ㅕ - 銚

▲ 定ㄸ〔d〕母의 바뀜 ▲

〔ㄸ〕→〔ㅋ〕
　　ㅏ - 盪

〔ㄸ〕→〔ㄷ〕
　　ㅜ - 毒 毃 堠 土 肚 敦 頓
　　ㅝ - 斷 斷
　　ㅏ - 癉
　　ㅕ - 癲 殿
　　ㅣ - 訂 定
　　ㅏ - 黜

〔ㄸ〕→〔ㅌ〕
　　ㅜ - 侗
　　ㅖ - 緹 梯 睇 鬄
　　ㅜ - 捈 稌 稌 菟 土
　　ㅐ - 鮐 駘
　　ㅟ - 兌 兌 駾
　　ㅜ - 燉
　　ㅝ - 象 脫
　　ㅏ - 達
　　ㅕ - 跳 儵 誂 銚
　　ㅏ - 洮
　　ㅓ - 佗 他 扡 拖
　　ㅏ - 踼 盪
　　ㅣ - 庭 挺 挺 梃 鋋 艇 珽 珽 珽 頲 頲
　　　　頲 町 町 町 侹 侹 侹 脡 脡 脡 訂
　　　　訂 訂
　　ㅔ - 貸
　　ㅏ - 闒

〔ㄸ〕→〔ㅉ〕
　　ㅟ - 魋

〔ㄸ〕→〔ㅈ〕

〔ㄸ〕→〔ㅉ〕
　　ㅜ - 潼 屯 純 銅 瓶 磚
　　ㅏ - 袒
　　ㅣ - 翟

〔ㄸ〕→〔ㅆ〕

〔ㄸ〕→〔ㅇ〕
　　ㅜ - 鞠 褐 純 箭
　　ㅟ - 銳
　　ㅕ - 銚

〔ㄸ〕→〔△〕
　　ㅜ - 盾

▲ 泥ㄴ〔n〕母의 바뀜 ▲

〔ㄴ〕→〔ㄷ〕
　　ㅕ - 鳥 鳥 蔦 蔦 蔦

〔ㄴ〕→〔ㅌ〕
　　ㅖ - 殢
　　ㅏ - 攤

〔ㄴ〕→〔ㅁ〕
　　ㅖ - 瀰

〔ㄴ〕→〔ㅅ〕
　　ㅟ - 挼

〔ㄴ〕→〔ㅈ〕
　　ㅕ - 輾

〔ㄴ〕→〔ㅊ〕
　　ㅣ - 杻

〔ㄴ〕→〔ㅉ〕
　　ㅕ - 聶

〔ㄴ〕→〔ㅎ〕

ㅓ - 餧

〔ㄴ〕 → 〔ㅎ〕
  ㅏ - 撓 撓 撓

〔ㄴ〕 → 〔 〕

〔ㄴ〕 → 〔△〕
  ㅕ - 睍 嫋
  ㅏ - 曩 瀼
  ㅣ - 糅 恁 恁
  ㅕ - 諜 諜

▲ 幫ㅂ〔p〕母의 바뀜 ▲

〔ㅂ〕 → 〔ㅍ〕
  ㅣ - 錍 疕 芘 媲 帔
  ㅜ - 怖 怖
  ㅓ - 跋
  ㅏ - 扳
  ㅕ - 猵 扁 褊 飄 票
  ㅏ - 薄 膊
  ㅣ - 堛 愊 稫
  ㅢ - 伻 弸

〔ㅂ〕 → 〔ㅃ〕
  ㅜ - 菶 嗙
  ㅣ - 錍 裨 椑 比 朼 否 髀 芘 弊 比
  ㅜ - 餔
  ㅐ - 罷 罷 罷 敗
  ㅓ - 背
  ㅣ - 秘 鉍
  ㅓ - 撥 般 茇 跋
  ㅕ - 編 扁 諞 別 飄 票 摽 薦
  ㅏ - 杷 彭 薄
  ㅣ - 屏 辟 逼 偪 幅 湢 碧

〔ㅂ〕 → 〔ㅁ〕
  ㅓ - 百 佰

〔ㅂ〕 → 〔ㅸ〕
  ㅏ - 反

〔ㅂ〕 → 〔ㅹ〕

〔ㅂ〕 → 〔ㅈ〕

〔ㅂ〕 → 〔ㅎ〕

〔ㅂ〕 → 〔ㆆ〕
  ㅣ - 倂 屏 倂 偋 倂 屏 蚍 贅 贅 蠻 贔

▲ 滂ㅍ〔p′〕母의 바뀜 ▲

〔ㅍ〕 → 〔ㄱ〕
  ㅕ - 鰾

〔ㅍ〕 → 〔ㅂ〕
  ㅣ - 錍 芘
  ㅜ - 誧 誧
  ㅓ - 佈 沛 沛
  ㅏ - 扳
  ㅕ - 扁 褊 褊 踊 票 膘
  ㅏ - 薄 膊

〔ㅍ〕 → 〔ㅃ〕
  ㅣ - 紕 鈚 鑢 錍 芘 圮 圮
  ㅓ - 沛
  ㅓ - 拌 伴 胖
  ㅕ - 扁 艑 褊 踊 踊 踊 票 飄 鰾 鰾
  ㅏ - 旁 薄
  ㅣ - 僻 擗
  ㅡ - 掊 部 部 培 培 菩 菩 瓿 瓿

〔ㅍ〕 → 〔ㅇ〕
  ㅣ - 圮

〔ㅍ〕 → 〔ㄹ〕

▲ 竝ㅃ〔b〕母의 바뀜 ▲

〔ㅃ〕 → 〔ㅌ〕
  ㅏ - 濼 魄

〔ㅃ〕 → 〔ㅂ〕
  ㅜ - 菶

ㅣ - 裨 比 鈚 錍 枇 芘 椑 髀 否 弊 比
枇
ㅜ - 舖
ㅐ - 敗
ㅓ - 肺 肺
ㅣ - 柲 鉍
ㅓ - 般 跋 茇 拔
ㅕ - 編 編 扁 別 摽 薦 票
ㅏ - 杷 杷 彷 薄

[ㅃ] → [ㅍ]
ㅣ - 辟 鎞 錍 芘 紕
ㅓ - 搬 伴 拌
ㅕ - 扁 艑 薦 票
ㅏ - 旁 薄
ㅣ - 擗 闢 僻
ㅡ - 掊

[ㅃ] → [ㅁ]
ㅓ - 蹣

[ㅃ] → [ㅸ]
ㅣ - 屛 倂 倂 倂

[ㅃ] → [ㅹ]
ㅜ - 逢 芃 幪 幪 幪 舽 艀
ㅏ - 房

[ㅃ] → [ㅱ]
ㅣ - 並 倂 倂

[ㅃ] → [ㅈ]
ㅏ - 彴

▲ 明ㅁ[m]母의 바뀜 ▲

[ㅁ] → [ㄴ]
ㅖ - 瀰 瀰

[ㅁ] → [ㅂ]
ㅓ - 陌 百

[ㅁ] → [ㅃ]

ㅓ - 蹣

[ㅁ] → [ㅱ]
ㅜ - 夢 蓸 懜 㦩 夢 㜱 蓸 霧 雺 懜 懜
目 目 目 苜 苜 苜 睦 睦 睦 穆 穆 穆
牧 牧 牧 坶 坶 坶 繆 繆 繆 无 母 汶
勿
ㅏ - 硭
ㅡ - 侔 蝥 蝥 眸 鍪

[ㅁ] → [ㅊ]
ㅣ - 密 密

[ㅁ] → [ㅎ]
ㅓ - 沬

▲ 非ㅂ[f]母의 바뀜 ▲

[ㅸ] → [ㅂ]
ㅘ - 反 反

[ㅸ] → [ㅍ]
ㅡ - 仆

[ㅸ] → [ㅃ]
ㅏ - 坊

[ㅸ] → [ㅸ]
ㅘ - 髮 發 犮

[ㅸ] → [ㅹ]
ㅜ - 輹 復 馥 馥
ㅣ - 棐
ㅜ - 夫 扶 苻 泭 父 傅 氛 棼 分
ㅘ - 璠 飯 飯
ㅏ - 防 防 防
ㅡ - 芣 覆

▲ 奉ㅹ[v]母의 바뀜 ▲

[ㅹ] → [ㅂ]
ㅜ - 蕨

ㅣ - 貴

〔ᄬ〕 → 〔ㅃ〕
　　ㅜ - 貫 逢 芃 坋
　　ㅏ - 房

〔ᄬ〕 → 〔ᄫ〕
　　ㅜ - 復 輹
　　ㅣ - 腓
　　ㅜ - 扶 夫 苻 父 傳 父 莯 忿 分
　　ㅘ - 蕃 飯
　　ㅏ - 防 坊

〔ᄬ〕 → 〔ᄬ〕
　　ㅡ - 鴇 鴇 鴇 紨 紨 紨 覆 莩 俛

▲ 微ᄝ〔m〕母의 바뀜 ▲

〔ᄝ〕 → 〔ㅁ〕
　　ㅜ - 无 汶 勿
　　ㅏ - 芒 硭

〔ᄝ〕 → 〔ㅎ〕
　　ㅣ - 疊
　　ㅜ - 膴 昒

▲ 精ᅐ〔ts〕母의 바뀜 ▲

〔ㅈ〕 → 〔ㅁ〕
　　ㅏ - 牂

〔ㅈ〕 → 〔ㅈ〕
　　ㅠ - 魏

〔ㅈ〕 → 〔ㅊ〕
　　ㅜ - 蔟
　　ㅡ - 趀 趀
　　ㅠ - 蛆 苴 苴 疽 疽 雎 雎 鶋 鶋 狙 狙
　　　　狙 趄 趄 沮 沮 砠 砠 岨 岨
　　ㅓ - 崔
　　ㅜ - 撥 卒
　　ㅓ - 撮

〔ㅈ〕 → 〔ㅉ〕
　　ㅡ - 茲 孳 茈 茈 漬 漬 皆 皆 玼 玼
　　ㅠ - 且
　　ㅐ - 載 載 栽 栽 截 截 裁 裁
　　ㅓ - 崔 蕝
　　ㅣ - 盡
　　ㅜ - 鐏 鐏 鱒 鱒 鱒
　　ㅠ - 踔 踔 捽 捽
　　ㅓ - 欑
　　ㅒ - 錢 噍 譙
　　ㅏ - 鑿
　　ㅣ - 壍 壍
　　ㅟ - 曾
　　ㅡ - 鰍
　　ㅖ - 漸 蔪 接 偄

〔ㅈ〕 → 〔ㅅ〕
　　ㅓ - 嗺 晬
　　ㅠ - 駿 捽
　　ㅏ - 嗻 嗻

〔ㅈ〕 → 〔ㅈ〕
　　ㅜ - 縱
　　ㅠ - 齹 顙 欨 蹴 緅 蟙 踧
　　ㅡ - 淬 淬 肺 肺 第 第 第 茈 茈 戴 戴
　　　　剚 剚 倳 倳

〔ㅈ〕 → 〔ㅊ〕

〔ㅈ〕 → 〔ㅉ〕
　　ㅠ - 菹 菹 卒 沮 沮 咀 咀
　　ㅣ - 澬

〔ㅈ〕 → 〔ㅅ〕
　　ㅏ - 繰 繰

〔ㅈ〕 → 〔ㅎ〕

〔ㅈ〕 → 〔ㅇ〕

ㅣ － 攝　柎

▲ 淸ㅊ[ʦʼ]母의 바꿈 ▲

[ㅊ] → [ㅈ]
　ㅜ － 從　葰　鏃　鏃
　ㅠ － 狙
　ㅓ － 崔
　ㅜ － 卒
　ㅠ － 燹　捘
　ㅕ － 撮
　ㅏ － 懆
　ㅣ － 靑　稄　稄　稄

[ㅊ] → [ㅊ]
　ㅑ － 搶　鶬　搶　搶　搶

[ㅊ] → [ㅉ]
　ㅡ － 鰍　玭
　ㅜ － 粗
　ㅓ － 崔　漼
　ㅠ － 蹲
　ㅓ － 嵯　鉎

[ㅊ] → [ㅅ]
　ㅕ － 硝
　ㅏ － 憹
　ㅡ － 嗾

[ㅊ] → [ㅆ]
　ㅣ － 請

[ㅊ] → [ㅈ]
　ㅠ － 焌

[ㅊ] → [ㅉ]
　ㅏ － 造
　ㅓ － 嗟　磋
　ㅏ － 儳

[ㅊ] → [ㅅ]
　ㅓ － 衰　榱　榱

▲ 從ㅉ[dz]母의 바꿈 ▲

[ㅉ] → [ㅍ]

[ㅉ] → [ㅈ]
　ㅡ － 薺　玆　茈　薺
　ㅐ － 裁
　ㅓ － 崔
　ㅣ － 盡　盡
　ㅜ － 鱒
　ㅕ － 鷷
　ㅕ － 錢　樵　噍
　ㅓ － 挫　挫　薆　薆
　ㅕ － 漸　蕲　倢　接

[ㅉ] → [ㅊ]
　ㅠ － 從　從
　ㅡ － 玭
　ㅜ － 粗
　ㅓ － 崔　漼　蕞　褤　寁
　ㅏ － 造
　ㅓ － 磋　磋　磋　磋　蹉　蹉　蹉　蹉　剉　剉　莝
　　　　莝　莝
　ㅕ － 銼　脞　脞
　ㅏ － 鑿

[ㅉ] → [ㅆ]
　ㅣ － 請　贈　贈　蓋　蓋
　ㅕ － 灺　灺
　ㅓ － 削
　ㅣ － 囚　囚

[ㅉ] → [ㅈ]
　ㅠ － 且

[ㅉ] → [ㅉ]
　ㅏ － 棧　棧　棧　輚　輚　轏　轏　傸　傸　剗

[ㅉ] → [ㅇ]
　ㅣ － 蛸

▲ 心ㅅ[s]母의 바꿈 ▲

〔ㅅ〕→〔ㅋ〕
　　ㅕ - 契

〔ㅅ〕→〔ㅈ〕
　　ㅝ - 嗺 晬
　　ㅠ - 駿
　　ㅏ - 纅 繰

〔ㅅ〕→〔ㅊ〕
　　ㅡ - 伺
　　ㅝ - 捘
　　ㅕ - 哨
　　ㅏ - 慅
　　ㅡ - 嗾 嗾
　　ㅣ - 霅

〔ㅅ〕→〔ㅆ〕
　　ㅠ - 松 松
　　ㅡ - 寺 寺 嗣 嗣 飼 飼 飤 飤
　　ㅣ - 霅 霅 飁 飁

〔ㅅ〕→〔ㅈ〕
　　ㅖ - 腠 蚚

〔ㅅ〕→〔ㅊ〕
　　ㅠ - 絮

〔ㅅ〕→〔ㅅ〕
　　ㅜ - 謖
　　ㅣ - 騂
　　ㅡ - 叟

〔ㅅ〕→〔ㆆ〕
　　ㅠ - 洶

〔ㅅ〕→〔ㅎ〕

〔ㅅ〕→〔ㆅ〕
　　ㅝ - 睢 繐

〔ㅅ〕→〔ㅇ〕
　　ㅡ - 食
　　ㅠ - 絮
　　ㅣ - 琇

〔ㅅ〕→〔ㄹ〕
　　ㅖ - 纚

〔ㅅ〕→〔△〕
　　ㅓ - 綏
　　ㅑ - 葙

▲ 邪ᄽ[z]母의 바뀜 ▲

〔ㅆ〕→〔ㄲ〕
　　ㅡ - 佚

〔ㅆ〕→〔ㅉ〕
　　ㅓ - 隨
　　ㅕ - 藉
　　ㅣ - 錫

〔ㅆ〕→〔ㅆ〕
　　ㅕ - 撋

〔ㅆ〕→〔ㅉ〕
　　ㅡ - 崒 佚 泆

〔ㅆ〕→〔ㅆ〕
　　ㅠ - 揗

〔ㅆ〕→〔ㆅ〕
　　ㅕ - 藉 藉

〔ㅆ〕→〔ㅇ〕
　　ㅡ - 巳
　　ㅠ - 蕼
　　ㅕ - 羡 邪 斜
　　ㅣ - 褎

〔ㅆ〕→〔△〕

▲ 照ᄌ[tɕ]母의 바뀜 ▲

〔ㅈ〕→〔ㄱ〕
　　ㅠ - 揗 蚣

[ㅈ] → [ㄲ]
  ㅣ - 祇坻
  ㅕ - 招

[ㅈ] → [ㄷ]
  ㅠ - 竺
  ㅓ - 追
  ㅓ - 玎
  ㅕ - 慴褶

[ㅈ] → [ㅌ]
  ㅓ - 摘摘

[ㅈ] → [ㄸ]
  ㅠ - 屯純

[ㅈ] → [ㄴ]
  ㅕ - 禮
  ㅓ - 丁

[ㅈ] → [ㅃ]
  ㅑ - 約

[ㅈ] → [ㅈ]
  ㅣ - 第
  ㅖ - 蒩蒩
  ㅑ - 莊裝妝奘粧糚椿鷬壯壹撞
     泏
  ㅡ - 緅

[ㅈ] → [ㅊ]
  ㅑ - 憼

[ㅈ] → [ㅅ]
  ㅕ - 蜄

[ㅈ] → [ㅆ]
  ㅠ - 種瘇瘇純

[ㅈ] → [ㅈ]
  ㅣ - 椹紙至志
  ㅓ - 錘
  ㅑ - 嘈喞罩抓楂

[ㅈ] → [ㅊ]
  ㅠ - 褚
  ㅣ - 疹
  ㅖ - 啜
  ㅓ - 掙偵遉

[ㅈ] → [ㅉ]
  ㅣ - 泜褆
  ㅠ - 藸柱紵著
  ㅜ - 齟鉏鉏岨誀
  ㅣ - 診塡
  ㅡ - 榛
  ㅕ - 遄
  ㅖ - 傳
  ㅕ - 朝
  ㅏ - 苴撞撞
  ㅑ - 張著
  ㅓ - 摘
  ㅏ - 詀剖

[ㅈ] → [ㅅ]
  ㅣ - 娠

[ㅈ] → [ㅆ]
  ㅠ - 屬
  ㅣ - 氏
  ㅠ - 澍
  ㅕ - 折昭

[ㅈ] → [ㅎ]
  ㅣ - 戢濈觶戴

[ㅈ] → [ㄹ]
  ㅏ - 獠獠

[ㅈ] → [ㅿ]

▲ 穿ㅊ[tɕ']母의 바뀜 ▲

[ㅊ] → [ㅌ]
  ㅓ - 蓳抽

[ㅊ] → [ㄴ]

ㅣ- 杻

〔ㅊ〕→〔ㅊ〕
ㅓ- 毳 窻
ㅏ- 妮 婡 嫋 齪 擉 籍 猎 戳

〔ㅊ〕→〔ㅉ〕
ㅓ- 崢

〔ㅊ〕→〔ㅅ〕
ㅡ- 厠 窒

〔ㅊ〕→〔ㅈ〕
ㅠ- 絮 褚
ㅣ- 疹
ㅠ- 紬
ㅏ- 咤 咤 吒 吒 姹 姹 妊 妊 詑 詑 憝
  倉
ㅣ- 遺 偵 遺 偵
ㅓ- 揨

〔ㅊ〕→〔ㅊ〕
ㅡ- 熾 熾 饎 饎 糦 糦 鰥 鰥 幟 幟 埴
  埴 碕 碕
ㅐ- 衩
ㅣ- 嵾 參

〔ㅊ〕→〔ㅉ〕
ㅠ- 沖 沖 沖 沖 沖 沖 种 种 种 狆 狆
  狆 沖 沖 沖
ㅣ- 褫 褫 杝
ㅕ- 徹 撤
ㅣ- 讋 參 蟄
ㅏ- 劖 鑱 鑱 漸

〔ㅊ〕→〔ㅅ〕
ㅠ- 憝
ㅡ- 翟 翟
ㅠ- 樞
ㅏ- 産 産 滻 滻 摌 摌

〔ㅊ〕→〔ㅆ〕
ㅖ- 啜 啜

〔ㅊ〕→〔ㅎ〕

ㅠ- 畜 蓄

〔ㅊ〕→〔ㅇ〕
ㅣ- 眢 眙

〔ㅊ〕→〔ㅿ〕
ㅠ- 絮

〔ㅉ〕→〔ㅋ〕
ㅏ- 儳

▲ 牀ㅉ〔dz〕母의 바뀜 ▲

〔ㅉ〕→〔ㄷ〕
ㅓ- 鎚 槌 搥 磓
ㅣ- 蹢
ㅏ- 湛 湛

〔ㅉ〕→〔ㅌ〕
ㅣ- 擿

〔ㅉ〕→〔ㄸ〕
ㅠ- 銅 蠋 磡
ㅓ- 魋
ㅓ- 翟

〔ㅉ〕→〔ㄴ〕
ㅕ- 聶

〔ㅉ〕→〔ㅊ〕
ㅐ- 廌

〔ㅉ〕→〔ㅉ〕
ㅏ- 撞 鑱 棧 憖 憖

〔ㅉ〕→〔ㅈ〕
ㅠ- 逐 軸 妯
ㅣ- 坻 泜 泜
ㅠ- 藸 柱 宁 貯 貯 著 駐 駐 柱 柱 柱 柱
ㅜ- 鉏
ㅓ- 錘 錘
ㅣ- 塡 診
ㅡ- 榛

ㅕ - 遭
ㅖ - 傳
ㅕ - 朝
ㅏ - 楂 苴
ㅑ - 長 長 著
ㅣ - 擿 湛
ㅏ - 詀

[ㅉ] → [ㅊ]
ㅠ - 柚
ㅣ - 褫 褫
ㅕ - 徹 撤
ㅣ - 儠 犨 蟄
ㅏ - 儳

[ㅉ] → [ㅅ]
ㅑ - 場
ㅣ - 沈

[ㅉ] → [ㅆ]
ㅠ - 蜍 蜍 蟺 蟺
ㅟ - 垂 垂 陲 陲 倕 倕
ㅣ - 臣 臣
ㅕ - 單 單 單 澶 澶 嬋 嬋 禪 禪 禪 孱 孱 潺 潺 蟬 蟬
ㅖ - 遄 遄 篅 篅 圌 圌
ㅕ - 召
ㅑ - 常 尙 尙 嘗 嘗 鱨 償 瑺 徜 鏛 鋿 裳 裳
ㅣ - 乘 成 城 誠 盛 盛 郕 筬 承 丞 瞫 雓 雓 酬 酬 㗭 㗭 訕 訕 齝 齝 犨

[ㅉ] → [ㅎ]
ㅏ - 袓

[ㅉ] → [ㅇ]
ㅣ - 紉
ㅓ - 罯
ㅕ - 殜

[ㅅ] → [ㅇ]

ㅕ - 說

[ㅅ] → [ㄷ]
ㅣ - 適

[ㅅ] → [ㅌ]
ㅟ - 蛻
ㅑ - 湯

[ㅅ] → [ㅊ]
ㅟ - 衰 悅

[ㅅ] → [ㅅ]
ㅜ - 縮
ㅠ - 叔 菽 尗 悆 儵 束 俶 琡 淑 婌
ㅣ - 施 煩 絁 詩 邿 尸 屍 鳲 蓍 葹 釃 箷 籭 篩 始 乢 叺 弛 豕 矢 屎 屎 水 史 使 駛 駛 試 弒 始 嗜 翄 施 世 貰 勢 使
ㅏ - 珊 珊

[ㅅ] → [ㅈ]
ㅠ - 琡
ㅣ - 娠

[ㅅ] → [ㅊ]
ㅠ - 春 惷 俶 俶 琡
ㅣ - 翅
ㅡ - 參

[ㅅ] → [ㅉ]
ㅠ - 抒 抒
ㅣ - 實 實
ㅑ - 場
ㅣ - 沈
ㅕ - 涉

[ㅅ] → [ㅆ]
ㅠ - 俶 琡 琡 淑 淑 婌 婌 輸 抒 紓
ㅕ - 剟 剟 贍

[ㅅ] → [ㅎ]
ㅑ - 向
ㅣ - 奭

[ㅅ] → [ㆅ]
　　ㅏ - 廈

[ㅅ] → [ㅇ]
　　ㅣ - 施 施
　　ㅕ - 埏 葉

[ㅅ] → [ㄹ]
　　ㅜ - 率
　　ㅏ - 瀧

▲ 禪ㅅ[z]母의 바뀜 ▲

[ㅆ] → [ㄱ]
　　ㅠ - 繑

[ㅆ] → [ㄸ]
　　ㅣ - 甜 咭 示
　　ㅕ - 劭

[ㅆ] → [ㄸ]
　　ㅜ - 鞠 褐
　　ㅠ - 純

[ㅆ] → [ㅸ]

[ㅆ] → [ㅅ]

[ㅆ] → [ㅆ]
　　ㅣ - 授 時 峕 坿 匙 鍉 鰣 提 翅 褆 䃽
　　　　 漦 市 恃 是 是 諟 氏 視 眂 眡 舐 甜
　　　　 咭 士 仕 屍 柹 侍 寺 闍 弒 豉 攱 視
　　　　 眂 眡 市 士 仕 寺 柹 嗜 誓 伏 筮 噬
　　　　 遾
　　ㅠ - 掮
　　ㅕ - 愇

[ㅆ] → [ㅈ]
　　ㅜ - 屬
　　ㅣ - 氏
　　ㅠ - 潣 純
　　ㅕ - 折 昭
　　ㅏ - 勺

[ㅆ] → [ㅊ]
　　ㅣ - 椹 翅 褆
　　ㅠ - 術 述 沭 潏 繘 秫 朮 芛 蓅

[ㅆ] → [ㅉ]
　　ㅜ - 贖 贖 贖
　　ㅣ - 匙 鍉 漦 事 事 示 示 辰 神 神
　　ㅠ - 純 醇 酏 萉 蓴 錞 淳 鶉 脣 脣 脣
　　　　 湣 湣 湣 犉 犉 犉 瞤 瞤 瞤 順 掮 楯
　　　　 術 述 沭 潏 繘 秫 朮 朮 芛 芛 蓅
　　　　 蓅
　　ㅕ - 單 禪 召 蛇 蛇
　　ㅏ - 洇 洇 鷥 鷥 簹 簹 鋌 鋌
　　ㅑ - 尙
　　ㅣ - 繩 繩 繩 澠 澠 盛 乘 食 蝕 躲 躲
　　ㅓ - 賾 賾 麟 麟 咋 咋
　　ㅣ - 諶 甚 甚

[ㅆ] → [ㅅ]
　　ㅜ - 埶 熟 熟 熟 塾 鐲 蜀 璲 璹 韣 鸀
　　　　 屬
　　ㅣ - 舐 士 士 仕 仕 屍 屍 柹 柹 寺

[ㅆ] → [ㅇ]
　　ㅠ - 戍 戍 輸 輸 腧 腧 潏 繘
　　ㅕ - 射
　　ㅣ - 媵 射

[ㅆ] → [ㅿ]
　　ㅠ - 犉 犉 瞤 瞤 掮 楯
　　ㅕ - 爇 爇

▲ 影ㆆ[?]母의 바뀜 ▲

[ㆆ] → [ㄱ]
　　ㅓ - 斡
　　ㅖ - 抉
　　ㅑ - 押

[ㆆ] → [ㅋ]
　　ㅡ - 區

〔ㆆ〕→〔ㄲ〕
　ㅕ - 蛷

〔ㆆ〕→〔ㆁ〕
　ㅓ - 蔦 遠 闒 薵 洧 鮪 痏 趲 葦 偉 韡
　　　 暐 煒 瑋
　ㅣ - 邑

〔ㆆ〕→〔ㄴ〕
　ㅓ - 餧

〔ㆆ〕→〔ㅈ〕
　ㅣ - 揖

〔ㆆ〕→〔ㆆ〕
　ㅐ - 隘 阨 阸 噫 呃 詐
　ㅜ - 溫 縕 搵 榅 搵
　ㅑ - 凹
　ㅏ - 惡

〔ㆆ〕→〔ㅎ〕
　ㅐ - 唉

〔ㆆ〕→〔ㆅ〕
　ㅕ - 晶 晶 晶 溫 溫

〔ㆆ〕→〔ㅇ〕
　ㅠ - 壅 壅 迂 迂
　ㅓ - 蔦 遠 闒 薵 洧 鮪 痏 趲 葦 偉 韡
　　　 暐 煒 瑋 唯 壝 壝 葰
　ㅕ - 焉 漹 漹 鷪 鷪 舀 舀
　ㅣ - 栯 栯 攸 攸 攸 悠 悠 悠 愁 愁 愁
　　　 熠 熠
　ㅕ - 腌 厭 厭 黶 醫 厭

〔ㆆ〕→〔ㅿ〕
　ㅓ - 痿

▲ 曉ㅎ〔x〕母의 바뀜 ▲

〔ㅎ〕→〔ㄱ〕
　ㅠ - 猲
　ㅘ - 彍 懼

　ㅡ - 詬

〔ㅎ〕→〔ㅋ〕
　ㅏ - 蔮
　ㅑ - 嘮
　ㅘ - 況 況
　ㅡ - 蔻
　ㅑ - 闞

〔ㅎ〕→〔ㄲ〕
　ㅠ - 趿

〔ㅎ〕→〔ㆁ〕
　ㅣ - 墾 訴
　ㅕ - 鴞 鴞
　ㅖ - 減

〔ㅎ〕→〔ㄴ〕
　ㅏ - 撓

〔ㅎ〕→〔ㅁ〕
　ㅓ - 沫

〔ㅎ〕→〔ㅸ〕
　ㅜ - 膴 罶

〔ㅎ〕→〔ㅅ〕
　ㅓ - 睢 睢

〔ㅎ〕→〔ㅊ〕
　ㅠ - 畜
　ㅣ - 矕

〔ㅎ〕→〔ㅅ〕
　ㅑ - 向
　ㅣ - 奭

〔ㅎ〕→〔ㆆ〕
　ㅐ - 唉

〔ㅎ〕→〔ㅎ〕
　ㅠ - 猲

〔ㅎ〕→〔ㆅ〕
　ㅜ - 膴 葫

ㅟ - 瑰瑰匯匯廆廆
ㅓ - 潓
ㅘ - 華
ㅟ - 劃嘮嚄
ㅡ - 詬

〔ㅎ〕→〔ㅇ〕
ㅠ - 芌
ㅟ - 褘
ㅠ - 煇喬

〔ㅎ〕→〔ㄹ〕
ㅕ - 薂簽獫

▲ 匣ㅎㅎ〔ɣ〕母의 바뀜 ▲

〔ㅎㅎ〕→〔ㄱ〕
ㅜ - 烘
ㅖ - 繫係
ㅜ - 雇酤
ㅐ - 頍
ㅒ - 澘解薢解
ㅙ - 壞
ㅟ - 瑰會繪繪
ㅡ - 虧虧
ㅜ - 昆混棍滉捃
ㅓ - 斡
ㅓ - 莞活佸括
ㅑ - 閒瞯
ㅘ - 擐
ㅕ - 見絜
ㅏ - 皓皜浩
ㅑ - 笅校
ㅓ - 菏
ㅑ - 瘕
ㅘ - 踝
ㅑ - 降
ㅣ - 恒
ㅟ - 格
ㅟ - 艸艸
ㅖ - 炯炯
ㅡ - 詬
ㅏ - 合蓋

ㅑ - 蛺
ㅕ - 夾

〔ㅎㅎ〕→〔ㅋ〕
ㅜ - 楷
ㅒ - 咳
ㅜ - 揩
ㅑ - 劫劫垉

〔ㅎㅎ〕→〔ㆁ〕
ㅓ - 蝛
ㅏ - 頷

〔ㅎㅎ〕→〔ㄴ〕
ㅕ - 晛晛晛晛

〔ㅎㅎ〕→〔ㅅ〕
ㅓ - 繐

〔ㅎㅎ〕→〔ㅅ〕
ㅑ - 廈

〔ㅎㅎ〕→〔ㆆ〕
ㅓ - 恚恚

〔ㅎㅎ〕→〔ㅎ〕
ㅜ - 汞葫庨
ㅠ - 欻欻燍燍
ㅓ - 潓
ㅘ - 華譁華慌慌慌恍恍恍疏疏疏
ㅡ - 詬

〔ㅎㅎ〕→〔ㅎㅎ〕
ㅏ - 蚶鉗蚺湴欨欲欲
ㅑ - 椢
ㅕ - 脅

〔ㅎㅎ〕→〔ㅇ〕
ㅜ - 胡瑚餬糊湖醐瓳鶘蝴箶褟蹋葫瓠壺狐礴弧乎㕧囫餫顤顤
ㅓ - 桓貆狟洹芄汍紈萑萑統䡎垸完丸澣浣潓緩

祐 祐 又 又 有 有

[ㆅ] → [ㄹ]
　　ㅒ - 驎
　　ㅑ - 灆

▲ 喩ㅇ[j]母의 바뀜 ▲

[ㅇ] → [ㄱ]
　　ㅠ - 谷
　　ㅕ - 潙
　　ㅠ - 昀 繘
　　ㅕ - 僥

[ㅇ] → [ㅋ]
　　ㅘ - 迋 迋

[ㅇ] → [ㄲ]
　　ㅣ - 錡
　　ㅘ - 迋

[ㅇ] → [ㆁ]
　　ㅣ - 宜 宜 儀 儀 钀 钀 涯 涯 厓 厓 崖
　　　　崖 疑 疑 巖 巖 沂 沂 螘 螘 蟻 蟻 錡
　　　　錡 钀 钀 樣 樣 轙 轙 顗 顗 矣 矣 擬
　　　　擬 僾 僾 嶷 嶷
　　ㅐ - 涯 厓 崖 睚 睚 捱
　　ㅣ - 蜺
　　ㅕ - 妍 妍 研 言 焉 馮 彦 彦 彦 嗏 嗏
　　　　嗏 唁 唁 唁 諺 諺 諺 讞
　　ㅝ - 員 負 圓 圜 湲 袁 爰 援 援 媛 媛
　　　　鶢 園 垣 轅 楥 楥 猿 猨 蝯 元 元 芫
　　　　芫 原 原 源 源 沅 沅 邧 邧 嫄 嫄 蝨
　　　　蝨 螈 螈 蚖 蚖 黿 黿 黿 黿 顐 顐
　　ㅏ - 諤 愕 咢 堮 鍔 崿 鶚 萼 蕚 鰐 鱷
　　　　鰐 鱷 咢 噩
　　ㅑ - 虐 瘧 瘧 嶽 嶽 岳 鸞 樂
　　ㅣ - 迎 迎 鵁 鵋 鸏 鸏 逆 逆 縌 縌 𠲿
　　　　𠲿 嶷 嶷 薿 薿 疑 疑
　　ㅓ - 額 額 額 額
　　ㅖ - 瑩 榮 蠑 永 詠 咏 泳 榮 嶸
　　ㅣ - 尤 尤 肬 肬 疣 疣 訧 訧 郵 郵 蚘
　　　　蚘 揄 揄 扰 舀 逌 有 有 右 右 友
　　　　友 宥 宥 侑 侑 囿 囿 佑 佑 右 右

[ㅇ] → [ㄷ]
　　ㅕ - 儼 儼 曄 爗 爄 饁 厭 撚

[ㅇ] → [ㅌ]
　　ㅠ - 桶
　　ㅕ - 銚

[ㅇ] → [ㄸ]
　　ㅠ - 箾
　　ㅖ - 銳
　　ㅕ - 銚

[ㅇ] → [ㅍ]

[ㅇ] → [ㅈ]

[ㅇ] → [ㅉ]

[ㅇ] → [ㅅ]
　　ㅣ - 圯 枸 蝤 食 琇
　　ㅕ - 剡

[ㅇ] → [ㅆ]
　　ㅣ - 巳
　　ㅠ - 萸
　　ㅕ - 羡 邪 斜
　　ㅣ - 褒 褒

[ㅇ] → [ㅈ]

[ㅇ] → [ㅊ]
　　ㅠ - 鬻 傭 傭

[ㅇ] → [ㅉ]
　　ㅣ - 胎 猗 紹 罳
　　ㅕ - 殢

[ㅇ] → [ㅅ]
　　ㅣ - 施 施
　　ㅕ - 埏 葉

[ㅇ] → [ㅆ]
　　ㅠ - 繘

ㅕ - 射
ㅣ - 射

〔ㅇ〕→〔ㆆ〕
ㅠ - 擁擁擁擁攤攤搤搤搤
ㅓ - 壜壜
ㅠ - 煇
ㅕ - 焉沿沿鉛緣緣緣蜿蜿蜿充
　　充沇沇涗涗
ㅣ - 瘿瘿
ㅖ - 瑩縈縈
ㅕ - 厭炎靨靨靨魘魘魘擘擘浥
　　浥浥裛裛裛腌腌腌腌

〔ㅇ〕→〔ㅎ〕
ㅠ - 芋煇
ㅖ - 縈

〔ㅇ〕→〔　〕
ㅠ - 翬
ㅖ - 熒熒螢

〔ㅇ〕→〔ㅇ〕
ㅐ - 涯厓崖睚捱
ㅕ - 曄爗爗饁厭

〔ㅇ〕→〔ㄹ〕
ㅠ - 谷
ㅓ - 蜼雅
ㅑ - 樂

〔ㅇ〕→〔ㅿ〕
ㅓ - 叡睿銳

▲ 來ㄹ〔l〕母의 바뀜 ▲

〔ㄹ〕→〔ㄱ〕
ㅜ - 谷

〔ㄹ〕→〔ㅋ〕
ㅣ - 扇苙
ㅕ - 濂

〔ㄹ〕→〔ㅍ〕

〔ㄹ〕→〔ㅈ〕
ㅏ - 澟獠獠

〔ㄹ〕→〔ㅅ〕
ㅖ - 纚

〔ㄹ〕→〔ㅈ〕
ㅏ - 獠獠

〔ㄹ〕→〔ㅊ〕

〔ㄹ〕→〔ㅅ〕
ㅠ - 率率
ㅏ - 瀧

〔ㄹ〕→〔ㅎ〕
ㅕ - 薽薽蒏獫

〔ㄹ〕→〔ㆅ〕
ㅏ - 濫

〔ㄹ〕→〔ㅇ〕
ㅜ - 谷
ㅓ - 蜼雅
ㅏ - 樂

▲ 日ㅿ〔ɽ〕母의 바뀜 ▲

〔ㅿ〕→〔ㄸ〕
ㅠ - 盾

〔ㅿ〕→〔ㄴ〕
ㅕ - 嬈嬈
ㅑ - 瀼瓤
ㅣ - 糅恁

〔ㅿ〕→〔ㅅ〕
ㅠ - 絮
ㅓ - 綏
ㅑ - 蘘

〔ㅿ〕→〔ㅆ〕

[△] → [ㅊ]

[△] → [ㅉ]
ㅠ - 茸茸慵慵鱅鱅揗絮慵鱅盾
楯揗

[△] → [ㅆ]
ㅟ - 菙菙
ㅠ - 盾楯楯揗揗

[△] → [ㆆ]
ㅟ - 瘐

전체 성모의 변동 통계

ㄱ : ㅋ$_{40}$ ㄲ$_{38}$ ㆁ$_5$ ㅍ$_1$ ㅈ$_2$ ㅆ$_1$ ㆆ$_3$ ㅎ$_6$ ㆅ$_{59}$ ㅇ$_8$ ㄹ$_3$

ㅋ : ㄱ$_{21}$ ㄲ$_9$ ㆁ$_4$ ㅈ$_1$ ㅊ$_1$ ㅅ$_1$ ㆆ$_2$ ㅎ$_2$ ㆅ$_7$ ㅇ$_1$ ㄹ$_1$

ㄲ : ㄱ$_{38}$ ㅋ$_{14}$ ㄲ$_7$ ㆁ$_3$ ㅆ$_1$ ㅈ$_2$ ㅆ$_2$ ㆆ$_1$ ㅎ$_2$ ㅇ$_3$

ㆁ : ㄱ$_2$ ㅋ$_2$ ㆁ$_8$ ㄴ$_5$ ㅅ$_2$ ㆆ$_{15}$ ㅎ$_2$ ㆅ$_1$ ㅇ$_{187}$

ㄷ : ㅌ$_4$ ㄸ$_{14}$ ㄴ$_1$ ㅉ$_1$ ㅈ$_5$ ㅊ$_1$ ㅉ$_6$ ㅅ$_1$ ㅇ$_1$

ㅌ : ㄷ$_2$ ㄸ$_{43}$ ㄴ$_2$ ㅃ$_1$ ㅅ$_1$ ㅈ$_2$ ㅊ$_1$ ㅉ$_1$ ㅅ$_2$ ㅇ$_2$

ㄸ : ㅋ$_1$ ㄷ$_{15}$ ㅌ$_{56}$ ㅉ$_1$ ㅈ$_3$ ㅉ$_5$ ㅆ$_3$ ㅇ$_3$ △$_1$

ㄴ : ㄷ$_5$ ㅌ$_2$ ㅁ$_1$ ㅅ$_1$ ㅈ$_1$ ㅊ$_1$ ㆆ$_1$ ㅎ$_3$ ㆅ$_1$ △$_8$

ㅂ : ㅍ$_{21}$ ㅃ$_{42}$ ㅁ$_2$ ㅸ$_1$ ㅹ$_6$ ㅈ$_1$ ㆆ$_2$ ㅎ$_2$

ㅍ : ㄱ$_1$ ㅂ$_{16}$ ㅃ$_{34}$ ㅇ$_1$ ㄹ$_1$

ㅃ : ㅌ$_1$ ㅂ$_{35}$ ㅍ$_{17}$ ㅁ$_1$ ㅸ$_4$ ㅹ$_8$ ㅱ$_3$ ㅈ$_1$

ㅁ : ㄴ$_2$ ㅂ$_2$ ㅃ$_1$ ㅱ$_{43}$ ㅊ$_2$ ㅎ$_1$

ㅸ : ㅂ$_2$ ㅍ$_1$ ㅃ$_1$ ㅸ$_3$ ㅹ$_{22}$

ㅹ : ㅂ$_3$ ㅃ$_4$ ㅸ$_{23}$ ㅹ$_2$

ㅱ : ㅁ$_5$ ㅎ$_3$

ㅈ : ㅁ$_1$ ㅈ$_1$ ㅊ$_{38}$ ㅉ$_{44}$ ㅅ$_6$ ㅈ$_{25}$ ㅊ$_1$ ㅉ$_5$ ㅅ$_2$ ㆆ$_1$ ㅇ$_1$

ㅊ : ㅈ$_{15}$ ㅊ$_6$ ㅉ$_7$ ㅅ$_3$ ㅆ$_1$ ㅈ$_1$ ㅉ$_4$ ㅅ$_3$

ㅉ : ㅍ$_1$ ㅈ$_{20}$ ㅊ$_{28}$ ㅆ$_9$ ㅅ$_1$ ㅉ$_{10}$ ㅇ$_1$

ㅅ : ㅋ$_1$ ㅈ$_5$ ㅊ$_7$ ㅆ$_{14}$ ㅈ$_2$ ㅊ$_1$ ㅅ$_3$ ㆆ$_1$ ㅎ$_1$ ㆅ$_1$
ㅇ$_3$ ㄹ$_1$ △$_2$

ㅆ : ㄲ$_1$ ㅉ$_3$ ㅆ$_1$ ㅉ$_3$ ㅆ$_1$ ㆅ$_2$ ㅇ$_6$ △$_1$

ㅈ : ㄱ$_1$ ㄲ$_3$ ㄷ$_5$ ㅌ$_2$ ㄸ$_2$ ㄴ$_2$ ㅃ$_1$ ㅈ$_{16}$ ㅊ$_1$ ㅅ$_1$
ㅆ$_5$ ㅈ$_9$ ㅊ$_6$ ㅉ$_{25}$ ㅅ$_1$ ㅆ$_5$ ㆆ$_4$ ㄹ$_2$ △$_1$

ㅊ : ㅌ$_1$ ㄴ$_1$ ㅊ$_{10}$ ㅉ$_1$ ㅅ$_3$ ㅈ$_{20}$ ㅊ$_{17}$ ㅉ$_{27}$ ㅅ$_{10}$ ㅆ$_2$
ㅎ$_3$ ㅇ$_1$ △$_1$

ㅉ : ㅋ$_1$ ㄷ$_7$ ㅌ$_1$ ㄸ$_5$ ㄴ$_1$ ㅊ$_3$ ㅉ$_3$ ㅈ$_{35}$ ㅊ$_9$ ㅅ$_2$
ㅆ$_{70}$ ㅎ$_1$ ㅇ$_3$

ㅅ : ㆁ$_1$ ㄷ$_1$ ㅌ$_2$ ㅊ$_2$ ㅅ$_{50}$ ㅈ$_2$ ㅊ$_7$ ㅉ$_7$ ㅆ$_{13}$ ㅎ$_2$
ㆅ$_1$ ㅇ$_4$ ㄹ$_2$

ㅆ : ㄱ$_1$ ㄲ$_4$ ㄸ$_3$ ㅱ$_1$ ㅅ$_{42}$ ㅆ$_7$ ㅈ$_8$ ㅊ$_{11}$ ㅉ$_{82}$ ㅅ$_{28}$
ㅇ$_5$ △$_8$

ㆆ : ㄱ$_3$ ㅋ$_1$ ㄲ$_1$ ㆁ$_{15}$ ㄴ$_1$ ㅈ$_1$ ㆆ$_{13}$ ㅎ$_1$ ㆅ$_5$ ㅇ$_{48}$ △$_1$

ㅎ : ㄱ$_4$ ㅋ$_6$ ㄲ$_2$ ㆁ$_4$ ㄴ$_1$ ㅁ$_1$ ㅱ$_2$ ㅅ$_2$ ㅊ$_2$ ㅅ$_2$ ㆆ$_1$
ㅎ$_1$ ㆅ$_{14}$ ㅇ$_4$ ㄹ$_3$

ㆅ : ㄱ$_{52}$ ㅋ$_6$ ㆁ$_2$ ㄴ$_4$ ㅅ$_1$ ㅅ$_1$ ㆆ$_2$ ㅎ$_{26}$ ㆅ$_4$ ㅇ$_{42}$ ㄹ$_2$

ㅇ : ㄱ$_6$ ㅋ$_1$ ㄲ$_2$ ㆁ$_{210}$ ㄷ$_1$ ㅌ$_2$ ㄸ$_3$ ㅍ$_1$ ㅈ$_1$ ㅉ$_1$
ㅅ$_3$ ㅆ$_7$ ㅈ$_1$ ㅊ$_3$ ㅉ$_4$ ㅅ$_4$ ㅆ$_3$ ㆆ$_{53}$ ㅎ$_3$ ㆅ$_4$ ㅇ
10 ㄹ$_4$ △$_3$

ㄹ : ㄱ$_2$ ㅋ$_2$ ㅍ$_1$ ㅈ$_2$ ㅅ$_1$ ㅊ$_2$ ㅊ$_1$ ㅅ$_2$ ㅎ$_4$ ㆅ$_1$ ㅇ$_4$

△ : ㄸ$_1$ ㄴ$_6$ ㅅ$_3$ ㅆ$_7$ ㅊ$_1$ ㅉ$_5$ ㅆ$_7$ ㅎ$_1$

1.3. 중성

▼ 〔ㅏ〕음의 바뀜 ▼

〔ㅏ〕→〔ㅓ〕
  滂 - 攀
  見 - 各
  影 - 惡
  匣 - 鶴 鸖 鴾 鶴
  見 - 合 欲 鴿 蛤 閤 韐 頜 蓋
  溪 - 榼 磕 磕 溘 磕 瞌
  影 - 匼 黤 唈 掩 匂
  匣 - 合 合 盒 部 迨 盍 闔 嗑 蓋 欲 欲
      欲 哈

〔ㅏ〕→〔ㅜ〕
  幇 - 堡

〔ㅏ〕→〔ㅑ〕
  從 - 棧
  疑 - 聱 獒 磝 嚣
  照 - 嘲 啁 翼
  審 - 厦
  見 - 扛 扛 杠 杠 釭 釭 矼 矼
  疑 - 仰 仰 仰 仰 仰 釀 釀 釀
  透 - 湯 湯
  泥 - 囊 瀼
  竝 - 彴
  清 - 倉 搶 鶬
  照 - 撞
  影 - 泱
  來 - 踉 蜋 悢 眼
  匣 - 函 涵 涵
  來 - 濫

〔ㅏ〕→〔ㅒ〕
  牀 - 饌

〔ㅏ〕→〔ㅘ〕
  幇 - 反
  照 - 苗 苗
  牀 - 撰 撰 饌 饌 棧 棧 餞 餞

照 - 抓
泥 - 搦
照 - 莊 裝 妝 娤 粧 糚 椿 鶼 壯 戇 撞
    撞 泏
穿 - 瘡 創 愡 愡 窓 窓 窗 窗 囱 囱
    摐 摐 憃 憃 餦 餦 妮 娸 孀 齼 斀
    簎 猎 戳
牀 - 牀 床 淙 橦 幢 撞 鬃 淙 鐘 噇 狀
    潀 觀
審 - 霜 驦 騻 鸘 鵝 孀 雙 雙 慅 慅 瀧
    瀧 爽 塽 愯 鵝 騻 朔 嗽 嗍 猾 槊
    箾 數 蒴 搠
來 - 犖
影 - 凹

〔ㅏ〕→〔ㅝ〕
  精 - 儹 儹

〔ㅏ〕→〔ㅓ〕
  精 - 儹
  見 - 合 欲 鴿 蛤 閤 韐 頜 蓋
  溪 - 榼 磕 磕 溘 磕 瞌

▼ 〔ㅓ〕음의 바뀜 ▼

〔ㅓ〕→〔ㅏ〕
  見 - 干 干 戕 戕 杆 杆 奸 奸 肝 肝 竿
      竿 玕 玕 乾 乾 稈 稈 秆 秆 笴 笴
      簳 簳 黚 黚 奸 奸 赶 赶 趕 趕 幹
      幹 榦 榦 旰 旰
  溪 - 看 看 栞 栞 刊 刊 侃 侃 偘 偘 偘
      偘 衎 衎 看 看 侃 侃 偘 偘 偘 偘
      衎 衎
  疑 - 犴 犴 犴 犴 岸 岸 犴 犴 犴 犴 矸
      矸
  影 - 安 安 鞍 鞍 案 案 按 按
  曉 - 罕 罕 罩 罩 暵 暵 熯 熯 蔊 蔊 漢
      漢 暵 暵 熯 熯
  匣 - 寒 寒 翰 翰 韓 韓 汗 汗 邗 邗 邘
      邘 翰 翰 旱 旱 悍 悍 翰 翰 骭 骭
      悍 悍 汗 汗 瀚 瀚 捍 捍 扞 扞 銲
      銲 釬 釬 閈 閈 垾 垾 鼾 鼾 軒 軒
  透 - 佗

定 - 大 大
泥 - 那 那 娜 奈 那 那
影 - 阿

〔ㅓ〕→〔ㅐ〕
泥 - 奈

〔ㅓ〕→〔ㅝ〕
端 - 朶 朶 揣 揣 捶 捶 敠 敠 揬 揬 埵 埵 謺 謺 種 種 踩 踩 腄 腄 躲 躲 逯 趖 剁
定 - 惰 惰
泥 - 挼 挼 懦 懦 愞 稬 穤 粠 粠 糯
淸 - 銼
從 - 剉 莝 挫 萎
心 - 莎 莎 蓑 蓑 梭 梭 唆 唆
匣 - 荷 和 和
來 - 嬴 嬴 騾 騾 稞 稞 籮 籮 臝 臝 螺 螺 蠡 蠡 覶 覶 䙨 䙨 裸 臝 躶 嬴 倮 臝 蠡 瘰 㿚 菰 摞

〔ㅓ〕→〔ㄱ〕
疑 - 莪 哦 娥 俄 峨 蛾 鵝 睋 我 餓 臥

〔ㅓ〕→〔ㅕ〕
見 - 葛 割 轕 輵
溪 - 渴
影 - 遏 按 頞 閼 堨
曉 - 喝 愒 猲 獥
匣 - 曷 褐 毼 鞨 鶡 蝎
透 - 詑 詑 拕 拕 拖 拖 妥 妥 鰖 鰖 橢 橢 媠 媠 撱 撱 惰 惰 惰 墮 墮 墮 嶞 嶞 嶞 垛 垛 垛
泥 - 那
從 - 磋 蹉 剉 莝 莝 挫 萎
匣 - 何 荷 河 苛 菏 蚵 荷 賀 䕒 荷 荷 和
來 - 裸 臝 躶 嬴 倮 臝 蠡 瘰 㿚 菰 摞

〔ㅓ〕→〔ㅗ〕
疑 - 莪 哦 娥 俄 峨 蛾 鵝 睋 我 餓 臥
端 - 多 陊 橾 軃 軃 朶 揣 捶 敠 揬 埵 謺 種 踩 腄 躲 趖 癉 剁 錗
透 - 詑 拕 拖 妥 鰖 橢 媠 撱 惰 墮 嶞 垛 唾 涶 拖 拕 佗
定 - 駝 駞 乾 馱 佗 紽 跎 跑 酡 鮀 沱 池 迤 鼉 驒 陀 陁 他 碢 拕 拖 柁 柂 舵 舵 馱 大 惰 揬
泥 - 儺 難 挪 挼 挼 娜 儺 袲 紵 㛂 懦 愞 稬 穤 粠 糯
精 - 左 佐 左 作
淸 - 嵯 瑳 磋 嵯 搓 瑳 銼
從 - 醝 鹺 痤 鄌 鄼 鹺 磋 蹉 剉 莝 挫 萎
心 - 娑 抄 莎 桫 傞 犧 獻 鈔 莎 蓑 梭 唆 些 娑
影 - 痾 疴 屙 㛕 妸 裒 旃 猗 㰤
匣 - 荷
來 - 羅 蘆 蘿 籮 鑼 儸 囉 攞 儸 灑 嬴 騾 稞 籮 臝 螺 蠡 覶 䙨 邏 裸 臝 躶 嬴 倮 臝 蠡 瘰 㿚 菰 邏 摞

▼〔ㅜ〕음의 바뀜 ▼

〔ㅜ〕→〔ㅏ〕
來 - 論

〔ㅜ〕→〔ㅜ〕
來 - 碌

〔ㅜ〕→〔ㅡ〕
竝 - 篷 芃
明 - 蒙 冢 濛 幪 幪 曚 朦 朦 騼 艨 矇 饛 雺 霧 夢 瞢 懵 懞 蠓 蠓 濛 懵 夢 蠓 癚 瞢 霧 雺 懵 懞
透 - 吞 呑
幫 - 奔 犇 賁 錛 夲 畚 奔 逩 倴
滂 - 歕 噴 噴 歕
竝 - 盆 湓 畚 坌 坌 体 湓 孛 悖 誖 愂 哱 艴 艳 勃 敦 浡 桲 渤 頪 鵓 葧 餑 栲 脖 孛
明 - 門 捫 樠 亹 虋 糜 璊 汶 懣 悶 懣 們
非 - 芬 雰 氛 棼 紛 帉 分 鳻 鶡 饋 餴 粉
奉 - 汾 枌 棼 頒 朌 蕡 黂 濆 墳 豶 獖 菜 幘 羵 賁 蕡 焚 熕 憤 墳 鼢 蚡

坋 忿 分 債 忿 奮 漢 糞 全

微 - 文 彣 紋 蚊 蟲 雯 聞 舂 閿 閿 攻
　　吻 抆 捪 刎 刎 脗 忞 問 聞 舂 扷
　　捪 璺 汶 紊 緷 免 文

〔ㅜ〕→〔ㅣ〕
　　禪 - 熟 熟
　　來 - 六 陸
　　日 - 肉 肉 辱

〔ㅜ〕→〔ㅠ〕
　　見 - 蚣 拱 珙 栱 拲 拲 鞏 糞 輂 谷
　　端 - 竺
　　透 - 桶
　　定 - 硐 筩 潼
　　精 - 縱
　　清 - 樅 樅 從 從 蓯 蓯 瑽 瑽 促
　　心 - 蕭 蕭 鱐 鱐 翻 翻 鷫 鷫 驌 驌
　　審 - 縮 蹜 茜
　　禪 - 孰 孰 熟 熟 塾 塾 鐲 鐲 蜀 蜀 蜀
　　　　　蠋 蠋 蠋 璹 璹 璹 韣 韣 韣 鸀 鸀
　　　　　鸀 屬 屬 屬 屬 蠋 蠋 襡 襡 襡 蜀
　　　　　贖 贖 贖 贖
　　來 - 磟 谷 碌 碌 錄 錄 醁 醁 菉 菉 綠
　　　　　綠 騄 騄 淥 淥 六 六 六 蝳 蝳 陸
　　　　　陸 陸 稑 稑 穋 穋 蓼 蓼 戮 戮 勠
　　　　　勠
　　日 - 肉 肉 辱 辱 辱 溽 溽 蓐 蓐 褥 褥
　　　　　縟 縟 溽 溽 廙 廙
　　定 - 屯 純 燉 盾
　　精 - 遵 遵 遵 遵 焌 捘 卒
　　清 - 卒
　　從 - 蹲
　　心 - 窣
　　審 - 率
　　影 - 溫 縕 搵 榅 搵
　　匣 - 餫
　　來 - 掄 淪 論

〔ㅜ〕→〔ㄲ〕
　　奉 - 忿

〔ㅜ〕→〔ㅙ〕
　　審 - 率 帥 蟀 璽

▼ 〔ㅡ〕음의 바뀜 ▼

〔ㅡ〕→〔ㅜ〕
　　心 - 伺
　　匣 - 麨 麨 粏 粏 魤 魤
　　滂 - 剖 掊 部 培 蔀 瓿
　　明 - 謨 牟 麰 侔 蛑 矛 孟 鍪 鍪 眸 蛑
　　　　　母 拇 踇 畝 晦 鶘 某 呆 牡 莽 戊
　　　　　茂 楙 懋 袤 貿 瞀
　　非 - 缶 瓿 否 芣 缹 殕 富 副 輻 覆 仆
　　奉 - 鳺 鳺 鳺 紑 紑 紑
　　審 - 叟

〔ㅡ〕→〔ㅣ〕
　　精 - 第
　　心 - 僿
　　邪 - 俟
　　穿 - 翟
　　影 - 區

〔ㅡ〕→〔ㅟ〕
　　精 - 劑 劑

〔ㅡ〕→〔ㅓ〕
　　奉 - 浮 罘 芣 桴 柎 蜉 涪 阜 負 偵 婦
　　　　　娝 蠢 蕡 復 覆 伏 榎

▼ 〔ㅣ〕음의 바뀜 ▼

〔ㅣ〕→〔ㅜ〕
　　滂 - 濞
　　審 - 使 使
　　見 - 耿 耿 憬 熲
　　端 - 打
　　透 - 摘
　　穿 - 遄 偵
　　來 - 薐

〔ㅣ〕→〔ㅡ〕
　　照 - 支 枝 肢 胑 卮 氏 楮 搘 泜 褆 祇
　　　　　衼 鶏 胝 胚 脂 之 芝 枝 紙 秖 只

恩 抵 抵 坻 坻 底 柢 軝 旨 惛 指
止 時 沚 洔 趾 址 阯 芷 徵 黹 疷
坻 第 至 志

穿 － 齒侈

審 － 施 煩 絁 詩 邿 尸 屍 鳲 著 蓰
釃 釃 篩 篩 篩 簁 簁 簁 篩 篩 篩
始 乿 乿 弛 豕 矢 屎 屎 水 史 史
史 使 駛 駛 駛 駛 駛 駛 試 弑 始
啻 翅 翅 施 世 貰 勢 使 使 駛 駛
駛 駛

禪 － 時 峕 塒 匙 匙 鍉 鍉 鰣 提 翭 褆
蒔 衹 漦 漦 市 恃 是 是 諟 氏 視
眡 眎 舓 舓 虵 呫 士 士 仕 仕 仕
戺 戺 戺 枾 枾 枾 侍 寺 寺 閈 弑
忮 扺 視 眡 眎 市 士 仕 寺 枾 嗜
誓 忕 筮 噬 遾 事 事 事 示 諡

喩 － 食

日 － 兒 而 洏 胹 栭 鴯 輀 陑 髵 耳 絧
珥 洱 駬 餌 爾 尒 迩 邇 二 弍 樲
餌 珥 刵 咡 洱

幇 － 捌

滂 － 抨 怦

竝 － 偝 偝

林 － 鍟 瞠

匣 － 恒

照 － 戩 湔 觧 戩

禪 － 甚

〔ㅣ〕→〔ㅣ〕
　　日 － 入

〔ㅣ〕→〔ㅐ〕
　　見 － 革
　　泥 － 搦 搦

〔ㅣ〕→〔ㅓ〕
　　幇 － 卑 鉍 裨 萆 椑 悲 陂 羆 詖 裨 俾
　　　　 匕 比 朼 妣 妣 秕 粃 疕 被 被 被
　　　　 否 否 否 啚 啚 啚 鄙 鄙 鄙 髀
　　竝 － 被 被 髲 鞁
　　非 － 靟 非 妃 騑 非 扉 緋 飛 蜚 誹
　　奉 － 脾 淝 腓 痱 賁
　　微 － 微 薇 激 瀲 侑 維 惟 灘 尾 亹 蠡
　　　　 未 味

端 － 丁 玎
透 － 摘
定 － 翟
明 － 盟
心 － 省
穿 － 遄 偵
林 － 摛
匣 － 恒
喩 － 罜
來 － 輘 鬲

〔ㅣ〕→〔ㅠ〕
　　喩 － 尹 尹
　　見 － 耿
　　心 － 騂 騂 觪 觪 垶 垶 垶 垶
　　喩 － 潁 潁 潁 潁
　　日 － 入

〔ㅣ〕→〔ㅖ〕
　　群 － 祇 祇
　　見 － 緊 吉 拮
　　溪 － 詰
　　曉 － 欣 忻 惞 訢 昕 炘 惞 釁 疊 釁 焮
　　　　 歆
　　見 － 經 涇 到 到 耿 憬 潁 勁 徑 巠 俓
　　　　 激 擊 墼
　　溪 － 輕 謦 罄 磬 罄 縠
　　曉 － 馨 興
　　匣 － 行 桁 衡 珩 蘅 莖 脛 形 刑 侀 鈃
　　　　 硎 邢 型 莕 恒 姮 杏 荇 莕 幸 倖
　　　　 婞 悻 行 脛 脛 行 脛 脛 檄 現
　　見 － 樛 糾 糺 赳
　　群 － 蚪 斛 觓 蟉
　　曉 － 休 烋 庥 咻 貅 樇 髹 髹 鵂 朽 齅
　　　　 嗅 齅 畜 歆

〔ㅣ〕→〔ㅞ〕
　　喩 － 遺

〔ㅣ〕→〔ㅟ〕
　　幇 － 悲 悲 陂 陂 羆 羆 詖 詖 裨 裨 秘
　　　　 秘 毖 毖 閟 閟 泌 泌 铋 铋 秘 秘
　　　　 鉍 鉍 鄪 鄪 彼 彼 詖 詖 陂 陂 跛
　　　　 跛 轡 轡 秘 秘 賁 賁 岐 岐

滂 – 披 披 媲 媲 鈹 鈹 鉟 鉟 殈 殈 譀
　　譀 皷 皷 秠 秠 庋 庋 披 披 坯 坯
竝 – 皮 皮 疲 疲 罷 罷 邳 邳 郫 郫 否
　　否 骳 骳 被 被 被 被 髲 髲 鞁 鞁
　　㡃 㡃 備 備 糒 糒 骳 骳
明 – 麋 麋 釀 釀 釄 釄 麋 麋 靡 靡
喩 – 遺
幇 – 筆 筆
竝 – 弼 弼
明 – 宓 宓
幇 – 逼 偪 幅 湢 碧 楅 堛 堛 愊 愊 福
　　福 副
竝 – 愎 煏 燹 愶 腷
匣 – 衡

[ㅣ] → [ㅔ]
　　微 – 侑 維 惟 灘
　　幇 – 贄 贄

[ㅣ] → [ㄱ]
　　曉 – 閡

[ㅣ] → [ㅛ]
　　見 – 頴

▼ [ㅐ]음의 바뀜 ▼

[ㅐ] → [ㅏ]
　　定 – 大

[ㅐ] → [ㅐ]
　　見 – 莢
　　疑 – 駿
　　匣 – 駭 駭

[ㅐ] → [ㅙ]
　　穿 – 嘬

[ㅐ] → [ㅒ]
　　匣 – 夥

[ㅐ] → [ㅓ]
　　來 – 來 徠

▼ [ㅓ]음의 바뀜 ▼

[ㅓ] → [ㅏ]
　　來 – 輚

[ㅓ] → [ㅕ]
　　明 – 陌 佰 貊 莫 駹 貘 百 驀 麥 霡 霢
　　　　脉 脈 覛 脈
　　曉 – 赫
　　喩 – 額 額

[ㅓ] → [ㅜ]
　　見 – 亙 恒
　　幇 – 絣 繃 絣 閞 祊 旁 傍 榜 埲 浜 崩
　　滂 – 烹 烹
　　竝 – 彭 彭 騯 騯 篣 篣 膨 膨 蟛 蟛 輣
　　　　輣 棚 棚 朋 鵬 堋 髼 蚄
　　明 – 盲 盲 尗 尗 蝱 蝱 虻 虻 鄸 鄸 萠
　　　　萠 茵 茵 甍 甍 萌 萌 氓 氓 吡 吡
　　　　猛 猛 艋 艋 蜢 蜢 孟 孟 盟 盟 盇
　　　　盇 懜 懜 懜 懜 瞢 瞢 夢 夢
　　來 – 棱 棱 稜 稜 楞 楞 輘 輘 冷 冷

[ㅓ] → [ㅡ]
　　見 – 庚 賡 更 秔 稉 粳 羹 鶊 耕 畊 畊
　　　　揯 揯 絚 絚 緪 緪 綆 綆 梗 更 挭
　　　　鯁 骾 哽 綆 統 挭 更 更 亙 亙 恒
　　　　恒
　　溪 – 阬 坑 鏗 硻 硻 牼 肯 肯 骨 骨 宿
　　　　宿
　　端 – 登 登 登 登 甂 甂 燈 燈 鐙 鐙 簦
　　　　簦 蕃 蕃 等 等 嶝 嶝 隥 隥 磴 磴
　　　　鐙 鐙 橙 橙 凳 凳 豋 豋
　　定 – 騰 騰 滕 滕 謄 謄 滕 滕 縢 縢 藤
　　　　藤 籐 籐 疼 疼 臁 臁 驣 驣 鄧 鄧
　　　　蹬 蹬 腾 腾
　　泥 – 能 能 儜 儜 獰 獰
　　幇 – 絣 繃 絣 閞 祊 旁 傍 榜 埲 浜 崩
　　　　帡 伻 伻 弸 弸 迸 迸 趙 趙 搒 搒
　　竝 – 朋 鵬 堋 髼 蚄
　　明 – 盲 尗 蝱 虻 鄸 萠 茵 甍 萌 氓 吡
　　　　猛 艋 蜢 孟 盟 盇 懜 懜 瞢 夢

精 - 增增曾曾憎憎矰矰獻獻罾
　　罾橧橧矰矰璔璔增甑罇
清 - 蹭
從 - 層層曾曾嶒繒鄫騬贈贈騬
心 - 僧僧髻髻
照 - 爭爭猙猙箏箏丁丁玎玎睜
　　睜諍諍爭爭掙掙偵偵遉遉
　　橙橙幀幀橙橙錚錚睜睜
穿 - 錚錚琤琤瞠瞠樘樘撑撑撐
　　撐鎗鎗鐺鐺槍槍搶搶崢崢
　　掙掙
牀 - 根根打打橙橙傖傖堂堂
審 - 生生笙笙甥甥牲牲猩猩狌
　　狌鉎鉎甦甦省省眚眚生生
曉 - 亨脝

〔ㅓ〕 → 〔ㅣ〕
見 - 庚賡更更秔硬粳粳羹鶊耕
　　畊畊桓桓緪緪梗薁梗鯁腰
　　哽緪統梗更亘恒格茖仮挌
　　骼骰茖隔膈鬲鬲鬲鬲隔革革
　　槅骼
溪 - 克尅刻客
端 - 德惪得
透 - 忒慝忑貸
定 - 特犆特螣臈貸
幫 - 百伯佰迫栢薜檗檗擘掤北
滂 - 拍珀魄霸
並 - 白帛舶槩匐葡踣槩
明 - 盟陌佰貃莫駀貘百驀麥霖
　　霢脉脈覛眽蛨墨默嘿嚜繲
　　冒万
精 - 齏齏則
從 - 嶒繒繒鄫鄫騬騬賊蠈鰂鯽
　　崱萴
心 - 塞寒
照 - 偵遉側仄昃昃窄迮筰柞喈
　　舴蚱蚱蚝蚝責嘖讀幘簀磔矺
　　摘摘摘擿擿讁讁
穿 - 測惻畟坼坼墌策冊柵
牀 - 宅澤擇罯翟襗
審 - 省色嗇穡澁簹索愬槭槭
禪 - 賾蹟咋

〔ㅓ〕 → 〔ㅐ〕
見 - 格茖仮挌骼骰茖隔膈鬲鬲
　　隔革槅骼
溪 - 克尅刻客
端 - 德惪得
透 - 忒慝忑貸
定 - 特犆特螣臈貸
幫 - 百伯佰迫栢薜檗檗擘掤北
滂 - 拍珀珀魄霸
並 - 白帛舶槩
明 - 陌佰貃莫駀貘百驀麥霖霢
　　脉脈覛眽蛨墨默嘿嚜繲冒
　　万
精 - 則
從 - 賊蠈鰂鯽崱萴
心 - 塞寒
照 - 側仄昃昃窄迮筰柞喈舴蚱
　　蚝蚝責嘖讀幘簀磔矺摘擿
　　讁讁
穿 - 測惻畟坼坼墌策冊柵
牀 - 宅澤擇罯翟襗
審 - 色色嗇穡澁簹索愬槭槭
禪 - 賾賾蹟蹟咋咋
影 - 厄戹阨鞹軶軶啞餩搤扼扼
曉 - 黑赫嚇爀
匣 - 劾覈核翮格輅
來 - 勒肋扐泐仂芳

〔ㅓ〕 → 〔一〕
見 - 格
明 - 陌百

〔ㅓ〕 → 〔ㅐ〕
見 - 格茖仮挌骼骰茖隔膈鬲鬲
　　隔革槅骼
溪 - 克尅刻客
匣 - 覈核翮格輅
喩 - 額額詻

〔ㅓ〕 → 〔ㅖ〕

 사성통해의 음운학적 연구

見 - 庚賡更秔硬粳羮鶊耕畊
曉 - 亨脝

〔ㅓ〕→〔ㅟ〕
幇 - 北
竝 - 匐葍踣棘
明 - 墨默嘿嚜繹冒万

〔ㅓ〕→〔ㅞ〕
溪 - 阬坑鏗硜硻牼

▼ 〔ㅑ〕음의 바뀜 ▼

〔ㅑ〕→〔ㅏ〕
影 - 殷
匣 - 廈
精 - 雀
淸 - 鵲搶搶搶
照 - 彴
審 - 湯
影 - 泆
匣 - 瘒
喩 - 樂
來 - 㝗跟悢
日 - 瀼瓤
見 - 監緘械瑊鑑減鹻餡鹼鑑監
    輡
溪 - 嵌槏
疑 - 嵒礹巖壧
影 - 黯黶
曉 - 闞闞喊矙
匣 - 咸諴鹹函極極嵌衙街嗛
    啣鎌濫濫檻轞艦陷垍皛餡
    覽黌

〔ㅑ〕→〔ㅓ〕
見 - 角
溪 - 却

〔ㅑ〕→〔ㅣ〕
匣 - 函

〔ㅑ〕→〔ㅐ〕
見 - 佳

〔ㅑ〕→〔ㅒ〕
見 - 迦瘕
審 - 鑠爍

〔ㅑ〕→〔ㅕ〕
見 - 姦奸菅閒間艱囏蕳簡柬揀
    滴諫澗碙栞鐧閒間襇覸瞷
溪 - 慳齦蹇蹇
疑 - 顔眼雁贋
匣 - 閑閒嫻癇瞷鷴限莧
見 - 迦
溪 - 呿
群 - 伽伽伽
見 - 脚脚蹻屩
溪 - 却
群 - 臄腋谷噱醵蹻
淸 - 鵲敲磋猎狚
照 - 斫灼焯炤酌妁彴襫纎著着
    勺
穿 - 綽簎婥
影 - 箹
曉 - 謔
喩 - 虐瘧
來 - 略畧蟟蜂掠剠
見 - 監緘械瑊鑑減鹻餡鹼鑑監
溪 - 嵌槏
疑 - 嵒礹巖壧
影 - 黯黶
曉 - 闞喊矙
匣 - 咸諴鹹函極嵌衙街嗛啣鎌
    濫檻轞艦陷垍皛餡檻覽
    黌

〔ㅑ〕→〔ㅝ〕
見 - 攫矍蠖鑊矍懼
溪 - 躩

〔ㅑ〕→〔ㅘ〕
影 - 凹
見 - 懬
照 - 斬
穿 - 逴趠婼躇

〔ㅑ〕→〔ㅓ〕
　　疑 － 嶭枿嶭

〔ㅑ〕→〔ㅛ〕
　　見 － 覺角綠捔桷推榷較較珏穀
　　　　斠催㲉垉脚脚蹻屩攪玃蠼
　　　　鑊矍懼
　　溪 － 殼愨碻垉毃却卻郤蹻
　　群 － 臄腏谷噱釀蹻
　　精 － 爵雀爝
　　淸 － 鵲斂碏猎猠
　　從 － 嚼皭
　　心 － 削
　　照 － 斮斫灼焯炤酌妁彴禚繳著
　　　　着着勺
　　穿 － 綽婥婥逴趠婼躇
　　牀 － 著
　　審 － 爍爍
　　禪 － 杓勺芍
　　影 － 渥喔握幄偓剭齷約葯約
　　曉 － 謔
　　匣 － 學鷽确臄㴉
　　喩 － 藥躍禴礿瀹爚龠籥鑰虐瘧
　　　　嶽岳鸑樂
　　來 － 略掠蟟蛒掠剠
　　日 － 若弱蒻箬篛蒻

▼〔ㅕ〕음의 바뀜 ▼

〔ㅕ〕→〔ㅑ〕
　　見 － 驍梟澆澆撟憿僥蟜稿驕憍
　　　　鷮嬌墝皎曒皦璬繳矯撟蹻
　　　　敽叫噭誳噭徼
　　溪 － 磽趬蹺趬驍趫竅
　　群 － 橋喬僑蕎茄招翹劲絿蹻
　　疑 － 澆
　　端 － 貂貂鵰雕彫凋琱弴艄刁裯
　　　　弔吊釣蔦窵瘹
　　透 － 祧跳佻條挑絩庣銚斯朓篠
　　　　朓挑耀朓覜越跳
　　定 － 迢跳髫韶佻調條條苕芀蜩
　　　　鰷儵岧窕掉誂調掉銚蓧莜

〔ㅕ〕→〔ㅒ〕

泥 － 裛䮷裊嫋儾嬈嬈嫋鳥蔦溺
　　尿
幇 － 猋飈飄標嘌杓熛票摽鑣鏢
　　瀌麃穮穮藨僄膘瘭表標標
　　嘌俵
滂 － 漂縹票飄慓僄嘌縹醥膘瞟
　　勡剽僄漂影瞟
並 － 瓢薸瓢標藨殍莩荽莩薸驃
　　票嫖
明 － 苗描貓緢眇渺緲杪淼藐秒
　　妙廟庿
精 － 焦燋熊蕉膲噍鐎僬瞧椒礁
　　鷦魾剿剿勦湫醮燋僬醮皭
　　爝
淸 － 鍬幧筊䊮鍫楸鰌悄愀銷峭硝
　　哨
從 － 樵瞧譙嶕憔憔嫶顦癄嚼誚
　　譙
心 － 蕭簫箾彇瀟蠨驣燒宵霄消
　　逍綃銷焇鮹蛸捎哨硝痟傃
　　篠謏小嘯歗笑唉肖鞘紹
照 － 昭招釗朝玿沼照炤詔墮
穿 － 弨超怊麨麨精
牀 － 潮鼂晁朝趙搊肇肇姚兆鮡
　　召
審 － 燒少少燒
禪 － 韶磬佋昭紹佋邵召卲劭
影 － 么要腰葽邀喓褑妖袄訞夭
　　祅杳窅窈窔突窦夭殀偠嫚
　　騕漾鷂臽晶愠要約窔突窦
曉 － 嚻枵虈鴞獢歊熇曉曉歊
喩 － 堯僥嶢遙傜徭瑤搖謠繇繇
　　蕘䆞窯窰愮嗂猶姚珧銚陶
　　鉊䡬轑裱燿耀曜鷂姚
來 － 聊寮僚繚嘹遼鷯鐐撩獠
　　獠嫽瞭橑膋膫窲廖漻料𥅆
　　膠了繚暸蓼嫽傛撩燎尞簝
　　料嫽鐐燎獠嘹暸暸療癆廖
日 － 饒橈嬈蕘蟯擾嬈繞遶繞饒

〔ㅕ〕→〔ㅒ〕

見 - 夾

〔ㅕ〕→〔ㅖ〕
照 - 蜇
牀 - 撰譔
匣 - 縣縣
喩 - 沿沿鉛緣緣緣蚺蚺蚺充充
　　　沇沇涴涴掾掾緣緣緣

〔ㅕ〕→〔ㅘ〕
牀 - 撰譔僎

▼〔ㅠ〕음의 바뀜 ▼

〔ㅠ〕→〔ㅜ〕
見 - 弓躬躬宮恭供共供拳
溪 - 穹芎銎箜恐恐
精 - 縱縱蹤縱縱瘲足蹙顐欪蹴
　　　緵蟨踿
從 - 從從從
心 - 嵩崧菘蚣馼鬆娀淞懬鬆鬆
　　　鬆松松竦悚攐駷聳夙宿蓿
　　　粟
邪 - 頌誦訟
照 - 中衷忠終螽蚣蚣衆種忪踵
　　　腫踵重種種冢塚塚種瘇穜
　　　瘇衆潼種種中衷祝粥鬻竹
　　　竺筑築茿燭爥囑矚屬囑屬
　　　钃瘃
穿 - 充銃珫琉芃流忡忡衝衛罿
　　　憧幢艟種傭沖沖种寵憃枕
　　　稸畜蓄蔥蓳觸歜矗
牀 - 蟲蛊爞種重重鮦仲腫重虫
　　　虫逐逐柚柚軸軸舳舳妯妯
　　　躅躅逐逐蠋蠋蠾蠾碡碡
審 - 春春春椿椿惷叔菽朩悠儵
　　　　束倏琡婌
喩 - 傭桶箱谷谷
來 - 龍窿隆窿癃癃窿窿籠籠
　　　櫳櫳櫳櫳櫳櫳蘢蘢蘢曨曨
　　　曨聾聾聾嚨嚨嚨蘢蘢蘢瓏
　　　瓏瓏礱礱礱礱龐龐龐龐龓
　　　龓龓櫳櫳櫳韀韀韀攏攏攏

爧爧爧瀧瀧瀧蘢蘢蘢蘪蘪
蘪隴罿曨曨曨籠籠籠寵寵
寵攏攏攏礱礱礱
日 - 戎莪駥絨毯茸慵鰡冗茸將
　　　氄
來 - 臚
精 - 卒卒捽捽
清 - 拔蹲焌
心 - 笋箤卹
照 - 屯純
影 - 縕搵縕溫榲
曉 - 菫
喩 - 餫
來 - 掄論淪

〔ㅠ〕→〔ㅣ〕
牀 - 逐柚軸妯

〔ㅠ〕→〔ㅟ〕
精 - 慫
穿 - 狆

〔ㅠ〕→〔ㅙ〕
精 - 捽

〔ㅠ〕→〔ㅞ〕
喩 - 筠芸雲耘芸蕓云員貟沄紜
　　　篔鄖邧隕殞運暈煇餫鄆韗
　　　韗員貟韻昀聿遹矞鬵潏鷸
　　　歍

〔ㅠ〕→〔ㄱ〕
見 - 橘獝獝
曉 - 獝
喩 - 繘

▼〔ㅒ〕음의 바뀜 ▼

〔ㅒ〕→〔ㅜ〕
見 - 荄

〔ㅒ〕→〔ㅐ〕
見 - 皆偕階堦湝喈楷飌荄痎薤

稽街解薜榭戒誡悈介界价
疥玠夰芥鮙价牿屆懈解廨
繲

溪 - 揩楷鍇
疑 - 睚
影 - 矮瘂㹞隘阨阨噫呝詯
匣 - 諧湝骸膎鮭鞵鞋鞵蟹鱍解
　　澥獬懈貈嶰薢械齛薤瀣解
　　獬懈邂邂
喩 - 涯涯厓厓崖崖睚睚睚捱捱

〔ㅐ〕→〔ㅖ〕
見 - 皆偕階堦湝喈楷飝荄痎齹
　　稽街解薜榭戒誡悈介界价
　　疥玠夰芥鮙价牿屆懈解廨
　　繲

▼ 〔ㅖ〕음의 바뀜 ▼

〔ㅖ〕→〔一〕
心 - 徙徙璽璽枲枲葸葸躧躧蹝
　　蹝屣屣鞸鞸鏚鏚釃釃纚纚
　　縰縰葰葰籭籭

〔ㅖ〕→〔ㅣ〕
見 - 雞稽笄枅卝機鞿羈羈羈羇
　　羇羇寄寄寄畸畸畸饑饑饑
　　飢飢飢肌肌肌虮虮虮鐖鐖
　　鐖姬姬姬其其其居居居箕
　　箕箕萁萁萁錤錤錤萁萁萁
　　跂跂跂基基基棋棋棋機機
　　機磯磯磯譏譏譏磯磯磯幾
　　幾幾機機機己己己几几几
　　机机机麂麂麂庋庋庋庪庪
　　庪趿趿趿忌忌忌掎掎掎蟣蟣
　　蟣機機機枳枳枳攲攲攲機
　　機機計薊郣繫係継髻檵瘻
　　瘵瘌瘝寄寄寄驥驥驥覬覬
　　覬幾幾幾記記記冀冀冀冀
　　冀冀穊穊穊洎洎洎其其其
　　忌忌忌既既既罻罻罻繼繼
　　繼猤猤猤狋季
溪 - 谿溪磎灇敧敧蛟蛟崎

崎徛徛碕碕踦踦攲欺欺傲
傲魖魖顩顩供供橖橖啓稽
綮綮起起杞杞屺屺芑芑玘
玘豈豈綺綺杞杞企跂跂棄
弃契挈挈器器噐噐亟亟氣
氣炁炁乞乞憩憩憩憩愒愒
揭揭
端 - 氐氐低低氐氐隄隄堤堤堤
　　堤柢柢羝羝碇碇鞮鞮低低
　　邸邸柢柢底底詆詆舣舣牴
　　牴抵抵阺阺坻坻疷疷弤弤
　　軧軧鞊鞊帝帝諦諦嚏嚏柢
　　柢蔕蔕寠寠蝃蝃蝃蝃泜泜
透 - 梯梯睇睇觻觻體體躰躰軆
　　軆涕涕緹緹替替棣棣鬀鬀
　　剃剃鬀鬀殢殢涕涕渧渧薙
　　薙禵禵裼裼屜屜屜屜輖輖
　　屟屟
定 - 題啼嗁嗁嗁禔禔媞媞提
　　提醍醍綈綈緹緹蹄蹄蹢蹢
　　蹛蹛鮧鮧鯷鯷鶗鶗鶙鶙騠
　　騠鵜鵜稊稊苐苐荑荑梯梯
　　鵜鵜螑螑罤罤弟弟梯梯
　　娣娣遞遞逓逓第第弟弟悌
　　悌娣娣睇睇題題遞遞逓逓
　　遰遰髢髢鬄鬄褅褅締締鈇
　　鈇棣棣杕杕踶踶提提逮逮
　　地地
泥 - 泥泥埿埿齯齯尼尼怩怩旎
　　旎呢呢妮妮你你橑橑柅柅
　　旎旎抳抳苨苨禰禰泥泥瀰
　　瀰濔濔泥泥膩膩殢殢
幇 - 箆箆箆錍錍錍豍豍豍陛陛
　　陛狴狴狴蠯蠯蠯萞萞萞屍
　　屍屍
明 - 迷迷麛麛彌彌采采粱粱瀰
　　瀰獼獼嬰嬰米米眯眯洣洣
　　絖絖弭弭彌彌瀰瀰芈芈敉
　　敉靡靡寐寐袂袂謎謎
精 - 齎齎賷賷躋躋隮隮擠擠齏
　　齏韲韲蕠蕠濟濟泲泲齏齏
　　霽霽濟濟祭祭瀱瀱祭祭穄
　　穄擠擠
清 - 妻妻萋萋凄凄淒淒悽悽緀

縷 泚 泚 玼 玼 批 批 切 切 砌 砌
甈 甈 妻 妻 聟 聟 摖 摖

從 - 齊 齊 臍 臍 蠐 蠐 薺 薺 薺 薺 鱭
　　鱭 劑 劑 齊 齊 嚌 嚌 懠 懠 癠 癠
　　穧 穧 皆 皆 薺 薺 鱭 鱭

心 - 西 西 栖 栖 棲 棲 犀 犀 撕 撕 嘶
　　嘶 漸 漸 澌 澌 癬 癬 瘯 瘯 恓 恓
　　洗 洗 洒 洒 徙 璽 枲 蒠 躧 蹝 屣
　　鞋 鞵 釃 纚 縰 葰 筲 細 細 栖 栖
　　棲 棲 壻 壻 婿 婿 智 智 聟 聟

牀 - 滯 滯 癠 癠
影 - 娃
匣 - 兮 谿 奚 嫨 蹊 騱 貕 槢 攜 携 鑴
　　觿 蠵 寯 鄡 眭 徯 傒 系 繫 係 盻
　　褉

喩 - 倪 倪 兒 兒 齯 齯 鯢 鯢 霓 霓 蜺
　　蜺 輗 輗 猊 猊 麑 麑 貌 貌

來 - 离 离 離 離 鸝 鸝 鴷 鴷 驪 驪 孋
　　孋 麗 麗 纚 纚 褵 褵 縭 縭 离 离 攡
　　攡 蘺 蘺 籬 籬 簬 簬 樆 樆 蜊 蜊
　　醨 醨 漓 漓 灕 灕 璃 璃 瓈 瓈 罹
　　罹 欐 欐 釐 釐 氂 氂 犛 犛 嫠 嫠
　　券 券 劙 劙 轣 轣 盠 盠 蠡 蠡 邌
　　邌 黎 黎 黧 黧 犁 犁 利 利 黧 黧
　　鱺 鱺 藜 藜 梨 梨 梨 梨 莉 莉 蜊
　　蜊 螭 螭 貍 貍 狸 狸 桋 桋 夻 夻
　　里 理 俚 悝 鯉 娌 裏 裡 邐 岦 李
　　履 禮 澧 體 鱧 澧 蠡 盠 利 痢 莉
　　苙 蒞 泣 詈 吏 荔 離 沴 隷 隸 隸
　　麗 麗 欐 戾 唳 綟 鷙 捩 攦 栵 例
　　厲 礪 禲 癘 痢 勵 蠣 栵 俐

〔ㅖ〕→ 〔ㅓ〕
　　明 - 麛 窲 袂 謎 謎

〔ㅖ〕→ 〔ㅟ〕
　　明 - 麛 麛

〔ㅖ〕→ 〔ㅔ〕
　　見 - 季
　　影 - 娃

〔ㅖ〕→ 〔ㅕ〕
　　匣 - 携 鑴 觿 蠵 寯 鄡 眭

▼ 〔ㅟ〕음의 바뀜 ▼

〔ㅟ〕→ 〔ㅜ〕
　　影 - 瑩
　　喩 - 縈 縈

〔ㅟ〕→ 〔ㅣ〕
　　溪 - 傾 頃 頃 傾 巆 巆 峸 奊 絅
　　群 - 瓊 璚 瓗 惸 煢 煢 嬛 嬛 擐
　　疑 - 役 疫 域 洫 罭 棫 蚅 緎 閾
　　影 - 瑩 瑩
　　喩 - 營 塋 瑩 瑩 縈 熒 榮 螢

〔ㅟ〕→ 〔ㅠ〕
　　見 - 局 局 坰 坰 駉 駉 絅 絅 冏 冏 冏
　　　　璟 璟 璟 炅 炅 呁 呁 焭 焭
　　溪 - 傾 頃
　　群 - 瓊 璚 瓗 惸 煢 煢 嬛 嬛 擐
　　曉 - 兄 詗 詗 詗 詗 敻 敻 洫 洫 血 殈
　　　　夐 驍
　　匣 - 迥 泂 炯 炯 炯
　　喩 - 營 營 塋 塋 縈 縈 瑩 瑩 縈 熒 熒
　　　　熒 榮 榮 榮 螢 螢 螢 榮 榮 榮 蠑
　　　　蠑 蠑 永 永 詠 詠 咏 咏 泳 泳 縈
　　　　縈 瑩 瑩

〔ㅟ〕→ 〔ㅟ〕
　　疑 - 域 洫 洫 罭 棫 蚅 蚅 緎 閾
　　影 - 瑩
　　曉 - 洫

〔ㅟ〕→ 〔ㅓ〕
　　疑 - 域 洫 罭 棫 蚅 緎 閾
　　曉 - 殈 夐 夐 驍 驍

〔ㅟ〕→ 〔ㅔ〕
　　疑 - 役 疫
　　曉 - 兄 詗

〔ㅟ〕→ 〔ㅚ〕
　　見 - 昊 鵙 溟
　　溪 - 関

曉 - 殈 砉 豬

〔ㅠ〕→〔ㅛ〕
見 - 扃 坰 駉 絅
溪 - 傾 頃
群 - 瓊 璚 瓗 惸 煢 焭 嬛 嬛 撨
匣 - 迥 泂 炯
喩 - 熒 滎 螢

▼〔ᆑ〕음의 바뀜 ▼

〔ᆑ〕→〔ㅕ〕
心 - 蜥
牀 - 饌 撰 撰 譔 譔
曉 - 血
喩 - 蝝 緣

〔ᆑ〕→〔ㅠ〕
穿 - 啜 啜

〔ᆑ〕→〔ㅘ〕
牀 - 饌 撰 譔

〔ᆑ〕→〔ㅝ〕
見 - 眷 卷 桊 韏
溪 - 卷 弮
來 - 攣 攣 臠 臠 孌 孌

▼〔ㅘ〕음의 바뀜 ▼

〔ㅘ〕→〔ㅏ〕
非 - 翻 翻 飜 飜 幡 幡 拚 拚 反 反 旛 旛 繙 繙 轓 轓 藩 藩 蕃 蕃 潘 潘 番 番 髮 發 犮
奉 - 煩 煩 蹞 蹞 樊 樊 攋 攋 蹯 蹯 燔 燔 膰 膰 蕃 蕃 墦 墦 膰 膰 燔 燔 膰 膰 繁 繁 蘩 蘩 襻 襻 礬 礬 袢 袢 飯 飯 飰 飰 飰 飰 伐 伐 畝 畝 閥 閥 墢 墢 垡 垡 筏 筏 栰 栰 罰 罰 畾 畾
微 - 晩 輓 挽 娩
匣 - 骭 骭

〔ㅘ〕→〔ㅑ〕
匣 - 骭
照 - 斮
影 - 臒 臒
曉 - 懼

〔ㅘ〕→〔ㅒ〕
影 - 洼 哇 噡 娃

〔ㅘ〕→〔ㅞ〕
匣 - 韄 矱 艧

〔ㅘ〕→〔ㅘ〕
曉 - 況 況

〔ㅘ〕→〔ㅝ〕
見 - 闗
影 - 腕 掔 掔 捥 孯 惋

〔ㅘ〕→〔ㅙ〕
見 - 媧 媧 媧 蝸 蝸 蝸 騧 騧 騧 瓜 瓜 瓜 緺 緺 緺 痛 痛 痛 窐 卦 掛 挂 絓 罜 詿
影 - 蛙 鼃
匣 - 畫 畫 畫 畫 話 話

〔ㅘ〕→〔ㅚ〕
影 - 腕 掔 掔 捥 孯 惋
匣 - 踝

〔ㅘ〕→〔ㅗ〕
見 - 郭 槨 彉
溪 - 郭 鞹 擴 漷
照 - 捉 斮 斲 椓 琢 豖 涿 啄 啅 瘃 諑 斵 卓 倬
牀 - 濁 濯 擢 鐲
影 - 臒 蠖 矱 韄 籰
曉 - 霍 藿 攉 彉 癨 劐 懼
匣 - 穫 鑊 濩 韄 矱

〔ㅘ〕→〔ㅚ〕
匣 - 譁

〔ᅪ〕→〔ㅛ〕
　匣 – 鑊

〔ᅪ〕→〔ᅫ〕
　曉 – 恍 況 況 況 況 眖 眖

▼〔ᅯ〕음의 바뀜 ▼

〔ᅯ〕→〔ㅏ〕
　明 – 抹 抹 麼

〔ᅯ〕→〔ㅓ〕
　幇 – 般 搬 魬 半 絆
　滂 – 潘 番 拌 拚 拚 判 牉 泮 泮 頖 沜
　　　伴 胖
　並 – 槃 柈 盤 般 搬 弁 瘢 鏨 磐 鞶 髟
　　　瀺 繁 幣 蟚 嚨 胖 磻 蟠 繁 蹣 伴
　　　拌 秚 畔 叛
　明 – 瞞 謾 鏝 墁 槾 饅 蘰 糫 鞔 鄸 構
　　　鬘 曼 漫 耰 蔓 鰻 蹣 滿 濟 曼 縵 耰
　　　漫 謾 曼 幔
　清 – 竄 攛 爨 癱 鑹 驪
　明 – 摩 孈 磨 麼 魔 劘 麻 食 麼 磨 麻土
　從 – 銼
　匣 – 和

〔ᅯ〕→〔ᅢ〕
　端 – 煓

〔ᅯ〕→〔ᅴ〕
　疑 – 訛 吡 譌 囮 妮

〔ᅯ〕→〔ㅘ〕
　影 – 斡
　匣 – 晥 晥 皖 皖 睆 睆 睅 睅 莞 莞

〔ᅯ〕→〔ᅯ〕
　端 – 斷 斷
　滂 – 拌
　疑 – 訛 吡 譌 囮 妮
　從 – 脞

〔ᅯ〕→〔ᅰ〕

見 – 官 冠 棺 涫 倌 觀 莞 菅 管 筦 琯
　　輨 錧 館 舘 盥 痯 斡 閼 睅 睊 寙
　　悺 貫 冠 祼 盥 觀 灌 鸛 瓘 矔 爟
　　舘 罐 鑵 括 聒 适 活 佸 栝 筈 蛞
　　鴰 萿 葀 譮 髻
溪 – 寬 髖 款 款 窾 闊
疑 – 岏 刓 玩 貦 忨
端 – 耑 端 褍 鷤 剬 短 斷 煓 鍛 煅 破
　　殿 斷 掇 剟 咄 叕
透 – 湍 猯 貒 貒 疃 腄 痩 脫 挩
定 – 團 敦 摶 溥 黴 摶 摶 糐 糰 糯 斷
　　段 椴 腶 斷 彖 褖 緣 稅
泥 – 煖 暖 煗 暅 餪 愞 愞
幇 – 般 搬 魬 半 絆 跋
滂 – 潘 番 拌 拚 拚 判 牉 泮 泮 頖 沜
　　伴 胖 潑 醱 鏺 剟
並 – 槃 柈 盤 般 搬 弁 瘢 鏨 磐 鞶 髟
　　瀺 繁 幣 蟚 嚨 胖 磻 蟠 繁 蹣 伴
　　拌 秚 畔 叛 跋 拔 魃 軷 茇 鈸 拔
明 – 瞞 謾 鏝 墁 槾 饅 蘰 糫 鞔 鄸 構
　　鬘 曼 漫 耰 蔓 鰻 蹣 滿 濟 曼 縵
　　耰 漫 謾 曼 幔
精 – 鑽 纂 纘 鄼 儹 攢 鑽 緝 撮 攥
清 – 竄 攛 爨 癱 鑹 驪 撮
從 – 攢 巑 菆 欑 欑 穳 鄼 攢
心 – 酸 餕 狻 發 痠 算 筭 蒜
影 – 剜 蜿 豌 眢 椀 盌 斡
曉 – 歡 懽 孈 驩 讙 嚾 貛 貛 獾 喚 奐
　　煥 渙 煥 漶
匣 – 桓 貆 狟 洹 芄 汍 紈 萑 萑 浣 羱
　　垸 完 丸 瀚 浣 漶 緩 換 逭 活 佸
　　括 越 蛞
來 – 鸞 鑾 圝 欒 灤 欒 卵 亂 乱 臠 挼
從 – 脞

〔ᅯ〕→〔ㅗ〕
　見 – 戈 過 過 堝 鍋 堝 果 菓 裹 過 鍋
　　　裹
　溪 – 科 蝌 窠 薖 窠 稞 顆 課 騍
　疑 – 訛 吡 譌 囮 妮
　幇 – 波 番 旛 磻 磻 菠 跛 簸 皷 皮 黿
　　　播 簸
　滂 – 頗 陂 坡 玻 頗 叵 破
　並 – 婆 鄱 皤 欯 簸 啵

明 - 摩 嬤 磨 麼 魔 劘 麻 食 麼 磨 啵
從 - 矬 銼 坐 脞 坐 座
心 - 鎖 鑠 璅 瑣
影 - 渦 踒 窩 倭 猧 萵 媤 渨 污
曉 - 火 貨
匣 - 和 龢 鉌 禾 禍 褐 䐑 輠 輠 夥 団
　　 愢

▼ 〔ㅟ〕음의 바꿈 ▼

〔ㅟ〕→〔ㅜ〕
　　見 - 觤 觬 觤 觤 觵 觵 觵 觵 肱 肱 肱
　　　　 肱 厷 厷 厷 厷 礦
　　影 - 泓
　　曉 - 鍠 鍠 鍠 轟 轟 轟 輄 輄 輄 薨 薨
　　　　 薨 薨 薨 薨 黌 黌 黌
　　匣 - 橫 橫 橫 衡 衡 鱑 鱑 喤 喤 鍠 鍠
　　　　 鐄 鐄 瑝 瑝 宏 宏 閎 閎 紭 紭 翃
　　　　 翃 罞 罞 浤 浤 橐 橐 弘 弘 嶸 嶸
　　　　 磠 磠 浴 浴 耾 耾 屮 屮 屮 橫 橫
　　　　 橫

〔ㅟ〕→〔ㅡ〕
　　匣 - 屮

〔ㅟ〕→〔ㅣ〕
　　群 - 葵
　　匣 - 衡

〔ㅟ〕→〔ㅐ〕
　　幫 - 貝 貝 狽 狽
　　滂 - 佩 沛 沛 霈
　　並 - 倍 倍 邶 邶 旆 旆
　　明 - 眛 眛 沫 沫

〔ㅟ〕→〔ㅓ〕
　　群 - 蕢
　　泥 - 內
　　幫 - 杯 盃 桮 环 背 輩 箄 褙 緒 辈 辈
　　　　 貝 狽
　　滂 - 丕 秠 髬 胚 㚰 坏 醅 伾 岯 邳 秠
　　　　 駓 配 肺 佩 沛 霈
　　並 - 裴 裵 徘 培 陪 琲 邶 痞 倍 蓓 佩

珮 偝 背 背 倍 誖 悖 愂 孛 焙 㷝
琲 北 拔 邶 旆 沛 旆
明 - 枚 玫 梅 楳 鋂 酶 每 莓 霉 腜 媒
　　 煤 禖 塺 堎 眉 嵋 湄 楣 郿 玫 黴
　　 洣 痗 每 美 嬍 渼 妹 昧 韎 眛 沫
　　 脢 痗 媚 瑂 帽 魅 彪 林

〔ㅟ〕→〔ㅟ〕
　　曉 - 暉 暉 輝 輝 煇 煇 揮 揮 楎 楎 翬
　　　　 翬 褘 褘 徽 徽 徽 徽 輝 輝 睢 睢
　　　　 麾 麾 摩 摩 撝 撝 毀 譭 燬 烜 煨
　　　　 烜 虫 虺 卉
　　匣 - 蜮

〔ㅟ〕→〔ㅓ〕
　　見 - 國 號 蟈 摑 幗 蟈 馘

〔ㅟ〕→〔ㅟ〕
　　喩 - 褘
　　見 - 國 號 蟈 摑 幗 蟈 馘

〔ㅟ〕→〔ㅙ〕
　　溪 - 喟 喟
　　清 - 衰 槯 槯
　　穿 - 揣 揣 揣 敪 敪 敪
　　審 - 衰 衰 衰 衰 衰 衰 帥 帥 帥 率 率
　　　　 率
　　見 - 號 蟈 摑 幗 䤥 馘 膕
　　曉 - 驍 砉 諕 漷 劃 劃 嘓 嘓 嚄
　　匣 - 獲 畫

〔ㅟ〕→〔ㅞ〕
　　影 - 唯 唯 壝 壝 蔧 蔧
　　匣 - 恚 恚
　　喩 - 叡 睿 銳 遺 蜼 䜋 壝
　　影 - 泓

〔ㅟ〕→〔ㅚ〕
　　見 - 規 圭 珪 閨 袿 窐 邽 癸 桂
　　溪 - 歸 窺 闚 睽 奎 骭 刲 刲 跬 頯 魁
　　　　 傀 塊 凷 稯 襀 纉 喟 嘖
　　群 - 葵 郯 跬 揆 揆 悸
　　曉 - 隳
　　匣 - 慧 慧 惠 惠 憓 憓 譓 譓 蟪 蟪 繐

▼ 〔ㅙ〕음의 바뀜 ▼

〔ㅙ〕 → 〔ㅟ〕
疑 - 外

전체 중성의 변동 통계

ㅏ : ㅓ$_{39}$ ㅜ$_{1}$ ㅑ$_{49}$ ㅖ$_{1}$ ㅘ$_{91}$ ㅝ$_{2}$ ㅝ$_{15}$

ㅓ : ㅏ$_{152}$ ㅓ$_{28}$ ㅐ$_{1}$ ㅝ$_{82}$ ㅞ$_{11}$ ㅝ$_{79}$ ㅗ$_{172}$

ㅜ : ㅏ$_{1}$ ㅜ$_{1}$ ㅡ$_{161}$ ㅣ$_{7}$ ㅠ$_{151}$ ㅟ$_{1}$ ㅙ$_{4}$

ㅡ : ㅜ$_{59}$ ㅣ$_{5}$ ㅟ$_{2}$ ㅝ$_{18}$

ㅣ : ㅜ$_{12}$ ㅡ$_{213}$ ㅣ$_{1}$ ㅐ$_{3}$ ㅢ$_{77}$ ㅠ$_{16}$ ㅖ$_{95}$ ㅖ$_{1}$ ㅟ$_{130}$ ㅖ$_{6}$ ㅚ$_{1}$ ㅛ$_{1}$

ㅐ : ㅏ$_{1}$ ㅒ$_{4}$ ㅙ$_{1}$ ㅖ$_{1}$ ㅝ$_{2}$

ㅔ : ㅏ$_{1}$ ㅓ$_{18}$ ㅜ$_{86}$ ㅡ$_{285}$ ㅣ$_{206}$ ㅐ$_{167}$ ㅢ$_{3}$ ㅒ$_{27}$ ㅖ$_{27}$ ㅟ$_{12}$ ㅖ$_{6}$

ㅑ : ㅏ$_{66}$ ㅓ$_{2}$ ㅣ$_{1}$ ㅐ$_{1}$ ㅑ$_{4}$ ㅕ$_{131}$ ㅖ$_{7}$ ㅘ$_{7}$ ㅝ$_{3}$ ㅛ$_{122}$

ㅕ : ㅑ$_{438}$ ㅐ$_{1}$ ㅖ$_{25}$ ㅘ$_{3}$

ㅠ : ㅜ$_{307}$ ㅣ$_{4}$ ㅠ$_{2}$ ㅙ$_{1}$ ㅖ$_{34}$ ㅚ$_{5}$

ㅒ : ㅜ$_{1}$ ㅒ$_{84}$ ㅖ$_{34}$

ㅖ : ㅡ$_{28}$ ㅣ$_{940}$ ㅢ$_{5}$ ㅟ$_{2}$ ㅚ$_{2}$ ㅝ$_{7}$

ㅚ : ㅜ$_{3}$ ㅣ$_{37}$ ㅠ$_{85}$ ㅟ$_{11}$ ㅟ$_{12}$ ㅖ$_{4}$ ㅚ$_{7}$ ㅛ$_{21}$

ㅖ : ㅕ$_{9}$ ㅠ$_{2}$ ㅘ$_{3}$ ㅝ$_{12}$

ㅘ : ㅏ$_{91}$ ㅑ$_{5}$ ㅒ$_{4}$ ㅖ$_{3}$ ㅘ$_{2}$ ㅝ$_{7}$ ㅙ$_{33}$ ㅝ$_{7}$ ㅗ$_{42}$ ㅚ$_{1}$ ㅛ$_{1}$ ㅙ$_{7}$

ㅝ : ㅏ$_{3}$ ㅓ$_{89}$ ㅐ$_{1}$ ㅢ$_{5}$ ㅘ$_{11}$ ㅝ$_{9}$ ㅝ$_{287}$ ㅗ$_{94}$

ㅟ : ㅜ$_{81}$ ㅡ$_{1}$ ㅣ$_{2}$ ㅐ$_{18}$ ㅢ$_{102}$ ㅠ$_{38}$ ㅝ$_{7}$ ㅟ$_{8}$ ㅙ$_{41}$ ㅖ$_{16}$ ㅚ$_{57}$

ㅙ : ㅟ$_{1}$

1.4. 종성

★ 〔ㄱ〕종성의 바뀜 ★

〔ㄱ〕→〔ㅱ〕
  ㅠ - 逐 柚 軸 妯
  ㅜ - 熟 熟 六 陸 肉 肉 辱

〔ㄱ〕→〔ㆆ〕
  ㅟ - 國 虢 蟈 摑 幗 簂 馘
  ㅞ - 役 疫 域 減 罭 棫 緎 閾
  ㅓ - 珀
  ㅣ - 擗 闢
  ㅓ - 蔔
  ㅜ - 菔
  ㅠ - 足 蹙 顣 欨 蹴 緎 蟋 踆
  ㅣ - 績
  ㅠ - 夙 宿 蓿 粟 枛 稸 畜 蓄 蓫 董 觸
       歜 矗 逐 柚 軸 舳 妯 躅 躗 蠋 躕
       䃤
  ㅓ - 宅
  ㅠ - 叔 菽 尗 俶 儵 束 俶 琡 婌
  ㅓ - 色 索 嗇 穡
  ㅞ - 洫 減 衁 殈 閾 驈
  ㅣ - 鷁 鶂 鶃 鷊 逆 繹 㘈 嶷 薿 疑
  ㅓ - 額 額 額 額

〔ㄱ〕→〔ㆅ〕
  ㅞ - 蝱

★ 〔ㆁ〕종성의 바뀜 ★

〔ㆁ〕→〔ㄴ〕
  ㅓ - 肯 肎 肻
  ㅣ - 仍

〔ㆁ〕→〔ㆆ〕
  ㅓ - 橙

★ 〔ㄴ〕종성의 바뀜 ★

〔ㄴ〕→〔ㆁ〕

〔ㄴ〕→〔ㅁ〕

〔ㄴ〕→〔ㆆ〕
  ㅣ - 稟 禀 孕 孕 孕 稟 稟 禀 禀 品 品
       斷

★ 〔ㅂ〕종성의 바뀜 ★

〔ㅂ〕→〔ㄴ〕
  ㅑ - 鞈

〔ㅂ〕→〔ㆆ〕
  ㅏ - 合 㪉 鴿 蛤 閤 鞈 頜 蓋 榼 磕 磕
       溘 瞌 瞌
  ㅑ - 茇
  ㅏ - 匼 唈 唈 裺 匎 合 盒 郃 迨 盍 闔
       嗑 蓋 欱 哈

★ 〔ㅁ〕종성의 바뀜 ★

〔ㅁ〕→〔ㄴ〕
  ㅏ - 入 入 今 紟 衿 襟 金 禁 錦 禁 噤
       舑 襑
  ㅏ - 甘 柑 泔 弇 疳 感 敢 橄 鹽 紺 灨
       贛 淦
  ㅑ - 監 緘 械 瑊 鑑 減 鹻 䶄 鹻 鑑 監
  ㅕ - 兼 縑 鰜 鶼 蒹 檢 撿 瞼 臉 劍 籤
  ㅣ - 欽 衾 嶔 碪 撳
  ㅏ - 堪 龕 龕 戡 坎 塪 轗 欿 贛 砍 勘
       墈 瞰 闞 轗
  ㅑ - 嵌 賺
  ㅕ - 謙 歉 嗛 慊 謙 欠 歉 傔 儉
  ㅣ - 琴 禽 檎 噙 黔 擒 拎 撴 芩 芩 噤
       濅 紟 衿 妗 黅
  ㅕ - 箝 拑 柑 鉗 鉗 鈐 鍼 蚙 黔 儉 芡
  ㅣ - 吟 吟 唫 唫
  ㅏ - 頷 頷 鎖
  ㅑ - 嵒 嵓 碞 礷 巖 巖 壏 壏

ㅕ - 噞 噞 醶 醶 驗 噞
ㅏ - 耽 酖 妉 湛 眈 擔 儋 聸 聃 㽎 沈
膽 礵 黕 澹 擔 担 儋 甔
ㅕ - 战 佔 心 點 玷 蔵 店 玷 坫 墊
ㅏ - 貪 探 撢 坍 湳 醓 啖 菼 毯 緂 緂
忐 探 撢 睒
ㅕ - 添 忝 餂 栝
ㅏ - 覃 潭 蟫 醰 黮 曇 壜 罈 墰 藫 譚
談 惔 郯 痰 餤 澹 禫 髧 黮 窞 萏
啖 噉 啗 憺 淡 澹 憺 啗 啖 噉
ㅕ - 簟 驔 居 墊 居 磹
ㅣ - 恁 賃 恁
ㅏ - 南 男 枏 楠 諵 喃 讝 腩 湳
ㅕ - 鮎 拈 黏 粘 念 唸 舚 砭 砭 貶 窆
砭 砭
ㅏ - 埿 芃 凡 凡 帆 颿 颿 氾 範 笵 范
軓 帆 犯 梵 泛 汎 貶 氾
ㅡ - 怎
ㅣ - 浸 寖 湛 梫
ㅏ - 簪 篸 鐕 䐶 揝 喒 寁 昝 揝 撍 篸
ㅕ - 尖 殲 瀸 漸 蔪 熸 攕 櫼 僭 譖
ㅣ - 侵 駸 梫 綅 祲 寑 鋟 㾛 沁 伈 祲
ㅏ - 參 糝 驂 慘 憯 㿊 朁 黲 參 傪
ㅕ - 僉 籤 懴 簽 槧 鐱 塹 槧
ㅏ - 蠶 蚕 蠺 塹 槧 劉 暫 塹 鏨
ㅕ - 潛 橬 灊 漸 蔪
ㅣ - 心
ㅏ - 三 弎 叁 毿 鬖 糝 槮 三
ㅕ - 銛 鐵 纖 孅 孅 憸 思 暹 礹
ㅣ - 尋 潯 鬵 鐔 燖 鄩 蕁
ㅕ - 爓 燅 燖 撏
ㅡ - 簪 篸 撍 譖
ㅣ - 斟 針 鍼 箴 碪 砧 椹 鍖 葴 枕 煁
枕 針 揕
ㅏ - 詀 斬 覱 劉 蘸 站 站
ㅕ - 詹 瞻 譫 讝 占 沾 霑 颭 黵 占
ㅡ - 墋 磣 讖
ㅣ - 琛 睬 郴 嵾 參 審 審 闖 瞫
ㅏ - 欃 攙 劖 鑱 漸 儳
ㅕ - 襜 幨 裧 䫲 覘 諂 讇 㞐 襜 幨 韂
韂 覘
ㅡ - 岑 涔
ㅣ - 沉 沈 湛 霃 朕 㴔 鴆 酖
ㅏ - 讒 毚 饞 嚵 儳 巉 慙 湛 嶃 巉 湛
儳 鑱 賺 賺 謙 詀 臓 斬 韉
ㅡ - 森 罧 椮 參 蕟 蔘 鬖 滲 槮 罧
ㅣ - 深 滐 甚 沈 嬸 諗 淰 瘁 甚
ㅏ - 攕 摻 衫 縿 幓 襳 杉 黏 芟 摻 釤
ㅕ - 苫 痁 閃 淰 覢 睒 㵄 陝 剡 苫 掞
㨛 贍
ㅣ - 諶 忱 煁 橬 甚 葚 椹 甚
ㅕ - 蟾 燖 棎
ㅣ - 音 瘖 陰 黔 愔 飮 蔭 廕 瘖 瘖 飮
窨 喑
ㅏ - 諳 韽 俺 庵 菴 喑 腤 闇 唵 奄 晻
菴 醃 唵 闇 揞 黯 揜 匼 暗 闇 菴
ㅑ - 黯 黶
ㅕ - 淹 閹 崦 醃 腌 懕 厭 猒 饜 弇 奄
掩 揜 罨 崦 崦 晻 渰 弇 郁 埯 檿
黶 厭 黶 閹 黶 魘 饜 厭 饜 淹 罨
ㅣ - 歆
ㅏ - 憨 谽 谽
ㅑ - 闞 喊 顑
ㅕ - 杴 忺 蘞 瘷 簽 險 嶮 譣 玁 獫
ㅏ - 含 唅 函 涵 涵 膕 錎 梒 酣 蚶 魽
蜬 㵄 欱 頷 憾 菡 憾 琀 含 唅
ㅑ - 咸 諴 鹹 函 椷 嵅 銜 銜 嗛 䣸 謙
濫 檻 轞 함 艦 陷 埳 臽 餡 䃍 覽
轞
ㅕ - 嫌
ㅣ - 淫 婬 霪 蟫
ㅕ - 鹽 塩 檐 簷 櫩 閻 閆 炎 嚴 巖 巖
灑 灩 琰 剡 棪 錟 郯 燄 厭 夵 灩
灩 儼 曮 豔 艶 灩 灩 灩 燄 郯 焰
ㅣ - 林 琳 霖 淋 臨 埁 痳 廩 懍 凜 檁
淋 臨
ㅏ - 婪 惏 啉 嵐 爦 藍 籃 襤 㩜 繿 爁
藍 㲯 壈 爦 覽 覽 攬 攬 擥 欖 漤
濫 濫 纜
ㅕ - 廉 鎌 鐮 濂 熑 燫 磏 磏 簾 簾 蘼
覝 臁 溓 奩 匳 蘞 帘 斂 瀲 蘞 薟
斂 瀲 殮 獫
ㅣ - 任 壬 紝 紝 鵀 飪 飪 恁 荏 稔 衽
袵 腍 恁 任 姙 妊 衽 衽 紝 紝
ㅕ - 髯 顲 枏 蚺 䑙 冉 苒 染

〔ㅁ〕→〔ㅁ〕
　ㅣ - 甚

★ 〔ㅂ〕종성의 바꿈 ★

〔ㅸ〕→〔ㅱ〕
　ㅏ - 各
　ㅑ - 脚脚蹻蹻屫攫獲蠖鑊矍懼
　　　懼却躩臄腏谷噱釀蹻
　ㅏ - 搦溺魄
　ㅑ - 鵲敲碏猎狚削斫灼焯炤酌
　　　妁彴禚繳著着勺
　ㅏ - 妮姝嬌齯擢籥猞戳
　ㅑ - 綽犖婥逴趠婼躇鑠爍箹謔
　　　矐
　ㅏ - 謔愕鄂堮鍔崿鷪萼蕚鰐鼍
　　　鱷鱷咢噩
　ㅑ - 瘧
　ㅏ - 樂犖
　ㅑ - 略笤蟧蛒掠剠

〔ㅸ〕→〔ㅇ〕
　ㅏ - 各
　ㅑ - 角却
　ㅏ - 鶴鵠鵠鶴

★ 〔ㅱ〕종성의 바꿈 ★

〔ㅱ〕→〔ㅁ〕
　ㅕ - 飄

〔ㅱ〕→〔ㅱ〕
　ㅏ - 鰲

★ 〔ㄹ〕종성의 바꿈 ★

〔ㄹ〕→〔ㅇ〕
　ㅣ - 仡疙屹疑
　ㅜ - 兀屼卼扤
　ㅑ - 枿栵薛
　ㅜ - 孛悖詩慭哱艴勃勃敎浡秫

渤頔鵓薢餑桲脖荸
　ㅓ - 抹抹
　ㅘ - 髮發友
　ㅠ - 捽
　ㅜ - 率帥蟀蟋
　ㅓ - 斡
　ㅖ - 血

★ 〔△〕종성의 바꿈 ★

〔△〕→〔△〕
　ㅡ - 貲呰髭頿觜鄑咨諮齎資姿
　　　粢瓷齌齎齋濱茲茲滋孜孳
　　　嵫鎡鼒仔紫薋芘嘴趑劑子
　　　秄芓籽梓仔杍虸紫呰呰訿
　　　呰批跐姊秭滓秭第芘恣積
　　　漬呰舭齜戴剚傳雌此舭玼
　　　泚次髽束莿菜刺諫伙紁載
　　　蚝瘯疵玭慈磁兹瓷鍪鶿鶿
　　　套耔茈茨薺兹檵自字孳牸
　　　斯撕廝褫疵澌澌嘶鷚私思
　　　覤偲罳飀緦絲司鷥死四肆
　　　柶泗駟賜澌笥伺思寺嗣餇
　　　飤食傂詞辭舜辭辤祠似巳
　　　祠禩汜姒耜兕竢俟涘淄蓄
　　　榴輜錙緇鷉甾鯔
　ㅣ - 知蜘鼅支枝肢胑卮氏楮揭
　　　泜禔祇秖鵝胝胝脂之芝枝
　　　紙舐只咫抵抵坻坁底枳軹
　　　旨惝指止時沚洔趾址阯芷
　　　徵鼒疻坻質識織寘晢狾狾
　　　至志
　ㅡ - 差嵯厕厠翄狋翄熾饎糦餏
　　　幟埴碕
　ㅣ - 攡齒侈褫杝眙掣池坻泜遲
　　　治褫哆鷹薢泜治遲植褫施
　　　煩絁詩邿尸屍鳾蓍葹釃簁
　　　簁始台虱弛家矢屎屎水水
　　　史使駛試弑始啻翅施世世
　　　貰貰勢使使駛時旹坤匙匙
　　　鍉鍉鰣提翅褆蒔秖檿市恃
　　　是是諟氏視眂眡舐舓咶士

316 사성통해의 음운학적 연구

전체 종성의 변동 통계

ㄱ : ㅱ$_{11}$ ㆆ$_{86}$ ㆅ$_{1}$

ㆁ : ㄴ$_{4}$ ㆆ$_{1}$

ㄴ : ㆁ$_{5}$ ㅁ$_{6}$ ㆆ$_{1}$

ㅂ : ㄴ$_{1}$ ㆆ$_{32}$

ㅁ : ㄴ$_{771}$ ㅁ$_{1}$

ㅸ : ㅱ$_{87}$ ㆆ$_{7}$

ㅱ : ㅁ$_{1}$ ㅱ$_{1}$

ㄹ : ㆆ$_{42}$

ㅿ : ㅿ$_{379}$

1.5. 성조

◀ 〔平〕성조의 바뀜 ▶

〔平〕→〔上〕

ㅏ - 癉 盼 散 濽 撓 轑 碭 蒼 騋 鶈 吭 ⿰亢羽 浪 巉 摻 俺 菴 闇 唵 㦵

ㅓ - 滒 軻 那 儺 瑳 荷 嬴 蠡

ㅜ - 空 倥 悾 蝀 潼 濛 幪 懵 懜 總 縱 酤 劮 砮 柎 錕 墳 渾

ㅡ - 訾 仔 茈 枸 腢 髃 醙 溲 嘔 歐

ㅣ - 錡 伎 批 披 非 蜚 誹 泜 醫 猗 椅 旖 熺 俙 豨 狶 酏 匜 畛 殷 濦 濦 溵 嶙 燐 粦 併 屛 醒 惺 行 楢 揂 瀏 蹂 揉

ㅐ - 晐 頦 駘 欸

ㅑ - 凹 彊 强 蔣 搶 鞅 痒 穰 攘 嵌

ㅕ - 塡 � 煎 鮮 燀 燕 鄢 連 挑 標 縹 佋 夭 僚 繚 撩 瞭 嬈 乜 罨 崦 厭 葴

ㅠ - 重 兇 詾 訩 洶 籠 曨 攏 茸 胠 鑢 沮 諝 湑 紓 訏 煦 昫 姁 予 與 懊 楰 茹

ㅖ - 幾 柢 泥 旎 彌 瀰 薺 蠡 蠡

ㅞ - 傾 頃

ㅝ - 宛 蜿 蠉 瑌 瑌 碝 蝡 蠕

ㅘ - 反 𩕡 夸

ㅝ - 曼 頗 麽

ㅟ - 魁 嵬 每 委 萎 𠂊 累 虆

〔平〕→〔去〕

ㅏ - 癉 灘 歎 嘆 彈 難 散 疝 膏 敖 翿 臑 撓 鉋 操 漕 鈔 抄 號 勞 澇 杷 差 當 碭 搒 傍 忘 藏 喪 創 淙 吭 ⿰亢羽 行 桁 浪 狼 擔 儋 探 撢 澹 氾 簪 參 三 儳 菴 闇 含 唅

ㅓ - 看 豻 犴 汗 翰 軻 佗 拕 拖 馱 那 娑 呵 荷

ㅜ - 空 倥 涷 蝀 峒 雺 霧 夢 瞢 懵 懜 風 葑 封 縫 緵 烘 酤 梧 篏 捬 鋪 餔 捗 茮 耡 蔬 娖 惡 洿 汙 汚 呼

瓠 敦 奔 歕 噴 湓 文 聞 耆 論

ㅡ - 凘 思 句 勾 篝 涑 潄 漚 熰 僂 稞 槮

ㅣ - 騎 陂 詖 比 枇 蜚 誹 遲 治 褫 施 蒔 衣 猗 翳 緊 戲 熺 欷 唏 施 墐 菫 璡 親 振 侲 鎭 粼 磷 轔 燐 粦 縈 凝 釘 聽 寧 幷 併 氷 屛 平 評 凭 暝 瞑 睛 醒 正 遉 偵 稱 瞪 勝 纓 應 膺 膺 興 行 令 零 攊 淩 繆 紬 收 猶 輶 留 畱 瘤 遛 蹂 揉 禁 針 深 淋 臨 任 紝 紝

ㅐ - 能 栽 差 來 徠 倈

ㅢ - 更 滕 瞢 增 爭 生

ㅑ - 閒 間 敎 敲 磽 墝 骹 嗃 强 將 相 墇 障 瘴 鄣 張 倡 長 颺 煬 量 凉 監 鑑

ㅕ - 牽 佃 闐 鈿 蟕 平 濺 湔 煎 先 纏 煽 扇 搧 咽 緣 撽 調 漂 傈 燋 僬 簌 譙 燒 要 歊 姚 璙 嘹 鐐 璙 廖 料 饒 砭 砈 槧 占 襜 覘 苫 淹 厭 饜 灩

ㅠ - 縱 從 中 衷 重 雍 灉 澭 滈 壅 㕵 据 瞿 沮 除 淤 响 煦 昫 與 譽 鸒 轝 慮 茹 恂 熅 員 負

ㅖ - 其 幾 柢 題 嗁 踶 泥 擠 妻 齊 薺 栖 棲 離 麗 莉

ㅝ - 睊 源 旋 漩 淀 鏇 穿 傳 駽 㖇 壖 堧 㖇

ㅘ - 環 華 王

ㅝ - 冠 觀 謾 曼 漫 槾 鑽 攢 過 磨

ㅟ - 鱖 敦 脢 吹 錘 委 睢 回 為 爲 壝 欙 攂 擂 虆 累 横

〔平〕→〔入〕

ㅏ - 盦

ㅣ - 蓂

ㅢ - 縢

ㅕ - 咽 闕

◀ 〔上〕성조의 바뀜 ▶

〔上〕→〔平〕

ㅏ - 癉 盼 散 濽 撓 轑 碭 蒼 鶈 騋 ⿰亢羽

吭 浪 巇 摻 菴 唵 闇 爃
ㅓ - 苛 軻 那 瑳 荷 蠃 蠡
ㅜ - 空 悾 箜 崬 瞳 幪 濛 懵 總 從 酢
　　 夃 箁 誧 柎 錕 墳 渾
ㅡ - 仔 訾 茈 枸 胊 髑 溲 醜 歐 嘔
ㅣ - 伎 錡 批 披 菲 誹 蜚 猗 椅 旖 嬉
　　 狶 狶 俙 酏 匜 畛 殷 瀅 瀠 潀 嶙
　　 燐 粦 拼 屛 醒 惺 行 楂 槎 輄 瀏
　　 蹂 蹂 揉
ㅐ - 頯 胲 駘 欸
ㅑ - 彊 强 蔣 搶 鞅 痒 穰 攘
ㅕ - 塡 煎 鮮 鄢 連 挑 標 縹 佋 夭 繚
　　 瞭 僚 撩 燎 嬈 乜 崦 崦 厭
ㅠ - 重 兇 詢 訩 洶 矓 籠 攏 朒 鑢 沮
　　 屦 諝 湑 紓 胊 煦 姁 訏 與 予 椵
　　 㤦 茹
ㅖ - 機 柢 旎 泥 瀰 薺 蠡 盉
ㅞ - 頃 傾
ㅙ - 宛 蜿 蠉 硬 瓀 瑔 頓 蠕
ㅘ - 反 㬝 夸
ㅝ - 曼 頗 麼
ㅟ - 魁 嵬 每 萎 委 傀 蘽 累

〔上〕→〔上〕
ㅐ - 縡
ㅕ - 墠
ㅖ - 觜

〔上〕→〔去〕
ㅏ - 癉 誕 瓚 散 鑹 倒 禱 道 衜 槊 橈
　　 撓 掃 埽 燥 稍 懊 好 嫽 姹 姹 讜
　　 儻 逿 蕩 惕 盪 碭 㽵 犼 吭 浪 轃
　　 啖 噉 啗 憺 湛 菴 闇 茵 菌
ㅓ - 侃 侷 偏 㣻 暵 熯 悍 軻 坷 那 左 荷
ㅜ - 空 箜 崬 統 動 遉 洞 懵 憁 詁 酤
　　 吐 圖 誧 簠 父 詛 楚 汚 遬 蹜 蹢
　　 遁 懣 扥 揞
ㅡ - 龇 垢 姤 叩 扣 偶 走 喉 后 後 嶁
ㅣ - 枇 庳 骳 被 誹 蜚 沘 使 駛 駛 市
　　 是 視 眡 眤 士 仕 梽 倚 猗 醫 喜
　　 嬉 蘺 珥 洱 餌 近 盡 疢 隱 檼 㮚
　　 燐 粦 謦 怲 倂 屛 並 倂 伍 靚 豔
　　 窀 醒 行 脛 脛 灸 狃 首 瞀 守 綏
　　 壽 授 有 右 蹂 揉 恁 枕 甚 飮 衸

裎
ㅐ - 開 待 逮 迨 靆 隸 瑎 載 采 寀 在
　　 夈 灑 洒 䨥 藹 靉
ㅑ - 鉸 抝 仮 下 夏 强 杖 仗 上 快 嚮
　　 嚮 養 兩
ㅕ - 遣 繾 煎 餞 輾 煇 善 藊 膳 饍 嬿
　　 堰 衍 掉 鰾 鰾 少 㝕 爒 繞 瀉 者
　　 歎 玷 坫 居 厭 燄 焱 灩 灧 斂 潋
　　 染
ㅠ - 恐 種 重 去 語 女 沮 聚 處 柱 樹
　　 嫗 胸 煦 與 瘉 羽 雨 茹 乳 埠 緼
　　 蘊 薀 醞 慍
ㅐ - 解 解 獬 懈 貐
ㅖ - 機 柢 涕 弟 梯 娣 遞 迡 泥 濟 薺
ㅚ - 詷
며 - 胃 羈 卷 綣 圈 遠 選 轉 篆
ㅘ - 縮 廣 眶
ㅝ - 館 盥 煨 斷 悛 曼 裹 簸 坐
ㅟ - 琲 倍 痱 委 骫 毀 卉 累

〔上〕→〔入〕
ㅏ - 医
ㅕ - 讕 懏

◀ 〔去〕성조의 바뀜 ▶

〔去〕→〔平〕
ㅏ - 癉 歎 嘆 灘 彈 難 散 訕 疝 槀 敖
　　 翻 臑 撓 鉋 操 漕 鈔 抄 號 勞 澇
　　 杷 差 當 碭 搒 彷 忘 臟 喪 創 潒
　　 行 翔 桁 浪 狼 擔 儋 探 撢 澹 氾
　　 篸 參 鏨 三 儳 闞 菴 含 唅
ㅓ - 看 犴 狂 翰 汗 軻 拖 扡 佗 駞 那
　　 娑 呵 荷
ㅜ - 悾 空 涷 崬 峒 夢 薔 霧 霁 風 蔀
　　 封 縫 縫 烘 酤 梧 鉸 拂 鋪 誧 酺
　　 捊 荸 耡 蚘 汙 洿 污 惡 呼 瓠 敦
　　 噴 歠 溢 聞 舂 文 論
ㅡ - 澌 思 籌 句 句 漱 涷 溫 熰 僂 慘
ㅣ - 騎 比 詖 陂 比 枇 誹 蜚 治 遲 襹
　　 施 弒 倚 衣 翳 緊 戲 嬉 欷 唏 施
　　 墐 璡 親 振 侲 鎭 轔 磷 燐 粦 鄰
　　 縈 擎 凝 釘 聽 寧 倂 幷 屛 氷 評

平 凭 暝 暝 睛 醒 正 稱 瞪 勝 應
䴉 鷹 纓 興 行 令 零 攞 凌 繆 紬
收 猶 樞 遛 留 蹂 揉 禁 針 甚 淋
臨 任 紝 絍

ㅐ - 能 栽 差 徠 來 倈

ㅓ - 滕 曾 增 爭 生

ㅑ - 閒 間 教 敲 磽 墝 骹 磽 嗃 强 將
相 障 墇 廤 鄣 張 倡 長 煬 颺 凉
量 鑑 監

ㅕ - 倪 佃 便 煎 濺 湔 先 纏 扇 煽 搧
燕 咽 緣 微 轎 調 僄 漂 燋 焦 哨
譙 燒 要 歆 姚 料 鐐 嘹 璙 獠 廖
饒 嗛 砭 砲 槊 占 襜 幨 覘 苫 厭
魘 淹 灩

ㅠ - 供 縱 從 衆 中 衷 重 雍 濰 灘 澢
壅 恟 据 去 瞿 禹 沮 聚 除 淤 煦
呴 响 譽 與 鴛 舉 慮 茹 恂 熅 員
負

ㅖ - 幾 其 柢 題 踶 提 泥 擠 妻 齊 薺
栖 棲 莉 離 麗

ㅕ - 睊 胃 絹 線 旋 漩 淀 鏇 穿 傳 駢
攣 嚊 壞 曥 壖

ㅘ - 環 王

ㅝ - 冠 觀 耰 漫 謾 曼 鑽 攢 過 磨

ㅟ - 歸 敦 脄 吹 錘 委 睢 回 爲 為 壝
累 曩 攝 曩 擂

〔去〕 → 〔上〕

ㅏ - 幢 誕 瓚 鏟 倒 禱 導 纛 撓 橈 燥
埽 掃 稍 懊 好 潦 杷 姹 妊 儻 碭
惕 蕩 瀅 奬 㫰 浪 轗 憺 啗 啖 噉
湛 菴 憾 纘

ㅓ - 侃 偘 偏 衎 暵 熯 悍 軻 坷 剁 鍒
那 左 荷 邏

ㅜ - 倥 空 倲 統 洞 動 運 憁 懭 偬 酷
詁 吐 圖 誧 簠 父 楚 汚 遾 遁 蹲
懣 忿 扠 搭

ㅡ - 齟 詬 扣 叩 偶 走 后 後 嶁

ㅣ - 被 骳 誹 輩 始 使 駛 駛 視 眂 眎
倚 椅 喜 嬉 蘱 餌 珥 洱 近 盡 疢 蜄
隱 檼 櫽 燐 粦 恌 屛 倂 倂 窆 靚 艶
醒 行 脛 踁 狃 守 首 瞀 授 壽 綬 檇
楢 右 有 蹂 揉 枕 飮 袗 衽

ㅐ - 鎧 逮 迨 待 靆 隸 鼐 縡 宷 采 在
豸 灑 洒 靉 藹 靄

ㅑ - 鉸 拗 假 下 夏 强 仗 杖 上 快 嚮
鄔 養 兩

ㅕ - 遣 牽 鈿 闐 煎 餞 禮 繹 膳 饍 善
嬿 堰 衍 掉 少 窔 突 宎 燎 繞 瀉
歎 噉 玷 居 厭 灧 灩 焱 燄 斂 潋 染

ㅠ - 恐 種 重 女 沮 處 處 処 柱 樹 嫗
煦 昫 與 瘉 雨 乳 茹 埠 醖 慍 縕
蘊 薀

ㅒ - 解 解 獬 懈 邂

ㅖ - 幾 柢 涕 弟 悌 遞 近 泥 濟 薺 薋

ㅞ - 詞

ㅝ - 卷 綣 圈 遠 選 轉 變

ㅘ - 綰 綰 廣 眶

ㅚ - 盥 館 斷 斷 悁 曼 褭 簸 坐

ㅟ - 倍 琲 痏 委 骫 卉 毀 累

〔去〕 → 〔去〕

ㅏ - 散 纜

ㅣ - 庫

ㅕ - 牽 墠 轎

ㅠ - 語

ㅖ - 娣

〔去〕 → 〔入〕

ㅏ - 疸

ㅜ - 頓 搵

ㅑ - 掠

ㅕ - 咽

◀ 〔入〕성조의 바뀜 ▶

〔入〕 → 〔平〕

ㅏ - 盒

ㅣ - 賞

ㅕ - 闕 咽

ㅓ - 般

〔入〕 → 〔上〕

ㅏ - 匼 凹

ㅕ - 讞 慊

〔入〕 → 〔去〕
　　ㅏ - 疸
　　ㅓ - 按
　　ㅜ - 頓 搵
　　ㅑ - 掠
　　ㅕ - 咽

전체 성조의 변동 통계

平 ： 上$_{186}$ 去$_{376}$ 入$_5$
上 ： 平$_{180}$ 上$_3$ 去$_{295}$ 入$_3$
去 ： 平$_{377}$ 上$_{281}$ 去$_8$ 入$_5$
入 ： 平$_5$ 上$_4$ 去$_6$

2. 중현 및 운서별 분석

중현자는 곧바로 구성요소인 운모, 성모, 중성… 등의 분석으로 들어가지만 그밖의 몽고운, 운회운… 등은 위 표제 다음에서 구성요소의 분석으로 갈린다.

중현자의 특징은 상호 대응이므로 東운에서 陽운으로 바뀐 것은 거꾸로 양(陽)운에서 동(東)운으로 바뀐 것과 같고 견모(見母)에서 갑모(匣母)로 바뀐 것은 거꾸로 갑모(匣母)에서 견모(見母)로 바뀐 것과 같다.

2.1. 중현자

말은 시대에 따라 지역에 따라 바뀌고 또 현재도 바뀌고 있다. 음소문자를 쓰는 나라에서는 한 낱말이 바뀐 결과를 바탕으로 하여 그 낱말 안에서의 바뀐 음소를 가려 내어 이것을 귀납하여 음운의 변천 변화를 끌어 내어 그 변천 변화의 규칙을 발견한다. 한편 한자에서는 글자 하나가 한 낱말인 동시에 한 음절이다. 그러므로 한 글자의 음이 바뀐 것을 끌어 내어 바뀐 것끼리 귀납하여 음운 규칙을 발견하게 된다. 한 글자의 음이 바뀌게 되면 한 글자 두 자음(字音)이 되어 음운 변천의 근거를 제공한다. 만약에 한 글자의 자음에 변화가 없다면 음운 변천을 알아낼 근거가 없다. 음운의 측면에서 보면 이것은 변화를 거부한 죽은 글자로서 아무 쓸모가 없다. 이런 점으로 보아 <사성통해>에서 중현자를 풍부하게 수록한 것은 아주 훌륭한 음운적 자료를 제공한 것으로서 그 자료적 가치는 다른 자료와 비교가 되지 않을 정도로 고귀한 것이다. 분량으로 보아도 중현자가 전체의 3분의 2를 차지한다. 따라서 이 글에서는 이 이음동자(異音同字)에 많은 무게를 실어 될 수 있는 대로 깊이 파헤쳐 보았다. 다음에 이것을 다룰 차례와 방법을 약간 설명하고자 한다.

〈분석의 차례와 방법〉 한 글자가 거듭 나타날 경우에는 나타날 만한 까닭이 있기 때문에 나타나는 것이다. <사성통해> 범례 6조에,

重現諸字 必擧著所在四聲及字母韻母之字於註末 皆作陰字爲標以別之 指示所歸 若俱在一韻
同母而異聲 則各擧本聲 平上去入一字爲標 異母異聲 則擧其所在字母 諺音爲標 又出於他韻者

雖散入四聲 而只擧首韻爲標 至覽首韻 則其他三聲 從可見矣

이 범례의 요점은 첫째 거듭나타나야 할 음소로서 '사성 자모 운모'의 세 개 요소를 들었고, 둘째 처리 방법으로서, 동일한 운모 안에서 ①자모가 같고 성조가 다를 경우, 달라진 성조[平上去入]자를 주(註)의 끝 부분에 적는다. ②자모와 성조가 모두 다를 경우, 달라진 자음(字音)을 한글로 적는다. 운부가 다를 경우, 수운(首韻) 자를 달라진 운모자의 주의 끝 부분에 적는다. 그리고 달라진 자모나 운모나 성조의 표시는 모두 음자(陰字)로 한다.

위의 범례를 근거로 <사성통해>에 실린 '軻 佗 莽'의 세 개 한자에 대하여 바뀐 요소의 실례를 표로 작성하여 보인다. 운모 자모 성조 다음의 …의 오른쪽의 □ 안에 적힌 글자가 변화한 요소이다.

1. 동일 운부의 같은 자모 다른 성조							
軻	同一韻部	歌韻	溪母	平聲	…	上 因	□은 음각을 나타냄
		哿韻	溪母	上聲		平 因	
		箇韻	溪母	去聲		平 上	

2. 동일 운부의 다른 자모 다른 성조							
佗	同一韻部	歌韻	透母	平聲	…	因 떼	다른 자모
		箇韻	透母	去聲	…	平 떼	
		哿韻	定母	平聲		티	

3. 다른 운부 같은 자모							
莽	模部	姥韻	明母	上聲	…	有 麌	무
	陽部	養韻	明母	上聲	…	姥 有	망
	尤部	有韻	明母	上聲	…	姥 麌	므믕

앞의 처리 방법에서 미루어 생각할 수 있는 것은 이음동자의 처리가 상당히 조리 있고 과학적이라는 것과 이음동자를 상당히 중요하게 다루었다는 것을 알 수 있다. 이음동자는 한자의 자음의 변천이라는 울어리를 넘어서 중국말의 음운 변천을 논하는 데에 있어서 가장 값지고 믿을 수 있는 자료인 것이다. 이와 같은 처리 방법에 근거하여 가려뽑은 자료를 정리하여 보기로 한다.

〈자료의 분석처리〉 한 글자는 '자모, 운모, 중성, 성조, 종성'의 다섯 가지 요소로 이루어졌는데, 이 다섯 개 요소의 한 요소가 바뀌면, 바뀌지 않은 글자와 바뀐 글자 사이에 대립의 관계가 성립된다. 이 대립의 관계는 '자모, 운모, 중성, 성조, 종성'의 다섯 개 요소의 서로의 사이에서 일어나므로 이런 것이 상호 대립의 관계이다. 중현자는 이와 같은 상호 대립의 관계에서 한 글자가 두 번 혹은 세 번씩 나타나게 된 것이다. 이와 같이 한 글자가 두 자음으로 갈리었을 경우에는 자음의 요소 중 어느 하나나 두 요소가 바뀌었기 때문에 생긴 것인데, 여기에서 바뀌지 않은 것과 바뀐 것의 차례를 어느 기준에서 정하느냐가 문제이다. 이르테면 喝 자가 하나는 '泰韻 影母 去聲해'로 나타났다. 이 경우에는 '자모 운모 성조'의 세 개 요소가 모두 바뀌었다. 하나는 '影母 ㆆ'이고, 하나는 '曉母 ㅎ'이다. 이럴 경우는 [ㆆ] → [ㅎ]도 될 수 있고, 이와 반대로 [ㅎ]→[ㆆ]도 될 수 있다. 운모에서는 '泰韻 ㅐ'와 '陽韻 ㅓ'의 대립인데, [ㅐ]→[ㅓ]로 볼 수도 있고 이와 반대로 [ㅓ]→[ㅐ]로 볼 수도 있다. 성조의 경우 [去]→[入]도 될 수 있고, [入]→[去]도 될 수 있다. 이런 것이 상호 변화이다. 이럴 경우 본음을 어느 것으로 잡느냐에 따라 결과가 정반대로 달라진다. 본음을 가리는 기준은 반드시 일정한 것이 있지는 않으나, 다음과 같은 기준을 세워 두는 것이 편리하다.

〈자모의 경우〉 청탁의 바뀜을 기준으로 할 경우, 전탁음과 다른 음과의 바뀜에서는 전탁음을 본음으로 정한다. 전청, 차청, 불청불탁의 상호 변화에 있어서는 전청음을 본음으로 한다.

〈운모의 경우〉 운모를 다시 운두 운복 운미로 갈라서, 운복의 경우 주요원음끼리의 상호 변화에서는 'u ɔ a æ ə i ɿ ʅ'의 차례를 본음으로 정한다. 곧 [u]와 [ɔ]의 상호 변화에서는 [u]를, [ɔ]와 [a]의 상호변화에서는 [ɔ]를 본음으로 정하는 따위이다. 무운두의 주요원음과 유운두의 주요원음의 상호 관계에서는 무운두 주요원음을 본음으로 정한다. 곧 [u]에서 [iu], [a]에서 [ia ua ya] 따위와 같이 정한다. 유운두끼리의 상호 변화에서는 원칙적으로 [i] [u] [y]의 개음 순으로 정한다. 운미에 있어서는 입성 운미와 입성 운미 이외의 운미와의 변화에서는 입성 운미를 본음으로 정한다. 입성 운미가 떨어져 나간 경우는 주요원음의 상호 변화의 경우의 기준에 따른다. 입성 운미 이외의 운미의 상호 변화에서는 원칙적으로 '-ŋ -n -m'의 차례로 정한다. 평상거 삼성의 상호 변화에 있어서는 평상거의 차례대로 정한다.

<사성통해>에서는 한자의 자음(字音)을 분화시키는 음소로서 '자모, 운모, 중성, 성조, 종성'의 다섯 개가 있음을 인정하고, 이중 어느 하나가 다른 것을 이음동자로 보고 이미 정한

규정에 따라 거듭 나타내었다. 이것들을 분화시킨 유형대로 갈라서 정리하면 다음과 같다.

자모의 차이로 거듭 나타난 유형

구분 예자	자모	성조	운모	자음
감(闞)	효(曉)	상	감(感)	함
	계(溪)	거	감(勘)	캄
거(詎)	견(見)	거	어(御)	규
	꾼(群)	상	어(語)	뀨
검(儉)	계(溪)	거	염(艶)	켬
	꾼(群)	상	염(琰)	껨

이 유형은 감(闞) 자의 자음은 'ㅎ→ㅋ', 거(詎) 자의 자음은 'ㄱ→ㄲ', 검(儉) 자의 자음은 'ㅋ→ㄲ'와 같이 자모의 차이로 달라진 것이다.

운모의 차이로 거듭 나타난 유형

구분 예자	자모	성조	운모	자음
간(揀)	견(見)	상	산(産)	갼
	래(來)	거	산(霰)	련
갈(喝)	영(影)	거	태(泰)	해
	효(曉)	입	갈(曷)	허
겸(嗛)	갑(匣)	평	담(覃)	햠
	계(溪)	상	염(琰)	염

운모의 음이 간은 'ㅑㄴ→ㅕㄴ' 갈은 'ㅐ→ㅓ' 겸은 'ㅑㅁ→ㅕㅁ'으로 달라진 차이이다.

〈성조의 변이〉 자모와 운모에는 변화가 없고 성조가 다르기 때문에 거듭 나타나게 된 것이다. 이 성조는 겉에 나타난 변화는 없다. 그러나, 성조는 '낱말 ― 중국말에서는 글자-의 뜻을 분화하는 변별적 기능을 가진 소리의 높이 ―'이므로, 한 글자의 음이 같더라도 평상거입(平上去入)의 성조에 따라 뜻이 분화되는 까닭에 성조를 대표하는 글자도 사성에 따라 다르다. 보기를 들면 '公拱貢'의 자음은 모두가 같은 '궁'이지만 公 자는 평성으로, 東 운으로 나타내고, 拱 자는 상성으로 董 운으로 나타내고, 貢 자는 거성으로 送 운으로 나타낸다.

2.1.1. 운모

★ 東韻의 바꿈 ★

東 ↔ 陽
　　1〔ㅜ〕見　平東-古紅　　釭　玒
　　1〔ㅜ〕溪　平東-苦紅　　悾　椌
　　1〔ㅜ〕定　平東-徒紅　　橦
　　1〔ㅜ〕淸　平東-倉紅　　囪
　　1〔ㅜ〕從　平東-徂紅　　淙　鬃
　　1〔ㅜ〕牀　平東-鉏中　　漴
　　1〔ㅠ〕審　平東-書容　　憃
　　1〔ㅜ〕匣　平東-胡公　　肛
　　1〔ㅠ〕來　平東-盧容　　龐　瀧

東 ↔ 漾
　　1〔ㅠ〕曉　平東-許容　　兄

東 ↔ 庚
　　1〔ㅜ〕明　平東-莫紅　　甍
　　1〔ㅜ〕奉　平東-符中　　馮
　　1〔ㅠ〕曉　平東-許容　　兄

東 ↔ 敬
　　1〔ㅜ〕明　平東-莫紅　　懜　懜

東 ↔ 宥
　　1〔ㅜ〕淸　平東-倉紅　　樬

★ 董韻의 바꿈 ★

董 ↔ 魚
　　1〔ㅠ〕喩　上董-尹竦　　臾

董 ↔ 陽
　　1〔ㅜ〕溪　上董-康董　　悾

董 ↔ 敬
　　1〔ㅜ〕明　上董-母摠　　懜

★ 送韻의 바꿈 ★

送 ↔ 陽
　　1〔ㅠ〕穿　去送-丑用　　憃

送 ↔ 漾
　　1〔ㅜ〕匣　去送-胡貢　　泽

送 ↔ 庚
　　1〔ㅜ〕明　去送-蒙弄　　甍

送 ↔ 敬
　　1〔ㅜ〕明　去送-蒙弄　　懜　懜

送 ↔ 勘
　　1〔ㅜ〕見　去送-古送　　贛　灨

★ 屋韻의 바꿈 ★

屋 ↔ 御
　　1〔ㅠ〕精　入屋-縱玉　　足

屋 ↔ 姥
　　1〔ㅜ〕淸　入屋-千木　　數

屋 ↔ 暮
　　1〔ㅜ〕非　入屋-方六　　副

屋 ↔ 質
　　1〔ㅜ〕奉　入屋-旁六　　宓

屋 ↔ 蕭
　　1〔ㅜ〕曉　入屋-呼木　　熇

屋 ↔ 篠
　　1〔ㅜ〕來　入屋-盧谷　　穋　蓼

屋 ↔ 爻
　　1〔ㅜ〕定　入屋-杜谷　　讀

屋 ↔ 效
　　1〔ㅜ〕見　入屋-古祿　　告
　　1〔ㅜ〕竝　入屋-步木　　曝　暴　瀑

1〔ㅠ〕影　入屋-乙六　　墺 陸 澳 奧 燠

屋 ↔ 藥
1〔ㅜ〕見　入屋-古祿　　穀
1〔ㅜ〕端　入屋-都毒　　啄
1〔ㅜ〕幇　入屋-博木　　樸
1〔ㅜ〕滂　入屋-普卜　　撲 剝
1〔ㅜ〕竝　入屋-步木　　暴 襮
1〔ㅜ〕淸　入屋-千木　　數
1〔ㅠ〕照　入屋-之六　　斸 瘃
1〔ㅜ〕禪　入屋-神六　　鐲
1〔ㅜ〕影　入屋-烏谷　　剭
1〔ㅜ〕曉　入屋-呼木　　熇
1〔ㅜ〕匣　入屋-胡谷　　鵠
1〔ㅜ〕來　入屋-盧谷　　漊

屋 ↔ 陌
1〔ㅜ〕非　入屋-方六　　幅 副 福
1〔ㅜ〕奉　入屋-旁六　　匐
1〔ㅠ〕精　入屋-縱玉　　踧

屋 ↔ 尤
1〔ㅜ〕明　入屋-莫卜　　繆
1〔ㅜ〕心　入屋-蘇谷　　速
1〔ㅠ〕牀　入屋-直六　　逐 妯

屋 ↔ 有
1〔ㅠ〕泥　入屋-女六　　忸

屋 ↔ 宥
1〔ㅜ〕定　入屋-杜谷　　讀
1〔ㅜ〕泥　入屋-奴豆　　耨
1〔ㅜ〕非　入屋-方六　　輻 副 覆 復
1〔ㅜ〕奉　入屋-旁六　　伏 復
1〔ㅜ〕淸　入屋-千木　　蔟 瘯
1〔ㅜ〕心　入屋-蘇谷　　蔌
1〔ㅠ〕心　入屋-蘇玉　　宿
1〔ㅠ〕照　入屋-之六　　祝
1〔ㅠ〕穿　入屋-昌六　　畜
1〔ㅠ〕牀　入屋-直六　　逐 柚
1〔ㅠ〕曉　入屋-許六　　畜
1〔ㅜ〕來　入屋-盧谷　　勠
1〔ㅜ〕日　入屋-而六　　肉

屋 ↔ 緝

1〔ㅠ〕喩　入屋-余六　　煜

屋 ↔ 感
1〔ㅠ〕穿　入屋-昌六　　歜

★ 支韻의 바뀜 ★

支 ↔ 紙
2〔ㅣ〕審　平支-申之　　篩

支 ↔ 齊
2〔ㅣ〕群　平支-渠宜　　奇 碕 崎 其 期 棋 其 幾
2〔ㅣ〕滂　平支-篇夷　　錍
2〔ㅣ〕竝　平支-蒲糜　　鎞
2〔一〕精　平支-津私　　齎
2〔一〕心　平支-相咨　　撕 澌 漸
2〔ㅣ〕照　平支-旨而　　褆
2〔ㅣ〕穿　平支-抽知　　攡
2〔ㅣ〕禪　平支-辰之　　提 褆
2〔ㅣ〕喩　平支-延知　　夷
2〔ㅣ〕日　平支-如支　　兒

支 ↔ 薺
2〔ㅣ〕明　平支-忙皮　　靡
2〔一〕精　平支-津私　　紫
2〔一〕從　平支-才資　　呲
2〔ㅣ〕牀　平支-陳知　　坻
2〔ㅣ〕審　平支-申之　　釃

支 ↔ 霽
2〔ㅣ〕群　平支-渠宜　　跂 蚑
2〔一〕精　平支-津私　　劑
2〔ㅣ〕照　平支-旨而　　泚
2〔ㅣ〕牀　平支-陳知　　泜
2〔ㅣ〕喩　平支-延知　　洟

支 ↔ 模
2〔ㅣ〕審　平支-申之　　釃
2〔ㅣ〕曉　平支-虛宜　　戲

支 ↔ 皆
2〔一〕心　平支-相咨　　偲 罳
2〔一〕穿　平支-叉玆　　差

2〔ㅣ〕審　平支-申之　筬籭
2〔ㅣ〕喩　平支-延知　台涯厓崖疑

支 ↔ 解
　2〔ㅣ〕竝　平支-蒲糜　罷
　2〔ㅣ〕喩　平支-延知　訑

支 ↔ 泰
　2〔ㅣ〕影　平支-於宜　噫

支 ↔ 灰
　2〔ㅣ〕竝　平支-蒲糜　邳

支 ↔ 賄
　2〔ㅣ〕奉　平支-符非　腓
　2〔ㅣ〕微　平支-無非　惟
　2〔一〕精　平支-津私　觜

支 ↔ 隊
　2〔ㅣ〕喩　平支-延知　遺

支 ↔ 眞
　2〔ㅣ〕群　平支-渠宜　蘄

支 ↔ 質
　2〔ㅣ〕幇　平支-逋眉　鴨
　2〔ㅣ〕竝　平支-蒲糜　比

支 ↔ 文
　2〔ㅣ〕明　平支-忙皮　麋
　2〔ㅣ〕奉　平支-符非　費

支 ↔ 諫
　2〔ㅣ〕喩　平支-延知　訑

支 ↔ 屑
　2〔ㅣ〕滂　平支-篇夷　批

支 ↔ 歌
　2〔ㅣ〕幇　平支-逋眉　陂
　2〔一〕穿　平支-叉茲　嵯
　2〔ㅣ〕牀　平支-陳知　池
　2〔ㅣ〕曉　平支-虛宜　犧
　2〔ㅣ〕喩　平支-延知　詑

支 ↔ 哿
　2〔ㅣ〕影　平支-於宜　猗

支 ↔ 麻
　2〔一〕穿　平支-叉茲　差
　2〔ㅣ〕喩　平支-延知　涯厓崖

支 ↔ 마
　2〔ㅣ〕竝　平支-蒲糜　罷

支 ↔ 遮
　2〔ㅣ〕喩　平支-延知　蛇

支 ↔ 陌
　2〔ㅣ〕幇　平支-逋眉　椑
　2〔ㅣ〕竝　平支-蒲糜　椑
　2〔ㅣ〕禪　平支-辰之　鍉
　2〔ㅣ〕喩　平支-延知　疑巍

★ 紙韻의 바뀜 ★

紙 ↔ 齊
　2〔ㅣ〕竝　上紙-部比　狴

紙 ↔ 薺
　2〔一〕精　上紙-祖似　批
　2〔一〕清　上紙-雌氏　玼泚
　2〔一〕邪　上紙-詳子　巳
　2〔ㅣ〕照　上紙-諸氏　抵坻底枳
　2〔ㅣ〕喩　上紙-養里　巳

紙 ↔ 霽
　2〔ㅣ〕牀　上紙-丈几　薙汦

紙 ↔ 解
　2〔一〕精　上紙-祖似　跐
　2〔ㅣ〕牀　上紙-丈几　豸廌
　2〔ㅣ〕影　上紙-隱綺　靉

紙 ↔ 泰
　2〔ㅣ〕影　上紙-隱綺　僾

紙 ↔ 灰

2〔ㅣ〕滂　上紙-普弭　秕

紙 ↔ 質
2〔ㅣ〕幫　上紙-補委　枇
2〔ㅣ〕照　上紙-諸氏　只

紙 ↔ 屑
2〔ㅣ〕滂　上紙-普弭　批

紙 ↔ 歌
2〔ㅣ〕喩　上紙-養里　迤

紙 ↔ 가
2〔ㅣ〕影　上紙-隱綺　猗

紙 ↔ 庚
2〔ㅣ〕照　上紙-諸氏　徵

紙 ↔ 陌
2〔ㅣ〕影　上紙-隱綺　醷
2〔ㅣ〕喩　上紙-養里　蘙

紙 ↔ 有
2〔ㅣ〕幫　上紙-補委　否
2〔ㅣ〕並　上紙-部比　否

★ 寘韻의 바뀜 ★

寘 ↔ 東
2〔ㅣ〕非　去寘-芳未　屝

寘 ↔ 齊
2〔一〕心　去寘-息漬　澌

寘 ↔ 霽
2〔ㅣ〕群　去寘-奇寄　忌 洎
2〔一〕精　去寘-資四　眥
2〔ㅣ〕照　去寘-支義　寨 猘 狾

寘 ↔ 泰
2〔ㅣ〕並　去寘-毗意　糒
2〔一〕精　去寘-資四　眥
2〔ㅣ〕曉　去寘-許意　摡 愾

寘 ↔ 賄
2〔ㅣ〕非　去寘-芳未　誹

寘 ↔ 隊
2〔ㅣ〕非　去寘-芳未　肺

寘 ↔ 質
2〔ㅣ〕幫　去寘-兵媚　比 泌 秘 鉍
2〔ㅣ〕並　去寘-毗意　比
2〔ㅣ〕照　去寘-支義　質
2〔ㅣ〕曉　去寘-許意　咥

寘 ↔ 文
2〔ㅣ〕非　去寘-芳未　饙

寘 ↔ 勿
2〔ㅣ〕非　去寘-芳未　沸 茀

寘 ↔ 銑
2〔ㅣ〕曉　去寘-許意　燹

寘 ↔ 霰
2〔ㅣ〕曉　去寘-許意　戲

寘 ↔ 屑
2〔ㅣ〕群　去寘-奇寄　偈
2〔ㅣ〕滂　去寘-匹智　瀱
2〔ㅣ〕照　去寘-支義　哲 晣 晰
2〔ㅣ〕穿　去寘-丑吏　掣
2〔ㅣ〕曉　去寘-許意　咥
2〔ㅣ〕喩　去寘-以智　拽 抴 洩 泄 枻

寘 ↔ 歌
2〔ㅣ〕幫　去寘-兵媚　陂

寘 ↔ 智
2〔ㅣ〕幫　去寘-兵媚　跛
2〔ㅣ〕影　去寘-於戲　倚

寘 ↔ 陌
2〔ㅣ〕並　去寘-毗意　薜
2〔一〕精　去寘-資四　積
2〔一〕清　去寘-七四　刺
2〔一〕心　去寘-息漬　食
2〔ㅣ〕照　去寘-支義　識 織

2〔一〕穿　去寘-昌智　埵
2〔丨〕牀　去寘-直意　植
2〔丨〕影　去寘-於戲　懿
2〔丨〕喩　去寘-以智　易　食

寘 ↔ 尤
　2〔一〕清　去寘-七四　髭

★ 齊韻의 바뀜 ★

齊 ↔ 支
　3〔ㅖ〕見　平齊-堅溪　寄　其　其　萁　棋　幾
　3〔ㅖ〕溪　平齊-牽奚　崎　碕
　3〔ㅖ〕定　平齊-杜兮　嗁　褆　薚
　3〔ㅖ〕精　平齊-牋西　齎
　3〔ㅖ〕從　平齊-前西　薺
　3〔ㅖ〕心　平齊-先齊　撕　澌　澌
　3〔ㅖ〕喩　平齊-研奚　兒
　3〔ㅖ〕來　平齊-隣溪　攡

齊 ↔ 魚
　3〔ㅖ〕見　平齊-堅溪　居

齊 ↔ 賄
　3〔ㅖ〕匣　平齊-弦雞　寯

齊 ↔ 質
　3〔ㅖ〕泥　平齊-年題　尼　怩

齊 ↔ 先
　3〔ㅖ〕見　平齊-堅溪　枅

齊 ↔ 效
　3〔ㅖ〕來　平齊-隣溪　斄　犛

齊 ↔ 歌
　3〔ㅖ〕來　平齊-隣溪　蠡

齊 ↔ 勘
　3〔ㅖ〕泥　平齊-年題　埝

★ 薺韻의 바뀜 ★

薺 ↔ 支
　3〔ㅖ〕見　上薺-居里　機
　3〔ㅖ〕端　上薺-典禮　坻
　3〔ㅖ〕明　上薺-莫禮　靡
　3〔ㅖ〕清　上薺-此禮　玼
　3〔ㅖ〕從　上薺-在禮　薺　薺
　3〔ㅖ〕心　上薺-想里　灑　縰

薺 ↔ 紙
　3〔ㅖ〕見　上薺-居里　己　枳
　3〔ㅖ〕端　上薺-典禮　底　抵
　3〔ㅖ〕清　上薺-此禮　泚　批

薺 ↔ 模
　3〔ㅖ〕心　上薺-想里　醯

薺 ↔ 皆
　3〔ㅖ〕心　上薺-想里　縰

薺 ↔ 解
　3〔ㅖ〕心　上薺-想里　躧

薺 ↔ 灰
　3〔ㅖ〕來　上薺-良以　悝

薺 ↔ 賄
　3〔ㅖ〕見　上薺-居里　庋

薺 ↔ 銑
　3〔ㅖ〕心　上薺-想里　洗

薺 ↔ 歌
　3〔ㅖ〕來　上薺-良以　蠡

薺 ↔ 梗
　3〔ㅖ〕溪　上薺-墟里　綮

★ 霽韻의 바뀜 ★

霽 ↔ 支
　3〔ㅖ〕見　去霽-吉詣　幾　其
　3〔ㅖ〕溪　去霽-去冀　跂　跂
　3〔ㅖ〕端　去霽-丁計　泜

3 〔키〕透　去霽-他計　涕
3 〔키〕定　去霽-大計　提
3 〔키〕從　去霽-才詣　劑薺薺

霽 ↔ 紙
3 〔키〕透　去霽-他計　薙

霽 ↔ 寘
3 〔키〕見　去霽-吉詣　洎忌狋
3 〔키〕端　去霽-丁計　寱
3 〔키〕從　去霽-才詣　眥

霽 ↔ 解
3 〔키〕定　去霽-大計　逮

霽 ↔ 泰
3 〔키〕溪　去霽-去冀　愒
3 〔키〕定　去霽-大計　欻棣
3 〔키〕精　去霽-子計　祭
3 〔키〕從　去霽-才詣　眥
3 〔키〕牀　去霽-直例　滯

霽 ↔ 質
3 〔키〕溪　去霽-去冀　契乞

霽 ↔ 曷
3 〔키〕溪　去霽-去冀　愒

霽 ↔ 諫
3 〔키〕匣　去霽-胡計　盼

霽 ↔ 屑
3 〔키〕溪　去霽-去冀　契挈揭
3 〔키〕清　去霽-七計　切
3 〔키〕來　去霽-力地　戾捩棙

霽 ↔ 陌
3 〔키〕溪　去霽-去冀　虩
3 〔키〕透　去霽-他計　裼

★ 魚韻의 바뀜 ★

魚 ↔ 董

4 〔ㅠ〕喩　平魚-雲俱　臾

魚 ↔ 齊
4 〔ㅠ〕見　平魚-斤於　居

魚 ↔ 模
4 〔ㅠ〕精　平魚-子余　岨
4 〔ㅠ〕牀　平魚-長魚　屠
4 〔ㅠ〕影　平魚-衣虛　於
4 〔ㅠ〕來　平魚-凌如　蘆

魚 ↔ 姥
4 〔ㅠ〕心　平魚-新於　稰

魚 ↔ 蕭
4 〔ㅠ〕牀　平魚-長魚　禂
4 〔ㅠ〕喩　平魚-雲俱　褕

魚 ↔ 爻
4 〔ㅠ〕牀　平魚-長魚　禂

魚 ↔ 歌
4 〔ㅠ〕來　平魚-凌如　蘆

魚 ↔ 麻
4 〔ㅠ〕泥　平魚-女居　挐拏
4 〔ㅠ〕精　平魚-子余　苴

魚 ↔ 禡
4 〔ㅠ〕穿　平魚-抽居　樗

魚 ↔ 遮
4 〔ㅠ〕見　平魚-斤於　車
4 〔ㅠ〕喩　平魚-雲俱　畲

魚 ↔ 者
4 〔ㅠ〕精　平魚-子余　且

魚 ↔ 藥
4 〔ㅠ〕群　平魚-求於　醵
4 〔ㅠ〕牀　平魚-長魚　躇

魚 ↔ 尤
4 〔ㅠ〕見　平魚-斤於　捄
4 〔ㅠ〕溪　平魚-丘於　區

4〔ㅠ〕群　平魚-求於　句 龜
4〔ㅠ〕疑　平魚-牛居　齵 髃 腢
4〔ㅠ〕穿　平魚-抽居　樞
4〔ㅠ〕牀　平魚-長魚　裯
4〔ㅠ〕喩　平魚-雲俱　婾 媮
4〔ㅠ〕來　平魚-淩如　婁 膢 蔞 慺 褸 貗

魚 ↔ 有
4〔ㅠ〕喩　平魚-雲俱　窬
4〔ㅠ〕來　平魚-淩如　鏤 瘻

魚 ↔ 合
4〔ㅠ〕溪　平魚-丘於　胠

★ 語韻의 바뀜 ★

語 ↔ 姥
4〔ㅠ〕照　上語-腫庾　陼
4〔ㅠ〕曉　上語-虛呂　許

語 ↔ 先
4〔ㅠ〕日　上語-忍與　擩

語 ↔ 者
4〔ㅠ〕從　上語-慈庾　且

語 ↔ 尤
4〔ㅠ〕見　上語-居許　枸
4〔ㅠ〕來　上語-兩擧　褸 僂

語 ↔ 有
4〔ㅠ〕見　上語-居許　岣
4〔ㅠ〕來　上語-兩擧　嶁

語 ↔ 合
4〔ㅠ〕溪　上語-丘擧　胠

★ 御韻의 바뀜 ★

御 ↔ 屋
4〔ㅠ〕精　去御-將豫　足
4〔ㅠ〕來　去御-良據　錄

御 ↔ 軫
4〔ㅠ〕禪　去御-殊遇　輸

御 ↔ 先
4〔ㅠ〕影　去御-依據　菸

御 ↔ 禡
4〔ㅠ〕淸　去御-七慮　蜡

御 ↔ 藥
4〔ㅠ〕見　去御-居御　醵
4〔ㅠ〕照　去御-陟慮　著
4〔ㅠ〕牀　去御-治據　著

御 ↔ 尤
4〔ㅠ〕見　去御-居御　句

御 ↔ 有
4〔ㅠ〕淸　去御-七慮　趣

★ 模韻의 바뀜 ★

模 ↔ 支
5〔ㅜ〕審　平模-山徂　釃
5〔ㅜ〕曉　平模-荒胡　戲

模 ↔ 薺
5〔ㅜ〕審　平模-山徂　釃

模 ↔ 魚
5〔ㅜ〕定　平模-同都　屠
5〔ㅜ〕影　平模-汪胡　於
5〔ㅜ〕來　平模-龍都　蘆

模 ↔ 質
5〔ㅜ〕審　平模-山徂　疋

模 ↔ 篠
5〔ㅜ〕非　平模-芳無　莩

模 ↔ 歌
5〔ㅜ〕來　平模-龍都　蘆

模 ↔ 箇
　　5〔丁〕影　平模-汪胡　　汚

模 ↔ 麻
　　5〔丁〕定　平模-同都　　涂
　　5〔丁〕影　平模-汪胡　　汚

模 ↔ 馬
　　5〔丁〕審　平模-山徂　　疋

模 ↔ 遮
　　5〔丁〕端　平模-東徒　　闍

模 ↔ 陽
　　5〔丁〕微　平模-微夫　　亡凵

模 ↔ 藥
　　5〔丁〕明　平模-莫胡　　摸 摸
　　5〔丁〕影　平模-汪胡　　惡

模 ↔ 尤
　　5〔丁〕非　平模-芳無　　枒

★ 姥韻의 바뀜 ★

姥 ↔ 屋
　　5〔丁〕審　上姥-疎五　　汚

姥 ↔ 魚
　　5〔丁〕照　上姥-壯所　　岨
　　5〔丁〕審　上姥-疎五　　糈

姥 ↔ 語
　　5〔丁〕端　上姥-董五　　陼

姥 ↔ 灰
　　5〔丁〕微　上姥-岡古　　罞

姥 ↔ 馬
　　5〔丁〕見　上姥-公土　　賈

姥 ↔ 養
　　5〔丁〕明　上姥-莫補　　莽

姥 ↔ 藥
　　5〔丁〕竝　上姥-斐古　　簿
　　5〔丁〕審　上姥-疎五　　汚

姥 ↔ 有
　　5〔丁〕竝　上姥-斐古　　部 蔀
　　5〔丁〕明　上姥-莫補　　莽 母 拇 踇 某 呆
　　　　　　　　　　　　　　畝 晦
　　5〔丁〕微　上姥-岡古　　鵡

★ 暮韻의 바뀜 ★

暮 ↔ 屋
　　5〔丁〕非　去暮-芳故　　副
　　5〔丁〕審　去暮-所故　　汚

暮 ↔ 箇
　　5〔丁〕精　去暮-臧祚　　作
　　5〔丁〕影　去暮-烏故　　汚

暮 ↔ 麻
　　5〔丁〕影　去暮-烏故　　汙

暮 ↔ 禡
　　5〔丁〕溪　去暮-苦故　　胯

暮 ↔ 藥
　　5〔丁〕定　去暮-獨故　　度
　　5〔丁〕精　去暮-臧祚　　作
　　5〔丁〕清　去暮-倉故　　厝 錯 酢
　　5〔丁〕審　去暮-所故　　汚
　　5〔丁〕影　去暮-烏故　　惡
　　5〔丁〕匣　去暮-胡故　　濩 穫 湖

暮 ↔ 陌
　　5〔丁〕端　去暮-都故　　斁
　　5〔丁〕非　去暮-芳故　　副
　　5〔丁〕心　去暮-蘇故　　愬
　　5〔丁〕來　去暮-魯故　　輅

暮 ↔ 有
　　5〔丁〕奉　去暮-防父　　嬎 負 萯

暮 ↔ 宥
　5〔ㅜ〕非　去暮-芳故　　仆 富 副

★ 皆韻의 바뀜 ★

皆 ↔ 支
　6〔ㅐ〕透　平皆-湯來　　台
　6〔ㅐ〕淸　平皆-倉才　　偲
　6〔ㅐ〕心　平皆-桑在　　罳
　6〔ㅐ〕穿　平皆-初皆　　差
　6〔ㅐ〕審　平皆-所皆　　篩 簁
　6〔ㅐ〕喩　平皆-宜皆　　涯 厓 崖

皆 ↔ 薺
　6〔ㅐ〕審　平皆-所皆　　篩

皆 ↔ 灰
　6〔ㅐ〕心　平皆-桑在　　㧀
　6〔ㅙ〕匣　平皆-乎乖　　槐

皆 ↔ 轄
　6〔ㅐ〕見　平皆-居諧　　囍 稭

皆 ↔ 麻
　6〔ㅐ〕穿　平皆-初皆　　差 釵 叉
　6〔ㅐ〕喩　平皆-宜皆　　涯 厓 崖

皆 ↔ 遮
　6〔ㅐ〕來　平皆-郞才　　俫

皆 ↔ 庚
　6〔ㅐ〕泥　平皆-囊來　　能

皆 ↔ 梗
　6〔ㅐ〕竝　平皆-步皆　　齈

★ 解韻의 바뀜 ★

解 ↔ 支
　6〔ㅐ〕定　上解-蕩亥　　詒
　6〔ㅐ〕幇　上解-補買　　罷

解 ↔ 紙
　6〔ㅐ〕穿　上解-初買　　跐
　6〔ㅐ〕牀　上解-죠買　　鷹 豸
　6〔ㅐ〕影　上解-依亥　　欸

解 ↔ 薺
　6〔ㅐ〕審　上解-所蟹　　洒 躧

解 ↔ 霽
　6〔ㅐ〕定　上解-蕩亥　　逮

解 ↔ 賄
　6〔ㅐ〕審　上解-所蟹　　洒

解 ↔ 骱
　6〔ㅐ〕匣　上解-下楷　　夥

解 ↔ 馬
　6〔ㅐ〕審　上解-所蟹　　灑 洒

解 ↔ 禡
　6〔ㅐ〕幇　上解-補買　　罷

解 ↔ 陌
　6〔ㅐ〕幇　上解-補買　　捭

★ 泰韻의 바뀜 ★

泰 ↔ 支
　6〔ㅐ〕穿　去泰-楚邁　　差
　6〔ㅐ〕影　去泰-烏懈　　噫

泰 ↔ 紙
　6〔ㅐ〕牀　去泰-助邁　　豸
　6〔ㅐ〕影　去泰-於蓋　　優 欸

泰 ↔ 寘
　6〔ㅐ〕見　去泰-居大　　摡
　6〔ㅐ〕溪　去泰-丘蓋　　愾
　6〔ㅐ〕竝　去泰-薄邁　　糒
　6〔ㅐ〕牀　去泰-助邁　　眥

泰 ↔ 薺

6〔ㅐ〕牀　去泰-助邁　眥
6〔ㅐ〕審　去泰-所賣　洒

泰 ↔ 霽
6〔ㅐ〕溪　去泰-丘蓋　愒
6〔ㅐ〕端　去泰-當蓋　癠
6〔ㅐ〕定　去泰-度耐　逮 鈦
6〔ㅐ〕照　去泰-側賣　祭

泰 ↔ 解
6〔ㅐ〕定　去泰-度耐　大

泰 ↔ 賄
6〔ㅐ〕審　去泰-所賣　洒

泰 ↔ 隊
6〔ㅙ〕見　去泰-古壞　獪 澮
6〔ㅙ〕溪　去泰-苦夬　簣 塊 塊
6〔ㅐ〕明　去泰-莫懈　韎

泰 ↔ 曷
6〔ㅐ〕溪　去泰-丘蓋　愒
6〔ㅐ〕影　去泰-於蓋　喝

泰 ↔ 轄
6〔ㅐ〕見　去泰-居拜　介
6〔ㅐ〕幫　去泰-布怪　扒
6〔ㅐ〕審　去泰-所賣　殺

泰 ↔ 屑
6〔ㅙ〕見　去泰-古壞　夬
6〔ㅙ〕溪　去泰-苦夬　駃

泰 ↔ 歌
6〔ㅐ〕穿　去泰-楚邁　瘥

泰 ↔ 箇
6〔ㅐ〕泥　去泰-尼帶　奈

泰 ↔ 麻
6〔ㅐ〕穿　去泰-楚邁　差 衩

泰 ↔ 馬
6〔ㅐ〕審　去泰-所賣　灑 洒

泰 ↔ 禡
6〔ㅐ〕影　去泰-於蓋　嘎

泰 ↔ 遮
6〔ㅐ〕來　去泰-落蓋　倈

泰 ↔ 庚
6〔ㅐ〕泥　去泰-尼帶　能

泰 ↔ 陌
6〔ㅐ〕透　去泰-他開　貸
6〔ㅐ〕心　去泰-先代　塞
6〔ㅐ〕影　去泰-烏懈　阨 阸
6〔ㅐ〕匣　去泰-下蓋　劾

泰 ↔ 合
6〔ㅐ〕見　去泰-居大　蓋
6〔ㅐ〕溪　去泰-丘蓋　磕 石蓋

★ 灰韻의 바뀜 ★

灰 ↔ 支
7〔ㅟ〕滂　平灰-鋪杯　邳

灰 ↔ 紙
7〔ㅟ〕滂　平灰-鋪杯　秠

灰 ↔ 薺
7〔ㅟ〕溪　平灰-枯回　悝

灰 ↔ 姥
7〔ㅟ〕明　平灰-謨杯　罞

灰 ↔ 皆
7〔ㅟ〕心　平灰-蘇回　㥠 偲
7〔ㅟ〕匣　平灰-胡瑰　槐

灰 ↔ 文
7〔ㅟ〕端　平灰-都回　敦
7〔ㅟ〕透　平灰-通回　焞
7〔ㅟ〕曉　平灰-呼回　輝 揮

灰 ↔ 寒

7 〔ㅠ〕 端　平灰-都回　　敦
7 〔ㅠ〕 照　平灰-朱惟　　崔

灰 ↔ 歌
7 〔ㅠ〕 泥　平灰-奴禾　　挼 捼
7 〔ㅠ〕 心　平灰-蘇回　　挼
7 〔ㅠ〕 影　平灰-烏魁　　倭

灰 ↔ 가
7 〔ㅠ〕 牀　平灰-直追　　鬠

灰 ↔ 箇
7 〔ㅠ〕 明　平灰-謨杯　　塺

灰 ↔ 尤
7 〔ㅠ〕 見　平灰-姑回　　龜
7 〔ㅠ〕 群　平灰-渠爲　　頄
7 〔ㅠ〕 匣　平灰-胡瑰　　蚘

灰 ↔ 有
7 〔ㅠ〕 竝　平灰-蒲枚　　培

★ 賄韻의 바뀜 ★

賄 ↔ 支
7 〔ㅠ〕 竝　上賄-部洗　　菲
7 〔ㅠ〕 精　上賄-卽委　　觜
7 〔ㅠ〕 影　上賄-烏賄　　唯

賄 ↔ 紙
7 〔ㅠ〕 審　上賄-式軌　　水

賄 ↔ 齊
7 〔ㅠ〕 心　上賄-息委　　萬

賄 ↔ 薺
7 〔ㅠ〕 見　上賄-古委　　庋 庪
7 〔ㅠ〕 淸　上賄-取猥　　洒

賄 ↔ 解
7 〔ㅠ〕 淸　上賄-取猥　　洒

賄 ↔ 銑

7 〔ㅠ〕 曉　上賄-呼罪　　烜

賄 ↔ 哿
7 〔ㅠ〕 照　上賄-主藥　　捶
7 〔ㅠ〕 穿　上賄-楚委　　揣 敠

賄 ↔ 馬
7 〔ㅠ〕 淸　上賄-取猥　　洒

賄 ↔ 宥
7 〔ㅠ〕 來　上賄-魯猥　　蜼 㹤

★ 隊韻의 바뀜 ★

隊 ↔ 支
7 〔ㅠ〕 喩　去隊-于位　　遺

隊 ↔ 寘
7 〔ㅠ〕 滂　去隊-滂佩　　肺

隊 ↔ 泰
7 〔ㅠ〕 見　去隊-古外　　獪 澮
7 〔ㅠ〕 溪　去隊-窺睡　　塊 凷
7 〔ㅠ〕 群　去隊-具位　　蕢
7 〔ㅠ〕 明　去隊-莫佩　　靺
7 〔ㅠ〕 匣　去隊-胡對　　瞶

隊 ↔ 質
7 〔ㅠ〕 穿　去隊-蚩瑞　　出

隊 ↔ 文
7 〔ㅠ〕 端　去隊-都內　　敦

隊 ↔ 勿
7 〔ㅠ〕 竝　去隊-步昧　　誖 悖 憝 字
7 〔ㅠ〕 審　去隊-輸芮　　帥 率
7 〔ㅠ〕 影　去隊-烏胃　　尉 蔚

隊 ↔ 寒
7 〔ㅠ〕 端　去隊-都內　　敦

隊 ↔ 翰
7 〔ㅠ〕 審　去隊-輸芮　　稅

隊 ↔ 曷
　7〔ㄱ〕竝　去隊-步昧　拔
　7〔ㄱ〕影　去隊-烏胃　濊

隊 ↔ 勿
　7〔ㄱ〕精　去隊-將遂　稡

隊 ↔ 轄
　7〔ㄱ〕竝　去隊-步昧　拔

隊 ↔ 霰
　7〔ㄱ〕穿　去隊-蚩瑞　竁

隊 ↔ 屑
　7〔ㄱ〕見　去隊-古外　蕨撅
　7〔ㄱ〕精　去隊-將遂　蕝
　7〔ㄱ〕照　去隊-之瑞　綴輟醊畷
　7〔ㄱ〕審　去隊-輸芮　說
　7〔ㄱ〕曉　去隊-呼對　㰥

隊 ↔ 效
　7〔ㄱ〕明　去隊-莫佩　瑁

隊 ↔ 梗
　7〔ㄱ〕見　去隊-古外　駉 呑

隊 ↔ 陌
　7〔ㄱ〕竝　去隊-步昧　北

隊 ↔ 宥
　7〔ㄱ〕喩　去隊-于位　蜼 雓

★ 眞韻의 바뀜 ★

眞 ↔ 支
　8〔ㅣ〕群　平眞-渠巾　蘄
　8〔ㅣ〕疑　平眞-魚巾　釿

眞 ↔ 文
　8〔ㅣ〕疑　平眞-魚巾　垠 齦
　8〔ㅣ〕明　平眞-彌隣　玟

眞 ↔ 吻
　8〔ㅣ〕明　平眞-彌隣　忞

眞 ↔ 問
　8〔ㅣ〕清　平眞-七人　儭

眞 ↔ 刪
　8〔ㅣ〕影　平眞-伊眞　殷

眞 ↔ 先
　8〔ㅣ〕竝　平眞-毘賓　螾 砒 猵
　8〔ㅣ〕照　平眞-之人　甄
　8〔ㅣ〕林　平眞-池隣　塡
　8〔ㅣ〕影　平眞-伊眞　歅

眞 ↔ 陌
　8〔ㅣ〕疑　平眞-魚巾　齗

★ 軫韻의 바뀜 ★

軫 ↔ 刪
　8〔ㅣ〕影　上軫-於謹　殷

軫 ↔ 銑
　8〔ㅣ〕明　上軫-弭盡　黽 澠
　8〔ㅣ〕喩　上軫-以忍　戭 縯 演

軫 ↔ 梗
　8〔ㅣ〕明　上軫-弭盡　黽 澠

★ 震韻의 바뀜 ★

震 ↔ 先
　8〔ㅣ〕照　去震-之刃　塡

震 ↔ 銑
　8〔ㅣ〕穿　去震-丑刃　趁

震 ↔ 霰
　8〔ㅣ〕照　去震-之刃　塡
　8〔ㅣ〕來　去震-良刃　藺

震 ↔ 敬
8〔ㅣ〕喩　去震-羊進　孕

★ 質韻의 바뀜 ★

質 ↔ 屋
8〔ㅣ〕明　入質-覓筆　蜜

質 ↔ 支
8〔ㅣ〕疑　入質-魚乞　疑
8〔ㅣ〕滂　入質-僻吉　鷝
8〔ㅣ〕竝　入質-薄密　比

質 ↔ 紙
8〔ㅣ〕照　入質-職日　只

質 ↔ 寘
8〔ㅣ〕幇　入質-壁吉　柲 鉍
8〔ㅣ〕竝　入質-薄密　泌 柲 鉍
8〔ㅣ〕照　入質-職日　質
8〔ㅣ〕穿　入質-尺栗　咥

質 ↔ 齊
8〔ㅣ〕泥　入質-尼質　怩 尼

質 ↔ 霽
8〔ㅣ〕溪　入質-欺訖　乞 契

質 ↔ 魚
8〔ㅣ〕滂　入質-僻吉　疋

質 ↔ 勿
8〔ㅣ〕疑　入質-魚乞　疙
8〔ㅣ〕竝　入質-薄密　拂 佛

質 ↔ 轄
8〔ㅣ〕影　入質-益悉　氬

質 ↔ 屑
8〔ㅣ〕見　入質-激質　拮
8〔ㅣ〕溪　入質-欺訖　契
8〔ㅣ〕穿　入質-尺栗　咥
8〔ㅣ〕牀　入質-直質　姪

8〔ㅣ〕喩　入質-弋質　軼

質 ↔ 馬
8〔ㅣ〕滂　入質-僻吉　疋

質 ↔ 梗
8〔ㅣ〕幇　入質-壁吉　鞞

質 ↔ 陌
8〔ㅣ〕疑　入質-魚乞　疑
8〔ㅣ〕泥　入質-尼質　惬
8〔ㅣ〕精　入質-子悉　聖 唧
8〔ㅣ〕從　入質-昨悉　蝍

★ 文韻의 바뀜 ★

文 ↔ 支
9〔ㅜ〕明　平文-謨奔　糜
9〔ㅜ〕奉　平文-符分　賁

文 ↔ 紙
9〔ㅜ〕明　平文-謨奔　亹

文 ↔ 寘
9〔ㅜ〕奉　平文-符分　鼖

文 ↔ 灰
9〔ㅜ〕端　平文-都昆　敦
9〔ㅜ〕透　平文-他昆　焞
9〔ㅠ〕曉　平文-許云　輝
9〔ㅜ〕匣　平文-胡昆　揮

文 ↔ 眞
9〔ㅡ〕疑　平文-五根　垠
9〔ㅜ〕微　平文-無分　玟

文 ↔ 寒
9〔ㅜ〕端　平文-都昆　敦
9〔ㅜ〕明　平文-謨奔　樠

文 ↔ 曷
9〔ㅜ〕非　平文-敷文　鶝

文 ↔ 刪
　　9〔ㅜ〕奉　平文-符分　頒 朌
　　9〔ㅠ〕來　平文-龍春　綸

文 ↔ 先
　　9〔ㅠ〕淸　平文-七倫　竣 踆
　　9〔ㅠ〕喩　平文-于分　員 負

文 ↔ 銑
　　9〔ㅜ〕精　平文-租昆　僎

★ 吻韻의 바뀜 ★

吻 ↔ 灰
　　9〔ㅜ〕定　上吻-徒本　敦

吻 ↔ 眞
　　9〔一〕溪　上吻-口很　齦
　　9〔ㅜ〕微　上吻-武粉　忞

吻 ↔ 寒
　　9〔ㅜ〕定　上吻-徒本　敦

吻 ↔ 旱
　　9〔ㅜ〕明　上吻-母本　懣

吻 ↔ 銑
　　9〔ㅠ〕影　上吻-委粉　苑
　　9〔ㅠ〕日　上吻-乳允　蝡 蠕

吻 ↔ 屑
　　9〔ㅠ〕照　上吻-之允　準

★ 問韻의 바뀜 ★

問 ↔ 灰
　　9〔ㅜ〕端　去問-都困　敦

問 ↔ 眞
　　9〔一〕穿　去問-初覲　襯

問 ↔ 寒

　　9〔ㅜ〕端　去問-都困　敦
　　9〔ㅠ〕精　去問-祖峻　餕

問 ↔ 旱
　　9〔ㅜ〕明　去問-莫困　懣

問 ↔ 先
　　9〔ㅠ〕喩　去問-禹慍　員 負

問 ↔ 銑
　　9〔ㅜ〕微　去問-文運　免

問 ↔ 霰
　　9〔ㅠ〕審　去問-輸閏　眴

★ 勿韻의 바뀜 ★

勿 ↔ 寘
　　9〔ㅜ〕非　入勿-敷汤　芾 沸

勿 ↔ 隊
　　9〔ㅜ〕竝　入勿-蒲沒　孛 悖 誖 愻
　　9〔ㅜ〕精　入勿-臧沒　稡
　　9〔ㅠ〕穿　入勿-尺律　出
　　9〔ㅜ〕審　入勿-朔律　帥
　　9〔ㅠ〕影　入勿-紆勿　尉 蔚

勿 ↔ 質
　　9〔一〕見　入勿-魚迄　疙
　　9〔ㅜ〕非　入勿-敷汤　拂
　　9〔ㅜ〕奉　入勿-符勿　佛

勿 ↔ 曷
　　9〔ㅜ〕端　入勿-當沒　咄
　　9〔ㅜ〕非　入勿-敷汤　芨

勿 ↔ 轄
　　9〔ㅜ〕見　入勿-古忽　滑
　　9〔ㅠ〕見　入勿-厥筆　茁
　　9〔ㅜ〕非　入勿-敷汤　汝

勿 ↔ 銑
　　9〔ㅠ〕影　入勿-紆勿　菀

勿 ↔ 屑
　9〔ㅠ〕見　入勿-厥筆　厥茁
　9〔ㅠ〕群　入勿-渠勿　掘
　9〔ㅠ〕禪　入勿-食律　潚

勿 ↔ 巧
　9〔ㅜ〕影　入勿-烏骨　膃

勿 ↔ 陌
　9〔ㅜ〕見　入勿-古忽　汨
　9〔ㅜ〕匣　入勿-胡骨　核

勿 ↔ 尤
　9〔ㅜ〕幇　入勿-逋沒　不

★ 寒韻의 바뀜 ★

寒 ↔ 灰
　10〔ㅓ〕定　平寒-徒官　團
　10〔ㅓ〕匣　平寒-胡官　萑

寒 ↔ 文
　10〔ㅓ〕定　平寒-徒官　團
　10〔ㅓ〕明　平寒-謨官　橢

寒 ↔ 問
　10〔ㅓ〕心　平寒-蘇官　餕

寒 ↔ 刪
　10〔ㅓ〕見　平寒-沽歡　菅
　10〔ㅓ〕滂　平寒-蒲官　潘番拚
　10〔ㅓ〕竝　平寒-蒲官　般鬆螢繁
　10〔ㅓ〕明　平寒-謨官　鬘

寒 ↔ 諫
　10〔ㅓ〕明　平寒-謨官　謾曼蔓
　10〔ㅓ〕從　平寒-徂官　酇

寒 ↔ 先
　10〔ㅓ〕見　平寒-居寒　乾
　10〔ㅓ〕影　平寒-烏歡　蜿智
　10〔ㅓ〕曉　平寒-呼官　讙嚾

　10〔ㅓ〕匣　平寒-胡官　狟狟

寒 ↔ 銑
　10〔ㅓ〕定　平寒-徒官　剸

寒 ↔ 霰
　10〔ㅓ〕滂　平寒-蒲官　拚
　10〔ㅓ〕竝　平寒-蒲官　弁

寒 ↔ 歌
　10〔ㅓ〕滂　平寒-蒲官　番
　10〔ㅓ〕竝　平寒-蒲官　磻
　10〔ㅓ〕從　平寒-徂官　酇

★ 旱韻의 바뀜 ★

旱 ↔ 吻
　10〔ㅓ〕明　上旱-莫旱　懣

旱 ↔ 産
　10〔ㅓ〕精　上旱-作管　僭

旱 ↔ 諫
　10〔ㅓ〕明　上旱-莫旱　曼
　10〔ㅓ〕精　上旱-作管　酇

旱 ↔ 銑
　10〔ㅓ〕泥　上旱-乃管　愞
　10〔ㅓ〕曉　上旱-許旱　熯

旱 ↔ 歌
　10〔ㅓ〕溪　上旱-苦管　窾
　10〔ㅓ〕精　上旱-作管　酇

旱 ↔ 箇
　10〔ㅓ〕泥　上旱-乃管　愞

★ 翰韻의 바뀜 ★

翰 ↔ 隊
　10〔ㅓ〕定　去翰-杜玩　稅

翰 ↔ 諫
　　10〔ㅓ〕明　去翰-莫半　　緩 謾 曼

翰 ↔ 先
　　10〔ㅓ〕定　去翰-杜玩　　緣

翰 ↔ 銑
　　10〔ㅓ〕泥　去翰-奴亂　　懊
　　10〔ㅓ〕曉　去翰-虛汗　　漢

翰 ↔ 箇
　　10〔ㅓ〕泥　去翰-奴亂　　懊

★ 曷韻의 바뀜 ★

曷 ↔ 霽
　　10〔ㅓ〕曉　入曷-許葛　　愒

曷 ↔ 泰
　　10〔ㅓ〕曉　入曷-許葛　　喝 愒

曷 ↔ 隊
　　10〔ㅓ〕竝　入曷-蒲撥　　拔
　　10〔ㅓ〕曉　入曷-呼括　　瀎

曷 ↔ 文
　　10〔ㅓ〕匣　入曷-何葛　　鶡

曷 ↔ 勿
　　10〔ㅓ〕端　入曷-都括　　咄
　　10〔ㅓ〕幇　入曷-北末　　茇
　　10〔ㅓ〕竝　入曷-蒲撥　　茇

曷 ↔ 刪
　　10〔ㅓ〕幇　入曷-北末　　般

曷 ↔ 轄
　　10〔ㅓ〕竝　入曷-蒲撥　　拔

曷 ↔ 先
　　10〔ㅓ〕影　入曷-阿葛　　闕

曷 ↔ 屑

　　10〔ㅓ〕端　入曷-都括　　剟
　　10〔ㅓ〕影　入曷-阿葛　　堨
　　10〔ㅓ〕曉　入曷-許葛　　猲 歇
　　10〔ㅓ〕匣　入曷-戶括　　越

★ 刪韻의 바뀜 ★

刪 ↔ 眞
　　11〔ㅑ〕影　平刪-烏閑　　殷

刪 ↔ 文
　　11〔ㅛ〕見　平刪-姑還　　綸
　　11〔ㅏ〕幇　平刪-逋還　　頒 攽
　　11〔ㅏ〕淸　平刪-千山　　餐 飡

刪 ↔ 寒
　　11〔ㅑ〕見　平刪-居顏　　菅
　　11〔ㅏ〕幇　平刪-逋還　　般 鞶 蟠
　　11〔ㅏ〕明　平刪-謨官　　鬘
　　11〔ㅛ〕非　平刪-孚艱　　拚 番
　　11〔ㅛ〕奉　平刪-符艱　　繁

刪 ↔ 先
　　11〔ㅏ〕端　平刪-都艱　　單
　　11〔ㅏ〕從　平刪-財艱　　戔
　　11〔ㅛ〕照　平刪-阻頑　　跧
　　11〔ㅏ〕牀　平刪-鉏山　　潺 孱
　　11〔ㅛ〕匣　平刪-侯頑　　還 圜 湲

刪 ↔ 霰
　　11〔ㅛ〕非　平刪-孚艱　　拚

刪 ↔ 歌
　　11〔ㅏ〕泥　平刪-那亶　　難
　　11〔ㅛ〕非　平刪-孚艱　　番

刪 ↔ 箇
　　11〔ㅏ〕端　平刪-都艱　　癉
　　11〔ㅏ〕定　平刪-唐闌　　癉

刪 ↔ 庚
　　11〔ㅛ〕見　平刪-姑還　　矜

★ 産韻의 바뀜 ★

産 ↔ 寒
　11 〔ㅏ〕精　上産-積産　儳

産 ↔ 先
　11 〔ㅏ〕定　上産-徒亶　蟺

産 ↔ 銑
　11 〔ㅏ〕牀　上産-雛産　撰

産 ↔ 霰
　11 〔ㅑ〕見　上産-古限　揀
　11 〔ㅏ〕穿　上産-楚簡　弗
　11 〔ㅏ〕牀　上産-雛産　饌

産 ↔ 箇
　11 〔ㅏ〕端　上産-多簡　癉

★ 諫韻의 바뀜 ★

諫 ↔ 支
　11 〔ㅏ〕定　去諫-杜晏　訑

諫 ↔ 霽
　11 〔ㅏ〕滂　去諫-普患　盻

諫 ↔ 寒
　11 〔ㅏ〕明　去諫-莫晏　謾
　11 〔ㅘ〕微　去諫-無販　曼　蔓
　11 〔ㅏ〕精　去諫-則諫　酇

諫 ↔ 翰
　11 〔ㅏ〕明　去諫-莫晏　縵

諫 ↔ 霰
　11 〔ㅘ〕見　去諫-古患　串
　11 〔ㅑ〕匣　去諫-狹襉　莧

諫 ↔ 歌
　11 〔ㅏ〕泥　去諫-乃旦　難
　11 〔ㅏ〕精　去諫-則諫　酇

諫 ↔ 箇
　11 〔ㅏ〕端　去諫-得瀾　癉

諫 ↔ 梗
　11 〔ㅘ〕見　去諫-古患　卯

諫 ↔ 陌
　11 〔ㅘ〕微　去諫-無販　万

★ 轄韻의 바뀜 ★

轄 ↔ 皆
　11 〔ㅑ〕見　入轄-訖킬　稭　䪥

轄 ↔ 泰
　11 〔ㅑ〕見　入轄-訖黠　介
　11 〔ㅏ〕幇　入轄-布拔　扒
　11 〔ㅏ〕審　入轄-山戞　殺　煞　綷

轄 ↔ 隊
　11 〔ㅏ〕竝　入轄-蒲八　拔

轄 ↔ 質
　11 〔ㅑ〕影　入轄-乙黠　鳦

轄 ↔ 勿
　11 〔ㅘ〕非　入轄-方伐　汝
　11 〔ㅏ〕照　入轄-側八　苗
　11 〔ㅘ〕匣　入轄-戶八　滑

轄 ↔ 曷
　11 〔ㅏ〕竝　入轄-蒲八　拔
　11 〔ㅘ〕奉　入轄-房滑　墢

轄 ↔ 屑
　11 〔ㅑ〕見　入轄-訖黠　頡　桔
　11 〔ㅑ〕溪　入轄-丘瞎　楬
　11 〔ㅑ〕疑　入轄-牙八　枿　皣
　11 〔ㅏ〕從　入轄-才達　巀
　11 〔ㅏ〕心　入轄-桑轄　巀
　11 〔ㅏ〕照　入轄-側八　苗

★ 先韻의 바뀜 ★

先 ↔ 齊
　　12〔ㅕ〕見　平先-經天　栞

先 ↔ 語
　　12〔ㅖ〕日　平先-而宣　擩

先 ↔ 御
　　12〔ㅕ〕影　平先-因扁　菸

先 ↔ 賄
　　12〔ㅖ〕牀　平先-重圓　傳

先 ↔ 眞
　　12〔ㅕ〕見　平先-經天　甄
　　12〔ㅕ〕定　平先-亭年　塡
　　12〔ㅕ〕幫　平先-卑眠　猵
　　12〔ㅕ〕滂　平先-紕連　偏
　　12〔ㅕ〕並　平先-蒲眠　玭駢
　　12〔ㅕ〕影　平先-因扁　歅

先 ↔ 文
　　12〔ㅖ〕淸　平先-且緣　竣踆
　　12〔ㅖ〕喩　平先-于權　員

先 ↔ 吻
　　12〔ㅖ〕日　平先-而宣　蝡蠕

先 ↔ 寒
　　12〔ㅕ〕群　平先-渠焉　乾乹
　　12〔ㅖ〕影　平先-縈圓　蜿䏁
　　12〔ㅖ〕曉　平先-呼淵　謹嘽狟狟

先 ↔ 翰
　　12〔ㅕ〕喩　平先-夷然　緣
　　12〔ㅖ〕喩　平先-于權　緣

先 ↔ 曷
　　12〔ㅕ〕影　平先-因扁　闕

先 ↔ 刪
　　12〔ㅕ〕精　平先-則前　戔
　　12〔ㅖ〕淸　平先-且緣　詮

12〔ㅖ〕邪　平先-旬緣　還
12〔ㅕ〕牀　平先-呈延　單屖潺
12〔ㅖ〕喩　平先-于權　圜湲

先 ↔ 産
　　12〔ㅕ〕喩　平先-夷然　蜒

先 ↔ 蕭
　　12〔ㅕ〕曉　平先-虛延　祆

先 ↔ 庚
　　12〔ㅕ〕並　平先-蒲眠　輧便諞
　　12〔ㅖ〕曉　平先-呼淵　嬛
　　12〔ㅕ〕來　平先-靈年　零

★ 銑韻의 바뀜 ★

銑 ↔ 實
　　12〔ㅕ〕心　上銑-蘇典　燹

銑 ↔ 薺
　　12〔ㅕ〕心　上銑-蘇典　洗

銑 ↔ 賄
　　12〔ㅖ〕曉　上銑-況遠　烜

銑 ↔ 眞
　　12〔ㅕ〕定　上銑-徒典　塡

銑 ↔ 軫
　　12〔ㅕ〕明　上銑-美辨　黽澠
　　12〔ㅕ〕喩　上銑-以淺　演㶏戭

銑 ↔ 震
　　12〔ㅕ〕泥　上銑-尼展　趁

銑 ↔ 吻
　　12〔ㅖ〕影　上銑-於阮　苑
　　12〔ㅖ〕日　上銑-乳兗　蝡蠕

銑 ↔ 問
　　12〔ㅕ〕明　上銑-美辨　免

銑 ↔ 勿
　　12〔ㅖ〕影　上銑-於阮　　菀

銑 ↔ 寒
　　12〔ㅖ〕照　上銑-止兗　　剗
　　12〔ㅖ〕影　上銑-於阮　　蜿

銑 ↔ 旱
　　12〔ㅖ〕日　上銑-乳兗　　愞

銑 ↔ 刪
　　12〔ㅕ〕禪　上銑-上演　　單

銑 ↔ 産
　　12〔ㅕ〕牀　上銑-雛免　　撰

銑 ↔ 箇
　　12〔ㅖ〕日　上銑-乳兗　　愞

銑 ↔ 庚
　　12〔ㅕ〕定　上銑-徒典　　蜓

銑 ↔ 梗
　　12〔ㅕ〕明　上銑-美辨　　黽 湎

★ 霰韻의 바뀜 ★

霰 ↔ 隊
　　12〔ㅖ〕穿　去霰-樞絹　　竁

霰 ↔ 震
　　12〔ㅕ〕透　去霰-他甸　　瑱
　　12〔ㅕ〕來　去霰-郎甸　　繭

霰 ↔ 問
　　12〔ㅖ〕曉　去霰-翾眩　　昫

霰 ↔ 寒
　　12〔ㅕ〕竝　去霰-毘面　　拚 弁

霰 ↔ 翰
　　12〔ㅕ〕喩　去霰-倪甸　　緣

霰 ↔ 刪
　　12〔ㅕ〕竝　去霰-毘面　　拚

霰 ↔ 産
　　12〔ㅖ〕穿　去霰-樞絹　　弗
　　12〔ㅖ〕牀　去霰-柱戀　　饌
　　12〔ㅕ〕來　去霰-郎甸　　揀

霰 ↔ 諫
　　12〔ㅖ〕穿　去霰-樞絹　　串

霰 ↔ 歌
　　12〔ㅕ〕曉　去霰-形甸　　獻

霰 ↔ 庚
　　12〔ㅕ〕明　去霰-莫見　　瞑

霰 ↔ 敬
　　12〔ㅕ〕淸　去霰-倉甸　　倩
　　12〔ㅖ〕曉　去霰-翾眩　　夏

★ 屑韻의 바뀜 ★

屑 ↔ 支
　　12〔ㅕ〕竝　入屑-避列　　批

屑 ↔ 寘
　　12〔ㅕ〕見　入屑-古屑　　偈
　　12〔ㅕ〕溪　入屑-詰結　　偈
　　12〔ㅕ〕滂　入屑-匹蔑　　撇
　　12〔ㅕ〕心　入屑-先結　　泄 洩 枻
　　12〔ㅕ〕照　入屑-之列　　晰 唽 晢
　　12〔ㅕ〕穿　入屑-勅列　　掣
　　12〔ㅕ〕喩　入屑-延結　　拽

屑 ↔ 霽
　　12〔ㅕ〕見　入屑-古屑　　揭 偈
　　12〔ㅕ〕溪　入屑-詰結　　絜 契 揭
　　12〔ㅕ〕群　入屑-巨列　　揭
　　12〔ㅕ〕淸　入屑-千結　　切
　　12〔ㅕ〕心　入屑-先結　　契
　　12〔ㅕ〕來　入屑-郎熱　　栵 戾 捩

屑 ↔ 泰
　12〔ㅖ〕見　入屑-居月　駃　夬

屑 ↔ 隊
　12〔ㅖ〕見　入屑-居月　蹶
　12〔ㅖ〕群　入屑-其月　撅
　12〔ㅖ〕疑　入屑-魚厥　說
　12〔ㅖ〕照　入屑-朱劣　綴 啜 醊 餟 腏
　12〔ㅖ〕審　入屑-輸爇　說
　12〔ㅖ〕影　入屑-一決　噎

屑 ↔ 眞
　12〔ㅕ〕定　入屑-杜結　咥

屑 ↔ 質
　12〔ㅕ〕見　入屑-古屑　拮
　12〔ㅕ〕溪　入屑-詰結　契
　12〔ㅕ〕定　入屑-杜結　姪 軼 咥
　12〔ㅕ〕心　入屑-先結　契

屑 ↔ 吻
　12〔ㅖ〕照　入屑-朱劣　準

屑 ↔ 勿
　12〔ㅖ〕見　入屑-居月　厥 濊
　12〔ㅖ〕群　入屑-其月　掘
　12〔ㅖ〕照　入屑-朱劣　茁

屑 ↔ 曷
　12〔ㅕ〕群　入屑-巨列　朅
　12〔ㅖ〕疑　入屑-魚厥　越
　12〔ㅖ〕照　入屑-朱劣　剡
　12〔ㅕ〕影　入屑-於歇　關
　12〔ㅕ〕曉　入屑-許竭　獥 猲

屑 ↔ 轄
　12〔ㅕ〕見　入屑-古屑　桔
　12〔ㅕ〕群　入屑-巨列　楬
　12〔ㅕ〕疑　入屑-魚列　孽 枿 辥
　12〔ㅕ〕從　入屑-昨結　巀
　12〔ㅕ〕心　入屑-先結　躠
　12〔ㅖ〕照　入屑-朱劣　茁
　12〔ㅕ〕匣　入屑-胡結　頡

屑 ↔ 葉

12〔ㅕ〕泥　入屑-乃結　茶
12〔ㅕ〕禪　入屑-食列　楪

★ 蕭韻의 바뀜 ★

蕭 ↔ 屋
　13〔ㅕ〕曉　平蕭-呼驕　熇

蕭 ↔ 魚
　13〔ㅕ〕端　平蕭-丁聯　裯
　13〔ㅕ〕喩　平蕭-餘招　褕

蕭 ↔ 爻
　13〔ㅕ〕端　平蕭-丁聯　裯
　13〔ㅕ〕透　平蕭-他彫　挑
　13〔ㅕ〕幇　平蕭-卑遙　麃
　13〔ㅕ〕明　平蕭-眉瑤　貓
　13〔ㅕ〕心　平蕭-先彫　蛸 捎
　13〔ㅕ〕曉　平蕭-呼驕　嚣
　13〔ㅕ〕喩　平蕭-餘招　陶

蕭 ↔ 巧
　13〔ㅕ〕影　平蕭-伊堯　夭
　13〔ㅕ〕來　平蕭-連條　獠 憭 撩
　13〔ㅕ〕日　平蕭-如招　橈

蕭 ↔ 藥
　13〔ㅕ〕溪　平蕭-丘妖　蹻
　13〔ㅕ〕幇　平蕭-卑遙　杓
　13〔ㅕ〕心　平蕭-先彫　箾
　13〔ㅕ〕曉　平蕭-呼驕　熇

蕭 ↔ 尤
　13〔ㅕ〕端　平蕭-丁聯　裯
　13〔ㅕ〕定　平蕭-田聊　調
　13〔ㅕ〕清　平蕭-此遙　篍
　13〔ㅕ〕喩　平蕭-餘招　繇

蕭 ↔ 宥
　13〔ㅕ〕來　平蕭-連條　廖

★ 篠韻의 바뀜 ★

篠 ↔ 屋
13 〔ㅕ〕來 上篠-盧皎 蓼

篠 ↔ 模
13 〔ㅕ〕竝 上篠-婢小 莩

篠 ↔ 爻
13 〔ㅕ〕透 上篠-土了 挑
13 〔ㅕ〕精 上篠-子了 勦

篠 ↔ 巧
13 〔ㅕ〕影 上篠-伊鳥 夭

篠 ↔ 藥
13 〔ㅕ〕見 上篠-吉了 繳 蹻
13 〔ㅕ〕明 上篠-弭沼 藐

篠 ↔ 尤
13 〔ㅕ〕精 上篠-子了 湫
13 〔ㅕ〕影 上篠-伊鳥 舀

篠 ↔ 有
13 〔ㅕ〕群 上篠-其紹 糾

★ 嘯韻의 바뀜 ★

嘯 ↔ 爻
13 〔ㅕ〕心 去嘯-蘇弔 鞘

嘯 ↔ 藥
13 〔ㅕ〕精 去嘯-子肖 皭 爝
13 〔ㅕ〕照 去嘯-之笑 炤
13 〔ㅕ〕影 去嘯-一笑 約

嘯 ↔ 陌
13 〔ㅕ〕端 去嘯-多嘯 弔
13 〔ㅕ〕泥 去嘯-奴弔 溺

嘯 ↔ 尤
13 〔ㅕ〕定 去嘯-杜弔 調

13 〔ㅕ〕清 去嘯-七肖 哨
嘯 ↔ 宥
13 〔ㅕ〕來 去嘯-力弔 廖

★ 爻韻의 바뀜 ★

爻 ↔ 齊
14 〔ㅑ〕明 平爻-謨交 犛 氂

爻 ↔ 魚
14 〔ㅑ〕端 平爻-都高 裯

爻 ↔ 蕭
14 〔ㅑ〕疑 平爻-牛刀 囂
14 〔ㅑ〕端 平爻-都高 裯
14 〔ㅑ〕透 平爻-他刀 挑
14 〔ㅑ〕定 平爻-徒刀 陶
14 〔ㅑ〕竝 平爻-蒲交 麃
14 〔ㅑ〕明 平爻-謨交 貓
14 〔ㅑ〕審 平爻-所交 捎 蛸

爻 ↔ 篠
14 〔ㅑ〕牀 平爻-鋤交 剿

爻 ↔ 嘯
14 〔ㅑ〕審 平爻-所交 鞘

爻 ↔ 禡
14 〔ㅑ〕影 平爻-於交 凹

爻 ↔ 藥
14 〔ㅑ〕曉 平爻-虛交 嗃

爻 ↔ 尤
14 〔ㅑ〕見 平爻-居肴 艽 芁
14 〔ㅑ〕端 平爻-都高 裯
14 〔ㅑ〕照 平爻-陟交 啁
14 〔ㅑ〕曉 平爻-虛交 烋

爻 ↔ 有
14 〔ㅑ〕見 平爻-姑勞 咎

爻 ↔ 宥

14 〔ㅑ〕明　平爻-謨交　　㬵

爻 ↔ 合
14 〔ㅑ〕影　平爻-於交　　凹

★ 巧韻의 바뀜 ★

巧 ↔ 勿
14 〔ㅏ〕影　上巧-於巧　　媼

巧 ↔ 蕭
14 〔ㅏ〕泥　上巧-女巧　　橈
14 〔ㅏ〕照　上巧-側絞　　獠 獠
14 〔ㅏ〕影　上巧-於巧　　夭
14 〔ㅏ〕來　上巧-魯皓　　獠 獠

巧 ↔ 爻
14 〔ㅏ〕來　上巧-魯皓　　燎

巧 ↔ 藥
14 〔ㅏ〕匣　上巧-胡老　　鄗

巧 ↔ 尤
14 〔ㅏ〕明　上巧-莫鮑　　茆

★ 效韻의 바뀜 ★

效 ↔ 屋
14 〔ㅏ〕見　去效-居號　　告
14 〔ㅏ〕定　去效-杜到　　纛
14 〔ㅏ〕並　去效-蒲報　　暴 曝 瀑
14 〔ㅏ〕影　去效-於敎　　奧 墺 隩 懊 燠

效 ↔ 隊
14 〔ㅏ〕明　去效-眉敎　　瑁

效 ↔ 蕭
14 〔ㅏ〕泥　去效-奴報　　橈

效 ↔ 藥
14 〔ㅑ〕見　去效-居效　　覺 較 較
14 〔ㅏ〕幫　去效-布敎　　爆 爆

14 〔ㅏ〕並　去效-蒲報　　暴
14 〔ㅏ〕明　去效-眉敎　　皃
14 〔ㅏ〕從　去效-在到　　鑿
14 〔ㅏ〕穿　去效-勅敎　　趠
14 〔ㅑ〕曉　去效-許敎　　嗃

效 ↔ 陌
14 〔ㅏ〕明　去效-眉敎　　冒

效 ↔ 尤
14 〔ㅏ〕定　去效-杜到　　幬

★ 歌韻의 바뀜 ★

歌 ↔ 支
15 〔ㅓ〕定　平歌-唐何　　池
15 〔ㅕ〕滂　平歌-普禾　　陂
15 〔ㅓ〕清　平歌-倉何　　嵯
15 〔ㅓ〕心　平歌-桑何　　犧

歌 ↔ 紙
15 〔ㅓ〕定　平歌-唐何　　迤

歌 ↔ 齊
15 〔ㅓ〕來　平歌-郎何　　鑫

歌 ↔ 魚
15 〔ㅓ〕來　平歌-郎何　　蘆

歌 ↔ 模
15 〔ㅓ〕來　平歌-郎何　　蘆

歌 ↔ 泰
15 〔ㅓ〕從　平歌-才何　　瘥

歌 ↔ 灰
15 〔ㅓ〕泥　平歌-奴何　　捼 挼

歌 ↔ 寒
15 〔ㅓ〕泥　平歌-奴何　　難
15 〔ㅕ〕幫　平歌-補禾　　番 磻
15 〔ㅓ〕從　平歌-才何　　酇

歌 ↔ 旱
　　15〔ㅓ〕溪　平歌-苦禾　　竅

歌 ↔ 刪
　　15〔ㅓ〕幇　平歌-補禾　　番

歌 ↔ 諫
　　15〔ㅓ〕從　平歌-才何　　酇

歌 ↔ 霰
　　15〔ㅓ〕心　平歌-桑何　　獻

歌 ↔ 麻
　　15〔ㅓ〕見　平歌-古禾　　癧
　　15〔ㅓ〕心　平歌-桑何　　杪

歌 ↔ 禡
　　15〔ㅓ〕心　平歌-桑何　　唆

歌 ↔ 尤
　　15〔ㅓ〕疑　平歌-吾禾　　阤

★ 哿韻의 바뀜 ★

哿 ↔ 支
　　15〔ㅓ〕影　上哿-烏可　　猗

哿 ↔ 寘
　　15〔ㅓ〕幇　上哿-補火　　跛

哿 ↔ 齊
　　15〔ㅓ〕來　上哿-魯果　　蠡

哿 ↔ 解
　　15〔ㅓ〕匣　上哿-胡果　　夥

哿 ↔ 灰
　　15〔ㅓ〕端　上哿-都大　　鬌
　　15〔ㅓ〕透　上哿-吐火　　墮

哿 ↔ 賄
　　15〔ㅓ〕端　上哿-都大　　揣 捶 敪

哿 ↔ 馬
　　15〔ㅓ〕來　上哿-魯果　　倮

★ 箇韻의 바뀜 ★

箇 ↔ 模
　　15〔ㅓ〕影　去箇-烏臥　　汙

箇 ↔ 暮
　　15〔ㅓ〕精　去箇-子賀　　作

箇 ↔ 泰
　　15〔ㅓ〕定　去箇-杜臥　　大
　　15〔ㅓ〕泥　去箇-乃介　　奈

箇 ↔ 灰
　　15〔ㅓ〕明　去箇-莫臥　　座

箇 ↔ 翰
　　15〔ㅓ〕泥　去箇-乃介　　㦬

箇 ↔ 銑
　　15〔ㅓ〕泥　去箇-乃介　　㦬

箇 ↔ 禡
　　15〔ㅓ〕從　去箇-才臥　　蓌

箇 ↔ 遮
　　15〔ㅓ〕心　去箇-蘇箇　　些

箇 ↔ 藥
　　15〔ㅓ〕精　去箇-子賀　　作

★ 麻韻의 바뀜 ★

麻 ↔ 支
　　16〔ㅑ〕疑　平麻-牛加　　涯 厓 崖
　　16〔ㅏ〕穿　平麻-初加　　差

麻 ↔ 魚
　　16〔ㅏ〕泥　平麻-女加　　拏 挐
　　16〔ㅏ〕牀　平麻-鋤加　　苴

麻 ↔ 模
　　16〔ㅏ〕牀　平麻-鋤加　　涂
　　16〔ㅘ〕影　平麻-烏瓜　　汙

麻 ↔ 皆
　　16〔ㅑ〕疑　平麻-牛加　　涯厓崖
　　16〔ㅑ〕穿　平麻-初加　　叉差釵

麻 ↔ 歌
　　16〔ㅘ〕見　平麻-古華　　瘑
　　16〔ㅏ〕審　平麻-師加　　柴莎

麻 ↔ 侵
　　16〔ㅏ〕明　平麻-謨加　　麻

★ 馬韻의 바뀜 ★

馬 ↔ 薺
　　16〔ㅏ〕審　上馬-沙下　　洒

馬 ↔ 魚
　　16〔ㅑ〕疑　上馬-語下　　疋
　　16〔ㅏ〕照　上馬-側下　　苴

馬 ↔ 姥
　　16〔ㅑ〕見　上馬-擧下　　賈

馬 ↔ 解
　　16〔ㅏ〕審　上馬-沙下　　灑洒

馬 ↔ 賄
　　16〔ㅏ〕審　上馬-沙下　　洒

馬 ↔ 質
　　16〔ㅑ〕疑　上馬-語下　　疋

馬 ↔ 哿
　　16〔ㅘ〕匣　上馬-戶瓦　　倮

馬 ↔ 梗
　　16〔ㅏ〕端　上馬-都瓦　　打

馬 ↔ 陌
　　16〔ㅑ〕見　上馬-擧下　　仮
　　16〔ㅑ〕影　上馬-倚下　　啞

★ 禡韻의 바뀜 ★

禡 ↔ 支
　　16〔ㅏ〕竝　去禡-皮駕　　罷
　　16〔ㅏ〕穿　去禡-丑亞　　差

禡 ↔ 魚
　　16〔ㅘ〕匣　去禡-胡挂　　樗

禡 ↔ 御
　　16〔ㅏ〕牀　去禡-助駕　　蜡

禡 ↔ 暮
　　16〔ㅘ〕溪　去禡-苦化　　胯

禡 ↔ 皆
　　16〔ㅏ〕穿　去禡-丑亞　　差扠

禡 ↔ 解
　　16〔ㅏ〕竝　去禡-皮駕　　罷

禡 ↔ 泰
　　16〔ㅏ〕審　去禡-所嫁　　嘠

禡 ↔ 爻
　　16〔ㅘ〕疑　去禡-五吴　　凹

禡 ↔ 歌
　　16〔ㅘ〕審　去禡-數化　　唆

禡 ↔ 箇
　　16〔ㅏ〕照　去禡-側駕　　蔖

禡 ↔ 陌
　　16〔ㅑ〕見　去禡-居亞　　仮
　　16〔ㅏ〕幫　去禡-必駕　　霸
　　16〔ㅏ〕照　去禡-側駕　　蚱
　　16〔ㅑ〕曉　去禡-虛訝　　嚇
　　16〔ㅘ〕匣　去禡-胡挂　　攫畫

禡 ↔ 合
　16〔ㅘ〕疑　去禡-五吳　　凹

★　遮韻의 바뀜　★

遮 ↔ 支
　17〔ㅕ〕禪　平遮-石遮　　蛇

遮 ↔ 魚
　17〔ㅕ〕穿　平遮-昌遮　　車
　17〔ㅕ〕審　平遮-詩遮　　畲

遮 ↔ 模
　17〔ㅕ〕禪　平遮-石遮　　闍

遮 ↔ 皆
　17〔ㅙ〕來　平遮-郎才　　倈

遮 ↔ 箇
　17〔ㅕ〕心　平遮-思遮　　些

遮 ↔ 麻
　17〔ㅕ〕群　平遮-具遮　　茄

★　者韻의 바뀜　★

者 ↔ 魚
　17〔ㅕ〕淸　上者-七野　　且

者 ↔ 藥
　17〔ㅕ〕日　上者-爾者　　若

★　蔗韻의 바뀜　★

蔗 ↔ 寘
　17〔ㅕ〕禪　去蔗-神夜　　貰

蔗 ↔ 陌
　17〔ㅕ〕精　去蔗-子夜　　唶

17〔ㅕ〕邪　去蔗-詞夜　　藉
17〔ㅕ〕照　去蔗-之夜　　炙　這
17〔ㅕ〕禪　去蔗-神夜　　射　躲
17〔ㅕ〕喩　去蔗-寅射　　射

★　陽韻의 바뀜　★

陽 ↔ 東
　18〔ㅏ〕見　平陽-居郎　　缸
　18〔ㅑ〕見　平陽-居良　　豇
　18〔ㅑ〕溪　平陽-驅羊　　悾　椌
　18〔ㅏ〕竝　平陽-蒲光　　龐
　18〔ㅑ〕淸　平陽-千羊　　槍
　18〔ㅏ〕穿　平陽-初莊　　囪　憃
　18〔ㅏ〕牀　平陽-助莊　　淙　橦　鬃　淙
　18〔ㅏ〕審　平陽-師莊　　瀧
　18〔ㅑ〕曉　平陽-虛良　　肛
　18〔ㅏ〕來　平陽-魯堂　　瀧

陽 ↔ 模
　18〔ㅏ〕微　平陽-無方　　亡　込

陽 ↔ 暮
　18〔ㅑ〕淸　平陽-千羊　　將

陽 ↔ 庚
　18〔ㅏ〕端　平陽-都郎　　鐺
　18〔ㅏ〕幇　平陽-搏旁　　彭
　18〔ㅏ〕滂　平陽-普郎　　旁
　18〔ㅏ〕竝　平陽-蒲光　　旁　傍　彷
　18〔ㅏ〕非　平陽-敷房　　趽
　18〔ㅏ〕微　平陽-無方　　宋
　18〔ㅏ〕淸　平陽-千剛　　傖　搶
　18〔ㅑ〕淸　平陽-千羊　　搶
　18〔ㅏ〕匣　平陽-胡剛　　行　桁

陽 ↔ 敬
　18〔ㅏ〕幇　平陽-搏旁　　捞

★　養韻의 바뀜　★

養 ↔ 姥

18〔ㅏ〕明　上養-母黨　莽

養 ↔ 庚
18〔ㅏ〕幇　上養-補囊　榜
18〔ㅑ〕清　上養-七兩　搶
18〔ㅑ〕影　上養-倚兩　柍

養 ↔ 敬
18〔ㅏ〕明　上養-母黨　孟

養 ↔ 有
18〔ㅏ〕明　上養-母黨　莽

★ 漾韻의 바뀜 ★

漾 ↔ 東
18〔ㅏ〕照　去漾-陟降　憃
18〔ㅏ〕林　去漾-助浪　㴭
18〔ㅘ〕曉　去漾-虛放　兄

漾 ↔ 送
18〔ㅑ〕見　去漾-古巷　浲

漾 ↔ 庚
18〔ㅏ〕竝　去漾-蒲浪　彷
18〔ㅘ〕曉　去漾-虛放　兄
18〔ㅏ〕匣　去漾-下浪　行 桁

漾 ↔ 敬
18〔ㅏ〕幇　去漾-補曠　捞

★ 藥韻의 바뀜 ★

藥 ↔ 屋
18〔ㅑ〕見　入藥-訖岳　㲉
18〔ㅏ〕幇　入藥-伯各　襮 剝
18〔ㅏ〕滂　入藥-匹各　濼 樸
18〔ㅏ〕竝　入藥-弼角　撲 暴
18〔ㅘ〕照　入藥-竹角　瘃 斸
18〔ㅘ〕林　入藥-直角　鐲
18〔ㅏ〕審　入藥-色角　數
18〔ㅑ〕影　入藥-乙角　剧

18〔ㅏ〕曉　入藥-黑角　熇
18〔ㅑ〕匣　入藥-轄覺　嶲
18〔ㅑ〕來　入藥-歷各　濼

藥 ↔ 魚
18〔ㅑ〕群　入藥-極虐　醵
18〔ㅑ〕穿　入藥-尺約　躇

藥 ↔ 御
18〔ㅑ〕照　入藥-職略　著
18〔ㅑ〕林　入藥-直略　著

藥 ↔ 模
18〔ㅏ〕竝　入藥-弼角　簿
18〔ㅏ〕明　入藥-末各　膜 摸
18〔ㅘ〕照　入藥-竹角　啄
18〔ㅏ〕影　入藥-遏各　惡

藥 ↔ 姥
18〔ㅏ〕審　入藥-色角　數

藥 ↔ 暮
18〔ㅏ〕定　入藥-達各　度
18〔ㅏ〕精　入藥-卽各　作
18〔ㅏ〕清　入藥-七角　錯 厝
18〔ㅏ〕從　入藥-疾各　酢
18〔ㅏ〕匣　入藥-曷各　涸
18〔ㅘ〕匣　入藥-胡郭　穫 濩

藥 ↔ 蕭
18〔ㅑ〕見　入藥-訖岳　蹺
18〔ㅑ〕群　入藥-極虐　蹻
18〔ㅏ〕審　入藥-色角　箾
18〔ㅑ〕禪　入藥-裳灼　杓
18〔ㅏ〕曉　入藥-黑角　熇

藥 ↔ 篠
18〔ㅏ〕明　入藥-末各　藐
18〔ㅑ〕照　入藥-職略　繳

藥 ↔ 嘯
18〔ㅑ〕精　入藥-卽約　爝
18〔ㅑ〕從　入藥-疾雀　皭
18〔ㅑ〕照　入藥-職略　炤
18〔ㅑ〕影　入藥-乙角　約

藥 ↔ 爻
  18 〔ㅏ〕曉　入藥-黑角　嗃

藥 ↔ 巧
  18 〔ㅏ〕曉　入藥-黑角　鄗

藥 ↔ 效
  18 〔ㅑ〕見　入藥-訖岳　覺 較 較
  18 〔ㅏ〕幫　入藥-伯各　爆 爆
  18 〔ㅏ〕竝　入藥-弼角　暴
  18 〔ㅏ〕明　入藥-末各　貌 皃
  18 〔ㅏ〕精　入藥-卽各　鑿
  18 〔ㅏ〕從　入藥-疾各　鑿
  18 〔ㅑ〕穿　入藥-尺約　趠
  18 〔ㅑ〕喩　入藥-弋灼　樂
  18 〔ㅏ〕來　入藥-歷各　樂

藥 ↔ 箇
  18 〔ㅏ〕精　入藥-卽各　作

藥 ↔ 者
  18 〔ㅑ〕日　入藥-如灼　若

藥 ↔ 陌
  18 〔ㅏ〕見　入藥-葛鶴　格
  18 〔ㅘ〕溪　入藥-苦郭　漷
  18 〔ㅏ〕透　入藥-他各　拓 魄 跅
  18 〔ㅏ〕泥　入藥-奴各　搦
  18 〔ㅏ〕竝　入藥-弼角　魄
  18 〔ㅏ〕明　入藥-末各　莫
  18 〔ㅑ〕淸　入藥-七雀　皵
  18 〔ㅏ〕從　入藥-疾各　柞
  18 〔ㅏ〕心　入藥-者各　索
  18 〔ㅑ〕禪　入藥-裳灼　芍
  18 〔ㅏ〕來　入藥-歷各　駱

藥 ↔ 宥
  18 〔ㅏ〕審　入藥-色角　嗽

★ 庚韻의 바뀜 ★

庚 ↔ 東

  19 〔ㅣ〕竝　平庚-蒲明　馮
  19 〔ㅓ〕明　平庚-眉庚　甍
  19 〔ㅞ〕曉　平庚-呼榮　兄

庚 ↔ 紙
  19 〔ㅣ〕照　平庚-諸成　徵

庚 ↔ 皆
  19 〔ㅓ〕泥　平庚-奴登　能

庚 ↔ 軫
  19 〔ㅣ〕禪　平庚-神陵　澠

庚 ↔ 刪
  19 〔ㅣ〕見　平庚-居卿　矜

庚 ↔ 先
  19 〔ㅞ〕群　平庚-渠營　嬛
  19 〔ㅣ〕竝　平庚-蒲明　平 駢 骿
  19 〔ㅣ〕來　平庚-離呈　零

庚 ↔ 銑
  19 〔ㅣ〕定　平庚-唐丁　蜓
  19 〔ㅣ〕明　平庚-眉兵　溟
  19 〔ㅣ〕禪　平庚-神陵　澠

庚 ↔ 霰
  19 〔ㅣ〕明　平庚-眉兵　瞑

庚 ↔ 陽
  19 〔ㅓ〕幫　平庚-補耕　旁 傍
  19 〔ㅓ〕竝　平庚-蒲庚　彭 蚄
  19 〔ㅓ〕明　平庚-眉庚　宋
  19 〔ㅓ〕穿　平庚-抽庚　鎗 槍 搶
  19 〔ㅓ〕牀　平庚-除庚　傖
  19 〔ㅣ〕影　平庚-於京　秧
  19 〔ㅣ〕匣　平庚-何庚　行 桁

庚 ↔ 養
  19 〔ㅓ〕幫　平庚-補耕　榜

庚 ↔ 양
  19 〔ㅞ〕曉　平庚-呼榮　兄

★ 梗韻의 바뀜 ★

梗 ↔ 薺
　　19 〔ㅣ〕溪　上梗-棄挺　　繄

梗 ↔ 皆
　　19 〔ㅟ〕竝　上梗-蒲猛　　蘆

梗 ↔ 隊
　　19 〔ㅖ〕見　上梗-居永　　吞

梗 ↔ 軫
　　19 〔ㅣ〕明　上梗-母耿　　黽

梗 ↔ 質
　　19 〔ㅣ〕幫　上梗-補永　　鞞

梗 ↔ 諫
　　19 〔ㅟ〕見　上梗-古猛　　鑛　針　屮
　　19 〔ㅟ〕匣　上梗-胡猛　　屮

梗 ↔ 銑
　　19 〔ㅣ〕明　上梗-母耿　　黽

梗 ↔ 陽
　　19 〔ㅣ〕匣　上梗-下頂　　行

★ 敬韻의 바뀜 ★

敬 ↔ 東
　　19 〔ㅓ〕明　去敬-莫更　　儚　薔

敬 ↔ 震
　　19 〔ㅣ〕喩　去敬-孕證　　孕

敬 ↔ 先
　　19 〔ㅣ〕竝　去敬-皮命　　平
　　19 〔ㅣ〕來　去敬-力正　　零

敬 ↔ 霰
　　19 〔ㅣ〕明　去敬-眉病　　瞑
　　19 〔ㅣ〕淸　去敬-七正　　倩
　　19 〔ㅟ〕曉　去敬-呼正　　复

敬 ↔ 陽
　　19 〔ㅓ〕幫　去敬-比孟　　搒
　　19 〔ㅣ〕匣　去敬-胡孟　　行

敬 ↔ 養
　　19 〔ㅓ〕明　去敬-莫更　　孟

★ 陌韻의 바뀜 ★

陌 ↔ 屋
　　19 〔ㅣ〕定　入陌-杜歷　　跋
　　19 〔ㅣ〕幫　入陌-必歷　　幅福副

陌 ↔ 支
　　19 〔ㅣ〕端　入陌-丁歷　　鍉
　　19 〔ㅣ〕竝　入陌-毘亦　　椑
　　19 〔ㅣ〕喩　入陌-夷益　　嶷疑

陌 ↔ 紙
　　19 〔ㅣ〕影　入陌-伊昔　　醷
　　19 〔ㅣ〕喩　入陌-夷益　　蘱

陌 ↔ 寘
　　19 〔ㅓ〕幫　入陌-博陌　　薛
　　19 〔ㅣ〕精　入陌-資昔　　積
　　19 〔ㅣ〕淸　入陌-七迹　　刺
　　19 〔ㅣ〕照　入陌-之石　　織
　　19 〔ㅣ〕審　入陌-施隻　　識
　　19 〔ㅣ〕禪　入陌-裳隻　　植　埴　食
　　19 〔ㅣ〕影　入陌-伊昔　　薏
　　19 〔ㅣ〕喩　入陌-夷益　　易

陌 ↔ 霽
　　19 〔ㅣ〕見　入陌-訖逆　　亟
　　19 〔ㅣ〕心　入陌-思積　　裼

陌 ↔ 暮
　　19 〔ㅣ〕幫　入陌-必歷　　副
　　19 〔ㅓ〕匣　入陌-胡得　　輅
　　19 〔ㅣ〕喩　入陌-夷益　　歝

陌 ↔ 解

19 〔ㅓ〕 幇　入陌-博陌　　捭

陌 ↔ 泰
　19 〔ㅓ〕 透　入陌-쳑德　　貸
　19 〔ㅓ〕 定　入陌-敵德　　貸
　19 〔ㅓ〕 心　入陌-悉則　　塞
　19 〔ㅓ〕 影　入陌-乙革　　阨 阨
　19 〔ㅓ〕 匣　入陌-胡得　　劾

陌 ↔ 質
　19 〔ㅣ〕 泥　入陌-女力　　慄
　19 〔ㅣ〕 精　入陌-資昔　　喞 蝍 堲
　19 〔ㅓ〕 匣　入陌-胡得　　核
　19 〔ㅣ〕 喩　入陌-夷益　　疑

陌 ↔ 勿
　19 〔ㅣ〕 明　入陌-莫狄　　汩

陌 ↔ 諫
　19 〔ㅓ〕 明　入陌-莫白　　万

陌 ↔ 嘯
　19 〔ㅣ〕 端　入陌-丁歷　　弔
　19 〔ㅣ〕 泥　入陌-女力　　溺

陌 ↔ 效
　19 〔ㅓ〕 明　入陌-莫白　　冒

陌 ↔ 馬
　19 〔ㅓ〕 見　入陌-各額　　仮
　19 〔ㅓ〕 影　入陌-乙革　　啞

陌 ↔ 禡
　19 〔ㅓ〕 滂　入陌-普伯　　霸
　19 〔ㅓ〕 照　入陌-側格　　蚱
　19 〔ㅓ〕 曉　入陌-呼格　　爀
　19 〔ㅟ〕 匣　入陌-穫北　　畵

陌 ↔ 蔗
　19 〔ㅣ〕 從　入陌-前歷　　藉
　19 〔ㅣ〕 照　入陌-之石　　炙 這
　19 〔ㅓ〕 照　入陌-側格　　啫
　19 〔ㅣ〕 禪　入陌-裳隻　　射 躲
　19 〔ㅣ〕 喩　入陌-夷益　　射

陌 ↔ 藥
　19 〔ㅓ〕 見　入陌-各額　　格
　19 〔ㅣ〕 端　入陌-丁歷　　笏
　19 〔ㅣ〕 泥　入陌-女力　　搦
　19 〔ㅓ〕 滂　入陌-普伯　　魄
　19 〔ㅓ〕 明　入陌-莫白　　莫
　19 〔ㅣ〕 淸　入陌-七迹　　皵
　19 〔ㅣ〕 照　入陌-之石　　拓
　19 〔ㅓ〕 照　入陌-側格　　柞 駝
　19 〔ㅣ〕 穿　入陌-昌石　　跖
　19 〔ㅓ〕 審　入陌-色窄　　索 愬
　19 〔ㅟ〕 曉　入陌-霍虢　　濙
　19 〔ㅓ〕 匣　入陌-胡得　　格

陌 ↔ 宥
　19 〔ㅣ〕 幇　入陌-必歷　　副

★ 尤韻의 바뀜 ★

尤 ↔ 屋
　20 〔ㅣ〕 明　平尤-莫彪　　繆
　20 〔一〕 心　平尤-先侯　　涑
　20 〔ㅣ〕 穿　平尤-丑鳩　　妯

尤 ↔ 寘
　20 〔ㅣ〕 曉　平尤-虛尤　　鬏

尤 ↔ 魚
　20 〔一〕 見　平尤-居侯　　龜
　20 〔ㅣ〕 溪　平尤-驅尤　　區
　20 〔ㅣ〕 群　平尤-渠尤　　捄
　20 〔一〕 疑　平尤-魚侯　　齵 腢 髃
　20 〔一〕 透　平尤-他侯　　婾
　20 〔一〕 影　平尤-烏侯　　漚 樞
　20 〔ㅣ〕 喩　平尤-于求　　揄
　20 〔一〕 來　平尤-盧侯　　婁 蔞 慺 膢 㺻 瘻

尤 ↔ 語
　20 〔一〕 見　平尤-居侯　　枸
　20 〔一〕 來　平尤-盧侯　　褸 僂

尤 ↔ 御
　20 〔一〕 見　平尤-居侯　　句

尤 ↔ 暮
　20 〔一〕奉　平尤-房鳩　　桴

尤 ↔ 灰
　20 〔ㅣ〕溪　平尤-驅尤　　龜
　20 〔ㅣ〕群　平尤-渠尤　　頄

尤 ↔ 蕭
　20 〔ㅣ〕清　平尤-此由　　篍
　20 〔ㅣ〕照　平尤-職流　　調
　20 〔ㅣ〕牀　平尤-除留　　裯
　20 〔ㅣ〕喩　平尤-于求　　繇

尤 ↔ 篠
　20 〔ㅣ〕精　平尤-卽由　　湫

尤 ↔ 爻
　20 〔ㅣ〕見　平尤-居尤　　艽 芁
　20 〔ㅣ〕群　平尤-渠尤　　芃
　20 〔ㅣ〕照　平尤-職流　　褒
　20 〔ㅣ〕牀　平尤-除留　　裯
　20 〔ㅣ〕曉　平尤-虛尤　　烋

尤 ↔ 效
　20 〔ㅣ〕牀　平尤-除留　　幬

尤 ↔ 歌
　20 〔ㅣ〕喩　平尤-于求　　囮

尤 ↔ 哿
　20 〔ㅣ〕喩　平尤-于求　　蚴

　　★ 有韻의 바뀜 ★

有 ↔ 屋
　20 〔ㅣ〕泥　上有-女九　　忸
　20 〔一〕心　上有-蘇后　　藪

有 ↔ 紙
　20 〔一〕非　上有-俯九　　否

有 ↔ 魚

20 〔一〕疑　上有-語口　　腢 齵
有 ↔ 語
　20 〔一〕見　上有-舉后　　枸 岣
　20 〔一〕來　上有-郞斗　　嶁

有 ↔ 御
　20 〔一〕清　上有-此苟　　趣

有 ↔ 姥
　20 〔一〕滂　上有-普厚　　部 蔀
　20 〔一〕明　上有-莫厚　　母 拇 踇 畝 畮 鵬
某 呆 莽

有 ↔ 暮
　20 〔一〕奉　上有-房缶　　負 婦 媍 蕢

有 ↔ 灰
　20 〔一〕滂　上有-普厚　　培

有 ↔ 質
　20 〔ㅣ〕心　上有-息有　　訹

有 ↔ 篠
　20 〔ㅣ〕見　上有-舉有　　糾

有 ↔ 爻
　20 〔ㅣ〕群　上有-巨九　　臼

有 ↔ 養
　20 〔一〕明　上有-莫厚　　莽

　　★ 宥韻의 바뀜 ★

宥 ↔ 屋
　20 〔一〕定　去有-大透　　讀
　20 〔一〕泥　去有-乃豆　　耨
　20 〔ㅣ〕明　去有-靡幼　　繆
　20 〔一〕非　去有-敷救　　副 輻 覆
　20 〔一〕奉　去有-扶富　　復 覆 伏
　20 〔一〕清　去有-千候　　蔟
　20 〔一〕心　去有-先奏　　湅
　20 〔ㅣ〕心　去有-息救　　宿
　20 〔ㅣ〕照　去有-職救　　祝

20〔ㅣ〕曉　去宥-許救　畜
20〔ㅣ〕喩　去宥-爰救　柚
20〔ㅣ〕來　去宥-力救　勠
20〔ㅣ〕日　去宥-如又　肉

宥 ↔ 魚
　　20〔ㅣ〕見　去宥-居又　捄
　　20〔一〕定　去宥-大透　窬
　　20〔一〕來　去宥-郎豆　鏤瘻

宥 ↔ 語
　　20〔一〕見　去宥-居候　句
　　20〔一〕來　去宥-郎豆　僂嶁

宥 ↔ 暮
　　20〔一〕非　去宥-敷救　富副仆

宥 ↔ 賄
　　20〔ㅣ〕喩　去宥-爰救　蜼雅

宥 ↔ 蕭
　　20〔ㅣ〕來　去宥-力救　廖

宥 ↔ 爻
　　20〔一〕明　去宥-莫候　楙

宥 ↔ 藥
　　20〔一〕心　去宥-先奏　嗽

宥 ↔ 陌
　　20〔一〕非　去宥-敷救　副

★ 侵韻의 바뀜 ★

侵 ↔ 麻
　　21〔ㅣ〕來　平侵-犁沈　痲

侵 ↔ 覃
　　21〔一〕照　平侵-緇深　簪篸
　　21〔ㅣ〕穿　平侵-丑森　參
　　21〔ㅣ〕林　平侵-持林　湛
　　21〔一〕審　平侵-疏簪　參鬖
　　21〔ㅣ〕喩　平侵-夷斟　蟫

侵 ↔ 感
　　21〔一〕照　平侵-緇深　摺
　　21〔一〕審　平侵-疏簪　椮

侵 ↔ 鹽
　　21〔ㅣ〕群　平侵-渠金　黔
　　21〔ㅣ〕邪　平侵-徐心　燖
　　21〔ㅣ〕照　平侵-諸深　鍼
　　21〔ㅣ〕禪　平侵-時壬　楉

★ 寢韻의 바뀜 ★

寢 ↔ 琰
　　21〔ㅣ〕審　上寢-式荏　渰

★ 沁韻의 바뀜 ★

沁 ↔ 覃
　　21〔ㅣ〕精　去沁-子鴆　湛
　　21〔ㅣ〕林　去沁-直禁　酖
　　21〔ㅣ〕影　去沁-於禁　暗

沁 ↔ 感
　　21〔一〕審　去沁-所禁　椮

沁 ↔ 艶
　　21〔一〕照　去沁-側禁　譖

★ 緝韻의 바뀜 ★

緝 ↔ 屋
　　21〔ㅣ〕影　入緝-一入　煜

緝 ↔ 合
　　21〔一〕審　入緝-色入　鈒

緝 ↔ 葉
　　21〔ㅣ〕群　入緝-忌立　笈
　　21〔ㅣ〕邪　入緝-席入　褶

★ 覃韻의 바뀜 ★

覃 ↔ 侵
22 〔ㅏ〕端　平覃-都含　湛
22 〔ㅏ〕定　平覃-徒含　罈
22 〔ㅏ〕精　平覃-祖含　簪 篸
22 〔ㅏ〕清　平覃-蒼含　參
22 〔ㅏ〕心　平覃-蘇監　鬖

覃 ↔ 沁
22 〔ㅏ〕端　平覃-都含　酖
22 〔ㅏ〕影　平覃-烏含　暗

覃 ↔ 鹽
22 〔ㅏ〕見　平覃-沽三　柑
22 〔ㅑ〕溪　平覃-丘銜　鎌
22 〔ㅑ〕疑　平覃-魚咸　巖
22 〔ㅏ〕泥　平覃-那含　枏 讝
22 〔ㅏ〕穿　平覃-初銜　漸
22 〔ㅏ〕審　平覃-所含　攕
22 〔ㅏ〕影　平覃-烏含　菴

覃 ↔ 琰
22 〔ㅏ〕見　平覃-沽三　弇
22 〔ㅑ〕匣　平覃-胡岩　嗛

★ 感韻의 바뀜 ★

感 ↔ 屋
22 〔ㅏ〕從　上感-조感　蕺

感 ↔ 侵
22 〔ㅏ〕精　上感-子感　撍
22 〔ㅏ〕心　上感-桑感　槮
22 〔ㅏ〕牀　上感-丈減　湛

感 ↔ 鹽
22 〔ㅏ〕從　上感-徂感　槧
22 〔ㅏ〕影　上感-鄔感　菴

感 ↔ 琰
22 〔ㅏ〕影　上感-鄔感　晻 揜
22 〔ㅑ〕影　上感-乙減　黶

★ 勘韻의 바뀜 ★

勘 ↔ 送
22 〔ㅏ〕見　去勘-古暗　灨 贛

勘 ↔ 侵
22 〔ㅏ〕精　去勘-作含　篸
22 〔ㅏ〕清　去勘-七紺　參
22 〔ㅏ〕牀　去勘-士監　湛

勘 ↔ 勘
22 〔ㅏ〕竝　去勘-薄鑑　埿

勘 ↔ 鹽
22 〔ㅏ〕影　去勘-烏紺　菴

勘 ↔ 琰
22 〔ㅏ〕奉　去勘-扶泛　貶

★ 合韻의 바뀜 ★

合 ↔ 魚
22 〔ㅑ〕溪　入合-苦洽　胠

合 ↔ 泰
22 〔ㅏ〕見　入合-古沓　蓋
22 〔ㅏ〕溪　入合-克合　磕 礚
22 〔ㅏ〕匣　入合-胡閤　蓋

合 ↔ 爻
22 〔ㅏ〕影　入合-遏合　凹

合 ↔ 禡
22 〔ㅏ〕影　入合-遏合　凹

合 ↔ 緝
22 〔ㅏ〕心　入合-悉合　靸
22 〔ㅏ〕穿　入合-測洽　扱
22 〔ㅏ〕影　入合-遏合　唈

合 ↔ 琰
　　22 〔ㅑ〕影　入合-遏合　罨
　　22 〔ㅑ〕匣　入合-胡夾　陜

合 ↔ 葉
　　22 〔ㅑ〕見　入合-古洽　夾挾筴梜俠袷
梜
　　22 〔ㅏ〕照　入合-竹洽　眹
　　22 〔ㅑ〕狀　入合-直甲　喋
　　22 〔ㅑ〕匣　入合-胡夾　梜
　　22 〔ㅏ〕來　入合-落合　拹摺

★ 鹽韻의 바뀜 ★

鹽 ↔ 侵
　　23 〔ㅕ〕群　平鹽-其廉　鍼黔
　　23 〔ㅕ〕從　平鹽-慈鹽　䇺
　　23 〔ㅕ〕邪　平鹽-徐廉　燖

鹽 ↔ 覃
　　23 〔ㅕ〕群　平鹽-其廉　柑
　　23 〔ㅕ〕精　平鹽-將廉　漸攕
　　23 〔ㅕ〕照　平鹽-之廉　讝
　　23 〔ㅕ〕影　平鹽-衣炎　菴
　　23 〔ㅕ〕喩　平鹽-移廉　巖
　　23 〔ㅕ〕來　平鹽-力鹽　濂
　　23 〔ㅕ〕日　平鹽-而占　枏

鹽 ↔ 感
　　23 〔ㅕ〕清　平鹽-千廉　槧

★ 琰韻의 바뀜 ★

琰 ↔ 寢
　　23 〔ㅕ〕審　上琰-失冉　渗

琰 ↔ 覃
　　23 〔ㅕ〕溪　上琰-苦簟　賺
　　23 〔ㅕ〕從　上琰-秦冉　漸
　　23 〔ㅕ〕影　上琰-於檢　弇

琰 ↔ 感
　　23 〔ㅕ〕影　上琰-於檢　揜唵黶闇

琰 ↔ 合
　　23 〔ㅕ〕溪　上琰-苦簟　嗛
　　23 〔ㅕ〕幫　上琰-悲檢　貶
　　23 〔ㅕ〕審　上琰-失冉　陜
　　23 〔ㅕ〕影　上琰-於檢　罨

★ 艷韻의 바뀜 ★

艷 ↔ 沁
　　23 〔ㅕ〕精　去艷-子念　僭

艷 ↔ 感
　　23 〔ㅕ〕清　去艷-七艷　槧

★ 葉韻의 바뀜 ★

葉 ↔ 屑
　　23 〔ㅕ〕端　入葉-丁協　揲
　　23 〔ㅕ〕泥　入葉-尼輒　茶
　　23 〔ㅕ〕喩　入葉-弋涉　揲

葉 ↔ 緝
　　23 〔ㅕ〕群　入葉-極曄　笈
　　23 〔ㅕ〕端　入葉-丁協　褶
　　23 〔ㅕ〕照　入葉-質涉　褶
　　23 〔ㅕ〕審　入葉-失涉　歃
　　23 〔ㅕ〕喩　入葉-弋涉　裛

葉 ↔ 合
　　23 〔ㅕ〕見　入葉-古協　筴梜夾頰陜
　　23 〔ㅕ〕端　入葉-丁協　喋鰈
　　23 〔ㅕ〕精　入葉-卽涉　腴
　　23 〔ㅕ〕照　入葉-質涉　摺
　　23 〔ㅕ〕匣　入葉-胡頰　挾夾俠拹

2.1.2. 성모의 바뀜

◎ 〔ㄱ〕의 바뀜 ◎

見 → 溪

　　3　〔ㅖ〕　平齊-堅溪　稽

　　5　〔ㅜ〕　上姥-公土　苦

　　6　〔ㅐ〕　平皆-居諧　楷

　　7　〔ㅟ〕　平灰-姑回　傀

　　7　〔ㅟ〕　上賄-古委　蠶 歸

　　7　〔ㅟ〕　去隊-古外　繪

　　9　〔ㅜ〕　入勿-古忽　㨂

　　9　〔ㅠ〕　入勿-厥筆　屈

　12　〔ㅕ〕　平先-經天　开 麗

　12　〔ㅖ〕　上銑-古泫　卷

　12　〔ㅖ〕　去霰-吉掾　卷

　12　〔ㅕ〕　入屑-古屑　揭 偈

　13　〔ㅕ〕　平蕭-堅堯　驕

　13　〔ㅕ〕　上篠-吉了　蹻

　14　〔ㅏ〕　上巧-古老　槀 槁

　18　〔ㅏ〕　平陽-居郎　亢

　18　〔ㅘ〕　去漾-古況　迋

　18　〔ㅑ〕　入藥-訖岳　㙮

　19　〔ㅞ〕　平庚-涓熒　絅

見 → 群

　　4　〔ㅠ〕　上語-居許　踽 拒

　　4　〔ㅠ〕　去御-居御　鐻 絇 句 瞿 詎 醵

　　8　〔ㅣ〕　平眞-居銀　斤 堇

　　9　〔ㅠ〕　入勿-厥筆　屈

　12　〔ㅕ〕　平先-經天　犍

　12　〔ㅖ〕　上銑-古泫　卷 捲

　12　〔ㅖ〕　去霰-吉掾　卷

　12　〔ㅕ〕　入屑-古屑　揭 桀

　18　〔ㅘ〕　去漾-古況　迋

　18　〔ㅑ〕　入藥-訖岳　蹻

　19　〔ㅣ〕　上梗-居永　綮

　20　〔ㅣ〕　平尤-居尤　艽

　20　〔ㅣ〕　去宥-居又　捄

　21　〔ㅣ〕　平侵-居吟　紟 衿

見 → 疑

　　6　〔ㅐ〕　平皆-柯開　閡

13　〔ㅕ〕　平蕭-堅堯　澆

14　〔ㅑ〕　平爻-居肴　咬

21　〔ㅣ〕　去沁-居音　噤 濈

見 → 照

　　1　〔ㅜ〕　平東-古紅　蚣

見 → 禪

　　9　〔ㅠ〕　入勿-厥筆　繘

見 → 影

　10　〔ㅓ〕　上旱-古緩　斡

　12　〔ㅖ〕　入屑-居月　抉

　22　〔ㅑ〕　入合-古洽　押

見 → 曉

　14　〔ㅑ〕　上巧-古巧　笑

　18　〔ㅑ〕　入藥-訖岳　懽

　18　〔ㅘ〕　入藥-古博　彍

　20　〔ㅡ〕　上有-擧后　垢

　20　〔ㅡ〕　去宥-居候　詬

見 → 匣

　　1　〔ㅜ〕　平東-古紅　紅

　　3　〔ㅖ〕　去霽-吉詣　繫 係

　　5　〔ㅜ〕　平模-攻乎　酤

　　5　〔ㅜ〕　上姥-公土　酤

　　5　〔ㅜ〕　去暮-古慕　雇 酤

　　6　〔ㅐ〕　平皆-柯開　頦

　　6　〔ㅐ〕　平皆-居諧　湝

　　6　〔ㅐ〕　上解-居亥　頦

　　6　〔ㅐ〕　上解-佳買　解 薢

　　6　〔ㅐ〕　去泰-居拜　解

　　6　〔ㅙ〕　去泰-古壞　壞

　　7　〔ㅟ〕　平灰-姑回　瑰

　　7　〔ㅟ〕　去隊-古外　會

　　9　〔ㅜ〕　平文-公渾　昆 混

　　9　〔ㅡ〕　入勿-許訖　紇

　　9　〔ㅜ〕　入勿-古忽　淈 㨂

　10　〔ㅝ〕　平寒-沽歡　莞

　10　〔ㅓ〕　去翰-古汗　榦

　10　〔ㅝ〕　入曷-古活　括 活 佸

　11　〔ㅑ〕　平刪-居顔　閒

　11　〔ㅘ〕　平刪-姑還　擐

　11　〔ㅑ〕　去諫-居晏　閒 瞷

12 〔ㅕ〕　去霰-經電　見
12 〔ㅕ〕　入屑-古屑　絜
14 〔ㅑ〕　平爻-居肴　嘐
14 〔ㅏ〕　上巧-古老　皓　皜
14 〔ㅏ〕　去效-居號　浩
14 〔ㅑ〕　去效-居效　校
15 〔ㅓ〕　平歌-居何　渮
15 〔ㅓ〕　上哿-嘉我　菏
16 〔ㅑ〕　平麻-居牙　瘕
18 〔ㅑ〕　去漾-古巷　降
19 〔ㅐ〕　上梗-古猛　鑛　針　艸
19 〔ㅓ〕　入陌-各額　格
20 〔ㅡ〕　上有-舉后　垢
20 〔ㅡ〕　去宥-居候　詬
22 〔ㅏ〕　入合-古沓　蓋
22 〔ㅑ〕　入合-古洽　蛺
23 〔ㅕ〕　入葉-古協　夾

見 → 喩
1 〔ㅜ〕　入屋-古祿　谷
7 〔ㅟ〕　平灰-姑回　潙
9 〔ㅠ〕　平文-規倫　畇
9 〔ㅠ〕　入勿-厥筆　繘　獝
13 〔ㅕ〕　平蕭-堅堯　僥
18 〔ㅘ〕　去漾-古況　迋

見 → 來
1 〔ㅜ〕　入屋-古祿　谷
19 〔ㅓ〕　入陌-各額　𩇯

◎ 〔ㅋ〕의 바뀜 ◎

溪 → 見
3 〔ㅖ〕　上薺-墟里　稽
5 〔ㅜ〕　上姥-孔五　苦
7 〔ㅟ〕　上賄-犬蘂　傀
7 〔ㅟ〕　去隊-窺睡　穭　𩃈
9 〔ㅜ〕　入勿-苦骨　搰
9 〔ㅠ〕　入勿-曲勿　屈
12 〔ㅕ〕　平先-苦堅　麊　汧
12 〔ㅖ〕　平先-驅圓　卷
12 〔ㅕ〕　入屑-詰結　偈　揭
13 〔ㅕ〕　平蕭-丘妖　蹺　驕
14 〔ㅏ〕　上巧-苦浩　槀

18 〔ㅘ〕　平陽-曲王　迋
18 〔ㅏ〕　去漾-口浪　亢
18 〔ㅑ〕　入藥-丘縛　堁
19 〔ㅐ〕　上梗-丘穎　絧

溪 → 群
9 〔ㅠ〕　平文-區倫　箘
9 〔ㅜ〕　入勿-苦骨　堀
9 〔ㅠ〕　入勿-曲勿　屈
12 〔ㅖ〕　平先-驅圓　圈　卷
12 〔ㅕ〕　入屑-詰結　揭
18 〔ㅘ〕　平陽-曲王　迋
23 〔ㅕ〕　去艶-乞協　儉

溪 → 疑
14 〔ㅑ〕　平爻-丘交　磽　墝
14 〔ㅑ〕　去效-口教　磽　墝

溪 → 審
12 〔ㅕ〕　入屑-詰結　契

溪 → 影
20 〔ㅣ〕　平尤-驅尤　區

溪 → 曉
14 〔ㅏ〕　上巧-苦浩　薨
22 〔ㅏ〕　去勘-苦濫　闞

溪 → 匣
5 〔ㅜ〕　上姥-孔五　楛
6 〔ㅐ〕　去泰-丘蓋　咳
7 〔ㅟ〕　去隊-窺睡　績
9 〔ㅜ〕　入勿-苦骨　搰
22 〔ㅏ〕　上感-苦感　坶

溪 → 喩
18 〔ㅘ〕　平陽-曲王　迋

溪 → 來
23 〔ㅕ〕　上琰-苦簟　膁

◎ 〔ㄲ〕의 바뀜 ◎

群 → 見

1 〔ㅠ〕 去送-渠用 共
4 〔ㅠ〕 平魚-求於 鐻醵句約瞿
4 〔ㅠ〕 上語-臼許 拒詎鐻踽
4 〔ㅠ〕 去御-忌遇 瞿
8 〔ㅣ〕 平眞-渠巾 菫
8 〔ㅣ〕 去震-具吝 菫斤
9 〔ㅠ〕 入勿-渠勿 屈
12 〔ㅕ〕 平先-渠焉 犍
12 〔ㅙ〕 平先-逵員 卷捲
12 〔ㅕ〕 入屑-巨列 桀揭
18 〔ㅘ〕 上養-具往 廷
18 〔ㅑ〕 入藥-極虐 蹻
19 〔ㅣ〕 平庚-渠京 檠
19 〔ㅣ〕 去敬-具映 檠
20 〔ㅣ〕 平尤-渠尤 捄芁
21 〔ㅣ〕 上寢-渠飲 噤澿
21 〔ㅣ〕 去沁-巨禁 紟衿

群 → 溪
9 〔ㅠ〕 上吻-巨隕 窘
9 〔ㅠ〕 入勿-渠勿 堀屈
12 〔ㅙ〕 平先-逵員 卷
12 〔ㅙ〕 上銑-巨卷 圈
12 〔ㅙ〕 去霰-逵眷 圈
12 〔ㅕ〕 入屑-巨列 揭
18 〔ㅘ〕 上養-具往 廷

群 → 邪
2 〔ㅣ〕 平支-渠宜 佚

群 → 照
2 〔ㅣ〕 平支-渠宜 衹
13 〔ㅕ〕 平蕭-祁堯 招

群 → 禪
2 〔ㅣ〕 平支-渠宜 示
13 〔ㅕ〕 平蕭-祁堯 翹

群 → 影
12 〔ㅙ〕 上銑-巨卷 蜎

群 → 曉
1 〔ㅠ〕 平東-渠宮 瞪
2 〔ㅣ〕 去寘-奇寄 墍

群 → 喩
2 〔ㅣ〕 平支-渠宜 錡
2 〔ㅣ〕 上紙-巨綺 錡
18 〔ㅘ〕 上養-具往 廷

◎ 〔ㆁ〕의 바뀜 ◎

疑 → 見
6 〔ㅐ〕 去泰-牛蓋 閡

疑 → 溪
14 〔ㅑ〕 去效-魚敎 墝磽

疑 → 審
12 〔ㅙ〕 入屑-魚厥 說
13 〔ㅕ〕 去嘯-五弔 澆

疑 → 影
19 〔ㅔ〕 入陌-越逼 蝨

疑 → 曉
8 〔ㅣ〕 平眞-魚巾 訢
19 〔ㅔ〕 入陌-越逼 淢

疑 → 匣
22 〔ㅏ〕 上感-五感 頷

疑 → 喩
6 〔ㅐ〕 去泰-牛懈 睚
8 〔ㅣ〕 平眞-魚巾 蟍
12 〔ㅕ〕 上銑-語蹇 讞
12 〔ㅙ〕 去霰-虞怨 媛援
12 〔ㅕ〕 入屑-魚列 讞
19 〔ㅣ〕 去敬-魚慶 迎

◎ 〔ㄷ〕의 바뀜 ◎

端 → 透
5 〔ㅜ〕 上姥-董五 土
22 〔ㅏ〕 入合-得合 搭

端 → 定
1 〔ㅜ〕 入屋-都毒 毒

5 〔ㅜ〕　上姥-董五　　土　肚
9 〔ㅜ〕　平文-都昆　　敦
9 〔ㅜ〕　去問-都困　　頓　敦
9 〔ㅜ〕　入勿-當沒　　頓
11 〔ㅏ〕　平刪-都艱　　癉
11 〔ㅏ〕　上産-多簡　　癉
11 〔ㅏ〕　去諫-得瀾　　癉
12 〔ㅕ〕　平先-多年　　癲
12 〔ㅕ〕　去霰-丁練　　殿
19 〔ㅣ〕　去敬-丁定　　定　訂

端 → 泥
13 〔ㅕ〕　去嘯-多嘯　　蔦

端 → 從
7 〔ㅟ〕　平灰-都回　　磓

端 → 照
1 〔ㅜ〕　入屋-都毒　　竺
7 〔ㅟ〕　平灰-都回　　追
19 〔ㅣ〕　平庚-當經　　丁
23 〔ㅕ〕　入葉-丁協　　褶　慴

端 → 穿
19 〔ㅣ〕　平庚-當經　　玎

端 → 牀
7 〔ㅟ〕　平灰-都回　　鎚　槌　搥
19 〔ㅓ〕　去敬-丁鄧　　橙
19 〔ㅣ〕　入陌-丁歷　　躑
22 〔ㅏ〕　平覃-都含　　湛

端 → 審
19 〔ㅣ〕　入陌-丁歷　　適

端 → 喩
23 〔ㅕ〕　入葉-丁協　　揲

◎ 〔ㅌ〕의 바뀜 ◎

透 → 端
5 〔ㅜ〕　上姥-他魯　　土
22 〔ㅏ〕　入合-託合　　搭

透 → 定
1 〔ㅜ〕　平東-徒紅　　侗
3 〔ㅖ〕　平齊-天黎　　睇
3 〔ㅖ〕　上薺-他禮　　緹
3 〔ㅖ〕　去霽-他計　　鬄
5 〔ㅜ〕　上姥-他魯　　土　稊
5 〔ㅜ〕　去暮-土故　　菟
6 〔ㅐ〕　平皆-湯來　　鮐
7 〔ㅟ〕　去隊-吐內　　兌　駾
9 〔ㅜ〕　平文-他昆　　燉
11 〔ㅏ〕　入轄-他達　　達
13 〔ㅕ〕　平蕭-他彫　　恌　條　銚
13 〔ㅕ〕　去嘯-他弔　　跳
14 〔ㅏ〕　平爻-他刀　　洮
15 〔ㅓ〕　平歌-湯何　　佗　他　拕　拖
15 〔ㅓ〕　上哿-吐火　　惰
15 〔ㅓ〕　去箇-吐臥　　拖　拕　佗
18 〔ㅏ〕　上養-他囊　　踼
18 〔ㅏ〕　去漾-他浪　　盪
19 〔ㅣ〕　去敬-他定　　庭
19 〔ㅓ〕　入陌-敵德　　貸
22 〔ㅏ〕　去勘-他紺　　賧
22 〔ㅏ〕　入合-託合　　闒

透 → 泥
3 〔ㅖ〕　去霽-他計　　殢
11 〔ㅏ〕　平刪-他丹　　攤

透 → 竝
18 〔ㅏ〕　入藥-他各　　魄

透 → 心
18 〔ㅏ〕　平陽-他郎　　湯

透 → 照
19 〔ㅣ〕　入陌-他歷　　摘　擿

透 → 穿
7 〔ㅟ〕　平灰-通回　　推

透 → 牀
19 〔ㅣ〕　入陌-他歷　　擿

透 → 審
7 〔ㅟ〕　去隊-吐內　　蛻

18 〔ㅏ〕　去漾-他浪　湯

透 → 喩
1 〔ㅜ〕　上董-他總　桶
13 〔ㅕ〕　平蕭-他彫　銚

◎ 〔ㄸ〕의 바뀜 ◎

定 → 溪
18 〔ㅏ〕　上養-徒黨　盪

定 → 端
1 〔ㅜ〕　入屋-杜谷　毒
5 〔ㅜ〕　上姥-徒古　土　肚
9 〔ㅜ〕　上吻-徒本　敦
9 〔ㅜ〕　去問-杜困　頓
10 〔ㅓ〕　上旱-徒管　斷
10 〔ㅓ〕　去翰-杜玩　斷
11 〔ㅏ〕　平刪-唐乱　驙
12 〔ㅕ〕　上銑-徒典　瘨
12 〔ㅕ〕　去霰-蕩練　殿
19 〔ㅣ〕　上梗-徒鼎　訂
19 〔ㅣ〕　去敬-徒逕　定
22 〔ㅏ〕　上感-徒感　黮

定 → 透
1 〔ㅜ〕　平東-徒紅　侗
3 〔ㅖ〕　平齊-杜兮　緹　梯
3 〔ㅖ〕　去霽-大計　睇　鬄
5 〔ㅜ〕　平模-同都　稌　菟
5 〔ㅜ〕　上姥-徒古　土
6 〔ㅐ〕　平皆-堂來　鮐
7 〔ㅟ〕　去隊-杜對　兌　兊　駾
9 〔ㅜ〕　平文-徒孫　燉
10 〔ㅓ〕　入曷-徒活　脫
11 〔ㅏ〕　入轄-堂滑　達
13 〔ㅕ〕　平蕭-田聊　跳　儵
13 〔ㅕ〕　上篠-徒了　誂
13 〔ㅕ〕　去嘯-杜弔　銚
14 〔ㅏ〕　平爻-徒刀　洮
15 〔ㅓ〕　平歌-唐何　佗　他
15 〔ㅓ〕　上哿-得可　拕　拖
18 〔ㅏ〕　去漾-徒浪　逿　盪
19 〔ㅣ〕　平庚-唐丁　庭

19 〔ㅢ〕　入陌-敵德　貸
22 〔ㅏ〕　入合-達合　闒

定 → 從
7 〔ㅟ〕　平灰-都回　魋

定 → 照
1 〔ㅜ〕　平東-徒紅　潼
9 〔ㅜ〕　平文-徒孫　屯　純

定 → 牀
1 〔ㅜ〕　平東-徒紅　甋　甀
1 〔ㅜ〕　入屋-杜谷　磾
11 〔ㅏ〕　上產-徒亶　袒
19 〔ㅣ〕　入陌-杜歷　翟

定 → 禪
1 〔ㅜ〕　入屋-杜谷　韣　襡
9 〔ㅜ〕　平文-徒孫　純

定 → 喩
1 〔ㅜ〕　平東-徒紅　筩
7 〔ㅟ〕　去隊-杜對　銳
13 〔ㅕ〕　去嘯-杜弔　銚

定 → 日
9 〔ㅜ〕　上吻-徒本　盾

◎ 〔ㄴ〕의 바뀜 ◎

泥 → 端
13 〔ㅕ〕　上篠-尼了　蔦

泥 → 透
3 〔ㅖ〕　去霽-乃計　殢
11 〔ㅏ〕　去諫-乃旦　攤

泥 → 明
3 〔ㅖ〕　上薺-乃里　濔

泥 → 心
7 〔ㅟ〕　平灰-姑回　挼

泥 → 照

12 〔ㅕ〕　去霰-女箭　輾

泥 → 穿
20 〔ㅣ〕　上有-女九　杻

泥 → 牀
23 〔ㅕ〕　入葉-尼輒　囁

泥 → 影
7 〔ㅟ〕　上賄-弩罪　餒

泥 → 曉
14 〔ㅏ〕　平爻-奴刀　撓
14 〔ㅏ〕　上巧-女巧　撓
14 〔ㅏ〕　去效-奴報　撓

泥 → 匣
12 〔ㅕ〕　去霰-女箭　睍

泥 → 日
13 〔ㅕ〕　上篠-尼了　嫋
18 〔ㅏ〕　平陽-奴當　瓤
18 〔ㅏ〕　上養-乃黨　瀼
20 〔ㅣ〕　去宥-女救　糅
21 〔ㅣ〕　上寑-忍甚　恁
21 〔ㅣ〕　去沁-女禁　恁

◎ 〔ㅂ〕의 바뀜 ◎

幇 → 滂
2 〔ㅣ〕　平支-逋眉　鉟
2 〔ㅣ〕　去寘-兵媚　芘
11 〔ㅏ〕　平刪-逋還　扳
12 〔ㅕ〕　平先-卑眠　猵
12 〔ㅕ〕　上銑-補典　扁褊
13 〔ㅕ〕　平蕭-卑遙　飄票
18 〔ㅏ〕　入藥-伯各　薄膊

幇 → 竝
1 〔ㅜ〕　上董-邊孔　菶
2 〔ㅣ〕　平支-逋眉　鉟裨椑
2 〔ㅣ〕　上紙-補委　比㲖否
2 〔ㅣ〕　去寘-兵媚　芘弊比
5 〔ㅜ〕　平模-奔謨　舖

6 〔ㅐ〕　去泰-布怪　敗
7 〔ㄱ〕　去隊-邦妹　背
8 〔ㅣ〕　入質-壁吉　祕鈊
10 〔ㅝ〕　入曷-北末　撥般茇跋
12 〔ㅕ〕　平先-卑眠　編
12 〔ㅕ〕　上銑-補典　扁褊
12 〔ㅕ〕　入屑-必列　別
13 〔ㅕ〕　平蕭-卑遙　票摽藨
16 〔ㅑ〕　去禡-必駕　杷
18 〔ㅑ〕　平陽-搏旁　彭
18 〔ㅑ〕　入藥-伯各　薄
19 〔ㅣ〕　上梗-補永　屛
19 〔ㅣ〕　入陌-必歷　辟

幇 → 明
19 〔ㅢ〕　入陌-博陌　百佰

幇 → 非
11 〔ㅏ〕　平刪-逋還　反

幇 → 奉
19 〔ㅣ〕　平庚-補明　倂屛
19 〔ㅣ〕　上梗-補永　倂倂
19 〔ㅣ〕　去敬-陂病　倂屛

幇 → 淳
2 〔ㅣ〕　去寘-兵媚　祕

幇 → 曉
2 〔ㅣ〕　去寘-兵媚　彎賁

◎ 〔ㅍ〕의 바뀜 ◎

滂 → 幇
2 〔ㅣ〕　平支-篇夷　鉟
2 〔ㅣ〕　上紙-普弭　芘
11 〔ㅏ〕　去諫-普患　扳
12 〔ㅕ〕　平先-紕連　扁褊編
13 〔ㅕ〕　平蕭-紕招　票
18 〔ㅏ〕　入藥-匹各　薄膊

滂 → 竝
2 〔ㅣ〕　平支-篇夷　紕鈚鎞鉟
2 〔ㅣ〕　上紙-普弭　芘

7 〔ㅟ〕　去隊-滂佩　　沛
10 〔ㅓ〕　平寒-蒲官　　拌
10 〔ㅓ〕　去翰-普半　　伴胖
12 〔ㅕ〕　平先-紕連　　扁褊
13 〔ㅕ〕　平蕭-紕招　　票飄
18 〔ㅏ〕　平陽-普郞　　旁
18 〔ㅏ〕　入藥-匹各　　薄
19 〔ㅣ〕　入陌-匹力　　僻擗
20 〔ㅡ〕　上有-普厚　　掊

滂 → 喩
　2 〔ㅣ〕　上紙-普弭　　圯

滂 → 來
18 〔ㅏ〕　入藥-匹各　　濼

◎ 〔ㅃ〕의 바뀜 ◎

竝 → 透
18 〔ㅏ〕　入藥-弼角　　魄

竝 → 幇
　1 〔ㅜ〕　平東-蒲紅　　菶
　2 〔ㅣ〕　平支-蒲弭　　裨 比 鈚 鞞 枇 芘 椑
　2 〔ㅣ〕　上紙-部比　　髀 否
　2 〔ㅣ〕　去寘-毗意　　弊 比 枇
　5 〔ㅜ〕　去暮-薄故　　舖
　6 〔ㅐ〕　去泰-薄邁　　敗
　8 〔ㅣ〕　入質-薄密　　秘 鉍
10 〔ㅓ〕　平寒-蒲官　　般
10 〔ㅓ〕　入曷-蒲撥　　跋 茇 拔
12 〔ㅕ〕　平先-蒲眠　　編
12 〔ㅕ〕　上銑-婢免　　編 扁
12 〔ㅕ〕　入屑-避列　　別
13 〔ㅕ〕　上篠-婢小　　摽 薦
16 〔ㅏ〕　平麻-蒲巴　　杷
16 〔ㅏ〕　去禡-皮駕　　杷
18 〔ㅏ〕　平陽-蒲光　　彷
18 〔ㅏ〕　入藥-弼角　　薄
19 〔ㅣ〕　入陌-毗亦　　辟

竝 → 滂
　2 〔ㅣ〕　平支-蒲弭　　鎞 鞞 芘
　2 〔ㅣ〕　去寘-毗意　　紕

10 〔ㅓ〕　平寒-蒲官　　搬
10 〔ㅓ〕　上旱-蒲滿　　伴拌
12 〔ㅕ〕　上銑-婢免　　扁褊
18 〔ㅏ〕　平陽-蒲光　　旁
18 〔ㅏ〕　入藥-弼角　　薄
19 〔ㅣ〕　入陌-毗亦　　僻
20 〔ㅡ〕　平尤-蒲侯　　掊

竝 → 明
10 〔ㅓ〕　平寒-蒲官　　蹣

竝 → 非
19 〔ㅣ〕　平庚-蒲明　　屏
19 〔ㅣ〕　上梗-部迥　　併
19 〔ㅣ〕　去敬-皮命　　併偋

竝 → 奉
　1 〔ㅜ〕　平東-蒲紅　　逢 芃
18 〔ㅏ〕　平陽-蒲光　　房

竝 → 照
18 〔ㅏ〕　入藥-弼角　　勺

◎ 〔ㅁ〕의 바뀜 ◎

明 → 泥
　3 〔ㅖ〕　平齊-綿兮　　瀰
　3 〔ㅖ〕　上薺-莫禮　　瀰

明 → 幇
19 〔ㅓ〕　入陌-莫白　　陌 百

明 → 竝
10 〔ㅓ〕　平寒-謨官　　蹣

明 → 微
　5 〔ㅜ〕　平模-莫胡　　无
　5 〔ㅜ〕　上暮-莫補　　母
　9 〔ㅜ〕　平文-謨奔　　汶
　9 〔ㅜ〕　入勿-莫勃　　勿
18 〔ㅏ〕　平陽-謨郞　　硭

明 → 曉
　7 〔ㅟ〕　去隊-莫佩　　沬

◎ 〔ㅂ〕의 바뀜 ◎

非 → 幫
　11 〔ㅘ〕　平刪-孚艱　反
　11 〔ㅘ〕　上産-甫版　反

非 → 滂
　20 〔一〕　去宥-敷救　仆

非 → 竝
　18 〔ㅏ〕　平陽-敷房　坊

非 → 奉
　1 〔ㅜ〕　入屋-方六　輹 復
　2 〔ㅣ〕　去寘-芳未　誹
　5 〔ㅜ〕　平模-芳無　夫 扶 苻
　5 〔ㅜ〕　上姥-斐古　父
　5 〔ㅜ〕　去暮-芳故　傅
　18 〔ㅏ〕　去漾-敷亮　防
　20 〔一〕　上有-俯九　芣
　20 〔一〕　去宥-敷救　覆

◎ 〔뼝〕의 바뀜 ◎

奉 → 幫
　2 〔ㅣ〕　平支-符非　貫
　9 〔ㅜ〕　平文-符分　貫

奉 → 竝
　1 〔ㅜ〕　平東-符中　逢 芃
　9 〔ㅜ〕　上吻-房吻　坋
　18 〔ㅏ〕　平陽-符方　房

奉 → 非
　1 〔ㅜ〕　入屋-旁六　復 輹
　2 〔ㅣ〕　平支-符非　誹
　5 〔ㅜ〕　平模-逢夫　扶 夫 苻
　5 〔ㅜ〕　上姥-扶古　父
　5 〔ㅜ〕　去暮-防父　傅 父
　9 〔ㅜ〕　平文-符分　棼
　9 〔ㅜ〕　去問-房問　分

　11 〔ㅘ〕　平刪-符艱　蕃
　11 〔ㅘ〕　去諫-符諫　飯
　18 〔ㅏ〕　平陽-符方　防 坊
　20 〔一〕　去宥-扶富　覆

◎ 〔ㅱ〕의 바뀜 ◎

微 → 明
　5 〔ㅜ〕　平模-微夫　无
　9 〔ㅜ〕　去問-文運　汶
　9 〔ㅜ〕　入勿-文拂　勿
　18 〔ㅏ〕　平陽-無方　芒 硭

微 → 曉
　2 〔ㅣ〕　上紙-無匪　亹
　5 〔ㅜ〕　上姥-岡古　膴
　9 〔ㅜ〕　入勿-文拂　昒

◎ 〔ㅈ〕의 바뀜 ◎

精 → 明
　18 〔ㅏ〕　平陽-茲郎　牂

精 → 精
　9 〔ㅠ〕　去問-祖峻　魏

精 → 淸
　1 〔ㅜ〕　上董-作孔　蓯
　4 〔ㅠ〕　平魚-子余　狙
　7 〔ㅟ〕　平灰-遵綏　崔
　9 〔ㅜ〕　去問-祖峻　挼
　9 〔ㅜ〕　入勿-臧沒　卒
　10 〔ㅝ〕　入曷-子括　撮
　14 〔ㅏ〕　去效-則到　懆
　18 〔ㅑ〕　平陽-資良　將
　18 〔ㅑ〕　去漾-子亮　將
　19 〔ㅣ〕　平庚-子盈　靑
　20 〔一〕　平尤-將侯　鰍
　21 〔ㅣ〕　去沁-子鴆　梫

精 → 從
　2 〔一〕　平支-津私　茲 葇 茈
　2 〔一〕　上紙-祖似　玼

   4 〔ㅠ〕   平魚-子余   且
   7 〔ㅟ〕   平灰-遵綏   崔
   7 〔ㅟ〕   去隊-將遂   蕞
   8 〔ㅣ〕   上軫-卽忍   盡
   9 〔ㅜ〕   去問-祖峻   鱒
  10 〔ㅝ〕   上旱-作管   鄼
  12 〔ㅕ〕   上銑-子踐   錢
  13 〔ㅕ〕   平蕭-茲消   噍 樵
  18 〔ㅏ〕   入藥-卽各   鑿
  19 〔ㅡ〕   平庚-咨登   曾
  23 〔ㅕ〕   平鹽-將廉   漸 蔪
  23 〔ㅕ〕   入葉-卽涉   接 健

精 → 心
   7 〔ㅟ〕   平灰-遵綏   嗺
   7 〔ㅟ〕   去隊-將遂   晬
   9 〔ㅠ〕   去問-祖峻   駿
  22 〔ㅏ〕   入合-作荅   嗾 嗖

精 → 照
   1 〔ㅜ〕   上董-作孔   縱
   2 〔ㅡ〕   上紙-祖似   第

精 → 穿
   9 〔ㅠ〕   入勿-卽律   卒

精 → 牀
  21 〔ㅣ〕   去沁-子鴆   湛

精 → 審
  14 〔ㅏ〕   上巧-子皓   繰 繰

精 → 影
  21 〔ㅣ〕   入緝-尺入   揖

精 → 喩
   8 〔ㅣ〕   去震-卽刃   枸

◎ 〔ㅊ〕의 바뀜 ◎

淸 → 精
   1 〔ㅜ〕   平東-倉紅   從 葼
   4 〔ㅠ〕   去御-七慮   狙
   7 〔ㅟ〕   平灰-倉回   崔

---

   9 〔ㅠ〕   平文-七倫   魏 挼
   9 〔ㅜ〕   入勿-蒼沒   卒
  10 〔ㅝ〕   入曷-倉括   撮
  14 〔ㅏ〕   上巧-采早   懆
  19 〔ㅣ〕   平庚-七情   靑
  21 〔ㅣ〕   平侵-七林   祲

淸 → 淸
  18 〔ㅑ〕   平陽-千羊   搶 鶬
  18 〔ㅑ〕   上養-七兩   搶
  20 〔ㅡ〕   上有-此苟   鯫

淸 → 從
   2 〔ㅡ〕   上紙-雌氏   玭
   5 〔ㅜ〕   平模-倉胡   粗
   7 〔ㅟ〕   平灰-倉回   崔
   7 〔ㅟ〕   上賄-取猥   濯
   9 〔ㅠ〕   平文-七倫   蹲
  15 〔ㅓ〕   去箇-昨禾   銼

淸 → 心
  13 〔ㅕ〕   去嘯-七肖   硝
  14 〔ㅏ〕   上巧-采早   愺
  20 〔ㅡ〕   去宥-千候   嗾

淸 → 邪
  19 〔ㅣ〕   上梗-七靜   請

淸 → 照
   9 〔ㅠ〕   入勿-促律   焌

淸 → 牀
  14 〔ㅏ〕   去效-七到   造
  15 〔ㅓ〕   平歌-倉何   嵯 磋
  22 〔ㅏ〕   去勘-七紺   儳

淸 → 審
   7 〔ㅟ〕   平灰-倉回   衰

◎ 〔ㅉ〕의 바뀜 ◎

從 → 淸
   2 〔ㅡ〕   平支-才資   薺

從 → 精
   2 〔ㅡ〕 平支-才資　茲 玼
   2 〔ㅡ〕 去寘-疾二　孳
   6 〔ㅐ〕 平皆-牆來　裁
   7 〔ㅟ〕 平灰-徂回　崔
   8 〔ㅣ〕 上軫-慈忍　盡
   8 〔ㅣ〕 去震-齊進　盡
   9 〔ㅜ〕 上吻-徂本　鱒
  10 〔ㅝ〕 平寒-徂官　酇
  12 〔ㅕ〕 平先-才先　錢
  13 〔ㅕ〕 平蕭-慈消　憔
  13 〔ㅕ〕 去嘯-在笑　噍
  23 〔ㅕ〕 上琰-秦冉　漸 蔪 蔪
  23 〔ㅕ〕 入葉-疾葉　偛 接

從 → 淸
   1 〔ㅠ〕 平東-牆容　從
   1 〔ㅠ〕 去送-才仲　從
   2 〔ㅡ〕 平支-才資　玼
   5 〔ㅜ〕 上姥-坐五　粗
   7 〔ㅟ〕 平灰-徂回　崔 漼
   7 〔ㅟ〕 去隊-秦醉　蕞 襊 寂
  14 〔ㅏ〕 上巧-在早　造
  15 〔ㅝ〕 平歌-昨禾　銼
  15 〔ㅓ〕 去箇-才臥　磋 蹉
  18 〔ㅏ〕 入藥-疾各　鑿
  19 〔ㅣ〕 去敬-疾正　請

從 → 照
   4 〔ㅠ〕 上語-慈庾　且

從 → 牀
  11 〔ㅏ〕 上産-在簡　棧
  22 〔ㅏ〕 上感-徂感　劃

從 → 喩
  20 〔ㅣ〕 平尤-慈秋　蝤

◎ 〔ㅅ〕의 바꿈 ◎

心 → 溪
  12 〔ㅕ〕 入屑-先結　契

心 → 精

---

   7 〔ㅟ〕 平灰-蘇回　嗺
   7 〔ㅟ〕 去隊-須銳　晬
   9 〔ㅠ〕 去問-須閏　駿
  14 〔ㅏ〕 平爻-蘇曹　繰 繰

心 → 淸
   7 〔ㅟ〕 平灰-蘇回　挼
  13 〔ㅕ〕 平蕭-先彫　哨
  14 〔ㅏ〕 平爻-蘇曹　憿
  20 〔ㅡ〕 上有-蘇后　嗾
  20 〔ㅡ〕 去宥-先奏　嗾

心 → 照
  12 〔ㅖ〕 入屑-蘇絶　蜥

心 → 穿
   4 〔ㅠ〕 去御-息據　絮

心 → 審
  20 〔ㅡ〕 上有-蘇后　叟

心 → 曉
   7 〔ㅟ〕 平灰-蘇回　睢

心 → 匣
   7 〔ㅟ〕 去隊-須銳　繐

心 → 喩
   2 〔ㅡ〕 去寘-息漬　食
   4 〔ㅠ〕 去御-息據　絮
  20 〔ㅣ〕 去宥-息救　琇

心 → 來
   3 〔ㅖ〕 上薺-想里　纚

心 → 日
   7 〔ㅟ〕 平灰-蘇回　綏
  18 〔ㅑ〕 平陽-息良　箱

◎ 〔ㅆ〕의 바꿈 ◎

邪 → 群
   2 〔ㅡ〕 上紙-詳子　俟

邪 → 從
　7　〔ㅟ〕　平灰-旬威　　隨

邪 → 禪
　23　〔ㅕ〕　平鹽-徐廉　　撏

邪 → 禪
　9　〔ㅠ〕　平文-詳倫　　揗

邪 → 喩
　2　〔ㅡ〕　上紙-詳子　　巳
　4　〔ㅠ〕　上語-象呂　　萸
　12　〔ㅕ〕　去霰-似面　　羨
　17　〔ㅕ〕　平遮-徐嗟　　邪 斜
　20　〔ㅣ〕　去宥-似救　　褎

邪 → 日
　9　〔ㅠ〕　平文-詳倫　　揗

◎ 〔ㅈ〕의 바뀜 ◎

照 → 見
　1　〔ㅠ〕　平東-陟隆　　蚣

照 → 群
　2　〔ㅣ〕　平支-旨而　　祇
　2　〔ㅣ〕　上紙-諸氏　　坻
　13　〔ㅕ〕　平蕭-之遙　　招

照 → 端
　1　〔ㅠ〕　入屋-之六　　竺
　7　〔ㅟ〕　平灰-朱惟　　追
　19　〔ㅓ〕　平庚-甾耕　　玎
　23　〔ㅕ〕　入葉-質涉　　慴褶

照 → 透
　19　〔ㅓ〕　入陌-側格　　摘摘

照 → 定
　9　〔ㅠ〕　平文-朱倫　　屯
　9　〔ㅠ〕　上吻-之允　　純

照 → 泥
　12　〔ㅕ〕　上銑-之輦　　襢

19　〔ㅓ〕　平庚-甾耕　　丁

照 → 竝
　18　〔ㅑ〕　入藥-職略　　礿

照 → 精
　2　〔ㅣ〕　去寘-支義　　第

照 → 清
　18　〔ㅑ〕　去漾-陟降　　憂

照 → 心
　12　〔ㅕ〕　入屑-之列　　蜇

照 → 邪
　9　〔ㅠ〕　上吻-之允　　純
　21　〔ㅣ〕　平侵-諸深　　椹

照 → 照
　7　〔ㅟ〕　去隊-之瑞　　錘
　16　〔ㅏ〕　平麻-莊加　　樝

照 → 穿
　4　〔ㅠ〕　上語-腫庾　　褚
　8　〔ㅣ〕　上軫-止忍　　疹
　12　〔ㅖ〕　入屑-朱劣　　啜
　19　〔ㅓ〕　去敬-側迸　　掙 偵 遉

照 → 牀
　2　〔ㅣ〕　平支-旨而　　沘 媞
　4　〔ㅠ〕　平魚-專於　　藷
　4　〔ㅠ〕　上語-腫庾　　柱 紵
　4　〔ㅠ〕　去御-陟慮　　著
　5　〔ㅜ〕　上姥-壯所　　鉏
　8　〔ㅣ〕　上軫-止忍　　診
　8　〔ㅣ〕　去震-之刃　　塡
　9　〔ㅡ〕　平文-側詵　　榛
　12　〔ㅕ〕　平先-諸延　　遭
　12　〔ㅖ〕　去霰-株戀　　傳
　13　〔ㅕ〕　平蕭-之遙　　朝
　16　〔ㅏ〕　上馬-側下　　苴
　18　〔ㅑ〕　上養-止兩　　張
　18　〔ㅏ〕　去漾-陟降　　撞
　18　〔ㅑ〕　入藥-職略　　著
　19　〔ㅓ〕　入陌-側格　　摘

22 〔ㅏ〕　平覃-知咸　　詀
22 〔ㅏ〕　上感-側減　　劖

照 → 審
8 〔ㅣ〕　去震-之刃　　娠

照 → 禪
1 〔ㅠ〕　入屋-之六　　屬
2 〔ㅣ〕　平支-旨而　　氏
4 〔ㅠ〕　去御-陟慮　　澍
12 〔ㅕ〕　入屑-之列　　折
13 〔ㅕ〕　平蕭-之遙　　昭

照 → 來
14 〔ㅏ〕　上巧-側絞　　獠獠

照 → 日
7 〔ㅟ〕　上賄-主藥　　蓷

◎ 〔ㅊ〕의 바뀜 ◎

穿 → 透
7 〔ㅟ〕　平灰-昌垂　　抽

穿 → 泥
20 〔ㅣ〕　上有-齒九　　杻

穿 → 心
2 〔ㅡ〕　去寘-昌智　　翅
4 〔ㅠ〕　去御-昌據　　絮

穿 → 照
4 〔ㅠ〕　上語-敞呂　　褚
8 〔ㅣ〕　去震-丑刃　　疹
18 〔ㅏ〕　平陽-初莊　　薵
18 〔ㅏ〕　去漾-楚浪　　倉
19 〔ㅣ〕　平庚-丑成　　遉偵
19 〔ㅢ〕　平庚-抽庚　　撑
19 〔ㅣ〕　去敬-丑正　　遉偵

穿 → 牀
2 〔ㅣ〕　上紙-昌止　　褫
12 〔ㅕ〕　入屑-勅列　　徹撤
20 〔ㅣ〕　上有-齒九　　讎

21 〔ㅣ〕　平侵-丑森　　參
21 〔ㅣ〕　入緝-尺入　　蟄
22 〔ㅏ〕　平覃-初銜　　鑱

穿 → 審
1 〔ㅠ〕　去送-丑用　　憃

穿 → 曉
1 〔ㅠ〕　入屋-昌六　　畜
20 〔ㅣ〕　去宥-尺救　　嘼

穿 → 喩
2 〔ㅣ〕　去寘-丑吏　　眙

穿 → 日
4 〔ㅠ〕　去御-昌據　　絮

◎ 〔ㅉ〕의 바뀜 ◎

牀 → 溪
22 〔ㅏ〕　平覃-鋤咸　　傪

牀 → 端
7 〔ㅟ〕　平灰-直追　　鎚槌搥
7 〔ㅟ〕　去隊-直類　　磓
19 〔ㅣ〕　入陌-直隻　　蹢
22 〔ㅏ〕　上感-丈減　　湛
22 〔ㅏ〕　去勘-士監　　湛

牀 → 透
19 〔ㅣ〕　入陌-直隻　　擿

牀 → 定
1 〔ㅠ〕　上董-直隴　　峒
1 〔ㅠ〕　入屋-直六　　蠋碡
7 〔ㅟ〕　平灰-直追　　䮦
19 〔ㅢ〕　入陌-直格　　翟

牀 → 泥
23 〔ㅕ〕　入葉-直涉　　聂

牀 → 清
18 〔ㅏ〕　平陽-助莊　　撞
22 〔ㅏ〕　去勘-士監　　鑱

牀 → 從
11 〔ㅏ〕 去諫-丈襇 棧

牀 → 照
2 〔ㅣ〕 平支-陳知 坁 泜
2 〔ㅣ〕 上紙-丈几 泜
4 〔ㅠ〕 平魚-長魚 藷
4 〔ㅠ〕 上語-腫庚 柱
4 〔ㅠ〕 去御-治據 著 柱
5 〔ㅜ〕 平模-叢租 鉏
7 〔ㅟ〕 平灰-直追 鎚
7 〔ㅟ〕 去隊-直類 鎚
8 〔ㅣ〕 平眞-池隣 塡
8 〔ㅣ〕 去震-直刃 紾
9 〔ㅡ〕 平文-鉏臻 榛
12 〔ㅕ〕 去霰-除戀 邅
12 〔ㅖ〕 去霰-柱戀 傳
13 〔ㅕ〕 平蕭-馳遙 朝
16 〔ㅏ〕 平麻-鋤加 楂 苴
18 〔ㅑ〕 平陽-陳羊 長
18 〔ㅑ〕 去漾-直亮 長
18 〔ㅑ〕 入藥-直略 著
19 〔ㅣ〕 入陌-直隻 擿
21 〔ㅣ〕 平侵-持林 湛
22 〔ㅏ〕 去勘-士監 詀

牀 → 穿
2 〔ㅣ〕 平支-陳知 褫
2 〔ㅣ〕 去寘-直意 褫
12 〔ㅕ〕 入屑-直列 徹 撤
20 〔ㅣ〕 平尤-除留 魗
21 〔ㅣ〕 入緝-直入 蟄
22 〔ㅏ〕 去勘-士監 儳

牀 → 審
18 〔ㅑ〕 平陽-陳羊 場
21 〔ㅣ〕 平侵-持林 沈

牀 → 禪
7 〔ㅟ〕 平灰-直追 垂 陲 倕
12 〔ㅕ〕 平先-呈延 單 禪
13 〔ㅕ〕 去嘯-直笑 召
18 〔ㅑ〕 平陽-陳羊 尙
19 〔ㅣ〕 平庚-時征 乘 盛

牀 → 曉
11 〔ㅏ〕 去諫-丈襇 袒

牀 → 喩
8 〔ㅣ〕 上軫-直忍 紖
19 〔ㅓ〕 入陌-直格 𦊦
23 〔ㅕ〕 入葉-直涉 殜

◎ 〔ㅅ〕의 바뀜 ◎

審 → 疑
12 〔ㅖ〕 入屑-輸爇 說

審 → 端
19 〔ㅣ〕 入陌-施隻 適

審 → 透
7 〔ㅟ〕 去隊-輸芮 蛻
18 〔ㅑ〕 平陽-尸羊 湯

審 → 淸
7 〔ㅟ〕 平灰-所追 衰

審 → 照
8 〔ㅣ〕 平眞-升人 娠

審 → 穿
1 〔ㅠ〕 平東-書容 憃
2 〔ㅣ〕 去寘-式至 翅
21 〔ㅡ〕 平侵-疏簪 參

審 → 牀
18 〔ㅑ〕 平陽-尸羊 場
21 〔ㅣ〕 上寢-式荏 沈

審 → 禪
4 〔ㅠ〕 平魚-商居 輸

審 → 曉
18 〔ㅑ〕 去漾-式亮 向
19 〔ㅣ〕 入陌-施隻 奭

審 → 匣

| 16 | 〔ㅏ〕 | 去禡-所嫁 | 廈 |

審 → 喩
2	〔ㅣ〕	平支-申之	施
2	〔ㅣ〕	去寘-式至	施
12	〔ㅕ〕	平先-尸連	埏
23	〔ㅕ〕	入葉-失涉	葉

審 → 來
| 9 | 〔ㅜ〕 | 入勿-朔律 | 率 |
| 18 | 〔ㅏ〕 | 平陽-師莊 | 瀧 |

◎ 〔ㅅ〕의 바뀜 ◎

禪 → 見
| 9 | 〔ㅠ〕 | 入勿-食律 | 繘 |

禪 → 群
| 2 | 〔ㅣ〕 | 去寘-時吏 | 示 |
| 13 | 〔ㅕ〕 | 去嘯-實照 | 劭 |

禪 → 定
| 1 | 〔ㅜ〕 | 入屋-神六 | 韣 襡 |
| 9 | 〔ㅠ〕 | 平文-殊倫 | 純 |

禪 → 邪
| 9 | 〔ㅠ〕 | 去問-食閏 | 揗 |
| 23 | 〔ㅕ〕 | 平鹽-時占 | 憛 |

禪 → 照
1	〔ㅜ〕	入屋-神六	屬
2	〔ㅣ〕	上紙-上紙	氏
4	〔ㅠ〕	去御-殊遇	澍
9	〔ㅠ〕	平文-殊倫	純
12	〔ㅕ〕	入屑-食列	折
13	〔ㅕ〕	平蕭-時召	昭
18	〔ㅑ〕	入藥-裳灼	勺

禪 → 穿
| 2 | 〔ㅣ〕 | 平支-辰之 | 翅 褆 |

禪 → 牀
| 12 | 〔ㅕ〕 | 上銑-上演 | 單 |
| 12 | 〔ㅕ〕 | 去霰-時戰 | 禪 |

13	〔ㅕ〕	去嘯-實照	召
18	〔ㅑ〕	去漾-時亮	尙
19	〔ㅣ〕	去敬-時正	盛 乘

禪 → 審
| 2 | 〔ㅣ〕 | 去寘-時吏 | 寺 |

禪 → 喩
9	〔ㅠ〕	入勿-食律	潏 繘
17	〔ㅕ〕	去蔗-神夜	射
19	〔ㅣ〕	入陌-裳隻	射

禪 → 日
| 9 | 〔ㅠ〕 | 去問-食閏 | 揗 楯 |

◎ 〔ㅎ〕의 바뀜 ◎

影 → 見
10	〔ㅓ〕	入曷-烏活	斡
12	〔ㅖ〕	入屑-一決	抉
22	〔ㅑ〕	入合-乙甲	押

影 → 溪
| 20 | 〔ㅡ〕 | 平尤-烏侯 | 區 |

影 → 群
| 12 | 〔ㅖ〕 | 平先-縈圓 | 蜎 |

影 → 泥
| 7 | 〔ㅟ〕 | 去隊-烏胃 | 餒 |

影 → 照
| 21 | 〔ㅣ〕 | 入緝-一入 | 揖 |

影 → 影
9	〔ㅜ〕	平文-烏昆	溫 縕
9	〔ㅜ〕	去問-於問	搵
9	〔ㅜ〕	入勿-烏骨	榅 搵

影 → 曉
| 6 | 〔ㅐ〕 | 平皆-於開 | 唉 |

影 → 喩
| 1 | 〔ㅠ〕 | 平東-於容 | 雍 |

1 〔ㅠ〕 去送-於用 甕
4 〔ㅠ〕 平魚-衣虛 迂 迃
7 〔ㅟ〕 上賄-烏賄 塢
12 〔ㅕ〕 平先-因扁 焉
23 〔ㅕ〕 平鹽-衣炎 腌 厭
23 〔ㅕ〕 上琰-於檢 厭 黶 醶
23 〔ㅕ〕 去艷-於艷 厭

影 → 日
7 〔ㅟ〕 平灰-烏魁 痿

◎ 〔ㅎ〕의 바뀜 ◎

曉 → 見
9 〔ㅠ〕 入勿-休筆 獝
18 〔ㅘ〕 入藥-忽郭 彉 懼
20 〔ㅡ〕 去宥-許候 詬

曉 → 溪
14 〔ㅏ〕 平爻-呼高 蔽
14 〔ㅑ〕 平爻-虛交 嘐
22 〔ㅑ〕 上感-虎覽 闞

曉 → 群
1 〔ㅠ〕 平東-許容 蝆
2 〔ㅣ〕 去寘-許意 墍

曉 → 疑
8 〔ㅣ〕 平眞-許斤 訢
19 〔ㅖ〕 入陌-呼昊 減

曉 → 泥
14 〔ㅏ〕 平爻-呼高 撓

曉 → 明
7 〔ㅟ〕 去隊-呼對 沬

曉 → 微
5 〔ㅜ〕 平模-荒胡 膴
9 〔ㅜ〕 入勿-呼骨 智

曉 → 心
7 〔ㅟ〕 平灰-呼回 睢
7 〔ㅟ〕 去隊-呼對 睢

曉 → 穿
1 〔ㅠ〕 入屋-許六 畜
20 〔ㅣ〕 去宥-許救 嗅

曉 → 審
18 〔ㅑ〕 去漾-許亮 向
19 〔ㅣ〕 入陌-迄逆 虩

曉 → 影
6 〔ㅐ〕 平皆-呼來 唉

曉 → 匣
5 〔ㅜ〕 平模-荒胡 摩 葫
10 〔ㅓ〕 去翰-呼玩 漶
16 〔ㅘ〕 平麻-呼瓜 華
20 〔ㅡ〕 去宥-許候 詬

曉 → 喩
4 〔ㅠ〕 平魚-休居 芌
7 〔ㅟ〕 平灰-呼回 褘
9 〔ㅠ〕 平文-許云 煇
9 〔ㅠ〕 入勿-休筆 矞

曉 → 來
23 〔ㅕ〕 平鹽-虛嚴 薟 簽
23 〔ㅕ〕 上琰-虛檢 獫

◎ 〔ㆅ〕의 바뀜 ◎

匣 → 見
1 〔ㅜ〕 平東-胡公 烘
3 〔ㅖ〕 去霽-胡計 繫 係
5 〔ㅜ〕 上姥-侯古 雇 酤
6 〔ㅐ〕 平皆-何開 頦
6 〔ㅐ〕 平皆-雄皆 湝
6 〔ㅐ〕 上解-胡買 解 蟹
6 〔ㅐ〕 去泰-下戒 解
6 〔ㅙ〕 去泰-華賣 壞
7 〔ㅟ〕 平灰-胡瑰 瑰
7 〔ㅟ〕 去隊-胡對 會
9 〔ㅜ〕 平文-胡昆 昆
9 〔ㅜ〕 上吻-湖本 混
9 〔ㅡ〕 入勿-下沒 麧

9 〔ㅜ〕　　入勿-胡骨　　淈 搰
10 〔ㅓ〕　　平寒-河干　　翰
10 〔ㅝ〕　　上旱-胡管　　莞
10 〔ㅝ〕　　入曷-戶括　　活 佸 括
11 〔ㅑ〕　　平刪-何艱　　閒 瞷
11 〔ㅘ〕　　去諫-下患　　擐
12 〔ㅕ〕　　去霰-形甸　　見
12 〔ㅕ〕　　入屑-胡結　　絜
14 〔ㅑ〕　　平爻-何交　　筊
14 〔ㅏ〕　　上巧-胡老　　皓 暠 浩
14 〔ㅑ〕　　去效-胡敎　　校
15 〔ㅓ〕　　平歌-寒歌　　荷
16 〔ㅑ〕　　平麻-何加　　瘕
18 〔ㅑ〕　　平陽-胡江　　降
19 〔ㅣ〕　　平庚-何庚　　恒
19 〔ㅞ〕　　上梗-胡猛　　卝
19 〔ㅓ〕　　入陌-胡得　　格
20 〔ㅡ〕　　去宥-胡茂　　詬
22 〔ㅏ〕　　入合-胡閤　　合 蓋
22 〔ㅑ〕　　入合-胡夾　　蛺
23 〔ㅕ〕　　入葉-胡頰　　夾

匣 → 溪
5 〔ㅜ〕　　上姥-侯古　　㭗
6 〔ㅐ〕　　平皆-何開　　咳
9 〔ㅜ〕　　入勿-胡骨　　搰
22 〔ㅑ〕　　去勘-乎籀　　坩

匣 → 疑
19 〔ㅝ〕　　入陌-穫北　　蔮
22 〔ㅏ〕　　上感-戶感　　頷

匣 → 泥
12 〔ㅕ〕　　去霰-形甸　　晛

匣 → 心
7 〔ㅟ〕　　去隊-胡對　　繐

匣 → 審
16 〔ㅑ〕　　上馬-亥雅　　廈

匣 → 曉
5 〔ㅜ〕　　平模-洪狐　　胡 㷀
10 〔ㅓ〕　　上旱-胡管　　澅
16 〔ㅘ〕　　平麻-胡瓜　　華

16 〔ㅘ〕　　去禡-胡挂　　華
20 〔ㅡ〕　　去宥-胡茂　　詬

匣 → 喩
9 〔ㅜ〕　　平文-胡昆　　餫

匣 → 來
22 〔ㅑ〕　　上感-下斬　　濫

◎ 〔ㅇ〕의 바뀜 ◎

喩 → 見
1 〔ㅠ〕　　入屋-余六　　谷
7 〔ㅟ〕　　平灰-于嬀　　溈
9 〔ㅠ〕　　平文-于分　　昀
9 〔ㅠ〕　　入勿-以律　　繘
13 〔ㅕ〕　　平蕭-餘招　　僥
18 〔ㅘ〕　　去漾-于放　　迋

喩 → 溪
18 〔ㅘ〕　　去漾-于放　　迋

喩 → 群
2 〔ㅣ〕　　上紙-養里　　錡
18 〔ㅘ〕　　去漾-于放　　迋

喩 → 疑
6 〔ㅐ〕　　平皆-宜皆　　睚
8 〔ㅣ〕　　上軫-以忍　　蚓
12 〔ㅖ〕　　平先-于權　　援 媛
12 〔ㅕ〕　　去霰-倪甸　　讞
19 〔ㅣ〕　　平庚-餘輕　　迎

喩 → 端
23 〔ㅕ〕　　入葉-弋涉　　揲

喩 → 透
1 〔ㅠ〕　　上董-尹竦　　桶
13 〔ㅕ〕　　平蕭-餘招　　銚

喩 → 定
1 〔ㅠ〕　　上董-尹竦　　箭
7 〔ㅟ〕　　去隊-于位　　銳
13 〔ㅕ〕　　平蕭-餘招　　銚

喩 → 滂
　　2 〔ㅣ〕　平支-延知　　坯

喩 → 精
　　8 〔ㅣ〕　去震-羊進　　柧

喩 → 從
　　20 〔ㅣ〕　平尤-于求　　蝤

喩 → 心
　　2 〔ㅣ〕　去寘-以智　　食
　　20 〔ㅣ〕　上有-云九　　琇
　　23 〔ㅕ〕　上琰-以冄　　剡

喩 → 邪
　　2 〔ㅣ〕　上紙-養里　　已
　　4 〔ㅠ〕　去御-羊茹　　蕷
　　12 〔ㅕ〕　去霰-倪甸　　羨
　　17 〔ㅕ〕　平遮-于遮　　邪 斜
　　20 〔ㅣ〕　去宥-爰救　　褎 裒

喩 → 照
　　1 〔ㅠ〕　入屋-余六　　鬻

喩 → 穿
　　1 〔ㅠ〕　平東-以中　　傭
　　2 〔ㅣ〕　平支-延知　　眙

喩 → 牀
　　8 〔ㅣ〕　去震-羊進　　紉
　　19 〔ㅣ〕　入陌-夷益　　斁
　　23 〔ㅕ〕　入葉-弋涉　　殜

喩 → 審
　　2 〔ㅣ〕　平支-延知　　施
　　2 〔ㅣ〕　去寘-以智　　施
　　12 〔ㅕ〕　平先-夷然　　埏
　　23 〔ㅕ〕　入葉-弋涉　　葉

喩 → 禪
　　9 〔ㅠ〕　入勿-以律　　繘
　　17 〔ㅕ〕　去蔗-寅射　　射
　　19 〔ㅣ〕　入陌-夷益　　射

喩 → 影
　　1 〔ㅠ〕　上董-尹竦　　擁
　　7 〔ㅟ〕　平灰-于嬀　　壝
　　7 〔ㅟ〕　去隊-于位　　壝
　　9 〔ㅠ〕　去問-禹慍　　煇
　　12 〔ㅕ〕　平先-夷然　　焉 緣 蜵
　　19 〔ㅟ〕　平庚-于平　　瑩
　　23 〔ㅕ〕　入葉-弋涉　　厭 魘 魔 腌

喩 → 曉
　　4 〔ㅠ〕　去御-羊茹　　芌
　　9 〔ㅠ〕　去問-禹慍　　煇
　　19 〔ㅟ〕　平庚-于平　　縈

喩 → 匣
　　9 〔ㅠ〕　去問-禹慍　　餫

喩 → 來
　　1 〔ㅠ〕　入屋-余六　　谷
　　7 〔ㅟ〕　去隊-于位　　蜼 雅
　　18 〔ㅑ〕　入藥-弋灼　　樂

◎ 〔ㄹ〕의 바뀜 ◎

來 → 見
　　1 〔ㅜ〕　入屋-盧谷　　谷
　　19 〔ㅣ〕　入陌-郎狄　　鬲

來 → 溪
　　23 〔ㅕ〕　平鹽-力鹽　　濂

來 → 滂
　　18 〔ㅏ〕　入藥-歷各　　濼

來 → 心
　　3 〔ㅖ〕　平齊-隣溪　　纚

來 → 照
　　14 〔ㅏ〕　上巧-魯皓　　獠 獠

來 → 穿
　　9 〔ㅠ〕　入勿-劣戌　　率

來 → 審

9 〔ㅠ〕 入勿-劣戌 率
18 〔ㅏ〕 平陽-魯堂 瀧

來 → 曉
23 〔ㅕ〕 平鹽-力鹽 薕
23 〔ㅕ〕 上琰-力冄 薕 薟
23 〔ㅕ〕 去艶-力驗 獫

來 → 匣
22 〔ㅏ〕 去勘-魯瞰 濫

來 → 喩
1 〔ㅜ〕 入屋-盧谷 谷
7 〔ㅟ〕 上賄-魯猥 蜼 雅
18 〔ㅏ〕 入藥-歷各 樂

◎ 〔ㅿ〕의 바뀜 ◎

日 → 定
9 〔ㅠ〕 上吻-乳允 盾

日 → 泥
13 〔ㅕ〕 平蕭-如招 嬈
13 〔ㅕ〕 上篠-爾紹 嬈
18 〔ㅑ〕 平陽-如羊 瀼 瓤
20 〔ㅣ〕 去宥-如又 糅
21 〔ㅣ〕 上寢-忍甚 恁

日 → 心
4 〔ㅠ〕 平魚-人余 絮
7 〔ㅟ〕 平灰-如佳 綏
18 〔ㅑ〕 平陽-如羊 纕

日 → 邪
9 〔ㅠ〕 上吻-乳允 揗

日 → 穿
4 〔ㅠ〕 平魚-人余 絮

日 → 禪
9 〔ㅠ〕 上吻-乳允 楯 揗

日 → 影
7 〔ㅟ〕 平灰-如佳 痿

중현자 성모 통계

ㄱ : ㄱ$_1$ ㅋ$_{23}$ ㄲ$_{24}$ ㆁ$_5$ ㅈ$_1$ ㅆ$_1$ ㆆ$_3$ ㅎ$_5$ ㆅ$_{50}$ ㅇ$_7$ ㄹ$_2$

ㅋ : ㄱ$_{19}$ ㄲ$_8$ ㆁ$_4$ ㅈ$_1$ ㅅ$_1$ ㆆ$_1$ ㅎ$_2$ ㆅ$_6$ ㅇ$_1$ ㄹ$_1$

ㄲ : ㄱ$_{30}$ ㅋ$_8$ ㅆ$_1$ ㅈ$_2$ ㅆ$_2$ ㆆ$_1$ ㅎ$_2$ ㅇ$_3$

ㆁ : ㄱ$_1$ ㅋ$_2$ ㅅ$_2$ ㆆ$_1$ ㅎ$_2$ ㆅ$_1$ ㅇ$_7$

ㄷ : ㅌ$_2$ ㄸ$_{14}$ ㄴ$_1$ ㅉ$_1$ ㅈ$_5$ ㅊ$_1$ ㅉ$_6$ ㅅ$_1$ ㅇ$_1$

ㅌ : ㄷ$_2$ ㄸ$_{31}$ ㄴ$_2$ ㅃ$_1$ ㅅ$_1$ ㅈ$_2$ ㅊ$_1$ ㅉ$_1$ ㅅ$_2$ ㅇ$_2$

ㄸ : ㅋ$_1$ ㄷ$_{13}$ ㅌ$_{29}$ ㅉ$_1$ ㅈ$_3$ ㅉ$_5$ ㅆ$_3$ ㅇ$_3$ ㅿ$_1$

ㄴ : ㄷ$_1$ ㅌ$_2$ ㅁ$_1$ ㅅ$_1$ ㅈ$_1$ ㅊ$_1$ ㅉ$_1$ ㆆ$_1$ ㅎ$_3$ ㆅ$_1$ ㅿ$_6$

ㅂ : ㅍ$_{10}$ ㅃ$_{31}$ ㅁ$_2$ ㅸ$_1$ ㅹ$_6$ ㅈ$_1$ ㅎ$_2$

ㅍ : ㅂ$_9$ ㅃ$_{18}$ ㅇ$_1$ ㄹ$_1$

ㅃ : ㅌ$_1$ ㅂ$_{32}$ ㅍ$_{13}$ ㅁ$_1$ ㅸ$_4$ ㅹ$_3$ ㅈ$_1$

ㅁ : ㄴ$_2$ ㅂ$_2$ ㅃ$_1$ ㅱ$_5$ ㅎ$_1$

ㅸ : ㅂ$_2$ ㅍ$_1$ ㅃ$_1$ ㅹ$_{11}$

ㅹ : ㅂ$_2$ ㅃ$_4$ ㅸ$_{16}$

ㅱ : ㅁ$_5$ ㅎ$_3$

ㅈ : ㅁ$_1$ ㅈ$_1$ ㅊ$_{12}$ ㅉ$_{19}$ ㅅ$_5$ ㅈ$_2$ ㅊ$_1$ ㅉ$_1$ ㅅ$_2$ ㆆ$_1$ ㅇ$_1$

ㅊ : ㅈ$_{11}$ ㅊ$_4$ ㅉ$_6$ ㅅ$_3$ ㅆ$_1$ ㅈ$_1$ ㅉ$_4$ ㅅ$_1$

ㅉ : ㅍ$_1$ ㅈ$_{16}$ ㅊ$_{15}$ ㅈ$_1$ ㅉ$_2$ ㅇ$_1$

ㅅ : ㅋ$_1$ ㅈ$_5$ ㅊ$_5$ ㅈ$_1$ ㅊ$_1$ ㅅ$_1$ ㆆ$_1$ ㆅ$_1$ ㅇ$_3$ ㄹ$_1$ ㅿ$_2$

ㅆ : ㄲ$_1$ ㅉ$_1$ ㅆ$_1$ ㅆ$_1$ ㅇ$_6$ ㅿ$_1$

ㅈ : ㄱ$_1$ ㄲ$_3$ ㄷ$_5$ ㅌ$_2$ ㄸ$_2$ ㄴ$_2$ ㅃ$_1$ ㅈ$_1$ ㅊ$_1$ ㅅ$_1$ ㅆ$_2$ ㅈ$_2$ ㅊ$_6$ ㅉ$_{20}$ ㅅ$_1$ ㅆ$_5$ ㄹ$_2$ ㅿ$_1$

ㅊ : ㅌ$_1$ ㄴ$_1$ ㅅ$_2$ ㅈ$_9$ ㅉ$_7$ ㅅ$_1$ ㅎ$_2$ ㅇ$_1$ ㅿ$_1$

ㅉ : ㅋ$_1$ ㄷ$_7$ ㅌ$_1$ ㄸ$_5$ ㄴ$_1$ ㅊ$_2$ ㅉ$_1$ ㅈ$_{24}$ ㅊ$_7$ ㅅ$_2$ ㅆ$_9$ ㅎ$_1$ ㅇ$_3$

ㅅ : ㆁ$_1$ ㄷ$_1$ ㅌ$_2$ ㅊ$_1$ ㅈ$_1$ ㅊ$_3$ ㅉ$_2$ ㅆ$_1$ ㅎ$_2$ ㆅ$_1$ ㅇ$_4$ ㄹ$_2$

ㅆ : ㄱ$_1$ ㄲ$_2$ ㄸ$_3$ ㅆ$_2$ ㅈ$_7$ ㅊ$_2$ ㅉ$_6$ ㅅ$_1$ ㅇ$_4$ ㅿ$_2$

ㆆ : ㄱ$_3$ ㅋ$_1$ ㄲ$_1$ ㄴ$_1$ ㅈ$_1$ ㆆ$_5$ ㅎ$_1$ ㅇ$_{12}$ ㅿ$_1$

ㅎ : ㄱ$_4$ ㅋ$_3$ ㄲ$_2$ ㆁ$_2$ ㄴ$_1$ ㅁ$_1$ ㅱ$_2$ ㅅ$_2$ ㅊ$_2$ ㅅ$_2$

$ㆆ_1$ $ㆅ_5$ $ㆁ_4$ $ㄹ_3$

ㆅ : $ㄱ_{44}$ $ㅋ_4$ $ㆁ_2$ $ㄴ_1$ $ㅅ_1$ $ㅅ_1$ $ㅎ_6$ $ㆅ_1$ $ㅇ_1$ $ㄹ_1$

ㅇ : $ㄱ_6$ $ㅋ_1$ $ㄲ_2$ $ㆁ_6$ $ㄷ_1$ $ㅌ_2$ $ㄸ_3$ $ㅍ_1$ $ㅈ_1$ $ㅉ_1$

  $ㅅ_3$ $ㅆ_7$ $ㅈ_1$ $ㅊ_2$ $ㅉ_3$ $ㅅ_4$ $ㅆ_3$ $ㅎ_{12}$ $ㅎ_3$ $_1$

  $ㄹ_4$

ㄹ : $ㄱ_2$ $ㅋ_1$ $ㅍ_1$ $ㅅ_1$ $ㅈ_2$ $ㅊ_1$ $ㅅ_2$ $ㅎ_4$ $ㆅ_1$ $ㅇ_4$

ㅿ : $ㄸ_1$ $ㄴ_6$ $ㅅ_3$ $ㅆ_1$ $ㅊ_1$ $ㅆ_2$ $ㆆ_1$

2.1.3. 중성의 바뀜

◎ 〔ㅏ〕의 바뀜 ◎

ㅏ → ㅓ
22 匣　入合-胡閤　合

ㅏ → ㅑ
11 從　上産-在簡　棧
16 審　去禡-所嫁　廈
18 透　平陽-他郎　湯
18 透　去漾-他浪　湯
18 泥　平陽-奴當　囊
18 泥　上養-乃黨　瀁
18 竝　入藥-弼角　彴
18 淸　平陽-千剛　倉搶鶬
18 照　去漾-陟降　撞
18 影　上養-於黨　坱
18 來　平陽-魯堂　踉蜋
18 來　上養-里黨　悢
22 匣　平覃-胡南　函椷
22 來　去勘-魯瞰　濫

ㅏ → ㅘ
11 幫　平刪-逋還　反

◎ 〔ㅓ〕의 바뀜 ◎

ㅓ → ㅝ
15 淸　去霽-昨禾　銼
15 匣　去霽-胡臥　和

◎ 〔ㅜ〕의 바뀜 ◎

ㅜ → ㅏ
9 來　平文-盧昆　論

ㅜ → ㅡ
9 竝　去問-步悶　坌

ㅜ → ㅠ
1 見　平東-古紅　蚣
1 見　上董-居竦　拲
1 見　入屋-古祿　谷
1 端　入屋-都毒　竺
1 透　上董-他總　桶
1 定　平東-徒紅　銅瓵筩潼
1 精　上董-作孔　縱
1 禪　入屋-神六　屬
1 來　去送-盧貢　礱
1 來　入屋-盧谷　谷
9 定　平文-徒孫　屯純燉
9 定　上吻-徒本　盾
9 精　去問-祖峻　焌捘
9 精　入勿-臧沒　卒
9 淸　入勿-蒼沒　卒
9 從　平文-七倫　蹲
9 心　入勿-蘇骨　窣
9 審　入勿-朔律　率
9 影　平文-烏昆　溫緼
9 影　去問-於問　搵
9 影　入勿-烏骨　榾搵
9 匣　平文-胡昆　餫
9 來　平文-盧昆　掄淪
9 來　去問-盧困　論

◎ 〔ㅡ〕의 바뀜 ◎

ㅡ → ㅜ
20 審　平尤-疏鳩　叟

ㅡ → ㅣ
2 精　上紙-祖似　笫
2 邪　上紙-詳子　俟
2 穿　去寘-昌智　翅
20 影　平尤-烏侯　區

◎ 〔ㅣ〕의 바뀜 ◎

ㅣ → ㅜ
19 透　入陌-他歷　擿
19 穿　去敬-丑正　遉偵

ㅣ → ㅡ
   2　照　去寘-支義　第
   2　審　去寘-式至　翅
   2　禪　去寘-時吏　寺
   2　喩　去寘-以智　食

ㅣ → ㅐ
  19　見　入陌-訖逆　革

ㅣ → ㅓ
  19　端　平庚-當經　丁　玎
  19　透　入陌-他歷　摘
  19　定　入陌-杜歷　翟
  19　明　平庚-眉兵　盟
  19　心　上梗-息井　省
  19　穿　平庚-丑成　遉　偵
  19　牀　入陌-直隻　摘
  19　匣　平庚-何庚　恒
  19　喩　入陌-夷益　驛
  19　來　平庚-離呈　輘
  19　來　入陌-郎狄　鬲

ㅣ → ㅖ
   2　群　平支-渠宜　祇
   8　見　平眞-居銀　緊

ㅣ → ㅟ
  19　匣　平庚-何庚　衡

◎ 〔ㅐ〕의 바뀜 ◎

ㅐ → ㅖ
   6　見　平皆-柯開　荄

◎ 〔ㅓ〕의 바뀜 ◎

ㅓ → ㅏ
  19　來　平庚-盧登　輘

ㅓ → ㅣ
  19　見　入陌-各額　鬲　革
  19　明　去敬-莫更　盟
  19　照　去敬-側迸　偵　遉

  19　照　入陌-側格　摘　擿　摘
  19　審　上梗-所敬　省

ㅓ → ㅓ
  19　見　入陌-各額　格
  19　明　入陌-莫白　陌　百

ㅓ → ㅟ
  19　幇　入陌-博陌　北

◎ 〔ㅑ〕의 바뀜 ◎

ㅑ → ㅏ
  16　匣　上馬-亥雅　廈
  18　淸　平陽-千羊　鶬
  18　淸　上養-七兩　搶
  18　照　入藥-職略　彴
  18　審　平陽-尸羊　湯
  18　影　平陽-於良　泱
  18　喩　入藥-弋灼　樂
  18　來　平陽-龍張　蜋　跟
  18　來　去漾-力仗　悢
  18　日　平陽-如羊　瀼　瓤
  22　見　入合-古洽　鞈
  22　曉　上感-虎覽　闞
  22　匣　平覃-胡岩　極
  22　匣　上感-下斬　濫

ㅑ → ㅣ
  22　匣　平覃-胡岩　函

ㅑ → ㅑ
  16　見　平麻-居牙　瘕

ㅑ → ㅘ
  18　見　入藥-訖岳　懹
  18　照　入藥-職略　斮

ㅑ → ㅛ
  18　照　入藥-職略　着

◎ 〔ㅕ〕의 바뀜 ◎

ㅕ → ㅖ
　　23　見　入葉-古協　夾

ㅕ → ㅞ
　　12　照　入屑-之列　蜇
　　12　牀　上銑-雛免　撰　譔
　　12　喻　平先-夷然　緣　蠕
　　12　喻　去霰-倪甸　緣

◎ 〔ㅠ〕의 바뀜 ◎

ㅠ → ㅜ
　　1　見　入屋-居六　拳
　　1　精　平東-將容　縱
　　1　精　去送-足用　縱
　　1　從　去送-才仲　從
　　1　照　平東-陟隆　蚣
　　1　喻　上董-尹竦　桶　箵
　　1　喻　入屋-余六　谷　谷
　　1　來　平東-盧容　龒　龐
　　9　精　入勿-卽律　卒　卒
　　9　淸　平文-七倫　撥　蹲
　　9　淸　入勿-促律　焌
　　9　心　上吻-聳允　笋　箏
　　9　心　入勿-雪律　卹
　　9　照　平文-朱倫　屯
　　9　照　上吻-之允　純
　　9　影　上吻-委粉　縕　搵
　　9　影　去問-於問　縕　溫　榲
　　9　喻　去問-禹愠　餫
　　9　來　平文-龍春　掄　論　淪

◎ 〔ㅒ〕의 바뀜 ◎

ㅒ → ㅜ
　　6　見　平皆-居諧　荄

ㅒ → ㅐ
　　6　喻　平皆-宜皆　睚

◎ 〔ㄲ〕의 바뀜 ◎

ㄲ → ㄲ
　　19　疑　入陌-越逼　減　蟊
　　19　影　去敬-縈定　瑩
　　19　曉　入陌-呼臭　減

ㄲ → ㄱ
　　19　曉　入陌-呼臭　眷　驕

◎ 〔ㅖ〕의 바뀜 ◎

ㅖ → ㅕ
　　12　心　入屑-蘇絶　蜥
　　12　牀　去霰-柱戀　撰　譔
　　12　喻　平先-于權　蠕　緣

◎ 〔ㅘ〕의 바뀜 ◎

ㅘ → ㅏ
　　11　微　上産-武綰　輐　挽　娩

ㅘ → ㅑ
　　18　照　入藥-竹角　斮
　　18　曉　入藥-忽郭　懼

ㅘ → ㅘ
　　18　曉　上養-詡往　怳

◎ 〔ㅝ〕의 바뀜 ◎

ㅝ → ㅓ
　　15　從　平歌-昨禾　銼
　　15　匣　平歌-戶戈　和

ㅝ → ㅐ
　　10　端　上旱-都管　煖

ㅝ → ㅝ
　　10　端　上旱-都管　斷
　　10　端　去翰-都玩　斷
　　10　滂　平寒-蒲官　拌

ㅟ → ㅣ
　　19　匣　平庚-胡盲　衡

ㅟ → ㅓ
　　7　竝　去隊-步昧　背

ㅟ → ㅔ
　　19　匣　入陌-穫北　蟈

ㅟ → ㅟ
　　7　喩　平灰-于嫣　褘

중현자 중성 통계

ㅏ ： ㅓ$_1$ ㅑ$_{18}$ ㅘ$_1$
ㅓ ： ㅕ$_2$
ㅜ ： ㅏ$_1$ ㅡ$_1$ ㅠ$_{33}$
ㅡ ： ㅜ$_1$ ㅣ$_4$
ㅣ ： ㅜ$_3$ ㅡ$_4$ ㅐ$_1$ ㅓ$_{13}$ ㅖ$_2$ ㅟ$_1$
ㅐ ： ㅕ$_1$
ㅓ ： ㅏ$_1$ ㅣ$_9$ ㅓ$_3$ ㅟ$_1$
ㅑ ： ㅏ$_{16}$ ㅣ$_1$ ㅕ$_1$ ㅘ$_2$ ㅛ$_1$
ㅕ ： ㅐ$_1$ ㅖ$_6$
ㅠ ： ㅜ$_{30}$
ㅒ ： ㅜ$_1$ ㅐ$_1$
ㅖ ： ㅖ$_4$ ㅟ$_2$
ㅖ ： ㅕ$_5$
ㅘ ： ㅏ$_3$ ㅑ$_2$ ㅘ$_1$
ㅝ ： ㅓ$_2$ ㅐ$_1$ ㅝ$_3$
ㅟ ： ㅣ$_1$ ㅔ$_1$ ㅖ$_1$ ㅟ$_1$

2.1.4. 종성의 바꿈

ㆁ → ㆆ
    19　端　去敬-丁鄧　　橙

ㅂ → ㄴ
    22　見　入合-古洽　　鞈

ㅸ → ㅱ
    18　來　入藥-歷各　　樂
    18　滂　入藥-匹各　　濼
    18　竝　入藥-弼角　　魄
    18　見　入藥-訖岳　　蹻 懼

중현자 종성 통계

ㆁ : ㆆ₁
ㅂ : ㄴ₁
ㅸ : ㅱ₅

2.1.5. 성조의 바뀜

上 → 平

1〔ㅜ〕 空 悾 倥 蝀 曈 幪
濛 懵 總 樅
1〔ㅠ〕 重 兇 詾 訩 洶 曨 籠 攏
2〔ㅣ〕 伎 錡 批 披 非 誹 蜚
2〔ㅡ〕 仔 訾 茈
2〔ㅣ〕 猗 椅 旖 嬉 豨 狶 俙 酏 匜
3〔ㅖ〕 機 柢 旎 泥 瀰 薺 蠡 盠
4〔ㅠ〕 胠 鐻 沮 諝 湑 紓 朐 煦 姁 訏 與
予 楰 悚 茹
5〔ㅜ〕 酤 剢 砮 誧 柎
6〔ㅐ〕 頦 胲 駘 欸
7〔ㅟ〕 魁 嵬 每 萎 委 鮠 虆 絫
8〔ㅣ〕 眕 殷 濦 隱 溵 嶙 燐 粦
9〔ㅜ〕 錕 墳 渾
10〔ㅝ〕 曼
11〔ㅏ〕 癉 盼
11〔ㅘ〕 反
11〔ㅏ〕 散 潸
11〔ㅘ〕 鬟
12〔ㅕ〕 塡 煎 鮮 蕆 鄢
12〔ㅝ〕 宛 蜿 蝖
12〔ㅕ〕 連
12〔ㅝ〕 碝 瑌 瑌 蝡 蠕
13〔ㅕ〕 挑 標 縹 佋 夭 繚 瞭 僚 撩 燎 嬈
14〔ㅏ〕 撓 轑
15〔ㅓ〕 荷 軻 那
15〔ㅝ〕 頗 麽
15〔ㅓ〕 瑳 荷 贏 蠡
16〔ㅘ〕 夸
17〔ㅕ〕 乜
18〔ㅑ〕 彊 强
18〔ㅏ〕 碭
18〔ㅑ〕 蔣
18〔ㅏ〕 蒼
18〔ㅑ〕 搶
18〔ㅏ〕 鴉 騻
18〔ㅑ〕 鞅
18〔ㅏ〕 翃 吭
18〔ㅑ〕 痒
18〔ㅏ〕 浪
18〔ㅑ〕 穰 攘
19〔ㅟ〕 頃 傾
19〔ㅣ〕 併 屛 醒 惺 行
20〔ㅡ〕 枸 腢 髃 溲 醙 歐 嘔
20〔ㅣ〕 楢 槱 輶 瀏 蹂 揉
22〔ㅏ〕 巉 摻 菴 唵 闇 懍
23〔ㅕ〕 崦 崦 厭

去 → 平

1〔ㅠ〕 供
1〔ㅜ〕 倥 空 涷 蝀 峒 夢 瞢 霧 雺 風 葑
封 縫 緵
1〔ㅠ〕 縱 從 衆 中 衷 重 雍 灉 澭 滃 壅
1〔ㅜ〕 烘
1〔ㅠ〕 啕
2〔ㅣ〕 騎 比 詖 陂 比 枇 誹 蜚
2〔ㅡ〕 澌 思
2〔ㅣ〕 治 遲 褫 施 絉 倚 衣 翳 緊 戲 嬉
欷 唏 施
3〔ㅖ〕 幾 其 柢 題 踶 提 泥 擠 妻 齊 薺
栖 棲 莉 離 麗
4〔ㅠ〕 据 去 瞿 禹 沮 聚 除 淤 煦 昫 呴
譽 與 鸒 轝 慮 茹
5〔ㅜ〕 酤 梧 箛 捬 鋪 誧 酺 捗 芣 耡
蟯 汙 洿 汚 惡 呼 瓠
6〔ㅐ〕 能 栽 差 徠 來 倈
7〔ㅟ〕 歸 敦 脢 吹 錘 委 睢 回 爲 為 壝
絫 虆 攂 虆 擂
8〔ㅣ〕 墐 璡 親 振 侲 鎭 轔 磷 燐 粦 粼
9〔ㅜ〕 敦 噴 歕 溢 聞 耆 文
9〔ㅠ〕 恂 熅 員 貟
9〔ㅜ〕 論
10〔ㅝ〕 冠 觀
10〔ㅓ〕 看 犴 犴
10〔ㅝ〕 縵 漫 謾 曼 鑽 攢
10〔ㅓ〕 翰 汗
11〔ㅑ〕 閒 間
11〔ㅏ〕 癉 歎 嘆 灘 彈 難 散 訕 疝
11〔ㅘ〕 環
12〔ㅝ〕 睊 罥 羂
12〔ㅕ〕 俔 佃 便 煎 濺 湔
12〔ㅝ〕 縓
12〔ㅕ〕 先

12〔ㅖ〕　旋漩淀鏇穿
12〔ㅕ〕　纏
12〔ㅖ〕　傳
12〔ㅕ〕　扇煽搧燕咽
12〔ㅖ〕　駧
12〔ㅕ〕　緣
12〔ㅖ〕　攣眄堧曘壖
13〔ㅕ〕　徼調僄漂燋僬哨譙燒要
　　　　　歊姚料鐐嘹璙療廖饒
14〔ㅏ〕　橐
14〔ㅑ〕　敎敲磽墝骹
14〔ㅏ〕　敖
14〔ㅑ〕　磽
14〔ㅏ〕　翿臑撓鉋操漕鈔抄
14〔ㅑ〕　嗃
14〔ㅏ〕　號勞澇
15〔ㅓ〕　過
15〔ㅓ〕　軻拖拕佗駝那
15〔ㅓ〕　磨
15〔ㅓ〕　娑呵荷
16〔ㅏ〕　杷差
18〔ㅑ〕　強
18〔ㅏ〕　當碭搒彷忘
18〔ㅑ〕　將
18〔ㅏ〕　臟喪
18〔ㅑ〕　相障墇庫鄣張
18〔ㅏ〕　創
18〔ㅑ〕　倡
18〔ㅏ〕　漺
18〔ㅑ〕　長
18〔ㅏ〕　行茄桁
18〔ㅑ〕　煬颺
18〔ㅘ〕　王
18〔ㅏ〕　浪狼
18〔ㅑ〕　涼量
19〔ㅣ〕　檠擎凝釘聽
19〔ㅢ〕　腾
19〔ㅣ〕　寧併幷屏氷評平凭暝瞑
19〔ㅢ〕　曾增
19〔ㅣ〕　瞔醒正
19〔ㅢ〕　爭
19〔ㅣ〕　稱瞪勝
19〔ㅢ〕　生
19〔ㅣ〕　應膺䧹纓興行令零欞凌

20〔ㅡ〕　籌句句
20〔ㅣ〕　繆
20〔ㅡ〕　漱涑
20〔ㅣ〕　紬收
20〔ㅡ〕　漚慪
20〔ㅣ〕　猶桕
20〔ㅡ〕　僂
20〔ㅣ〕　遛留蹂揉
21〔ㅣ〕　禁針
21〔ㅡ〕　椮
21〔ㅣ〕　甚淋臨任紝紝
22〔ㅑ〕　鑑監
22〔ㅏ〕　擔儋探撢澹氾篸參三儳闒
　　　　　菴含唅
23〔ㅕ〕　噞砭砭槷占襜幨覘苫厭
　　　　　魘淹灩

入 → 平
10〔ㅓ〕　般
12〔ㅕ〕　關咽
19〔ㅣ〕　蓂
22〔ㅏ〕　盍

平 → 上
1〔ㅜ〕　空倥悾諫潼濛幪懵懜憁
　　　　　從
1〔ㅠ〕　重兇詾訩洶籠矓攏茸
2〔ㅣ〕　錡伎批披菲蜚誹
2〔ㅡ〕　眥仔茈
2〔ㅣ〕　泜醫猗椅旖熹俙豨狶醜匜
3〔ㅖ〕　幾柢泥旎彌瀰薺盠蠡
4〔ㅠ〕　胅鑢沮諝湑紓訏煦昫姁予
　　　　　與恔楳茹
5〔ㅜ〕　酤夃硈村
6〔ㅐ〕　晐頦駘欸
7〔ㅟ〕　魁嵬每委萎傀累蘽
8〔ㅣ〕　畛殷澭隱潊嶙燐粦
9〔ㅜ〕　錕墳渾
10〔ㅓ〕　曼
11〔ㅏ〕　癉盼
11〔ㅘ〕　反
11〔ㅏ〕　散濟
11〔ㅘ〕　孌
12〔ㅕ〕　塡煎鮮燀燕鄢

12〔ㅖ〕　　　宛 蜿 蜆
12〔ㅋ〕　　　連
12〔ㅖ〕　　　瑀 瑛 硬 蝮 蠕
13〔ㅋ〕　　　挑 標 縹 佋 夭 僚 繚 撩 瞭 嬈
14〔ㅏ〕　　　撓 轑
15〔ㅓ〕　　　潚 軻 那 儺
15〔ㅕ〕　　　頗 麼
15〔ㅓ〕　　　瑳 荷 蠃 蠡
16〔ㅘ〕　　　夸
17〔ㅋ〕　　　乜
18〔ㅑ〕　　　彊 强
18〔ㅏ〕　　　磄
18〔ㅑ〕　　　蔣
18〔ㅏ〕　　　蒼
18〔ㅑ〕　　　搶
18〔ㅏ〕　　　驦 鶬
18〔ㅑ〕　　　鞅
18〔ㅏ〕　　　吭
18〔ㅑ〕　　　痒
18〔ㅏ〕　　　浪
18〔ㅑ〕　　　穰 攘
19〔ㅖ〕　　　傾 頃
19〔ㅣ〕　　　佄 屛 醒 惺 行
20〔一〕　　　枸 腢 髃 醜 溲 嘔 歐
20〔ㅣ〕　　　楢 撏 瀏 蹂 揉
22〔ㅏ〕　　　巉 摻 菴 闇 唵 燦
23〔ㅋ〕　　　閹 俺 厭 薟

上 → 上
　3〔ㅖ〕　　　㿔
　6〔ㅐ〕　　　絳
　12〔ㅋ〕　　　墠

去 → 上
　1〔ㅜ〕　　　倥 空
　1〔ㅠ〕　　　恐
　1〔ㅜ〕　　　㻐 統 洞 動 遑 懂 㦂 侗
　1〔ㅠ〕　　　種 重
　2〔ㅣ〕　　　被 骳 誹 蜚 始 使 駛 騃 視 眡
　　　　　　　眲 倚 猗 喜 嬉 驨 餌 珥 洱
　3〔ㅖ〕　　　幾 柢 涕 弟 悌 遞 逝 泥 濟 薺
　　　　　　　㿔
　4〔ㅠ〕　　　女 沮 處 處 処 柱 樹 嫗 煦 昫
　　　　　　　與 瘉 雨 乳 茹

5〔ㅜ〕　　　酤 詁 吐 圃 誧 簠 父 楚 汚
6〔ㅐ〕　　　解
6〔ㅐ〕　　　鎧 逮 迨 待 𧕟 隸 鼐 絳 宋 采
　　　　　　在 夥 灑 洒 靉 藹 靏
6〔ㅐ〕　　　解 獬 懈 邂
7〔ㅟ〕　　　倍 琲 痏 委 觤 卉 毀 累
8〔ㅣ〕　　　近 盡 疢 蜄 隱 檼 檃 燐 粦
9〔ㅜ〕　　　遜 遁 踳 瀳 忿 扐 捾
9〔ㅠ〕　　　埻
9〔一〕　　　齔
9〔ㅠ〕　　　醞 慍 緼 蘊 薀
10〔ㅓ〕　　　盥 館
10〔ㅓ〕　　　侃 倡 偘 衎
10〔ㅔ〕　　　斷 斷 悢 曼
10〔ㅓ〕　　　暵 熯 悍
11〔ㅏ〕　　　癉 誕 瓚 鏟
11〔ㅘ〕　　　綰
12〔ㅖ〕　　　卷
12〔ㅋ〕　　　遣
12〔ㅖ〕　　　綣 圈 遠
12〔ㅋ〕　　　鈿 闐 煎 餞
12〔ㅖ〕　　　選
12〔ㅋ〕　　　禮
12〔ㅖ〕　　　轉
12〔ㅋ〕　　　繟 膳 饍 善 嬗 堰 衍
12〔ㅖ〕　　　變
13〔ㅋ〕　　　掉 少 窱 突 穾 燎 繞
14〔ㅑ〕　　　鉸
14〔ㅏ〕　　　倒 禱 導 纛 撓 橈 燥 埽 掃 稍 懆
14〔ㅑ〕　　　拗
14〔ㅏ〕　　　好 潦
15〔ㅓ〕　　　裹
15〔ㅓ〕　　　軻 坷 剁 鉨 那
15〔ㅓ〕　　　簸
15〔ㅓ〕　　　左
15〔ㅓ〕　　　坐
15〔ㅓ〕　　　荷 邏
16〔ㅑ〕　　　仮
16〔ㅏ〕　　　姹 奼
16〔ㅑ〕　　　下 夏
17〔ㅋ〕　　　瀉
18〔ㅘ〕　　　廣
18〔ㅑ〕　　　强
18〔ㅏ〕　　　讜 v 儻 碭 愓 蕩 盪 奘

18 〔ㅑ〕　仗 杖 上 快 嚮 貖
18 〔ㅏ〕　翊
18 〔ㅑ〕　養
18 〔ㅘ〕　眶
18 〔ㅏ〕　浪
18 〔ㅑ〕　兩
19 〔ㅣ〕　恓 屛 偋 併 窣 靚 艶 醒
19 〔ㅠㅣ〕　詗
19 〔ㅣ〕　行 脛 踁
20 〔ㅡ〕　詬 扣 叩 偶
20 〔ㅣ〕　狃
20 〔ㅡ〕　走
20 〔ㅣ〕　守 首 瞀 授 壽 綬
20 〔ㅡ〕　后 後
20 〔ㅣ〕　檏 楢 右 有
20 〔ㅡ〕　樓
20 〔ㅣ〕　蹂 揉
21 〔ㅣ〕　枕 飮 袗 衽
22 〔ㅏ〕　轞 憺 唅 啖 噉 湛 闇 菴 憾
23 〔ㅕ〕　歉 噞 玷 居 厭 灩 灔 焱 餤 斂
　　　　　激 染

入 → 上
12 〔ㅕ〕　讞
22 〔ㅏ〕　匼
23 〔ㅕ〕　慊

平 → 去
1 〔ㄱ〕　空 倥 涷 崬 峒 雱 霧 夢 瞢 懵 懜
　　　　　風 葑 封 縫 綴
1 〔ㅠ〕　縱 從 中 衷 重 雍 灉 灘 㶜 噻
1 〔ㄱ〕　烘
1 〔ㅠ〕　哅
2 〔ㅣ〕　騎 陂 詖 比 枇 蜚 誹
2 〔ㅡ〕　漸 思
2 〔ㅣ〕　遲 治 襧 施 蒔 衣 猗 翳 縈 戲
　　　　　熹 欷 唏 施
3 〔ㅖ〕　其 幾 柢 題 睇 踶 泥 擠 妻 齊 薺
　　　　　栖 棲 離 麗 荔
4 〔ㅠ〕　据 瞿 沮 除 淤 呴 煦 昫 與 譽
　　　　　鴛 舉 慮 茹
5 〔ㄱ〕　酤 梧 筊 拊 鋪 酺 捗 菟 耡 疏
　　　　　涎 惡 洿 汙 汚 呼 瓠
6 〔ㅐ〕　能 栽 差 來 倈 俫
7 〔ㅟ〕　歸 敦 脢 吹 錘 委 睢 回 為 爲 壖

擽 攝 搖 曝 累
8 〔ㅣ〕　堇 董 瑾 親 振 侲 鎭 粼 磷 轔 燐
　　　　　㷠
9 〔ㅜ〕　敦 奔 歕 噴 湓 文 聞 䰟
9 〔ㅠ〕　恂 熅 員 負
9 〔ㅜ〕　論
10 〔ㅝ〕　冠 觀
10 〔ㅓ〕　看 犴 豻
10 〔ㅝ〕　謾 曼 漫 縵 鑽 攢
10 〔ㅓ〕　汗 翰
11 〔ㅑ〕　閒 間
11 〔ㅏ〕　癉 灘 歎 嘆 彈 難 散 疝
11 〔ㅘ〕　環
12 〔ㅖ〕　晛
12 〔ㅕ〕　牽 佃 闐 鈿 平 濺 湔 煎
12 〔ㅖ〕　源
12 〔ㅕ〕　先
12 〔ㅖ〕　旋 漩 淀 鏇 穿
12 〔ㅕ〕　纏
12 〔ㅖ〕　傳
12 〔ㅕ〕　煽 扇 搧 咽
12 〔ㅖ〕　騗
12 〔ㅕ〕　緣
12 〔ㅖ〕　睊 礝 埂 睊
13 〔ㅕ〕　撽 調 漂 僄 燋 憔 筊 譙 燒 要 歆
　　　　　姚 璙 嘹 鐐 撩 廖 料 饒
14 〔ㅏ〕　膏
14 〔ㅑ〕　敎 敲 磽 墝 骹
14 〔ㅏ〕　敖 翿 臑 撓 鉋 操 漕 鈔 抄
14 〔ㅑ〕　嗃
14 〔ㅏ〕　號 勞 澇
15 〔ㅝ〕　過
15 〔ㅓ〕　軻 佗 拕 拖 馱
15 〔ㅝ〕　磨
15 〔ㅓ〕　娑 呵 荷
16 〔ㅏ〕　杷 差
16 〔ㅘ〕　華
18 〔ㅑ〕　强
18 〔ㅏ〕　當 碭 搒 傍 忘
18 〔ㅑ〕　將
18 〔ㅏ〕　藏 喪
18 〔ㅑ〕　相 璋 障 廧 鄣 張
18 〔ㅏ〕　創
18 〔ㅑ〕　倡

18〔ㅏ〕　淙
18〔ㅑ〕　長
18〔ㅏ〕　吭 茚 行 桁
18〔ㅑ〕　颺 煬
18〔ㅘ〕　王
18〔ㅏ〕　浪 狼
18〔ㅑ〕　量 凉
19〔ㅓ〕　更
19〔ㅣ〕　檠 凝 釘 聽
19〔ㅓ〕　滕
19〔ㅣ〕　寧 幷 倂 氷 屏 平 評 凭 瞑 瞑
19〔ㅓ〕　曾 增
19〔ㅣ〕　瞔 醒 正
19〔ㅓ〕　爭
19〔ㅣ〕　遺 偵 稱 瞪 勝
19〔ㅓ〕　生
19〔ㅣ〕　纓 應 膺 膺 興 行
19〔ㅟ〕　橫
19〔ㅣ〕　令 零 欞 凌
20〔ㅡ〕　句 勾 篝
20〔ㅣ〕　繆
20〔ㅡ〕　湅 漱
20〔ㅣ〕　紬 收
20〔ㅡ〕　漚 熰
20〔ㅣ〕　猶 輶
20〔ㅡ〕　僂
20〔ㅣ〕　留 畱 瘤 遒 踩 揉
21〔ㅣ〕　禁 針
21〔ㅡ〕　糂 糝
21〔ㅣ〕　深 淋 臨 任 絍 紝
22〔ㅑ〕　監 鑑
22〔ㅏ〕　擔 儋 探 撢 澹 氾 篸 參 三 儳 菴
　　　　闇 含 哈
23〔ㅕ〕　砭 砭 槧 占 襜 觇 苦 淹 厭 壓
　　　　灩

上 → 去
1〔ㅜ〕　空 倥
1〔ㅠ〕　恐
1〔ㅜ〕　蝀 統 動 運 洞 懵 惚
1〔ㅠ〕　種 重
2〔ㅣ〕　枇 庳 骳 被 誹 蜚 沘 使 駛 駛
　　　　市 是 視 眄 眡 士 仕 枾 倚 猗
　　　　醫 喜 嬉 譆 珥 洱 餌

3〔ㅖ〕　機 柢 涕 弟 梯 娣 遞 迡 泥 濟
　　　　薺
4〔ㅠ〕　去 語 女 沮 聚 處 柱 樹 嫗 胸 煦
　　　　與 瘉 羽 雨 茹 乳
5〔ㅜ〕　詁 酤 吐 圃 誧 簠 父 詛 楚 汙
6〔ㅐ〕　解
6〔ㅐ〕　開 待 逮 迨 𧄍 隷 鼐 載 采 宋
　　　　在 哆 灑 洒 靁 藹 靉
6〔ㅐ〕　解 獬 懈 貊
7〔ㅟ〕　琲 倍 痱 委 觤 毀 卉 累
8〔ㅣ〕　近 盡 痙 隱 檃 檗 燐 粦
9〔ㅜ〕　遬 踧 踖 遁 薷 扡 揣
9〔ㅠ〕　埻
9〔ㅡ〕　齔
9〔ㅠ〕　縕 蘊 薀 醞 慍
10〔ㅔ〕　館 盬
10〔ㅓ〕　侃 偘 偘 衎
10〔ㅔ〕　煖 斷 悇 曼
10〔ㅓ〕　暵 熯 悍
11〔ㅏ〕　癉 誕 瓚 散 鏟
11〔ㅘ〕　綰
12〔ㅖ〕　罥 羂 卷
12〔ㅕ〕　遣 繾
12〔ㅖ〕　綣 圈 遠
12〔ㅕ〕　煎 餞
12〔ㅖ〕　選
12〔ㅕ〕　輾
12〔ㅖ〕　轉
12〔ㅕ〕　煇 善 蕭 膳 饍 嬮 堰 衍
13〔ㅕ〕　掉 少 㝹 繞
14〔ㅑ〕　鉸
14〔ㅏ〕　倒 檮 道 衜 藁 橇 撓 掃 埽 燥
　　　　稍 懊
14〔ㅑ〕　拗
14〔ㅏ〕　好 潦
15〔ㅔ〕　裹
15〔ㅓ〕　軻 坷 那
15〔ㅔ〕　簸
15〔ㅓ〕　左
15〔ㅔ〕　坐
15〔ㅓ〕　荷
16〔ㅑ〕　假
16〔ㅏ〕　姹 奼
16〔ㅑ〕　下 夏

17 〔ㅕ〕　瀉
18 〔ㅘ〕　廣
18 〔ㅑ〕　強
18 〔ㅏ〕　讜 儻 蕩 惕 盪 碭 奘
18 〔ㅑ〕　杖 仗 上 快 響 嚮
18 〔ㅏ〕　㳠 吭
18 〔ㅑ〕　養
18 〔ㅘ〕　眶
18 〔ㅏ〕　浪
18 〔ㅑ〕　兩
19 〔ㅣ〕　恫 倂 屛 並 餠 俜 靚 艶 窜 醒
19 〔ㅞ〕　詗
19 〔ㅣ〕　行 脛 踁
20 〔ㅡ〕　垢
20 〔ㅣ〕　灸
20 〔ㅡ〕　叩 扣 偶
20 〔ㅣ〕　狃
20 〔ㅡ〕　走 嗾
20 〔ㅣ〕　首 瞀 守 綬 壽 授
20 〔ㅡ〕　后 後
20 〔ㅣ〕　有 右
20 〔ㅡ〕　嶁
20 〔ㅣ〕　蹂 揉
21 〔ㅣ〕　恁 枕 甚 飮 衽 袵
22 〔ㅏ〕　轗 啖 噉 啗 憺 湛 菴 闇 菡
23 〔ㅕ〕　歛 玷 厱 厭 燄 焱 灠 灩 斂 激
　　　　　染

去 → 去
　2 〔ㅔ〕　庫
　3 〔ㅖ〕　娣
　4 〔ㅠ〕　語
　11 〔ㅏ〕　散
　12 〔ㅕ〕　墠

入 → 去
　9 〔ㅜ〕　頓 搢
　10 〔ㅓ〕　按
　11 〔ㅏ〕　疸
　12 〔ㅕ〕　咽
　18 〔ㅑ〕　掠

平 → 入
　12 〔ㅕ〕　咽 闋
　19 〔ㅓ〕　朥

19 〔ㅣ〕　賞
22 〔ㅏ〕　盦

上 → 入
　12 〔ㅕ〕　讝
　22 〔ㅏ〕　匼
　23 〔ㅕ〕　慊

去 → 入
　9 〔ㅜ〕　頓 搢
　11 〔ㅏ〕　疸
　12 〔ㅕ〕　咽
　18 〔ㅑ〕　掠

중현자 성조 통계

平 :　上$_{182}$ 去$_{375}$ 入$_5$
上 :　平$_{178}$ 上$_3$ 去$_{285}$ 入$_3$
去 :　平$_{375}$ 上$_{277}$ 去$_5$ 入$_5$
入 :　平$_5$ 上$_3$ 去$_6$

2.2. 몽고운

<사성통해> 범례 1조에,

> 蒙古韻略元朝所撰也 胡元入主中國 乃以國字 飜漢字之音作韻書以敎國人者也 其取音作字至精且切 四聲通攷所著俗音 惑同蒙韻之音者多矣 故今撰通解 必參以蒙音 以證其正俗音之同異

몽고운략은 원나라 때에 편찬된 책이다. 몽고족이 중국을 통일한 다음에 그 나라 글자로 한자의 음을 번역하여 자기네 사람들을 가르치던 것인데 그 음을 기준으로 글자를 만든 방법이 아주 묘하여서 <사성통고>에서 속음이라고 규정한 것 중에는 이 몽고운의 음과 같은 것이 상당히 많다. 그러므로 이 <통해>를 지을 때에 반드시 몽고운을 참고하여 정음인지 속음인지를 판정하는 참고 자료로 삼았다는 것이다. 몽고는 중국의 서북부에 자리잡고 있기 때문에 그 음운 체계가 중국말과 서로 비슷한 데가 많다. 그런데 1200년대에서부터 1350년에 걸쳐 몽고족이 중국을 완전히 통일한 뒤로는 중국의 북부 지방은 몽고말의 영향을 가장 많이 받아서 중국의 음운 체계가 몽고말과 거의 같을 정도로 바뀌었다. 그리하여 <통해>의 범례 9에는

> 諸字於一母之下 洪武韻與蒙韻同音者入載於先而不著蒙音 其異者則隨載於下 而各著所異之蒙音 故今撰字序不依通攷之次也 至於韻會集韻中原雅音中原音韻韻學 集成及古韻之音則 取其似惑可從而著之非必使之勉從也

이 내용을 요약하면 홍무정운과 몽고운과의 비교에서 그 음이 같은 것은 그 차례를 앞에 내세우고 음이 다른 것은 뒤로 몰아서 처리하는 동시에 그 다른 음을 그 아래 표시하고 다른 운서의 음은 그 변천을 보일만한 가치가 있다고 판단되는 것은 그 바뀐 음을 표시하고 그렇지 않은 것은 표시하지 않았다는 것이다. 가령 東韻 明母 평성에는, 蒙濛朦朧⋯⋯ <통해>음과 몽고음이 같기 때문에 표시하지 아니하고, 夢瞢懵㠓의 4개자는 통해음―홍무정운음―은 'ㅁ[m]'인데 몽고음은 ㅱ[m][微母]이므로 그 바뀐 음 'ㅱ[m]'을 아래에 표시하되 아래 3개자도 모두 같다는 뜻에서 '下同'이라는 내용을 덧붙였다는 것이다. 이만큼 홍무운과 몽고음은 거의 같고 일부분만이 다르다는 것이다.

문제가 되는 것은 古今韻會擧要의 凡例 뒤에,

禮部韻略 七音三十六母通攷　蒙古字韻音同　韻書始於江左 本是吳音 今以七音韻母通攷 韻字之序 惟以雅音求之 無不諧叶

예부운략의 7음 36母에 대한 통고가 있는데 이 음이 <몽고자운>의 음과 같다 하였다. 이 몽고자운과 이에 관계되는 운서에 대하여는 정재발(鄭再發)님의 蒙古字韻跟跟八思巴字有關的韻書에 세밀한 설명이 있고, 유 창균(兪昌均)님의 '蒙古韻略과 四聲通攷의 硏究'에도 해박한 고증과 자세한 설명이 있다. 그러므로 이글에서는 이 분야에 대한 설명은 생략하고 照那斯圖·楊耐思編著의 蒙古字韻校本에 실리어 있는,

  (1) 蒙古字韻字母正體及轉寫表
  (2) 蒙古字韻 字母表
  (3) 蒙古字韻 韻母表

의 3개 항에 대하여 그 원본을 소개하고 약간의 설명을 붙이고자 한다.

＜蒙古字韻字母正體及轉寫表(1)＞[15]

번호	몽고자운 자모정체	자모	라틴전사	번호	몽고자운 자모정체	자모	라틴정사	번호	몽고자운 자모정체	자모	라틴전사
1		見	g	15		並	b	29		匣	ħ
2		溪	k'	16		明	m	30		影	·
3		群	k	17		非奉	hʋ	31		影(幺)	j
4		疑	ŋ	18		敷	hʋ	32		喩(魚)	,
5		端	d	19		微	w	33		喩	j
6		透	t'	20		精	dz	34		来	l
7		定	t	21		清	ts'	35		日	ż
8		泥	n	22		從	ts	36		[伊]	i
9		知照	dž	23		心	s	37		[鄔]	u
10		徹穿	tš'	24		邪	z	38		[翳]	e
11		澄床	tš	25		宙	$š_2$	39		[污]	o
12		娘	ň	26		禪	$š_1$	40		[也]	ė
13		幫	b	27		照	'h	41		[尙]	ʋ
14		滂	p'	28		匣(合)	γ	42		耶輕呼	i̯

---

15) 照那本蒙古字韻 7-8쪽

이 표는 蒙古字韻 字母表를 근간으로 하고 여기에 한자 자모를 대응시키고 몽고자모에 해당하는 음을 라틴자로 대응시킨 것으로 이 세 개 자모를 서로 대조 검토하면 한자 자모의 음이 몽고말로만 나타낸 것보다 훨씬 이해하기 쉬울 것이다.

　　몽고 자운의 자모를 그에 해당하는 한자 자모와 대응시킨 것으로 몽고음으로 변천된 원형을 보인 기본 자들이다.

<蒙古字韻 字母表>

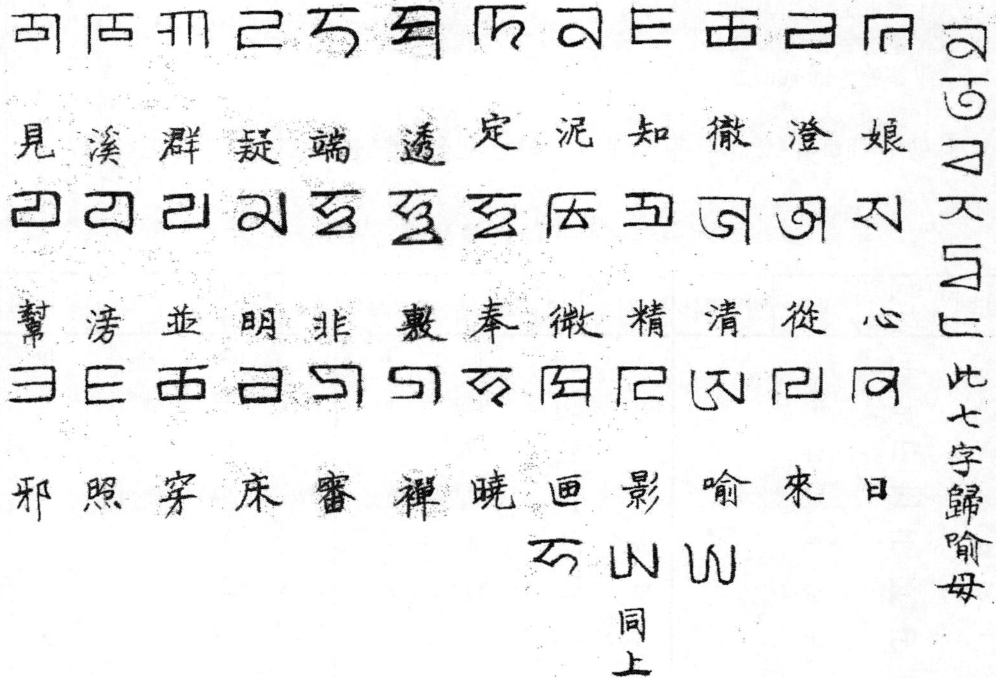

　　몽고자운의 운모는 일동(一東)에서 15, 마운(麻韻)까지 15개 운모로 이루어졌는데 '평상거' 3개 운모를 모두 대표 운모 하나로 나타내게 되어 있다.

一	二	三	四	五	六	七	八	九	十	十一	十二	十三	十四	十五
東	庚	陽	支	魚	佳	眞	寒	先	蕭	尤	覃	侵	歌	麻

灰 → 哥
7 [ㅟ] 曉 平灰-呼回   墮

文 → 刪
9 [ㅜ] 非 平文-敷文   鴉

銑 → 文
12 [ㅕ] 牀 上銑-雛免   僕

麻 → 遮
16 [ㅑ] 見 平麻-居牙   茄

몽고음 운모 변동의 통계

灰 : 哥$_1$
文 : 刪$_1$
銑 : 文$_1$
麻 : 遮$_1$

2.2.2. 성모

見 → 溪
4 [ㅠ] 平魚-斤於   梋
10 [ㅝ] 入曷-古活   筶 䑛 鴰 澏 菪 䵒
      鬐
18 [ㅑ] 入藥-訖岳   攫 獲 蠖 钁 矍 戄
20 [一] 去宥-居候   詬

見 → 群
4 [ㅠ] 去御-居御   遽 醵力 詎 釀
8 [ㅣ] 入質-激質   姞 佶
20 [ㅣ] 上有-擧有   糾 紏 赳

見 → 滂
14 [ㅑ] 去效-居效   窌

見 → 照
9 [ㅠ] 入勿-厥筆   茁

見 → 曉
9 [ㅠ] 入勿-厥筆   獝

見 → 匣
18 [ㅏ] 平陽-居郎   缸 矼 瓨

溪 → 群
18 [ㅑ] 入藥-丘縛   却

群 → 見
2 [ㅣ] 平支-渠宜   祇
8 [ㅣ] 去震-具吝   靳 斤 撉

群 → 溪
4 [ㅠ] 上語-臼許   齲 踽
7 [ㅟ] 上賄-渠委   跪

群 → 疑
21 [ㅣ] 入緝-忌立   芨

疑 → 見
10 [ㅓ] 去翰-俄寒   矸

疑 → 疑
6 [ㅙ] 去泰-五塊   屼
10 [ㅓ] 平寒-何干   犴 狅
10 [ㅓ] 去翰-俄寒   岸 犴 狅 矸

疑 → 影
19 [ㅠ] 入陌-越逼   域 減 彧 棫 蝛 緎 閾

疑 → 喻
8 [ㅣ] 平眞-魚巾   寅 夤 臏
11 [ㅑ] 平刪-牛姦   顔
11 [ㅑ] 上産-五限   眼
11 [ㅑ] 去諫-魚澗   雁 贗
14 [ㅑ] 平爻-牛刀   聱 熬 磝 囂
14 [ㅑ] 上巧-五巧   齩 咬
14 [ㅑ] 去效-魚教   樂 磽

16 〔ㅑ〕 平麻-牛加 牙芽衙涯厓崖
16 〔ㅑ〕 上馬-語下 雅疋
16 〔ㅑ〕 去禡-五駕 訝迓砑
18 〔ㅏ〕 上養-魚兩 仰
18 〔ㅏ〕 去漾-魚向 仰釀
19 〔ㅣ〕 去敬-魚慶 鞕硬
19 〔ㅙ〕 入陌-越逼 役疫

端 → 透
22 〔ㅑ〕 平覃-都含 聃

透 → 定
15 〔ㅓ〕 上哿-吐火 惰墮隋垛

定 → 透
19 〔ㅣ〕 上梗-徒鼎 珽頲町侹脡訂

泥 → 端
13 〔ㅕ〕 上篠-尼了 鳥蔦

幫 → 滂
2 〔ㅣ〕 去寘-兵媚 媲帔
5 〔ㅜ〕 去暮-博故 怖
10 〔ㅓ〕 入曷-北末 跋
19 〔ㅢ〕 平庚-補耕 伻弸

幫 → 並
1 〔ㅜ〕 上董-邊孔 唪
2 〔ㅣ〕 上紙-補委 髀
6 〔ㅐ〕 上解-補買 罷
13 〔ㅕ〕 平蕭-卑遙 飄

幫 → 影
8 〔ㅣ〕 平眞-卑民 贇

滂 → 幫
5 〔ㅜ〕 平模-滂模 逋
7 〔ㅟ〕 去隊-滂佩 沛

滂 → 並
2 〔ㅣ〕 上紙-普弭 圮
12 〔ㅕ〕 平先-紕連 蹁
13 〔ㅕ〕 上篠-普沼 鰾
20 〔一〕 上有-普厚 部培蔀瓿

並 → 幫
7 〔ㅟ〕 去隊-步昧 晦
13 〔ㅕ〕 去嘯-毗召 票

並 → 滂
13 〔ㅕ〕 去嘯-毗召 票

並 → 奉
1 〔ㅜ〕 入屋-步木 攗
9 〔ㅜ〕 入勿-蒲沒 艴艴

並 → 微
19 〔ㅣ〕 去敬-皮命 並併偋

明 → 微
1 〔ㅜ〕 平東-莫紅 夢瞢懜懞
1 〔ㅜ〕 去送-蒙弄 夢懜瞢霧雺懜懞
1 〔ㅜ〕 入屋-莫卜 目苜睦穆牧坶繆
20 〔一〕 平尤-莫侯 侔鍪鍪眸蟊

明 → 清
8 〔ㅣ〕 入質-覓筆 密

非 → 奉
1 〔ㅜ〕 入屋-方六 馥
5 〔ㅜ〕 平模-芳無 泭
9 〔ㅜ〕 平文-敷文 氛棼分
11 〔ㅚ〕 平刪-孚艱 璠
11 〔ㅚ〕 上産-甫版 飯
18 〔ㅏ〕 去漾-敷亮 防

奉 → 非
9 〔ㅜ〕 上吻-房吻 忿
20 〔一〕 平尤-房鳩 鴀紑

精 → 清
2 〔一〕 平支-津私 越
4 〔ㅠ〕 平魚-子余 苴疽雎鴡狙趄沮砠岨
19 〔ㅣ〕 入陌-資昔 磧

精 → 從
2 〔一〕 去寘-資四 漬眥胔
6 〔ㅐ〕 去泰-作代 載栽戴裁

9 〔ㅜ〕　去問-祖峻　鐏　鱒
9 〔ㅠ〕　入勿-卽律　崒　捽
19 〔ㅣ〕　入陌-資昔　堅
20 〔ㅡ〕　平尤-將侯　鰍

精 → 照
2 〔ㅡ〕　上紙-祖似　滓　胏　笫　芘
2 〔ㅡ〕　去寘-資四　載　劗　傳
4 〔ㅠ〕　平魚-子余　苴

精 → 牀
4 〔ㅠ〕　上語-再呂　沮　咀

淸 → 精
1 〔ㅜ〕　入屋-千木　鏃
21 〔ㅣ〕　平侵-七林　祲

淸 → 審
7 〔ㅟ〕　平灰-倉回　榱

從 → 精
15 〔ㅓ〕　去箇-才臥　挫　夎

從 → 淸
15 〔ㅝ〕　上哿-徂果　脞
15 〔ㅓ〕　去箇-才臥　磋　蹉　剉　莝

從 → 邪
8 〔ㅣ〕　去震-齊進　贐　盡
17 〔ㅕ〕　上者-才野　灺
19 〔ㅕ〕　入陌-疾力　崱
20 〔ㅣ〕　平尤-慈秋　囚

從 → 牀
11 〔ㅏ〕　上産-在簡　棧　轏　輚　傓

心 → 邪
1 〔ㅠ〕　平東-息中　松
2 〔ㅡ〕　去寘-息漬　寺　嗣　飼　飤
21 〔ㅣ〕　入緝-息入　霫　颲

心 → 照
12 〔ㅖ〕　平先-息緣　朘

心 → 審
1 〔ㅜ〕　入屋-蘇谷　謖

心 → 影
9 〔ㅠ〕　平文-須倫　洵

邪 → 從
17 〔ㅕ〕　去蔗-詞夜　藉

邪 → 牀
2 〔ㅡ〕　上紙-詳子　竢　俟　涘

照 → 精
12 〔ㅖ〕　入屑-朱劣　蕝
20 〔ㅡ〕　平尤-側鳩　緅

照 → 邪
1 〔ㅠ〕　上董-知隴　種　瘇

照 → 牀
5 〔ㅜ〕　上姥-壯所　齟　鉏　岨　詛
18 〔ㅏ〕　去漾-陟降　撞

穿 → 淸
7 〔ㅟ〕　去隊-蟲瑞　毳　竁
18 〔ㅏ〕　入藥-側各　妮　姝　孋　齪　擉　簎
　　　　　　　　　　猎　戳

穿 → 照
9 〔ㅠ〕　入勿-尺律　絀
16 〔ㅏ〕　去禡-丑亞　侘　咤　姹　奼　詫

穿 → 牀
1 〔ㅠ〕　平東-昌中　沖　冲　种　狆　沖
2 〔ㅣ〕　上紙-昌止　褫　杝

穿 → 審
2 〔ㅡ〕　去寘-昌智　翅
11 〔ㅏ〕　上産-楚簡　産　滻　摌

穿 → 禪
12 〔ㅖ〕　入屑-昌悅　啜

穿 → 曉
1 〔ㅠ〕　入屋-昌六　蓄

牀 → 從
  22 〔ㅏ〕   平覃-鋤咸   慙

牀 → 照
  4 〔ㅠ〕   上語-腫庚   宁 貯
  4 〔ㅠ〕   去御-治據   駐 柱

牀 → 禪
  4 〔ㅠ〕   平魚-長魚   蜍 蠩
  7 〔ㅟ〕   平灰-直追   垂 陲 倕
  8 〔ㅣ〕   平眞-池隣   臣
  12 〔ㅕ〕   平先-呈延   單 澶 嬋 禪 屖 潺 蟬
  12 〔ㅞ〕   平先-重圓   遄 篿 圌
  18 〔ㅑ〕   平陽-陳羊   常 尚 嘗 甞 鱨 償
                      瑺 徜 鏛 銿 裳
  19 〔ㅣ〕   平庚-時征   成 城 誠 盛 郕 筬 承
                      丞 瞪
  20 〔ㅣ〕   平尤-除留   雔 酬 醻 訓 雦 雙

審 → 清
  7 〔ㅟ〕   去隊-輸芮   悅

審 → 心
  1 〔ㅜ〕   入屋-所六   縮
  11 〔ㅏ〕   平刪-師姦   珊

審 → 照
  1 〔ㅠ〕   入屋-式竹   琡

審 → 穿
  1 〔ㅠ〕   入屋-式竹   俶

審 → 牀
  4 〔ㅠ〕   上語-賞呂   抒
  8 〔ㅣ〕   入質-式質   實

審 → 禪
  1 〔ㅠ〕   入屋-式竹   琡 淑 姝
  23 〔ㅕ〕   上琰-失冉   剡

禪 → 群
  2 〔ㅣ〕   上紙-上紙   匙 咶

禪 → 微
  20 〔ㅣ〕   上有-是酉   授

禪 → 照
  21 〔ㅣ〕   上寢-食枕   椹

禪 → 牀
  1 〔ㅜ〕   入屋-神六   贖
  2 〔ㅣ〕   平支-辰之   榽
  2 〔ㅣ〕   去寘-時吏   事 示
  8 〔ㅣ〕   平眞-丞眞   神
  9 〔ㅠ〕   平文-殊倫   脣 漘 蜳 膞
  9 〔ㅠ〕   去問-食閏   順 揗 楯
  9 〔ㅠ〕   入勿-食律   術 述 沭 潏 繘 秫 朮
                    荒 蒁
  17 〔ㅕ〕   平遮-石遮   蛇
  18 〔ㅏ〕   入藥-食角   泥 驚 簿 鉦
  19 〔ㅣ〕   平庚-神陵   繩 澠
  19 〔ㅣ〕   入陌-裳隻   食 蝕 射 躲
  19 〔ㅓ〕   入陌-士革   賾 齰 咋
  21 〔ㅣ〕   上寢-食枕   甚
  21 〔ㅣ〕   去沁-時鴆   甚

禪 → 審
  1 〔ㅜ〕   入屋-神六   埶 熟 塾 鐲 蜀 躅
                    璹 韣 鸀 屬
  2 〔ㅣ〕   上紙-上紙   舓 士 仕 厗 枾
  4 〔ㅠ〕   去御-殊遇   戍 輸 腧

禪 → 日
  9 〔ㅠ〕   平文-殊倫   蜳 膞
  12 〔ㅕ〕   上銑-上演   輭

影 → 疑
  7 〔ㅟ〕   上賄-烏賄   蔿 薳 闈 蒍 洧 鲔 痏
                    膹 葦 偉 韡 瑋 煒
                    瑋
  21 〔ㅣ〕   入緝-一入   邑

影 → 匣
  13 〔ㅕ〕   上篠-伊鳥   晶 渦

影 → 喩
  13 〔ㅕ〕   上篠-伊鳥   漾 鷖 昏
  19 〔ㅣ〕   上梗-於丙   枵
  20 〔ㅣ〕   平尤-於尤   攸 悠 滺

21 〔ㅣ〕　入緝--一入　熠

曉 → 疑
13 〔ㅕ〕　平蕭-呼驕　鴞

曉 → 匣
7 〔ㅟ〕　上賄-呼罪　瘣 匯 虺
19 〔ㅟ〕　入陌-霍虢　劃 嚄

匣 → 見
9 〔ㅡ〕　入勿-下沒　麧

匣 → 溪
11 〔ㅑ〕　入轄-胡八　劼

匣 → 泥
12 〔ㅕ〕　去霰-形甸　晛

匣 → 影
7 〔ㅟ〕　去隊-胡對　恚

匣 → 曉
16 〔ㅘ〕　平麻-胡瓜　諙
18 〔ㅘ〕　上養-戶廣　慌 恍 謊

喻 → 疑
2 〔ㅣ〕　平支-延知　宜 儀 艤 涯 厓 崖 疑 嶷 沂
2 〔ㅣ〕　上紙-養里　螘 蟻 錡 艤 檥 轙 顗 矣 擬 儗 薿
12 〔ㅕ〕　去霰-倪甸　彦 唸 唁 諺
18 〔ㅏ〕　入藥-逆各　諤 愕 鄂 堮 鍔 崿 鶚 蕚 蘁 鰐 鱷 齶 齾 咢 噩
18 〔ㅑ〕　入藥-弋灼　虐 嶽
19 〔ㅣ〕　平庚-餘輕　迎
19 〔ㅖ〕　平庚-于平　榮 蠑
19 〔ㅖ〕　上梗-于憬　永
19 〔ㅖ〕　去敬-爲命　詠 咏 泳 榮 營
19 〔ㅣ〕　入陌-夷益　逆 繹 呷 嶷 薿 疑
20 〔ㅣ〕　平尤-于求　尤 肬 疣 訧 郵 蚘 揂 扰 臽 逌
20 〔ㅣ〕　上有-云九　有 右 友
20 〔ㅣ〕　去宥-爰救　宥 侑 圃 佑 右 祐 又

有
23 〔ㅕ〕　上琰-以冄　儼

喻 → 穿
1 〔ㅠ〕　平東-以中　傭

喻 → 牀
2 〔ㅣ〕　平支-延知　猗

喻 → 影
1 〔ㅠ〕　上董-居竦　擁 擁 攤 擝
12 〔ㅕ〕　平先-夷然　沿 鉛 緣 蝝
12 〔ㅕ〕　上銑-以淺　充 沇 兗
19 〔ㅖ〕　平庚-于平　榮
19 〔ㅣ〕　上梗-庾頃　癭

來 → 溪
21 〔ㅣ〕　入緝-力入　苙

來 → 精
14 〔ㅏ〕　上巧-魯皓　獠 獠

日 → 邪
1 〔ㅠ〕　平東-而中　茸 慵 鱅

日 → 牀
9 〔ㅠ〕　上吻-乳允　盾 楯 捶

日 → 禪
7 〔ㅐ〕　上賄-如累　蕋

몽고음 성모 통계

ㄱ : ㄱ$_2$ ㅋ$_{15}$ ㄲ$_9$ ㅍ$_1$ ㅈ$_1$ ㅎ$_1$
ㅋ : ㄲ$_1$
ㄲ : ㄱ$_4$ ㅋ$_3$ ㄲ$_7$ ㆁ$_1$
ㆁ : ㄱ$_1$ ㆁ$_7$ ㅎ$_7$ ㅇ$_{33}$
ㄷ : ㅌ$_1$
ㅌ : ㄸ$_4$
ㄸ : ㅌ$_6$
ㄴ : ㄷ$_2$

ㅂ : ㅍ$_6$ ㅃ$_4$ ㆆ$_1$
ㅍ : ㅂ$_2$ ㅃ$_7$
ㅃ : ㅂ$_2$ ㅍ$_1$ ㅹ$_3$ ㅸ$_3$
ㅁ : ㅱ$_{24}$ ㅊ$_1$
ㅸ : ㅹ$_8$
ㅹ : ㅸ$_3$ ㅹ$_2$
ㅈ : ㅊ$_{11}$ ㅉ$_{13}$ ㅈ$_8$ ㅉ$_2$
ㅊ : ㅈ$_2$ ㅊ$_1$ ㅅ$_1$
ㅉ : ㅈ$_2$ ㅊ$_5$ ㅆ$_5$ ㅉ$_4$
ㅅ : ㅆ$_7$ ㅈ$_1$ ㅅ$_1$ ㆆ$_1$
ㅆ : ㅉ$_1$ ㅉ$_3$
ㅈ : ㅈ$_2$ ㅆ$_2$ ㅈ$_3$ ㅉ$_5$
ㅊ : ㅊ$_{10}$ ㅈ$_6$ ㅊ$_9$ ㅉ$_7$ ㅅ$_4$ ㅆ$_1$ ㆆ$_1$
ㅉ : ㅉ$_1$ ㅈ$_4$ ㅆ$_{42}$
ㅅ : ㅊ$_1$ ㅅ$_2$ ㅈ$_1$ ㅊ$_1$ ㅉ$_2$ ㅆ$_4$
ㅆ : ㄲ$_2$ ㅱ$_1$ ㅈ$_1$ ㅉ$_{37}$ ㅅ$_{18}$ ㅿ$_3$
ㅎ : ㆁ$_{15}$ ㆅ$_2$ ㅇ$_8$
ㆆ : ㆁ$_1$ ㅎ$_1$ ㆅ$_5$
ㆅ : ㄱ$_1$ ㅋ$_1$ ㄴ$_1$ ㆆ$_1$ ㅎ$_4$ ㆅ$_1$
ㅇ : ㆁ$_{79}$ ㅊ$_1$ ㅉ$_1$ ㆆ$_{13}$
ㄹ : ㅋ$_1$ ㅈ$_2$
ㅿ : ㅆ$_3$ ㅉ$_3$ ㅆ$_1$

2.2.3. 중성

ㅏ → ㅓ

22 匣 入合-胡閤 欱

ㅏ → ㅑ

14 疑 平爻-牛刀 聱 敖 磝 囂
14 照 平爻-陟交 嘲 啁 翼
18 見 平陽-居郎 扛 杠 釭 矼 缸 項 瓨
18 疑 上養-魚兩 仰
18 疑 去漾-魚向 仰 釀

ㅏ → ㅘ

11 照 入轄-側八 苗
11 牀 上產-雛產 撰 饌 賤 餞
18 泥 入藥-奴各 搦
18 照 去漾-陟降 撞
18 穿 平陽-初莊 悤 窓 窗 囪 摐 憃 㦂
18 穿 入藥-側各 婗 姨 孋 齯 摵 籍 䐉
　　　　　　　　　戳
18 審 平陽-師莊 雙 慛 瀧
18 來 入藥-歷各 犖

ㅏ → ㅕ

11 精 上產-積產 償
22 見 入合-古沓 合 欱 鴿 蛤 閤 頜 蓋
22 溪 入合-克盍 榼 磕 礚 溘 醘 瞌

ㅓ → ㅏ

10 見 平寒-居寒 干 戈 杆 奸 肝 竿 玕
　　　　　　　　　乾
10 見 上旱-古旱 稈 秆 笴 簳 䍐 䆣 赶 趕
10 見 去翰-古汗 幹 榦 旰
10 溪 平寒-丘寒 看 栞 刊
10 溪 上旱-空旱 侃 偘 偘 衎
10 溪 去翰-祛幹 看 侃 偘 偘 衎
10 疑 平寒-何干 犴 豻
10 疑 去翰-俄寒 岸 犴 豻 矸
10 影 平寒-於寒 安 鞍
10 影 去翰-於幹 案 按
10 曉 上旱-許旱 罕 罕 暵 熯 蔊
10 曉 去翰-虛汗 漢 暵 熯
10 匣 平寒-河干 寒 翰 韓 汗 邗 邘 翰
10 匣 上旱-侯旱 旱 悍
10 匣 去翰-侯幹 翰 皯 悍 汗 瀚 捍 扞
　　　　　　　　　銲 釬 閈 埠 鼾 軒

ㅓ → ㅕ

15 端 上哿-都大 朶 揣 捶 敠 探 埵 鬌
　　　　　　　　　種 跢 睡 躲 趓
15 定 去箇-杜臥 惰
15 泥 平歌-奴何 捼
15 泥 去箇-乃介 愞
15 心 平歌-桑何 莎 蓑 梭 唆
15 來 平歌-郎何 贏 㔶 穭 䥥 贏 螺
　　　　　　　　　覼 覼

ㅓ → ㅚ

15 疑 平歌-牛何 莪 哦 娥 俄 峨 蛾 鵝 睋
15 疑 上哿-五可 我

15 疑 去箇-五箇 餓 臥

ㅓ → ㅕ
10 見 入曷-居曷 葛 割 轕 輵
10 溪 入曷-丘葛 渴
10 影 入曷-阿葛 遏 按 頞 關 堨
10 曉 入曷-許葛 喝 愒 猲 獥
10 匣 入曷-何葛 曷 褐 翮 鞨 鶡 蝎
15 透 平歌-湯何 詑 扡 拖
15 透 上哿-吐火 妥 鮀 橢 婒 撱 惰 墮
　　　　　　　　隋 垛
15 從 去箇-才臥 磋 蹉 剉 莝 挫 夎
15 匣 去箇-胡臥 荷 和
15 來 上哿-魯果 裸 臝 騍 䯝 倮 蠃 鑫
　　　　　　　　瘰 癩 蓏
15 來 去箇-郎佐 㩜

ㅜ → ㅜ
1 來 入屋-盧谷 碌

ㅜ → ㅡ
9 透 平文-他昆 呑

ㅜ → ㅠ
1 見 上董-居竦 拱 珙 栱 拲 鞏 䢀
1 清 平東-倉紅 樅 從 蓯 璁
1 清 入屋-千木 促
1 心 入屋-蘇谷 蕭 鱐 翻 鷫 驌
1 審 入屋-所六 縮 蹜 茜
1 禪 入屋-神六 孰 熟 塾 鐲 蜀 㺩 璹 韣
　　　　　　　　鸀 屬 贖
1 來 入屋-盧谷 碌 錄 醁 菉 綠 騄 漉 六
　　　　　　　　蓫 陸 稑 穋 蓼 戮 勠
1 日 入屋-而六 肉 辱 辱 蓐 褥 縟 溽 鄏
9 精 平文-租昆 遵 罇

ㅡ → ㅜ
9 匣 入勿-下沒 麧 籺 齕
20 滂 上有-普厚 剖 掊 部 培 蔀 瓿
20 明 平尤-莫侯 謨 牟 麰 侔 蛑 矛 蝥 鍪
　　　　　　　　鰲 眸 蟊
20 明 上有-莫厚 母 拇 踇 畝 畮 鶓 某 呆
　　　　　　　　牡 莽
20 明 去宥-莫候 戊 茂 楙 懋 袤 貿 瞀
20 非 上有-俯九 缶 瓿 否 罘 罦 殕

20 非 去宥-敷救 富 副 輻 覆 仆
20 奉 平尤-房鳩 鴀 紑

ㅡ → ㅣ
2 心 去寘-息漬 倠

ㅡ → ㅔ
2 精 平支-津私 劑

ㅡ → ㅕ
20 奉 平尤-房鳩 浮 罘 芣 桴 枹 蜉 涪
20 奉 上有-房缶 阜 負 偩 婦 娵 蟲 蕡
20 奉 去宥-扶富 復 覆 伏 榎

ㅣ → ㅜ
2 滂 去寘-匹智 澩
2 審 上紙-詩止 使
19 端 上梗-都領 打

ㅣ → ㅡ
2 審 平支-申之 釃 簁 籭 篩
2 審 上紙-詩止 史 駛 駛
2 審 去寘-式至 使 駛 駛
2 禪 平支-辰之 漦
2 禪 上紙-上紙 舐 仕 屎 柿
2 禪 去寘-時吏 事
19 滂 平庚-披耕 抨 怦
19 竝 上梗-部迥 倂
19 竝 去敬-皮命 倂
19 牀 去敬-直正 鋥 瞪
21 照 入緝-側入 戢 濈 䐑 戢

ㅣ → ㅐ
19 泥 入陌-女力 搦

ㅣ → ㅓ
2 幫 上紙-補委 被 否 啚 鄙

ㅣ → ㅠ
8 喻 上軫-以忍 尹
19 心 平庚-思營 騂 觪 觲 垶
19 喻 上梗-庚頃 穎 潁

ㅣ → ㅖ

  2　群　平支-渠宜　祇
  8　見　入質-激質　吉　拮
  8　溪　入質-欺訖　詰
  8　曉　平眞-許斤　欣　忻　愀　訴　昕　炘
  8　曉　去震-許刃　愀　爨　聲　嚻　燃
  8　曉　入質-黑乙　欯
 19　見　平庚-居卿　經　涇
 19　見　上梗-居永　剄　剄　耿　憬　潁
 19　見　去敬-居慶　勁　徑　逕　俓
 19　見　入陌-訖逆　激　擊　墼
 19　溪　平庚-丘京　輕
 19　溪　上梗-棄挺　謦
 19　溪　去敬-丘正　罄　磬　謦
 19　溪　入陌-乞逆　觳
 19　曉　平庚-虛陵　馨　興
 19　匣　平庚-何庚　行　桁　衡　珩　蘅　莖　硜　形
　　　　　　　　　　刑　佣　鉶　硎　邢　型　荇　恒
　　　　　　　　　　姮
 19　匣　上梗-下頂　杏　荇　莕　幸　倖　婞　悻　行
　　　　　　　　　　脛　踁
 19　匣　去敬-胡孟　行　脛　踁
 19　匣　入陌-刑狄　檄　覡
 20　見　平尤-居尤　樛
 20　見　上有-舉有　糾　紏　赳
 20　群　平尤-渠尤　虯　觓　觩　蟉
 20　曉　平尤-虛尤　休　烋　庥　咻　貅　髹　髤　髤
　　　　　　　　　　鵂　鵂
 20　曉　上有-許久　朽
 20　曉　去宥-許救　齅　嗅　畜
 21　曉　平侵-虛金　歆

ㅣ → ㅖ
  2　喩　平支-延知　遺

ㅣ → ㅓ
  2　幫　平支-逋眉　悲　陂　羆　詖　襣
  2　幫　去寘-兵媚　秘　毖　閟　泌　祕　秘　鉍　鄪
　　　　　　　　　　佊　詖　陂　跛　轡　祕　賁
　　　　　　　　　　帔
  2　滂　平支-篇夷　披　嫔　鈹　鈚　狓
  2　滂　上紙-普弭　諀　諀　秕　庀　披　圮
  2　並　平支-蒲縻　皮　疲　羆　邳　郫
  2　並　上紙-部比　否　骳　被
  2　並　去寘-毗意　被　髲　鞁　彌　備　糒　骳

  2　明　平支-忙皮　縻　蘼　䕲　麋　靡
  8　幫　入質-壁吉　筆
  8　並　入質-薄密　弼
  8　明　入質-覓筆　宓
 19　幫　入陌-必歷　逼　偪　幅　湢　碧　福　堛　愊
　　　　　　　　　　福　副
 19　並　入陌-毘亦　愎　煏　㷂　愶　腷

ㅣ → ㅔ
  2　微　平支-無非　侑　維　惟　濰
  8　幫　平眞-卑民　矉

ㅣ → ㅟ
 19　曉　入陌-訖逆　閴

ㅣ → ㅛ
 19　見　上梗-居永　潁

ㅐ → ㅒ
  6　匣　上解-下楷　駭

ㅐ → ㅙ
  6　穿　去泰-楚邁　嘬

ㅓ → ㅜ
 19　見　去敬-居孟　亙　恒
 19　幫　平庚-補耕　絣　繃　綳　閛　祊　旁　傍
　　　　　　　　　　榜　坋　浜　崩
 19　滂　平庚-補庚　烹
 19　並　平庚-蒲庚　彭　騯　篣　膨　蟛　輣　棚　朋
　　　　　　　　　　鵬　堋　髼　蚄
 19　明　平庚-眉庚　盲　宩　蝱　虻　䖤　萌　莔　甍
　　　　　　　　　　萌　氓　甿
 19　明　上梗-母梗　猛　艋　蜢
 19　明　去敬-莫更　孟　盟　蓋　懜　懞　瞢　夢
 19　來　平庚-盧登　棱　稜　楞　輘
 19　來　上梗-魯杏　冷

ㅓ → ㅡ
 19　見　平庚-居登　捙　揯　緪　絚
 19　溪　上梗-苦等　肯　肎　肎
 19　端　平庚-都騰　登　登　甄　燈　鐙　豋　璒
 19　端　上梗-多肯　等
 19　端　去敬-丁鄧　嶝　隥　磴　鐙　橙　凳　䥥

19 定　平庚-徒登　騰縢謄滕膡藤籐疼朕鰧
19 定　去敬-唐亘　鄧蹬隥
19 泥　平庚-奴登　能儜獰
19 幫　平庚-補耕　伻㢲
19 幫　去敬-比孟　迸逬搒
19 精　平庚-咨登　增曾憎矰獥罾橧翻矰
19 從　平庚-慈陵　層曾
19 從　去敬-昨亘　贈
19 心　平庚-思登　僧鬙
19 照　平庚-甾耕　爭猙箏丁玎瞠
19 照　去敬-側迸　諍爭掙偵遉橕幀橕轚竮
19 穿　平庚-抽庚　鎁琤瞠樘撐撐鎗鐺槍搶崢掙
19 林　平庚-除庚　根杅橙傖覬
19 審　平庚-師庚　生笙甥牲猩狌鉎黽
19 審　上梗-所敬　省眚
19 審　去敬-所景　生

ㅓ→ㅣ
19 精　去敬-子孕　甑囎
19 從　平庚-慈陵　嶒繒鄫騬

ㅓ→ㅐ
19 見　入陌-各額　格佫假挌骼戛菑隔膈鬲鬲革槅骼
19 溪　入陌-乞格　克剋刻客
19 端　入陌-多則　德惪得
19 透　入陌-惕德　忒慝忑貸
19 定　入陌-敵德　特犆特螣螣貸
19 幫　入陌-博陌　百伯佰迫栢薜檗藥擘捭北
19 滂　入陌-普伯　拍珀魄覇
19 竝　入陌-薄陌　白帛舶欂
19 明　入陌-莫白　陌佰貊莫貊貘百驀麥霡霢脈脈覛脈蛨墨默嘿嘿纆冒万
19 精　入陌-子德　則
19 從　入陌-疾力　賊蠈鰂鯽崱萴
19 心　入陌-悉則　塞塞

19 照　入陌-側格　側仄昃庆窄迮笮柞唶舴蚱蚱駝責嘖讀幘簀磔砝摘摘謫讁
19 穿　入陌-恥格　測惻畟坼坼墋策冊柵
19 牀　入陌-直格　宅澤擇𥥈翟襗
19 審　入陌-色窄　色嗇穡濇簀索瘶槭槭
19 禪　入陌-士革　賾齰咋
19 影　入陌-乙革　厄戹阨鞥軛軶啞頞搕扼抳
19 曉　入陌-呼格　黑赫嚇爀
19 匣　入陌-胡得　劾覈核翮格貉
19 來　入陌-歷德　勒肋扐泐仂艻

ㅓ→ㅒ
19 見　入陌-各額　格佫假挌骼戛菑隔膈鬲鬲革槅骼
19 溪　入陌-乞格　克剋刻客
19 匣　入陌-胡得　覈核翮格貉
19 喩　入陌-鄂格　額額詻

ㅓ→ㅖ
19 見　平庚-居登　庚賡更秔稉粳羹鶊耕畊
19 見　上梗-古杏　梗莄挭鯁骾哽綆挭
19 見　去敬-居孟　更亘恒
19 曉　平庚-虛庚　亨脝
19 曉　入陌-呼格　赫嚇爀

ㅓ→ㅟ
19 竝　入陌-簿陌　匐蔔踣欂
19 明　入陌-莫白　墨默嘿嘿纆冒万

ㅓ→ㅞ
19 溪　平庚-丘庚　阬坑鏗硻硜硜桱

ㅑ→ㅏ
18 清　上養-七兩　搶
18 匣　入藥-轄覺　雘

ㅑ→ㅐ
16 見　平麻-居牙　佳

ㅑ → ㅑ
　18　審　入藥-式灼　鑠 爍

ㅑ → ㅕ
　16　見　平麻-居牙　迦
　16　溪　平麻-丘加　呿
　16　群　平麻-具牙　伽
　18　見　入藥-訖岳　脚 蹻 屩
　18　溪　入藥-丘縛　却
　18　群　入藥-極虐　臄 㬺 谷 噱 醵 蹻
　18　清　入藥-七雀　鵲 皵 碏 猎 㹪
　18　照　入藥-職略　斫 灼 焯 炤 酌 妁 彴 禚
　　　　　　　　　　繳 著 着 勺
　18　穿　入藥-尺約　綽 繛 婥
　18　影　入藥-乙角　箹
　18　曉　入藥-迄却　謔
　18　喻　入藥-弋灼　虐
　18　來　入藥-力灼　略 碧 蟉 蛫 掠 剠

ㅑ → ㅒ
　18　見　入藥-訖岳　攫 玃 蠖 鑊 矍 躣
　18　溪　入藥-丘縛　躩

ㅑ → ㅘ
　18　穿　入藥-尺約　逴 趠 婼 踔

ㅑ → ㅓ
　11　疑　入轄-牙八　臲 枿 臲

ㅕ → ㅖ
　12　匣　去霰-形甸　縣
　12　喻　平先-夷然　沿 鉛 緣 蝝
　12　喻　上銑-以淺　兗 沇 渷
　12　喻　去霰-倪甸　掾 緣

ㅕ → ㅘ
　12　牀　上銑-雛免　撰 譔 僎

ㅠ → ㅜ
　1　心　平東-息中　鬆
　1　牀　入屋-直六　逐 柚 軸 舳 妯 躅 蹢
　　　　　　　　　　蠋 躕 碡

　1　審　平東-書容　舂 樁
　1　喻　平東-以中　傭
　1　來　平東-盧容　籠 櫳 襱 嚨 曨 聾 嚨 蘢
　　　　　　　　　　瓏 礱 龐 饢 襱 鞴 攏
　　　　　　　　　　爖 瀧 𪏰 𪎊
　1　來　上董-力董　瓏 籠 寵 攏 礲
　9　精　入勿-卽律　捽

ㅠ → ㅖ
　9　喻　平文-于分　筠 蒟 雲 紜 芸 蕓 云 員
　　　　　　　　　　貟 沄 紜 篔 鄖 邧
　9　喻　上吻-羽敏　抎 殞
　9　喻　去問-禹愠　運 暈 煇 餫 鄆 韗 韗 員
　　　　　　　　　　貟 韻 韵
　9　喻　入勿-以律　聿 遹 矞 鷸 潏 鷸 欥

ㅠ → ㅚ
　9　見　入勿-厥筆　橘 獝
　9　曉　入勿-休筆　獝
　9　喻　入勿-以律　繘

ㅖ → ㅡ
　3　心　上薺-想里　徙 璽 枲 蒠 躧 蹝 屣 鞴
　　　　　　　　　　釃 纚 縰 葰 簁

ㅖ → ㅣ
　3　見　平齊-堅溪　羈 羇 寄 畸 饑 飢 肌 軌
　　　　　　　　　　譏 姬 其 居 箕 其 鎮 萁
　　　　　　　　　　跂 基 棋 機 璣 譏 磯 幾
　　　　　　　　　　機
　3　見　上薺-居里　己 几 机 麂 庋 庪 攱 忌
　　　　　　　　　　掎 蟣 機 枳 㦸 機
　3　見　去霽-吉詣　覬 幾 記 冀 異 穊 洎 其
　　　　　　　　　　忌 旣 覬 繫 狊
　3　溪　平齊-牽奚　敧 攲 蛟 崎 猗 碕 踦 敲
　　　　　　　　　　欺 傲 魌 頍 俱 榿
　3　溪　上薺-墟里　起 杞 屺 芑 玘 豈 綺 杞
　3　溪　去霽-去冀　器 罽 亝 氣 炁 乞 愒 憩
　　　　　　　　　　愒 揭
　3　端　平齊-都黎　氐 低 伍 隄 堤 堤 柢 羝
　　　　　　　　　　磾 鞮 低
　3　端　上薺-典禮　邸 柢 底 詆 紙 牴 抵 阺
　　　　　　　　　　坻 底 弤 軝 骴
　3　端　去霽-丁計　帝 諦 嚏 柢 蔕 疐 螮 蝃

泚

3 透 平齊-天黎　梯 睇 鯷
3 透 上薺-他禮　體 骵 軆 涕 緹
3 透 去霽-他計　替 梯 髰 剃 鬀 殢 涕 洟
　　　　　　　　薙 褆 裼 履 屜 靾 屟
3 定 平齊-杜兮　題 啼 嗁 嗁 禔 媞 提 醍
　　　　　　　　綈 緹 蹄 踶 蹏 鮧 鯷
　　　　　　　　鶗 鷈 騠 鷈 稊 荑 荑
　　　　　　　　梯 鵜 螺 羃
3 定 上薺-待禮　弟 梯 娣 遞 迡
3 定 去霽-大計　第 弟 悌 娣 睇 題 遞 迡
　　　　　　　　遰 髢 鬄 禘 締 鈦 棣 杕
　　　　　　　　踶 提 逮 地
3 泥 平齊-年題　泥 埿 鑈 尼 怩 旎 呢 妮
3 泥 上薺-乃里　你 檷 柅 旎 抳 苨 禰 泥
　　　　　　　　瀰 瀰
3 泥 去霽-乃計　泥 膩 殢
3 幫 平齊-邊迷　篦 錍 豍 陛 狴 螕 蓖 屍
3 明 平齊-綿兮　迷 麛 彌 采 梁 瀰 獼 嬰
3 明 上薺-莫禮　米 眯 洣 絈 弭 彌 瀰 芈
　　　　　　　　敉 麛
3 明 去霽-彌計　寱 袂 謎 彌
3 精 平齊-牋西　齎 賫 躋 隮 擠 齏 虀
3 精 上薺-子禮　濟 泲 霽
3 精 去霽-子計　霽 濟 祭 湚 祭 穧 擠
3 清 平齊-千西　妻 萋 淒 悽 悽 綾
3 清 上薺-此禮　泚 玼 批
3 清 去霽-七計　切 砌 趏 妻 賥 摖
3 從 平齊-前西　齊 臍 蠐 薺
3 從 上薺-在禮　薺 薺
3 從 去霽-才詣　劑 齊 嚌 懠 癠 穧 眥 薺
　　　　　　　　薺
3 心 平齊-先齊　西 栖 棲 犀 撕 嘶 澌 凘
　　　　　　　　廝 癡 恓
3 心 上薺-想里　洗 灑
3 心 去霽-思計　細 栖 棲 壻 婿 靾 聟
3 牀 去霽-直例　滯 癠
3 喩 平齊-研奚　倪 兒 猊 鯢 霓 蜺 輗 猊
　　　　　　　　麑 貌
3 來 平齊-隣溪　离 離 鸝 鷅 驪 孋 麗 纚
　　　　　　　　褵 綟 雞 攡 蘺 籬 篱 樆
　　　　　　　　螭 醨 漓 灕 璃 瓈 罹 曬
　　　　　　　　釐 氂 莍 婁 嫠 劙 籬 盠
　　　　　　　　蠡 遼 黎 黧 犁 利 黧 鱺

藜 梨 梨 莉 蜊 螺 貍 狸
桿 劦

ㅖ → ㅚ
　3 見 去霽-吉詣　季
　3 影 平齊-淵畦　烓

ㅖ → ㅕ
　3 匣 平齊-弦鷄　携 鑴 觿 蠵 巂 鄞 畦

ㅖ → ㅜ
　19 影 去敬-縈定　瑩
　19 喩 平庚-于平　縈

ㅖ → ㅠ
　19 見 上梗-居永　囧 璟
　19 曉 上梗-火迥　詗
　19 曉 去敬-呼正　詗 敻
　19 喩 平庚-于平　營 塋 螢 瑩 榮 蠑
　19 喩 上梗-于憬　永
　19 喩 去敬-爲命　詠 咏 泳 榮 醟

ㅖ → ㅖ
　19 疑 入陌-越逼　域 減 罭 械 蟈 緎 閾

ㅖ → ㅟ
　19 曉 入陌-呼昊　殈 舂 驕

ㅖ → ㅒ
　19 疑 入陌-越逼　役 疫
　19 曉 平庚-呼榮　兄
　19 曉 上梗-火迥　詗

ㅖ → ㅚ
　19 見 入陌-古闃　臭 鵙 湨
　19 溪 入陌-苦昊　閴

ㅖ → ㅛ
　19 見 平庚-涓熒　扃 坰 駉 絅
　19 溪 平庚-窺營　傾 頃
　19 群 平庚-渠營　瓊 璚 璚 憕 莹 榮 嫈
　　　　　　　　　嫏 攖
　19 匣 上梗-戶頂　泂 炯
　19 喩 平庚-于平　熒 榮 螢

ㅖ → ㅕ

  12 牀 去霰-柱戀 饌 撰 譔

ㅖ → ㅖ

  12 穿 入屑-昌悅 啜

ㅖ → ㅓ

  12 見 去霰-吉掾 眷 卷 絭 攣
  12 溪 平先-驅圓 卷 弮
  12 來 平先-閭圓 攣
  12 來 上銑-盧轉 孿 變

ㅘ → ㅏ

  11 非 平刪-孚艱 翻 飜 幡 拚 反 旛 繙 轓
           藩 蕃 潘 番
  11 非 入轄-方伐 髮 發 犮
  11 奉 平刪-符艱 煩 蘋 樊 攅 蹯 燔 繙
           蕃 墦 膰 燔 轓 繁 蘩 鐢
           袢
  11 奉 去諫-符諫 飯 餅 飰
  11 奉 入轄-房滑 伐 馛 閥 墢 垡 栰 枎
           罰 𦍠
  11 微 上産-武縮 晚

ㅘ → ㅑ

  11 匣 去諫-下患 骭
  18 影 入藥-烏郭 臒

ㅘ → ㅒ

  16 影 平麻-烏瓜 洼 哇 喠 娃

ㅘ → ㅖ

  18 匣 入藥-胡郭 護 矱 嬳

ㅘ → ㅐ

  16 見 平麻-古華 媧 蝸 騧 䯀 緺 瘑
  16 影 平麻-烏瓜 蛙 鼃
  16 匣 去禡-胡挂 畫 畫 話

ㅘ → ㅓ

  11 影 去諫-烏貫 腕 掔 掔 挽 掔 惋

ㅘ → ㅚ

  16 匣 平麻-胡瓜 譁

ㅘ → ㅘ

  18 曉 去漾-虛放 況 況 貺

ㅝ → ㅓ

  15 明 平歌-眉波 摩 攠 磨 麼 魔 劘
  15 明 上哿-忙果 麼
  15 明 去箇-莫臥 磨

ㅝ → ㅢ

  15 疑 平歌-吾禾 訛 吪 譌 囮
  15 疑 上哿-五果 妮

ㅝ → ㅘ

  10 匣 上旱-胡管 睆 皖 脘 睅 莞

ㅝ → ㅓ

  10 見 平寒-沽歡 官 冠 棺 涫 倌 觀 莞 菅
  10 見 上旱-古緩 管 筦 琯 輨 館 舘 舘 盌
           痯 斡 閞 脘 睄 宧 悺
  10 見 去翰-古玩 貫 冠 祼 盥 觀 灌 鸛 瓘
           矔 爟 館 罐 鑵
  10 見 入曷-古活 括 聒 适 活 佸 栝 筶 舌
           鴰 活 菝 䯏 髻
  10 溪 平寒-枯官 寬 髖
  10 溪 上旱-苦管 款 款 窾
  10 溪 入曷-苦括 闊
  10 疑 平寒-多官 岏 刓
  10 疑 去翰-都玩 玩 翫 忨
  10 端 平寒-多官 耑 端 褍 觰 剬
  10 端 上旱-都管 短 斷 煓
  10 端 去翰-都玩 鍛 煅 磛 腶 斷
  10 端 入曷-都括 掇 剟 咄 敠
  10 透 平寒-他官 湍 猯 貒 煓
  10 透 上旱-土緩 疃 畽 疼
  10 透 入曷-他括 脫 挩
  10 定 平寒-徒官 團 敦 摶 漙 黀 剸 槫 糰
           檲
  10 定 上旱-徒管 斷
  10 定 去翰-杜玩 段 椴 籪 斷 彖 褖 緣 稅
  10 泥 上旱-乃管 煗 暖 煖 晲 餪 愞
  10 泥 去翰-奴亂 愞
  10 幫 平寒-逋潘 般 搬 舩
  10 幫 去翰-博漫 半 絆

10　幇　入曷-北末　跋
10　滂　平寒-蒲官　潘　番　拌　拚　抃
10　滂　去翰-普半　判　胖　泮　湴　頖　沜　伴　胖
10　滂　入曷-普活　潑　醱　鏺　剗
10　竝　平寒-蒲官　槃　柈　盤　般　搬　弁　瘢　鑿　磐　槃　鬆　瀊　繁　幣　蟞　嚶　胖　磻　蟠　繁　蹣
10　竝　上旱-蒲滿　伴　拌　秚
10　竝　去翰-蒲半　畔　叛
10　竝　入曷-蒲撥　跋　拔　魃　軷　茇　鈸　拔
10　明　平寒-謨官　瞞　謾　鏝　墁　槾　饅　鬘　糲　鞔　鄤　樠　鬘　曼　漫　䵎　蔓　鰻　蹣
10　明　上旱-莫旱　滿　㵀　曼
10　明　去翰-莫半　縵　穈　漫　謾　曼　幔
10　精　平寒-祖官　鑽
10　精　上旱-作管　纂　纘　鄼　儧　瓚
10　精　去翰-祖算　鑽
10　精　入曷-子括　繓　撮　攥
10　清　去翰-取亂　竄　攛　爨　䚐　鑹　䉈
10　清　入曷-倉括　撮
10　從　平寒-徂官　攢　欑　菆　趲　欑　穳　酇
10　從　去翰-在玩　攢
10　心　平寒-蘇官　酸　狻　狻　痠　痠
10　心　上旱-損管　算
10　心　去翰-蘇貫　笇　蒜
10　影　平寒-烏歡　剜　蜿　豌　㿽
10　影　上旱-烏管　椀　盌
10　影　入曷-烏活　斡
10　曉　平寒-呼官　歡　懽　嬅　驩　讙　嚾　貛　貛　獾
10　曉　去翰-呼玩　喚　奐　煥　渙　渙　漶
10　匣　平寒-胡官　桓　貆　狟　洹　芄　汍　紈　萑　萑　絙　髡　垸　完　丸
10　匣　上旱-胡管　瀚　浣　澴　緩
10　匣　去翰-胡玩　換　逭
10　匣　入曷-戶括　活　佸　括　越　秳
10　來　平寒-盧官　鸞　欒　圝　斄　灤　鑾
10　來　上旱-魯管　卵
10　來　去翰-盧玩　亂　乱　鑾
10　來　入曷-盧活　捋
15　從　上哿-徂果　脞

ㅓ → ㅜ

19　見　平庚-姑橫　觥　觵　肱　玄
19　曉　平庚-呼宏　訇　轟　輷　薨　薨　嚝
19　匣　平庚-胡盲　橫　衡　黌　喤　鍠　鐄　獚　宏　閎　紘　翃　罞　紭　橫　弘　嶸　硡　峵　耾
19　匣　上梗-胡猛　卝
19　匣　去敬-戶孟　橫

ㅓ → ㅐ

7　幇　去隊-邦妹　貝　狽
7　滂　去隊-滂佩　沛　霈
7　竝　上賄-部浼　倍
7　竝　去隊-步昧　邶　昢
7　明　去隊-莫佩　眛　沬

ㅓ → ㅖ

7　曉　平灰-呼回　暉　輝　煇　揮　楎　翬　褘　徽　微　暉　睢　麾　摩　撝
7　曉　上賄-呼罪　毀　譭　燬　烜　毇　烜　虫　烍　卉

ㅓ → ㅒ

7　溪　去隊-窺睡　喟
7　清　平灰-倉回　榱
7　穿　上賄-楚委　揣　敠
7　審　平灰-所追　衰　衰
7　審　去隊-輸芮　帥　率
19　見　入陌-古伯　虢　蟈　摑　幗　簂　馘　膕
19　曉　入陌-霍虢　謋　砉　諜　濩　劃　嘒
19　匣　入陌-穫北　獲　畫

ㅓ → ㅖ

7　影　上賄-烏賄　唯　壝　葰
7　匣　去隊-胡對　恚
7　喻　去隊-于位　叡　睿　銳　遺　蜼　雅　壝
19　影　平庚-烏宏　泓

ㅓ → ㅚ

7　見　平灰-姑回　圭　珪　闈　袿　窐　邽
7　見　上賄-古委　癸
7　見　去隊-古外　桂
7　溪　平灰-枯回　歸　窺　闚　睽　奎　骭　刲　刲
7　溪　上賄-犬蘂　跬　頍　魁　傀
7　溪　去隊-窺睡　塊　凷　稭　襀　纈　喟　喟

7 群 平灰-渠爲 葵郂跻
7 群 上賄-渠委 揆揆
7 群 去隊-具位 悸
7 曉 平灰-呼回 隳
7 匣 去隊-胡對 慧惠憓譓蟪繐蕙嚖
              嘒蟪暳

ㅙ → ㅟ
6 疑 去泰-五塊 外

몽고운 중성 변동의 통계

ㅏ : ㅓ1 ㅑ17 ㅘ26 ㅝ15
ㅓ : ㅏ71 ㅝ28 ㅚ11 ㅝ51
ㅜ : ㅜ1 ㅡ1 ㅠ56
ㅡ : ㅜ50 ㅣ1 ㅟ1 ㅝ18
ㅣ : ㅜ3 ㅡ26 ㅐ1 ㅢ4 ㅠ7 ㅔ93 ㅖ1 ㅟ70 ㅖ5
      ㅢ1 ㅛ1
ㅐ : ㅒ1 ㅙ1
ㅔ : ㅜ52 ㅡ102 ㅣ6 ㅐ161 ㅒ27 ㅔ27 ㅟ11
      ㅖ6
ㅑ : ㅏ2 ㅐ1 ㅑ2 ㅕ45 ㅖ7 ㅘ4 ㅝ3
ㅕ : ㅖ10 ㅘ3
ㅠ : ㅜ39 ㅖ34 ㅚ4
ㅖ : ㅡ14 ㅣ373 ㅢ2 ㅖ7
ㅛ : ㅜ2 ㅠ17 ㅛ7 ㅟ3 ㅖ4 ㅚ4 ㅛ21
ㅖ : ㅕ3 ㅛ1 ㅝ9
ㅘ : ㅏ45 ㅑ2 ㅐ4 ㅖ3 ㅙ11 ㅝ6 ㅚ1 ㅘ3
ㅝ : ㅓ10 ㅢ5 ㅘ5 ㅝ287
ㅟ : ㅜ31 ㅐ9 ㅠ23 ㅙ23 ㅖ12 ㅚ45
ㅙ : ㅟ1

2.2.4. 종성

ㄴ → ㅇ
8 喩 去震-羊進 孕

ㄴ → ㅁ
8 幇 上軫-必敏 稟
8 滂 上軫-丕敏 品
8 幇 上軫-必敏 稟

ㅸ → ㅁ
18 喩 入藥-逆各 諤
18 見 入藥-葛鶴 各
18 泥 入藥-奴各 搦
18 穿 入藥-側各 妮
18 喩 入藥-逆各 愕
18 穿 入藥-側各 姝
18 來 入藥-歷各 犖
18 穿 入藥-側各 孎
18 喩 入藥-逆各 鄂
18 穿 入藥-側各 齷
18 喩 入藥-逆各 喝鍔
18 穿 入藥-側各 擆
18 喩 入藥-逆各 崿
18 穿 入藥-側各 籍
18 喩 入藥-逆各 鶚
18 穿 入藥-側各 猎戳
18 喩 入藥-逆各 萼薑鰐鼉鰐鶚号龞
18 穿 入藥-尺約 綽
18 曉 入藥-迄却 謔
18 群 入藥-極虐 臄
18 來 入藥-力灼 略
18 心 入藥-息約 削
18 審 入藥-式灼 鑠
18 清 入藥-七雀 鵲
18 群 入藥-極虐 臄
18 清 入藥-七雀 散
18 來 入藥-力灼 茖
18 穿 入藥-尺約 綽
18 審 入藥-式灼 爍
18 照 入藥-職略 斫
18 穿 入藥-尺約 婥
18 照 入藥-職略 灼
18 清 入藥-七雀 碏
18 來 入藥-力灼 蟧
18 群 入藥-極虐 谷
18 來 入藥-力灼 蟧
18 照 入藥-職略 焯
18 穿 入藥-尺約 逴

18　群　入藥-極虐　噱
18　清　入藥-七雀　猎
18　照　入藥-職略　炤
18　清　入藥-七雀　猨
18　來　入藥-力灼　掠
18　匣　入藥-轄覺　寉
18　穿　入藥-尺約　趠
18　群　入藥-極虐　噱
18　穿　入藥-尺約　婼
18　群　入藥-極虐　醵
18　照　入藥-職略　酌
18　溪　入藥-丘縛　却
18　來　入藥-力灼　剠
18　穿　入藥-尺約　躇
18　群　入藥-極虐　蹻
18　照　入藥-職略　妁　彴
18　影　入藥-乙角　箹
18　照　入藥-職略　禚
18　溪　入藥-丘縛　躍
18　照　入藥-職略　繳
18　喩　入藥-弋灼　瘧
18　照　入藥-職略　著　着　勺
18　見　入藥-訖岳　脚　蹻　屬　攫　玃　蠼　钁
　　　　　　　　　　矍　懼

ㅱ → ㅁ
13　幇　平蕭-卑遙　飘

몽고운 종성 변동의 통계

ㄴ :　ㆁ₁　ㅁ₃
ㅸ :　ㅱ₈₂
ㅱ :　ㅁ₁

2.2.5. 성조

去 → 平
　13〔ㅕ〕　轎
　22〔ㅏ〕　壈

平 → 上
　12〔ㅕ〕　蟥

몽고운 성조 변동의 통계

平 :　上₁
去 :　平₂

2.3. 운회운

2.3.1. 운모

刪 ↔ 先
　11 〔ㅑ〕影　平刪-烏閑　　殷

운회운 운모 변동의 통계

刪 ∶ 先$_1$

2.3.2. 성모

見 → 群
　　4 〔ㅠ〕　去御-居御　　遽　勮 詎　釀
　　9 〔ㅠ〕　入勿-厥筆　　獝

見 → 匣
　18 〔ㅏ〕　平陽-居郞　　缸 矼 瓨

溪 → 匣
　11 〔ㅑ〕　平刪-丘閑　　鷳

群 → 見
　　8 〔ㅣ〕　去震-具吝　　靳 斤 攇

群 → 溪
　　4 〔ㅠ〕　上語-臼許　　齲 踽

群 → 疑
　21 〔ㅣ〕　入緝-忌立　　芨

疑 → 泥
　12 〔ㅕ〕　入屑-魚列　　臬 槷 齧

疑 → 影

19 〔ㄲ〕　入陌-越逼　域 減 罭 棫 蟗 緎 閾

疑 → 喩
　　6 〔ㅐ〕　上解-語駴　　駭
　18 〔ㅑ〕　上養-魚兩　　仰
　18 〔ㅑ〕　去漾-魚向　　仰 釀
　19 〔ㅣ〕　去敬-魚慶　　鞕 硬

端 → 透
　22 〔ㅏ〕　平覃-都含　　聃

透 → 定
　15 〔ㅓ〕　上哿-吐火　　惰 墮 隋 垜

定 → 透
　10 〔ㅝ〕　去翰-杜玩　　彖
　19 〔ㅣ〕　上梗-徒鼎　　挺 珽 頲 町 侹 脡 訂

泥 → 端
　13 〔ㅕ〕　上篠-尼了　　鳥 蔦

泥 → 日
　23 〔ㅕ〕　入葉-尼輒　　諜

幇 → 滂
　　2 〔ㅣ〕　上紙-補委　　疕
　　5 〔ㅜ〕　去暮-博故　　怖
　19 〔ㅣ〕　入陌-必歷　　堛 愊 福

幇 → 竝
　　6 〔ㅐ〕　上解-補買　　罷
　19 〔ㅣ〕　入陌-必歷　　逼 偪 幅 湢 碧

幇 → 影
　　8 〔ㅣ〕　平眞-卑民　　贇

滂 → 幇
　　5 〔ㅜ〕　平模-滂模　　誧
　　7 〔ㅞ〕　去隊-滂佩　　沛

滂 → 竝
　　2 〔ㅣ〕　上紙-普弭　　圮
　12 〔ㅕ〕　平先-紕連　　諞
　20 〔ㅡ〕　上有-普厚　　部 培 蔀 瓿

竝 → 幫
　　7 〔ㅟ〕　去隊-步昧　　㘝

竝 → 滂
　　13 〔ㅕ〕　上篠-婢小　　薸

竝 → 奉
　　1 〔ㅜ〕　入屋-步木　　曝

明 → 微
　　1 〔ㅜ〕　入屋-莫卜　　目首睦穆牧埴繆

明 → 清
　　8 〔ㅣ〕　入質-覓筆　　密

非 → 奉
　　1 〔ㅜ〕　入屋-方六　　馥
　　11 〔ㅘ〕　上產-甫版　　飯
　　18 〔ㅏ〕　去漾-敷亮　　防

奉 → 非
　　20 〔ㅡ〕　平尤-房鳩　　碼紑

精 → 清
　　4 〔ㅠ〕　平魚-子余　　苴疽雎鴡狙趄沮
　　　　　　　　　　　　　　砠岨
　　19 〔ㅣ〕　入陌-資昔　　磧

精 → 從
　　2 〔ㅡ〕　去寘-資四　　漬眥胔
　　6 〔ㅐ〕　去泰-作代　　載栽戴裁
　　9 〔ㅜ〕　去問-祖峻　　鐏鱒
　　9 〔ㅠ〕　入勿-卽律　　崒崪
　　19 〔ㅣ〕　入陌-資昔　　堲

精 → 照
　　2 〔ㅡ〕　上紙-祖似　　滓肺笫茈
　　2 〔ㅡ〕　去寘-資四　　薉制傳
　　4 〔ㅠ〕　平魚-子余　　葅

精 → 牀
　　4 〔ㅠ〕　上語-再呂　　沮咀

清 → 精
　　1 〔ㅜ〕　入屋-千木　　鏃

21 〔ㅣ〕　平侵-七林　　祲

清 → 從
　　15 〔ㅓ〕　平歌-倉何　　嵯

清 → 審
　　7 〔ㅟ〕　平灰-倉回　　榱

從 → 精
　　15 〔ㅕ〕　去箇-才臥　　挫羹

從 → 清
　　15 〔ㅝ〕　上智-徂果　　脞
　　15 〔ㅓ〕　去箇-才臥　　磋蹉

從 → 邪
　　8 〔ㅣ〕　去震-齊進　　贐盡
　　17 〔ㅕ〕　上者-才野　　灺
　　20 〔ㅣ〕　平尤-慈秋　　囚

從 → 牀
　　11 〔ㅏ〕　上產-在簡　　棧輚輚俴

心 → 清
　　21 〔ㅣ〕　入緝-息入　　霅

心 → 邪
　　1 〔ㅠ〕　平東-息中　　松
　　2 〔ㅡ〕　去寘-息漬　　寺嗣飼飤

邪 → 匣
　　17 〔ㅕ〕　去蔗-詞夜　　藉

照 → 精
　　12 〔ㅖ〕　入屑-朱劣　　蕝

照 → 影
　　21 〔ㅣ〕　入緝-側入　　戢濈緝戢

穿 → 從
　　19 〔ㅢ〕　平庚-抽庚　　崝

穿 → 照
　　16 〔ㅏ〕　去禡-丑亞　　咤吒奼妊詫

穿 → 牀
  1 〔ㅠ〕　平東-昌中　　沖 冲 种 狆 沖
  22 〔ㅏ〕　平覃-初銜　　劖 鑱 漸

穿 → 審
  2 〔一〕　去寘-昌智　　翅
  11 〔ㅏ〕　上産-楚簡　　産 滻 摌

牀 → 從
  22 〔ㅏ〕　平覃-鉏咸　　憖

牀 → 照
  4 〔ㅠ〕　上語-腫庾　　貯
  4 〔ㅠ〕　去御-治據　　駐 柱

牀 → 穿
  20 〔ㅣ〕　平尤-除留　　犨

牀 → 禪
  4 〔ㅠ〕　平魚-長魚　　蜍 蟾
  8 〔ㅣ〕　平眞-池隣　　臣
  12 〔ㅕ〕　平先-呈延　　單 澶 嬋 禪 孱 潺 蟬
  12 〔ㅖ〕　平先-重圓　　邅 篿 圖
  20 〔ㅣ〕　平尤-除留　　讎 酬 醻 訓 魗

審 → 心
  11 〔ㅏ〕　平删-師姦　　珊

審 → 穿
  1 〔ㅠ〕　入屋-式竹　　俶 琡

審 → 牀
  4 〔ㅠ〕　上語-賞呂　　抒
  8 〔ㅣ〕　入質-式質　　實
  23 〔ㅕ〕　入葉-失涉　　涉

審 → 禪
  1 〔ㅠ〕　入屋-式竹　　俶 琡 淑 婌
  23 〔ㅕ〕　上琰-失冉　　剡
  23 〔ㅕ〕　去艷-舒贍　　贍

禪 → 穿
  9 〔ㅠ〕　入勿-食律　　術 述 沭 潏 繘 秫 朮
　　　　　　　　　　茄 蒟

禪 → 牀
  1 〔ㄒ〕　入屋-神六　　贖
  2 〔ㅣ〕　去寘-時吏　　事 示
  8 〔ㅣ〕　平眞-丞眞　　神
  9 〔ㅠ〕　平文-殊倫　　脣 漘 蜳 瞤
  9 〔ㅠ〕　入勿-食律　　朮 茄 蒟
  18 〔ㅏ〕　入藥-食角　　浞 驚 籗 鋜
  19 〔ㅣ〕　平庚-神陵　　繩 澠
  19 〔ㅢ〕　入陌-士革　　賾 齰 咋

禪 → 審
  2 〔ㅣ〕　上紙-上紙　　士 仕 屎 柿
  4 〔ㅠ〕　去御-殊遇　　戍 輸 腧

禪 → 喩
  19 〔ㅣ〕　去敬-時正　　塍

禪 → 日
  9 〔ㅠ〕　平文-殊倫　　蜳 瞤
  12 〔ㅕ〕　上銑-上演　　㳄

影 → 匣
  13 〔ㅕ〕　上篠-伊鳥　　晶 渦

影 → 喩
  13 〔ㅕ〕　上篠-伊鳥　　漾 鸞 舀
  19 〔ㅣ〕　上梗-於丙　　栖
  20 〔ㅣ〕　平尤-於尤　　攸 悠 滺
  21 〔ㅣ〕　入緝-一入　　熠

曉 → 疑
  13 〔ㅕ〕　平蕭-呼驕　　鴞

曉 → 匣
  7 〔ㅟ〕　上賄-呼罪　　瘣 匯 庬
  19 〔ㅟ〕　入陌-霍虢　　嚄

匣 → 見
  19 〔ㅟ〕　上梗-戶頂　　炯

匣 → 溪
  11 〔ㅏ〕　入轄-胡八　　劼

匣 → 泥
　12 〔ㅕ〕　去霰-形甸　晛

匣 → 影
　7 〔ㅟ〕　去隊-胡對　恚

匣 → 曉
　1 〔ㅜ〕　上董-胡孔　汞
　9 〔ㅠ〕　入勿-叶勿　欻 㰅
　18 〔ㅘ〕　上養-戶廣　慌 恍 㡡
　22 〔ㅏ〕　平覃-胡南　蚶 鉗 蟟 漱 欪

匣 → 喩
　9 〔ㅜ〕　去問-胡困　頛

喩 → 疑
　12 〔ㅕ〕　平先-夷然　妍 研 言 焉 漹
　12 〔ㅝ〕　平先-于權　員 貟 圓 圜 湲 袁
　　　　　　　　　　爰 援 媛 鶏 園 垣
　　　　　　　　　　轅 榬 楥 猿 猨 蝯
　　　　　　　　　　元 芫 原 源 沅 邧
　　　　　　　　　　嫄 蠠 蝝 蚖 黿 騵
　12 〔ㅕ〕　去霰-倪甸　彥 喭 唁 諺
　18 〔ㅑ〕　入藥-弋灼　嶽 岳 鷟 樂
　19 〔ㅞ〕　平庚-于平　塋
　20 〔ㅣ〕　平尤-于求　尤 肬 疣 訧 郵 蚘 揄
　20 〔ㅣ〕　上有-云九　有 右 友
　20 〔ㅣ〕　去宥-爰救　宥 侑 囿 佑 右 祐 又
　　　　　　　　　　有
　23 〔ㅕ〕　上琰-以冄　儼
　23 〔ㅕ〕　入葉-弋涉　曄 爗 燁 饁 厭

喩 → 影
　12 〔ㅕ〕　平先-夷然　沿 緣 蝝
　12 〔ㅕ〕　上銑-以淺　兗 沇 渷
　19 〔ㅞ〕　平庚-于平　縈
　19 〔ㅣ〕　上梗-庚頃　癭
　23 〔ㅕ〕　入葉-弋涉　靨 魘 壓 浥 裛 腌

喩 → 喩
　6 〔ㅐ〕　平皆-宜皆　涯 厓 崖 睚 捱

日 → 邪
　1 〔ㅠ〕　平東-而中　茸 㮾 鞰

日 → 禪
　7 〔ㅟ〕　上賄-如累　蕈
　9 〔ㅠ〕　上吻-乳允　盾 楯 揗

운회운 성모 변동의 통계

ㄱ : ㄱ$_1$ ㄲ$_5$
ㅋ : ㆅ$_1$
ㄲ : ㄱ$_3$ ㅋ$_2$ ㆁ$_1$
ㆁ : ㆁ$_1$ ㄴ$_3$ ㆆ$_7$ ㅇ$_6$
ㄷ : ㅌ$_1$
ㅌ : ㄸ$_4$
ㄸ : ㅌ$_8$
ㄴ : ㄷ$_2$ ㅿ$_1$
ㅂ : ㅍ$_5$ ㅃ$_1$
ㅍ : ㅂ$_2$ ㅃ$_6$
ㅃ : ㅂ$_1$ ㅍ$_1$ ㅹ$_1$
ㅁ : ㅱ$_7$ ㅊ$_1$
ㅸ : ㅹ$_3$
ㅹ : ㅸ$_2$
ㅈ : ㅊ$_{10}$ ㅉ$_{12}$ ㅈ$_8$ ㅉ$_2$
ㅊ : ㅈ$_2$ ㅉ$_1$ ㅅ$_1$
ㅉ : ㅈ$_2$ ㅊ$_3$ ㅆ$_4$ ㅉ$_4$
ㅅ : ㅊ$_1$ ㅆ$_5$
ㅆ : ㆅ$_1$
ㅈ : ㅈ$_1$ ㆆ$_4$
ㅊ : ㅉ$_1$ ㅈ$_5$ ㅊ$_7$ ㅉ$_8$ ㅅ$_4$
ㅉ : ㅉ$_1$ ㅈ$_3$ ㅊ$_1$ ㅆ$_{18}$
ㅅ : ㅅ$_1$ ㅊ$_2$ ㅉ$_3$ ㅆ$_6$
ㅆ : ㅊ$_9$ ㅉ$_{20}$ ㅅ$_7$ ㅇ$_1$ ㅿ$_3$
ㅎ : ㆆ$_6$ ㆅ$_2$ ㅇ$_8$
ㆆ : ㆁ$_1$ ㆅ$_4$
ㆅ : ㄱ$_1$ ㅋ$_1$ ㄴ$_1$ ㆆ$_1$ ㅎ$_{11}$ ㆅ$_1$ ㅇ$_1$
ㅇ : ㆁ$_{69}$ ㆆ$_{15}$ ㅇ$_5$
ㅿ : ㅆ$_3$ ㅆ$_4$

2.3.3. 중성

ㅏ → ㅓ
22 匣 入合-胡閤 欲

ㅏ → ㅑ
18 見 平陽-居郎 扛 杠 釭 矼 缸 項 瓨
18 疑 上養-魚兩 仰
18 疑 去漾-魚向 仰 釀
22 匣 平覃-胡南 極

ㅏ → ㅘ
11 照 入轄-側八 茁

ㅏ → ㅓ
11 精 上産-積産 儹

ㅓ → ㅓ
15 端 上哿-都大 朶 揣 捶 敠 揲 埵 髻
種 跢 睡 躲 趓
15 定 去箇-杜臥 惰
15 泥 平歌-奴何 捼
15 泥 去箇-乃介 懦 愞 稬 穤 糯 糯 糯
15 從 去箇-才臥 剉 莝 挫 夎
15 心 平歌-桑何 莎 蓑 梭 唆
15 匣 去箇-胡臥 荷
15 來 平歌-郎何 蠃 騾 稞 鑼 蠃 螺 蠡
覼 覼
15 來 上哿-魯果 裸 蠃 躶 蠃 倮 蠃 蠡
瘰 癩 蓏
15 來 去箇-郎佐 摞

ㅓ → ㅕ
15 透 平歌-湯何 詑 拕 拖
15 透 上哿-吐火 妥 鯙 橢 媠 撱 惰 墮
隋 垜

ㅜ → ㅠ
1 清 平東-倉紅 樅 從 蓯 璁
1 心 入屋-蘇谷 肅 鱐 翿 鷫 驌
1 禪 入屋-神六 孰 熟 塾 鐲 蜀 躅 璹 韣
鸀 屬 蠋 襡 贕

1 來 入屋-盧谷 碌 錄 醁 菉 綠 騄 淥 六
蝳 陸 稑 穋 蓼 戮 勠
1 日 入屋-而六 肉 辱 鬠 蓐 褥 縟 溽 鄏
9 精 平文-租昆 鐏 僎

ㅜ → ㅟ
9 奉 上吻-房吻 忿

ㅡ → ㅜ
9 匣 入勿-下沒 麧 籺 齕
20 奉 平尤-房鳩 鴀 紑

ㅡ → ㅓ
2 精 平支-津私 劑

ㅣ → ㅜ
2 審 上紙-詩止 使
19 見 上梗-居永 耿 憬 熲

ㅣ → ㅡ
2 審 平支-申之 釃 篩 籭 篩
2 審 上紙-詩止 史 駛 駛
2 禪 上紙-上紙 士 仕 㔶 柹
2 禪 去寘-時吏 事

ㅣ → ㅓ
2 幫 上紙-補委 彼 否 啚 鄙

ㅣ → ㅠ
8 喩 上軫-以忍 尹
19 心 平庚-思營 騂 觲 垶 埩
19 喩 上梗-庚頃 穎 潁

ㅣ → ㅟ
2 幫 平支-逋眉 悲 陂 羆 詖 裨
2 幫 去寘-兵媚 秘 毖 閟 泌 鞁 祕 鉍 鄪
佊 詖 陂 跛 轡 祕 貝
帔
2 滂 平支-篇夷 披 媲 鈹 鉟 妭
2 滂 上紙-普弭 嚭 噽 秠 庀 披 圮
2 並 平支-蒲糜 皮 疲 罷 邳 郫
2 並 上紙-部比 否 骳 被
2 並 去寘-毗意 被 髲 鞁 㷉 備 糒 骳
2 明 平支-忙皮 糜 醿 蘼 麋 靡

8 　幇　入質-壁吉　筆
8 　竝　入質-薄密　弼
8 　明　入質-覓筆　宓
19 幇　入陌-必歷　堛愊福

ㅣ → ㅖ
8 　幇　平眞-卑民　贇

ㅐ → ㅒ
6 　疑　上解-語駭　騃
6 　匣　上解-下楷　駭

ㅓ → ㅜ
19 明　平庚-眉庚　盲宋蝱虻郿瞢萌薨
　　　　　　　　　　萌氓甿
19 明　上梗-母梗　猛艋蜢
19 明　去敬-莫更　孟盟蓝懜懜瞢夢

ㅓ → ㅡ
19 竝　平庚-蒲庚　朋鵬堋鬅蚌

ㅓ → ㅣ
19 精　去敬-子孕　甑䰝
19 從　平庚-慈陵　繒鄫騬

ㅓ → ㅐ
19 禪　入陌-士革　賾嘖咋

ㅑ → ㅏ
11 影　平刪-烏閑　殷

ㅑ → ㅕ
11 溪　平刪-丘閑　顅
16 群　平麻-具牙　伽

ㅕ → ㅖ
12 匣　去霰-形甸　縣
12 喩　平先-夷然　沿緣蜒
12 喩　上銑-以淺　兗沇渷
12 喩　去霰-倪甸　掾緣

ㅠ → ㅜ
1 　來　平東-盧容　籠櫳朧寵矓聾嚨蘢
　　　　　　　　　　朧礱龐饢襱欞攏

　　　　　　　　　　爧瀧龓蘢
1 　來　上董-力董　曨籠寵攏儱
9 　精　入勿-卽律　捽

ㅠ → ㅟ
9 　見　入勿-厥筆　獝

ㅒ → ㅒ
6 　喩　平皆-宜皆　涯厓崖睚捱

ㅖ → ㅡ
3 　心　上薺-想里　徙璽枲葸躧跳屣鞭
　　　　　　　　　　鞭釃纚緷葰筳

ㅖ → ㅣ
3 　見　平齊-堅溪　羈羇寄畸饑飢肌虮
　　　　　　　　　　譏姬其居箕其鎮萁
　　　　　　　　　　跂基棋機璣譏磯幾
　　　　　　　　　　機
3 　見　上薺-居里　己几机麂庋庪妓忌
　　　　　　　　　　掎蟣機枳枝機
3 　見　去霽-吉詣　寄驥覬幾記冀冀穊
　　　　　　　　　　洎其忌既塈繼猘
3 　幇　平齊-邊迷　篦鎞髀陛狴螕荸屄

ㅖ → ㅓ
3 　明　上薺-莫禮　靡

ㅟ → ㅜ
19 喩　平庚-于平　縈

ㅟ → ㅣ
19 影　去敬-縈定　瑩

ㅟ → ㅠ
19 見　平庚-涓熒　扃坰駉絅
19 見　上梗-居永　冏璟炅𦕄㷾
19 溪　平庚-窺營　傾頃
19 匣　上梗-戶頂　熲
19 喩　平庚-于平　熒榮螢

ㅟ → ㅓ
19 疑　入陌-越逼　域洫閾棫蜮緎閾

ㅟ → ㅒ

19 曉 入陌-呼昊 殈 砉 騞

ㅖ → ㅘ
12 牀 去霰-柱戀 饌 撰 譔

ㅖ → ㅓ
12 來 平先-閭圓 攣

ㅘ → ㅏ
11 匣 去諫-下患 骭

ㅘ → ㅓ
11 影 去諫-烏貫 腕 掔 掔 挽 挐 惋

ㅘ → ㅐ
16 見 平麻-古華 媧 蝸 騧 瓜 緺 蝸
16 匣 去禡-胡挂 畫 畫 話

ㅓ → ㅘ
10 匣 上旱-胡管 睕 睆 睆 睅 莞

ㅓ → ㅓ
15 從 上哿-徂果 脞

ㅟ → ㅜ
19 見 平庚-姑橫 觥 觵 胧 玄
19 曉 平庚-呼宏 鍧 轟 輷 薨 薨 耲
19 匣 上梗-胡猛 卝

ㅟ → ㅐ
7 幫 去隊-邦妹 貝 狽
7 滂 去隊-滂佩 沛
7 竝 上賄-部浼 倍
7 竝 去隊-步昧 邶 旆
7 明 去隊-莫佩 昧 沫

ㅟ → ㅟ
7 曉 平灰-呼回 暉 輝 煇 揮 楎 翬 褘 徽
                 微 煇 睢 麾 摩 撝

ㅟ → ㅐ
7 溪 去隊-窺睡 喟
7 清 平灰-倉回 榱
7 穿 上賄-楚委 揣 㨃

7 審 平灰-所追 衰 衰
7 審 去隊-輸芮 帥 率
19 曉 入陌-霍虢 嚄

ㅟ → ㅖ
7 影 上賄-烏賄 唯 壝 荽
7 匣 去隊-胡對 恚

ㅟ → ㅚ
7 見 平灰-姑回 規
7 匣 去隊-胡對 慧 惠 憓 譓 蟪 繐 蕙 嘒
                 嘒 蟪 暳

운회운 중성 변동의 통계

ㅏ : ㅓ1 ㅑ11 ㅘ1 ㅝ1
ㅓ : ㅝ51 ㅞ12
ㅜ : ㅠ47 ㅞ1
ㅡ : ㅜ5 ㅟ1
ㅣ : ㅜ4 ㅡ12 ㅓ4 ㅠ7 ㅟ58 ㅖ1
ㅐ : ㅒ2
ㅢ : ㅜ21 ㅡ5 ㅣ5 ㅐ3
ㅑ : ㅏ1 ㅕ2
ㅕ : ㅖ9
ㅠ : ㅜ25 ㄱ1
ㅒ : ㅐ5
ㅖ : ㅡ14 ㅣ62 ㅟ1
ㅟ : ㅜ1 ㅣ1 ㅠ15 ㅟ7 ㅚ3
ㅞ : ㅘ3 ㅝ1
ㅘ : ㅏ1 ㅓ6 ㅙ9
ㅝ : ㅘ5 ㅓ1
ㅟ : ㅜ11 ㅐ8 ㅠ14 ㅙ9 ㅖ4 ㅚ12

2.3.4. 종성

ㄴ → ㆁ
8 喩 去震-羊進 孕

ㄴ :　ㆁ₁

となる...

2.3.5. 성조

上 → 去
13〔ㅕ〕　 潦

去 → 去
12〔ㅕ〕　 牽

上 :　去₁
去 :　去₁

2.4. 중원 음운

2.4.1. 운모

없음

2.4.2. 성모

見 → 匣
20 〔一〕 上有-舉后 垢

溪 → 見
19 〔ㅟ〕 平庚-丘肱 軦

定 → 透
6 〔ㅐ〕 平皆-堂來 駘

牀 → 清
6 〔ㅐ〕 上解-補買 鷹

牀 → 照
1 〔ㅠ〕 入屋-直六 逐

禪 → 審
1 〔ㅜ〕 入屋-神六 熟

匣 → 喩
5 〔ㅜ〕 平模-洪狐　胡 瑚 餬 糊 湖 醐
酺 鶘 蝴 箶 葫 蹋
葫 瓠 壺 狐 磖 弧
乎 摢 囫

日 → 牀
1 〔ㅠ〕 平東-而中 慵 鱅

중원음운 성모 변동의 통계

ㄱ : ㆅ[1]
ㅋ : ㄱ[1]
ㄸ : ㅌ[1]
ㅉ : ㅊ[1] ㅈ[1]
ㅆ : ㅅ[1]
ㆅ : ㅇ[21]
ㅿ : ㅉ[2]

2.4.3. 중성

ㅓ → ㅏ
15 定 去箇-杜臥 大

ㅜ → ㅣ
1 禪 入屋-神六 熟
1 來 入屋-盧谷 六 陸
1 日 入屋-而六 肉 辱

ㅜ → ㅠ
1 來 入屋-盧谷 六 陸
1 日 入屋-而六 辱

ㅣ → ㅐ
19 泥 入陌-女力 搦

ㅠ → ㅣ
1 牀 入屋-直六 逐

ㅖ → ㅣ
3 見 去霽-吉詣 寄 驥

ㅖ → ㅟ
3 明 上薺-莫禮 靡

ㅕ → ㅓ
12 來 上銑-盧轉 欒 變

ㅘ → ㅏ
11 匣 去諫-下患 骭

ㅓ → ㅏ

10 明 入曷-莫葛   抹

ㅟ → ㅜ
19 見 平庚-姑橫   觥 觵 肱 玄

중원음운 중성 변동의 통계

ㅓ : ㅏ₁
ㅜ : ㅣ₅ ㅠ₃
ㅣ : ㅐ₁
ㅠ : ㅣ₁
ㅖ : ㅣ₂ ㅟ₁
ㅖ : ㅓ₂
ㅘ : ㅏ₁
ㅝ : ㅏ₁
ㅟ : ㅜ₄

2.4.4. 종성

ㄱ → ㅱ
1 日 入屋-而六   肉 辱
1 禪 入屋-神六   熟
1 來 入屋-盧谷   六 陸
1 牀 入屋-直六   逐

ㄹ → ㅎ
10 明 入曷-莫葛   抹

중원음운 종성 변동의 통계

ㄱ : ㅱ₆
ㄹ : ㅎ₁

2.4.5. 성조

上 → 平
20 〔ㅣ〕   躁

平 → 上
22 〔ㅑ〕   嵌
22 〔ㅏ〕   俺

去 → 上
12 〔ㅕ〕   牽
22 〔ㅏ〕   纜

上 → 去
12 〔ㅖ〕   篆
19 〔ㅣ〕   謦
20 〔ㅡ〕   垢
22 〔ㅏ〕   菡
23 〔ㅕ〕   玷

去 → 去
22 〔ㅏ〕   纜

중원음운 성조 변동의 통계

平 : 上₂
上 : 平₁ 去₅
去 : 上₂ 去₁

2.5. 집운

2.5.1. 운모

없음

2.5.2. 성모

疑 → 泥
  15 〔ㅓ〕 上哿-五果   妸

滂 → 見
  13 〔ㅕ〕 上篠-普沼   鰾

滂 → 幫
  12 〔ㅕ〕 平先-紕連   蹁

滂 → 竝
  12 〔ㅕ〕 平先-紕連   蹁

竝 → 奉
  1 〔ㅜ〕 入屋-步木   幞

明 → 微
  1 〔ㅜ〕 入屋-莫卜 目苜睦穆牧坶繆

奉 → 非
  20 〔一〕 平尤-房鳩   鵂紑

精 → 清
  2 〔一〕 平支-津私   趑
  4 〔ㅠ〕 平魚-子余   蛆

從 → 清
  15 〔ㅓ〕 去箇-才臥   磋蹉剒莝

心 → 邪
  21 〔ㅣ〕 入緝-息入   霫飁

邪 → 從
  19 〔ㅣ〕 平庚-徐盈   餳

穿 → 禪
  12 〔ㅖ〕 入屑-昌悅   啜

審 → 禪
  4 〔ㅠ〕 上語-賞呂   抒紓

禪 → 牀
  1 〔ㅜ〕 入屋-神六   贖
  17 〔ㅑ〕 平遮-石遮   蛇
  19 〔ㅣ〕 平庚-神陵   繩

匣 → 曉
  9 〔ㅠ〕 入勿-叶勿   欻燚
  18 〔ㅘ〕 上養-戶廣   慌恍疏

匣 → 匣
  23 〔ㅕ〕 入葉-胡頰   脅

匣 → 喩
  9 〔ㅜ〕 去問-胡困   頢

喩 → 影
  23 〔ㅕ〕 入葉-弋涉   醫魘壓浥裛腌

喩 → 匣
  19 〔ㅖ〕 平庚-于平   熒

喩 → 喩
  23 〔ㅕ〕 入葉-弋涉   曄爗爗饁厭

집운 성모 변동의 통계

ㆁ : ㄴ₁
ㅍ : ㄱ₁ ㅂ₁ ㅃ₁
ㅃ : ㅸ₁
ㅁ : ㅱ₇
ㅸ : ㅂ₂
ㅈ : ㅊ₂

ㅉ : ㅊ₄
ㅅ : ㅆ₂
ㅆ : ㅉ₁
ㅊ : ㅆ₁
ㅅ : ㅆ₂
ㅆ : ㅉ₃
ㆅ : ㅎ₅ ㆅ₁ ㅇ₁
ㅇ : ㅎ₆ ㆅ₁ ㅇ₅

2.5.3. 중성

ㅏ → ㅓ
11 精 上産-積産 償

ㅓ → ㅓ
15 端 去箇-丁佐 剜

ㅜ → ㅠ
1 禪 入屋-神六 贖

ㅡ → ㅜ
20 奉 平尤-房鳩 犕 紎

ㅣ → ㅜ
19 來 平庚-離呈 陵

ㅑ → ㅑ
16 見 平麻-居牙 迦

ㅠ → ㅜ
1 心 平東-息中 鬆 松

ㅖ → ㅠ
19 喩 平庚-于平 熒

ㅖ → ㅖ
12 穿 入屑-昌悅 啜

ㅘ → ㅑ
18 影 入藥-烏郭 臒

ㅏ : ㅓ₁
ㅓ : ㅓ₁
ㅜ : ㅠ₁
ㅡ : ㅜ₂
ㅣ : ㅜ₁
ㅑ : ㅑ₁
ㅠ : ㅜ₂
ㅖ : ㅠ₁
ㅖ : ㅖ₁
ㅘ : ㅑ₁

2.5.4. 종성

없음

2.5.5. 성조

上 → 平
4 [ㅠ] 屝

上 → 去
13 [ㅕ] 鰾

上 : 平₁ 去₁

2.6. 본운

2.6.1. 운모

없음

2.6.2. 성모

群 → 疑
    21 〔ㅣ〕   入緝-忌立   芨

定 → 透
    5 〔ㅜ〕   平模-同都   捸

穿 → 牀
    1 〔ㅠ〕   平東-昌中   冲 冲 种 狆 沖

匣 → 見
    7 〔ㅟ〕   去隊-胡對   繪
    19 〔ㅖ〕   上梗-戶頂   炯

匣 → 泥
    12 〔ㅕ〕   去霰-形甸   晛

본운 성모 변동의 통계

ㄲ : ㅇ₁
ㄸ : ㅌ₁
ㅊ : ㅉ₅
ㆅ : ㄱ₂ ㄴ₁

2.6.3. 중성

ㅣ → ㅠ
    19 見   上梗-居永   耿

ㅣ → ㅟ
    2 喩   平支-延知   栘

ㅖ → ㅠ
    19 匣   上梗-戶頂   炯

본운 중성 변동의 통계

ㅣ : ㅠ₁ ㅟ₁
ㅖ : ㅠ₁

2.6.4. 종성

ㅂ → ㅎ
    21 群   入緝-忌立   芨

2.6.5. 성조

없음.

2.7. 고운

2.7.1. 운모

없음

2.7.2. 성모

見 → 溪
7 〔ㅟ〕 上賄-古委　蔿 巋

疑 → 喩
8 〔ㅣ〕 平眞-魚巾　寅 贇 臏
12 〔ㅖ〕 入屑-魚厥　悅 說 閲

定 → 透
5 〔ㅜ〕 平模-同都　稌

泥 → 日
23 〔ㅕ〕 入葉-尼輒　諜

幇 → 竝
6 〔ㅐ〕 上解-補買　罷

滂 → 幇
7 〔ㅟ〕 去隊-滂佩　佈

滂 → 竝
12 〔ㅕ〕 平先-紕連　褊

邪 → 匣
17 〔ㅕ〕 去蔗-詞夜　藉

照 → 邪
1 〔ㅠ〕 上董-知隴　瘇

牀 → 照
4 〔ㅠ〕 去御-治據　柱

影 → 喩
7 〔ㅟ〕 上賄-烏賄　蔿 薳 闈 薈 洧 鮪 痏 韙 葦 偉 韡 暐 煒 瑋 唯 壝 莜

20 〔ㅣ〕 平尤-於尤　攸 悠 滺

匣 → 見
7 〔ㅟ〕 去隊-胡對　儈

喩 → 疑
2 〔ㅣ〕 平支-延知　宜 儀 犧 涯 厓 崖 疑 嶷 沂

2 〔ㅣ〕 上紙-養里　螘 蟻 錡 艤 檥 轙 顗 矣 擬 儗 齮

6 〔ㅐ〕 平皆-宜皆　涯 厓 崖 睚 捱
12 〔ㅕ〕 平先-夷然　妍
12 〔ㅟㅔ〕 平先-于權　元 芫 原 源 沅 邧 嫄 蚖 螈 黿 騵
12 〔ㅕ〕 去霰-倪甸　彥 喭 唁 諺

喩 → 影
1 〔ㅠ〕 上董-尹竦　擁 擁 攤 搑
23 〔ㅕ〕 入葉-弋涉　浥 裛 腌

고운 성모 통계

ㄱ : ㅋ₂
ㆁ : ㅇ₆
ㄸ : ㅌ₁
ㄴ : ㅿ₁
ㅂ : ㅃ₁
ㅍ : ㅂ₁ ㅃ₁
ㅆ : ㆅ₁
ㅈ : ㅆ₁
ㅉ : ㅈ₁
ㆆ : ㅇ₂₀
ㆅ : ㄱ₁
ㅇ : ㆁ₄₂ ㆆ₇

2.7.3. 중성

ㅘ → ㅙ
  16 見 平麻-古華   媧 蝸 騧 騧 緺 瘑
  16 見 上馬-古瓦   寠
  16 見 去禡-古畫   卦 掛 挂 絓 罜 詿

ㅟ → ㅐ
   7 滂 去隊-滂佩   佩

고운 중성 변동의 통계

  ㅘ : ㅙ₁₃
  ㅟ : ㅐ₁

2.7.4. 종성

ㄴ → ㅇ
   8 喩 去震-羊進   孕

ㄴ → ㅁ
   8 滂 上軫-丕敏   品
   8 幫 上軫-必敏   稟 禀

고운 종성 변동의 통계

  ㄴ : ㅇ₁ ㅁ₃

2.7.5. 성조

없음.

2.8. 속음

　　<사성통해>에서는 중국말의 음운을 시대적으로 분류하되 정음, 속음, 금속음의 세 갈래로 갈라서 처리하였다. 이중 정음은 홍무정운(1375)에 기술된 자음으로 소운자의 자음(字音)을 한글로 표시한 으뜸이 되는 자음이고, 속음은 1300년대 초기에서 <사성통고>, <홍무정운역훈 (1455)>들을 편찬한 1600년대까지 실지로 쓰이던 음이다. <홍무정운>에 표기된 자음과 바로 그때 중국의 북경 중심의 일대에서 쓰이는 실지의 음[時音]과의 비교에서 너무나 많은 음운 상의 차이를 발견하였다. 이런 현실에서 <홍무정운>(이하 '정운'으로 줄임) 음에 근거하여 시음을 전혀 무시할 수도 없고, <정운>에 기준을 둔다고 큰 벼리를 밝히고 나서 스스로 그 원칙을 무시할 수도 없는 난처한 처지에서 고안한 것이 '속음'이란 새로운 용어이다.

　　이밖에 깊은 설명은 박 병채(1983.3.30), 강 신항(1973.10.30) 두 분을 비롯한 그밖의 여러 학자에 의하여 상당히 깊이 있게 파헤쳐 연구하였으므로 되풀이 설명할 필요가 없겠기에 줄이기로 한다. 다만 이 글에서는 속음 하나하나에 대하여 음운론적인 측면에서 다루어 나가기로 한다.

　　<사성통해>에서는 한자음을 모두 한글로 표기하였다. 그런데 이 한글 표기의 근거는 번절 (反切)이다. <사성통해>는 <홍무정운>으로 준척(準尺)을 삼았다. 따라서 한글 표기의 원칙은 <정운>에 쓰인 번절 상자를 귀납하여 얻은 초성음을 한글의 닿소리로 고쳐 표기하고, 번절 하자를 귀납하여 얻은 중성음을 한글의 홀소리로 고쳐 표기하였다. <사성통해> 이전에 편찬된 <홍무정운역훈>, <사성통고>에서 이미 번절을 한글로 고쳐 표기한 것이 있으므로 한글 표기와 <역훈>의 한글 표기와를 서로 대조하여 한글 표기의 체계와 그 원칙을 먼저 터득하고, 그 바탕 위에서 속음의 연구에 손을 대어야 할 것이다. 속음을 연구하기 위하여도 그 모체가 되는 번절을 이해하여야 하고 번절을 정확히 이해하려면, 그 번절음을 국제음표[IPA] 로 옮겨 적은 새로운 방법에 의존하지 않을 수 없다. 번절을 국제음표로 옮겨 적는 원칙과 방법에도 학자에 따라 약간의 차이가 있겠으나 큰 차이는 없고 대체로 대동소이하다. 이 글에서는 왕 역의 <한어어음사(漢語語音史)>에서 추정음을 국제음표로 표기한 자료에 따랐다. 속음 처리의 큰 원칙은 <사성통해> 범례 제1조에 제시되어 있다.

四聲通攷所著俗音　或同蒙韻之音者多矣　故今撰通解　必參以蒙音　以證其正俗音之同異

<사성통해>의 편찬에서 속음은 <사성통고>에 따르되, 이 <통고>의 속음은 몽고음과 같은 것이 많으므로 <몽고운략>과 대조하여 정음 속음을 정세하게 고증하였다는 것이다. 이어서 범례 2조에서는,

字之取捨 音之正俗 專以洪武正韻爲準 但以俗所常用之字 而正韻遺闕者多矣
故今並增添 或以他韻參補之 可省搜閱之勞 俾無遺珠之嘆矣 亦非敢使之盡用也
又恐帙繁 罕於日用字 亦不具取

이 범례를 요약하면 정음 속음을 구별하는 큰 원칙은 <홍무정운>을 준척으로 삼았는데, 속음을 <정운>에서 많이 빠뜨리었다. 그러므로 <사성통해>에서는 빠진 것은 채우고, 잘못은 바로잡고 하였지만 완전하게 바로잡았다고 하기도 어렵거니와 분량이 너무 많을 듯하여 완전하게 가려 내지 못하였다는 뜻인데, 이런 점으로 미루어 보면 <사성통고>이나, <역훈>에서 속음은 등한하게 다루었음을 알 수 있고, <사성통해>에서 등한하게 다룬 점이 많이 눈에 뜨인다. 앞의 두 범례에서 지적한 것은 <사성통고>의 편찬 책임자의 위치에서 <사성통고>와 비교하여 속음 처리의 방향을 제시한 것이다. 이에 앞서 <사성통고>의 편찬원으로서 정속음에 대한 방향을 어떻게 설정하였는지 알아 보기로 한다. <사성통고> 범례 제1조에 다음과 같이 적고 있다.

以圖韻諸書 及今中國人所用 定其字音 又以中國時音所廣用 而不合圖韻者 逐字書俗音於反切
之下

이 범례를 도운제서(圖韻諸書)와 현재(1455) 중국인 소용음과 일치한 것 '合; 圖韻諸書'와 현재 중국인 소용음과 일치하지 않는 것 '不'의 기호를 매기어 정리하면 다음과 같다.

운도 운서 合＋현재 중국인 소용자 ＝ 정음
운도 운서 不＋현재 중국인 소용자 ＝ 속음

이와 같은 방법을 유추하면 정음과 속음의 한계는 아주 분명해진다. 그런데 <중원음운>에서는 이와 반대로 정리하였다.
　　왕 역(1987, 378-475)의 들머리 설명에,

周德清 <中原音韻> 應該代表大都(今北京)的語音 系統, 周氏雖是江西高安人, 但是他在大都居住久 而且是搞戲劇的, 他的<中原音韻> 必然是根據大都音的 元曲用韻與<中原音韻> 一致, 足以證明<中原音韻> 是大都音

이 인용문에는 운도니 운서니 하는 말은 한 군데도 없다. 사실 수백 년에 걸쳐 여러 지방에서 쓰이는 잡다한 자음을 정음(正音)으로 지칭(指稱)할 수는 없는 것이다. 그러므로 이 인용문에는 오직 대도음(大都音), 대표 대도적 어음계통(代表大都的語音系統)과 같은 그때 실지로 북방 즉 북경 중심의 말살이에서 쓰는 말을 대표로 삼는다고 하였다. 이런 점에서 운도(韻圖), 운서(韻書)에 무게를 실은 <홍무정운>의 정음과는 정반대인 것이다. <홍무정운역훈>은 <홍무정운>에 실린 번절을 근거로 하여 글자 하나하나에 모두 한글로 그 음을 표기하였다. <홍무정훈역훈>에서는 번역에 따르는 모든 문제와 정음 속음에 관한 문제를 <홍무정훈> 서(序)에,

夫洪武韻用韻併析 悉就於正 而獨七音先後不由其序 然不敢輕有變更 但 因其舊 而分入字母於諸韻各字之首 用訓民正音以代反切 其俗音及兩用之音 又不可以 不知則 分注本字之下

이상의 글을 요약 정리하면 '<홍무정운>의 합병 분석한 데에 잘못이 있는 것은 바로잡았다. 자모는 모든 자의 첫머리에 적되 반절을 한글로 바꿔 적고 속음은 본자의 아래에 주기하였다.'는 것이다. 평성 한운(寒韻) 갑모(匣母)의 한자(寒字)에서 보기를 들면,

寒 헌 何干切 俗音한 下同

이다. 정음은 '헌' 속음은 '한'으로 중성 'ㅓ'가 'ㅏ'로 바뀌었기 때문에 속음이 생겼다는 것이다. 다시 산운(刪韻) 의모(疑母) 안자(顔字)에는,

顔 얀 疑母 牛姦切 俗音얀

이라 하였다. 이것은 의모 초성 ㆁ이 초성 'ㅇ'로 바뀌어 속음이 되었다는 것이다.

2.8.1. 운모

없음

2.8.2. 성모

見 → 喩
　16 〔ㅘ〕　平麻-古華　蝸

群 → 見
　1 〔ㅠ〕　去送-渠用　共

疑 → 泥
　20 〔ㅣ〕　平尤-于求　牛

疑 → 喩
　6 〔ㅐ〕　去泰-牛懈　睚
　6 〔ㅙ〕　去泰-五塊　外
　8 〔ㅣ〕　平眞-魚巾　銀 齦 斷 斷 誾 訔 訢
　　　　　　　　　　　囂 猌 寅 龂 臏 蟶
　8 〔ㅣ〕　上軫-語謹　听
　8 〔ㅣ〕　去震-魚僅　憖 垽
　8 〔ㅣ〕　入質-魚乞　仡 疙 屹 疑
　9 〔ㅡ〕　平文-五根　垠
　9 〔ㅜ〕　入勿-五忽　兀 矶 硊 扤
　10 〔ㅓ〕　平寒-何干　豻 犴
　10 〔ㅝ〕　平寒-多官　岏 刓
　10 〔ㅓ〕　去翰-俄寒　岸 豻 犴 矸
　10 〔ㅝ〕　去翰-都玩　玩 翫 忨
　11 〔ㅑ〕　平刪-牛姦　顏
　11 〔ㅘ〕　平刪-五還　頑
　11 〔ㅑ〕　上產-五限　眼
　11 〔ㅑ〕　去諫-魚澗　雁 贗
　11 〔ㅘ〕　去諫-五患　薍
　11 〔ㅑ〕　入轄-牙八　黠 枿 薛
　14 〔ㅏ〕　平爻-牛刀　遨 敖 熬 厫 鰲 鼇 獒
　　　　　　　　　　　謷 螯 嗷 翱 聱 熬
　　　　　　　　　　　磝 嚣
　14 〔ㅑ〕　上巧-五巧　齩 咬
　14 〔ㅏ〕　去效-魚到　傲 慠 嫰 敖 驁 奡
　15 〔ㅓ〕　平歌-牛何　莪 哦 娥 俄 峨 蛾 鵝

娥
　15 〔ㅓ〕　平歌-吾禾　訛 吪 譌 囮
　15 〔ㅓ〕　上哿-五可　我
　15 〔ㅓ〕　上哿-五果　妸
　15 〔ㅓ〕　去箇-五箇　餓 臥
　16 〔ㅑ〕　平麻-牛加　牙 芽 衙 涯 厓 崖
　16 〔ㅑ〕　上馬-語下　雅 疋
　16 〔ㅘ〕　上馬-五寡　瓦
　16 〔ㅑ〕　去禡-五駕　訝 迓 砑
　16 〔ㅘ〕　去禡-五呉　瓦 凹
　18 〔ㅑ〕　上養-魚兩　仰
　20 〔一〕　平尤-魚侯　齵 腢 髃
　20 〔一〕　上有-語口　偶 耦 藕 藕 腢 髃
　20 〔一〕　去宥-五豆　偶
　21 〔ㅣ〕　平侵-魚吟　吟 唫 㕧
　22 〔ㅑ〕　平覃-魚咸　喦 碞 巖 壧
　22 〔ㅏ〕　上感-五感　顉
　23 〔ㅕ〕　平鹽-牛廉　噞
　23 〔ㅕ〕　上琰-魚檢　噞
　23 〔ㅕ〕　去艷-魚欠　釅 醶 驗 噞

定 → 透
　19 〔ㅣ〕　上梗-徒鼎　挺 梃 鋌 艇 珽 頲
　　　　　　　　　　　町 侹 脡 訂

竝 → 滂
　19 〔ㅣ〕　入陌-弼亦　擗 闢

精 → 清
　18 〔ㅑ〕　入藥-卽約　雀
　19 〔ㅣ〕　入陌-資昔　績

精 → 照
　1 〔ㅠ〕　入屋-縱玉　䃀 顭 欤 蹴 縬 蹙
　　　　　　　　　　　蹴

心 → 審
　19 〔ㅣ〕　平庚-思營　騂

照 → 精
　18 〔ㅑ〕　平陽-側霜　莊 裝 妝 娤 粧 糚
　　　　　　　　　　　椿 鶬
　18 〔ㅑ〕　去漾-陟降　壯 憖 撞 泏

牀 → 禪

18 〔ㅑ〕 平陽-陳羊　裳

審 → 心
　1 〔ㅠ〕 入屋-式竹　叔 菽 未 悠 儵 束 俶
　　　　　　　　　　　　琡 淑 婌
　2 〔ㅣ〕 平支-申之　施 煩 絁 詩 邿 尸
　　　　　　　　　　　　屍 鳲 蓍 葹 釃 篒
　　　　　　　　　　　　籭 篩
　2 〔ㅣ〕 上紙-詩止　始 兣 兕 弛 豕 矢
　　　　　　　　　　　　屎 屎 水 史 使 駛
　　　　　　　　　　　　駛
　2 〔ㅣ〕 去寘-式至　試 弒 始 啻 翅 施 世
　　　　　　　　　　　　貰 勢 使

禪 → 心
　2 〔ㅣ〕 平支-辰之　時 峕 塒 匙 鍉 鰣 提
　　　　　　　　　　　　翅 禔 柢 檾
　2 〔ㅣ〕 上紙-上紙　市 恃 是 是 諟 氏 視
　　　　　　　　　　　　眂 眎 舐 訵 咶 士
　　　　　　　　　　　　仕 屔 柹
　2 〔ㅣ〕 去寘-時吏　侍 寺 閣 弒 跂 技 視
　　　　　　　　　　　　眂 眎 市 士 仕 寺
　　　　　　　　　　　　柹 嗜

禪 → 邪
　2 〔ㅣ〕 去寘-時吏　誓 伏 筮 噬 遾

匣 → 喩
　10 〔ㅝ〕 平寒-胡官　桓 貆 狟 洹 芄 汍 紈
　　　　　　　　　　　　萑 萑 綄 羦 垸 完
　　　　　　　　　　　　丸
　10 〔ㅝ〕 上旱-胡管　澣 浣 緩 緩

匣 → 來
　6 〔ㅐ〕 上解-下楷　夥

喩 → 疑
　19 〔ㅣ〕 入陌-夷益　鷁 鶂 鷁 虉 逆 緈
　　　　　　　　　　　　呭 嶷 虉 疑
　19 〔ㅓ〕 入陌-鄂格　額 額

喩 → 日
　7 〔ㅟ〕 去隊-于位　叡 睿 銳

속음 성모 변동의 통계

ㄱ　:　ㅇ$_1$
ㄲ　:　ㄱ$_1$
ㆁ　:　ㄴ$_1$　ㅇ$_{125}$
ㄸ　:　ㅌ$_{10}$
ㅃ　:　ㅍ$_2$
ㅸ　:　ㅸ$_3$
ㅈ　:　ㅊ$_2$　ㅈ$_7$
ㅅ　:　ㅅ$_1$
ㅈ　:　ㅈ$_{12}$　ㅈ$_2$
ㅉ　:　ㅆ$_1$
ㅅ　:　ㅅ$_{47}$
ㅆ　:　ㅅ$_{42}$　ㅆ$_5$
ㅎ　:　ㅇ$_{18}$　ㄹ$_1$
ㅇ　:　ㆁ$_{12}$　ㅿ$_3$

2.8.3. 중성

ㅏ → ㅓ
```
11  滂  平刪-披班   攀
22  見  入合-古沓   合 欱 鴿 蛤 閤 輆 頜 蓋
22  匣  入合-胡閤   合 盒 郃 迨 盍 闔 嗑 蓋
                  欱 哈
```

ㅏ → ㅑ
```
18  疑  上養-魚兩   仰
```

ㅏ → ㅘ
```
11  牀  上産-雛産   撰 饌 賤 羧
18  照  平陽-側霜   莊 裝 妝 娤 粧 糚 椿
                  鷟
18  照  去漾-陟降   壯 奘 撞 泏
18  穿  平陽-初莊   瘡 創 窻 窓 囪 摐
                  意 飺
18  牀  平陽-助莊   牀 床 淙 橦 幢 撞 鬆 淙
                  鐘 噇
18  牀  去漾-助浪   狀 漴 覷
18  審  平陽-師莊   霜 驦 騻 鸘 鷞 孀 雙
                  慅 瀧
18  審  上養-所兩   爽 塽 懷 鷞 騻
18  審  入藥-色角   朔 嗽 嗍 猞 槊 箾 數 槊
                  捌
```

ㅓ → ㅏ
```
10  見  平寒-居寒   干 戋 杆 奸 肝 竿 玕
                  乾
10  見  上旱-古旱   稈 秆 笴 簳 趼 奸 赶 趕
10  見  去翰-古汗   幹 榦 旰
10  溪  平寒-丘寒   看 栞 刊
10  溪  上旱-空旱   侃 偘 偘 衎
10  溪  去翰-祛幹   看 侃 偘 偘 衎
10  疑  平寒-何干   豻 犴
10  疑  去翰-俄寒   岸 犴 犴 矸
10  影  平寒-於寒   安 鞍
10  影  去翰-於幹   案 按
10  曉  上旱-許旱   罕 罕 暵 熯 蓮
10  曉  去翰-虛汗   漢 暵 熯
10  匣  平寒-河干   寒 翰 韓 汗 邗 邗 翰
```

```
10  匣  上旱-侯旱   旱 悍
10  匣  去翰-侯幹   翰 骭 悍 汗 瀚 捍 扞
                  銲 釬 閈 垾 鷼 軒
15  透  平歌-湯何   佗
15  泥  平歌-奴何   那
15  泥  上哿-奴可   那 娜
15  泥  去箇-乃介   奈 那
15  影  平歌-於何   阿
```

ㅜ → ㅡ
```
 9  透  平文-他昆   吞
 9  幇  平文-逋昆   奔 犇 賁 錛
 9  幇  上吻-包攱   本 畚 㐌
 9  幇  去問-逋悶   奔 逩 俸
 9  滂  平文-鋪魂   歕 噴
 9  滂  去問-普悶   噴 歕
 9  並  平文-蒲奔   盆 湓
 9  並  上吻-部本   㐌 輪 畚 㭾
 9  並  去問-步悶   坌 体 湓
 9  並  入勿-蒲沒   孛 悖 詩 愁 哱 艴 茇 勃
                  敦 浡 秡 渤 頗 鵓 艴
                  餑 桲 脖 荸
 9  明  平文-謨奔   門 捫 椚 亹 虋 麇 璊 汶
 9  明  上吻-母本   懣
 9  明  去問-莫困   悶 懣 們
 9  非  平文-敷文   芬 雰 氛 棻 紛 忿 分 鴉
                  鳻 饙 餴
 9  非  上吻-府吻   粉
 9  奉  平文-符分   汾 枌 棼 頒 朌 蕡 鼖 瀵
                  墳 獖 獚 棻 幩 羵 豶 轒
                  焚 燌
 9  奉  上吻-房吻   憤 墳 鼢 蚡 坋 忿
 9  奉  去問-房問   分 僨 忿 奮 瀵 糞 坌
 9  微  平文-無分   文 玟 紋 蚊 蟁 雯 聞 蟁
                  閺 閿 玟
 9  微  上吻-武粉   吻 抆 揨 刎 歾 脗 忞
 9  微  去問-文運   問 聞 蟁 抆 揋 璺 汶
                  紊 絻 免 文
```

ㅜ → ㅠ
```
 1  禪  入屋-神六   蜀 瀜 璹 韣 鸀 屬 蠋 襡
                  襦 蜀 贖
```

ㅜ → ㅙ

9　審　入勿-朔律　率　帥　蟀　㦷

ㅣ → ㅡ
2　照　平支-旨而　支枝肢胑卮氏楮揩
　　　　　　　　泜褆祇秖鳲胝胵脂
　　　　　　　　之芝枝
2　照　上紙-諸氏　紙雨只㧓抵牴坻
　　　　　　　　底枳軹旨恉指止時
　　　　　　　　沚㳄趾址阯芷徵崇
　　　　　　　　疻
2　照　去寘-支義　至志
2　穿　上紙-昌止　齒侈
2　審　平支-申之　施煩絁詩邿尸屍鳾
　　　　　　　　蓍葹䍤簁籭篩
2　審　上紙-詩止　始乤㔽弛豕矢屎屍
　　　　　　　　水史使駚駛
2　審　去寘-式至　試弒始啻翅施世貰
　　　　　　　　勢使駚駛
2　禪　平支-辰之　時峕塒匙鍉鰣提翹
　　　　　　　　褆蒔柢絷
2　禪　上紙-上紙　市恃是昰諟氏視眂
　　　　　　　　眡舓虵咶士仕屣柿
2　禪　去寘-時吏　侍寺闍弒跂忮視眂
　　　　　　　　眡市士仕寺柿嗜誓
　　　　　　　　忕筮噬遾事示諡
2　日　平支-如支　兒而洏胹秮鴯輀陑
　　　　　　　　袻
2　日　上紙-忍止　耳絎珥洱駬餌爾尒
　　　　　　　　迩邇
2　日　去寘-而至　二弍樲餌珥刵咡洱
19　匣　平庚-何庚　恒

ㅣ → ㅓ
2　幫　平支-逋眉　卑錍裨萆椑悲陂羆
　　　　　　　　詖裈
2　幫　上紙-補委　俾匕比朼妣秕粃疕
　　　　　　　　被否啚鄙髀

ㅣ → ㅠ
21　日　入緝-日執　入

ㅐ → ㅏ
6　定　去泰-度耐　大

ㅐ → ㅕ
6　匣　上解-下楷　夥

ㅓ → ㅜ
19　滂　平庚-補庚　烹
19　竝　平庚-蒲庚　彭騯髈膨蟛輣棚
19　來　平庚-盧登　棱稜楞輘
19　來　上梗-魯杏　冷

ㅓ → ㅡ
19　見　平庚-居登　庚賡更秔硬粳羹鶊
　　　　　　　　　耕畊秔秔絚絚
19　見　上梗-古杏　梗黄挭鯁骾哽綆統
　　　　　　　　　挭
19　見　去敬-居孟　更亙恒
19　溪　平庚-丘庚　阬坑鏗硜硻硻
19　溪　上梗-苦等　肯肻肎
19　端　平庚-都騰　登登竴燈鐙登登
19　端　上梗-多肯　等
19　端　去敬-丁鄧　嶝隥磴鐙橙凳簦
19　定　平庚-徒登　騰滕謄縢縢藤䕶
　　　　　　　　　疼縢鰧
19　定　去敬-唐亙　鄧蹬䠠
19　泥　平庚-奴登　能儜獰
19　幫　平庚-補耕　絣繃綳閉祊旁傍
　　　　　　　　　榜坄浜崩伻弸
19　幫　去敬-比孟　迸逬榜
19　明　平庚-眉庚　盲氓蝱虻鄸萌甍
　　　　　　　　　萌氓甿
19　明　上梗-母梗　猛艋蜢
19　明　去敬-莫更　孟盟蓋懜㜝夢夢
19　精　平庚-咨登　增曾憎矰戠罾橧翻
　　　　　　　　　璔
19　精　去敬-子孕　增甑䎓
19　清　去敬-七鄧　蹭
19　從　平庚-慈陵　層曾嶒繒鄫騬
19　從　去敬-昨亙　贈䠊
19　心　平庚-思登　僧鬙
19　照　平庚-甾耕　爭猙箏丁朾瞠
19　照　去敬-側迸　諍爭掙偵遉幀幀
　　　　　　　　　橙錚竫
19　穿　平庚-抽庚　錚琤瞠樘撑鎗
　　　　　　　　　鏿槍搶崝掙
19　牀　平庚-除庚　根朾橙傖儜

19　審　平庚-師庚　生笙甥牲猩狌鉎鼪
19　審　上梗-所敬　省眚
19　審　去敬-所景　生

ㅓ → ㅣ
19　見　平庚-居登　庚賡更秔硬粳羹鶊耕畊挭挸緪絚
19　見　上梗-古杏　梗莄挭鯁骾哽綆綋挭
19　見　去敬-居孟　更亘恒
19　端　入陌-多則　德悳得
19　定　入陌-敵德　特犆犆臘膩貸
19　曉　平庚-虛庚　亨脝
19　曉　入陌-呼格　赫

ㅓ → ㅐ
19　滂　入陌-普伯　珀

ㅑ → ㅏ
18　精　入藥-卽約　雀

ㅑ → ㅓ
18　溪　入藥-丘縛　却

ㅕ → ㅑ
13　見　平蕭-堅堯　驍梟澆澆撽憿僥蟯穚驕憍鷸嬌墝
13　見　上篠-吉了　皎曒皦璬繳矯撟蹻敫
13　見　去嘯-古弔　叫噭皛嘄徼
13　溪　平蕭-丘妖　蹺趬蹻趫驕轎
13　溪　去嘯-苦弔　竅
13　群　平蕭-祁堯　橋喬僑蕎荍招翹劤
13　群　上篠-其紹　絿
13　群　去嘯-渠廟　轎
13　疑　去嘯-五弔　澆
13　端　平蕭-丁聯　貂貂鵰雕彫凋琱弴舠刁裪
13　端　去嘯-多嘯　弔吊釣蔦窵癅
13　透　平蕭-他彫　祧跳恌條挑脁庣銚斯
13　透　上篠-土了　朓窱趒挑
13　透　去嘯-他弔　糶朓覜越跳
13　定　平蕭-田聊　迢跳髫韶佻調儵條苕芀蜩鰷條岧
13　定　上篠-徒了　窕掉誂
13　定　去嘯-杜弔　調掉銚蓧莜蘻
13　泥　上篠-尼了　褭嫋嬝嬈嫋嬈嬈嬲鳥蔦
13　泥　去嘯-奴弔　溺尿
13　幫　平蕭-卑遙　猋飇飆標幖杓熛票摽鑣鏢瀌麃穮穮藨儦臕瘭
13　幫　上篠-彼小　表褾標幖
13　幫　去嘯-悲廟　俵
13　滂　平蕭-紕招　漂標票飄慓僄嘌
13　滂　上篠-普沼　標醥瞟膘
13　滂　去嘯-匹妙　勡剽僄漂影皫
13　並　平蕭-毗招　瓢藨瓢
13　並　上篠-婢小　摽藨殍莩芿莩藨
13　並　去嘯-毗召　驃票嫖
13　明　平蕭-眉遙　苗描貓緢
13　明　上篠-弭沼　眇渺緲杪淼藐秒
13　明　去嘯-彌笑　妙廟庿
13　精　平蕭-茲消　焦燋熊蕉膲噍鐎僬樵椒礁鷦焦
13　精　上篠-子了　剿剿勦湫
13　精　去嘯-子肖　醮燋僬釂皭爝
13　清　平蕭-此遙　鍬帩篍朿鯵愀
13　清　上篠-七小　悄愀
13　清　去嘯-七肖　鞘峭陗帩
13　從　平蕭-慈消　樵瞧譙嫶憔憔嶕顦癄
13　從　去嘯-在笑　噍誚譙
13　心　平蕭-先彫　蕭簫箾彇瀟蠨驕熽宵霄消逍綃銷焇鮹蛸捎哨硝痟脩
13　心　上篠-先了　篠謏小
13　心　去嘯-蘇弔　嘯歗笑咲肖鞘弰
13　照　平蕭-之遙　昭招釗朝鉊
13　照　上篠-止少　沼
13　照　去嘯-之笑　照炤詔曌
13　穿　平蕭-蚩招　弨超怊
13　穿　上篠-尺沼　麨麨精
13　牀　平蕭-馳遙　潮鼂晁朝
13　牀　上篠-直紹　趙捎肇肇垗兆抳
13　牀　去嘯-直笑　召

13 審 平蕭-尸昭 燒
13 審 上篠-始紹 少
13 審 去嘯-失照 少 燒
13 禪 平蕭-時召 韶 馨 佋 昭
13 禪 上篠-市沼 紹 佋
13 禪 去嘯-實照 邵 召 卲 劭
13 影 平蕭-伊堯 么 要 腰 夭 邀 喓 褽 妖 袄 祆 訞 夭 祅
13 影 上篠-伊鳥 杳 窅 窈 突 突 宎 夭 殀 偠 嫋 靿 溔 鷕 舀 晁 湚
13 影 去嘯-一笑 要 約 窔 突 宎
13 曉 平蕭-呼驕 囂 枵 藃 鴞 獢 歊 熇 曉
13 曉 上篠-馨杳 曉
13 曉 去嘯-許照 歊
13 喩 平蕭-餘招 堯 僥 嶢 遙 傜 徭 瑤 搖 謠 繇 飆 藋 窯 窰 窯 愮 嗂 猺 姚 珧 銚 陶 銚 軺 輶 褕
13 喩 去嘯-弋笑 燿 耀 曜 鷂 姚
13 來 平蕭-連條 聊 寮 僚 繚 璙 嘹 遼 鷯 鐐 撩 獠 獠 璙 暸 橑 膋 膫 寮 廖 漻 料 廫 膠
13 來 上篠-盧皎 了 繚 瞭 蓼 嫽 僚 撩 燎 嫽 嫽
13 來 去嘯-力弔 料 嫽 鐐 燎 獠 嘹 璙 暸 療 爒 廖
13 日 平蕭-如招 饒 橈 嬈 蕘 蟯
13 日 上篠-爾紹 擾 嬈 繞 遶
13 日 去嘯-人要 繞 饒

ㅠ → ㅜ

1 見 平東-居中 弓 躬 躳 宮 恭 供 共
1 見 去送-居用 供
1 溪 平東-丘中 穹 芎 銎 簉
1 溪 上董-丘隴 恐
1 溪 去送-欺用 恐
1 精 平東-將容 縱 蹤
1 精 去送-足用 縱 瘲
1 精 入屋-縱玉 足 蹙 顣 欨 蹴 縬 蹴 踿
1 從 平東-牆容 從
1 從 去送-才仲 從
1 心 平東-息中 嵩 崧 菘 蜙 馼 鬆 娥 淞
惚 鬆 松
1 心 上董-息勇 竦 悚 欉 駷 聳
1 心 入屋-蘇玉 夙 宿 蓿 粟
1 邪 去送-似用 頌 誦 訟
1 照 平東-陟隆 中 衷 忠 終 螽 蚣 衆 種 忪 蹱
1 照 上董-知隴 腫 踵 腫 緟 種 冢 塚 塚 煄 瘇 緟 瘇
1 照 去送-之仲 衆 湩 種 種 中 衷
1 照 入屋-之六 祝 粥 鬻 竹 竺 筑 築 茿 燭 爥 囑 矚 屬 囑 孎 钃 瘃
1 穿 平東-昌中 充 銃 炷 珫 莌 流 忧 忡 衝 衛 罿 憧 罿 罿 犝 傭 沖 沖 种
1 穿 上董-丑勇 寵
1 穿 去送-丑用 憃
1 穿 入屋-昌六 柷 稸 畜 蓄 蓫 董 觸 歜 矗
1 牀 平東-持中 蟲 虫 爞 種 重
1 牀 上董-直隴 重 鮦
1 牀 去送-直衆 仲 緟 重 蚛
1 牀 入屋-直六 逐 柚 軸 舳 妯 躅 趨 蠋 蠾 碡
1 審 平東-書容 春 椿 惷
1 審 入屋-式竹 叔 菽 朮 倏 儵 束 俶 琡 婌
1 來 平東-盧容 龍 窿 隆 窿 癃 癃 儱 聾 籠 槞 穜 寵 曨 矓 曨 蘢 瓏 礱 龐 巄 襱 韃 攏 爖 瀧 瓏 蘡
1 來 上董-力董 隴 壠 矓 籠 寵 攏 礱
1 日 平東-而中 戎 茙 駥 絨 毧 茸 傭 鰄
1 日 上董-而隴 冗 茸 媶 毧

ㅠ → ㅜ

1 精 上董-卽容 慫
1 穿 平東-昌中 狪

ㅒ → ㅖ

6 見 平皆-居諧 皆 偕 階 堦 湝 喈 楷 颽 荄 痎 齘 稭 街
6 見 上解-佳買 解 薢 檞
6 見 去泰-居拜 戒 誡 悈 介 界 岕 犚 玠

齐 芥 妎 价 犕 屆 懈
解 廨 繲

ㅖ → ㅔ
3　明　上薺-莫禮　靡
3　明　去霽-彌計　窠 袂 謎

ㅖ → ㅣ
19　溪　平庚-窺營　傾 頃
19　溪　上梗-丘穎　頃 傾 藑 藒 苘 褧 絅
19　群　平庚-渠營　瓊 璚 瓅 惸 煢 熒 嫇 嬛 攑
19　影　去敬-縈定　瑩

ㅖ → ㅠ
19　見　平庚-涓熒　扃 坰 駉 絅
19　見　上梗-居永　冏 璟 炅 苘 熲
19　喻　平庚-于平　營 塋 嫈 瑩 縈 熒 榮 螢 榮 蠑

ㅘ → ㅏ
11　非　平刪-孚艱　翻 飜 幡 拚 反 旛 繙 轓 藩 蕃 潘 番
11　奉　平刪-符艱　煩 蹯 樊 攡 蹯 燔 璠 蕃 墦 膰 燔 播 繁 藩 鑾 袢
11　奉　去諫-符諫　飯 餅 飰
11　奉　入轄-房滑　伐 瘢 閥 墢 垡 筏 栰 罰 𥇜

ㅘ → ㅑ
18　曉　去漾-虛放　況 況 貺

ㅓ → ㅏ
15　明　平歌-眉波　麼

ㅓ → ㅕ
10　幫　平寒-逋潘　般 搬 鞁
10　幫　去翰-博漫　半 絆
10　滂　平寒-蒲官　潘 番 拌 拚 抃
10　滂　去翰-普半　判 胖 泮 沜 頖 沜 伴 胖
10　竝　平寒-蒲官　槃 柈 盤 般 搬 弁 瘢 鼙 磐 蹩 鬔 澇 槃 幋 螌 盚 胖 磻 蟠 繁 蹣

10　竝　上旱-蒲滿　伴 拌 秎
10　竝　去翰-蒲半　畔 叛
10　明　平寒-謨官　瞞 謾 鏝 墁 樠 饅 鬘 糲 鞔 鄤 槾 鬘 曼 漫 穘 蔓 鰻 蹣
10　明　上旱-莫旱　滿 澫 曼
10　明　去翰-莫半　縵 穘 漫 謾 曼 幔
10　淸　去翰-取亂　竄 攛 爨 欑 躥 蹿

ㅟ → ㅜ
19　匣　平庚-胡盲　橫 衡 鱑 喤 鍠 鐄 彋 宏 閎 紘 翃 罞 紭 棄 弘 嶸 硡 峵 耾
19　匣　上梗-胡猛　卝
19　匣　去敬-戶孟　橫

ㅟ → ㅣ
7　群　平灰-渠爲　葵

ㅟ → ㅔ
7　幫　平灰-晡回　杯 盃 桮 环
7　幫　去隊-邦妹　背 輩 軰 褙 緒 輩 輩 貝 狽
7　滂　平灰-鋪杯　丕 伾 髬 胚 㐀 坏 醅 伾 岯 邳 秠 駓
7　滂　去隊-滂佩　配 肺 俖 沛 霸
7　竝　平灰-蒲枚　裴 裵 徘 培 陪
7　竝　上賄-部浼　琲 非 痞 倍 蓓
7　竝　去隊-步眛　佩 珮 俏 背 倍 誖 悖 惣 孛 焙 憊 琲 北 拔 邶 旆 沛 旆
7　明　平灰-謨杯　枚 玫 梅 楳 鋂 酶 每 莓 罞 脢 媒 煤 禖 塺 坆 眉 嵋 湄 楣 鄆 玫 黴
7　明　上賄-莫賄　浼 痗 每 美 嫩 渼
7　明　去隊-莫佩　妹 昧 靺 眜 沫 脢 痗 媚 瑁 𥍲 魅 彨 抹

ㅟ → ㅓ
19　見　入陌-古伯　國 虢 蟈 摑 幗 簂 馘

ㅟ → ㅟ
19　見　入陌-古伯　國 虢 蟈 摑 幗 簂 馘

ㅟ → ㅐ

    7 淸 平灰-倉回　衰
    7 穿 上賄-楚委　揣 敠
    7 審 平灰-所追　衰 衰
    7 審 去隊-輸芮　帥 率

속음 중성 변동의 통계

ㅏ : ㅓ19 ㅑ1 ㅘ61
ㅓ : ㅏ78
ㅜ : ㅡ127 ㅠ11 ㅐ4
ㅣ : ㅡ167 ㅓ24 ㅠ1
ㅐ : ㅏ1 ㅖ1
ㅔ : ㅜ13 ㅡ172 ㅣ38 ㅐ1
ㅑ : ㅏ1 ㅓ1
ㅕ : ㅑ438
ㅠ : ㅜ207 ㅠ2
ㅒ : ㅖ34
ㅖ : ㅓ4
ㆌ : ㅣ19 ㅠ19
ㅘ : ㅏ41 ㅘ3
ㅝ : ㅏ1 ㅓ77 ㅝ5
ㅟ : ㅜ21 ㅣ1 ㅓ99 ㅝ7 ㅟ7 ㅐ7

2.8.4. 종성 (1)

ㄱ → ㆆ

    1 審 入屋-式竹　叔
    1 心 入屋-蘇玉　夙
    1 精 入屋-縱玉　足
    1 穿 入屋-昌六　柷
    1 牀 入屋-直六　逐
    1 穿 入屋-昌六　稸
    1 牀 入屋-直六　柚
    1 審 入屋-式竹　菽
    1 心 入屋-蘇玉　宿
    1 精 入屋-縱玉　蹙
    1 審 入屋-式竹　尗
    1 心 入屋-蘇玉　蓿
    1 牀 入屋-直六　軸
    1 穿 入屋-昌六　畜
    1 精 入屋-縱玉　顣
    1 牀 入屋-直六　舳
    1 審 入屋-式竹　悆
    1 穿 入屋-昌六　蓄
    1 精 入屋-縱玉　欨
    1 心 入屋-蘇玉　粟
    1 精 入屋-縱玉　蹴
    1 牀 入屋-直六　妯
    1 審 入屋-式竹　儵
    1 穿 入屋-昌六　蓫 董
    1 精 入屋-縱玉　縬
    1 審 入屋-式竹　束
    1 牀 入屋-直六　躅
    1 精 入屋-縱玉　蚇
    1 穿 入屋-昌六　觸
    1 牀 入屋-直六　踘
    1 審 入屋-式竹　俶
    1 精 入屋-縱玉　踧
    1 穿 入屋-昌六　歜
    1 牀 入屋-直六　蠋
    1 審 入屋-式竹　琡
    1 牀 入屋-直六　躅
    1 穿 入屋-昌六　矗
    1 牀 入屋-直六　磭
    1 審 入屋-式竹　娕
   19 竝 入陌-弼亦　擗
   19 精 入陌-資昔　績
   19 竝 入陌-弼亦　闢
   19 喩 入陌-夷益　鷁鴗鷁矗逆縊呴
                   嶷蘱疑
   19 喩 入陌-鄂格　額額
   19 滂 入陌-普伯　珀
   19 曉 入陌-呼格　赫
   19 見 入陌-古伯　國虢蟈摑幗簂馘

ㆁ → ㄴ

   19 日 平庚-女陵　仍
   19 溪 上梗-苦等　肯肎肎

ㄴ → ㆆ

8	疑	平眞-魚巾	斷

ㅂ → ㅎ

21	日	入緝-日執	入
22	見	入合-古沓	合
22	匣	入合-胡閣	合 盒
22	見	入合-古沓	欱
22	匣	入合-胡閣	郃
22	見	入合-古沓	鴿
22	匣	入合-胡閣	迨
22	見	入合-古沓	蛤 閣
22	匣	入合-胡閣	盍 闔
22	見	入合-古沓	韐
22	匣	入合-胡閣	嗑
22	見	入合-古沓	頜
22	匣	入合-胡閣	蓋
22	見	入合-古沓	蓋
22	匣	入合-胡閣	欱 哈

ㅁ → ㄴ

21	疑	平侵-魚吟	吟 唫 唅
21	穿	上寢-昌枕	審
22	疑	平覃-魚咸	喦 喦 巖 壈
22	疑	上感-五感	頷

ㅸ → ㅎ

18	溪	入藥-丘縛	却

ㄹ → ㅎ

8	疑	入質-魚乞	仡 疙 吃 疑
9	審	入勿-朔律	率
9	竝	入勿-蒲沒	孛
9	疑	入勿-五忽	兀
9	竝	入勿-蒲沒	悖
9	審	入勿-朔律	帥
9	疑	入勿-五忽	屼
9	竝	入勿-蒲沒	誖
9	審	入勿-朔律	蟀
9	疑	入勿-五忽	硊 扤
9	竝	入勿-蒲沒	懟
9	審	入勿-朔律	璱
9	竝	入勿-蒲沒	哱 艴 艴 勃 敦 浡 稇 渤 頗 鵓 鵓 餑 桲 脖 荸

11	疑	入轄-牙八	鱉 枠 薛
11	非	入轄-方伐	髮 發 发

△ → ㅗ

2	照	平支-旨而	淄
2	精	平支-津私	貲
2	穿	平支-叉茲	差
2	邪	平支-詳茲	詞
2	心	平支-相咨	斯
2	從	平支-才資	疵
2	清	平支-此茲	雌
2	精	平支-津私	訾
2	照	平支-旨而	菑
2	穿	平支-叉茲	嵯
2	心	平支-相咨	撕
2	從	平支-才資	玼
2	邪	平支-詳茲	辭
2	精	平支-津私	髭
2	從	平支-才資	慈
2	邪	平支-詳茲	辝
2	心	平支-相咨	廝
2	照	平支-旨而	榴
2	精	平支-津私	頿
2	從	平支-才資	磁
2	照	平支-旨而	輜
2	邪	平支-詳茲	辞
2	心	平支-相咨	禠 虒
2	邪	平支-詳茲	辞
2	照	平支-旨而	錙
2	精	平支-津私	觜
2	從	平支-才資	茲 瓷
2	照	平支-旨而	緇
2	邪	平支-詳茲	祠
2	精	平支-津私	鄑
2	心	平支-相咨	澌
2	精	平支-津私	咨
2	從	平支-才資	鑒
2	照	平支-旨而	鶅
2	心	平支-相咨	澌 斯
2	精	平支-津私	諮
2	照	平支-旨而	甾
2	從	平支-才資	鶿 鶿
2	心	平支-相咨	鷀
2	精	平支-津私	齋

2	照	平支-旨而	鯔
2	從	平支-才資	餈
2	精	平支-津私	資
2	心	平支-相咨	私
2	從	平支-才資	糍
2	精	平支-津私	姿
2	心	平支-相咨	思
2	從	平支-才資	茈
2	精	平支-津私	粢
2	心	平支-相咨	覗 偲
2	從	平支-才資	茨
2	精	平支-津私	粢 齋
2	心	平支-相咨	罳
2	從	平支-才資	薺 兹
2	精	平支-津私	齏
2	心	平支-相咨	颸 緦
2	從	平支-才資	椔
2	精	平支-津私	齋
2	心	平支-相咨	絲
2	精	平支-津私	濱 兹
2	心	平支-相咨	司
2	精	平支-津私	兹
2	心	平支-相咨	鷥
2	精	平支-津私	滋 孜 孳 嵫 鎡 鼒 仔 紫 薋 茈 嘴 赼 劑
2	照	平支-旨而	知
2	日	平支-如支	兒
2	審	平支-申之	施
2	禪	平支-辰之	時
2	穿	平支-抽知	攡
2	牀	平支-陳知	池
2	審	平支-申之	煩
2	日	平支-如支	而
2	牀	平支-陳知	坻
2	照	平支-旨而	蜘
2	禪	平支-辰之	岂
2	照	平支-旨而	鼊
2	審	平支-申之	絁
2	禪	平支-辰之	塒
2	日	平支-如支	洏
2	牀	平支-陳知	泜
2	禪	平支-辰之	匙
2	照	平支-旨而	支
2	牀	平支-陳知	遲
2	審	平支-申之	詩
2	日	平支-如支	腑
2	審	平支-申之	邿
2	照	平支-旨而	枝
2	牀	平支-陳知	治
2	日	平支-如支	栭
2	禪	平支-辰之	鍉
2	審	平支-申之	尸
2	日	平支-如支	鴯
2	牀	平支-陳知	襹
2	照	平支-旨而	肢
2	禪	平支-辰之	鰣
2	審	平支-申之	屍
2	照	平支-旨而	胑
2	日	平支-如支	輀
2	禪	平支-辰之	提
2	照	平支-旨而	卮
2	日	平支-如支	陑
2	禪	平支-辰之	翅
2	審	平支-申之	鳲
2	禪	平支-辰之	禔
2	照	平支-旨而	氏
2	審	平支-申之	蓍
2	日	平支-如支	胹
2	照	平支-旨而	楮
2	審	平支-申之	葹
2	禪	平支-辰之	蒔
2	審	平支-申之	釃
2	照	平支-旨而	搘
2	禪	平支-辰之	秪
2	審	平支-申之	篒
2	禪	平支-辰之	漦
2	照	平支-旨而	泜 禔
2	審	平支-申之	簁 篩
2	照	平支-旨而	祇 秖 鳲 胝 胚 脂 之 芝 枝
2	精	上紙-祖似	子
2	心	上紙-想姊	死
2	清	上紙-雌氏	此
2	邪	上紙-詳子	似 巳
2	精	上紙-祖似	秄
2	清	上紙-雌氏	佌
2	精	上紙-祖似	芓
2	邪	上紙-詳子	祠
2	清	上紙-雌氏	玼
2	精	上紙-祖似	秄

2	邪	上紙-詳子	禩
2	清	上紙-雌氏	泚
2	邪	上紙-詳子	汜
2	精	上紙-祖似	梓
2	邪	上紙-詳子	姒
2	精	上紙-祖似	仔
2	邪	上紙-詳子	耜
2	精	上紙-祖似	杍
2	邪	上紙-詳子	兕
2	精	上紙-祖似	姊
2	邪	上紙-詳子	竢
2	精	上紙-祖似	紫
2	邪	上紙-詳子	俟
2	精	上紙-祖似	耔
2	邪	上紙-詳子	涘
2	精	上紙-祖似	訾 訨 呰 批 跐 姊 秭 滓 胏 笫 茈
2	日	上紙-忍止	耳
2	穿	上紙-昌止	齒
2	牀	上紙-丈几	豸
2	審	上紙-詩止	始
2	禪	上紙-上紙	市
2	照	上紙-諸氏	紙
2	穿	上紙-昌止	侈
2	照	上紙-諸氏	舐
2	禪	上紙-上紙	恃
2	審	上紙-詩止	乿
2	日	上紙-忍止	絼
2	牀	上紙-丈几	鷹
2	穿	上紙-昌止	襹
2	照	上紙-諸氏	只
2	牀	上紙-丈几	薙
2	日	上紙-忍止	珥
2	審	上紙-詩止	凪
2	禪	上紙-上紙	是
2	照	上紙-諸氏	跜
2	審	上紙-詩止	弛
2	禪	上紙-上紙	是
2	穿	上紙-昌止	杝
2	牀	上紙-丈几	泜
2	日	上紙-忍止	洱 駬
2	禪	上紙-上紙	媞
2	審	上紙-詩止	冢
2	照	上紙-諸氏	抵
2	禪	上紙-上紙	氏
2	日	上紙-忍止	餌
2	照	上紙-諸氏	抵
2	審	上紙-詩止	矢
2	日	上紙-忍止	爾
2	審	上紙-詩止	屎
2	禪	上紙-上紙	視
2	照	上紙-諸氏	坻 砥
2	日	上紙-忍止	尒
2	審	上紙-詩止	屍
2	禪	上紙-上紙	眂
2	審	上紙-詩止	水
2	照	上紙-諸氏	底
2	日	上紙-忍止	迩
2	審	上紙-詩止	水
2	禪	上紙-上紙	眡
2	日	上紙-忍止	邇
2	禪	上紙-上紙	舓
2	審	上紙-詩止	史
2	照	上紙-諸氏	枳
2	禪	上紙-上紙	訑
2	照	上紙-諸氏	軹
2	審	上紙-詩止	使 駛
2	照	上紙-諸氏	旨
2	禪	上紙-上紙	咶
2	照	上紙-諸氏	恉
2	審	上紙-詩止	卶
2	禪	上紙-上紙	士 仕
2	照	上紙-諸氏	指
2	禪	上紙-上紙	㞕
2	照	上紙-諸氏	止 時
2	禪	上紙-上紙	柿
2	照	上紙-諸氏	沚 洔 趾 址 阯 芷 徵 黹 痣
2	從	去寘-疾二	自
2	穿	去寘-昌智	厠
2	清	去寘-七四	次
2	心	去寘-息漬	四
2	精	去寘-資四	恣
2	穿	去寘-昌智	翅
2	心	去寘-息漬	肆
2	從	去寘-疾二	字
2	清	去寘-七四	髲
2	精	去寘-資四	積

2	穿	去實-昌智	狴
2	淸	去實-七四	束
2	精	去實-資四	漬
2	心	去實-息漬	栖
2	從	去實-疾二	孳
2	穿	去實-昌智	翅
2	精	去實-資四	皆
2	從	去實-疾二	牸
2	淸	去實-七四	莿
2	心	去實-息漬	泗
2	淸	去實-七四	薾
2	精	去實-資四	骴
2	穿	去實-昌智	熾
2	心	去實-息漬	駟
2	精	去實-資四	齜
2	心	去實-息漬	賜
2	淸	去實-七四	刺
2	穿	去實-昌智	饎
2	精	去實-資四	蔵
2	淸	去實-七四	諫
2	心	去實-息漬	澌
2	穿	去實-昌智	糦
2	心	去實-息漬	笥
2	精	去實-資四	剚
2	淸	去實-七四	佽
2	穿	去實-昌智	䰩
2	精	去實-資四	倳
2	心	去實-息漬	伺
2	淸	去實-七四	紎
2	穿	去實-昌智	幟
2	心	去實-息漬	思
2	穿	去實-昌智	埴
2	淸	去實-七四	載 蚝
2	穿	去實-昌智	碃
2	心	去實-息漬	寺 嗣
2	淸	去實-七四	痲
2	心	去實-息漬	飼 飤 食 儴
2	照	去實-支義	質
2	日	去實-而至	二
2	穿	去實-丑吏	眙
2	審	去實-式至	試
2	禪	去實-時吏	侍
2	牀	去實-直意	治
2	日	去實-而至	弍
2	審	去實-式至	弑
2	禪	去實-時吏	寺
2	穿	去實-丑吏	掣
2	牀	去實-直意	遲
2	照	去實-支義	識
2	審	去實-式至	始
2	日	去實-而至	樲
2	禪	去實-時吏	闟
2	照	去實-支義	織
2	牀	去實-直意	植
2	審	去實-式至	啻
2	照	去實-支義	憲
2	牀	去實-直意	褫
2	禪	去實-時吏	弑
2	日	去實-而至	餌
2	照	去實-支義	哲
2	日	去實-而至	珥
2	審	去實-式至	翅
2	禪	去實-時吏	跂
2	照	去實-支義	狾
2	日	去實-而至	咡
2	審	去實-式至	施
2	禪	去實-時吏	赦
2	審	去實-式至	世
2	禪	去實-時吏	視
2	照	去實-支義	狾
2	日	去實-而至	咡
2	審	去實-式至	世
2	禪	去實-時吏	眂
2	審	去實-式至	貰
2	日	去實-而至	洱
2	審	去實-式至	貰
2	照	去實-支義	狾
2	禪	去實-時吏	眎
2	照	去實-支義	狾
2	審	去實-式至	勢
2	照	去實-支義	狾
2	審	去實-式至	使
2	禪	去實-時吏	市
2	審	去實-式至	駛
2	禪	去實-時吏	士
2	照	去實-支義	至
2	審	去實-式至	籭
2	照	去實-支義	志
2	禪	去實-時吏	仕 寺 枾 嗜 誓 忕 噬 遾 事 示 諡

속음 종성 변동의 통계

ㄱ : ㅎ$_{64}$
ㆁ : ㄴ$_{4}$
ㄴ : ㅎ$_{1}$
ㅂ : ㅎ$_{19}$
ㅁ : ㄴ$_{9}$
ㅸ : ㅎ$_{1}$
ㅱ : ㅱ$_{1}$
ㄹ : ㅎ$_{37}$
△ : △$_{376}$

2.8.5. 종성 (2)

ㅁ → ㄴ

21	牀	平侵-鋤簪	岑
21	審	平侵-疏簪	森
21	照	平侵-緇深	簪
21	牀	平侵-鋤簪	涔
21	照	平侵-緇深	篸
21	審	平侵-疏簪	槮 襂
21	照	平侵-緇深	揝
21	審	平侵-疏簪	參 蓡 蔘 鬖
21	日	平侵-如深	任
21	穿	平侵-丑森	琛
21	影	平侵-於禽	音
21	照	平侵-諸深	斟
21	曉	平侵-虛金	歆
21	喩	平侵-夷斟	淫
21	審	平侵-式針	深
21	禪	平侵-時壬	諶
21	心	平侵-思林	心
21	來	平侵-犂沈	林
21	牀	平侵-持林	沉
21	見	平侵-居吟	今
21	溪	平侵-驅音	欽
21	群	平侵-渠金	琴

21	疑	平侵-魚吟	吟 吟
21	淸	平侵-七林	侵
21	邪	平侵-徐心	尋
21	審	平侵-式針	蔟
21	牀	平侵-持林	沈
21	禪	平侵-時壬	忱
21	影	平侵-於禽	瘖
21	來	平侵-犂沈	琳
21	日	平侵-如深	壬
21	喩	平侵-夷斟	婬
21	照	平侵-諸深	針
21	淸	平侵-七林	駸
21	穿	平侵-丑森	瞫
21	見	平侵-居吟	紟
21	疑	平侵-魚吟	唫 唫
21	溪	平侵-驅音	衾
21	邪	平侵-徐心	潯
21	群	平侵-渠金	禽
21	喩	平侵-夷斟	霪
21	疑	平侵-魚吟	唫
21	淸	平侵-七林	梣
21	溪	平侵-驅音	嶔
21	禪	平侵-時壬	煁
21	照	平侵-諸深	鍼
21	疑	平侵-魚吟	唫
21	群	平侵-渠金	檎
21	牀	平侵-持林	湛
21	影	平侵-於禽	陰
21	來	平侵-犂沈	霖
21	邪	平侵-徐心	霽
21	見	平侵-居吟	衿
21	日	平侵-如深	絍
21	穿	平侵-丑森	郴
21	來	平侵-犂沈	淋
21	見	平侵-居吟	襟
21	日	平侵-如深	紝
21	照	平侵-諸深	箴
21	影	平侵-於禽	黔
21	邪	平侵-徐心	鐔
21	淸	平侵-七林	綅
21	喩	平侵-夷斟	蟫
21	禪	平侵-時壬	楉
21	牀	平侵-持林	霃
21	溪	平侵-驅音	磶
21	群	平侵-渠金	噙

21	穿	平侵-丑森	嶜
21	來	平侵-犁沈	臨
21	淸	平侵-七林	祲
21	邪	平侵-徐心	燖
21	群	平侵-渠金	黔
21	穿	平侵-丑森	參
21	見	平侵-居吟	金
21	日	平侵-如深	篤
21	影	平侵-於禽	愔
21	照	平侵-諸深	碪
21	邪	平侵-徐心	鄩
21	照	平侵-諸深	砧
21	來	平侵-犁沈	琳
21	見	平侵-居吟	禁
21	群	平侵-渠金	擒
21	照	平侵-諸深	椹
21	邪	平侵-徐心	蕈
21	來	平侵-犁沈	痲
21	群	平侵-渠金	扲
21	照	平侵-諸深	鍖
21	群	平侵-渠金	撳
21	照	平侵-諸深	葳
21	群	平侵-渠金	芩
21	穿	上寢-楚錦	墋
21	精	上寢-子沈	怎
21	穿	上寢-楚錦	磣
21	群	上寢-渠飲	噤
21	禪	上寢-食枕	甚
21	來	上寢-力錦	廩
21	淸	上寢-七稔	寢
21	審	上寢-式荏	甚
21	影	上寢-於錦	飮
21	牀	上寢-呈稔	朕
21	日	上寢-忍甚	餁
21	穿	上寢-昌枕	審
21	照	上寢-章荏	枕
21	穿	上寢-昌枕	審
21	見	上寢-居飲	錦
21	泥	上寢-忍甚	恁
21	牀	上寢-呈稔	瀋
21	群	上寢-渠飲	濈
21	審	上寢-式荏	沈
21	禪	上寢-食枕	甚
21	淸	上寢-七稔	鋑
21	日	上寢-忍甚	餁
21	照	上寢-章荏	㶩
21	來	上寢-力錦	懍
21	淸	上寢-七稔	寢
21	日	上寢-忍甚	恁
21	禪	上寢-食枕	椹
21	審	上寢-式荏	嬸
21	來	上寢-力錦	凜
21	日	上寢-忍甚	荏
21	審	上寢-式荏	諗
21	來	上寢-力錦	檁
21	日	上寢-忍甚	稔
21	審	上寢-式荏	淰
21	日	上寢-忍甚	袵
21	審	上寢-式荏	瘁
21	日	上寢-忍甚	袵 脸 㥁
21	審	去沁-所禁	滲
21	穿	去沁-楚禁	識
21	照	去沁-側禁	譖
21	審	去沁-所禁	糝 粙
21	溪	去沁-丘禁	搇
21	群	去沁-巨禁	紟
21	見	去沁-居廕	禁
21	淸	去沁-七鴆	沁
21	日	去沁-汝鴆	任
21	來	去沁-力禁	淋
21	照	去沁-職任	枕
21	影	去沁-於禁	蔭
21	穿	去沁-丑禁	闖
21	禪	去沁-時鴆	甚
21	審	去沁-式禁	甚
21	精	去沁-子鴆	浸
21	泥	去沁-女禁	賃
21	牀	去沁-直禁	鴆 酖
21	見	去沁-居廕	噤
21	影	去沁-於禁	廕
21	來	去沁-力禁	臨
21	穿	去沁-丑禁	睒
21	日	去沁-汝鴆	姙
21	照	去沁-職任	針
21	淸	去沁-七鴆	伈
21	泥	去沁-女禁	恁
21	精	去沁-子鴆	寖
21	群	去沁-巨禁	衿 妗
21	精	去沁-子鴆	湛

21	照	去沁-職任	搉
21	見	去沁-居廳	舲
21	淸	去沁-七鴆	篗
21	影	去沁-於禁	癵
21	日	去沁-汝鴆	妊
21	影	去沁-於禁	癙
21	日	去沁-汝鴆	袵
21	群	去沁-巨禁	麟
21	見	去沁-居廳	濼
21	精	去沁-子鴆	棧
21	影	去沁-於禁	飮
21	日	去沁-汝鴆	袵
21	影	去沁-於禁	窨
21	日	去沁-汝鴆	紙 紝
21	影	去沁-於禁	暗
22	匣	平覃-胡南	含
22	來	平覃-盧含	婪
22	影	平覃-烏含	諳
22	定	平覃-徒含	覃
22	心	平覃-蘇監	三
22	牀	平覃-鋤咸	巉
22	審	平覃-所含	攕
22	透	平覃-他含	貪
22	溪	平覃-苦含	堪
22	泥	平覃-那含	南
22	見	平覃-沽三	甘
22	淸	平覃-蒼含	參
22	曉	平覃-下瞰	憨
22	照	平覃-知咸	詀
22	從	平覃-徂含	蠶
22	端	平覃-都含	耽
22	穿	平覃-初銜	欃
22	精	平覃-祖含	簪
22	奉	平覃-符咸	凡
22	淸	平覃-蒼含	嵾
22	審	平覃-所含	摻
22	從	平覃-徂含	蚕
22	來	平覃-盧含	惏
22	溪	平覃-苦含	龕
22	泥	平覃-那含	男
22	穿	平覃-初銜	攙
22	匣	平覃-胡南	哈
22	曉	平覃-下瞰	谽
22	影	平覃-烏含	馣
22	心	平覃-蘇監	弎
22	牀	平覃-鋤咸	龜
22	透	平覃-他含	探
22	定	平覃-徒含	潭
22	精	平覃-祖含	篸
22	見	平覃-沽三	柑
22	奉	平覃-符咸	凡
22	端	平覃-都含	酖
22	奉	平覃-符咸	帆
22	曉	平覃-下瞰	嗋
22	精	平覃-祖含	鐕
22	穿	平覃-初銜	劖
22	淸	平覃-蒼含	墋
22	見	平覃-沽三	泔
22	心	平覃-蘇監	叅
22	影	平覃-烏含	俺
22	從	平覃-徂含	蠶
22	來	平覃-盧含	啉
22	溪	平覃-苦含	龕
22	匣	平覃-胡南	函
22	透	平覃-他含	撢
22	泥	平覃-那含	枏
22	端	平覃-都含	妉
22	審	平覃-所含	衫
22	定	平覃-徒含	蕈
22	牀	平覃-鋤咸	饞
22	泥	平覃-那含	楠
22	精	平覃-祖含	臘
22	來	平覃-盧含	嵐
22	溪	平覃-苦含	戡
22	見	平覃-沽三	弇
22	定	平覃-徒含	醰
22	影	平覃-烏含	庵
22	心	平覃-蘇監	毿
22	匣	平覃-胡南	涵
22	審	平覃-所含	縿
22	端	平覃-都含	湛
22	穿	平覃-初銜	鑱
22	牀	平覃-鋤咸	嚵
22	透	平覃-他含	坍
22	奉	平覃-符咸	颿
22	端	平覃-都含	眈
22	見	平覃-沽三	疳
22	精	平覃-祖含	糌
22	穿	平覃-初銜	漸

22	心	平覃-蘇監	鬖
22	牀	平覃-鋤咸	儳
22	定	平覃-徒含	馠
22	奉	平覃-符咸	颿
22	透	平覃-他含	溍
22	泥	平覃-那含	諵
22	來	平覃-盧含	爁
22	影	平覃-烏含	菴
22	匣	平覃-胡南	涵
22	審	平覃-所含	摻
22	牀	平覃-鋤咸	巉
22	來	平覃-盧含	藍
22	定	平覃-徒含	曇
22	影	平覃-烏含	暗
22	匣	平覃-胡南	腩
22	端	平覃-都含	擔
22	審	平覃-所含	襂
22	泥	平覃-那含	喃
22	奉	平覃-符咸	氾
22	精	平覃-祖含	喳
22	定	平覃-徒含	壜
22	匣	平覃-胡南	錔
22	來	平覃-盧含	籃
22	端	平覃-都含	儋
22	審	平覃-所含	杉
22	泥	平覃-那含	讝
22	影	平覃-烏含	腤
22	牀	平覃-鋤咸	憽
22	審	平覃-所含	姍
22	來	平覃-盧含	艦
22	定	平覃-徒含	罎
22	端	平覃-都含	瞻
22	匣	平覃-胡南	楠
22	影	平覃-烏含	闇
22	審	平覃-所含	芟
22	匣	平覃-胡南	酣
22	端	平覃-都含	聃
22	定	平覃-徒含	壜
22	影	平覃-烏含	唵
22	來	平覃-盧含	懢
22	定	平覃-徒含	潭
22	端	平覃-都含	蚺
22	來	平覃-盧含	繿
22	影	平覃-烏含	盦
22	匣	平覃-胡南	蚶
22	定	平覃-徒含	譚
22	來	平覃-盧含	儖
22	匣	平覃-胡南	鉗
22	定	平覃-徒含	談
22	匣	平覃-胡南	蚺
22	來	平覃-盧含	藍
22	匣	平覃-胡南	潵
22	來	平覃-盧含	甀
22	定	平覃-徒含	倓 郯
22	匣	平覃-胡南	欺
22	定	平覃-徒含	痰 餤 澹
22	疑	平覃-魚咸	喦 喦
22	見	平覃-古銜	監
22	匣	平覃-胡岩	咸
22	溪	平覃-丘銜	嵌
22	匣	平覃-胡岩	諴
22	疑	平覃-魚咸	碞
22	溪	平覃-丘銜	鵊
22	見	平覃-古銜	緘
22	疑	平覃-魚咸	碞
22	見	平覃-古銜	械
22	疑	平覃-魚咸	巖 巖
22	匣	平覃-胡岩	鹹
22	疑	平覃-魚咸	壏
22	見	平覃-古銜	瑊
22	匣	平覃-胡岩	函
22	疑	平覃-魚咸	壏
22	匣	平覃-胡岩	楅
22	見	平覃-古銜	鑑
22	匣	平覃-胡岩	喃 銜 銜 嗛 嗺
22	影	上感-鄔感	晻
22	審	上感-所斬	摻
22	牀	上感-丈減	湛
22	精	上感-子感	嶒
22	疑	上感-五感	頷 頷
22	端	上感-都感	沈
22	透	上感-他感	醓
22	定	上感-徒感	禫
22	泥	上感-乃感	腩
22	奉	上感-房啗	範
22	溪	上感-苦感	坎
22	清	上感-七感	慘
22	匣	上感-戶感	頷

22	照	上感-側減	斬
22	心	上感-桑感	穇
22	從	上感-徂感	蹔
22	見	上感-古檀	感
22	來	上感-魯敢	壈
22	心	上感-桑感	穇
22	疑	上感-五感	顉
22	端	上感-都感	膽
22	透	上感-他感	喊
22	奉	上感-房啖	范
22	定	上感-徒感	髧
22	泥	上感-乃感	湳
22	從	上感-徂感	槧
22	清	上感-七感	憯
22	照	上感-側減	黲
22	精	上感-子感	昝
22	溪	上感-苦感	坅
22	見	上感-古檀	敢
22	牀	上感-丈減	嶄
22	來	上感-魯敢	爦
22	匣	上感-戶感	憾
22	影	上感-鄔感	埯
22	端	上感-都感	礸
22	清	上感-七感	癮
22	精	上感-子感	撍
22	來	上感-魯敢	覽
22	從	上感-徂感	蹔
22	見	上感-古檀	橄
22	匣	上感-戶感	菡
22	奉	上感-房啖	范
22	照	上感-側減	蹔
22	影	上感-鄔感	罨
22	定	上感-徒感	黮
22	溪	上感-苦感	轗
22	牀	上感-丈減	巉
22	透	上感-他感	炎
22	精	上感-子感	撍
22	端	上感-都感	黕
22	見	上感-古檀	顱
22	來	上感-魯敢	覽
22	透	上感-他感	毯
22	奉	上感-房啖	蚕
22	定	上感-徒感	窞
22	清	上感-七感	替
22	溪	上感-苦感	欿
22	影	上感-鄔感	唵
22	透	上感-他感	緂
22	端	上感-都感	舚
22	定	上感-徒感	菭
22	來	上感-魯敢	攬
22	溪	上感-苦感	贛
22	奉	上感-房啖	軶
22	影	上感-鄔感	闇
22	清	上感-七感	黲
22	來	上感-魯敢	攬
22	透	上感-他感	緂
22	定	上感-徒感	啖
22	奉	上感-房啖	軓
22	溪	上感-苦感	砍
22	影	上感-鄔感	揞
22	透	上感-他感	忐
22	定	上感-徒感	噉
22	影	上感-鄔感	黤
22	來	上感-魯敢	攬
22	奉	上感-房啖	犯
22	定	上感-徒感	啗
22	影	上感-鄔感	揜
22	來	上感-魯敢	欖 漤
22	定	上感-徒感	憺
22	影	上感-鄔感	匼
22	來	上感-魯敢	灠
22	匣	上感-下斬	豏
22	曉	上感-虎覽	闞
22	見	上感-古斬	減
22	影	上感-乙減	黯
22	匣	上感-下斬	濫
22	曉	上感-虎覽	喊
22	影	上感-乙減	黶
22	見	上感-古斬	鹻
22	曉	上感-虎覽	顲
22	見	上感-古斬	谄
22	匣	上感-下斬	檻 襤
22	見	上感-古斬	鹻
22	匣	上感-下斬	荅 艦
22	清	去勘-七紺	參
22	竝	去勘-薄鑑	浘
22	心	去勘-息暫	三
22	溪	去勘-苦濫	勘
22	穿	去勘-楚鑑	懺

22	審	去勘-所鑑	釤
22	定	去勘-徒濫	淡
22	照	去勘-莊陷	蘸
22	透	去勘-他紺	探
22	牀	去勘-士監	湛
22	見	去勘-古暗	紺
22	精	去勘-作紺	蔘
22	來	去勘-魯瞰	濫
22	從	去勘-昨濫	暫
22	影	去勘-烏紺	暗
22	匣	去勘-胡紺	憾
22	奉	去勘-扶泛	梵
22	端	去勘-都濫	擔
22	匣	去勘-胡紺	玲
22	牀	去勘-士監	儳
22	從	去勘-昨濫	壍
22	定	云勘-徒濫	澹
22	竝	去勘-薄鑑	范
22	溪	去勘-苦濫	墈
22	透	去勘-他紺	撢
22	照	去勘-莊陷	壵
22	見	去勘-古暗	灨
22	端	去勘-都濫	担
22	影	去勘-烏紺	闇
22	來	去勘-魯瞰	纜
22	奉	去勘-扶泛	泛
22	清	去勘-七紺	儳
22	透	去勘-他紺	睒
22	見	去勘-古暗	贛
22	從	去勘-昨濫	鏨
22	牀	去勘-士監	鑱
22	影	去勘-烏紺	菴
22	定	去勘-徒濫	儋
22	匣	去勘-胡紺	含
22	奉	去勘-扶泛	汎
22	溪	去勘-苦濫	瞰
22	照	去勘-莊陷	站
22	端	去勘-都濫	儋
22	定	去勘-徒濫	啗
22	牀	去勘-士監	賺
22	匣	去勘-胡紺	唅
22	見	去勘-古暗	淦
22	奉	去勘-扶泛	貶
22	溪	去勘-苦濫	闞
22	牀	去勘-士監	賺
22	端	去勘-都濫	馠
22	定	去勘-徒濫	啖
22	奉	去勘-扶泛	氾
22	溪	去勘-苦濫	轗
22	牀	去勘-士監	謙
22	定	去勘-徒濫	噉
22	牀	去勘-士監	詀 巉 撕 轗
22	見	去勘-古陷	鑑
22	匣	去勘-乎韽	陷
22	見	去勘-古陷	監
22	匣	去勘-乎韽	埳 名 餡 㖤 覽 黷
23	來	平鹽-力鹽	廉
23	疑	平鹽-牛廉	噞
23	泥	平鹽-尼占	鮎
23	影	平鹽-衣炎	淹
23	喩	平鹽-移廉	鹽
23	匣	平鹽-胡兼	嫌
23	穿	平鹽-蚩占	襜
23	透	平鹽-他兼	添
23	曉	平鹽-虛嚴	枚
23	溪	平鹽-苦兼	謙
23	端	平鹽-處占	战
23	邪	平鹽-徐廉	爛
23	心	平鹽-思廉	銛
23	照	平鹽-之廉	詹
23	日	平鹽-而占	髯
23	幇	平鹽-悲廉	砭
23	精	平鹽-將廉	尖
23	群	平鹽-其廉	箝
23	從	平鹽-慈鹽	潛
23	審	平鹽-詩廉	苫
23	見	平鹽-古嫌	兼
23	清	平鹽-千廉	僉
23	禪	平鹽-時占	蟾
23	穿	平鹽-蚩占	幨
23	幇	平鹽-悲廉	砭
23	審	平鹽-詩廉	痁
23	影	平鹽-衣炎	閹
23	心	平鹽-思廉	鐵
23	從	平鹽-慈鹽	橨
23	禪	平鹽-時占	憛
23	精	平鹽-將廉	殲
23	照	平鹽-之廉	瞻
23	泥	平鹽-尼占	拈
23	清	平鹽-千廉	籤

23	喻	平鹽-移廉	塩
23	見	平鹽-古嫌	縑
23	邪	平鹽-徐廉	燅
23	日	平鹽-而占	顉
23	來	平鹽-力鹽	鎌
23	曉	平鹽-虛嚴	炊
23	端	平鹽-處占	佔
23	群	平鹽-其廉	拑
23	見	平鹽-古嫌	鰜
23	清	平鹽-千廉	幟
23	日	平鹽-而占	鰜
23	穿	平鹽-蚩占	袨
23	心	平鹽-思廉	纖
23	群	平鹽-其廉	柑
23	禪	平鹽-時占	椫
23	泥	平鹽-尼占	黏
23	影	平鹽-衣炎	崦
23	照	平鹽-之廉	譫
23	端	平鹽-處占	心
23	從	平鹽-慈鹽	灊
23	邪	平鹽-徐廉	燖
23	精	平鹽-將廉	瀸
23	來	平鹽-力鹽	鎌
23	曉	平鹽-虛嚴	薟
23	喻	平鹽-移廉	櫩
23	清	平鹽-千廉	籤
23	照	平鹽-之廉	讝
23	日	平鹽-而占	枏
23	精	平鹽-將廉	漸
23	見	平鹽-古嫌	鶼
23	曉	平鹽-虛嚴	癊
23	穿	平鹽-蚩占	骹
23	群	平鹽-其廉	鉗
23	泥	平鹽-尼占	粘
23	邪	平鹽-徐廉	撏
23	心	平鹽-思廉	孅
23	來	平鹽-力鹽	濂
23	影	平鹽-衣炎	醃
23	喻	平鹽-移廉	簷
23	清	平鹽-千廉	槧
23	曉	平鹽-虛嚴	簽
23	見	平鹽-古嫌	蒹
23	影	平鹽-衣炎	腌
23	日	平鹽-而占	蚦
23	穿	平鹽-蚩占	覘
23	喻	平鹽-移廉	櫚
23	心	平鹽-思廉	孅
23	群	平鹽-其廉	鉗
23	來	平鹽-力鹽	爁
23	精	平鹽-將廉	蘄
23	照	平鹽-之廉	占
23	心	平鹽-思廉	憸
23	精	平鹽-將廉	熠
23	日	平鹽-而占	朧
23	清	平鹽-千廉	鐱
23	照	平鹽-之廉	沾
23	來	平鹽-力鹽	爁
23	群	平鹽-其廉	鈐
23	喻	平鹽-移廉	閻
23	影	平鹽-衣炎	懕
23	精	平鹽-將廉	攕
23	照	平鹽-之廉	霑
23	喻	平鹽-移廉	閆
23	影	平鹽-衣炎	厭
23	來	平鹽-力鹽	礛
23	心	平鹽-思廉	恖
23	群	平鹽-其廉	鍼
23	喻	平鹽-移廉	炎
23	影	平鹽-衣炎	猒
23	群	平鹽-其廉	岭
23	精	平鹽-將廉	櫼
23	來	平鹽-力鹽	礛
23	心	平鹽-思廉	暹
23	群	平鹽-其廉	黔
23	喻	平鹽-移廉	嚴
23	影	平鹽-衣炎	魘
23	來	平鹽-力鹽	簾
23	喻	平鹽-移廉	巖
23	影	平鹽-衣炎	萕
23	來	平鹽-力鹽	簾霖
23	喻	平鹽-移廉	嚴
23	來	平鹽-力鹽	覝
23	喻	平鹽-移廉	瀸瀶
23	來	平鹽-力鹽	臁濂盦匲薟帘
23	幫	上琰-悲檢	貶
23	影	上琰-於檢	奄
23	透	上琰-他點	忝
23	穿	上琰-丑琰	諂

23	見	上琰-居奄	檢
23	從	上琰-秦弇	漸
23	日	上琰-而琰	冉
23	喩	上琰-以弇	琰
23	溪	上琰-苦簟	歉
23	照	上琰-職琰	颭
23	端	上琰-多忝	點
23	群	上琰-巨險	儉
23	疑	上琰-魚檢	噞
23	曉	上琰-虛檢	險
23	定	上琰-徒點	簟
23	來	上琰-力弇	斂
23	審	上琰-失弇	閃
23	端	上琰-多忝	玷
23	曉	上琰-虛檢	嶮
23	影	上琰-於檢	掩
23	喩	上琰-以弇	剡
23	日	上琰-而琰	橝
23	群	上琰-巨險	芡
23	定	上琰-徒點	驔
23	來	上琰-力弇	溓
23	穿	上琰-丑琰	諂
23	審	上琰-失弇	淰
23	見	上琰-居奄	撿
23	照	上琰-職琰	鼹
23	溪	上琰-苦簟	嗛
23	從	上琰-秦弇	蕲
23	透	上琰-他點	餂
23	溪	上琰-苦簟	慊
23	喩	上琰-以弇	㷀
23	日	上琰-而琰	苒
23	曉	上琰-虛檢	譣
23	來	上琰-力弇	薟
23	影	上琰-於檢	掶
23	審	上琰-失弇	覢
23	見	上琰-居奄	瞼
23	穿	上琰-丑琰	㿱
23	端	上琰-多忝	蔵
23	定	上琰-徒點	居
23	影	上琰-於檢	罨
23	喩	上琰-以弇	錟
23	日	上琰-而琰	染
23	溪	上琰-苦簟	膁
23	來	上琰-力弇	薟
23	審	上琰-失弇	睒
23	見	上琰-居奄	臉
23	曉	上琰-虛檢	玁
23	喩	上琰-以弇	燄
23	審	上琰-失弇	潤
23	曉	上琰-虛檢	獫
23	影	上琰-於檢	崦 崦
23	審	上琰-失弇	陝
23	喩	上琰-以弇	焱
23	審	上琰-失弇	剡
23	喩	上琰-以弇	扊
23	影	上琰-於檢	崦 渰
23	喩	上琰-以弇	奆
23	影	上琰-於檢	弇
23	喩	上琰-以弇	灔 灩
23	影	上琰-於檢	郔 埯
23	喩	上琰-以弇	儼
23	影	上琰-於檢	曮
23	喩	上琰-以弇	曣
23	影	上琰-於檢	襂 厭 黶 閹 醫 厴 黶
23	溪	去艷-乞協	欠
23	見	去艷-居欠	劍
23	喩	去艷-以贍	豔
23	來	去艷-力驗	斂
23	心	去艷-都紺	礛
23	精	去艷-子念	僭
23	定	去艷-都紺	萏
23	幫	去艷-陂驗	窆
23	泥	去艷-奴簟	念
23	疑	去艷-魚欠	釅
23	影	去艷-於艷	厭
23	透	去艷-他念	标
23	穿	去艷-昌弇	襜
23	端	去艷-都念	店
23	清	去艷-七艷	塹
23	審	去艷-舒贍	苫
23	照	去艷-章弇	占
23	來	去艷-力驗	瀲
23	審	去艷-舒贍	掞
23	泥	去艷-奴簟	稔
23	定	去艷-都紺	居
23	穿	去艷-昌弇	幨
23	端	去艷-都念	玷
23	幫	去艷-陂驗	砭
23	溪	去艷-乞協	歉
23	影	去艷-於艷	魘

23	精	去艶-子念	讝
23	見	去艶-居欠	㰲
23	喩	去艶-以贍	艶
23	清	去艶-七艶	槧
23	疑	去艶-魚欠	醶
23	穿	去艶-昌冄	襜
23	幇	去艶-陂驗	砭
23	來	去艶-力驗	殮
23	端	去艶-都念	坫
23	疑	去艶-魚欠	驗
23	喩	去艶-以贍	灧
23	影	去艶-於艶	淹
23	溪	去艶-乞協	傔
23	定	去艶-都紺	磹
23	審	去艶-舒贍	抾
23	泥	去艶-奴簟	唸
23	端	去艶-都念	墊
23	溪	去艶-乞協	傔
23	穿	去艶-昌冄	襜
23	審	去艶-舒贍	贍
23	影	去艶-於艶	綄
23	喩	去艶-以贍	灧
23	疑	去艶-魚欠	噞
23	來	去艶-力驗	獫
23	喩	去艶-以贍	瀲
23	穿	去艶-昌冄	覘
23	喩	去艶-以贍	焱 燄 焰

ㅸ → ㅱ

18	穿	入藥-側各	妮
18	見	入藥-葛鶴	各
18	泥	入藥-奴各	搦
18	滂	入藥-匹各	濼
18	來	入藥-歷各	樂
18	喩	入藥-逆各	諤 愕
18	穿	入藥-側各	婡
18	喩	入藥-逆各	鄂
18	來	入藥-歷各	犖
18	穿	入藥-側各	孎
18	喩	入藥-逆各	堮
18	穿	入藥-側各	齷
18	喩	入藥-逆各	鍔
18	穿	入藥-側各	捔 籥
18	立	入藥-弼角	魄

18	喩	入藥-逆各	崿 鶚
18	穿	入藥-側各	猎
18	喩	入藥-逆各	萼
18	穿	入藥-側各	戳
18	喩	入藥-逆各	萼 鰐 鼉 齶 顎 咢 噩
18	心	入藥-息約	削
18	曉	入藥-迄却	謔
18	審	入藥-式灼	鑠
18	來	入藥-力灼	略
18	穿	入藥-尺約	綽
18	清	入藥-七雀	鵲
18	群	入藥-極虐	臄 腳
18	穿	入藥-尺約	韓
18	來	入藥-力灼	茖
18	照	入藥-職略	斫
18	審	入藥-式灼	爍
18	清	入藥-七雀	皵
18	群	入藥-極虐	谷
18	清	入藥-七雀	碏
18	穿	入藥-尺約	婥
18	來	入藥-力灼	蟧
18	照	入藥-職略	灼
18	清	入藥-七雀	猎
18	照	入藥-職略	焯
18	穿	入藥-尺約	逴
18	群	入藥-極虐	噱
18	來	入藥-力灼	蛒
18	匣	入藥-轄覺	嚯
18	穿	入藥-尺約	趠
18	清	入藥-七雀	猠
18	來	入藥-力灼	掠
18	照	入藥-職略	焰
18	群	入藥-極虐	갹3
18	溪	入藥-丘縛	却
18	穿	入藥-尺約	婼
18	來	入藥-力灼	剠
18	群	入藥-極虐	釀
18	照	入藥-職略	酌 妁
18	群	入藥-極虐	蹻
18	穿	入藥-尺約	躇
18	照	入藥-職略	汋
18	影	入藥-乙角	筎
18	照	入藥-職略	禚
18	溪	入藥-丘縛	躩

18	照	入藥-職略	繳
18	喩	入藥-弋灼	瘧
18	照	入藥-職略	著着勺
18	見	入藥-訖岳	脚脚蹻蹻屩攫玃 蠼钁矍戄戄

ㅸ → ㅎ

18	見	入藥-葛鶴	各
18	匣	入藥-曷各	鶴鸖鷽鸖
18	見	入藥-訖岳	角
18	溪	入藥-丘縛	却

ㅱ → ㅁ

| 13 | 幫 | 平蕭-卑遙 | 飄 |

ㅱ → ㅱ

| 14 | 疑 | 去效-魚到 | 鏊 |

△ → △

2	清	平支-此茲	雌
2	精	平支-津私	貲
2	心	平支-相咨	斯
2	從	平支-才資	疵
2	照	平支-旨而	淄
2	邪	平支-詳茲	詞
2	穿	平支-叉茲	差
2	照	平支-旨而	菑
2	邪	平支-詳茲	辭
2	心	平支-相咨	撕
2	從	平支-才資	玼
2	穿	平支-叉茲	嵯
2	精	平支-津私	訾髭
2	從	平支-才資	慈
2	心	平支-相咨	澌
2	邪	平支-詳茲	辤
2	照	平支-旨而	椔
2	精	平支-津私	頿
2	照	平支-旨而	輜
2	邪	平支-詳茲	辝
2	從	平支-才資	磁
2	心	平支-相咨	禠
2	精	平支-津私	觜
2	邪	平支-詳茲	辞
2	心	平支-相咨	虒
2	從	平支-才資	茲
2	照	平支-旨而	錙
2	心	平支-相咨	澌
2	精	平支-津私	鄑
2	照	平支-旨而	緇
2	邪	平支-詳茲	祠
2	從	平支-才資	瓷
2	精	平支-津私	咨
2	心	平支-相咨	澌
2	照	平支-旨而	鰦
2	從	平支-才資	鉴 鶿
2	精	平支-津私	諮
2	心	平支-相咨	燍
2	照	平支-旨而	甾
2	從	平支-才資	鷀
2	精	平支-津私	齍
2	照	平支-旨而	錙
2	心	平支-相咨	鶅
2	從	平支-才資	餈
2	精	平支-津私	資
2	心	平支-相咨	私
2	精	平支-津私	姿
2	從	平支-才資	榕
2	心	平支-相咨	思 覗
2	精	平支-津私	粢
2	從	平支-才資	茈
2	精	平支-津私	粢
2	心	平支-相咨	偲
2	從	平支-才資	茨
2	精	平支-津私	齋
2	從	平支-才資	薺
2	心	平支-相咨	罳
2	精	平支-津私	齏
2	從	平支-才資	兹
2	心	平支-相咨	颸
2	從	平支-才資	檓
2	精	平支-津私	齋
2	心	平支-相咨	總
2	精	平支-津私	濱
2	心	平支-相咨	絲 司
2	精	平支-津私	兹 兹
2	心	平支-相咨	鷥
2	精	平支-津私	滋 孜 孳 嵫 鎡 鼒 仔 紫 薋 茈 嘴 越 劑
2	禪	平支-辰之	時

2	審	平支-申之	施
2	日	平支-如支	兒
2	照	平支-旨而	知
2	牀	平支-陳知	池
2	穿	平支-抽知	攡
2	禪	平支-辰之	岿
2	日	平支-如支	而
2	牀	平支-陳知	坻
2	審	平支-申之	煩
2	照	平支-旨而	蜘
2	日	平支-如支	沛
2	照	平支-旨而	鼃
2	牀	平支-陳知	泜
2	審	平支-申之	絁
2	禪	平支-辰之	坿
2	審	平支-申之	詩
2	禪	平支-辰之	匙
2	牀	平支-陳知	遲
2	禪	平支-辰之	匙
2	照	平支-旨而	支
2	日	平支-如支	胹
2	審	平支-申之	邿
2	禪	平支-辰之	鍉 鍉
2	牀	平支-陳知	治
2	照	平支-旨而	枝
2	日	平支-如支	栭
2	審	平支-申之	尸
2	照	平支-旨而	肢
2	日	平支-如支	鴯
2	禪	平支-辰之	鰣
2	牀	平支-陳知	襹
2	照	平支-旨而	胑
2	審	平支-申之	屍
2	日	平支-如支	輀
2	禪	平支-辰之	提 題
2	照	平支-旨而	卮
2	日	平支-如支	陑
2	審	平支-申之	鳲
2	照	平支-旨而	氏
2	審	平支-申之	蓍
2	禪	平支-辰之	褆
2	日	平支-如支	眲
2	照	平支-旨而	楮
2	審	平支-申之	葹
2	禪	平支-辰之	蒔 秖
2	審	平支-申之	釃
2	照	平支-旨而	揩
2	審	平支-申之	篪
2	照	平支-旨而	泚
2	禪	平支-辰之	漦
2	審	平支-申之	籭
2	照	平支-旨而	褆
2	審	平支-申之	篩
2	照	平支-旨而	祇 秖 鳲 胝 胲 脂 之 芝 枝
2	邪	上紙-詳子	似
2	精	上紙-祖似	子
2	清	上紙-雌氏	此
2	心	上紙-想姉	死
2	精	上紙-祖似	秄
2	邪	上紙-詳子	巳
2	清	上紙-雌氏	차
2	邪	上紙-詳子	祠
2	精	上紙-祖似	芓
2	清	上紙-雌氏	玼
2	邪	上紙-詳子	禩
2	精	上紙-祖似	籽
2	清	上紙-雌氏	泚
2	邪	上紙-詳子	汜
2	精	上紙-祖似	梓 仔
2	邪	上紙-詳子	姒
2	精	上紙-祖似	杍
2	邪	上紙-詳子	耜
2	精	上紙-祖似	𡚾
2	邪	上紙-詳子	兕
2	精	上紙-祖似	紫
2	邪	上紙-詳子	竢
2	精	上紙-祖似	啙
2	邪	上紙-詳子	俟 洠
2	精	上紙-祖似	啙 訾 齜 批 跐 姕 秭 滓 胏 笫 茈
2	牀	上紙-丈几	豸
2	照	上紙-諸氏	紙
2	審	上紙-詩止	始
2	穿	上紙-昌止	齒
2	日	上紙-忍止	耳
2	禪	上紙-上紙	市
2	牀	上紙-丈几	廌
2	禪	上紙-上紙	恃

2 日 上紙-忍止 緷
2 審 上紙-詩止 乱
2 照 上紙-諸氏 乑
2 穿 上紙-昌止 侈
2 照 上紙-諸氏 只
2 日 上紙-忍止 珥
2 牀 上紙-丈几 薾
2 禪 上紙-上紙 是
2 穿 上紙-昌止 褫
2 審 上紙-詩止 屎
2 穿 上紙-昌止 杝
2 審 上紙-詩止 弛
2 日 上紙-忍止 洱
2 禪 上紙-上紙 是
2 牀 上紙-丈几 泜
2 照 上紙-諸氏 呲
2 禪 上紙-上紙 諟
2 審 上紙-詩止 豕
2 照 上紙-諸氏 抵
2 日 上紙-忍止 駬 餌
2 禪 上紙-上紙 氏
2 照 上紙-諸氏 抵
2 審 上紙-詩止 矢
2 照 上紙-諸氏 坻
2 審 上紙-詩止 屎
2 日 上紙-忍止 爾
2 禪 上紙-上紙 視
2 日 上紙-忍止 尒
2 審 上紙-詩止 屎
2 照 上紙-諸氏 砥
2 禪 上紙-上紙 眂
2 審 上紙-詩止 水 水
2 日 上紙-忍止 迻
2 照 上紙-諸氏 底
2 禪 上紙-上紙 眎
2 審 上紙-詩止 史
2 日 上紙-忍止 邇
2 禪 上紙-上紙 舐
2 照 上紙-諸氏 枳
2 禪 上紙-上紙 시6
2 照 上紙-諸氏 軹
2 審 上紙-詩止 使
2 禪 上紙-上紙 呫
2 照 上紙-諸氏 旨
2 審 上紙-詩止 駛

2 照 上紙-諸氏 恉
2 禪 上紙-上紙 士
2 審 上紙-詩止 乩
2 禪 上紙-上紙 仕
2 照 上紙-諸氏 指 止
2 禪 上紙-上紙 扈 柿
2 照 上紙-諸氏 時 沚 㣥 趾 址 阯 芷
　　　　　　　　徵 㫖 疻 砥

2 穿 去寘-昌智 厠
2 心 去寘-息漬 四
2 穿 去寘-昌智 厕
2 精 去寘-資四 恣
2 從 去寘-疾二 自
2 清 去寘-七四 次
2 心 去寘-息漬 肆
2 從 去寘-疾二 字
2 精 去寘-資四 積
2 清 去寘-七四 鬢
2 穿 去寘-昌智 翅
2 心 去寘-息漬 柶
2 穿 去寘-昌智 狾
2 精 去寘-資四 漬
2 清 去寘-七四 束
2 從 去寘-疾二 孳
2 心 去寘-息漬 泗
2 精 去寘-資四 眥
2 清 去寘-七四 莿
2 從 去寘-疾二 牸
2 穿 去寘-昌智 翨
2 精 去寘-資四 眦
2 清 去寘-七四 菉
2 穿 去寘-昌智 熾
2 心 去寘-息漬 駟
2 精 去寘-資四 齝
2 穿 去寘-昌智 饎
2 心 去寘-息漬 賜
2 清 去寘-七四 刺
2 心 去寘-息漬 澌
2 穿 去寘-昌智 糦
2 精 去寘-資四 蔵
2 清 去寘-七四 諫
2 心 去寘-息漬 笥
2 穿 去寘-昌智 鰓
2 清 去寘-七四 伙

2	精	去實-資四	劑
2	淸	去實-七四	紣
2	心	去實-息漬	伺
2	精	去實-資四	傳
2	穿	去實-昌智	幟
2	心	去實-息漬	思
2	淸	去實-七四	載
2	穿	去實-昌智	埴 碕
2	心	去實-息漬	寺
2	淸	去實-七四	蚝 瘵
2	心	去實-息漬	嗣 飼 飤 食 儓
2	審	去實-式至	試
2	照	去實-支義	質
2	穿	去實-丑吏	眙
2	牀	去實-直意	治
2	禪	去實-時吏	侍
2	日	去實-而至	二
2	穿	去實-丑吏	掣
2	照	去實-支義	識
2	禪	去實-時吏	寺
2	日	去實-而至	弍
2	牀	去實-直意	遲
2	審	去實-式至	弑
2	禪	去實-時吏	闈
2	牀	去實-直意	植
2	照	去實-支義	織
2	審	去實-式至	始
2	日	去實-而至	樲 餌
2	照	去實-支義	寔
2	牀	去實-直意	襹
2	審	去實-式至	啻
2	禪	去實-時吏	弑 弢
2	審	去實-式至	翅
2	照	去實-支義	哲
2	日	去實-而至	珥
2	審	去實-式至	施
2	照	去實-支義	제
2	日	去實-而至	聀
2	禪	去實-時吏	衼 視
2	審	去實-式至	世 世
2	照	去實-支義	제
2	日	去實-而至	唋
2	禪	去實-時吏	眂
2	照	去實-支義	猘
2	審	去實-式至	貰
2	日	去實-而至	洱
2	審	去實-式至	貰
2	照	去實-支義	狾
2	審	去實-式至	勢
2	禪	去實-時吏	眵
2	審	去實-式至	使
2	照	去實-支義	제
2	禪	去實-時吏	市
2	審	去實-式至	使 駛
2	照	去實-支義	至
2	禪	去實-時吏	士
2	審	去實-式至	籭
2	照	去實-支義	志
2	禪	去實-時吏	仕 寺 柹 嗜 誓 忕 筮 噬 遾 事 示 諡

2.8.6. 성조

없음

2.9. 금속음

이 금속음은 중종 때 최세진이 설정한 변음이다.

2.9.1. 운모

皆 ↔ 麻
  6〔ㅐ〕穿 平皆-初皆   叉

屑 ↔ 隊
  12〔ㅖ〕照 入屑-朱劣   綴

梗 ↔ 馬
  19〔ㅣ〕端 上梗-都領   打

금속음 운모 변동의 통계

皆 ： $麻_1$
屑 ： $隊_1$
梗 ： $馬_1$

2.9.2. 성모

見 → 匣
  6〔ㅐ〕 平皆-柯開   頬
  18〔ㅏ〕 平陽-居郞   缸

見 → 來
  23〔ㅕ〕 上琰-居奄   臉

溪 → 見
  19〔ㅟ〕 平庚-丘肱   觥

溪 → 穿
  19〔ㅣ〕 入陌-乞逆   毃

溪 → 影
  15〔ㅓ〕 平歌-苦禾   窠

群 → 溪
  18〔ㅑ〕 去漾-其亮   强

疑 → 喩
  18〔ㅏ〕 去漾-魚向   釀
  19〔ㅠ〕 入陌-越逼   役 疫 域 減 罬 棫 蠥
                      緎 閾

透 → 定
  15〔ㅓ〕 上哿-吐火   惰 墮 隋 垛

定 → 端
  5〔ㅜ〕 上姥-徒古   斁 墩

滂 → 幇
  13〔ㅕ〕 上篠-普沼   膘

滂 → 竝
  13〔ㅕ〕 上篠-普沼   鰾

奉 → 幇
  1〔ㅜ〕 入屋-旁六   腹

精 → 淸
  18〔ㅑ〕 入藥-卽約   爵

精 → 心
  9〔ㅠ〕 入勿-卽律   捽

淸 → 淸
  18〔ㅑ〕 上養-七兩   搶

從 → 淸
  15〔ㅓ〕 去箇-才臥   莝

心 → 淸
  2〔一〕 去寘-息漬   伺

穿 → 心
  2〔一〕 去寘-昌智   厠

穿 → 審

   4 〔ㅠ〕　平魚-抽居　　樞

牀 → 照

   1 〔ㅠ〕　入屋-直六　　軸 妯

牀 → 穿

   1 〔ㅠ〕　入屋-直六　　柚

審 → 穿

   1 〔ㅠ〕　平東-書容　　春

禪 → 牀

   2 〔ㅣ〕　平支-辰之　　匙 鍉
   8 〔ㅣ〕　平眞-丞眞　　辰
   9 〔ㅠ〕　平文-殊倫　純 醇 酏 莼 蓴 錞 淳
                      鶉 脣 漘 犉 腪
  21 〔ㅣ〕　平侵-時壬　　諶

禪 → 審

   1 〔ㅜ〕　入屋-神六　　熟

影 → 影

  14 〔ㅑ〕　平爻-於交　　凹
  18 〔ㅏ〕　入藥-遏各　　惡

影 → 匣

  13 〔ㅕ〕　上篠-伊鳥　　晶

曉 → 溪

  18 〔ㅘ〕　去漾-虛放　　況 況
  20 〔ㅡ〕　去宥-許候　　蔻

匣 → 見

   9 〔ㅜ〕　上吻-湖本　　棍
  16 〔ㅘ〕　上馬-戶瓦　　踝
  19 〔ㅟ〕　上梗-胡猛　　卝

喩 → 疑

  19 〔ㅓ〕　入陌-鄂格　　額 額

喩 → 匣

  19 〔ㅟ〕　平庚-于平　　榮 螢

금속음 성모 변동의 통계

ㄱ ： ㆅ$_2$ ㄹ$_1$

ㅋ ： ㄱ$_1$ ㅊ$_1$ ㅎ$_1$

ㄲ ： ㅋ$_1$

ㆁ ： ㅇ$_{10}$

ㅌ ： ㄸ$_4$

ㄸ ： ㄷ$_2$

ㅍ ： ㅂ$_1$ ㅃ$_1$

ㅽ ： ㅂ$_1$

ㅈ ： ㅊ$_1$ ㅅ$_1$

ㅊ ： ㅊ$_1$

ㅉ ： ㅊ$_1$

ㅅ ： ㅊ$_1$

ㅈ ： ㅈ$_2$

ㅊ ： ㅅ$_1$ ㅊ$_1$ ㅅ$_1$

ㅉ ： ㅈ$_2$ ㅊ$_1$

ㅅ ： ㅊ$_1$

ㅆ ： ㅉ$_{16}$ ㅅ$_1$

ㆆ ： ㆆ$_2$ ㆅ$_1$

ㅎ ： ㅋ$_3$

ㆅ ： ㄱ$_3$

ㅇ ： ㆁ$_2$ ㆅ$_2$

2.9.3. 중성

ㅏ → ㅓ

  18　見　入藥-葛鶴　各
  18　影　入藥-遏各　惡
  18　匣　入藥-曷各　鶴 鸖 鵠 鸖
  22　溪　入合-克盍　楇 磕 개 溘 盍 磕
  22　影　入合-遏合　匼 罨 唈 揜 匒

ㅏ → ㅜ

  14　幫　上巧-博浩　堡

ㅏ → ㅑ

18　疑　去漾-魚向　釀
18　來　去漾-郎宕　眼

ㅏ → ㅖ
11　牀　上産-雛産　饌

ㅏ → ㅘ
14　照　去效-陟敎　抓
22　影　入合-遏合　凹

ㅓ → ㅏ
15　定　去箇-杜臥　大
15　泥　去箇-乃介　那

ㅓ → ㅓ
15　見　平歌-居何　珂　軻　哥　柯　謌　岢　駉
　　　　　　　　　菏　滒
15　見　上哿-嘉我　哿　舸　菏
15　見　去箇-古荷　箇　個　个
15　溪　平歌-丘何　珂　軻
15　溪　上哿-口我　可　軻　坷　岢
15　溪　去箇-口介　軻　坷
15　曉　平歌-虎何　訶　呵
15　曉　上哿-虎可　訶
15　曉　去箇-呼介　呵　蕑

ㅓ → ㅐ
15　泥　去箇-乃介　奈

ㅓ → ㅝ
15　透　上哿-吐火　惰　墮　隋　垜
15　泥　平歌-奴何　那
15　從　去箇-才臥　莝
15　匣　平歌-寒歌　何　荷　河　苛　菏　蚵
15　匣　上哿-下可　荷
15　匣　去箇-胡臥　賀　襬　荷

ㅓ → ㅗ
15　疑　平歌-牛何　莪　哦　娥　俄　峨　蛾　鵝　睋
15　疑　上哿-五可　我
15　疑　去箇-五箇　餓　臥
15　端　平歌-得何　多　䠛　桗
15　端　上哿-都大　觰　觰　朵　揣　捶　敠　揳
　　　　　　　　　埵　鬌　種　跺　腄　躲　趓

15　端　去箇-丁佐　軒　刹　鍒
15　透　平歌-湯何　詫　拖　拖
15　透　上哿-吐火　妥　鮪　橢　婧　撝　惰　墮
　　　　　　　　　隋　垜
15　透　去箇-吐臥　唾　涶　拖　拕　佗
15　定　平歌-唐何　駝　駞　䮫　馱　佗　紽　跎
　　　　　　　　　跎　酡　鮀　沱　池　迤　鼉
　　　　　　　　　𩣡　陀　陁　他　碢
15　定　上哿-得可　扡　拕　柁　柂　舵　舥
15　定　去箇-杜臥　馱　大　惰　捼
15　泥　平歌-奴何　儺　難　挪　㛠　捼
15　泥　上哿-奴可　娜　㛥　袤　𢯼　橠
15　泥　去箇-乃介　懦　愞　穤　稬　糯
15　精　上哿-臧可　左
15　精　去箇-子賀　佐　左　作
15　清　平歌-倉何　磋　瑳　磋　嵯　搓
15　清　上哿-千可　瑳
15　清　去箇-昨禾　銼
15　從　平歌-才何　醝　醛　痤　酂　酇　虘
15　從　去箇-才臥　磋　蹉　剉　莝　挫　㾹
15　心　平歌-桑何　娑　抄　莎　杪　傞　犧　㰤　鈔
　　　　　　　　　莎　蓑　梭　唆
15　心　去箇-蘇箇　些　娑
15　影　平歌-於何　疴　痾　屙
15　影　上哿-烏可　婐　婀　娿　旃　猗　橠
15　匣　去箇-胡臥　荷
15　來　平歌-郎何　羅　蘆　蘿　籮　鑼　儸　囉
　　　　　　　　　欏　儸　灑　贏　騾　穭　玀
　　　　　　　　　贏　螺　蠡　覼　覶
15　來　上哿-魯果　邏　裸　蠃　躶　臝　倮　贏
　　　　　　　　　蠡　瘰　癳　茘
15　來　去箇-郎佐　邏　摞

ㅜ → ㅡ
1　竝　平東-蒲紅　蓬　䉻
1　明　平東-莫紅　蒙　冡　濛　幪　幪　曚　朦　朦
　　　　　　　　　䝉　䑃　矇　饛　雺　霧　夢
　　　　　　　　　瞢　懜　懞
1　明　上董-母摠　蠓　幪　濛　懞
1　明　去送-蒙弄　夢　䁛　瞢　霧　雺　懜　懞

ㅜ → ㅣ
1　禪　入屋-神六　熟
1　日　入屋-而六　肉

一 → ㅜ
  2 心 去寘-息漬   伺

ㅣ → ㅜ
  19 見 上梗-居永   耿

ㅣ → 一
  2 禪 平支-辰之   匙 鍉
  19 幇 平庚-補明   掤
  21 禪 去沁-時鴆   甚

ㅣ → ㅣ
  21 日 入緝-日執   入

ㅣ → ㅓ
  2 竝 上紙-部比   被
  2 竝 去寘-毘意   被 髲 鞁
  2 非 平支-芳微   霏 非 妃 騑 非 扉 緋 飛 蜚 誹
  2 奉 平支-符非   腗 淝 腓 痱 賁
  2 微 平支-無非   微 薇 溦 溦 侮 維 惟 濰
  2 微 上紙-無匪   尾 亹 蠆
  2 微 去寘-無沸   未 味

ㅐ → ㅕ
  6 來 平皆-郎才   來 徠

ㅕ → ㅓ
  19 明 入陌-莫白   陌 佰 貊 莫 駹 貘 百 驀 麥 霡 霢 脉 脈 覛 脈
  19 曉 入陌-呼格   赫
  19 喩 入陌-鄂格   額 額

ㅕ → 一
  19 見 平庚-居登   畊
  19 見 去敬-居孟   更 亘 恒
  19 曉 平庚-虛庚   亨 脝

ㅕ → ㅣ
  19 見 平庚-居登   更 粳 畊
  19 見 入陌-各額   格 佫 仮 挌 骼 敆 䇞 隔 膈 鬲 融 鬲 革 槅 骼
  19 溪 入陌-乞格   克 剋 刻 客

---

  19 透 入陌-剔德   忒 慝 忑 貸
  19 幫 入陌-博陌   百 伯 佰 迫 栢 薜 檗 蘗 擘 捭 北
  19 滂 入陌-普伯   拍 珀 魄 霸
  19 竝 入陌-簿陌   白 帛 舶 欂 匐 蔔 踣 欂
  19 明 入陌-莫白   陌 佰 貊 莫 駹 貘 百 驀 麥 霡 霢 脉 脈 覛 脈 蛨 墨 默 嘿 嚜 纆 冒 万
  19 精 入陌-子德   則
  19 從 入陌-疾力   賊 蠈 鰂 鯽 崱 萴
  19 心 入陌-悉則   塞 寨
  19 照 入陌-側格   側 仄 昃 庂 窄 迮 笮 柞 啫 舴 蚱 蚻 責 嘖 讀 幘 簀 磧 砳 摘 摘 謫 讁
  19 穿 入陌-恥格   測 惻 畟 圻 圻 墌 策 冊 柵
  19 牀 入陌-直格   宅 澤 擇 斁 翟 襗
  19 審 入陌-色窄   色 嗇 穡 濇 簺 索 愬 槭 槭
  19 禪 入陌-士革   賾 齰 咋
  19 曉 入陌-呼格   黑 赫 嚇 爀
  19 匣 入陌-胡得   劾 覈 核 翮 格 餎
  19 來 入陌-歷德   勒 肋 扐 泐 仂 芳

ㅓ → ㅐ
  19 審 入陌-色窄   色 索

ㅑ → ㅏ
  18 清 上養-七兩   搶
  22 見 平覃-古銜   監 緘 械 瑊 鑑
  22 見 上感-古斬   減 鹻 韽 鹼
  22 見 去勘-古陷   鑑 監
  22 溪 平覃-丘銜   嵌 謙
  22 疑 平覃-魚咸   喦 碞 巖 壧
  22 影 上感-乙減   黯 黶
  22 曉 上感-虎覽   闞 喊 顣
  22 匣 平覃-胡岩   咸 諴 鹹 函 極 嵧 銜 銜 嗛 啣
  22 匣 上感-下斬   鼸 濫 檻 轞 哈 艦
  22 匣 去勘-乎籃   陷 埳 臽 餡 哈 覽 轞

ㅑ → ㅓ

18 見 入藥-訖岳 角

ㅑ → ㅕ
11 見 平刪-居顔 姦 奸 菅 閒 間 艱 囏 蕑
11 見 上産-古限 簡 柬 揀 㯟
11 見 去諫-居晏 諫 澗 磵 栞 鐗 閒 間 襉
                  覸 瞷
11 溪 平刪-丘閑 慳 髺 蘽
11 疑 平刪-牛姦 顔
11 疑 上産-五限 眼
11 疑 去諫-魚澗 雁 鴈
11 匣 平刪-何艱 閑 閒 嫻 癇 간4 瞷 鷳
11 匣 上産-下簡 限
11 匣 去諫-狹襉 莧
16 群 平麻-具牙 伽
22 見 平覃-古銜 監 緘 械 瑊 鑑
22 見 上感-古斬 減 鹻 䶒 鹼
22 見 去勘-古陷 鑑 監
22 溪 平覃-丘銜 嵌 謙
22 疑 平覃-魚咸 嵒 礹 巖 壧
22 影 上感-乙減 黯 壓
22 曉 上感-虎覽 闞 喊 顑
22 匣 平覃-胡岩 咸 諴 鹹 函 極 崡 銜
                  街 嗛 啣
22 匣 上感-下斬 豏 濫 檻 轞 艦
22 匣 去勘-乎鑑 陷 垎 臽 餡 轞 覽 鑒

ㅑ → ㅘ
14 影 平爻-於交 凹

ㅑ → ㅛ
18 見 入藥-訖岳 覺 角 斠 捔 桷 推 榷
                  較 玨 穀 斠 傕 穀 埆
                  脚 腳 蹻 屬 攪 玃 蠼
                  鑊 矍 懼
18 溪 入藥-丘縛 殼 慤 確 塙 殼 却 卻 郤
                  蹻
18 群 入藥-極虐 臄 腹 谷 噱 醵 蹻
18 精 入藥-卽約 爵 雀 燋
18 淸 入藥-七雀 鵲 㱡 碏 猎 狨
18 從 入藥-疾雀 嚼 皭
18 心 入藥-息約 削
18 照 入藥-職略 斫 斫 灼 焯 炤 酌 妁 彴
                  禚 繳 著 着 勺

18 穿 入藥-尺約 綽 犖 婥 逴 趠 婼 躇
18 琳 入藥-直略 著
18 審 入藥-式灼 爍 爀
18 禪 入藥-裳灼 杓 勺 芍
18 影 入藥-乙角 渥 喔 握 幄 偓 剭 齷 箹
                  葯 約
18 曉 入藥-迄却 謔
18 匣 入藥-轄覺 學 鷽 确 礐 㱿
18 喩 入藥-弋灼 藥 躍 淪 礿 瀹 爚 龠 籥
                  鑰 瀹 嶽 岳 鸑 樂
18 來 入藥-力灼 略 䂮 蟟 蛚 掠 劦
18 日 入藥-如灼 若 弱 蒻 箬 篛 䐑

ㅠ → ㅜ
1 琳 去送-直衆 蚛
1 審 平東-書容 舂
4 來 平魚-凌如 臚
9 曉 平文-許云 葷

ㅠ → ㅣ
1 琳 入屋-直六 柚 軸 妯

ㅠ → ㅙ
9 精 入勿-卽律 捽

ㅐ → ㅒ
6 見 平皆-居諧 皆 偕 階 堦 湝 喈 楷 颽
                 荄 痎 鶛 稭 街
6 見 上解-佳買 解 薢 檞
6 見 去泰-居拜 戒 誡 悈 介 界 价 疥 玠
                 夰 芥 魪 价 犗 届 懈
                 解 廨 繲
6 溪 平皆-丘皆 揩
6 溪 上解-口駭 楷 鍇
6 疑 去泰-牛懈 睚
6 影 上解-鴉蟹 矮 瘂 婑
6 影 去泰-烏懈 隘 阸 阨 噫 呝 詭
6 匣 平皆-雄皆 諧 湝 骸 膎 鮭 鞵 鞋
                 鞵
6 匣 上解-胡買 蟹 鱫 解 澥 獬 懈 貈
                 嶰 薢
6 匣 去泰-下戒 械 齘 薤 瀣 解 獬 懈 邂
                 邂
6 喩 平皆-宜皆 涯 厓 崖 睚 捱

ㅖ → ㅣ

3	見	平齊-堅溪	雞稽笄枅乩羈犄羇寄畸饑飢肌肵鐖姬其居箕其鎝朞跂基棋機璣譏磯幾機
3	見	上薺-居里	己几机麂庋庪妓忌掎蟣機枳棋機
3	見	去薺-吉詣	計薊罽繫係継髻繼瘱瘵痸瘈寄驥覬幾記冀兾概洎其忌既屆繼猘狤季
3	溪	平齊-牽奚	谿溪磎灐攲欹蛟崎猗碕踦欺傲魌顗俱榿
3	溪	上薺-墟里	啓稽棨綮起杞屺芑玘豈綺杞
3	溪	去薺-去冀	企跂蚑棄弃契絜挈器嚚亟氣炁乞憩愒愒揭
3	端	平齊-都黎	氐低佢隄堤堤柢袛碪鞮低
3	端	上薺-典禮	邸柢底詆牴牴抵阺坻底弤軧羥
3	端	去薺-丁計	帝諦嚏柢蒂蔕螮蝃泜
3	透	平齊-天黎	梯睇鷈
3	透	上薺-他禮	體体體涕緹
3	透	去薺-他計	替棣髰剃鬀殢涕洟薙褅裼屟屉鞒屜
3	定	平齊-杜兮	題啼嗁睼禔媞提醍綈緹蹄蹏踶鮧鯷鶗鵜騠鷈稊苐羠梯鵜蝭罤
3	定	上薺-待禮	弟梯娣遞逓
3	定	去薺-大計	第弟悌娣睇題遞逓遰髢鬄褅締鈦棣杕踶提逮地
3	泥	平齊-年題	泥埿籋尼怩秜呢妮
3	泥	上薺-乃里	你柅柅秜抳苨禰泥嬭嬭
3	泥	去薺-乃計	泥膩樆
3	幫	平齊-邊迷	篦鎞箄陛狴蜱蓖屍
3	明	平齊-綿兮	迷麛彌采采瀰獼甖
3	明	上薺-莫禮	米眯洣絖弭瀰芈敉麛
3	明	去薺-彌計	寱袂謎
3	精	平齊-牋西	齎賷躋隮擠齏齏蕫
3	精	上薺-子禮	濟泲薺
3	精	去薺-子計	霽濟祭漈祭穧擠
3	清	平齊-千西	妻萋凄淒悽緀
3	清	上薺-此禮	泚玼㧗
3	清	去薺-七計	切砌䓞妻睼摖
3	從	平齊-前西	齊臍蠐薺
3	從	上薺-在禮	薺薺
3	從	去薺-才詣	劑齊嚌懠癠穧皆薺薺
3	心	平齊-先齊	西栖棲犀撕嘶澌澌痎痎恓
3	心	上薺-想里	洗洒徙壐枲葸躧躧屣鞋釃纚縰葰簁
3	心	去薺-思計	細栖棲壻婿智壻
3	牀	去薺-直例	滯瘵
3	影	平齊-淵畦	娃
3	匣	平齊-弦鷄	兮谿奚嫋蹊螇溪榽攜携鑴鑴蟹奚鄈畦
3	匣	上薺-戶禮	徯傒
3	匣	去薺-胡計	系繫係盻禊
3	喻	平齊-研奚	倪兒齯鯢霓蜺輗猊麑貎
3	來	平齊-隣溪	离離鸝鸕驪孋麗纚褵綟離攡蘺籬篱樆蠡醨漓灕璃瓈羅躶釐氂犛嫠劙劙釐蠡邐黎㿠犁利㿠鱺藜梨棃莉蜊螭貍狸梩刕
3	來	上薺-良以	里理俚悝鯉娌裏裡邐峛李履禮澧體鱧澧蠡盠
3	來	去薺-力地	利痢莉茘蒞涖詈吏荔離涖隷隸隷麗麗欐戾唳綟盭捩攦棙例厲礪䙙癘痢勵蠣栵俐

ㅖ → ㅓ
　3　明　去霽-彌計　謎

ㅖ → ㅣ
　19　疑　入陌-越逼　役疫域減罭棫蚾緎 閾
　19　喩　平庚-于平　營塋甇瑩縈熒榮 螢

ㅖ → ㅠ
　19　群　平庚-渠營　瓊璚璍悙惸煢 嫏撋
　19　曉　平庚-呼榮　兄
　19　曉　上梗-火迥　詗
　19　曉　去敬-呼正　詗夐
　19　曉　入陌-呼臭　洫減血殈宿觼
　19　匣　上梗-戶頂　泂炯
　19　喩　平庚-于平　榮螢榮蠑
　19　喩　上梗-于憬　永
　19　喩　去敬-爲命　詠咏泳榮嶸

ㅖ → ㅋ
　12　曉　入屑-呼決　血

ㅘ → ㅘ
　18　曉　去漾-虛放　況況

ㅘ → ㅓ
　11　見　平刪-姑還　關

ㅘ → ㅝ
　16　匣　上馬-戶瓦　踝

ㅘ → ㅗ
　18　見　入藥-古博　郭槨彉
　18　溪　入藥-苦郭　郭鞟擴漷
　18　照　入藥-竹角　捉斲斫椓琢捔涿 啄啅瘃諑斵卓倬
　18　牀　入藥-直角　濁濯擢鐲
　18　影　入藥-烏郭　瓁蠖矱雘籰
　18　曉　入藥-忽郭　霍藿癨攉瘒劐懼
　18　匣　入藥-胡郭　穫鑊濩頀籰

ㅘ → ㅛ

　18　匣　入藥-胡郭　嬳

ㅓ → ㅏ
　10　明　入曷-莫葛　抹

ㅓ → ㅘ
　10　影　入曷-烏活　斡

ㅓ → ㅗ
　15　見　平歌-古禾　戈渦過禍鍋堝
　15　見　上哿-古火　果菓裹
　15　見　去箇-古臥　過鍋裹
　15　溪　平歌-苦禾　科蝌窠薖窼稞
　15　溪　上哿-苦果　顆
　15　溪　去箇-苦臥　課騍
　15　疑　平歌-吾禾　訛吪譌吡
　15　疑　上哿-五果　妮
　15　幫　平歌-補禾　波番幡砵磻菠
　15　幫　上哿-補火　跛簸蚾
　15　幫　去箇-補過　播簸
　15　滂　平歌-普禾　頗陂坡玻
　15　滂　上哿-普火　頗叵
　15　滂　去箇-普過　破
　15　竝　平歌-蒲禾　婆鄱皤槃
　15　竝　去箇-步臥　簸破
　15　明　平歌-眉波　摩嬤磨麼魔劘皼
　15　明　上哿-忙果　麼
　15　明　去箇-莫臥　磨座
　15　從　平歌-徂火　矬銼
　15　從　上哿-徂果　坐脞
　15　從　去箇-徂臥　坐座
　15　心　上哿-蘇果　鎖鑰瑣璅
　15　影　平歌-烏禾　渦踒窩倭猧萵
　15　影　上哿-烏果　婑
　15　影　去箇-烏臥　涴污
　15　曉　上哿-虎果　火
　15　曉　去箇-呼臥　貨
　15　匣　平歌-戶戈　和龢鉌禾
　15　匣　上哿-胡果　禍褖䃉輠輠夥
　15　匣　去箇-許箇　囚想

ㅟ → ㅜ
　19　見　平庚-姑橫　觥觵肱厷
　19　見　上梗-古猛　礦

19 影 平庚-烏宏 泓
19 曉 平庚-呼宏 鍧 轟 輷 薨 薨 鑅
19 匣 平庚-胡盲 橫
19 匣 去敬-戶孟 橫

ㅓ → ㅡ
19 匣 上梗-胡猛 屼

ㅓ → ㅟ
7 群 去隊-具位 櫃
7 泥 去隊-女恚 內

ㅓ → ㅙ
19 曉 入陌-霍虢 劃 嘒畫

금속음 중성 변동의 통계

ㅏ : ㅓ17 ㅜ1 ㅑ2 ㅖ1 ㅘ2
ㅓ : ㅏ2 ㅓ28 ㅐ1 ㅕ16 ㅗ172
ㅜ : ㅡ32 ㅣ2
ㅡ : ㅜ1
ㅣ : ㅜ1 ㅡ4 ㅣ1 ㅓ32
ㅐ : ㅕ2
ㅓ : ㅓ18 ㅡ6 ㅣ148 ㅐ2
ㅑ : ㅏ46 ㅓ1 ㅕ84 ㅘ1 ㅛ121
ㅠ : ㅜ4 ㅣ3 ㅙ1
ㅕ : ㅐ78
ㅖ : ㅣ503 ㅓ1
ㅒ : ㅣ17 ㅠ32
ㅖ : ㅕ1
ㅘ : ㅘ2 ㅓ1 ㅗ4 ㅛ1
ㅝ : ㅏ1 ㅘ1 ㅗ94
ㅟ : ㅜ14 ㅡ1 ㅓ2 ㅐ2

2.9.4. 종성

ㄱ → ㅁ

---

1 日 入屋-而六 肉
1 禪 入屋-神六 熟
1 牀 入屋-直六 柚 軸 妯

ㄱ → ㅎ
1   奉 入屋-旁六 菔
19 審 入陌-色窄 色
19 牀 入陌-直格 宅
19 喩 入陌-鄂格 額 頟
19 曉 入陌-呼臭 赫
19 竝 入陌-簿陌 蔔
19 審 入陌-色窄 索
19 曉 入陌-呼臭 洫
19 疑 入陌-越逼 役
19 曉 入陌-呼臭 減
19 疑 入陌-越逼 疫
19 曉 入陌-呼臭 血
19 疑 入陌-越逼 域 減
19 曉 入陌-呼臭 殈
19 疑 入陌-越逼 罬
19 曉 入陌-呼臭 舂 驈
19 疑 入陌-越逼 棫 緎 閾

ㄱ →
19 疑 入陌-越逼 蜮

ㄴ → ㆁ
8 幫 上軫-必敏 稟 稟

ㅂ → ㅎ
21 日 入緝-日執 入
22 溪 入合-克盍 榼
22 影 入合-遏合 匼
22 溪 入合-克盍 磕
22 影 入合-遏合 罨
22 溪 入合-克盍 溘
22 影 入合-遏合 唈 掩
22 溪 入合-克盍 溢 磕
22 影 入合-遏合 匐
22 溪 入合-克盍 瞌

ㅁ → ㄴ
21 牀 平侵-鋤簪 岑
21 審 平侵-疏簪 森
21 照 平侵-緇深 簪

21	林	平侵-鋤簪	涔
21	照	平侵-緇深	篸
21	審	平侵-疏簪	罧
21	照	平侵-緇深	摺
21	審	平侵-疏簪	槮 參 蕧 蓡 鬖
21	影	平侵-於禽	音
21	喩	平侵-夷斟	淫
21	清	平侵-七林	侵
21	曉	平侵-虛金	歆
21	來	平侵-犁沈	林
21	心	平侵-思林	心
21	邪	平侵-徐心	尋
21	審	平侵-式針	深
21	林	平侵-持林	沉
21	照	平侵-諸深	斟
21	禪	平侵-時壬	諶
21	穿	平侵-丑森	琛
21	溪	平侵-驅音	欽
21	群	平侵-渠金	琴
21	疑	平侵-魚吟	吟
21	見	平侵-居吟	今
21	日	平侵-如深	任
21	穿	平侵-丑森	賝
21	照	平侵-諸深	針
21	見	平侵-居吟	紟
21	林	平侵-持林	沈
21	溪	平侵-驅音	瘽
21	邪	平侵-徐心	潯
21	影	平侵-於禽	瘖
21	疑	平侵-魚吟	唫
21	禪	平侵-時壬	忱
21	群	平侵-渠金	禽
21	喩	平侵-夷斟	婬
21	清	平侵-七林	駸
21	日	平侵-如深	壬
21	來	平侵-犁沈	琳
21	審	平侵-式針	藻
21	禪	平侵-時壬	煁
21	影	平侵-於禽	陰
21	林	平侵-持林	湛
21	日	平侵-如深	絍
21	喩	平侵-夷斟	霪
21	穿	平侵-丑森	郴
21	來	平侵-犁沈	霖
21	照	平侵-諸深	鍼
21	溪	平侵-驅音	嶔
21	群	平侵-渠金	檎
21	清	平侵-七林	梫
21	邪	平侵-徐心	鬵
21	疑	平侵-魚吟	금3
21	見	平侵-居吟	衿
21	邪	平侵-徐心	鐔
21	影	平侵-於禽	黔
21	禪	平侵-時壬	楉
21	喩	平侵-夷斟	蟫
21	日	平侵-如深	絍
21	林	平侵-持林	霃
21	照	平侵-諸深	箴
21	穿	平侵-丑森	嵾
21	見	平侵-居吟	襟
21	溪	平侵-驅音	碒
21	來	平侵-犁沈	淋
21	群	平侵-渠金	噙
21	清	平侵-七林	綅 祲
21	見	平侵-居吟	金
21	邪	平侵-徐心	燖
21	來	平侵-犁沈	臨
21	穿	平侵-丑森	參
21	群	平侵-渠金	黔
21	照	平侵-諸深	磹
21	影	平侵-於禽	愔
21	日	平侵-如深	鵀
21	來	平侵-犁沈	棽
21	邪	平侵-徐心	鄩
21	群	平侵-渠金	擒
21	見	平侵-居吟	禁
21	照	平侵-諸深	砧
21	群	平侵-渠金	扲
21	來	平侵-犁沈	癛
21	邪	平侵-徐心	蕈
21	照	平侵-諸深	椹
21	群	平侵-渠金	撍
21	照	平侵-諸深	鐕
21	群	平侵-渠金	芩
21	照	平侵-諸深	葴
21	群	平侵-渠金	芩
21	穿	上寢-楚錦	墋
21	精	上寢-子沈	怎
21	穿	上寢-楚錦	磣
21	群	上寢-渠飮	噤

21	泥	上寢-忍甚	恁
21	日	上寢-忍甚	餁
21	來	上寢-力錦	廩
21	穿	上寢-昌枕	審
21	見	上寢-居飲	錦
21	審	上寢-式荏	甚
21	影	上寢-於錦	飲
21	牀	上寢-呈稔	朕
21	禪	上寢-食枕	甚
21	照	上寢-章荏	枕
21	清	上寢-七稔	寢
21	禪	上寢-食枕	甚
21	照	上寢-章荏	爊
21	來	上寢-力錦	懍
21	日	上寢-忍甚	餁
21	群	上寢-渠飲	澿
21	清	上寢-七稔	鋟
21	審	上寢-式荏	沈
21	牀	上寢-呈稔	潒
21	日	上寢-忍甚	恁
21	來	上寢-力錦	凜
21	清	上寢-七稔	寑
21	審	上寢-式荏	嬸
21	禪	上寢-食枕	椹
21	審	上寢-式荏	諗
21	日	上寢-忍甚	荏
21	來	上寢-力錦	檁
21	審	上寢-式荏	淰
21	日	上寢-忍甚	稔
21	審	上寢-式荏	痒
21	日	上寢-忍甚	衽 衽 賃 恁
21	照	去沁-側禁	譖
21	審	去沁-所禁	渗
21	穿	去沁-楚禁	讖
21	審	去沁-所禁	椮 槑
21	群	去沁-巨禁	紟
21	溪	去沁-丘禁	搇
21	見	去沁-居廕	禁
21	審	去沁-式禁	甚
21	禪	去沁-時鴆	甚
21	清	去沁-七鴆	沁
21	精	去沁-子鴆	浸
21	來	去沁-力禁	淋
21	影	去沁-於禁	蔭
21	牀	去沁-直禁	鴆
21	穿	去沁-丑禁	闖
21	泥	去沁-女禁	賃
21	日	去沁-汝鴆	任
21	照	去沁-職任	枕
21	穿	去沁-丑禁	睒
21	影	去沁-於禁	廕
21	見	去沁-居廕	噤
21	清	去沁-七鴆	伈
21	照	去沁-職任	針
21	精	去沁-子鴆	寖
21	牀	去沁-直禁	酖
21	來	去沁-力禁	臨
21	日	去沁-汝鴆	姙
21	泥	去沁-女禁	恁
21	群	去沁-巨禁	衿
21	精	去沁-子鴆	湛
21	見	去沁-居廕	舓
21	日	去沁-汝鴆	妊
21	影	去沁-於禁	癊
21	群	去沁-巨禁	妗
21	照	去沁-職任	攝
21	清	去沁-七鴆	復
21	見	去沁-居廕	澿
21	精	去沁-子鴆	梣
21	群	去沁-巨禁	麟
21	影	去沁-於禁	癊
21	日	去沁-汝鴆	衽 衽
21	影	去沁-於禁	飲
21	日	去沁-汝鴆	紝
21	影	去沁-於禁	窨
21	日	去沁-汝鴆	紝
21	影	去沁-於禁	喑
22	泥	平覃-那含	南
22	清	平覃-蒼含	參
22	審	平覃-所含	攕
22	從	平覃-徂含	蠶
22	精	平覃-祖含	簪
22	奉	平覃-符咸	凡
22	牀	平覃-鋤咸	讒
22	端	平覃-都含	耽
22	見	平覃-沽三	甘
22	心	平覃-蘇監	三
22	影	平覃-烏含	諳
22	來	平覃-盧含	婪

22	定	平覃-徒含	覃
22	曉	平覃-呼談	憨
22	穿	平覃-初銜	欃
22	透	平覃-他含	貪
22	匣	平覃-胡南	含
22	照	平覃-知咸	詀
22	溪	平覃-苦含	堪
22	穿	平覃-初銜	攙
22	見	平覃-沽三	柑
22	審	平覃-所含	摻
22	來	平覃-盧含	惏
22	牀	平覃-鉏咸	毚
22	曉	平覃-呼談	谽
22	匣	平覃-胡南	唅
22	影	平覃-烏含	韽
22	清	平覃-蒼含	參
22	定	平覃-徒含	潭
22	心	平覃-蘇監	弎
22	奉	平覃-符咸	凡
22	透	平覃-他含	探
22	精	平覃-祖含	篸
22	泥	平覃-那含	男
22	端	平覃-都含	酖
22	從	平覃-徂含	蚕
22	溪	平覃-苦含	龕
22	端	平覃-都含	妉
22	來	平覃-盧含	啉
22	透	平覃-他含	撢
22	匣	平覃-胡南	函
22	見	平覃-沽三	泔
22	曉	平覃-呼談	谺
22	定	平覃-徒含	蟫
22	心	平覃-蘇監	叄
22	影	平覃-烏含	俺
22	奉	平覃-符咸	帆
22	審	平覃-所含	衫
22	精	平覃-祖含	鐕
22	牀	平覃-鉏咸	饞
22	清	平覃-蒼含	驂
22	穿	平覃-初銜	劖
22	從	平覃-徂含	蠶
22	溪	平覃-苦含	龕
22	泥	平覃-那含	枏
22	來	平覃-盧含	嵐
22	牀	平覃-鉏咸	巉
22	心	平覃-蘇監	毿
22	端	平覃-都含	湛
22	定	平覃-徒含	醰
22	影	平覃-烏含	庵
22	穿	平覃-初銜	鑱
22	精	平覃-祖含	膆
22	透	平覃-他含	坍
22	溪	平覃-苦含	戡
22	奉	平覃-符咸	颿
22	見	平覃-沽三	弇
22	泥	平覃-那含	楠
22	匣	平覃-胡南	涵
22	審	平覃-所含	繆
22	奉	平覃-符咸	飍
22	心	平覃-蘇監	鬖
22	定	平覃-徒含	斟
22	泥	平覃-那含	諵
22	透	平覃-他含	湁
22	匣	平覃-胡南	涵
22	來	平覃-盧含	爁
22	審	平覃-所含	慘
22	見	平覃-沽三	疳
22	牀	平覃-鉏咸	儳
22	精	平覃-祖含	僭
22	穿	平覃-初銜	漸
22	影	平覃-烏含	菴
22	端	平覃-都含	眈
22	奉	平覃-符咸	氾
22	泥	平覃-那含	喃
22	審	平覃-所含	襂
22	精	平覃-祖含	嗜
22	定	平覃-徒含	曇
22	端	平覃-都含	擔
22	匣	平覃-胡南	腼
22	來	平覃-盧含	藍
22	牀	平覃-鉏咸	巉
22	影	平覃-烏含	暗
22	來	平覃-盧含	籃
22	審	平覃-所含	杉
22	牀	平覃-鉏咸	慙
22	泥	平覃-那含	讝
22	定	平覃-徒含	壜
22	端	平覃-都含	儋
22	匣	平覃-胡南	錎

22	影	平覃-烏含	腤
22	端	平覃-都含	瞻
22	來	平覃-盧含	籃
22	匣	平覃-胡南	極
22	審	平覃-所含	痁
22	影	平覃-烏含	闇
22	定	平覃-徒含	罎
22	匣	平覃-胡南	酣
22	定	平覃-徒含	壜
22	審	平覃-所含	芟
22	來	平覃-盧含	襤
22	端	平覃-都含	聃
22	影	平覃-烏含	唵
22	定	平覃-徒含	薝
22	端	平覃-都含	舯
22	影	平覃-烏含	盦
22	匣	平覃-胡南	蚶
22	來	平覃-盧含	纜 燷
22	定	平覃-徒含	譚
22	匣	平覃-胡南	鉗
22	定	平覃-徒含	談
22	匣	平覃-胡南	蟇
22	來	平覃-盧含	藍 尵
22	匣	平覃-胡南	淊
22	定	平覃-徒含	惔
22	匣	平覃-胡南	欿
22	定	平覃-徒含	郯 痰 餤 澹
22	溪	平覃-丘銜	嵌
22	疑	平覃-魚咸	嵒
22	匣	平覃-胡岩	咸
22	見	平覃-古銜	監
22	溪	平覃-丘銜	鎌
22	見	平覃-古銜	緘
22	疑	平覃-魚咸	碞
22	匣	平覃-胡岩	諴
22	疑	平覃-魚咸	巖
22	匣	平覃-胡岩	鹹
22	見	平覃-古銜	械 瑊
22	疑	平覃-魚咸	壧
22	匣	平覃-胡岩	函
22	見	平覃-古銜	鑑
22	匣	平覃-胡岩	極 嶭 銜 街 嗛 衘
22	溪	上感-苦感	坎
22	見	上感-古檻	感
22	疑	上感-五感	頷
22	照	上感-側減	斬
22	心	上感-桑感	糝
22	從	上感-徂感	蔪
22	清	上感-七感	慘
22	精	上感-子感	寁
22	透	上感-他感	醓
22	奉	上感-房啖	範
22	泥	上感-乃感	腩
22	牀	上感-丈減	湛
22	定	上感-徒感	禫
22	端	上感-都感	沈
22	影	上感-鄔感	晻
22	來	上感-魯敢	壈
22	審	上感-所斬	摻
22	匣	上感-戶感	頷
22	來	上感-魯敢	爁
22	透	上感-他感	喭
22	匣	上感-戶感	憾
22	照	上感-側減	覱
22	心	上感-桑感	糝
22	影	上感-鄔感	菴
22	泥	上感-乃感	湳
22	奉	上感-房啖	笵
22	從	上感-徂感	槧
22	精	上感-子感	昝
22	清	上感-七感	憯
22	定	上感-徒感	髧
22	端	上感-都感	黵
22	見	上感-古檻	敢
22	溪	上感-苦感	埳
22	牀	上感-丈減	嶃
22	疑	上感-五感	錎
22	溪	上感-苦感	轗
22	清	上感-七感	瘆
22	精	上感-子感	揝
22	見	上感-古檻	橄
22	從	上感-徂感	劗
22	奉	上感-房啖	范
22	照	上感-側減	劗
22	影	上感-鄔感	醶
22	定	上感-徒感	黮
22	端	上感-都感	礈
22	透	上感-他感	菼
22	牀	上感-丈減	巉

	母	反切	字
22	匣	上感-戶感	菡
22	來	上感-魯敢	覽
22	見	上感-古檌	鹽
22	清	上感-七感	朁
22	透	上感-他感	毯
22	奉	上感-房唅	蚦
22	影	上感-鄔感	唵
22	來	上感-魯敢	覽
22	精	上感-子感	揝
22	定	上感-徒感	窞
22	端	上感-都感	黕
22	溪	上感-苦感	欿
22	奉	上感-房唅	軓
22	溪	上感-苦感	贛
22	清	上感-七感	鬖
22	來	上感-魯敢	攬
22	透	上感-他感	緂
22	端	上感-都感	蕾
22	影	上感-鄔感	闇
22	定	上感-徒感	萏 啖
22	透	上感-他感	緂
22	溪	上感-苦感	砍
22	來	上感-魯敢	攬
22	奉	上感-房唅	帆
22	影	上感-鄔感	揞
22	定	上感-徒感	噉
22	透	上感-他感	忐
22	影	上感-鄔感	黬
22	奉	上感-房唅	犯
22	來	上感-魯敢	攬
22	定	上感-徒感	啗
22	來	上感-魯敢	欖
22	影	上感-鄔感	揜
22	來	上感-魯敢	漤
22	定	上感-徒感	憺
22	影	上感-鄔感	匼
22	來	上感-魯敢	灠
22	匣	上感-下斬	嫌
22	影	上感-乙減	黯
22	見	上感-古斬	減
22	曉	上感-虎覽	闞
22	影	上感-乙減	驚
22	匣	上感-下斬	濫
22	曉	上感-虎覽	喊
22	見	上感-古斬	鰜
22	匣	上感-下斬	檻
22	見	上感-古斬	餡
22	曉	上感-虎覽	顑
22	見	上感-古斬	鹼
22	匣	上感-下斬	檻 荅 艦
22	清	去勘-七紺	參
22	穿	去勘-楚鑑	懺
22	匣	去勘-胡紺	憾
22	精	去勘-作紺	糝
22	定	去勘-徒濫	淡
22	照	去勘-莊陷	蘸
22	竝	去勘-薄鑑	湴
22	端	去勘-都濫	擔
22	審	去勘-士監	釤
22	牀	去勘-士監	湛
22	心	去勘-息暫	三
22	溪	去勘-苦濫	勘
22	影	去勘-烏紺	暗
22	透	去勘-他紺	探
22	來	去勘-魯瞰	濫
22	從	去勘-昨濫	暫
22	見	去勘-古暗	紺
22	奉	去勘-扶泛	梵
22	匣	去勘-胡紺	琀
22	溪	去勘-苦濫	墈
22	見	去勘-古暗	灨
22	牀	去勘-士監	儳
22	端	去勘-都濫	担
22	來	去勘-魯瞰	纜
22	透	去勘-他紺	撢
22	照	去勘-莊陷	蛬
22	從	去勘-昨濫	蹔
22	竝	去勘-薄鑑	苊
22	影	去勘-烏紺	闇
22	清	去勘-七紺	傪
22	奉	去勘-扶泛	泛
22	定	去勘-徒濫	澹
22	見	去勘-古暗	贛
22	溪	去勘-苦濫	瞰
22	匣	去勘-胡紺	含
22	牀	去勘-士監	鑱
22	透	去勘-他紺	睒
22	影	去勘-烏紺	蓭
22	奉	去勘-扶泛	汎

22	照	去勘-莊陷	站
22	從	去勘-昨濫	鏨
22	定	去勘-徒濫	憺
22	端	去勘-都濫	儋
22	見	去勘-古暗	淦
22	奉	去勘-扶泛	貶
22	牀	去勘-士監	賺
22	溪	去勘-苦濫	闞
22	匣	去勘-胡紺	哈
22	定	去勘-徒濫	啗
22	端	去勘-都濫	甔
22	牀	去勘-士監	賺
22	奉	去勘-扶泛	氾
22	定	去勘-徒濫	啖
22	溪	去勘-苦濫	轗
22	牀	去勘-士監	謙
22	定	去勘-徒濫	噉
22	牀	去勘-士監	詀 巉 撕 韂
22	見	去勘-古陷	鑑
22	匣	去勘-乎韽	陷
22	見	去勘-古陷	監
22	匣	去勘-乎韽	垎 名 餡 覽 鹽
23	群	平鹽-其廉	箝
23	曉	平鹽-虛嚴	枚
23	匣	平鹽-胡兼	嫌
23	喩	平鹽-移廉	鹽
23	禪	平鹽-時占	蟾
23	審	平鹽-詩廉	苫
23	清	平鹽-千廉	僉
23	透	平鹽-他兼	添
23	端	平鹽-處占	战
23	幫	平鹽-悲廉	砭
23	日	平鹽-而占	髯
23	見	平鹽-古嫌	兼
23	從	平鹽-慈鹽	潛
23	疑	平鹽-牛廉	噞
23	影	平鹽-衣炎	淹
23	溪	平鹽-苦兼	謙
23	心	平鹽-思廉	銛
23	照	平鹽-之廉	詹
23	泥	平鹽-尼占	鮎
23	邪	平鹽-徐廉	燗
23	穿	平鹽-蚩占	襜
23	來	平鹽-力鹽	廉
23	精	平鹽-將廉	尖
23	幫	平鹽-悲廉	砭
23	群	平鹽-其廉	拑
23	穿	平鹽-蚩占	襜
23	審	平鹽-詩廉	痁
23	照	平鹽-之廉	瞻
23	見	平鹽-古嫌	縑
23	曉	平鹽-虛嚴	忺
23	泥	平鹽-尼占	拈
23	邪	平鹽-徐廉	燅
23	禪	平鹽-時占	憛
23	來	平鹽-力鹽	鎌
23	心	平鹽-思廉	銛
23	清	平鹽-千廉	籤
23	影	平鹽-衣炎	閹
23	精	平鹽-將廉	殲
23	從	平鹽-慈鹽	潛
23	日	平鹽-而占	顑
23	端	平鹽-處占	佔
23	喩	平鹽-移廉	塩
23	邪	平鹽-徐廉	燖
23	泥	平鹽-尼占	黏
23	日	平鹽-而占	峕
23	見	平鹽-古嫌	鶼
23	照	平鹽-之廉	譫
23	清	平鹽-千廉	懺
23	穿	平鹽-蚩占	袩
23	精	平鹽-將廉	瀸
23	從	平鹽-慈鹽	灊
23	心	平鹽-思廉	纖
23	禪	平鹽-時占	樑
23	影	平鹽-衣炎	崦
23	喩	平鹽-移廉	櫩
23	群	平鹽-其廉	柑
23	來	平鹽-力鹽	鎌
23	曉	平鹽-虛嚴	薟
23	端	平鹽-處占	忺
23	邪	平鹽-徐廉	撏
23	清	平鹽-千廉	籤
23	照	平鹽-之廉	讝
23	精	平鹽-將廉	漸
23	心	平鹽-思廉	孅
23	穿	平鹽-蚩占	觇
23	日	平鹽-而占	枏
23	喩	平鹽-移廉	簷

23	來	平鹽-力鹽	濂
23	影	平鹽-衣炎	醃
23	群	平鹽-其廉	鉗
23	曉	平鹽-虛嚴	痵
23	泥	平鹽-尼占	粘
23	見	平鹽-古嫌	鶼 蒹
23	精	平鹽-將廉	蕲
23	心	平鹽-思廉	霊
23	喩	平鹽-移廉	櫚
23	來	平鹽-力鹽	爅
23	影	平鹽-衣炎	腌
23	穿	平鹽-蚩占	覘
23	群	平鹽-其廉	鉗
23	照	平鹽-之廉	占
23	日	平鹽-而占	蚦
23	曉	平鹽-虛嚴	箞
23	清	平鹽-千廉	槧
23	照	平鹽-之廉	沾
23	精	平鹽-將廉	熸
23	日	平鹽-而占	朧
23	群	平鹽-其廉	鈐
23	影	平鹽-衣炎	懕
23	喩	平鹽-移廉	閻
23	心	平鹽-思廉	憸
23	來	平鹽-力鹽	爏
23	清	平鹽-千廉	籤
23	群	平鹽-其廉	鍼
23	照	平鹽-之廉	霑
23	來	平鹽-力鹽	磏
23	影	平鹽-衣炎	厭
23	心	平鹽-思廉	憛
23	喩	平鹽-移廉	閆
23	精	平鹽-將廉	攕
23	影	平鹽-衣炎	猒
23	精	平鹽-將廉	櫼
23	來	平鹽-力鹽	磏
23	喩	平鹽-移廉	炎
23	群	平鹽-其廉	蛉
23	心	平鹽-思廉	暹
23	來	平鹽-力鹽	簾
23	喩	平鹽-移廉	嚴
23	影	平鹽-衣炎	黶
23	群	平鹽-其廉	黔
23	來	平鹽-力鹽	簾
23	喩	平鹽-移廉	籤
23	影	平鹽-衣炎	菴
23	來	平鹽-力鹽	靁
23	喩	平鹽-移廉	巖 灔
23	來	平鹽-力鹽	覞
23	喩	平鹽-移廉	瀘
23	來	平鹽-力鹽	賺 濂 奩 匳 薟 帘
23	喩	上琰-以冉	琰
23	曉	上琰-虛檢	險
23	影	上琰-於檢	奄
23	幫	上琰-悲檢	貶
23	疑	上琰-魚檢	噞
23	端	上琰-多忝	點
23	群	上琰-巨險	儉
23	日	上琰-而琰	冉
23	透	上琰-他點	忝
23	溪	上琰-苦簟	歉
23	定	上琰-徒點	簟
23	從	上琰-秦冉	漸
23	照	上琰-職琰	颭
23	穿	上琰-丑琰	諂
23	審	上琰-失冉	閃
23	見	上琰-居奄	檢
23	來	上琰-力冉	斂
23	曉	上琰-虛檢	嶮
23	透	上琰-他點	餂
23	日	上琰-而琰	橝
23	溪	上琰-苦簟	嗛
23	審	上琰-失冉	淰
23	定	上琰-徒點	驔
23	群	上琰-巨險	芡
23	喩	上琰-以冉	剡
23	端	上琰-多忝	玷
23	從	上琰-秦冉	蔪
23	見	上琰-居奄	撿
23	照	上琰-職琰	黵
23	穿	上琰-丑琰	讇
23	影	上琰-於檢	掩
23	來	上琰-力冉	瀲
23	見	上琰-居奄	臉
23	端	上琰-多忝	蔵
23	溪	上琰-苦簟	慊
23	審	上琰-失冉	覘
23	定	上琰-徒點	居
23	曉	上琰-虛檢	譣

23	喩	上琰-以冉	棪
23	來	上琰-力冉	薟
23	日	上琰-而琰	苒
23	穿	上琰-丑琰	跕
23	影	上琰-於檢	捵
23	來	上琰-力冉	薟
23	喩	上琰-以冉	鈠
23	溪	上琰-苦簟	鎌
23	曉	上琰-虛檢	玁
23	見	上琰-居奄	臉
23	審	上琰-失冉	睒
23	日	上琰-而琰	染
23	影	上琰-於檢	罨
23	喩	上琰-以冉	燄
23	審	上琰-失冉	濶
23	影	上琰-於檢	崦
23	曉	上琰-虛檢	獫
23	審	上琰-失冉	陝
23	喩	上琰-以冉	焱
23	影	上琰-於檢	崦
23	審	上琰-失冉	剡
23	影	上琰-於檢	淹
23	喩	上琰-以冉	屟
23	影	上琰-於檢	渰
23	喩	上琰-以冉	奄 灩
23	影	上琰-於檢	弇 郁
23	喩	上琰-以冉	灩
23	影	上琰-於檢	埯
23	喩	上琰-以冉	儼 曮
23	影	上琰-於檢	壓 檿 厭 黶 閹 魘 曆 黶
23	喩	去艷-以贍	豔
23	見	去艷-居欠	劍
23	清	去艷-七艷	壍
23	審	去艷-舒贍	苫
23	穿	去艷-昌豔	襜
23	心	去艷-七紺	磣
23	照	去艷-章豔	占
23	來	去艷-力驗	斂
23	定	去艷-七紺	垫
23	影	去艷-於艷	厭
23	溪	去艷-乞協	欠
23	精	去艷-子念	僭
23	幇	去艷-陂驗	窆
23	透	去艷-他念	标
23	泥	去艷-奴玷	念
23	端	去艷-都念	店
23	疑	去艷-魚欠	釅
23	來	去艷-力驗	瀲
23	泥	去艷-奴玷	稔
23	見	去艷-居欠	劒
23	溪	去艷-乞協	歉
23	疑	去艷-魚欠	酽
23	端	去艷-都念	玷
23	定	去艷-徒紺	磹
23	幇	去艷-陂驗	砭
23	精	去艷-子念	譖
23	清	去艷-七艷	槧
23	穿	去艷-昌豔	襜
23	審	去艷-舒贍	掞
23	影	去艷-於艷	壓
23	喩	去艷-以贍	艷 灩
23	溪	去艷-乞協	傔
23	定	去艷-徒紺	磹
23	審	去艷-舒贍	掞
23	端	去艷-都念	坫
23	疑	去艷-魚欠	驗
23	泥	去艷-奴玷	稔
23	幇	去艷-陂驗	砭
23	來	去艷-力驗	殮
23	影	去艷-於艷	淹
23	穿	去艷-昌豔	韂
23	影	去艷-於艷	綞
23	疑	去艷-魚欠	噞
23	穿	去艷-昌豔	韂
23	喩	去艷-以贍	瀲
23	來	去艷-力驗	獫
23	溪	去艷-乞協	儉
23	端	去艷-都念	墊
23	審	去艷-舒贍	贍
23	穿	去艷-昌豔	覘
23	喩	去艷-以贍	灩 焱 燄 焰

ㅸ → ㅎ

18	匣	入藥-曷各	鶴
18	見	入藥-葛鶴	各
18	匣	入藥-曷各	鸖 鵠 鶮
18	見	入藥-訖岳	角

ㄹ → ㅎ
     9 精 入勿-卽律   捽
    10 明 入曷-莫葛   抹
    10 影 入曷-烏活   斡
    12 曉 入屑-呼決   血

△ → △
     2 禪 平支-辰之   匙 鍉
     2 穿 去寘-昌智   厠

금속음 종성 변동의 통계

    ㄱ :   몽$_5$ ㆆ$_{22}$ ㆅ$_1$
    ㄴ :   ㆁ$_2$
    ㅂ :   ㆆ$_{12}$
    ㅁ :   ㄴ$_{762}$ ㅁ$_1$
    ㅸ :   ㆆ$_6$
    ㄹ :   ㆆ$_4$
    △ :   △$_3$

2.9.5. 성조

平 → 上
    14 〔ㅑ〕   凹

去 → 上
    11 〔ㅘ〕   綰
    16 〔ㅏ〕   杷

入 → 上
    22 〔ㅏ〕   凹

平 → 去
    12 〔ㅕ〕   蠑

上 → 去
    13 〔ㅕ〕   鰾
    17 〔ㅕ〕   者

18 〔ㅏ〕   踢

去 → 去
    13 〔ㅕ〕   轎

금속음 성조 변동의 통계

平 : 上$_1$ 去$_1$
上 : 去$_3$
去 : 上$_2$ 去$_1$
入 : 上$_1$

3. 특수조건 아래에서의 변동

<홍무정운>의 결정적인 잘못은 입성에 대한 문제와 전탁음 문제이다. <중원음운>은 1324년에 주덕청이 지은 것인데, 여기에는 북방음계의 그 시대의 실지 어음(語音)을 반영하였다. 그런데 당시의 북방어계에는 입성은 이미 없어졌고, 전탁음은 없어져가는 과정, 거의 없어진 상태를 그대로 반영하였는데, 그보다 50년이나 뒤에 간행된 <홍무정운>에 이 두 문제를 생생하게 살아있는 것으로 다룬 것이다. <사성통해>에서는 이 문제에 대하여 직접적으로 혹은 우회적으로 그 존재 여부를 명백하게 제시하였다. 그런데 입성이나 전탁음들은 모두 특수한 음운적 조건을 전제로 한다. 그러므로 이 항에서는 이 두 문제를 집중적으로 다루기 위하여 제공한 것이므로 '특수조건'이라는 말을 썼다.

3.1. 입성(入聲) 처리

3.1.1. <사성통해> 입성 기술의 잣대

사성통해의 범례 제1조에는 '字之取捨音之正俗 專以洪武正韻爲準'이라고 못을 박아 놓았다. 그런데 그 실지의 처리 내용을 살펴보면, 각 운목의 표제에는 입성 종성을 한글로 명시하였다. 보기를 들면 사성통해의 제1운부 동동송옥(東董送屋)운에 '屋入聲ㄱ'이라 하여 옥(屋)은 입성인데 종성에 [ㄱ]이 쓰인다고 명언하고서도 실지에 있어서는 「○구入聲 榖…穀…」 등과 같이 종성은 제외하였다. 이 결과 원음 수미의 소운자와 그 음이 같게 되었다. 이러한 처리 방법은 <사성통해>에 수록된 11개 운모 중 10개에 적용하고, 오직 약운(藥韻)에는 마땅히 써야 할 [ㄱ]종성 대신에 경순음 [ㅸ]을 종성에 사용하고 있다. 이와 같이 서로 엇갈리게 처리한 이유는 <홍무정운> 편찬 당시에 이미 입성이 소실되었는데, <홍무정운>에서는 그대로 남겨 두었다. 그 후 100여 년이 지난 사성통해 시대에는 실지 북방 어계에 입성이 쓰이지 않는 것을 경험한 최 세진으로서는 <홍무정운>에 준한다고 하여 실지에 없는 입성을 그대로 사용할 수도 없고, 입성을 사용하지 않으려면 <홍무정운>에 준한다는 자기가 스스로 약속한

사항을 위반하고 이러한 절박한 사정이 표면에는 입성 종성을 그대로 남겨두고 내용에서는 일체를 없애 버리는 이율배반적인 처리를 한 것이다.

3.1.2. <홍무정운>의 입성 기술

<홍무정운>의 편찬 연대가 홍무 8년(1375)이므로 1324년에 간행된 <중원음운>보다 50여 년이나 뒤졌다. 그리고 그 서문에서,

壹以中原雅音爲定

이라고 중원아음으로 표준을 삼을 것을 밝히었다. '중원'은 중국의 중심이 되는 말로서 북경을 중심으로 한 북방어계를 가리키는 말이고 '아음'이란 '바른말' 또는 표준이 되는 말로 풀이할 수 있다. 이렇게 보면 <홍무정운>은 중국의 중심부인 북방어계를 기준으로 하였다고 보아야 할 것이다. <홍무정운>의 입성은 14권에서 16권까지 3권에 걸쳐 수용되어 있는데,

권 14	一屋	二質	三曷	四轄
권 15	五屑	六藥		
권 16	七陌	入緝	九合	十葉

10개 운모가 입성에 딸리어 있다. <통해>에서는 三質韻을 質勿의 두 운으로 갈랐으므로 <역훈>보다 한 개의 운모가 많다. <광운>의 입성 운모는 34개 운이고 광운의 최종 편찬 연대가 1008년이므로 <홍무정운>은 광운보다 300여년이 뒤졌고 24개가 줄었다. 이 현상은 실지 음을 떠나 운서운만을 대상으로 이미 정하여진 잣대에 의하여 확고한 원칙이 없이 그대로 통폐합하였기 때문이다. 이런 관계로 중국의 음운학자들 사이에서 <홍무정운>에 대하여 혹평을 서슴지 않는 이유도 바로 이런 점에 있다. 이와 같이 이미 쓰이지 않아서 죽은 말이 된 것을 <홍무정운>에서는 버젓이 내세웠으니, 이 책을 바탕으로 <사성통고>나 <홍무정운역훈>을 지을 책임을 지고 있는 당시의 학자로서는 정말 고민이 아닐 수 없었다.

<사성통고> 범례가 1455년에 지은 것으로 보아 <사성통해>보다 62년이 앞섰고 <홍무정운> 간행의 80년 뒤다. <사성통고>에서 고민 끝에 종성에는 일률적으로 ㆆ[?]를 붙이고

약운(藥韻)에만은 'ㅸ'를 사용한 지 60여 년이 지나서 최 세진이 <사성통해>를 지으면서 모두 현실음으로 바로잡았다.

3.1.3. <홍무정운역훈>의 입성 기술

<홍무정운역훈>은 그 자료문헌이 지니고 있는 특성으로 보아 <홍무정운>의 뼈대는 그대로 유지하면서 그 훈(訓)을 번역한 것이므로 <정운>의 취지를 그대로 반영하였다. 신숙주의 <역훈> 서문에,

且有始有終 以成一字之音理之必然 而獨於入聲 世俗率不用終聲甚無謂也 蒙古韻與黃公紹韻會 入聲亦不用終聲何耶 如是者不一 此又可疑者也

이 기록에서 보면 <역훈> 당시(1455)에 이며 북방음계에 입성이 쓰이지 않았고 몽고운이나 <운회>에도 입성에 종성이 쓰이지 않았다. 그런데 <정운>에 쓰이어 있으니 할 말이 없다[甚無謂也] 하였으니 이때에 벌써 <정운>의 잘못을 낱낱이 꿰뚫어 알고 있었다. 여기에서 <역훈>의 가치는 중국 음운사의 연구에 아주 중요한 가치가 있는 것이다. 그리하여 <통고>에서는 당시의 시음에 충실히 하려는 정신이 나타나 있다.

입성이 있는 여러 운모의 종성은 현재로서는 남방어계는 지나치게 분명한데 북방어계의 음은 지나치게 늘어져 있다. 몽고운도 또한 북방어계이므로 종성이 쓰이지 않았다. 황 공소가 지은 <운회>의 입성의 쓰임을 보면 가령 질운(質韻)에 딸린 풍率 따위 글자가 옥운(屋韻)의 국자 모운(匊字母韻)에 딸리었고, 합운(合韻)의 합합(閤榼) 등자는 갈운(葛韻)의 갈(葛)자모운에 딸린 따위이다. 아음(牙音 ㄱ), 설음(舌音 ㄷ), 순음(脣音 ㅂ) 따위의 음은 서로 뒤섞이어 구별할 수가 없다. 이런 것들도 종성으로 쓰이지 않은 것이다. 평성, 상성, 거성, 입성 따위 4성은 비록 청탁과 완급의 다름은 있다 할지라도 종성에서는 모두 똑같다. 하물며 입성이 입성될 수 있는 조건은 그것이 아음, 설음, 순음의 전청자[ㄱㄷㅂ]가 종성에 쓰이어 촉급하기 때문에 그 음이 짧고 새된 것이다. 이런 점으로 보아도 더욱더 종성은 쓰지 않을 수 없는 이유는 분명하여졌다. 본운[正韻]을 지을 때에 성질이 같은 것은 한데 합하고 서로 다른 것은 다른 것끼리 모으게 되어서 입성에 딸린 여러 운, 보기를 들면 아음 설음 순음들의 종성이 뚜렷이 구별되어 섞이는 일이 없었으므로 현재 ㄱㄷㅂ로 종성을 삼았다. 그러나 곧바로 ㄱㄷㅂ로 발음하면 이것은 또 남방어계에서처럼 너무 분명하게 들리므로 이것들을 발음할 듯 말듯한 상태에서 빨리 끝내야 그 발음이 남방어계와 같이 뚜렷하지 않은 상태로 유지된다. 반면에 현재 속음에서 종성은 쓰지 않는다 하더라도 평성이나 상성이나 거성에서 지나치게 늘어진 상태로 까지는 발전하지 않도록 하여야 할 것이다. 그러므로 속음에서는 여러 운모의 종성에 후음 전청 '影[ㆆ]'를 사용하기로 하고 약운에서만은 순경음의 전청 '非[ㅸ]'를 써서 다른 입성과 구별하였다.(통고범례 8조 참고)

입성 처리의 고충이 여실히 드러났다. 곧 입성에 쓰이는 종성을 남방어계에서와 같이

입성 一屋韻　　　影母에서　　욱 = 屋沃　　　　　　　(욱*)
　　　　　　　　見母에서　　국 = 谷告
　　二質韻　　　照母에서　　짇 = 質蛭
　　八緝韻　　　淸韻에서　　칩 = 緝葺

과 같이 ㄱㄷㅂ 종성을 붙이면 남방어계에서와 같이 발음되기 쉽고,

우 = 屋沃　　　　(우*)
구 = 谷告
지 = 質蛭
치 = 緝葺

와 같이 무종성(無終聲)으로 끝나면, 다른 평성 상성 거성과 구별할 수가 없어서 최후의 절충 방법으로,

? = 屋沃
? = 谷告
? = 質蛭
? = 緝葺

과 같이 'ㆆ'를 받침으로 쓰고 藥韻에서만은 f = 藥躍, f = 索으로 쓰기로 결정하였다는 것이다. 그러나 이러한 방법은 <사성통고>와 같이 <홍무정운>의 제약에서 벗어난 운서로서는 가능하지만 <홍무정운> 체계에서 벗어날 수 없는 <역훈>에는 적용할 수 없기 때문에 <역훈>에서는 <정운>의 입성 규정에 따라. ㄱㄷㅂ를 종성에 쓴 것이다. 그런데 이 <사성

통고>는 망실되어 세상에 전하지 않는다.

3.1.4. <사성통해>의 실지 입성 처리

그러나 <사성통해>에서는 <홍무정운>의 입성 체계에서 완전히 벗어나서 독자적인 경지를 개척하였다. <통해> 범례 13조에서는 입성 'ㄹㄱㅂ' 3음은 한어(漢語)의 속음이나 <운회>, <몽운> 등에는 모두 쓰이지 않고 오직 남방 음계에 많이 쓰인다. 대체로 운학은 양자강 남쪽에서 일어났기 때문에 입성에도 또한 종성을 쓰게 된 것이다. 그러므로 그 음의 특성에 따라 유취하여 하나의 문(門)을 이루었으니, 이것이 입성이 갈라져서 독립한 유형을 개척한 이유이다. 고운(광운을 가리킴)에서도 이 옛법을 이어받아 각각 같은 운에 수용한 것뿐이다. 그러나 현재의 일반적인 언어 습관으로는 '穀[곡]'과 '骨[골]' '質[질]'과 '職[직]'의 종성이 동일하게 쓰이어 [ㄹ]과 [ㄱ]의 구별이 없어졌다. 그러므로 이 시점에서 <통해>의 편찬에는 종성을 붙이지 않았다. <통고>에서는 모든 입성의 종성으로 'ㆆ[影母ㆆ]'를 썼고 오직 약(藥)운에만은 그 음이 효운(效韻)의 음인 [ㅸ]과 비슷하므로 몽음에서는 [ㅸ]을 붙였고 <통고>에서는 [ㅸ]를 붙이어 썼다. 현재의 <통해> 편찬에도 <통고>의 방식에 따라 [ㅸ]를 붙이어 쓴다.
　이와 같은 입성 체계이므로 <통해>에서는 입성에 소속된 글자는 그대로 '입성'이라는 명칭에 머물러 두면서도 종성 [ㄹㄱㅂ]만은 사용하지 않은 것이다. 이에 입성이면서도 종성을 붙이지 않아서 평성, 상성, 거성에 편입된 것들을 가리어 근대음(중원음운음)과 대비하여 보면 다음과 같이 바뀌었다.

　一屋韻
　　心母　入聲　→　上聲　夙宿蓿粟
　　照母　入聲　→　上聲　祝粥鬻竹竺築燭

3.1.5. 각 운서의 입성 처리의 비교

한어어음사(漢語語音史)1)의 송나라 때 성조에는 만당(晚唐) 오대 시대의 성조와 마찬가지로 평상거입 4성에 변화가 없었다. 그리하여 송나라 때에는 평성이 음평, 양평으로 갈리지도 않았다는 것은 주 희(朱熹)의 번절에서 증명하고 있다. 그러므로 이 시대에는 여전히 -p, -t,

-k의 3류의 구별이 [ik]가 [it]로 전변한 것 이외에는 이렇다 할 전변이 없었다. 다만 그 후대에 이르러서는 입성의 소실이 있어서 이 3류 입성이 혼합하여 [ʔ] 유모(喩母)로 바뀐 것은 과도기적 현상이다. 이런 점으로 미루어 볼 때 [-p, -t, -k] 3류의 입성이 1류로 바뀐 것은 송나라 때의 북방어계 중에서 이미 시작되어, 이것이 [ʔ]로 합병된 것이다.(왕10, p374-377 참조)

이러하던 것이 원나라 때 와서는 성조에 큰 전변이 일어났다. 고대부터 내려오던 평상거입 4성이 음평, 영평, 상거의 4성으로 바뀌었다. 평성이 음평, 양평의 두 종류로 바뀌고, 입성은 완전히 없어져서 옛날의 입성자가 모두 평상거 3성으로 귀병(歸竝)되었다. 그리하여 <중원음운>이나 <중주음운>의 음성운에서는 입성이 평성이 되었다. '입성이 상성이 되었다', '입성이 거성이 되었다'는 설명이 붙게 된 것이다.(같은 책 p473 참조) 이와 같이 전변된 것을 표로 보이면 다음과 같다.

<6개의 운서의 입성처리 비교표>

운서 성조		광 운 (1008)	중원음운 (1324)	홍무정운 (1375)	사성통고 (1455)	역 훈 (1455)	사성통해 (1517)
平		○	○	○	○	○	○
上		○	○	○	○	○	○
去		○	○	○	○	○	○
入聲	ㄹ	○	×	○	/ʔ/	○	×
	ㄱ	○	×	○	/ʔ/	○	×
	ㅂ	○	×	○	/ʔ/	○	×

(1) ○ '있음'의 표시, (2) ×없음을 표시 (3) /ʔ/ 성모 喩의표시

이상의 6개 운서는 1008년의 <광운> 연대에서 1517년 <통해> 시대까지의 약 500년 동안의 입성의 변천 과정을 나타낸 것이다. 평상거 3성은 이 500년 동안에 아무 변천 없이 이어졌다. 그러나 입성에서는 14세기 전후에서 바뀌기 시작하여 14세기에는 입성은 완전히 소실되었다. 13세기 후반에 편찬된 <홍무정운>에 입성이 온존한 것은 실지의 입성이 존재한 것이 아니고 다만 운서 상에 기록된 것을 비판 없이 그대로 남겨 놓은 것이기 때문에 이 운서가 가치가 없다는 혹평을 받게 된 원인을 제공한 것이다. 그후 <사성통고>의 날카로운 음운적 관찰은 그야말로 아주 탁월한 경지에 진입한 것이다. 20세기 초에 왕 역 선생이 [-k, -t, -p] 3류가 /ʔ/로 바뀌었다고 지적하였다. <왕10. p.374참조> 그런데 신숙주 선생이 주관하여 지

은 <사성통고>에 이미,

諸韻入聲則　加影母爲字

라고 하여 [?]을 종성에 쓰도록 하였고,

唯藥韻則　其呼似乎効韻之音故…通攷加ㅸ爲字

라고 한 것도 놀라운 음운적 탁견이다. 이어 앞에서 제시한 왕 10. p.392에는, '11. 蕭豪韻'을
au로 의음하였는데, 같은 책 437쪽에는,

(11) 蕭豪au
　　開口[au] 切韻豪号　爻巧效(舌齒脣),
　　鐸, 覺(舌齒脣), 藥(脣合)
　　齊齒[iau] 切韻蕭篠嘯,　宵小笑　肴巧效(喉牙), 覺(喉牙), 藥

　<통고>의 효운(効韻)의 [ㅱ], 약운(藥韻)의 [ㅸ]음을 왕 역은 모두 [au] [iau]로 의음한 것
과 일치한다. 정말 놀랍고도 높은 경지의 음운적 안목이다. 이 점에서 중국에서도 미처 언급하
지 못한 음운적 사실을 500년 전에 한국 학자가 이미 갈파한 것이다.

3.2. 전탁음(全濁音)

3.2.1. 전탁음의 처리

<사성통해> 권두에는 광운(廣韻) 운회(韻會) 홍무운(洪武韻)들에 대한 자모의 그림이 실리어 있다. 이중 전탁 자모만을 때어 내어 보면 다음과 같다.

<광운 운회 홍무운의 전탁 성모의 비교>

七音 / 韻書	牙音	舌頭音	舌上音	脣音重	脣音輕	舌齒音	正齒音	喉音	計
廣韻	群 ㄲ	定 ㄸ	澄 ㄲ	並 ㅃ	奉 ㅹ	從 ᅏ 邪 ᄽ	牀 ᅑ 禪 ᄿ	匣	10
韻會	群 ㄲ	定 ㄸ	澄 ᅑ	並 ㅃ	奉 ㅹ	從 ᅏ 邪 ᄽ	禪 ᄿ	匣	9
洪武韻	群 ㄲ 균	定 ㄸ 띵		並 ㅃ	奉 ㅹ	從 ᅏ	牀 ᅑ	匣	7

※ <운회>음에서는 청탁 구분법이 광운과 완전히 다르다. 곧 <광운>의 전청을 <운회>에서는 淸音, 次淸을 그대로 次淸, 全濁을 濁音 不淸不濁을 둘로 갈라서 <광운>의 疑泥孃明微喩來를 韻會에서는 次濁音, 魚泥審마를 次淸次音. <광운>의 全濁 邪禪을 <운회>에서는 次濁次音으로 바꾸었다. 洪武韻에서는 <광운>에 있던 澄母와 邪禪의 두 자모가 줄어서 7개가 되었다.

<홍무정운역훈> 서문에서는,

> 송나라 선비들이 운보(韻譜)를 지은 뒤에 경위(經緯)가 비로소 완전히 부합되었고 7음을 36자모로 갈랐는데 설상음의 지철징양(知徹澄孃)의 4개 자모와 순경음의 차청 성모의 부(敷)모는 이미 온 나라에서 쓰이지 않는 지가 오래되었고, 또 선배들로서도 이미 이 변천을 지적한 부분이 있으므로 옛날 것에 사로잡히어 억지로 없는 것을 있다고 할 수는 없다. 또 평상거입(平上去入)이 사성인데 전탁에 딸린 글자로서는 평성은 차청에 가깝고 상성 거성 입성은 전청에 가깝다. 현재는 모두 이와 같이 쓰고 있다. 그러나 어째서 이렇게 바뀌게 되었는지는 알 도리가 없다.

이것은 역훈 편찬 당시인 1455년에 이미 전탁음이 없어지기도 하고 유동(流動)이 심하여졌음을 인정한 것이다. <광운>은 1008년에 완성되었고, 36자모는 이 광운 성모에 근거한 것이다. 이와는 달리 왕역문집(王力文集) 제10권에는 한어어음사(漢語語音史)를 수록하였는데,

그 제6장에는 송대 음계(宋代音系:960~1279)가 기술되어 있다. 그 자료 문헌에 대한 설명을 그대로 번역하여 제시한다.

　'본장에서는 송대 음계를 강론하려 하는데 중요한 핵심 과제는 주 희(朱熹)의 번절에 근거한 것이다. 주희의 <詩集傳>과 <楚辭集註>에는 모두 번절이 쓰이었다. 그는 이 번절을 협음(叶音)[16]이라는 용어를 써서 설명하였는데, 이것은 아주 잘못이다. 다만 그이가 사용한 번절은 하나도 절운에 의존하는 일이 없이 독자적으로 개발한 것이므로 이것은 송나라 때의 독음이 틀림없을 것이다. 이런 까닭에 주 희의 번절은 아주 귀중한 어음사의 자료가 되는 것이다.'

이어서 송대의 성모를 보이었다.

<송대의 성모>

發音部位 / 發音方法	双脣	脣齒	舌尖前	舌尖中	舌面前	舌根	喉
塞音 不送氣	p 幇竝			t 端定		k 見群	
塞音 送氣	p' 滂竝			t' 透定		k' 溪群	
鼻音	m 明	ɱ 微		n 泥娘		ŋ 疑	
邊音				l 來			
閃音					r 日		
塞擦音 不送氣			ts 精從		tɕ知澄 照床		
塞擦音 送氣			ts' 清從		tɕ'徹澄 穿床		
擦音		f 非敷奉	s 心邪		ɕ 審禪		h 曉匣
半元音					j 影喩		

중고음을 대표하는 <광운> 성모는 36개인데 당시의 번절로 표기된 주희의 기술에 의거한

---

16) 협음(叶音) : 叶韻이라고도 하는데 시문에서 평측을 바로잡기 위하여 고음에서 동일한 운(韻)에 속하지 않는 문자를 동일한 운으로 간주하고 서로 통용하여 쓰는 일. 이 제도가 습관이 되어 우리나라의 규장전운 들에도 이 방법이 수정 없이 통용되었다.

성모는 21개이다. 15개의 차이가 난다. 이 차이를 앞의 설명에서 자세히 설명하였다. 이것을 번역하면,

이 성모 계통은 만당 오대의 성모 계통과 비교하여 볼 때 대대적으로 간단하여졌다. 그 원인은,
1. 전탁성모가 전부 없어졌다.
並母는 幫滂의 두 성모에 어우르고
奉母는 非敷의 두 성모에 어우르고
從母는 精淸 두 성모에 어우르고
邪母는 心母에 어우르고
定母는 端透 두 성모에 어우르고
澄母는 知徹 두 성모에 어우르고
床母는 照穿 두 성모에 어우르고
床神禪 3母는 穿審 두 성모에 어우르고
群母는 見溪 두 성모에 어우르고
匣母는 曉母에 어울리었다.

이 기록에 의하면 <광운> 시대의 실지의 성모는 21개로서 이 시대에 이미 전탁음은 완전히 소실되었다. 그런데 그보다 300여 년이 지난 <홍무정운>에 전탁음이 그대로 보존되고 이 <정운>을 준척으로 한 <통해>에 전탁음이 그대로 쓰이었다는 것은 주목할 만한 큰 음운적 변천이라고 할 수 있을 것이다.

3.2.2. 전탁음의 분석

◇ **群의 바꿈** ◇

群 → 見
1 〔ㅠ〕 去送-渠用 共 共
2 〔ㅣ〕 平支-渠宜 祇
4 〔ㅠ〕 平魚-求於 鐻 醵 句 絇 瞿
4 〔ㅠ〕 上語-臼許 拒 詎 鐻 踽
4 〔ㅠ〕 去御-忌遇 瞿
8 〔ㅣ〕 平眞-渠巾 菫
8 〔ㅣ〕 去震-具吝 董 斳 斳 斤 斤 斤
　　　　　　　　　　 撙 撙
9 〔ㅠ〕 入勿-渠勿 屈
12 〔ㅕ〕 平先-渠焉 犍
12 〔ㅞ〕 平先-逵員 卷 捲
12 〔ㅕ〕 入屑-巨列 桀 揭
18 〔ㅘ〕 上養-具往 廷
18 〔ㅑ〕 入藥-極虐 蹻
19 〔ㅣ〕 平庚-渠京 檠
19 〔ㅣ〕 去敬-具映 檠
20 〔ㅣ〕 平尤-渠尤 捄 芁
21 〔ㅣ〕 上寢-渠飮 噤 潷
21 〔ㅣ〕 去沁-巨禁 紟 衿

群 → 溪
4 〔ㅠ〕 上語-臼許 齲 齲 踽 踽
7 〔ㅟ〕 上賄-渠委 跪
9 〔ㅠ〕 上吻-巨隕 窘
9 〔ㅠ〕 入勿-渠勿 堀 屈
12 〔ㅞ〕 平先-逵員 卷
12 〔ㅞ〕 上銑-巨卷 圈
12 〔ㅞ〕 去霰-逵眷 圈
12 〔ㅕ〕 入屑-巨列 揭
18 〔ㅘ〕 上養-具往 廷
18 〔ㅑ〕 去漾-其亮 強

群 → 疑
21 〔ㅣ〕 入緝-忌立 芨 芨 芨

群 → 邪
2 〔ㅣ〕 平支-渠宜 俟

群 → 照
2 〔ㅣ〕 平支-渠宜 祇
13 〔ㅕ〕 平蕭-祁堯 招

群 → 禪
2 〔ㅣ〕 平支-渠宜 示
13 〔ㅕ〕 平蕭-祁堯 翹

群 → 影
12 〔ㅞ〕 上銑-巨卷 蜎

群 → 曉
1 〔ㅠ〕 平東-渠宮 窮
2 〔ㅣ〕 去寘-奇寄 堅

群 → 喩
2 〔ㅣ〕 平支-渠宜 錡
2 〔ㅣ〕 上紙-巨綺 錡
18 〔ㅘ〕 上養-具往 廷

◇ **定의 바꿈** ◇

定 → 溪
18 〔ㅑ〕 上養-徒黨 盪

定 → 端
1 〔ㅜ〕 入屋-杜谷 毒
5 〔ㅜ〕 上吻-徒古 殷 堁 土 肚
9 〔ㅜ〕 上吻-徒本 敦
9 〔ㅜ〕 去問-杜困 頓
10 〔ㅓ〕 上旱-徒管 斷
10 〔ㅓ〕 去翰-杜玩 斷
11 〔ㅏ〕 平刪-唐闌 癉
12 〔ㅕ〕 上銑-徒典 痶
12 〔ㅕ〕 去霰-蕩練 殿
19 〔ㅣ〕 上梗-徒鼎 訂
19 〔ㅣ〕 去敬-徒逕 定
22 〔ㅏ〕 上感-徒感 黕

定 → 透
1 〔ㅜ〕 平東-徒紅 侗
3 〔ㅖ〕 平齊-杜兮 緹 梯

3　〔ㅖ〕　去霽-大計　睇　鬢
5　〔ㅜ〕　平模-同都　捈　稌　稌　菟
5　〔ㅗ〕　上姥-徒古　土
6　〔ㅐ〕　平皆-堂來　鮐　駘
7　〔ㅟ〕　去隊-杜對　兌　兊　駾
9　〔ㅜ〕　平文-徒孫　燉
10　〔ㅓ〕　去翰-杜玩　彖
10　〔ㅓ〕　入曷-徒活　脫
11　〔ㅏ〕　入轄-堂滑　達
13　〔ㅕ〕　平蕭-田聊　跳　條
13　〔ㅕ〕　上篠-徒了　誂
13　〔ㅕ〕　去嘯-杜弔　銚
14　〔ㅏ〕　平爻-徒刀　洮
15　〔ㅓ〕　平歌-唐何　佗　他
15　〔ㅓ〕　上哿-得可　扡　拖
18　〔ㅏ〕　去漾-徒浪　踼　盪
19　〔ㅣ〕　平庚-唐丁　庭
19　〔ㅣ〕　上梗-徒鼎　挺　挺　梃　綎　艇　珽
　　　　　　　　　　　　珽　頲　頲　頲　町
　　　　　　　　　　　　町　町　侹　侹　侹　脡
　　　　　　　　　　　　脡　脡　訂　訂　訂
19　〔ㅢ〕　入陌-敵德　貸
22　〔ㅏ〕　入合-達合　闥

定 → 從
7　〔ㅟ〕　平灰-都回　魋

定 → 照
1　〔ㅜ〕　平東-徒紅　潼
9　〔ㅜ〕　平文-徒孫　屯　純

定 → 牀
1　〔ㅜ〕　平東-徒紅　甌　瓵
1　〔ㅜ〕　入屋-杜谷　碡
11　〔ㅏ〕　上產-徒亶　俎
19　〔ㅣ〕　入陌-杜歷　翟

定 → 禪
1　〔ㅜ〕　入屋-杜谷　韣　襡
9　〔ㅜ〕　平文-徒孫　純

定 → 喩
1　〔ㅜ〕　平東-徒紅　筩
7　〔ㅟ〕　去隊-杜對　鋭
13　〔ㅕ〕　去嘯-杜弔　銚

定 → 日
9　〔ㅜ〕　上吻-徒本　盾

◇ 竝의 바뀜 ◇

竝 → 透
18　〔ㅏ〕　入藥-弼角　魄

竝 → 幇
1　〔ㅜ〕　平東-蒲紅　菶
2　〔ㅣ〕　平支-蒲蘼　裨　比　紕　錍　枇　芘　椑
2　〔ㅣ〕　上紙-部比　髀　否
2　〔ㅣ〕　去寘-毗意　弊　比　枇
5　〔ㅜ〕　去暮-薄故　餔
6　〔ㅐ〕　去泰-薄邁　敗
7　〔ㅟ〕　去隊-步昧　旆　旆
8　〔ㅣ〕　入質-薄密　祕　鉍
10　〔ㅓ〕　平寒-蒲官　般
10　〔ㅓ〕　入曷-蒲撥　跋　茇　拔
12　〔ㅕ〕　平先-蒲眠　編
12　〔ㅕ〕　上銑-婢免　編　扁
12　〔ㅕ〕　入屑-避列　別
13　〔ㅕ〕　上篠-婢小　摽　薸
13　〔ㅕ〕　去嘯-毗召　票
16　〔ㅏ〕　平麻-蒲巴　杷
16　〔ㅏ〕　去禡-皮駕　杷
18　〔ㅏ〕　平陽-蒲光　彷
18　〔ㅏ〕　入藥-弼角　薄
19　〔ㅣ〕　入陌-毗亦　辟

竝 → 滂
2　〔ㅣ〕　平支-蒲蘼　鎞　錍　芘
2　〔ㅣ〕　去寘-毗意　紕
10　〔ㅓ〕　平寒-蒲官　搬
10　〔ㅓ〕　上旱-蒲滿　伴　拌
12　〔ㅕ〕　上銑-婢免　扁　編
13　〔ㅕ〕　上篠-婢小　薸
13　〔ㅕ〕　去嘯-毗召　票
18　〔ㅏ〕　平陽-蒲光　旁
18　〔ㅏ〕　入藥-弼角　薄
19　〔ㅣ〕　入陌-毗亦　擗　闢　僻
20　〔ㅡ〕　平尤-蒲侯　掊

竝 → 明
  10 〔ㅓ〕　平寒-蒲官　　蹣

竝 → 非
  19 〔ㅣ〕　平庚-蒲明　　屛
  19 〔ㅣ〕　上梗-部迥　　倂
  19 〔ㅣ〕　去敬-皮命　　倂 偋

竝 → 奉
  1 〔ㅜ〕　平東-蒲紅　　逢 芃
  1 〔ㅜ〕　入屋-步木　　幞 幞 幞
  9 〔ㅜ〕　入勿-蒲沒　　艴 艴
  18 〔ㅏ〕　平陽-蒲光　　房

竝 → 微
  19 〔ㅣ〕　去敬-皮命　　並 倂 偋

竝 → 照
  18 〔ㅏ〕　入藥-弼角　　礿

◇ 奉의 바뀜 ◇

奉 → 幫
  1 〔ㅜ〕　入屋-旁六　　菔
  2 〔ㅣ〕　平支-符非　　貰
  9 〔ㅜ〕　平文-符分　　賁

奉 → 竝
  1 〔ㅜ〕　平東-符中　　逢 芃
  9 〔ㅜ〕　上吻-房吻　　坋
  18 〔ㅏ〕　平陽-符方　　房

奉 → 非
  1 〔ㅜ〕　入屋-旁六　　復 輹
  2 〔ㅣ〕　平支-符非　　腓
  5 〔ㅜ〕　平模-逢夫　　扶 夫 苻
  5 〔ㅜ〕　上姥-扶古　　父
  5 〔ㅜ〕　去暮-防父　　傅 父
  9 〔ㅜ〕　平文-符分　　棼
  9 〔ㅜ〕　上吻-房吻　　忿
  9 〔ㅜ〕　去問-房問　　分
  11 〔ㅘ〕　平刪-符艱　　蕃

  11 〔ㅑ〕　去諫-符諫　　飯
  18 〔ㅏ〕　平陽-符方　　防 坊
  20 〔ㅡ〕　平尤-房鳩　　鴀 鴀 鴀 紑 紑 紑
  20 〔ㅡ〕　去宥-扶富　　覆

◇ 從의 바뀜 ◇

從 → 滂
  2 〔ㅡ〕　平支-才資　　薺

從 → 精
  2 〔ㅡ〕　平支-才資　　玆 茲
  2 〔ㅡ〕　去寘-疾二　　孳
  6 〔ㅐ〕　平皆-牆來　　裁
  7 〔ㅟ〕　平灰-徂回　　崔
  8 〔ㅣ〕　上軫-慈忍　　盡
  8 〔ㅣ〕　去震-齊進　　盡
  9 〔ㅜ〕　上吻-徂本　　鱒
  10 〔ㅓ〕　平寒-徂官　　酇
  12 〔ㅕ〕　平先-才先　　錢
  13 〔ㅕ〕　平蕭-慈消　　樵
  13 〔ㅕ〕　去嘯-在笑　　噍
  15 〔ㅓ〕　去箇-才臥　　挫 挫 蓌 蓌
  23 〔ㅕ〕　上琰-秦冄　　漸 蔪
  23 〔ㅕ〕　入葉-疾葉　　倢 接

從 → 淸
  1 〔ㅠ〕　平東-牆容　　從
  1 〔ㅠ〕　去送-才仲　　從
  2 〔ㅡ〕　平支-才資　　玼
  5 〔ㅜ〕　上姥-坐五　　粗
  7 〔ㅟ〕　平灰-徂回　　崔 漼
  7 〔ㅟ〕　去隊-秦醉　　蕞 襊 𥸸
  14 〔ㅏ〕　上巧-在早　　造
  15 〔ㅓ〕　平歌-才何　　銼
  15 〔ㅓ〕　上哿-徂果　　脞 脞
  15 〔ㅓ〕　去箇-才臥　　磋 磋 磋 磋 蹉 蹉
  　　　　　　　　　　　　蹉 蹉 剉 剉 莝 莝
  　　　　　　　　　　　　莝
  18 〔ㅏ〕　入藥-疾各　　鑿
  19 〔ㅣ〕　去敬-疾正　　婧

從 → 邪

8 〔ㅣ〕 去震-齊進　贐 贐 盡 盡
17 〔ㅕ〕 上者-才野　灺 灺
19 〔ㅓ〕 入陌-疾力　崱
20 〔ㅣ〕 平尤-慈秋　囚 囚

從 → 照
4 〔ㅠ〕 上語-慈庾　且

從 → 牀
11 〔ㅏ〕 上産-在簡　棧 棧 轏 轏 輚 輚 傸
　　　　　　　　　　傸
22 〔ㅏ〕 上感-徂感　嶃

從 → 喻
20 〔ㅣ〕 平尤-慈秋　蝤

◇ 邪의 바뀜 ◇

邪 → 群
2 〔ㅡ〕 上紙-詳子　俟

邪 → 從
7 〔ㅟ〕 平灰-旬威　隨
17 〔ㅕ〕 去蔗-詞夜　藉
19 〔ㅣ〕 平庚-徐盈　餳

邪 → 邪
23 〔ㅕ〕 平鹽-徐廉　燖

邪 → 牀
2 〔ㅡ〕 上紙-詳子　竢 俟 涘

邪 → 禪
9 〔ㅠ〕 平文-詳倫　揗

邪 → 匣
17 〔ㅕ〕 去蔗-詞夜　藉 藉

邪 → 喻
2 〔ㅡ〕 上紙-詳子　巳
4 〔ㅠ〕 上語-象呂　蕙
12 〔ㅕ〕 去霰-似面　羨
17 〔ㅕ〕 平遮-徐嗟　邪 斜

20 〔ㅣ〕 去宥-似救　褏

邪 → 日
9 〔ㅠ〕 平文-詳倫　揗

◇ 牀의 바뀜 ◇

牀 → 溪
22 〔ㅏ〕 平覃-鋤咸　傸

牀 → 端
7 〔ㅟ〕 平灰-直追　鎚 槌 搥
7 〔ㅟ〕 去隊-直類　磓
19 〔ㅣ〕 入陌-直隻　躑
22 〔ㅏ〕 上感-丈減　湛
22 〔ㅏ〕 去勘-士監　湛

牀 → 透
19 〔ㅣ〕 入陌-直隻　摘

牀 → 定
1 〔ㅠ〕 上董-直隴　鮦
1 〔ㅠ〕 入屋-直六　蠋 碡
7 〔ㅟ〕 平灰-直追　魋
19 〔ㅓ〕 入陌-直格　翟

牀 → 泥
23 〔ㅕ〕 入葉-直涉　聶

牀 → 清
6 〔ㅐ〕 上解-鉏買　薦
18 〔ㅏ〕 平陽-助莊　撞
22 〔ㅏ〕 去勘-士監　鑱

牀 → 從
11 〔ㅏ〕 去諫-丈襉　棧
22 〔ㅏ〕 平覃-鋤咸　憖 憖

牀 → 照
1 〔ㅠ〕 入屋-直六　逐 軸 舳
2 〔ㅣ〕 平支-陳知　坻 泜
2 〔ㅣ〕 上紙-丈几　泜
4 〔ㅠ〕 平魚-長魚　諸

4　〔ㅠ〕　上語-腫庚　柱宁貯貯
4　〔ㅠ〕　去御-治據　著駐駐柱柱柱柱
5　〔ㅜ〕　平模-叢租　鉬
7　〔ㅟ〕　平灰-直追　錘
7　〔ㅟ〕　去隊-直類　錘
8　〔ㅣ〕　平眞-池隣　塡
8　〔ㅣ〕　去震-直刃　診
9　〔一〕　平文-鉬臻　榛
12　〔ㅕ〕　去霰-除戀　遄
12　〔ㅖ〕　去霰-柱戀　傳
13　〔ㅕ〕　平蕭-馳遙　朝
16　〔ㅏ〕　平麻-鋤加　楂苴
18　〔ㅑ〕　平陽-陳羊　長
18　〔ㅑ〕　去漾-直亮　長
18　〔ㅑ〕　入藥-直略　著
19　〔ㅣ〕　入陌-直隻　摘
21　〔ㅣ〕　平侵-持林　湛
22　〔ㅏ〕　去勘-士監　詀

牀 → 穿
1　〔ㅠ〕　入屋-直六　柚
2　〔ㅣ〕　平支-陳知　褫
2　〔ㅣ〕　去寘-直意　褫
12　〔ㅕ〕　入屑-直列　徹撤
20　〔ㅣ〕　平尤-除留　魗犨
21　〔ㅣ〕　入緝-直入　蟄
22　〔ㅏ〕　去勘-士監　儳

牀 → 審
18　〔ㅑ〕　平陽-陳羊　場
21　〔ㅣ〕　平侵-持林　沈

牀 → 禪
4　〔ㅠ〕　平魚-長魚　蜍蜍蜍蜍
7　〔ㅟ〕　平灰-直追　垂垂陲陲倕倕
8　〔ㅣ〕　平眞-池隣　臣臣
12　〔ㅕ〕　平先-呈延　單單單澶澶嬋嬋
　　　　　　　　　　　　禪禪禪孱孱潺
　　　　　　　　　　　　潺蟬蟬
12　〔ㅖ〕　平先-重圓　遄遄篅篅圌圌
13　〔ㅕ〕　去嘯-直笑　召
18　〔ㅑ〕　平陽-陳羊　常尙尙嘗嘗鱨
　　　　　　　　　　　　償瑺徜鐛鐛裳
　　　　　　　　　　　　裳
19　〔ㅣ〕　平庚-時征　乘成城誠盛盛郕

20　〔ㅣ〕　平尤-除留　雔雔酬酬醻醻
　　　　　　　　　　　　訓訓魗魗犨
　　　　　　　　　　　　（筬承丞瞪）

牀 → 曉
11　〔ㅏ〕　去諫-丈襉　袓

牀 → 喩
8　〔ㅣ〕　上軫-直忍　紉
19　〔ㅓ〕　入陌-直格　𦋐
23　〔ㅕ〕　入葉-直涉　殜

◇ 禪의 바뀜 ◇

禪 → 見
9　〔ㅠ〕　入勿-食律　繘

禪 → 群
2　〔ㅣ〕　上紙-上紙　舐呧
2　〔ㅣ〕　去寘-時吏　示
13　〔ㅕ〕　去嘯-實照　劭

禪 → 定
1　〔ㅜ〕　入屋-神六　觸襡
9　〔ㅠ〕　平文-殊倫　純

禪 → 微
20　〔ㅣ〕　上有-是酉　授

禪 → 心
2　〔ㅣ〕　平支-辰之　時崑坿匙鍉鰣提
翅褆柢麶
2　〔ㅣ〕　上紙-上紙　市恃是是諟氏視
　　　　　　　　　　　　眡睼舓起呧士
　　　　　　　　　　　　仕屔柹
2　〔ㅣ〕　去寘-時吏　侍寺閣弑忮枝視
　　　　　　　　　　　　眡睼市士仕寺
　　　　　　　　　　　　柹嗜

禪 → 邪
2　〔ㅣ〕　去寘-時吏　誓忕筮噬遾
9　〔ㅠ〕　去問-食閏　揗
23　〔ㅕ〕　平鹽-時占　憛

禪 → 照

    1 〔ㅜ〕　入屋-神六　屬
    2 〔ㅣ〕　上紙-上紙　氏
    4 〔ㅠ〕　去御-殊遇　澍
    9 〔ㅠ〕　平文-殊倫　純
   12 〔ㅕ〕　入屑-食列　折
   13 〔ㅕ〕　平蕭-時召　昭
   18 〔ㅑ〕　入藥-裳灼　勺
   21 〔ㅣ〕　上寢-食枕　椹

禪 → 穿

    2 〔ㅣ〕　平支-辰之　翹 褆
    9 〔ㅠ〕　入勿-食律　術 述 沭 濔 繘 秫 尣
　　　　　　　　　　　　　芛 蒁

禪 → 牀

    1 〔ㅜ〕　入屋-神六　贖 贖 贖
    2 〔ㅣ〕　平支-辰之　匙 鍉 鬵
    2 〔ㅣ〕　去寘-時吏　事 事 示 示
    8 〔ㅣ〕　平眞-丞眞　辰 神 神
    9 〔ㅠ〕　平文-殊倫　純 醇 酏 蒓 蕁 錞 淳
　　　　　　　　　　　　　鶉 屑 屑 屑 滑 滑
　　　　　　　　　　　　　滑 犉 犉 犉 瞤 瞤
　　　　　　　　　　　　　瞤
    9 〔ㅠ〕　去問-食閨　順 揗 楯
    9 〔ㅠ〕　入勿-食律　術 述 沭 濔 繘 秫 尣
　　　　　　　　　　　　　尣 芛 芛 蒁 蒁
   12 〔ㅕ〕　上銑-上演　單
   12 〔ㅕ〕　去霰-時戰　禪
   13 〔ㅕ〕　去嘯-實照　召
   17 〔ㅕ〕　平遮-石遮　蛇 蛇
   18 〔ㅑ〕　去漾-時亮　尙
   18 〔ㅏ〕　入藥-食角　浞 浞 驚 驚 籗 籗 鋜
　　　　　　　　　　　　　鋜
   19 〔ㅣ〕　平庚-神陵　繩 繩 繩 澠 澠
   19 〔ㅣ〕　去敬-時正　盛 乘
   19 〔ㅣ〕　入陌-裳隻　食 蝕 射 躬
   19 〔ㅓ〕　入陌-士革　蹟 蹟 齰 齰 咋 咋
   21 〔ㅣ〕　平侵-時壬　諶
   21 〔ㅣ〕　上寢-食枕　甚
   21 〔ㅣ〕　去沁-時鴆　甚

禪 → 審

　　 1 〔ㅜ〕　入屋-神六　埶 熱 熱 熱 塾 鐲 蜀
　　　　　　　　　　　　　躅 璹 韣 鸀 屬
　　 2 〔ㅣ〕　上紙-上紙　舐 士 士 仕 仕 屔
　　　　　　　　　　　　　屔 柹 柹
　　 2 〔ㅣ〕　去寘-時吏　寺
　　 4 〔ㅠ〕　去御-殊遇　戍 戍 輸 輸 腧 腧

禪 → 喩

　　 9 〔ㅠ〕　入勿-食律　滴 繘
　　17 〔ㅕ〕　去蔗-神夜　射
　　19 〔ㅣ〕　去敬-時正　膡
　　19 〔ㅣ〕　入陌-裳隻　射

禪 → 日

　　 9 〔ㅠ〕　平文-殊倫　犉 犉 瞤 瞤
　　 9 〔ㅠ〕　去問-食閨　揗 楯
　　12 〔ㅕ〕　上銑-上演　燺 燺

◇ 匣의 바뀜 ◇

匣 → 見

　　 1 〔ㅜ〕　平東-胡公　烘
　　 3 〔ㅖ〕　去霽-胡計　繫 係
　　 5 〔ㅜ〕　上姥-侯古　雇 酤
　　 6 〔ㅐ〕　平皆-何開　頦
　　 6 〔ㅒ〕　平皆-雄皆　湝
　　 6 〔ㅒ〕　上解-胡買　解 薢
　　 6 〔ㅒ〕　去泰-下戒　解
　　 6 〔ㅙ〕　去泰-華賣　壞
　　 7 〔ㅟ〕　平灰-胡瑰　瑰
　　 7 〔ㅟ〕　去隊-胡對　會 襘 襘
　　 9 〔ㅜ〕　平文-胡昆　昆
　　 9 〔ㅜ〕　上吻-湖本　混 棍
　　 9 〔ㅡ〕　入勿-下沒　齕 齕
　　 9 〔ㅜ〕　入勿-胡骨　淈 搰
　　10 〔ㅓ〕　平寒-河干　斡
　　10 〔ㅝ〕　上旱-胡管　莞
　　10 〔ㅝ〕　入曷-戶括　活 佸 括
　　11 〔ㅑ〕　平刪-何艱　閒 瞷
　　11 〔ㅘ〕　去諫-下患　擐
　　12 〔ㅕ〕　去霰-形甸　見
　　12 〔ㅕ〕　入屑-胡結　絜
　　14 〔ㅑ〕　平爻-何交　筊

14 〔ㅏ〕　上巧-胡老　　皓 皞 浩
14 〔ㅑ〕　去效-胡敎　　校
15 〔ㅓ〕　平歌-寒歌　　荷
16 〔ㅑ〕　平麻-何加　　瘕
16 〔ㅘ〕　上馬-戶瓦　　踝
18 〔ㅑ〕　平陽-胡江　　降
19 〔ㅣ〕　平庚-何庚　　恒
19 〔ㅕ〕　上梗-胡猛　　吅 吅
19 〔ㅖ〕　上梗-戶頂　　炯 炯
19 〔ㅓ〕　入陌-胡得　　格
20 〔ㅡ〕　去宥-胡茂　　詬
22 〔ㅏ〕　入合-胡閤　　合 蓋
22 〔ㅑ〕　入合-胡夾　　唊
23 〔ㅕ〕　入葉-胡頰　　夾

匣 → 溪
　5 〔ㅜ〕　上姥-侯古　　楛
　6 〔ㅐ〕　平皆-何開　　咳
　9 〔ㅜ〕　入勿-胡骨　　搰
11 〔ㅑ〕　入轄-胡八　　劼 劼
22 〔ㅑ〕　去勘-乎紺　　垶

匣 → 疑
19 〔ㅟ〕　入陌-穫北　　蟈
22 〔ㅏ〕　上感-戶感　　頷

匣 → 泥
12 〔ㅕ〕　去霰-形甸　　晛 晛 晛 晛

匣 → 心
　7 〔ㅟ〕　去隊-胡對　　繸

匣 → 審
16 〔ㅑ〕　上馬-亥雅　　廈

匣 → 影
　7 〔ㅟ〕　去隊-胡對　　恚 恚

匣 → 曉
　1 〔ㅜ〕　上董-胡孔　　汞
　5 〔ㅜ〕　平模-洪狐　　葫 嫭
　9 〔ㅠ〕　入勿-叶勿　　欻 欻 欻 欻
10 〔ㅝ〕　上旱-胡管　　濄
16 〔ㅘ〕　平麻-胡瓜　　華 譁
16 〔ㅘ〕　去禡-胡挂　　華

18 〔ㅘ〕　上養-戶廣　　慌 慌 慌 恍 恍 恍
　　　　　　　　　　　　巟 巟 巟
20 〔ㅡ〕　去宥-胡茂　　詬
22 〔ㅏ〕　平覃-胡南　　蚶 魽 蚶 㵦 谽

匣 → 喩
　5 〔ㅜ〕　平模-洪狐　　胡 瑚 餬 糊 湖 醐
　　　　　　　　　　　　醐 鶘 蝴 箶 褐 蹢
　　　　　　　　　　　　葫 瓳 壺 狐 礖 弧
　　　　　　　　　　　　乎 摩 囫
　9 〔ㅜ〕　平文-胡昆　　餫
　9 〔ㅜ〕　去問-胡困　　顐 顐
10 〔ㅝ〕　平寒-胡官　　桓 貆 狟 洹 芄 汍 紈
　　　　　　　　　　　　萑 萑 綄 貆 垸 完
　　　　　　　　　　　　丸
10 〔ㅝ〕　上旱-胡管　　瀚 浣 澴 緩

匣 → 來
　6 〔ㅐ〕　上解-下楷　　夥
22 〔ㅑ〕　上感-下斬　　濫

한자 색인

한자 색인

	273, 278, 279, 305, 329, 332, 341, 342, 343, 345, 349, 354, 355, 456	

273, 278, 279, 305,
329, 332, 341, 342,
343, 345, 349, 354,
355, 456

鶡 118, 127, 258, 261,
300, 339, 342, 400,
429

渴 126, 300, 400

葛 126, 300, 400

褐 127, 300, 400

蝎 127, 300, 400

鞨 127, 300, 400

楬 138, 142, 262, 265,
343, 346

曷 76, 96, 98, 105,
108, 117, 118, 127,
136, 139, 142, 146,
148, 251, 255, 256,
258, 259, 260, 261,
263, 265, 278, 279,
300, 332, 336, 338,
339, 340, 342, 343,
344, 346, 400

喝 98, 127, 255, 260,
300, 336, 342

曷各 187, 352, 448, 453,
467

曷韻 260

葛鶴 183, 353, 407, 447,
448, 453, 467

邯 127, 299, 399, 429

垶 227, 233, 281, 295,
305, 314, 315, 361,
375, 443, 444, 455,
456, 463, 465, 485

柑 227, 236, 276, 277,
314, 358, 359, 441,
445, 462, 465

弇 227, 240, 276, 278,

314, 315, 358, 359,
441, 446, 462, 467

轗 227, 314, 319, 320,
387, 389, 443, 444,
463, 465

甘 227, 314, 441, 461

堪 227, 314, 441, 462

戡 227, 314, 441, 462

疳 227, 314, 441, 462

龕 227, 314, 441, 462

泔 227, 314, 441, 462

坎 227, 314, 442, 463

敢 227, 314, 443, 463

橄 227, 314, 443, 463

欲 227, 314, 443, 464

瞰 227, 314, 444, 464

紺 227, 314, 444, 464

淦 227, 314, 444, 465

憨 231, 315, 441, 461

監 232, 233, 305, 314,
318, 320, 385, 388,
442, 444, 455, 456,
463, 465

憾 232, 315, 320, 387,
443, 444, 463, 464

酣 232, 315, 442, 463

鑑 233, 305, 314, 318,
320, 385, 388, 442,
444, 455, 456, 463,
465

嵌 233, 305, 314, 318,
418, 442, 455, 456,
463

減 233, 305, 314, 443,
455, 456, 464

鹻 233, 305, 314, 443,
455, 456, 464

勘 52, 78, 227, 229,
246, 250, 277, 278,

279, 314, 327, 331,
358, 443, 464

感 59, 221, 227, 240,
247, 276, 277, 278,
279, 314, 328, 357,
358, 359, 443, 463

醎 227, 299, 314, 399,
429, 435

匣 56, 80, 93, 98, 100,
101, 108, 116, 246,
247, 250, 251, 253,
254, 255, 256, 258,
259, 260, 261, 262,
265, 266, 268, 269,
270, 271, 272, 273,
274, 276, 277, 278,
299, 300, 301, 302,
303, 304, 305, 306,
307, 308, 309, 310,
311, 312, 327, 328,
331, 332, 334, 335,
336, 337, 339, 341,
342, 343, 346, 348,
349, 350, 351, 352,
353, 354, 355, 358,
359, 360, 361, 362,
365, 369, 372, 374,
375, 375, 376, 377,
379, 380, 381, 382,
394, 397, 398, 399,
400, 401, 402, 403,
404, 405, 406, 407,
408, 409, 410, 411,
412, 413, 414, 415,
417, 419, 421, 422,
428, 429, 430, 433,
435, 441, 442, 443,
444, 447, 448, 452,
453, 454, 455, 456,

居	84, 250, 251, 308, 331, 332, 403, 414, 457		巨兩	189
車	84, 251, 332	379, 380, 381, 383, 395, 398, 400, 401, 402, 404, 406, 409, 411, 414, 430, 431, 433, 455, 458, 459, 479, 481, 484	渠良	189
拒	84, 280, 281, 360, 362, 479		居里	75, 331, 403, 414, 457
遽	84, 280, 394, 409	居卿 196, 353, 401	居孟	202, 401, 402, 430, 431, 455
据	84, 318, 320, 384, 387	渠京 196, 362, 479	去暮	90, 91, 92, 93, 94, 334, 335, 360, 363, 366, 367, 395, 409, 480, 481

居 84, 250, 251, 308,
331, 332, 403, 414,
457

車 84, 251, 332

拒 84, 280, 281, 360,
362, 479

遽 84, 280, 394, 409

据 84, 318, 320, 384,
387

祛幹 126, 399, 429

去諫 135, 136, 137, 138,
139, 140, 343, 360,
363, 364, 365, 367,
372, 375, 394, 405,
415, 417, 427, 433,
456, 481, 482, 483,
484

居曷 126, 400

去勘 227, 228, 229, 230,
231, 232, 233, 358,
361, 363, 368, 371,
372, 375, 377, 379,
443, 444, 455, 456,
464, 465, 482, 483,
485

去箇 167, 168, 169, 170,
171, 172, 173, 349,
363, 368, 369, 379,
396, 399, 400, 405,
410, 413, 417, 419,
420, 427, 429, 452,
454, 458, 481

渠巾 111, 338, 362, 479

去敬 196, 197, 198, 199,
200, 201, 202, 203,
204, 205, 206, 207,
210, 211, 354, 362,
363, 364, 365, 366,
369, 370, 371, 373,

379, 380, 381, 383,
395, 398, 400, 401,
402, 404, 406, 409,
411, 414, 430, 431,
433, 455, 458, 459,
479, 481, 484

居卿 196, 353, 401

渠京 196, 362, 479

居慶 196, 401

巨九 216, 356

渠宮 57, 362, 479

巨卷 148, 362, 479

巨謹 111

巨禁 222, 362, 440, 441,
461, 479

去翼 331, 332, 403, 457,
76

巨綺 66, 362, 479

渠金 222, 357, 439, 439,
440, 460

去隊 103, 104, 105, 106,
107, 108, 109, 337,
338, 360, 361, 363,
364, 365, 366, 368,
369, 370, 371, 372,
373, 374, 375, 376,
382, 395, 396, 397,
398, 406, 407, 409,
410, 412, 415, 421,
422, 423, 428, 433,
434, 459, 480, 481,
482, 483, 484, 485,
485

居大 96, 335, 336

居登 202, 401, 402, 430,
431, 455

居郎 183, 351, 360, 394,
399, 409, 413, 452

居良 188, 351

巨兩 189

渠良 189

居里 75, 331, 403, 414,
457

居孟 202, 401, 402, 430,
431, 455

去暮 90, 91, 92, 93, 94,
334, 335, 360, 363,
366, 367, 395, 409,
480, 481

渠廟 152, 431

去問 116, 117, 118, 119,
120, 121, 122, 123,
340, 363, 364, 367,
368, 369, 373, 376,
379, 381, 395, 397,
403, 410, 412, 419,
429, 479, 481, 483,
484, 485

渠勿 121, 341, 362, 479

居拜 99, 336, 360, 432,
456

去霰 142, 143, 144, 145,
146, 147, 148, 149,
150, 345, 360, 361,
362, 363, 364, 365,
370, 372, 373, 375,
376, 381, 398, 403,
404, 405, 412, 414,
415, 421, 422, 479,
482, 483, 484, 485

去嘯 152, 153, 154, 155,
156, 157, 158, 159,
347, 362, 363, 364,
368, 369, 372, 395,
431, 432, 480, 481,
483, 484

居悚 52, 379, 398, 400

去送 52, 53, 54, 56, 57,

	58, 59, 60, 327, 362, 369, 371, 374, 379, 381, 395, 427, 432, 454, 456, 479, 481
去沁	221, 222, 223, 224, 225, 357, 360, 362, 365, 367, 368, 397, 440, 441, 455, 461, 479, 484
居亞	176, 350
居牙	176, 361, 380, 394, 402, 403, 420
居顔	137, 342, 360, 456
居晏	137, 360, 456
去漾	183, 184, 185, 186, 187, 188, 189, 190, 191, 192, 193, 194, 352, 360, 361, 363, 364, 367, 370, 371, 372, 373, 374, 375, 379, 380, 395, 396, 399, 405, 409, 410, 413, 427, 429, 433, 452, 453, 454, 458, 479, 480, 483, 484
居御	84, 333, 360, 394, 409
去御	84, 85, 86, 87, 88, 333, 360, 362, 368, 369, 370, 371, 372, 373, 376, 394, 397, 409, 411, 422, 479, 483, 484
渠焉	142, 344, 362, 479
居奄	236, 445, 446, 452, 466, 467
巨列	142, 345, 346, 362, 479
去艶	236, 237, 238, 239, 240, 241, 359, 361, 374, 377, 411, 427, 446, 447, 467
居永	196, 210, 354, 360, 401, 404, 413, 414, 421, 433, 455
渠營	210, 353, 404, 433, 458
居用	56, 432
渠用	57, 362, 427, 479
渠尤	216, 355, 356, 362, 401, 479
居尤	216, 356, 360, 401
居又	216, 357, 360
巨隕	121, 362, 479
居月	147, 346, 360
渠爲	103, 337, 406, 433
渠委	103, 394, 406, 479
去宥	213, 214, 215, 216, 217, 218, 219, 356, 357, 360, 361, 365, 367, 368, 369, 370, 371, 374, 375, 376, 377, 394, 398, 400, 401, 412, 427, 453, 481, 482, 485
擧有	216, 356, 394, 401
居六	57, 381
居銀	111, 360, 380
居吟	221, 360, 439, 440, 460
居廞	221, 440, 441, 461
居飮	221, 440, 461
渠飮	222, 362, 440, 460, 461, 479
居音	360
渠宜	66, 328, 329, 362, 380, 394, 400, 479
去蔗	180, 181, 351, 373, 376, 396, 410, 422, 482, 484
去霽	75, 76, 77, 78, 79, 80, 81, 82, 331, 332, 360, 363, 364, 374, 403, 404, 414, 417, 433, 457, 458, 480, 484
居中	56, 432
去震	111, 112, 113, 114, 338, 339, 362, 368, 369, 370, 371, 372, 376, 394, 396, 401, 407, 409, 410, 415, 423, 427, 479, 481, 482, 483
去寘	64, 65, 66, 67, 68, 69, 70, 71, 72, 73, 73, 330, 331, 362, 365, 366, 367, 369, 370, 371, 372, 373, 374, 376, 379, 380, 395, 396, 397, 400, 401, 410, 411, 413, 428, 430, 437, 438, 450, 451, 452, 455, 468, 479, 480, 481, 483, 484
去泰	96, 97, 98, 99, 100, 101, 335, 336, 360, 361, 362, 365, 366, 374, 394, 395, 401, 407, 410, 427, 430, 432, 456, 480, 484
居何	167, 361, 454
擧下	176, 350
去翰	126, 127, 128, 129, 130, 131, 132, 133,

370, 373, 374, 375,
376, 379, 380, 381,
383, 394, 398, 399,
400, 401, 402, 403,
404, 405, 406, 407,
408, 409, 411, 413,
414, 415, 417, 418,
419, 420, 421, 422,
423, 427, 429, 430,
431, 432, 433, 434,
435, 439, 440, 441,
442, 443, 444, 445,
446, 447, 448, 452,
453, 454, 455, 456,
457, 458, 460, 461,
462, 463, 464, 465,
466, 467, 479, 483,
484

堅溪 75, 331, 360, 403, 414, 457

犬蘂 103, 361, 406

堅堯 152, 360, 361, 431

牽奚 76, 331, 403, 457

抉 147, 149, 280, 293, 360, 373

嗛 233, 236, 276, 278, 305, 314, 315, 358, 359, 442, 446, 455, 456, 463, 466

慊 236, 314, 319, 320, 387, 389, 446, 466

歉 236, 314, 319, 320, 387, 389, 446, 467

兼 236, 314, 444, 465

箝 236, 314, 444, 465

謙 236, 314, 444, 465

縑 236, 314, 444, 465

拑 236, 314, 445, 465

鉗 236, 314, 445, 465, 466

蒹 236, 314, 445, 466

傔 236, 314, 447, 467

鎌 241, 315, 445, 465

炅 103, 210, 257, 309, 338, 414, 433

梗 278, 279

綮 196, 280, 281, 318, 319, 360, 362, 385, 388, 479

硬 196, 283, 395, 409

頴 196, 301, 302, 303, 401, 401, 413

憬 196, 301, 302, 401, 413

耿 196, 301, 302, 401, 413, 421, 455

謦 196, 302, 319, 401, 418

俓 196, 302, 401

勁 196, 302, 401

徑 196, 302, 401

涇 196, 302, 401

磬 196, 302, 401

經 196, 302, 401

輕 196, 302, 401

逕 196, 302, 401

到 196, 302, 401

馨 196, 302, 401

擎 196, 319, 385

脛 201, 302, 319, 320, 387, 389, 401

莖 201, 302, 401

更 202, 303 304, 305, 318, 388, 402, 430, 431, 455

耕 202, 303, 304, 305, 402, 430, 431

畊 202, 303, 304, 305, 402, 430, 431, 455

哽 202, 303, 304, 402, 430, 431

綆 202, 303, 304, 402, 430, 431

鯁 202, 303, 304, 402, 430, 431

絅 210, 280, 281, 309, 310, 360, 361, 404, 414, 433

桊 210, 309, 309, 310, 404, 433, 458

傾 210, 309, 310, 318, 319, 384, 386, 404, 414, 433

頃 210, 309, 310, 318, 319, 384, 386, 404, 414, 433

坰 210, 309, 310, 404, 414, 433

扃 210, 309, 310, 404, 414, 433

駉 210, 309, 310, 404, 414, 433

瓊 210, 309, 310, 404, 433, 458

悙 210, 309, 310, 404, 433, 458

熒 210, 309, 310, 404, 433, 458

璟 210, 309, 404, 414, 433

囧 210, 309, 404, 414, 433

褧 210, 309, 433

梗 279

庚 53, 54, 60, 69, 97, 138, 143, 144, 147, 149, 183, 184, 185,

詰	90, 319, 320, 386, 388

酤 90, 94, 280, 295, 318, 319, 320, 360, 374, 384, 385, 386, 387, 388, 484

雇 90, 94, 280, 295, 360, 374, 484

苦感 227, 361, 442, 443, 463, 464

古関 210, 404

苦堅 142, 361

苦蒹 236, 444, 465

苦故 90, 334

苦骨 116, 361

苦貢 52

苦果 171, 458

枯瓜 177

苦郭 193, 353, 458

苦管 128, 341, 405

枯官 128, 405

苦括 128, 405

古壞 100, 336, 360

古巧 164, 360

古老 161, 360, 361

古沓 227, 358, 361, 399, 429, 435

苦等 203, 401, 430, 434

苦濫 227, 361, 443, 444, 464, 465

姑勞 161, 347

古祿 52, 327, 328, 361, 379

古猛 209, 354, 361, 458

古慕 90, 360

古博 192, 360, 458

古伯 209, 406, 433, 434

古本 116

沽三 227, 358, 358, 441, 461, 462

古屑 142, 345, 346, 360, 361

古送 52, 327

古暗 227, 358, 444, 464, 465

古臥 171, 458

苦臥 171, 458

苦瓦 177

古瓦 177, 423

古緩 128, 360, 405

古玩 128, 405

古外 103, 337, 338, 360, 406

古委 103, 337, 360, 406, 422

苦簟 236, 359, 361, 446, 467

古弔 152, 431

苦弔 152, 431

古斬 233, 443, 455, 456, 464

苦夫 101, 336

古荷 167, 454

古汗 126, 360, 399, 429

古旱 126, 399, 429

古限 137, 343, 456

苦含 227, 441, 462

古衡 232, 442, 455, 456, 463

古陷 233, 444, 455, 456, 465

古巷 188, 352, 361

古杏 202, 402, 430, 431

苦泫 147

古泫 147, 360

古嫌 236, 444, 445, 465, 465, 466

古協 236, 359, 361, 381

苦浩 161, 361

古忽 116, 340, 341, 360

苦紅 52, 327

古紅 52, 327, 360, 379

苦禾 171, 349, 452, 458

古禾 171, 349, 458

古火 171, 458

苦化 177, 350

古華 177, 350, 405, 415, 423, 427

古畫 177, 423

沽歡 127, 341, 360, 405

姑還 138, 342, 360, 458

古患 138, 343

古活 128, 360, 394, 405

古滉 192

古況 192, 360, 361

枯回 103, 336, 406

姑回 103, 337, 360, 361, 364, 406, 415

姑橫 208, 406, 415, 418, 458

苦厚 213

苦洽 233, 358

古洽 233, 359, 360, 361, 380, 383

古樺 227, 443, 443, 463

苦昊 210, 404

谷 52, 56, 60, 189, 281, 282, 296, 297, 301, 305, 306, 307, 316, 361, 375, 376, 377, 379, 381, 403, 407, 447, 456

曲勿 121, 361

曲王 193, 361

昆 116, 120, 280, 295, 360, 374, 484

錕 116, 318, 319, 384,

關 138, 310, 458
縮 139, 140, 319, 320, 386, 388, 468
括 128, 133, 280, 295, 311, 360, 375, 405, 406, 484
恬 128, 133, 280, 295, 311, 360, 375, 405, 406, 484
筈 128, 280, 311, 394, 405
髻 128, 280, 311, 394, 405
鴰 128, 280, 311, 394, 405
适 128, 311, 405
栝 128, 311, 405
聒 128, 311, 405
廣 192, 319, 320, 386, 388
鑛 209, 272, 280, 354, 361
卦 177, 310, 423
掛 177, 310, 423
挂 177, 310, 423
罣 177, 310, 423
詿 177, 310, 423
壞 100, 101, 280, 295, 360, 374, 484
塊 101, 103, 255, 256, 312, 336, 337, 406
槐 101, 108, 254, 255, 335, 336
瑰 103, 108, 280, 295, 360, 374, 484
傀 103, 280, 281, 312, 360, 361, 406
魁 103, 312, 318, 319, 384, 385, 406

鹹 209, 312, 314, 406, 433, 434
觥 208, 312, 406, 415, 418, 458
肱 209, 312, 406, 415, 418, 458
薨 209, 312, 406, 415, 458
轟 209, 312, 406, 415, 458
宏 209, 312, 406, 433
紘 209, 312, 406, 433
閎 209, 312, 406, 433
巧 120, 157, 158, 159, 187, 259, 265, 266, 271, 279, 341, 346, 347, 348, 353
蹻 152, 188, 189, 265, 271, 280, 281, 282, 305, 306, 316, 346, 347, 352, 360, 361, 362, 383, 403, 408, 431, 447, 448, 456, 479
驕 152, 280, 281, 306, 360, 361, 431
翹 152, 282, 306, 362, 431, 479
轎 152, 306, 320, 408, 431, 468
僑 152, 306, 431
喬 152, 306, 431
嬌 152, 306, 431
橋 152, 306, 431
皎 152, 306, 431
矯 152, 306, 431
蕎 152, 306, 431
噭 152, 306, 431
憍 152, 306, 431

撟 152, 306, 431
趫 152, 306, 431
咬 164, 165, 280, 282, 360, 394, 427
嘐 164, 165, 280, 294, 361, 374
校 164, 165, 280, 295, 361, 375, 485
磽 164, 165, 281, 282, 318, 320, 361, 362, 385, 387, 394
較 164, 188, 267, 271, 306, 348, 353, 456
教 164, 318, 320, 385, 387
鉸 164, 319, 320, 386, 388
齩 165, 282, 394, 427
骹 165, 318, 320, 385, 387
榷 188, 306, 456
蛟 76, 308, 403, 457
龜 103, 256, 337
咎 161, 216, 266, 275, 347, 356
懼 193, 294, 310, 374, 381
詬 213, 215, 216, 280, 294, 295, 320, 360, 361, 374, 375, 387, 394, 485
垢 213, 280, 319, 360, 361, 389, 417, 418
篝 213, 318, 319, 385, 388
勾 213, 318, 388
扣 213, 319, 320, 387, 389
嘔 215, 318, 319, 384,

歐　215, 318, 319, 384, 386
漚　215, 318, 319, 385, 388
龜　216, 274, 356
灸　216, 319, 389
句　84, 213, 251, 252, 274, 275, 280, 281, 318, 319, 333, 355, 357, 360, 362, 385, 388, 479
龜　84, 213, 251, 274, 333, 355
枸　84, 213, 252, 274, 275, 318, 319, 333, 355, 356, 384, 386
岣　84, 213, 252, 275, 333, 356
區　84, 215, 216, 251, 274, 281, 293, 301, 332, 355, 355, 361, 373, 379
捄　84, 216, 251, 274, 275, 280, 281, 332, 355, 357, 360, 362, 479
瞿　84, 280, 281, 318, 320, 360, 362, 384, 387, 479
嫗　86, 319, 320, 386, 388
昫　87, 318, 320, 384, 385, 386, 387
丘加　176, 403
丘葛　126, 400
口介　167, 454
丘蓋　96, 335, 336, 361
丘皆　99, 456

丘擧　333, 84
丘京　196, 401
丘庚　203, 402, 430
丘肱　209, 417, 452
丘交　164, 361
口教　165, 361
丘禁　222, 440, 461
口浪　183, 361
丘隴　57, 432
丘縛　188, 361, 394, 403, 408, 431, 435, 447, 448, 456
口我　167, 454
具牙　176, 403, 414, 456
驅羊　188, 351
求於　332, 333, 362, 479, 84
丘於　84, 332, 333
驅演　142
具映　196, 362, 479
丘穎　210, 361, 433
具往　193, 362, 479
丘妖　152, 346, 431
驅尤　216, 355, 356
區遇　84
區願　147
驅圓　147, 361, 361, 405
具位　103, 337, 406, 459
區倫　121, 361
驅音　221, 439, 460
具客　111, 362, 394, 409, 479
丘正　196, 401
丘中　57, 432
具遮　180, 351
丘何　167, 454
丘寒　126, 399, 429
丘閑　138, 409, 414, 456
丘瞎　138, 343

丘衛　233, 358, 442, 455, 456, 463
口駭　456, 99
曰許　84, 362, 394, 409, 479, 479
口惠　109
丘侯　213
口很　116, 340
國　209, 312, 314, 433, 433, 434
群　57, 66, 84, 103, 111, 247, 248, 249, 251, 256, 257, 259, 263, 264, 265, 269, 271, 272, 274, 275, 276, 277, 278, 302, 305, 306, 309, 310, 312, 328, 329, 330, 332, 333, 337, 338, 341, 344, 345, 346, 347, 351, 352, 353, 355, 356, 357, 359, 360, 361, 362, 369, 370, 373, 374, 375, 380, 394, 397, 400, 401, 403, 404, 406, 407, 408, 409, 414, 421, 427, 431, 433, 439, 440, 441, 444, 445, 446, 447, 452, 456, 458, 459, 460, 461, 465, 466, 479, 482, 483
淈　116, 120, 280, 295, 360, 375, 484
堀　116, 121, 281, 282, 361, 362, 479
掘　121, 148, 259, 264, 341, 346

屈	121, 280, 281, 282, 360, 361, 362, 479
宮	56, 307, 432
弓	56, 307, 432
躬	56, 307, 432
穹	57, 307, 432
芎	57, 307, 432
圈	147, 148, 281, 282, 319, 320, 361, 362, 386, 388, 479
卷	147, 280, 281, 282, 310, 319, 320, 360, 361, 362, 386, 388, 405, 479
捲	147, 280, 281, 360, 362, 479
眷	147, 310, 405
綣	147, 319, 320, 386, 388
蹶	103, 147, 256, 264, 338, 346
厥	121, 147, 259, 264, 341, 346
厥筆	121, 340, 341, 360, 361, 394, 403, 409, 414
續	103, 109, 281, 312, 361, 406
撅	103, 148, 256, 264, 338, 346
跪	103, 281, 394, 479
机	75, 308, 403, 414, 457
几	75, 308, 403, 414, 457
麂	75, 308, 403, 414, 457
潙	103, 109, 281, 296, 361, 375
歸	103, 280, 281, 312, 318, 320, 360, 361, 384, 387, 406, 422
圭	103, 312, 406
奎	103, 312, 406
揆	103, 312, 406
珪	103, 312, 406
窺	103, 312, 406
閨	103, 312, 406
刲	103, 312, 406
跬	103, 312, 406
邽	103, 312, 406
闚	103, 312, 406
頍	103, 312, 406
葵	103, 312, 406, 433
規	103, 312, 415
糾	152, 216, 265, 275, 280, 302, 306, 347, 356, 394, 401, 431
竅	152, 306, 431
艽	164, 216, 266, 274, 347, 356
赳	216, 280, 302, 394, 401
糺	216, 280, 302, 394, 401
樛	216, 302, 401
虯	216, 302, 401
逢眷	148, 362, 479
窺睡	103, 337, 361, 406, 415
圭淵	147
窺營	210, 404, 414, 433
逢員	147, 362, 479
規倫	121, 361
昀	121, 123, 281, 296, 361, 375
筠	123, 307, 403
橘	121, 307, 403
郄	188, 306, 456
克	203, 304, 402, 455
剋	203, 304, 402, 455
亟	76, 196, 251, 273, 308, 332, 354, 403, 457
極曄	236, 359
極虐	189, 352, 362, 403, 407, 408, 447, 456, 479
克盉	227, 399, 453, 459
克合	358
董	111, 280, 281, 360, 362, 387, 479
斤	111, 280, 281, 360, 362, 394, 409, 479
堇	111, 318, 319, 384, 387
近	111, 319, 320, 386, 388
斤於	84, 332, 394
衿	221, 222, 280, 281, 314, 360, 362, 439, 440, 460, 461, 479
噤	221, 222, 280, 281, 314, 360, 362, 440, 460, 461, 479
禁	221, 314, 314, 318, 320, 385, 388, 440, 460, 461
今	221, 314, 439, 460
金	221, 314, 439, 460
襟	221, 314, 439, 460
嶔	221, 314, 439, 460
錦	221, 314, 440, 461
唫	222, 283, 314, 427, 435, 439, 460
檎	222, 314, 439, 460
琴	222, 314, 439, 460

禽	222, 314, 439, 460
擒	222, 314, 440, 460
芩	222, 314, 440, 460
妗	222, 314, 440, 461
笒	222, 236, 276, 278, 357, 359
芨	222, 282, 314, 394, 409, 421, 479
扱	230, 277, 358
矜	138, 196, 261, 272, 342, 353
亘	202, 303, 304, 401, 402, 430, 431, 455
肯	203, 303, 314, 401, 430, 434
圻	207, 304, 402, 455
蘄	66, 111, 248, 257, 329, 338
奇	66, 247, 328
期	66, 247, 328
伎	66, 318, 319, 384, 385
騎	66, 67, 318, 319, 384, 387
錡	66, 67, 73, 282, 296, 318, 319, 362, 375, 384, 385, 398, 422, 479
祇	66, 69, 281, 282, 290, 301, 302, 316, 362, 370, 380, 394, 400, 430, 436, 449, 479
幾	66, 75, 247, 250, 308, 318, 320, 328, 331, 384, 385, 386, 387, 403, 414, 457
棋	66, 75, 247, 250, 308, 328, 331, 403, 414, 457, 457
其	66, 75, 76, 247, 250, 308, 318, 320, 328, 331, 384, 387, 403, 414, 457
崎	66, 76, 247, 250, 308, 328, 331, 403, 457
跂	66, 76, 247, 250, 308, 328, 331, 457
墍	67, 72, 199, 273, 282, 287, 294, 355, 362, 374, 396, 410, 479
忌	67, 75, 76, 249, 250, 308, 330, 332, 403, 403, 414, 457
嗜	71, 293, 302, 317, 428, 430, 438, 451, 483
沂	73, 296, 398, 422
庋	75, 103, 256, 308, 337, 403, 414, 457
機	75, 250, 308, 319, 331, 384, 388, 403, 414, 457
寄	75, 250, 308, 331, 403, 414, 417, 457
己	75, 250, 308, 331, 403, 414, 457
碁	75, 250, 308, 331, 403, 414, 457
冀	75, 308, 403, 414, 457
基	75, 308, 403, 414, 457
璣	75, 308, 403, 414, 457
畸	75, 308, 403, 414, 457
磯	75, 308, 403, 414, 457
箕	75, 308, 403, 414, 457
羈	75, 308, 403, 414, 457
肌	75, 308, 403, 414, 457
記	75, 308, 403, 414, 457
譏	75, 308, 403, 414, 457
鎭	75, 308, 403, 414, 457
飢	75, 308, 403, 414, 457
饑	75, 308, 403, 414, 457
掎	75, 308, 403, 414, 457
羇	75, 308, 403, 414, 457
蟣	75, 308, 403, 414, 457
覬	75, 308, 403, 414, 457
驥	75, 308, 414, 417, 457
棄	76, 308
旣	76, 308, 403, 414, 457
器	76, 308, 403, 457
杞	76, 308, 403, 457
欺	76, 308, 403, 457
氣	76, 308, 403, 457
玘	76, 308, 403, 457
綺	76, 308, 403, 457
豈	76, 308, 403, 457

多肯 203, 401, 430
多曩 183
多年 142, 363
多動 52
多嘯 153, 347, 363, 431
多忝 237, 446, 466
多則 203, 402, 431
斷 128, 129, 284, 311, 319, 320, 364, 381, 386, 388, 405, 479
短 128, 311, 405
耑 128, 311, 405
團 129, 260, 311, 341, 405
象 129, 284, 311, 405, 409, 480
段 129, 311, 405
湍 129, 311, 405
鍛 129, 311, 405
摶 129, 311, 405
椴 129, 311, 405
簿 129, 311, 405
腶 129, 311, 405
祖 135, 137, 284, 292, 364, 372, 480, 483
單 135, 145, 261, 263, 292, 293, 342, 344, 345, 372, 373, 397, 411, 483, 484
癉 135, 168, 261, 262, 283, 284, 300, 318, 319, 320, 342, 342, 343, 363, 364, 384, 385, 386, 387, 388, 454, 479
蟬 135, 261, 343
担 228, 315, 444, 464
端 52, 76, 90, 96, 104, 128, 247, 250, 251, 253, 254, 255, 256, 258, 259, 261, 262, 265, 266, 268, 269, 270, 272, 273, 274, 276, 278, 300, 301, 302, 303, 304, 306, 308, 311, 328, 331, 332, 334, 336, 337, 339, 340, 342, 343, 346, 347, 349, 350, 351, 354, 355, 358, 359, 362, 363, 364, 370, 371, 372, 375, 379, 380, 381, 383, 395, 399, 400, 401, 402, 403, 405, 409, 413, 420, 430, 431, 441, 442, 52, 452, 454, 457, 461, 462, 463, 464, 465, 466, 467, 479, 482
達 135, 283, 284, 363, 364, 480
疸 135, 320, 321, 389, 389
達各 184, 352
達合 228, 364, 480
覃 221, 222, 223, 224, 228, 236, 240, 241, 276, 277, 278, 279, 315, 357, 358, 359, 441, 461
湛 222, 223, 227, 231, 276, 277, 283, 287, 291, 292, 315, 319, 320, 357, 358, 363, 371, 372, 387, 389, 439, 440, 441, 442, 444, 460, 461, 462, 463, 464, 482, 483
擔 227, 228, 315, 318, 319, 385, 388, 442, 444, 462, 464
儋 227, 228, 315, 318, 319, 385, 388, 442, 444, 462, 465
聸 227, 283, 315, 395, 409, 442, 463
黵 228, 284, 315, 364, 443, 463, 479
澹 228, 315, 315, 318, 319, 385, 388, 442, 444, 464
憺 228, 315, 319, 320, 387, 389, 443, 444, 464
啖 228, 315, 319, 320, 387, 389, 443, 444, 464, 465
啗 228, 315, 319, 320, 387, 389, 443, 444, 464, 465
噉 228, 315, 319, 320, 387, 389, 443, 444, 464, 465
坍 228, 315, 441, 462
潭 228, 315, 441, 462
曇 228, 315, 442, 462
壜 228, 315, 442, 462
痰 228, 315, 442, 463
談 228, 315, 442, 463
譚 228, 315, 442, 463
壇 228, 315, 442, 463
禪 228, 315, 442, 463
罎 228, 315, 442, 463
郯 228, 315, 442, 463
膽 228, 315, 443, 463
淡 228, 315, 443, 464

<table>
<tr><td>毯</td><td>228, 315, 443, 464</td><td></td><td>340, 341, 342, 343,</td><td></td><td>334, 351</td></tr>
<tr><td>襜</td><td>228, 315, 443, 464</td><td></td><td>345, 346, 348, 354,</td><td>度</td><td>90, 184, 253, 271,</td></tr>
<tr><td>黲</td><td>239, 315, 446, 466</td><td></td><td>452</td><td></td><td>334, 352</td></tr>
<tr><td>錟</td><td>240, 315, 446, 467</td><td>大</td><td>96, 168, 254, 268,</td><td>屠</td><td>90, 251, 332, 333,</td></tr>
<tr><td>鐺</td><td>183, 207, 270, 272,</td><td></td><td>300, 303, 336, 349,</td><td></td><td>86</td></tr>
<tr><td></td><td>304, 351, 353, 402,</td><td></td><td>417, 430, 454</td><td>稌</td><td>90, 283, 284, 363,</td></tr>
<tr><td></td><td>430</td><td>貸</td><td>96, 203, 204, 255,</td><td></td><td>364, 422, 480</td></tr>
<tr><td>當</td><td>183, 318, 319, 385,</td><td></td><td>273, 283, 284, 304,</td><td>菟</td><td>90, 283, 284, 363,</td></tr>
<tr><td></td><td>387</td><td></td><td>336, 355, 363, 364,</td><td></td><td>364, 480</td></tr>
<tr><td>儻</td><td>183, 319, 320, 386,</td><td></td><td>402, 431, 455, 480</td><td>都艱</td><td>135, 342, 363</td></tr>
<tr><td></td><td>389</td><td>待</td><td>96, 319, 320, 386,</td><td>徒感</td><td>228, 364, 442, 443,</td></tr>
<tr><td>讜</td><td>183, 319, 386, 389</td><td></td><td>388</td><td></td><td>463, 464, 479</td></tr>
<tr><td>撞</td><td>186, 290, 291, 299,</td><td>大計</td><td>78, 332, 364, 404,</td><td>都感</td><td>228, 442, 443, 463,</td></tr>
<tr><td></td><td>370, 371, 379, 396,</td><td></td><td>457, 480</td><td></td><td>464</td></tr>
<tr><td></td><td>399, 427, 429, 482</td><td>待禮</td><td>77, 404, 457</td><td>徒紺</td><td>237, 467</td></tr>
<tr><td>幢</td><td>186, 299, 429</td><td>隊韻</td><td>256</td><td>都紺</td><td>446, 447</td></tr>
<tr><td>餳</td><td>199, 289, 419, 482</td><td>大透</td><td>213, 356, 357</td><td>徒逕</td><td>197, 364, 479</td></tr>
<tr><td>瞠</td><td>207, 304, 402, 430</td><td>德</td><td>203, 304, 402, 431</td><td>都高</td><td>161, 347</td></tr>
<tr><td>當蓋</td><td>96, 336</td><td>悳</td><td>203, 304, 402, 431</td><td>都故</td><td>90, 334</td></tr>
<tr><td>當經</td><td>196, 363, 380</td><td>德紅</td><td>52</td><td>徒古</td><td>90, 364, 452, 479,</td></tr>
<tr><td>唐亘</td><td>203, 401, 430</td><td>挑</td><td>153, 161, 265, 266,</td><td></td><td>480</td></tr>
<tr><td>唐闌</td><td>135, 342, 479</td><td></td><td>306, 318, 319, 346,</td><td>都昆</td><td>117, 339, 363</td></tr>
<tr><td>唐亂</td><td>364</td><td></td><td>384, 386, 431</td><td>都困</td><td>117, 340, 363</td></tr>
<tr><td>堂來</td><td>96, 364, 417, 480</td><td>跳</td><td>153, 283, 284, 306,</td><td>都管</td><td>128, 381, 405</td></tr>
<tr><td>當沒</td><td>117, 340, 363</td><td></td><td>363, 364, 431, 480</td><td>徒官</td><td>129, 341, 405</td></tr>
<tr><td>當拔</td><td>135</td><td>掉</td><td>153, 306, 319, 320,</td><td>徒管</td><td>129, 364, 405, 479</td></tr>
<tr><td>唐丁</td><td>197, 353, 364, 480</td><td></td><td>386, 388, 431</td><td>都括</td><td>129, 342, 342, 405</td></tr>
<tr><td>唐何</td><td>168, 348, 364, 454,</td><td>陶</td><td>158, 161, 265, 266,</td><td>徒浪</td><td>183, 364, 480</td></tr>
<tr><td></td><td>480</td><td></td><td>306, 346, 347, 432</td><td>都內</td><td>104, 337, 337</td></tr>
<tr><td>堂滑</td><td>135, 364, 480</td><td>洮</td><td>161, 283, 284, 363,</td><td>度耐</td><td>96, 336, 430</td></tr>
<tr><td>隊</td><td>68, 73, 97, 100,</td><td></td><td>480</td><td>都念</td><td>237, 446, 447, 467</td></tr>
<tr><td></td><td>101, 118, 120, 122,</td><td>倒</td><td>161, 319, 320, 386,</td><td>徒亶</td><td>135, 343, 364, 480</td></tr>
<tr><td></td><td>123, 129, 130, 132,</td><td></td><td>388</td><td>徒黨</td><td>183, 364, 479</td></tr>
<tr><td></td><td>136, 147, 148, 149,</td><td>禱</td><td>161, 319, 386, 388</td><td>都大</td><td>167, 349, 399, 413,</td></tr>
<tr><td></td><td>162, 210, 248, 249,</td><td>道</td><td>161, 319, 388</td><td></td><td>454</td></tr>
<tr><td></td><td>254, 256, 257, 259,</td><td>導</td><td>162, 320, 386</td><td>都導</td><td>161</td></tr>
<tr><td></td><td>260, 262, 264, 267,</td><td>涂</td><td>90, 175, 252, 268,</td><td>徒刀</td><td>161, 347, 364, 480</td></tr>
<tr><td></td><td>272, 278, 279, 329,</td><td></td><td>334, 350</td><td>都毒</td><td>52, 328, 362, 363,</td></tr>
<tr><td></td><td>330, 336, 337, 338,</td><td>闍</td><td>90, 180, 253, 269,</td><td></td><td>379</td></tr>
</table>

徒登	203, 401, 430	
都騰	203, 401, 430	
徒濫	228, 443, 444, 464, 465	
都濫	228, 444, 464, 465	
徒郞	183	
都郞	183, 351	
都領	196, 400, 452	
徒弄	53	
徒了	153, 364, 431, 480	
徒本	117, 340, 364, 379, 480	
徒孫	117, 364, 379, 480	
都黎	76, 403, 457	
都瓦	175, 350	
都玩	128, 129, 381, 405, 427	
徒典	143, 344, 345, 364, 479	
徒點	237, 446, 466	
徒鼎	197, 364, 395, 409, 427, 479, 480	
徒摠	53	
都含	227, 358, 363, 395, 409, 441, 442, 461, 462, 463	
徒含	228, 358, 441, 442, 461, 462, 463	
都皓	161	
徒紅	52, 327, 363, 364, 379, 479, 480	
徒活	129, 364, 480	
都回	104, 336, 337, 363, 364, 480	
毒	52, 53, 283, 284, 362, 364, 479	
纛	53, 162, 267, 348	
讀	53, 213, 246, 247, 275, 327, 328, 356	
獨故	90, 334	
敦	104, 117, 129, 255, 256, 258, 259, 283, 284, 311, 318, 319, 320, 336, 337, 339, 340, 363, 364, 384, 387, 405, 479	
焞	104, 117, 255, 258, 336, 339	
燉	117, 283, 284, 301, 363, 364, 379, 480	
頓	117, 283, 284, 320, 321, 363, 364, 389, 479	
弴	153, 306, 431	
咄	117, 129, 259, 261, 311, 340, 342, 405	
疼	203, 303, 401, 430	
侗	52, 283, 284, 363, 364, 479	
蝀	52, 318, 319, 320, 384, 385, 386, 387, 388	
涷	52, 318, 319, 384, 387	
峒	52, 53, 318, 319, 384, 387	
橦	53, 186, 246, 270, 299, 327, 351, 429	
動	53, 319, 320, 386, 388	
洞	53, 319, 320, 386, 388	
潼	53, 58, 284, 301, 307, 318, 364, 379, 385, 432, 480	
憧	59, 307, 432	
艟	59, 307, 432	
東	68, 183, 184, 186, 188, 189, 191, 193, 198, 205, 211, 246, 249, 270, 272, 278, 279, 327, 330, 351, 352, 353, 354	
董	87, 246, 251, 278, 327, 332	
同都	90, 333, 334, 364, 421, 422, 480	
東徒	90, 334	
董五	90, 334, 362, 363	
同瓦	364, 480	
東韻	246	
董韻	246	
肚	90, 283, 284, 363, 364, 479	
杜結	143, 346	
杜谷	53, 327, 328, 364, 479, 480	
杜困	117, 364, 479	
杜對	104, 364, 480	
杜到	162, 348	
杜歷	197, 354, 364, 380, 480	
杜晏	135, 343	
杜臥	168, 349, 399, 413, 417, 454	
杜玩	129, 341, 342, 364, 405, 409, 479, 480	
杜弔	153, 347, 364, 431, 480	
杜兮	77, 331, 364, 404, 457, 479	
杜皓	161	
屯	117, 122, 284, 290, 301, 307, 364, 370, 379, 381, 480	
遁	117, 319, 320, 386, 388	

字	페이지
淪	121, 124, 301, 307, 379, 381
掄	121, 124, 301, 307, 379, 381
綸	123, 138, 258, 261, 340, 342
隆	60, 307, 432
癃	60, 307, 432
窿	60, 61, 307, 432
勒	208, 304, 402, 455
肋	208, 304, 402, 455
泐	208, 304, 402, 455
凜	225, 315, 440, 461
廩	225, 315, 440, 461
凌	202, 318, 320, 385, 388
楞	208, 303, 303, 401, 430
稜	208, 303, 401, 430
漓	309, 404, 457, 81
理	309, 457
犁	81
梨	81, 309, 404, 457
狸	81, 309, 404, 457
璃	81, 309, 404, 457
籬	81, 309, 404, 457
罹	81, 309, 404, 457
釐	81, 309, 404, 457
犛	81, 309, 404, 457
蔾	81, 309, 404, 457
离	81, 309, 404, 457
蜊	81, 309, 404, 457
貍	81, 309, 404, 457
俚	81, 309, 457
裏	81, 309, 457
里	81, 309, 457
鯉	81, 457
莉	81, 82, 309, 318, 320, 384, 387, 404, 457
離	81, 82, 309, 318, 320, 384, 387, 404, 457
利	81, 82, 309, 404, 457
吏	82, 309, 457
履	82, 309, 457
李	82, 309, 457
痢	82, 309, 457
裡	82, 309, 457
俐	82, 309, 457
浬	82, 309, 457
苙	82, 309, 457
邐	82, 309, 457
里黨	188, 379
犁沈	224, 439, 440, 460
離珍	114
藺	114, 147, 257, 264, 338, 345
燐	114, 318, 319, 320, 384, 385, 386, 387, 388
嶙	114, 318, 319, 384, 385
磷	114, 318, 319, 384, 387
粼	114, 318, 319, 384, 387
鱗	114, 318, 319, 384, 387
隣溪	81, 331, 376, 404, 457
淋	224, 225, 315, 318, 320, 385, 388, 439, 440, 460, 461
臨	224, 225, 315, 318, 320, 385, 388, 439, 440, 460, 461
林	224, 315, 439, 460
琳	224, 315, 439, 460
霖	224, 315, 439, 460
摩	108, 172, 311, 312, 405, 406, 415, 458
蟇	172
麼	172, 311, 312, 318, 319, 384, 386, 405, 433, 458
磨	172, 311, 312, 318, 320, 385, 387, 405, 458
魔	172, 311, 312, 405, 458
劘	172, 311, 312, 405, 458
痲	175, 225, 268, 276, 315, 350, 357, 440, 460
麻	66, 73, 84, 85, 90, 93, 98, 100, 169, 171, 180, 225, 248, 251, 252, 253, 254, 255, 267, 268, 269, 276, 279, 329, 332, 334, 335, 336, 349, 350, 351, 357, 394, 452
馬	90, 93, 97, 98, 106, 112, 171, 196, 202, 208, 252, 253, 254, 255, 256, 258, 268, 269, 272, 273, 279, 334, 335, 336, 337, 339, 349, 350, 355, 452
痲食	311, 312, 458
痲土	311
莫	184, 205, 271, 274,

吻　112, 119, 131, 149, 150, 257, 258, 259, 260, 263, 264, 279, 301, 338, 340, 344, 346, 429

問　112, 119, 132, 144, 149, 257, 259, 260, 263, 264, 279, 301, 338, 340, 341, 344, 345, 429

汶　118, 119, 286, 287, 300, 301, 366, 367, 429

懣　118, 131, 259, 260, 300, 311, 319, 320, 340, 341, 386, 388, 406, 429, 433

們　118, 300, 429

門　118, 300, 429

捫　118, 300, 429

璊　118, 300, 429

聞　119, 301, 318, 319, 384, 387, 429

抆　119, 301, 319, 320, 386, 429, 429

刎　119, 301, 429

紊　119, 301, 429

紋　119, 301, 429

蚊　119, 301, 429

雯　119, 301, 429

文　68, 69, 104, 108, 111, 112, 119, 127, 129, 131, 136, 138, 145, 148, 150, 248, 249, 255, 256, 257, 258, 260, 261, 263, 278, 279, 301, 318, 319, 329, 330, 336, 337, 338, 339, 340, 341, 342, 344, 384, 387, 394, 429

文拂　119, 367, 367

文運　119, 340, 367, 429

吻韻　258

文韻　258

問韻　259

勿　68, 105, 107, 108, 111, 112, 118, 119, 129, 130, 136, 139, 140, 147, 148, 149, 163, 198, 249, 256, 258, 259, 261, 263, 264, 266, 273, 278, 279, 286, 287, 330, 337, 338, 339, 340, 341, 342, 343, 345, 346, 348, 355, 366, 367

勿韻　259

媚　105, 312, 433

楣　105, 312, 433

湄　105, 312, 433

眉　105, 312, 433

徽　105, 312, 433

媚　106, 312, 433

渼　106, 312, 433

美　106, 312, 433

嬍　106, 312, 433

糜　68, 303, 401, 413

靡　68, 79, 247, 250, 303, 308, 309, 328, 331, 401, 404, 413, 414, 417, 433, 457

曡　69, 118, 258, 287, 300, 302, 339, 367, 429, 455

味　69, 302, 455

尾　69, 302, 455

未　69, 302, 455

薇　69, 302, 455

微　69, 92, 248, 253, 258, 259, 262, 270, 301, 302, 303, 310, 329, 334, 339, 340, 343, 351, 366, 367, 374, 381, 395, 397, 401, 405, 410, 419, 429, 455, 481, 483

米　78, 308, 404, 457

迷　78, 308, 404, 457

彌　78, 308, 404, 457

瀰　78, 79, 284, 286, 308, 318, 319, 364, 366, 384, 385, 404, 457

彌　78, 79, 308, 318, 385, 404, 457

謎　79, 308, 309, 404, 433, 457, 458

弭　79, 308, 404, 457

眉庚　205, 353, 401, 414, 430

彌計　79, 404, 433, 457, 458

眉敎　162, 348, 348

彌隣　112, 338

美辨　144, 344, 345

眉兵　198, 353, 380

眉病　198, 354

微夫　92, 334, 367

弭沼　155, 347, 431

彌笑　155, 431

靡幼　217, 356

弭盡　112, 338

眉波　172, 405, 433, 458

眉迸　431

眉鑣　155

眉	346	薄胡	91	反	135, 139, 285, 286,
玫	112, 119, 257, 258,	頒	119, 135, 258, 261,		299, 310, 318, 319,
	301, 338, 339, 429,		300, 340, 342, 429		365, 367, 379, 384,
	433	般	129, 130, 135, 260,		385, 405, 433
态	112, 119, 257, 259,		261, 285, 286, 311,	攀	135, 299, 429
	301, 338, 340, 429		320, 341, 342, 365,	盼	136, 318, 384, 385
黽	112, 144, 198, 257,		366, 385, 405, 406,	飯	139, 286, 286, 287,
	263, 264, 272, 338,		433, 480		310, 310, 367, 395,
	344, 345	搬	129, 130, 286, 311,		405, 410, 433, 481
悶	118, 300, 429		366, 405, 406, 433,	攀	139, 310
蜜	112, 257, 339		480	拔	105, 130, 136, 256,
密	112, 286, 395, 410	半	129, 311, 311, 405,		260, 261, 262, 286,
薄	184, 285, 286, 365,		433		311, 312, 338, 342,
	366, 480	蟹	130, 135, 260, 261,		343, 366, 406, 433,
膊	184, 285, 365		311, 341, 342, 406,		480
珀	204, 304, 314, 402,		433	勃	118, 300, 316, 429,
	431, 434, 455	潘	130, 139, 260, 310,		435
拍	204, 304, 402, 455		311, 341, 405, 433	渤	118, 300, 316, 429,
舶	204, 304, 402, 455	拌	130, 285, 286, 311,		435
迫	204, 304, 402, 455		366, 381, 405, 406,	哱	118, 300, 316, 429,
剝	53, 184, 247, 271,		433, 480		435
	328, 352	伴	130, 285, 286, 311,	浡	118, 300, 316, 429,
撲	53, 184, 247, 271,		366, 405, 406, 433,		435
	328, 352		480	脖	118, 300, 316, 429,
樸	53, 184, 247, 271,	胖	130, 285, 311, 366,		435
	328, 352		405, 406, 433	鵓	118, 300, 316, 429,
薄鑑	358, 443, 444, 464	磻	130, 311, 341, 406,		435
博古	91		433	跋	130, 285, 286, 311,
薄故	91, 366, 480	泮	130, 311, 405, 433		365, 366, 395, 405,
博故	91, 395, 409	絆	130, 311, 405, 433		406, 480
博漫	129, 405, 433	頖	130, 311, 405, 433	撥	130, 285, 365
薄邁	97, 335, 366, 480	叛	130, 311, 406, 433	潑	130, 311, 405
博陌	204, 354, 355, 365,	槃	130, 311, 406, 433	醱	130, 311, 405
	380, 402, 455	畔	130, 311, 406, 433	魃	130, 311, 406
博木	53, 328	瘢	130, 311, 406, 433	鈸	130, 311, 406
薄密	112, 339, 366, 401,	盤	130, 311, 406, 433	發	139, 286, 310, 316,
	414, 480	磐	130, 311, 406, 433		405, 435
搏旁	184, 351, 351, 365	蟠	130, 311, 406, 433	髮	139, 286, 310, 316,
博浩	162, 453	扳	135, 136, 285, 365		405, 435

涪	214, 301, 400		301, 335, 357, 400	符中	54, 327, 367, 481
罘	214, 301, 400	父	92, 286, 287, 319, 320, 367, 386, 388, 481	符咸	229, 441, 442, 461, 462
蜉	214, 301, 400	傅	92, 286, 287, 367, 481	部迥	198, 366, 400, 481
復	54, 214, 247, 275, 286, 287, 301, 328, 356, 367, 400, 481	苻	92, 286, 287, 367, 481	部洗	105, 406, 415, 433
副	54, 92, 198, 214, 246, 247, 253, 273, 274, 275, 301, 303, 327, 328, 334, 335, 354, 355, 356, 357, 400, 401	孚艱	138, 342, 367, 395, 405, 433	北	105, 204, 257, 304, 305, 312, 338, 380, 402, 433, 455
		符艱	139, 342, 367, 405, 433, 481	北末	130, 342, 365, 395, 405
否	67, 68, 214, 249, 275, 285, 286, 301, 302, 303, 330, 356, 365, 366, 400, 401, 413, 430, 480	符諫	139, 367, 405, 433, 481	溢	117, 118, 300, 318, 319, 384, 387, 429
		扶古	92, 367, 481	奔	117, 300, 300, 318, 387, 429
莩	91, 154, 252, 265, 306, 333, 347, 431	敷救	214, 356, 357, 367, 400	噴	117, 300, 318, 319, 384, 387, 429
簿	91, 184, 253, 271, 334, 352	俯九	214, 356, 367, 400	盆	117, 300, 429
部	91, 213, 253, 275, 285, 301, 334, 356, 395, 400, 409	敷亮	185, 367, 395, 410	犇	117, 300, 429
		簿陌	204, 402, 455, 459	畚	117, 300, 429
蔀	91, 213, 253, 275, 285, 301, 334, 356, 395, 400, 409	敷文	118, 339, 394, 395, 429	分	118, 119, 286, 287, 300, 301, 367, 395, 429, 481
		府吻	118, 429	棼	118, 119, 286, 287, 300, 367, 395, 429, 481
夫	91, 92, 286, 287, 367, 481	敷汸	118, 340	氛	118, 286, 300, 395, 429
扶	91, 92, 286, 287, 367, 481	符勿	119, 340	坌	118, 300, 379, 429
桴	92, 214, 253, 274, 301, 334, 356, 400	敷尾	68	汾	118, 300, 429
仆	92, 214, 253, 275, 286, 301, 335, 357, 367, 400	敷房	185, 351, 367	粉	118, 300, 429
		符方	185, 367, 481	紛	118, 300, 429
負	92, 214, 253, 275, 301, 334, 356, 400	扶泛	229, 358, 444, 464, 465	芬	118, 300, 429
		部本	118, 429	雰	118, 300, 429
富	92, 214, 253, 275,	扶富	214, 356, 367, 400, 481	体	118, 300, 429
		符分	118, 339, 339, 340, 367, 429, 481	盼	119, 135, 258, 261, 300, 340, 342, 429
		部比	68, 329, 330, 366, 401, 413, 455, 480	忿	119, 287, 301, 320, 386, 395, 413, 429, 481
		符非	69, 329, 367, 455, 481		

墳	119, 300, 318, 319, 384, 385, 429
憤	119, 300, 429
焚	119, 300, 429
枌	119, 300, 429
棻	119, 300, 429
濆	119, 300, 429
蕡	119, 300, 429
豳	119, 300, 429
奮	119, 301, 429
糞	119, 301, 429
賁	67, 69, 117, 119, 248, 258, 285, 287, 300, 302, 329, 339, 365, 367, 401, 413, 429, 455, 481
奔謨	91, 365
拂	112, 118, 258, 259, 339, 340
佛	112, 119, 258, 259, 339, 340
不	117, 259, 341
鮄	118, 286, 300, 316, 395, 429, 435, 481
朋	204, 303 401, 414
鵬	204, 303, 401, 414
堋	204, 303, 401, 414
鬅	204, 303, 401, 414
崩	204, 303, 401, 430
棚	204, 303, 401, 430
繃	204, 303, 401, 430
丕	104, 312, 433
憊	198, 303, 401
非	54, 68, 91, 246, 247, 249, 252, 253, 258, 259, 261, 262, 270, 275, 300, 301, 302, 310, 327, 328, 330, 333, 334, 335,

	339, 340, 342, 343, 351, 356, 357, 365, 366, 367, 394, 395, 400, 405, 410, 419, 429, 433, 435, 455, 481
批	67, 144, 248, 249, 264, 318, 319, 329, 330, 345, 384, 385
泌	67, 249, 302, 330, 401, 413
彎	67, 285, 302, 365, 401, 413
鄙	67, 302, 400, 413, 430
毖	67, 302, 401, 413
秘	67, 302, 401, 413
悲	67, 302, 401, 413, 430
羆	67, 302, 401, 413, 430
閟	67, 302, 413
匕	67, 302, 430
卑	67, 302, 430
秕	67, 302, 430
粃	67, 302, 430
俾	67, 302, 430
妣	67, 302, 430
革	67, 302, 430
比	67, 68, 112, 248, 249, 257, 285, 286, 302, 318, 319, 329, 330, 339, 365, 366, 384, 387, 430, 480
椑	67, 68, 198, 248, 273, 285, 286, 302, 329, 354, 365, 366, 430, 480
裨	67, 68, 285, 286,

	302, 365, 366, 401, 413, 430, 480
髀	67, 68, 285, 286, 302, 366, 395, 430, 480
紕	67, 68, 285, 286, 365, 366, 480
芘	67, 68, 285, 286, 365, 366, 480
邳	68, 105, 248, 255, 303, 312, 329, 336, 401, 413, 433
沸	68, 118, 249, 259, 330, 340
茀	68, 118, 249, 259, 330, 340
圮	68, 285, 303, 366, 395, 401, 409, 413
枇	68, 286, 318, 319, 366, 384, 387, 480
濞	68, 301, 400
蜚	68, 302, 318, 319, 320, 384, 385, 386, 387, 388, 455
誹	68, 302, 318, 319, 320, 384, 385, 386, 387, 388, 455
妃	68, 302, 455
扉	68, 302, 455
緋	68, 302, 455
飛	68, 302, 455
霏	68, 302, 455
騑	68, 302, 455
備	68, 303, 401, 413
郫	68, 303, 401, 413
庳	68, 319, 320, 388, 389
菲	68, 68, 302, 318, 319, 384, 385, 455

上感	227, 228, 229, 230, 231, 232, 233, 358, 361, 362, 364, 369, 371, 374, 375, 380, 380, 427, 435, 442, 443, 455, 456, 463, 464, 479, 482, 485
桑感	230, 358, 442, 443, 463
商居	86, 372
上梗	196, 197, 198, 199, 200, 201, 202, 203, 205, 207, 208, 209, 210, 211, 354, 360, 361, 364, 365, 366, 368, 375, 380, 395, 397, 398, 400, 401, 402, 404, 406, 409, 411, 412, 413, 414, 415, 421, 427, 430, 431, 433, 434, 452, 453, 455, 458, 459, 479, 480, 481, 485,
相關	136
上巧	161, 162, 163, 164, 165, 348, 360, 361, 365, 368, 369, 371, 375, 376, 394, 398, 427, 453, 481, 485
上董	52, 53, 54, 56, 57, 58, 59, 60, 61, 327, 364, 365, 367, 368, 371, 375, 376, 379, 381, 395, 396, 398, 400, 403, 412, 414, 422, 432, 454, 482, 485
象呂	85, 370, 482
賞呂	86, 397, 411, 419
想里	80, 331, 369, 403, 404, 414, 457
上馬	175, 176, 177, 350, 370, 375, 380, 395, 423, 427, 453, 458, 485,
上暮	366
上姥	90, 91, 92, 93, 94, 334, 360, 361, 362, 363, 364, 367, 369, 370, 375, 396, 452, 480, 481, 484
上吻	116, 117, 118, 119, 120, 121, 122, 123, 124, 340, 362, 364, 367, 369, 370, 374, 377, 379, 381, 395, 398, 403, 412, 413, 429, 453, 479, 480, 481, 484
上産	135, 136, 137, 138, 139, 140, 343, 363, 364, 367, 369, 379, 381, 394, 395, 396, 399, 405, 410, 411, 413, 420, 427, 429, 454, 456, 480, 482
上銑	142, 143, 144, 145, 146, 147, 148, 149, 150, 344, 345, 360, 362, 364, 365, 366, 368, 370, 373, 381, 394, 397, 398, 403, 405, 411, 412, 414, 417, 479, 484
上篠	152, 153, 154, 155, 156, 157, 158, 159, 347, 360, 364, 365, 366, 377, 395, 397, 409, 410, 411, 419, 431, 432, 452, 453, 480
上養	183, 184, 186, 187, 188, 189, 190, 191, 192, 193, 194, 352, 362, 363, 364, 365, 368, 370, 379, 380, 381, 395, 398, 399, 402, 409, 412, 413, 419, 427, 429, 452, 455, 479, 485
上語	84, 86, 87, 88, 333, 360, 362, 369, 370, 371, 372, 394, 396, 397, 409, 410, 411, 419, 479, 482, 483
上演	145, 345, 373, 397, 411, 484
上琰	236, 237, 238, 239, 240, 241, 359, 361, 369, 374, 376, 377, 397, 398, 411, 412, 427, 445, 446, 466, 467, 481
上有	213, 214, 215, 216, 217, 218, 219, 356, 360, 361, 365, 366, 367, 368, 369, 371, 376, 394, 395, 397, 398, 400, 401, 409, 412, 417, 427, 483
詳倫	122, 370, 482
上者	180, 351, 396, 410, 482
相容	65, 328, 435, 436, 448
想姉	65, 436, 449
詳子	66, 329, 369, 370,

 사성통해의 음운학적 연구

	379, 396, 436, 437, 449, 482		405, 406, 415, 428, 433, 479, 480, 484, 485	笙	207, 304, 402, 430
詳妓	66, 435, 448	桑轄	136, 343	甠	207, 304, 402, 430
裳灼	191, 352, 353, 373, 456, 484	上解	96, 97, 98, 99, 100, 335, 360, 374, 395, 401, 409, 414, 417, 422, 428, 430, 432, 456, 482, 484, 485	鉎	207, 304, 402, 430
桑在	335, 98			撕	65, 80, 247, 250, 309, 316, 328, 331, 404, 435, 448, 457
上薺	75, 76, 77, 78, 79, 80, 81, 331, 361, 363, 364, 366, 369, 403, 404, 414, 417, 433, 457	上賄	103, 104, 105, 106, 107, 108, 109, 337, 360, 361, 365, 368, 371, 374, 377, 394, 397, 398, 406, 411, 412, 415, 422, 433, 479	篩	71, 293, 302, 317, 428, 430, 438, 451, 483
上紙	65, 66, 67, 68, 69, 70, 71, 72, 73, 329, 330, 362, 365, 367, 368, 369, 370, 371, 372, 373, 375, 376, 379, 395, 396, 397, 398, 400, 401, 409, 410, 411, 413, 422, 428, 430, 436, 437, 449, 450, 455, 479, 480, 482, 483, 484	璽	80, 308, 309, 403, 414, 457	簁	71, 293, 302, 317, 428, 430, 438, 451, 483
		塞	98, 255, 336	噬	72, 293, 302, 317, 428, 430, 438, 451, 483
		塞	206, 273, 304, 355, 402, 455	栖	80, 309, 318, 320, 384, 387, 404, 457
		索	207, 274, 304, 314, 355, 402, 455, 459	棲	80, 309, 318, 320, 384, 387, 404, 457, 457
		色	207, 304, 314, 402, 455, 459	壻	80, 309, 404, 457
上軫	111, 112, 113, 114, 338, 369, 370, 372, 375, 400, 407, 413, 423, 427, 459, 481, 483	嗇	207, 304, 402, 455	犀	80, 309, 404, 457
		穡	207, 304, 402, 455	婿	80, 309, 404, 457
		槭	207, 304, 402, 455	西	80, 309, 404, 457, 457
裳隻	200, 354, 355, 373, 397, 484	濇	207, 304, 402, 455	湑	85, 318, 319, 385
上寢	221, 223, 224, 225, 357, 362, 365, 372, 377, 397, 435, 440, 460, 461, 479, 484	色角	187, 352, 429	絮	85, 86, 88, 289, 291, 297, 298, 369, 371, 377
		色入	221, 357		
		色窄	207, 355, 402, 455, 459	紓	86, 292, 318, 319, 384, 385, 419
桑何	169, 348, 349, 399, 413, 454	牲	207, 304, 304, 402, 430	抒	86, 292, 397, 411, 419
上旱	126, 127, 128, 129, 130, 131, 132, 133, 341, 360, 364, 366, 368, 375, 381, 399,	生	207, 304, 318, 320, 385, 388, 402, 430, 431	鉏	92, 93, 290, 291, 370, 372, 396, 483
		甥	207, 304, 402, 430	耡	93, 93, 318, 319, 384, 387
				鋤加	175, 349, 350, 372, 483

鋤交	163, 347	饍	145, 146, 319, 320, 386, 388		465, 468, 479, 480, 482, 483, 484
舒救	218	譔	145, 149, 307, 310, 381, 403, 404, 415	銑	72, 80, 108, 112, 113, 114, 119, 122, 123, 124, 127, 129, 137, 169, 197, 198, 200, 249, 250, 256, 257, 258, 259, 260, 261, 263, 264, 268, 272, 278, 279, 330, 331, 337, 338, 340, 341, 342, 343, 344, 345, 349, 353, 354, 394
鉏買	98, 482				
鉏山	137, 342				
舒贍	239, 411, 446, 447, 467	嬋	145, 292, 397, 411, 483		
徐心	223, 357, 439, 440, 460	蟬	145, 292, 397, 411, 483, 483		
徐廉	238, 359, 370, 444, 445, 465, 482	扇	145, 318, 320, 385, 387		
徐盈	199, 419, 482	煽	145, 318, 320, 385, 387		
書容	59, 327, 372, 403, 432, 453, 456	旋	148, 318, 320, 385, 387		
鋤簪	221, 439, 459	鏇	148, 318, 320, 385, 387	先	75, 86, 88, 112, 113, 114, 121, 123, 126, 127, 129, 132, 135, 136, 137, 138, 139, 140, 144, 198, 202, 210, 250, 252, 257, 258, 259, 260, 261, 262, 263, 272, 273, 278, 279, 318, 320, 331, 333, 338, 340, 341, 342, 343, 344, 353, 354, 384, 387, 409
書征	200				
鉏中	55, 327				
鉏臻	116, 372, 483	選	148, 319, 320, 386, 388		
徐嗟	180, 370, 482				
鋤咸	230, 371, 397, 411, 441, 442, 461, 482	禪	55, 71, 86, 113, 145, 146, 247, 248, 252, 259, 263, 265, 269, 270, 271, 272, 273, 274, 276, 292, 293, 301, 302, 304, 306, 328, 329, 333, 341, 345, 346, 351, 352, 353, 354, 355, 357, 360, 362, 364, 370, 371, 372, 373, 376, 377, 379, 380, 396, 397, 398, 400, 411, 412, 413, 414, 417, 418, 419, 420, 427, 428, 429, 430, 432, 436, 436, 437, 438, 439, 440, 444, 445, 448, 449, 450, 451, 453, 454, 455, 456, 459, 460, 461,		
奭	200, 201, 292, 294, 372, 374				
石	96				
石蓋	96, 255, 277, 336				
席入	223, 357				
石遮	180, 351, 397, 419, 484				
煠	127, 145, 260, 293, 299, 319, 320, 341, 342, 386, 388, 397, 399, 411, 429, 484			先諫	136
				先見	144
				先結	144, 345, 346, 369
				先代	98, 336
羨	144, 147, 289, 296, 370, 376, 482			先到	163
				先了	156, 431
鮮	144, 318, 319, 384, 385			先野	180
				先齊	80, 331, 404, 457
善	145, 146, 319, 320, 386, 388			先彫	156, 346, 369, 431
				先奏	215, 356, 357, 369
膳	145, 146, 319, 320, 386, 388			先侯	215, 355
				齧	142, 282, 409

	熠 224, 294, 397, 411	屍 70, 292, 302, 316, 428, 430, 436, 449
397, 411, 428, 432, 434	慴 237, 239, 283, 290, 363, 370	蓍 70, 292, 302, 316, 428, 430, 436, 449
淑 60, 292, 397, 411, 428	乘 200, 292, 293, 372, 373, 483, 484	詩 70, 292, 302, 316, 428, 430, 436, 449
純 117, 122, 284, 290, 293, 301, 307, 364, 379, 381, 453, 480, 483, 484	丞 200, 292, 397, 483	屎 70, 292, 302, 316, 428, 430, 437, 450
盾 117, 124, 284, 297, 298, 301, 364, 377, 379, 398, 412, 480	承 200, 292, 397, 483	矢 70, 292, 302, 316, 428, 430, 437, 450
恂 121, 122, 318, 320, 384, 387	繩 200, 293, 397, 411, 419, 484	豕 70, 292, 302, 316, 428, 430, 437, 450
洵 121, 289, 396	勝 200, 318, 320, 385, 388	始 70, 71, 292, 302, 316, 320, 386, 428, 430, 437, 438, 449, 451
楯 122, 124, 293, 298, 373, 377, 397, 398, 412, 484	僧 206, 304, 402, 430	施 70, 71, 73
眴 122, 149, 259, 264, 340, 345	譬 206, 304, 402, 430	釃 70, 80, 93, 247, 250, 292, 302, 308, 309, 316, 328, 331, 333, 400, 403, 413, 414, 428, 430, 436, 449, 457
屑 122, 293, 397, 411, 453, 484	承與 86	
順 122, 293, 397, 484	升人 113, 372	
淳 122, 293, 453, 484	承呪 218	
蓴 122, 293, 453, 484	丞眞 113, 397, 411, 453, 484	鍉 71, 197, 248, 273, 293, 302, 316, 329, 354, 428, 430, 436, 449, 453, 455, 468, 483, 484
醇 122, 293, 453, 484	柿 142, 265, 346	
錞 122, 293, 453, 484	厮 65, 316, 435, 448	
鶉 122, 293, 453, 484	緦 65, 316, 436, 448	弑 71, 292, 293, 302, 316, 317, 319, 384, 428, 430, 438, 451, 483
旬緣 148, 344	澌 65, 65, 80, 247, 249, 250, 309, 316, 318, 319, 328, 330, 331, 384, 387, 404, 435, 438, 450, 457	
旬威 106, 370, 482		
述 122, 293, 293, 397, 411, 484		試 71, 292, 302, 316, 428, 430, 438, 451
術 122, 293, 397, 484	偲 65, 97, 247, 253, 316, 328, 335, 436, 448	啻 71, 292, 302, 316, 428, 430, 438, 451
絾 57, 307, 432	兕 66, 316, 437, 449	視 71, 293, 302, 316, 317, 319, 320, 386, 388, 428, 430, 437,
崧 57, 307, 432	翅 66, 71, 292, 302, 316, 372, 380, 428, 430, 437, 438, 450	
嵩 57, 307, 432		
菘 57, 307, 432	示 66, 72, 282, 293, 302, 317, 362, 373, 397, 430, 438, 451, 479, 483, 484	
褶 223, 237, 239, 276, 278, 283, 290, 357, 359, 363, 370	尸 70, 292, 302, 316, 428, 430, 436, 449	

	438, 450, 451, 483		428, 430, 451, 483		384, 387, 428, 430,
市	71, 293, 302, 316,	蒔	71, 302, 316, 318,		436, 438, 448, 451
	317, 319, 388, 428,		387, 430, 436	視	293
	430, 437, 438, 449,	諡	72, 302, 317, 430,	鍉	302
	451, 483		438, 451	蝕	200, 293, 397, 484
是	71, 293, 302, 316,	枲	80, 308, 309, 403,	食	65, 73, 200, 249,
	319, 388, 428, 430,		414, 457		273, 289, 293, 296,
	437, 450, 483	嘶	80, 309, 404, 457		302, 316, 330, 331,
翅	71, 293, 302, 316,	始九	218		354, 369, 376, 380,
	373, 428, 430, 436,	時亮	191, 373, 484		397, 438, 451, 484
	449, 483, 484	尸連	145, 373	埴	66, 200, 249, 273,
時	71, 293, 302, 316,	時吏	71, 373, 380, 397,		291, 316, 331, 354,
	428, 430, 436, 448,		400, 411, 413, 428,		438, 451
	483		430, 438, 451, 483,	識	70, 200, 249, 273,
匙	71, 293, 302, 316,		484		316, 330, 354, 438,
	428, 430, 436, 449,	時召	157, 373, 432, 484		451
	453, 455, 468, 483,	始紹	157, 431	植	70, 200, 249, 273,
	484	尸昭	157, 431		316, 331, 354, 438,
柢	71, 293, 302, 316,	市沼	157, 432		451
	428, 430, 436, 449,	尸羊	190, 372, 380	食角	187, 397, 411, 484
	483	詩廉	239, 444, 465	息據	85, 369
坿	71, 293, 302, 316,	是酉	218, 397, 483	息救	217, 356, 369
	428, 430, 436, 449,	時刃	113	式軌	107, 337
	483	時壬	224, 357, 439, 453,	式禁	224, 440, 461
恃	71, 293, 302, 316,		460, 484	息亮	189
	428, 430, 437, 449,	是掌	191	息良	189, 369
	483	時戰	146, 373, 484	式亮	190, 372
諟	71, 293, 302, 316,	時占	239, 373, 444, 445,	食列	146, 346, 373, 484
	428, 430, 437, 450,		465, 483	食龍	307, 403, 414, 432
	483	時征	200, 372, 397, 483	食律	122, 341, 373, 397,
柿	71, 293, 302, 317,	時正	200, 373, 411, 484		411, 483, 484
	319, 388, 397, 400,	詩止	70, 400, 413, 428,	息約	189, 407, 447, 456
	411, 413, 428, 430,		430, 437, 449, 450	息緣	148, 396
	437, 438, 450, 451,	時鳩	224, 397, 440, 455,	息勇	58, 432
	483, 484		461, 484	息委	106, 337
豉	71, 293, 302, 317,	詩遮	180, 351	息有	217, 356
	428, 430, 438, 451,	施隻	200, 354, 372, 292,	食閏	122, 373, 397, 483,
	483		293, 296, 302, 316,		484
侍	71, 293, 302, 317,		318, 319, 373, 376,	式茌	224, 357, 372, 440,

 사성통해의 음운학적 연구

461
息入　223, 396, 410, 419
式灼　190, 402, 407, 447, 456
息暫　230, 443, 464
式戰　145
息正　199
息井　199, 380
式正　200
式竹　59, 397, 411, 428, 432, 434
息中　57, 396, 403, 410, 420, 432
息漬　65, 330, 369, 400, 410, 437, 438, 452, 455
式至　71, 372, 373, 380, 400, 428, 430, 438, 451
式質　113, 397, 411
食枕　224, 397, 440, 461, 484
式針　224, 439, 460
盡　113, 288, 396, 410, 482
贐　113, 288, 396, 410, 482
娠　113, 290, 292, 371, 372
臣　113, 292, 397, 411, 483, 483
神　113, 293, 397, 411, 484
神陵　200, 353, 397, 411, 419, 484
神夜　180, 351, 373, 484
新於　85, 332
神六　55, 328, 373, 400, 411, 413, 417, 418, 419, 420, 429, 453, 454, 459, 483, 484
申之　70, 328, 329, 373, 400, 413, 428, 430, 436, 448, 449
實　113, 292, 292, 397, 411
失涉　239, 359, 373, 411
實照　157, 373, 373, 432, 483, 484
失照　157, 432
失丹　239, 359, 397, 411, 446, 466, 467
悉則　206, 355, 402, 455
悉合　230, 358
沁　222, 227, 231, 276, 278, 279, 315, 357, 358, 359, 440, 461
燖　223, 238, 276, 277, 315, 357, 359, 440, 445, 465
尋　223, 315, 439, 460
潯　223, 315, 439, 460
鐔　223, 315, 439, 460
沈　224, 228, 292, 315, 372, 440, 442, 461, 463
甚　224, 293, 302, 315, 316, 319, 320, 385, 389, 397, 440, 455, 461, 484
甚　224, 293, 315, 397, 440, 461, 484
諶　224, 293, 315, 439, 453, 460, 484
深　224, 315, 318, 388, 460
心　55, 57, 65, 80, 85, 92, 97, 106, 222, 247, 249, 250, 251, 253, 254, 255, 256, 260, 262, 263, 264, 265, 265, 266, 267, 268, 269, 271, 273, 274, 275, 276, 300, 301, 302, 304, 306, 307, 308, 309, 310, 311, 312, 315, 328, 330, 331, 332, 334, 335, 336, 337, 341, 343, 344, 345, 346, 347, 348, 349, 351, 353, 354, 355, 356, 357, 358, 363, 364, 368, 369, 370, 371, 374, 375, 376, 377, 379, 380, 381, 396, 397, 399, 400, 402, 403, 404, 406, 407, 410, 411, 413, 414, 419, 420, 427, 428, 430, 431, 432, 434, 435, 436, 437, 437, 438, 439, 441, 442, 443, 444, 445, 446, 447, 448, 449, 450, 451, 452, 454, 455, 456, 457, 458, 460, 461, 462, 463, 464, 465, 466, 467, 483, 485
審　55, 59, 70, 86, 93, 98, 107, 113, 223, 246, 247, 248, 252, 253, 254, 255, 256, 257, 259, 262, 264, 266, 268, 269, 270, 271, 272, 273, 274,

	276, 277, 278, 299, 301, 302, 304, 305, 306, 307, 312, 315, 327, 328, 329, 333, 334, 335, 336, 337, 338, 340, 343, 346, 347, 350, 351, 352, 353, 354, 355, 357, 358, 359, 361, 362, 363, 368, 369, 371, 372, 373, 374, 375, 376, 379, 380, 396, 397, 397, 397, 397, 399, 400, 402, 403, 406, 407, 410, 411, 413, 415, 417, 419, 427, 431, 432, 434, 435, 436, 437, 438, 439, 440, 441, 442, 443, 444, 446, 447, 449, 450, 451, 453, 455, 456, 459, 460, 461, 462, 463, 464, 465, 466, 467, 484, 485	莪	167, 282, 300, 399, 427, 454		407, 447
雙	186, 299, 299, 399, 429	蛾	167, 282, 300, 399, 427, 454	鍔	187, 296, 316, 398, 407, 447
慅	186, 299, 399, 429	餓	167, 282, 300, 399, 427, 454	鰐	187, 296, 316, 398, 407, 447
氏	69, 71, 290, 293, 301, 302, 316, 371, 373, 428, 430, 436, 437, 449, 450, 483, 484	鵝	167, 282, 300, 399, 427, 454	咢	187, 296, 316, 398, 407, 447
		哦	167, 282, 300, 399, 427, 454	噩	187, 296, 316, 398, 407, 447
		俄	167, 282, 300, 399, 454	腭	187, 296, 316, 398, 407, 447
		阿	170, 300, 429	萼	187, 296, 316, 398, 407, 447
		娿	170, 300, 454	諤	187, 296, 316, 398, 407, 447
		疴	170, 300, 454	鶚	187, 296, 316, 398, 407, 447
		啞	176, 208, 269, 273, 304, 350, 355, 402	鱷	187, 296, 316, 398, 407, 447
		牙	176, 282, 395, 427	幄	191, 306, 456
		芽	176, 282, 395, 427	握	191, 306, 456
		衙	176, 282, 395, 427	渥	191, 306, 456
		訝	176, 282, 395, 427	齷	191, 306, 456
		雅	176, 282, 395, 427	偓	191, 306, 456
		砑	176, 282, 395, 427	喔	191, 306, 456
		迓	176, 282, 395, 427	樂	192, 271, 296, 297, 305, 306, 353, 376, 380, 412, 456
		兒	73, 81, 247, 250, 302, 309, 317, 328, 331, 404, 430, 436, 448, 457	嶽	192, 296, 306, 398, 412, 456
		阿葛	127, 342, 400	岳	192, 296, 306, 412, 456
		牙八	138, 343, 403, 427, 435	鄂格	208, 402, 428, 434, 453, 455, 459
		俄寒	126, 394, 399, 427, 429	岸	126, 282, 282, 299, 394, 399, 427, 429
娥	167, 282, 300, 399, 427, 454	鴉蟹	100, 456	犴	126, 282, 299, 318, 319, 384, 387, 394, 399, 427, 429
峨	167, 282, 300, 399, 427, 454	惡	187, 271, 294, 299, 352, 453		
我	167, 282, 300, 399, 427, 454	愕	187, 296, 316, 398, 407, 447		
		鄂	187, 296, 316, 398,		

安	126, 299, 399, 429		444, 463, 464		350, 395, 398, 412,
鞍	126, 299, 399, 429	唵	231, 315, 318, 319,		414, 422, 427, 456
按	127, 299, 300, 321,		384, 386, 442, 443,	崖	73, 100, 176, 248,
	389, 399, 400, 429		463, 464		254, 268, 282, 296,
案	127, 299, 399, 429	諳	231, 315, 441, 461		297, 308, 329, 335,
眼	138, 282, 305, 394,	庵	231, 315, 441, 462		349, 350, 395, 398,
	427, 456	腤	231, 315, 442, 462		412, 414, 422, 427,
雁	138, 282, 305, 394,	罨	231, 315, 443, 463		456
	427, 456	暗	231, 315, 444, 464	涯	73, 100, 176, 248,
顔	138, 282, 305, 394,	巖	233, 240, 276, 277,		254, 268, 282, 296,
	427, 456		283, 305, 314, 315,		297, 308, 329, 335,
關	127, 146, 261, 263,		358, 359, 427, 435,		349, 350, 395, 398,
	265, 300, 318, 320,		442, 445, 456, 463,		412, 414, 422, 427,
	342, 344, 346, 385,		466		456
	389, 400	黯	233, 305, 315, 443,	騃	96, 282, 303, 409,
遏	127, 300, 400		455, 456, 464		414
頞	127, 300, 400	押	233, 280, 293, 360,	優	98, 248, 254, 329,
斡	128, 132, 280, 293,		373		335, 72
	311, 316, 360, 373,	仰	183, 282, 299, 395,	唉	98, 294, 373, 374
	405, 406, 458, 468		399, 409, 413, 427,	欸	98, 318, 319, 384,
遏各	187, 352, 453, 453		429		385
遏合	231, 358, 359, 453,	決	187, 191, 299, 305,	靄	98, 319, 320, 386,
	454, 459		379, 380		388
頷	227, 232, 282, 283,	軮	191, 318, 319, 384,	藹	98, 319, 320, 386,
	295, 314, 315, 362,		386		388
	375, 427, 435, 442,	快	191, 320, 386, 389	阨	100, 208, 208, 255,
	463, 485	暀	100, 282, 296, 297,		273, 294, 304, 308,
菴	231, 240, 276, 277,		308, 362, 375, 381,		336, 355, 402, 456
	315, 318, 319, 320,		412, 414, 422, 427,	額	208, 296, 303, 304,
	358, 359, 384, 385,		456		314, 402, 428, 434,
	386, 387, 388, 389,	隘	100, 294, 308, 456		453, 455, 459
	442, 443, 444, 445,	挓	100, 296, 297, 308,	餲	208, 304, 402
	462, 463, 464, 466		412, 414, 422, 456	厄	208, 304, 402
唵	231, 240, 277, 278,	靉	72, 98, 248, 254,	扼	208, 304, 402
	315, 358, 359, 442,		319, 320, 329, 335,	戹	208, 304, 402
	446, 463, 467		386, 388	搤	208, 304, 402
闇	231, 315, 318, 319,	厓	73, 100, 176, 248,	約	157, 191, 266, 271,
	384, 385, 386, 387,		254, 268, 296, 297,		306, 347, 352, 432,
	388, 389, 442, 443,		308, 329, 335, 349,		456

燠	60, 164, 246, 267, 328, 348	源	148, 150, 296, 318, 387, 412, 422		385
煜	60, 224, 247, 276, 328, 357	遠	148, 319, 320, 386, 388	褘	108, 109, 295, 312, 374, 382, 406, 415
云	123, 307, 403	湲	150, 263, 296, 344, 412	尉	108, 123, 256, 259, 337, 340
殞	123, 307, 403	元	150, 296, 296, 412, 422	偉	108, 294, 397, 422
耘	123, 307, 403	原	150, 296, 296, 412, 422	瑋	108, 294, 397, 422
芸	123, 307, 403	圓	150, 296, 412	葦	108, 294, 397, 422
蕓	123, 307, 403	園	150, 296, 412	薳	108, 294, 397, 422
運	123, 307, 403	垣	150, 296, 412	煒	108, 294, 397, 422
隕	123, 307, 403	爰	150, 296, 412	韙	108, 294, 397, 422
雲	123, 307, 403	猿	150, 296, 412	韡	108, 294, 397, 422
韻	123, 307, 403	轅	150, 296, 412	爲	109, 318, 320, 384, 387
沄	123, 307, 403	楥	150, 296, 412	飢	75
篔	123, 307, 403	援	150, 296, 412	爲命	211, 398, 404, 458
紜	123, 307, 403	嫄	150, 296, 412, 422	委粉	122, 340, 381
云九	218, 376, 398, 412	沅	150, 296, 412, 422	壝	108, 109, 294, 297, 312, 318, 320, 374, 376, 384, 387, 406, 415, 422
雲俱	87, 332, 333	芫	150, 296, 412, 422		
蔚	108, 123, 256, 259, 337, 340	騵	150, 296, 412, 422	唯	108, 256, 294, 312, 337, 406, 415, 422
雄皆	100, 374, 456, 484	薳	150, 296, 412, 422	鮪	108, 294, 294, 397, 422
苑	122, 149, 259, 263, 340, 344	爰救	218, 357, 376, 398, 412	洧	108, 294, 397, 422
員	123, 150, 258, 259, 263, 296, 307, 318, 320, 340, 344, 384, 387, 403, 412	越	133, 148, 261, 265, 311, 342, 346, 406	遺	109, 248, 256, 302, 303, 312, 329, 337, 401, 406
蜿	132, 149, 260, 263, 311, 318, 319, 341, 344, 345, 384, 385, 406	越逼	210, 362, 381, 394, 395, 404, 409, 414, 452, 458, 459	糅	216, 219, 285, 297, 365, 377
		喟	103, 312, 406	蝓	217, 218, 288, 296, 369, 376, 482
洹	132, 295, 311, 406, 428, 485	餧	104, 108, 285, 294, 365, 373	楢	218, 219, 318, 319, 320, 384, 386, 387
園	140, 150, 261, 263, 342, 344, 412	委	107, 108, 318, 319, 320, 384, 385, 386, 387	猶	218, 219, 318, 320, 385, 388
媛	148, 150, 282, 296, 362, 375, 412	痿	107, 109, 294, 298, 374, 377	揄	218, 274, 296, 355, 398, 412
援	148, 150, 282, 296, 362, 375, 412	萎	107, 318, 319, 384,		

悠	218, 294, 397, 411, 422
攸	218, 294, 397, 411, 422
迪	218, 296, 398
圍	219, 296, 398, 412
揉	219, 318, 319, 320, 384, 385, 386, 387, 388, 389
蹂	219, 318, 319, 320, 384, 385, 386, 387, 388, 389, 418
宥	53, 54, 55, 56, 58, 59, 60, 84, 87, 92, 109, 158, 159, 162, 187, 198, 219, 246, 251, 252, 253, 256, 257, 265, 266, 272, 274, 275, 278, 279, 296, 327, 328, 333, 335, 337, 338, 346, 347, 353, 355, 356, 357, 398, 412
有	57, 67, 68, 85, 91, 92, 105, 152, 161, 184, 218, 219, 247, 249, 252, 253, 256, 265, 266, 270, 275, 278, 279, 296, 319, 320, 328, 330, 333, 334, 337, 347, 352, 356, 387, 389, 398, 412
柚	59, 219, 247, 275, 292, 307, 314, 328, 357, 403, 432, 434, 453, 456, 459, 483
喩	60, 72, 81, 87, 100, 109, 114, 246, 247, 248, 249, 250, 251, 254, 256, 257, 258, 259, 263, 264, 265, 270, 271, 273, 274, 275, 276, 277, 278, 302, 303, 304, 305, 306, 307, 308, 309, 310, 312, 327, 328, 329, 330, 331, 332, 333, 335, 337, 338, 339, 340, 344, 345, 346, 351, 353, 354, 355, 356, 357, 359, 361, 362, 363, 364, 366, 368, 369, 370, 371, 372, 373, 374, 375, 376, 377, 380, 381, 382, 394, 397, 398, 400, 401, 402, 403, 404, 406, 407, 408, 409, 411, 412, 413, 414, 415, 417, 419, 420, 421, 422, 423, 427, 428, 432, 433, 434, 439, 444, 445, 446, 447, 452, 453, 455, 456, 457, 458, 459, 460, 465, 466, 467, 479, 480, 482, 483, 484, 485
臾	60, 87, 246, 251, 327, 332
侑	69, 219, 296, 302, 303, 398, 401, 412, 455
惟	69, 248, 302, 303, 329, 401, 455
維	69, 302, 303, 401, 455
褕	87, 158, 251, 265, 306, 332, 346, 432
窬	87, 213, 251, 275, 333, 357
瘉	87, 319, 320, 386, 388
乳	88, 319, 320, 386, 388
庾頃	201, 398, 400, 412, 413
乳充	150, 344, 345
乳允	124, 340, 377, 398, 412
酉氏	77
儒轉	150
肉	56, 219, 247, 275, 301, 314, 328, 357, 400, 413, 417, 418, 454, 459
尹	114, 302, 400, 413
尹竦	60, 327, 375, 376, 381, 422
潚	122, 123, 147, 259, 264, 293, 307, 341, 346, 373, 403, 411, 484
矞	123, 295, 307, 374, 403
聿	123, 307, 403
狨	61
戎	61, 307, 432
絨	61, 307, 432
垠	111, 116, 257, 258, 282, 338, 339, 427
斷	111, 257, 282, 314, 338, 427, 434
闇	111, 282, 427
銀	111, 282, 427
听	111, 282, 427

訑	72, 168, 248, 300, 329, 400, 413, 454	移廉	240, 359, 444, 445, 465, 466	弋笑	158, 432	
夷	72, 247, 328	而琰	241, 446, 467	益悉	114, 339	
洟	72, 77, 247, 250, 308, 328, 332, 403, 457	伊堯	157, 346, 432	弋灼	192, 353, 376, 380, 398, 403, 408, 412, 447, 456
		而遇	88		
迆	73, 168, 249, 267, 300, 348, 454	而由	219	弋渚	87
		而六	56, 328, 400, 413, 417, 418, 454, 459	弋質	114, 339
巳	73, 248, 296, 329, 376	夷益	201, 354, 355, 376, 380, 398, 428, 434	寅	111, 282, 394, 422, 427
易	73, 249, 331	以忍	114, 338, 375, 400, 413	夤	111, 282, 394, 422, 427
珥	73, 302, 317, 319, 320, 386, 388, 430, 437, 438, 450, 451			咽	146, 318, 387, 389
		爾者	181, 351	忍九	219
餌	73, 302, 317, 319, 320, 386, 388, 430, 437, 450, 451	移章	191	寅射	181, 351, 376
		伊甸	146	忍甚	222, 225, 365, 377, 440, 460, 461
		而占	241, 359, 444, 445, 465, 466	人余	377
而	73, 302, 317, 430, 436, 449	離呈	202, 353, 380, 420	忍與	88, 333
耳	73, 302, 317, 430, 437, 449	伊鳥	157, 347, 397, 411, 432, 453	人要	159, 432
		以中	60, 376, 398, 403	忍止	73, 430, 437, 449, 450
爾	73, 302, 317, 430, 437, 450	而中	61, 398, 412, 417, 432	因扁	146, 344, 374
邇	73, 302, 317, 430, 437, 450	以智	73, 330, 331, 376, 380	軼	114, 143, 258, 264, 339, 346
二	73, 302, 317, 430, 438, 451	而至	73, 430, 438	日	56, 61, 73, 87, 109, 247, 252, 259, 262, 263, 265, 270, 271, 275, 277, 301, 302, 305, 306, 307, 328, 333, 340, 344, 345, 346, 351, 353, 357, 359, 364, 365, 369, 370, 371, 373, 374, 377, 380, 397, 398, 400, 409, 411, 412, 413, 417, 418, 422, 428, 430, 432, 434, 435, 436, 437, 438, 439, 440, 441, 444,
		伊眞	113, 338		
羨	77, 250, 308, 331, 404, 457	夷斟	224, 357, 439, 460		
		以淺	146, 344, 398, 403, 412, 414		
以兩	191				
而隴	61, 432	以卄	240, 376, 398, 412, 446, 466, 467		
以律	123, 375, 376, 403				
伊昔	201, 354	而豔	241		
而宣	150, 344, 344	溺	154, 197, 266, 273, 306, 347, 355, 431		
以瞻	241, 446, 447, 467				
爾紹	159, 377, 432	鷁	201, 296, 314, 428, 434		
夷然	146, 344, 376, 381, 398, 403, 412, 414, 422	弋涉	241, 359, 375, 376, 376, 412, 419, 422		

445, 446, 448, 449,
450, 451, 454, 455,
456, 459, 460, 461,
465, 466, 467, 480,
482, 484

一決　149, 346, 373

一笑　157, 347, 432

一入　224, 357, 373, 397,
411

日執　225, 430, 435, 455,
459

恁　222, 225, 285, 297,
315, 319, 365, 377,
389, 440, 460, 461

賃　222, 315, 440, 461

衽　225, 315, 315, 319,
320, 387, 389, 440,
441, 461

任　225, 315, 318, 320,
385, 388, 439, 440,
460, 461

紝　225, 315, 318, 320,
385, 388, 439, 441,
460, 461

壬　225, 315, 439, 460

姙　225, 315, 440, 461

稔　225, 315, 440, 461

荏　225, 315, 440, 461

飪　225, 315, 440, 461

妊　225, 315, 441, 461

入　117, 135, 142, 146,
192, 198, 203, 225,
231, 236, 302, 314,
318, 319, 320, 321,
385, 387, 389, 430,
435, 455, 459, 468

入曷　126, 127, 128, 129,
130, 131, 132, 133,
342, 360, 364, 365,

366, 367, 368, 373,
375, 394, 395, 400,
405, 406, 418, 458,
467, 468, 480, 484

入陌　196, 197, 198, 199,
200, 201, 202, 203,
204, 205, 206, 207,
208, 209, 210, 211,
354, 355, 361, 362,
363, 364, 365, 366,
370, 371, 372, 373,
374, 375, 376, 379,
380, 381, 382, 394,
395, 396, 397, 398,
400, 401, 402, 404,
406, 409, 410, 411,
414, 415, 417, 427,
428, 431, 431, 433,
434, 452, 453, 455,
458, 459, 480, 482,
483, 484, 485

入勿　116, 117, 118, 119,
120, 121, 122, 123,
124, 340, 341, 360,
361, 362, 363, 366,
367, 368, 373, 374,
375, 376, 377, 379,
381, 394, 395, 396,
397, 398, 400, 403,
409, 410, 411, 412,
413, 414, 419, 427,
429, 435, 452, 456,
467, 479, 481, 483,
484, 485

入屑　142, 143, 144, 145,
146, 147, 148, 149,
345, 346, 360, 361,
362, 365, 366, 369,
370, 371, 372, 373,

375, 381, 396, 405,
409, 410, 419, 420,
422, 452, 458, 468,
479, 480, 483, 484

入藥　183, 184, 185, 186,
187, 188, 189, 190,
191, 192, 193, 352,
353, 360, 361, 362,
363, 365, 366, 368,
369, 370, 372, 373,
374, 376, 377, 379,
380, 381, 383, 394,
396, 397, 398, 399,
402, 403, 405, 407,
408, 411, 412, 420,
427, 429, 431, 435,
447, 448, 452, 453,
455, 456, 458, 467,
479, 480, 481, 483,
484

入葉　236, 237, 238, 239,
240, 241, 359, 359,
361, 363, 365, 368,
369, 370, 371, 372,
373, 375, 376, 381,
409, 411, 412, 419,
422, 481, 482, 483,
485

入屋　52, 53, 54, 55, 56,
57, 58, 59, 60, 327,
328, 361, 362, 363,
364, 367, 370, 371,
373, 374, 375, 376,
377, 379, 381, 395,
396, 397, 400, 403,
410, 411, 413, 417,
418, 419, 420, 427,
428, 429, 432, 434,
452, 453, 454, 456,

459, 479, 480, 481, 482, 483, 484

入質 111, 112, 113, 114, 339, 365, 366, 394, 395, 397, 400, 410, 411, 427, 435, 480

入緝 221, 222, 223, 224, 225, 357, 368, 371, 372, 373, 394, 396, 397, 398, 400, 409, 410, 411, 419, 421, 430, 435, 455, 459, 479, 483

入轄 135, 136, 137, 138, 140, 343, 363, 364, 398, 399, 403, 405, 411, 413, 427, 433, 435, 480, 485

入合 227, 228, 229, 230, 231, 232, 233, 234, 358, 359, 360, 361, 362, 363, 364, 368, 373, 375, 379, 380, 383, 399, 413, 429, 435, 453, 454, 459, 480, 485

孕 114, 201, 257, 273, 314, 339, 354, 407, 415, 423

仍 202, 314, 434

孕證 201, 354

藉 180, 199, 270, 274, 289, 351, 355, 396, 410, 422, 482

蔗 199, 200, 201, 206, 270, 274, 279, 351, 355

觜 64, 106, 248, 256, 316, 329, 337, 435, 448

玆 64, 287, 316, 367, 436, 448

茲 64, 287, 316, 396, 410, 438, 450

訾 64, 316, 318, 319, 384, 385, 435, 437, 448, 449

仔 64, 316, 318, 319, 384, 385, 436, 437, 448, 449

吝 64, 316, 435, 448

諮 64, 316, 435, 448

資 64, 316, 435, 448

雌 64, 316, 435, 448

貲 64, 316, 435, 448

顡 64, 316, 435, 448

髭 64, 316, 435, 448

委 64, 316, 436, 448

孜 64, 316, 436, 448

滋 64, 316, 436, 448

粢 64, 316, 436, 448

鎡 64, 316, 436, 448

子 64, 316, 436, 449

籽 64, 316, 436, 449

紫 64, 316, 437, 449

呰 64, 316, 437, 449

恣 64, 316, 437, 450

疵 64, 65, 287, 288, 316, 318, 319, 367, 369, 384, 385, 396, 410, 436, 437, 448, 449, 481

莘 64, 65, 287, 288, 316, 367, 369, 436, 438, 448, 450, 481

兹 64, 65, 288, 316, 369, 435, 436, 448, 481

訾 64, 80, 98, 249, 251, 254, 287, 309, 316, 330, 332, 335, 336, 395, 404, 410, 438, 450, 457

刺 65, 199, 249, 273, 316, 330, 354, 438, 450

慈 65, 316, 435, 448

瓷 65, 316, 435, 448

疵 65, 316, 435, 448

磁 65, 316, 435, 448

茨 65, 316, 436, 448

字 65, 316, 437, 450

自 65, 316, 437, 450

牸 65, 316, 438, 450

莿 65, 316, 438, 450

者 85, 180, 192, 251, 252, 270, 271, 278, 279, 319, 332, 333, 351, 353, 468

者各 186, 353

子感 229, 358, 442, 443, 463, 464

子計 79, 332, 404, 457

子括 131, 367, 406

子口 215

子念 238, 359, 446, 467

慈陵 206, 402, 414, 430

子德 205, 402, 455

吝登 205, 368, 402, 430

玆郎 367

子兩 189

子亮 189, 367

資良 189, 367

子禮 79, 404, 457

子了 155, 347, 431

資四 64, 330, 395, 396, 410, 437, 438, 450

資昔	198, 354, 355, 395, 396, 410, 427, 434	嚼	189, 306, 456	孱	137, 145, 261, 263, 292, 342, 344, 397, 411, 483
玆消	155, 368, 431	爵	189, 306, 456	潺	137, 145, 261, 263, 292, 342, 344, 397, 411, 483
慈消	155, 369, 431, 481	勺	190, 191, 293, 305, 306, 316, 373, 403, 408, 448, 456, 484	籫	221, 229, 276, 315, 357, 358, 439, 441, 459, 461
資辛	112	斫	190, 305, 306, 316, 403, 407, 447, 456	岑	221, 315, 439, 459
子悉	112, 339	灼	190, 305, 306, 316, 403, 407, 447, 456	涔	221, 315, 439, 459
子沈	221, 460	綽	190, 305, 306, 316, 403, 407, 447, 456	篸	223, 315, 439, 460
雌氏	64, 329, 368, 436, 449	焯	190, 305, 306, 316, 403, 407, 447, 456	蠶	230, 315, 441, 461
子夜	180, 351	酌	190, 305, 306, 316, 403, 408, 447, 456	暫	230, 315, 444, 464
子余	85, 332, 367, 368, 395, 396, 410, 419	芍	191, 197, 271, 274, 306, 353, 355, 456	潛	238, 315, 444, 465
慈演	144	作	92, 169, 185, 253, 268, 271, 300, 334, 349, 352, 353, 454	牂	185, 287, 367
慈鹽	238, 359, 444, 445, 465			藏	185, 318, 387
子盈	198, 367	作紺	229, 444, 464	奘	185, 319, 320, 386, 389
慈盈	199	昨結	144, 346	臟	185, 319, 385
慈庚	85, 333, 369, 482	作孔	54, 367, 368, 379	壯	186, 290, 299, 427, 429
慈忍	112, 369, 481	作管	131, 341, 368, 406	粧	186, 290, 299, 427, 429
子孕	205, 402, 414, 430	昨亘	206, 402, 430	莊	186, 290, 299, 427, 429
子鳩	222, 357, 367, 368, 440, 441, 461	作弄	54	裝	186, 290, 299, 427, 429
子踐	144, 368	作代	97, 410	妝	186, 290, 299, 427, 429
子肖	155, 347, 431	昨濫	230, 444, 464	糚	186, 290, 299, 427, 429
慈秋	217, 369, 396, 410, 482	昨悉	113, 339	狀	186, 429
子沈	440	作旬	144	障	189, 190, 318, 320, 385, 387
子賀	169, 349, 454	作含	358	鄣	189, 190, 318, 320, 385, 387
子亥	97	昨禾	169, 368, 369, 379, 381, 454	將	189, 270, 287, 318, 320, 351, 367
子皓	162, 368	作畓	229, 368		
柞	185, 206, 271, 274, 304, 353, 355, 402, 455	棧	136, 137, 288, 291, 299, 369, 372, 379, 396, 410, 482		
雀	189, 287, 305, 306, 427, 431, 456	戔	136, 144, 261, 263, 342, 344		
鵲	189, 305, 306, 316, 403, 407, 447, 456				
碏	189, 305, 306, 316, 403, 407, 447, 456				

蔣	189, 318, 319, 384, 386
張	190, 290, 318, 320, 370, 385, 387
長	190, 292, 292, 318, 320, 372, 372, 385, 387, 483, 483
場	190, 292, 372, 483
仗	190, 319, 320, 386, 389
杖	190, 319, 320, 386, 389
臧可	169, 454
莊加	175, 370
丈減	230, 358, 371, 442, 443, 463, 482
丈几	70, 329, 372, 437, 449, 450, 482
將來	97
牆來	97, 369, 481
臧沒	120, 340, 367, 379
壯所	92, 334, 370, 396
將遂	106, 338, 368
長魚	86, 332, 333, 372, 397, 411, 482, 483
將廉	238, 359, 368, 444, 445, 465, 466
將豫	85, 333
牆容	369, 432, 481
將容	57, 381, 432
章苤	223, 440, 461
臧祚	92, 334
狀助	93
章卙	446
莊陷	230, 444, 464
將侯	215, 367, 396
丈襑	137, 372, 482, 483
章豔	239, 467
滓	64, 287, 316, 396,

	410, 437, 449
齋	64, 316, 436, 448
梓	64, 316, 437, 449
齎	64, 79, 247, 250, 308, 316, 328, 331, 404, 435, 448, 457
裁	97, 287, 288, 369, 395, 410, 481
栽	97, 287, 318, 320, 384, 387, 395, 410
載	97, 287, 319, 388, 395, 410
縡	97, 319, 320, 386
在	97, 319, 320, 386, 388
財艱	136, 342
在簡	136, 369, 379, 396, 410, 482
才浪	185
才達	136, 343
在黨	185
在到	163, 348
再呂	85, 396, 410
在禮	79, 331, 404, 457
財勞	163
在線	144
才先	144, 369, 481
在笑	156, 369, 431, 481
才野	180, 396, 410, 482
才詣	79, 332, 404, 457
才臥	169, 349, 369, 396, 400, 410, 413, 419, 452, 454, 481
在玩	131, 406
才資	65, 328, 368, 369, 435, 436, 448, 481
在早	163, 369, 481
才仲	57, 369, 381, 432, 481

才贊	136
才何	169, 348, 349, 454, 481
爭	206, 304, 318, 320, 385, 388, 402, 430
箏	206, 304, 402, 430
諍	206, 304, 402, 430
猙	206, 304, 402, 430
崢	207, 291, 304, 402, 410, 430
錚	207, 304, 402, 430
琤	207, 304, 402, 430
鎗	207, 304, 402, 430
這	180, 199, 270, 274, 351, 355
宁	291, 397, 483, 86
底	69, 77, 248, 250, 302, 308, 316, 329, 331, 403, 430, 437, 450, 457
抵	69, 77, 248, 250, 302, 308, 316, 329, 331, 403, 430, 437, 450, 457
低	76, 308, 403, 457
邸	76, 308, 403, 457
氐	76, 308, 403, 457
瓱	76, 308, 403, 457
柢	76, 77, 308, 318, 319, 320, 384, 385, 386, 387, 388, 403, 457
牴	77, 308, 403, 457
紙	77, 308, 403, 457
詆	77, 308, 403, 457
苴	85, 175, 251, 268, 268, 287, 290, 292, 332, 349, 350, 370, 372, 395, 410, 483

狙	85, 287, 288, 367, 368, 395, 410		351, 355		384, 385, 386, 387, 388
沮	85, 287, 318, 319, 320, 384, 385, 386, 387, 388, 395, 396, 410	適	197, 200, 283, 292, 363, 372	湔	144, 318, 320, 384, 387
疽	85, 287, 395, 410	摘	197, 206, 283, 290, 302, 304, 363, 370, 380, 402, 455	餞	144, 319, 320, 386, 388
雎	85, 287, 395, 410	翟	197, 207, 284, 291, 302, 304, 364, 371, 380, 402, 455, 480, 482	邅	145, 290, 292, 370, 372, 483
咀	85, 287, 396, 410			澶	145, 292, 397, 411, 483
蛆	85, 287, 419	績	199, 287, 314, 427, 434	纏	145, 318, 320, 385, 387
紵	85, 290, 370	磧	199, 287, 395, 410	傳	148, 262, 290, 292, 318, 320, 344, 370, 372, 385, 387, 483
著	85, 86, 190, 252, 271, 271, 290, 291, 292, 305, 306, 316, 333, 352, 370, 372, 403, 408, 448, 456, 483	謫	206, 304, 402, 455		
		賊	206, 304, 402, 455	轉	148, 319, 320, 386, 388
褚	85, 86, 290, 291, 370, 371	積	64, 199, 249, 273, 316, 330, 354, 437, 450	篆	149, 319, 418
諸	85, 86, 290, 291, 370, 372, 482	敵德	203, 355, 363, 364, 402, 431, 480	前歷	199, 355
岨	85, 92, 251, 253, 287, 287, 290, 332, 334, 395, 396, 410	積産	136, 343, 399, 413, 420	典禮	76, 331, 403, 457
		塡	113, 143, 257, 262, 263, 290, 291, 318, 319, 338, 344, 370, 372, 384, 385, 483	田聊	153, 346, 364, 431, 480
樗	86, 178, 251, 269, 332, 350			前西	79, 331, 404, 457
躇	86, 190, 251, 271, 305, 306, 316, 332, 352, 403, 408, 447, 456	瑱	113, 143, 257, 264, 338, 345	餞西	79, 331, 404, 457
		殿	142, 143, 283, 284, 363, 364, 479	專於	85, 370
貯	86, 291, 397, 411, 483	輾	143, 145, 284, 319, 365, 388	切	144, 264, 345
階	90, 252, 253, 333, 334, 85	佃	143, 318, 320, 384, 387	折	145, 146, 290, 293, 371, 373, 484
詛	92, 290, 319, 388, 396	鈿	143, 318, 320, 386, 387	哲	145, 264, 345
齟	92, 290, 396	錢	144, 287, 288, 368, 369, 481	漸	230, 238, 276, 277, 287, 288, 291, 315, 358, 359, 368, 369, 441, 445, 462, 465, 466, 481
吊	153, 306, 431				
炙	180, 199, 270, 274,	煎	144, 318, 319, 320,	玷	237, 315, 319, 320, 387, 389, 418, 446, 467
				鮎	237, 315, 444, 465
				佔	237, 315, 445, 465

黏　237, 315, 445, 465
粘　237, 315, 445, 466
點　237, 315, 446, 466
店　237, 315, 446, 467
墊　237, 315, 447, 467
簟　237, 315, 466
占　238, 239, 315, 318, 320, 385, 388, 445, 446, 467
霑　238, 315, 445, 466
覘　239, 315, 315, 318, 320, 385, 388, 445, 447, 466, 467
苫　239, 315, 318, 320, 385, 388, 444, 446, 465, 467
颭　239, 315, 446, 466
摺　232, 239, 277, 278, 359
鰈　237, 278, 359
接　238, 287, 288, 368, 369, 481
廷　193, 281, 282, 362, 479
訂　196, 197, 283, 284, 363, 364, 395, 409, 427, 479, 480
玎　196, 206, 283, 290, 302, 304, 304, 363, 370, 380, 402, 430
丁　196, 206, 283, 290, 302, 304, 363, 370, 380, 402, 430
釘　196, 318, 319, 385, 388
庭　197, 283, 284, 363, 364, 480
珽　197, 284, 395, 409, 427, 480

町　197, 284, 395, 409, 427, 480
挺　197, 284, 409, 427, 480
艇　197, 284, 427, 480
梃　197, 284, 427, 480
正　199, 318, 320, 385, 388
窚　199, 319, 320, 387, 389
靘　199, 319, 320, 387, 389
偵　200, 206, 290, 291, 301, 302, 304, 318, 370, 371, 379, 380, 388, 402, 430
遉　200, 206, 290, 291, 301, 302, 304, 318, 370, 371, 379, 380, 388, 402, 430
鋥　200, 302, 400
幀　206, 304, 402, 430
棖　207, 304, 402, 430
淳　365
定　52, 77, 90, 96, 104, 117, 196, 197, 246, 247, 250, 251, 252, 253, 254, 258, 259, 260, 261, 262, 263, 264, 265, 266, 267, 268, 271, 272, 273, 275, 276, 283, 284, 300, 301, 301, 302, 303, 304, 306, 308, 311, 327, 327, 328, 331, 332, 333, 334, 335, 336, 340, 341, 342, 343, 344, 345, 346, 347, 348, 349, 352, 353, 354, 355, 356, 357, 358, 362, 363, 363, 364, 370, 371, 373, 375, 377, 379, 380, 395, 399, 401, 402, 404, 405, 409, 409, 413, 417, 417, 421, 422, 427, 430, 431, 441, 442, 443, 444, 446, 447, 452, 454, 457, 461, 462, 463, 464, 465, 466, 467, 479, 480, 482, 483
精　54, 57, 64, 79, 85, 92, 97, 106, 112, 246, 247, 248, 249, 250, 251, 252, 253, 256, 258, 259, 260, 261, 262, 263, 265, 266, 268, 270, 271, 273, 274, 276, 277, 278, 299, 300, 301, 304, 305, 306, 307, 308, 311, 327, 328, 329, 330, 331, 332, 333, 334, 337, 338, 339, 340, 341, 343, 344, 347, 349, 351, 352, 353, 354, 355, 356, 357, 358, 359, 367, 368, 369, 370, 376, 379, 381, 395, 395, 396, 398, 399, 400, 402, 403, 404, 406, 410, 413, 414, 419, 420, 427, 430, 431, 432, 434, 435, 436, 437, 438, 440,

除留	217, 356, 372, 397, 411, 483	蜩	153, 306, 431	337, 338, 339, 340, 342, 343, 345, 346,
諸成	199, 353	鳥	154, 284, 306, 395, 409, 431	347, 348, 350, 351, 352, 353, 354, 355,
諸深	223, 357, 370, 439, 440, 460	朝	156, 157, 290, 292, 306, 370, 372, 431, 483	356, 357, 359, 360, 362, 363, 364, 366,
諸氏	69, 329, 330, 370, 430, 437, 449, 450	晁	156, 306, 431	368, 369, 370, 371, 372, 373, 376, 379,
諸延	145, 370	潮	156, 306, 431	380, 381, 394, 396,
霽韻	250	詔	156, 306, 431	397, 399, 400, 402,
齊韻	250	鼂	156, 306, 431, 431	403, 407, 407, 408,
齊進	112, 369, 396, 410, 481, 482	兆	157, 306, 431	410, 411, 413, 417,
鵰	152, 306, 431	肇	157, 306, 431	422, 427, 429, 430,
蔦	153, 154, 283, 284, 284, 306, 363, 364, 395, 409, 431	趙	157, 306, 431	431, 432, 435, 436, 437, 438, 439, 440,
銚	153, 158, 283, 284, 296, 306, 363, 364, 375, 431, 432, 480	繰	162, 163, 287, 289, 368, 369	441, 442, 443, 444, 445, 446, 447, 448,
弔	153, 197, 266, 273, 306, 347, 355, 431	懆	162, 287, 288, 367, 368	449, 450, 451, 452, 453, 454, 455, 456,
調	153, 217, 265, 266, 274, 306, 318, 320, 346, 347, 356, 385, 387, 431	操	162, 318, 319, 385, 387	458, 459, 459, 460, 461, 462, 463, 464, 465, 466, 467, 479,
條	153, 283, 306, 363, 431	造	163, 288, 368, 369, 481	480, 481, 482, 484
誂	153, 284, 306, 364, 431, 480	嘈	163, 290, 299, 399	厝	92, 185, 253, 271, 334, 352
凋	153, 306, 431	漕	163, 318, 319, 385, 387	粗	92, 288, 368, 369, 481
彫	153, 306, 431	燥	163, 319, 320, 386, 388	助駕	175, 350
眺	153, 306, 431	照	58, 66, 69, 85, 92, 98, 106, 113, 116, 156, 247, 248, 249,	俎感	230, 358, 369, 443, 463, 482
窕	153, 306, 431		252, 253, 254, 255,	租昆	119, 340, 413
釣	153, 306, 431		256, 257, 258, 259,	俎果	172, 396, 406, 410, 415, 458, 481
佻	153, 306, 431		261, 262, 263, 264,	俎官	131, 341, 369, 406, 481
刁	153, 306, 431		265, 266, 268, 269, 269, 270, 271, 272,	祖官	131, 406
琱	153, 306, 431		273, 274, 275, 276,	助浪	186, 352, 429
祧	153, 306, 431		277, 278, 299, 301, 302, 304, 305, 306,	祖冬	54
糶	153, 306, 431		307, 310, 328, 329, 330, 333, 334, 336,	祖郎	185

助邁 98, 335, 336
徂本 120, 369, 481
祖似 64, 329, 367, 368, 379, 396, 410, 436, 437, 449
祖算 131, 406
徂臥 172, 458
阻頑 139, 342
助莊 186, 351, 371, 429, 482
祖峻 119, 121, 340, 367, 368, 379, 395, 410
祖含 229, 358, 441, 442, 461, 462
徂含 230, 441, 461, 462
徂紅 55, 327
徂火 172, 458
徂回 106, 369, 481
瘯 55, 247, 328
鏃 55, 288, 396, 410
足 57, 85, 246, 252, 307, 314, 327, 333, 432, 434
足用 57, 381, 432
足辭 144, 265, 346
卒 120, 121, 287, 288, 301, 307, 367, 368, 379, 381
縱 54, 57, 287, 301, 307, 318, 320, 368, 379, 381, 384, 387, 432
淙 55, 186, 246, 270, 299, 318, 327, 351, 387, 429
樅 55, 246, 301, 327, 400, 413
瑽 55, 301, 400, 413
從 55, 57, 65, 79, 85,

92, 97, 106, 112, 246, 247, 250, 251, 252, 258, 260, 261, 262, 265, 267, 268, 271, 274, 276, 277, 278, 299, 300, 301, 304, 306, 307, 309, 311 312, 318, 320, 327, 328, 331, 332, 333, 339, 341, 342, 343, 346, 348, 349, 352, 353, 355, 358, 359, 363, 364, 367, 368, 369, 370, 372, 376, 379, 381, 384, 387, 395, 396, 400, 402, 404, 406, 410, 411, 413, 414, 415, 419, 430, 431, 432, 435, 436, 437, 438, 441, 443, 444, 445, 446, 448, 450, 452, 454, 455, 456, 457, 458, 461, 462, 463, 464, 465, 466, 480, 481, 482
慫 57, 307, 432
蹤 57, 307, 432
種 58, 290, 307, 319, 320, 386, 388, 396, 432
瘇 58, 290, 307, 396, 422, 432
終 58, 307, 432
腫 58, 307, 432
踵 58, 307, 432
螽 58, 307, 432
縱玉 57, 327, 328, 427, 432, 434

腫庚 85, 86, 333, 370, 372, 397, 411, 483
挫 169, 288, 300, 396, 400, 410, 413, 454, 481
莝 169, 288, 300, 396, 400, 413, 419, 452, 454, 481
剉 169, 288, 300, 396, 400, 413, 419, 454, 481
左 169, 300, 319, 320, 386, 388, 454
佐 169, 300, 454
座 169, 300, 454
坐 172, 312, 319, 320, 386, 388, 458
座 172, 312, 458
坐五 369, 481, 92
幬 162, 217, 267, 274, 348, 356
喉 215, 288, 289, 319, 368, 369, 389
走 215, 319, 320, 387, 389
紬 217, 318, 320, 385, 388
蔟 55, 215, 247, 275, 328, 356
柱 85, 86, 290, 291, 319, 320, 370, 372, 386, 388, 397, 411, 422, 483
澍 85, 86, 290, 293, 371, 373, 484
裯 86, 153, 161, 217, 251, 265, 266, 274, 306, 332, 333, 346, 347, 356, 431

	455, 459, 482, 483	盡	112, 113, 287, 288, 319, 320, 368, 369, 386, 388, 481	陳羊	190, 372, 397, 428, 483
職救	217, 356			眞韻	257
直禁	223, 357, 440, 461, 461	璡	112, 318, 319, 384, 387	軫韻	257
				震韻	257
職略	190, 352, 370, 380, 403, 407, 408, 447, 448, 456	趁	113, 143, 257, 263, 338, 344	陳知	70, 328, 329, 372, 436, 449, 482, 483
直略	190, 352, 372, 456, 483	疹	113, 290, 291, 370, 371	辰之	71, 328, 329, 373, 397, 400, 428, 430, 436, 448, 449, 453, 455, 468, 483, 484
直亮	190, 372, 483	診	113, 290, 291, 370, 372, 483		
直列	145, 372, 483				
直例	80, 332, 404, 457	辰	113, 293, 453, 484	秦丹	238, 359, 369, 445, 446, 466, 466, 481
直隴	59, 371, 432, 482	吮	113, 318, 319, 384, 385		
直類	107, 371, 372, 482, 483	振	113, 318, 319, 384, 387	秦醉	106, 369, 481
職流	217, 356	鎭	113, 318, 319, 384, 387	盡亥	97
直涉	239, 371, 372, 482, 483	侲	113, 318, 319, 384, 387	姪	113, 143, 258, 264, 339, 346
直笑	157, 372, 431, 483	榛	116, 290, 291, 370, 372, 483	質	54, 67, 68, 69, 70, 72, 76, 78, 93, 107, 113, 116, 118, 119, 138, 142, 143, 144, 176, 197, 199, 202, 208, 217, 246, 248, 249, 250, 252, 256, 257, 258, 259, 262, 264, 269, 272, 273, 275, 278, 279, 316, 327, 329, 330, 331, 332, 333, 337, 339, 340, 343, 346, 350, 354, 355, 356, 438, 451
直紹	157, 431				
職琰	238, 466	震	143, 147, 201, 257, 263, 264, 273, 279, 338, 339, 344, 345, 354		
直又	217				
直六	59, 328, 371, 403, 417, 418, 432, 434, 453, 456, 459, 482, 483	眞	66, 116, 119, 138, 142, 146, 248, 257, 258, 259, 261, 263, 264, 278, 279, 329, 338, 339, 340, 342, 344, 346		
直意	70, 331, 372, 438				
直刃	113, 372, 483				
直忍	113, 372, 483				
職日	113, 339	軫	86, 144, 146, 198, 200, 252, 257, 263, 272, 278, 279, 333, 338, 344, 353, 354	疾各	185, 352, 353, 369, 481
職任	223, 440, 461			疾力	206, 396, 402, 455, 482
直入	223, 372, 483				
直正	200, 400				
直衆	59, 432, 456	津私	64, 328, 329, 367, 395, 400, 413, 419, 435, 436, 448	質涉	239, 359, 370
直質	113, 339			疾葉	238, 369, 481
直隻	200, 371, 372, 380, 482, 483			疾郢	199
直追	107, 337, 397, 482, 483				

質韻 257

疾二 65, 369, 437, 438, 450, 481

疾雀 189, 352, 456

疾正 199, 369, 481

斟 223, 315, 439, 460

朕 223, 315, 440, 461

鴆 223, 315, 440, 461

戡 223, 290, 302, 400, 410

緝 60, 230, 231, 236, 237, 239, 241, 247, 276, 277, 278, 279, 328, 357, 358, 359

瞪 200, 292, 318, 320, 385, 388, 397, 483

徵 69, 199, 249, 272, 302, 316, 330, 353, 430, 437, 450

凵 92, 185, 253, 270, 334, 351

仿 208, 402, 455

佈 105, 285, 312, 422, 423, 433

伈 222, 315, 440, 461

伻 204, 285, 303, 395, 402, 430

伾 105, 312, 433

彼 67, 302, 401, 413

佌 64, 316, 436

你 78, 308, 404, 457

例 201, 302, 401

血 211, 309, 314, 458, 459

俓 197, 284, 395, 409, 427, 480

俙 72, 318, 319, 384, 385

倈 99, 181, 254, 255, 269, 318, 320, 335, 336, 351, 384, 387

倌 127, 311, 405

倕 107, 292, 372, 397, 483

供 76, 308, 403, 457

俥 64, 287, 316, 396, 410, 438, 451

俜 197, 198, 285, 286, 365, 366, 395, 481

俏 105, 312, 433

偵 214, 287, 301, 400

催 188, 306, 456

傜 158, 306, 432

僕 145, 263, 307, 340, 394, 403, 413

僝 136, 288, 396, 410, 482

債 119, 301, 429

遮 278, 279, 394

磋 169, 288, 300, 368, 369, 396, 400, 410, 419, 454, 481

嗟 169, 288, 300, 368, 454

蹉 169, 288, 300, 369, 396, 400, 410, 419, 454, 481

瑳 169, 300, 318, 319, 384, 386, 454

車 180, 269, 351

此 64, 316, 436, 449

次 65, 316, 437, 450

佽 65, 316, 438, 450

嵯 66, 169, 248, 267, 288, 300, 316, 329, 348, 410, 435, 448, 454

差 66, 98, 175, 248, 254, 255, 268, 269, 316, 318, 319, 320, 328, 329, 335, 336, 349, 350, 384, 385, 387, 435, 448

遮 72, 84, 87, 90, 99, 170, 176, 248, 251, 253, 254, 255, 268, 269, 279, 329, 332, 334, 335, 336, 349, 351, 394

且 85, 180, 251, 252, 270, 287, 288, 332, 333, 351, 368, 369, 482

釵 98, 175, 254, 268, 335, 350

叉 98, 175, 254, 268, 335, 350, 452

此苟 215, 356, 368

此禮 79, 331, 404, 457

且緣 148, 344,

此遙 155, 346, 431

此由 217, 356

此玆 64, 435, 448

叉玆 66, 328, 329, 435, 448

此宰 97

鑿 163, 185, 267, 271, 287, 288, 348, 353, 368, 369, 481

齪 186, 291, 299, 316, 396, 399, 407, 447

戳 186, 291, 299, 316, 396, 399, 407, 447

着 190, 305, 306, 316, 380, 403, 408, 448, 456

捉 193, 310, 458

跰	193, 310, 458
窄	206, 304, 402, 455
錯	92, 185, 253, 271, 334, 352
償	131, 136, 260, 261, 299, 311, 341, 343, 399, 406, 413, 420
鑽	131, 311, 318, 320, 384, 387, 406
攢	131, 311, 318, 320, 384, 387, 406
纂	131, 311, 406
纘	131, 311, 406
巑	131, 311, 406
欑	131, 311, 406
竄	131, 311, 406, 433
爨	131, 311, 406, 433
餐	136, 261, 342
瓚	136, 319, 320, 386, 388
撰	137, 145, 149, 261, 263, 299, 307, 310, 343, 345, 381, 399, 403, 404, 415, 429
饌	137, 149, 261, 264, 299, 310, 343, 345, 399, 404, 415, 429, 454
譖	221, 238, 276, 278, 315, 357, 359, 440, 446, 461, 467
譏	221, 315, 440, 461
參	229, 276, 277, 315, 318, 319, 358, 385, 388, 441, 443, 461, 464
糝	229, 315, 441, 462
驂	229, 315, 441, 462
慘	229, 315, 442, 463

憯	229, 315, 443, 463
黪	229, 315, 443, 464
傪	230, 231, 288, 291, 292, 315, 318, 319, 368, 371, 372, 385, 388, 441, 444, 462, 464, 482, 483
鏒	230, 231, 291, 315, 371, 411, 444, 462, 464, 482
巉	230, 231, 315, 318, 319, 384, 386, 442, 443, 462, 463
槧	230, 238, 277, 278, 315, 318, 320, 358, 359, 385, 388, 443, 445, 447, 463, 466, 467
塹	230, 291, 315, 397, 411, 442, 462, 482
壍	230, 315, 319, 408, 444, 464
讒	230, 315, 441, 461
欃	230, 315, 441, 461
攙	230, 315, 441, 462
毚	230, 315, 441, 462
饞	230, 315, 441, 462
斬	230, 315, 442, 463
儳	230, 315, 443, 464
站	230, 315, 444, 464
僭	238, 315, 446, 467
蔪	238, 315, 446, 467
倉	185, 186, 291, 299, 371, 379
搶	185, 189, 207, 270, 272, 288, 299, 304, 305, 318, 319, 351, 352, 353, 368, 379, 380, 384, 386, 402,

	430, 452, 455
鶬	185, 189, 288, 299, 305, 368, 379, 380
傖	185, 207, 272, 304, 351, 353, 402, 430
蒼	185, 318, 384, 386
創	186, 299, 318, 319, 385, 387, 429
窻	186, 299, 399, 429
戧	186, 299, 399, 429
瘡	186, 299, 429
槍	189, 207, 270, 272, 304, 351, 353, 402, 430
倡	190, 318, 320, 385, 387
昌據	86, 371
倉故	92, 334
創故	93
倉括	131, 368, 406
倉代	97
倉刀	162
敞呂	86, 371
蒼沒	120, 368, 379
昌石	200, 355
昌垂	107, 371
昌緣	149
昌悅	149, 396, 405, 419, 420
昌六	59, 328, 371, 396, 432, 434
倉才	97, 335
倉甸	144, 345
創祖	93
昌中	58, 396, 411, 421, 432
昌智	66, 331, 371, 379, 396, 411, 437, 438, 450, 452, 468

昌止　70, 371, 396, 430, 437, 449, 450
昌遮　180, 351
昌卅　446, 447
昌枕　223, 435, 440, 461
倉何　169, 348, 368, 410, 454
蒼含　229, 358, 441, 461, 462
倉胡　92, 368
倉紅　55, 327, 368, 400, 413
倉回　106, 368, 396, 406, 410, 415, 433
昌豔　239, 467
綵　167
寀　97, 319, 320, 386, 388
采　97, 319, 320, 386, 388
采莽　185
采早　162, 368
蚱　175, 206, 269, 274, 304, 350, 355, 402, 455
責　206, 304, 402, 455
嘖　206, 304, 402, 455
幘　206, 304, 402, 455
磔　206, 304, 402, 455
簀　206, 304, 402, 455
冊　207, 304, 304, 402, 455
栅　207, 304, 402, 455
策　207, 304, 402, 455
僄　154, 306, 431
儶　112, 116, 257, 259, 338, 340
儸　170, 300, 454
夶　104, 284, 364, 480

妻　79, 308, 309, 318, 320, 384, 387, 404, 457
凄　79, 308, 404, 457
悽　79, 308, 404, 457
淒　79, 308, 404, 457
萋　79, 308, 404, 457
處　86, 319, 320, 386
處占　237, 444, 445, 465
拓　199, 274, 355
挗　91, 318, 319, 384, 387
陟降　186, 352, 370, 379, 396, 399, 427, 429
陟交　163, 347, 399
陟教　163, 454
尺救　217, 371
惕德　203, 402
尺亮　190
陟慮　85, 333, 370, 371
尺律　122, 340, 396
陟隆　58, 370, 381, 432
尺沼　156, 431
尺約　190, 352, 353, 403, 407, 408, 447, 456
尺栗　113, 339
尺入　223, 368, 371
尺戰　145
尺周　217
倩　144, 199, 264, 273, 345, 354
濺　144, 318, 320, 384, 387
蚕　230, 315, 441, 462
蔵　384
茜　55, 301, 400
穿　58, 66, 70, 86, 93, 98, 107, 113, 116, 149, 246, 247, 248, 249, 251, 254, 255, 256, 257, 258, 259, 261, 264, 267, 268, 269, 270, 271, 272, 274, 276, 277, 299, 301, 303, 304, 305, 306, 307, 310, 312, 318, 320, 327, 328, 329, 330, 331, 332, 333, 335, 336, 337, 338, 339, 340, 343, 345, 348, 349, 350, 351, 352, 3353, 355, 357, 358, 363, 365, 368, 369, 370, 371, 372, 373, 374, 376, 377, 379, 380, 385, 387, 396, 397, 398, 399, 401, 402, 403, 405, 406, 407, 408, 410, 411, 415, 419, 420, 421, 429, 430, 431, 432, 433, 434, 435, 436, 437, 438, 439, 440, 441, 443, 444, 445, 446, 447, 448, 449, 450, 451, 452, 453, 453, 455, 456, 460, 461, 462, 464, 465, 465, 466, 467, 468
千可　169, 454
千剛　185, 351, 379
千結　144, 345
千木　55, 327, 328, 396, 400, 410
千山　136, 342
千西　79, 404, 457
千羊　189, 351, 351, 351,

撮	131, 287, 288, 311, 367, 368, 406	
劦	81, 309, 404, 457	
崔	106, 287, 288, 367, 368, 369, 481	
榱	106, 288, 312, 396, 406, 410	
漼	106, 288, 368, 369, 481	
朘	148, 289, 396	
嘬	98, 303, 401	
刹	168, 300, 320, 386, 420, 454	
莿	73, 302, 317, 430, 438, 451	
剒	132, 311, 406	
剉	192, 305, 306, 316, 403, 408, 447, 456	
追	104, 107, 283, 290, 363, 370	
鎚	104, 107, 283, 291, 363, 371, 482	
搥	104, 107, 283, 291, 363, 371, 482	
魋	104, 107, 284, 291, 364, 371, 480, 482	
推	104, 283, 363	
捶	107, 167, 256, 268, 300, 337, 349, 399, 413, 454	
錘	107, 290, 291, 318, 320, 370, 372, 384, 387, 483, 483	
抽	107, 290, 371	
湫	155, 217, 265, 274, 306, 347, 356, 431	
樞	86, 215, 251, 274, 291, 333, 355, 453	
抽居	86, 332, 333, 453	

樞絹	149, 345, 345
抽庚	207, 353, 371, 402, 410, 430
雛免	145, 345, 381, 394, 403
雛産	137, 343, 399, 429, 454
抽延	145
抽知	70, 328, 436, 449
竺	52, 58, 283, 290, 301, 307, 363, 370, 379, 432
縮	55, 292, 301, 397, 400
蹜	55, 301, 400
魘	57, 287, 307, 314, 427, 432, 434
蹴	57, 287, 307, 314, 427, 432, 434
祝	58, 217, 247, 275, 307, 328, 356, 432
築	58, 307, 432
筑	58, 432
妯	59, 217, 247, 274, 291, 307, 314, 328, 355, 403, 432, 434, 453, 456, 459, 482
逐	59, 247, 291, 307, 314, 328, 403, 417, 418, 432, 434, 482
軸	59, 291, 307, 314, 314, 403, 432, 434, 453, 456, 459, 482
蓄	59, 291, 307, 314, 396, 432, 434
舳	59, 307, 314, 403, 432, 434
畜	59, 60, 218, 247, 275, 291, 294, 302,

	307, 314, 328, 357, 371, 374, 401, 432, 434
丑鳩	217, 355
丑禁	223, 440, 461
丑吏	70, 330, 371, 438, 438
丑森	223, 357, 371, 439, 440, 460
丑成	200, 371, 380
丑亞	175, 350, 396, 410
丑琰	239, 445, 446, 466, 467
丑用	59, 327, 371, 432
丑勇	59, 432
丑忍	113
丑刃	113, 338, 371
丑正	200, 371, 379
削	128, 311, 405
劇	55, 191, 247, 271, 306, 328, 352, 456
出	107, 122, 256, 259, 337, 340
尤	122, 293, 397, 411, 484
秫	122, 293, 397, 411, 484
觸	129, 148, 260, 263, 311, 341, 345, 405
衷	58, 307, 318, 320, 384, 387, 432, 432
充	58, 307, 432
忠	58, 307, 432
珫	58, 307, 432
沖	59, 291, 307, 396, 396, 411, 421, 432
冲	59, 291, 307, 396, 411, 421, 432
蟲	59, 307, 432

衝	59, 307, 432	
忡	59, 307, 432	
剝	155, 306, 431	
劁	193, 310	
劖	230, 291, 315, 411, 441, 462	
劕	81, 309, 404, 457	
揣	167, 268, 300, 349, 399, 413, 454	
毳	107, 291, 396	
吹	107, 318, 320, 384, 387	
嘴	64, 316, 436, 448	
趣	85, 215, 252, 275, 333, 356	
聚	85, 319, 320, 384, 388	
取絹	148	
取亂	131, 406, 433	
取猥	106, 337, 368	
刦	138, 295, 398, 411, 485	
勮	84	
側	206, 304, 304, 402, 455	
戻	206, 304, 402, 455	
仄	206, 402, 455	
惻	207, 304, 402, 455	
測	207, 304, 402, 455	
厠	66, 291, 316, 437, 450, 452, 468	
側駕	175, 350	
側各	186, 396, 399, 407, 447	
側減	230, 371, 442, 443, 463	
側格	206, 355, 370, 380, 402, 455	
側絞	163, 348, 371	

側鳩	215, 396	
側禁	221, 357, 440, 461	
側賣	98, 336	
側迒	206, 370, 380, 402, 430	
側霜	186, 427, 429	
側詵	116, 370	
側入	223, 400, 410	
側八	136, 343, 399, 413	
側下	175, 350, 370	
測洽	230, 358	
層	206, 304, 304, 402, 430	
旬	231, 299, 314, 453, 459	
舠	56, 307, 432	
匜	72, 73, 318, 319, 384, 385	
實	145, 249, 250, 254, 256, 257, 258, 259, 263, 264, 267, 270, 273, 274, 278, 279, 330, 331, 332, 335, 337, 339, 340, 344, 345, 349, 351, 354, 355	
熾	66, 291, 316, 438, 450	
幟	66, 291, 316, 438, 451	
淄	66, 316, 435, 448	
緇	66, 316, 435, 448	
輜	66, 316, 435, 448	
菑	66, 316, 435, 448	
錙	66, 316, 435, 448	
緇	66, 316, 435, 448	
巵	69, 301, 316, 430, 436, 449	
時	69, 302, 316, 430,	

	437, 450	
襡	70, 291, 292, 316, 318, 319, 371, 372, 384, 387, 396, 436, 437, 438, 449, 450, 451, 483	
齒	70, 302, 316, 430, 437, 449	
侈	70, 302, 316, 430, 437, 450	
治	70, 316, 318, 319, 384, 387, 436, 438, 449, 451	
薙	70, 77, 248, 250, 308, 316, 329, 332, 404, 437, 450, 457	
豸	70, 98, 248, 254, 316, 319, 320, 329, 335, 386, 388, 437, 449	
置	76, 77, 80, 96, 97, 98, 105, 112, 113, 118, 119, 142, 143, 144, 145, 147, 171, 180, 199, 200, 201, 204, 218	
豸角	100, 308, 319, 388, 456	
治據	86, 333, 372, 397, 411, 422, 483	
恥格	207, 402, 455	
齒九	217, 371	
齒良	190	
豸丕	104, 312, 433	
蚩瑞	107, 337, 338, 396	
齒善	145	
緇深	221, 357, 357, 439, 459, 460	
馳遙	156, 372, 431, 483	

蚩占　239, 444, 445, 465, 466
蚩招　156, 431
齒下　175
則　205, 304, 402, 455
則諫　136, 343
勅敎　163, 348
則到　162, 367
勅列　145, 345, 371
則前　144, 344
則候　215
親　112, 318, 319, 384, 387
齔　116, 319, 320, 386, 388
七角　185, 352
七紺　229, 238, 358, 368, 443, 444, 464, 467
七感　229, 442, 443, 463, 464
七計　79, 332, 404, 457
七到　162, 368
七鄧　206, 430
七兩　189, 352, 368, 380, 402, 452, 455
七慮　85, 333, 368
七林　222, 368, 396, 410, 439, 440, 460
七四　65, 330, 331, 437, 438, 450
七小　155, 431
七野　180, 351
七艷　238, 359, 447, 467
七倫　120, 121, 340, 368, 379, 381
七人　112, 338
七稔　222, 440, 461
七雀　189, 353, 403, 408, 447, 456

七迹　199, 354, 355
七正　199, 354
七情　199, 368
七靜　199, 368
七鳩　222, 440, 441, 461
七肖　155, 347, 368, 431
匵　241, 315, 445, 466
侵　175, 222, 227, 228, 229, 230, 231, 236, 268, 276, 277, 279, 315, 350, 357, 358, 359, 439, 460
寢　222, 239, 276, 277, 279, 315, 357, 359, 440, 461
駸　222, 315, 439, 460
浸　222, 315, 440, 461
寖　222, 315, 440, 461
鋟　222, 315, 440, 461
椹　223, 224, 290, 293, 315, 370, 397, 440, 460, 461, 484
鍼　223, 236, 276, 277, 314, 315, 357, 359, 439, 445, 460, 466
沈　223, 292, 315, 372, 439, 460, 483
針　223, 315, 318, 320, 385, 388, 439, 440, 460, 461
枕　223, 315, 319, 320, 387, 389, 440, 461
琛　223, 315, 439, 460
沉　223, 315, 439, 460
郴　223, 315, 439, 460
砧　223, 315, 440, 460
忱　224, 315, 439, 460
蟄　223, 291, 292, 371, 372, 483

匠　231, 299, 314, 315, 319, 320, 387, 389, 443, 453, 459, 464
稱　200, 318, 320, 385, 388
脆　117, 282, 316, 427, 435
厭　161, 282, 427
曆　240, 315, 446, 467
玄　209, 312, 406, 415, 418, 458
吒　175, 291, 396, 410
呰　171, 282, 311, 405, 427, 458
吭　187, 318, 319, 384, 386, 388, 389
呃　100, 294, 308, 456
叫　152, 306, 431
夫　100, 147, 255, 264, 336, 346
响　87, 318, 320, 384, 387
咀　73, 302, 317, 430, 438, 451
唉　156, 306, 431
咶　71, 293, 302, 316, 397, 428, 430, 437, 450, 483
呴　60, 318, 320, 384, 387
唔　147, 296, 398, 412, 422
哈　232, 315, 318, 319, 385, 388, 441, 444, 462, 465
唈　231, 277, 299, 314, 358, 453, 459
唪　53, 285, 395
啽　180, 206, 270, 274,

字	頁
	304, 351, 355, 402, 455
啁	163, 266, 290, 299, 347, 399
啅	193, 310, 458
啉	232, 315, 441, 462
啑	229, 287, 368
齔	64, 316, 437, 449
喦	67, 302, 400, 413, 430
啵	172, 268, 311, 312, 458
啥	99, 307, 308, 432, 456
墮	108, 168, 255, 268, 283, 300, 349, 394, 395, 400, 409, 413, 452, 454
睡	167, 300, 399, 413, 454
朵	167, 300, 399, 413, 454
佗	168, 283, 284, 299, 300, 318, 319, 363, 364, 385, 387, 429, 454, 480
拖	168, 283, 284, 300, 318, 319, 363, 364, 385, 387, 400, 413, 454, 480
拕	168, 283, 284, 300, 318, 319, 363, 364, 385, 387, 400, 413, 454, 480
他	168, 283, 284, 300, 363, 364, 454, 480
惰	168, 283, 300, 363, 395, 399, 400, 409, 413, 452, 454
駝	168, 300, 318, 387, 454
躱	168, 300, 399, 413, 454
橢	168, 300, 400, 413, 454
唾	168, 300, 454
舵	168, 300, 454
陀	168, 300, 454
駞	168, 300, 454
柁	168, 300, 454
沱	168, 300, 454
跎	168, 300, 454
鮀	168, 300, 454
鼉	168, 300, 454
打	175, 196, 269, 272, 301, 350, 400, 452
咤	175, 291, 396, 410
妥	300, 400, 413, 454
他各	183, 353, 363
他紺	228, 363, 444, 464
他感	228, 442, 443, 463, 464
他開	336, 96
他兼	237, 444, 465
他經	197
他計	77, 332, 363, 403, 457
他昆	117, 339, 363, 400, 429
他貢	52
他官	129, 405
他括	129, 405
他囊	183
他浪	183, 363, 364, 379
他囊	363
他念	237, 446, 467
他魯	90, 363
他丹	135, 363
他達	135, 363
他刀	161, 347, 363
他郞	183, 363, 379
他歷	197, 363, 379, 380
他禮	77, 363, 403, 457
他晏	135
他甸	142, 345
他點	237, 445, 446, 466
他定	197, 363
他彤	153, 346, 363, 364, 431
他弔	153, 363, 431
他總	364, 379, 52
他含	228, 441, 442, 462
他紅	52
他侯	213, 355
拓	183, 271, 353
逴	190, 305, 306, 316, 403, 407, 447, 456
倬	193, 310, 458
卓	193, 310, 458
擢	193, 310, 458
濁	193, 310, 458
濯	193, 310, 458
琢	193, 310, 458
涿	193, 310, 458
矺	206, 304, 402, 455
坼	207, 304, 304, 402, 455
啄	52, 193, 247, 271, 310, 328, 352, 458
託合	228, 363
呑	117, 300, 400, 429
攤	135, 283, 284, 363, 364
嘆	135, 318, 319, 384, 387
彈	135, 318, 319, 384, 387

歎	135, 318, 319, 384, 387	泰	64, 68, 72, 76, 78, 79, 80, 103, 106, 108, 127, 135, 137, 137, 147, 168, 169, 176, 203, 204, 206, 208, 208, 227, 232, 248, 249, 251, 254, 255, 256, 260, 262, 264, 267, 268, 269, 273, 277, 278, 329, 330, 332, 335, 336, 337, 342, 343, 346, 348, 349, 350, 355, 358	嘲	187, 299, 429
灘	135, 318, 319, 384, 387			嘬	106, 287, 289, 368, 369
誕	135, 319, 320, 386, 388			眱	152, 306, 431
驒	168, 300, 454			嘖	103, 312, 406
嗒	229, 315, 442, 462			嘵	158, 306, 432
脫	129, 284, 311, 364, 405, 480			嚳	217, 218, 291, 294, 302, 371, 374, 401
酖	223, 227, 276, 315, 357, 358, 440, 441, 461, 462			罍	76, 308, 403, 457
耽	227, 315, 441, 461			嚤	222, 314, 439, 460
探	228, 315, 318, 319, 385, 388, 441, 444, 462, 464	台	72, 96, 248, 253, 329, 335	喻	236, 283, 315, 320, 385, 387, 427, 444, 446, 447, 465, 466, 467
貪	228, 315, 441, 462	駘	96, 284, 318, 319, 384, 385, 417, 480	膺	200, 201, 318, 320, 385, 388
嗿	228, 315, 443, 463	迨	96, 319, 320, 386, 388	嗽	108, 149, 257, 264, 338, 346
忐	228, 315, 443, 464	泰韻	254	土	90, 283, 284, 362, 363, 364, 479, 480
搭	228, 283, 362, 363	宅	207, 304, 314, 402, 455, 459	吐	90, 319, 320, 386, 388
盪	183, 184, 283, 284, 319, 320, 363, 364, 386, 389, 479, 480	擇	207, 304, 402, 455	土故	90, 363
蕩	183, 184, 319, 320, 386, 389	澤	207, 304, 402, 455	吐內	104, 363, 363
湯	183, 190, 283, 284, 292, 299, 305, 363, 364, 372, 379, 380	嗲	147, 296, 398, 412, 422	土了	153, 347, 431
碭	183, 318, 319, 320, 384, 385, 386, 387, 389	撑	207, 304, 304, 402, 430	吐臥	168, 363, 454
湯來	96, 335, 363	撐	207, 304, 304, 402, 430	土緩	129, 405
蕩練	143, 364	呢	77, 250, 308, 318, 331, 387, 404, 457	吐火	168, 349, 363, 395, 400, 409, 413, 452, 454
湯何	168, 363, 400, 413, 429, 454	嗂	158, 306, 432	噱	189, 282, 305, 306, 316, 403, 407, 447, 456
蕩亥	96, 335	嘀	165, 187, 266, 267, 271, 318, 320, 347, 348, 353, 385, 387	統	52, 319, 320, 386, 388
兌	104, 283, 284, 363, 364, 480	嗄	98, 176, 255, 269, 336, 350	桶	52, 60, 284, 296, 301, 307, 364, 375, 379, 381
				筒	53, 60, 284, 296,

453, 455, 458, 459,
479, 480, 481, 482,
483, 484, 485
平覃 227, 228, 229, 230,
231, 232, 233, 358,
363, 371, 379, 380,
395, 397, 409, 411,
412, 413, 427, 435,
441, 442, 455, 456,
461, 462, 463, 482,
485
平東 52, 53, 54, 55, 56,
57, 58, 59, 60, 61,
327, 360, 362, 363,
364, 366, 367, 368,
369, 370, 372, 373,
374, 376, 379, 381,
395, 396, 398, 400,
403, 410, 411, 412,
413, 414, 417, 420,
421, 432, 453, 454,
456, 479, 480, 481,
484
平麻 175, 176, 177, 349,
350, 361, 366, 370,
372, 374, 375, 380,
394, 395, 398, 402,
403, 405, 414, 415,
420, 423, 427, 456,
480, 483, 485
平模 90, 91, 92, 93, 94,
333, 334, 360, 364,
365, 366, 367, 368,
372, 374, 375, 395,
409, 417, 421, 422,
480, 481, 483, 485
平文 116, 117, 118, 119,
120, 121, 122, 123,
339, 340, 360, 361,

363, 364, 366, 367,
368, 370, 372, 373,
374, 375, 379, 381,
394, 395, 396, 397,
400, 403, 411, 413,
427, 429, 453, 456,
480, 481, 482, 483,
484, 485
平刪 135, 136, 137, 138,
139, 140, 342, 360,
363, 364, 365, 367,
375, 379, 394, 395,
397, 405, 409, 411,
414, 427, 429, 433,
456, 458, 479, 481,
484
平先 142, 143, 144, 145,
146, 147, 148, 149,
150, 344, 360, 361,
362, 363, 365, 370,
372, 373, 374, 375,
376, 381, 395, 396,
397, 398, 403, 405,
409, 411, 412, 414,
415, 419, 422, 479,
480, 481, 483
平蕭 152, 153, 154, 155,
156, 157, 158, 159,
346, 360, 361, 362,
363, 364, 365, 366,
368, 369, 370, 371,
372, 373, 375, 377,
395, 398, 408, 411,
431, 432, 448, 479,
480, 481, 483, 484
平陽 183, 184, 185, 186,
187, 188, 189, 190,
191, 192, 193, 194,
351, 360, 361, 363,

365, 366, 367, 368,
369, 371, 372, 373,
375, 377, 379, 380,
394, 397, 399 409,
413, 427, 428, 429,
452, 480, 481, 482,
483, 485
平魚 84, 85, 86, 87, 332,
333, 362, 367, 368,
370, 372, 374, 377,
394, 395, 396, 397,
410, 411, 419, 453,
456, 479, 482
平鹽 236, 237, 238, 239,
240, 241, 359, 368,
370, 373, 374, 376,
377, 427, 444, 445,
465, 466, 482, 483
平尤 213, 214, 215, 216,
217, 218, 219, 355,
356, 360, 362, 366,
367, 369, 372, 373,
376, 379, 395, 396,
397, 398, 400, 401,
410, 411, 412, 413,
419, 420, 422, 427,
479, 480, 481, 482,
483
平齊 75, 76, 77, 78, 79,
80, 81, 331, 360,
363, 364, 366, 376,
403, 404, 414, 457,
479
平支 64, 65, 66, 67, 68
69, 70, 71, 72, 73,
328, 329, 362, 365,
366, 367, 368, 369,
370, 371, 372, 373,
376, 380, 394, 395,

397, 398, 400, 401,
413, 419, 421, 422,
428, 430, 435, 436,
448, 449, 453, 455,
468, 479, 480, 481,
482, 483, 484

平眞 111, 112, 113, 114,
338, 360, 362, 374,
380, 394, 395, 397,
401, 409, 411, 414,
422, 427, 434, 453,
479, 483, 484

平遮 180, 181, 351, 370,
376, 397, 419, 482,
484

平侵 221, 222, 223, 224,
225, 357, 360, 368,
370, 371, 372, 396,
401, 410, 427, 435,
439, 440, 453, 459,
460, 483, 484

平寒 126, 127, 128, 129
130, 131, 132, 133,
341, 360, 366, 369,
375, 381, 394, 399,
405, 406, 427, 428,
429, 433, 480, 481,
484, 485

平灰 103, 104, 105, 106,
107, 108, 109, 336,
337, 360, 361, 363,
364, 367, 368, 369,
370, 371, 372, 374,
375, 376, 377, 382,
394, 396, 397, 406,
407, 410, 415, 433,
434, 480, 481, 482,
483, 484

平爻 161, 162 163, 164,

165, 347, 348, 360,
361, 363, 364, 365,
369, 374, 375, 394,
399, 427, 453, 456,
480, 484

弊 67, 68, 285, 286,
365, 366, 480

肺 68, 105, 249, 256,
312, 330, 337, 433

狴 68, 78, 248, 308,
329, 404, 414, 457

埤 145, 146, 319, 320,
386, 389

暴 162, 267, 348

鉋 162, 318, 319, 385,
387

鋪 91, 285, 286, 365,
366, 480

誧 91, 285, 319, 320,
384, 386, 388, 395,
409

怖 91, 285, 395, 409

鋪 91, 318, 319, 384,
387

圃 91, 319, 320, 386,
388

蒲庚 204, 353, 401, 414,
430

包裹 117, 429

逋昆 117, 429

蒲官 130, 341, 366, 381,
405, 406, 433,480,
481

蒲光 184, 351, 366, 480,
481

布怪 97, 336, 365

蒲交 162, 347

蒲浪 184, 352

蒲滿 130, 366, 406, 433,

480

蒲枚 105, 337, 433

蒲猛 209, 354

蒲眠 143, 344, 366, 480

蒲明 198, 353, 366, 481

逋沒 117, 341

蒲沒 118, 340, 395, 429,
435, 481

蒲弭 366

逋眉 67, 329, 365, 401,
413, 430

蒲麋 68, 328, 329, 401,
413

逋悶 117, 429

逋潘 129, 405, 433

蒲半 130, 406, 433

蒲撥 130, 342, 366, 406,
480

布拔 135, 343

鋪杯 104, 336, 433

蒲報 162, 348

蒲奔 117, 429

蒲巴 175, 366, 480

蒲八 136, 343

鋪魂 117, 429

蒲紅 53, 366, 454, 480,
481

蒲禾 172, 458

逋還 135, 342, 365, 379

晡回 104, 433

蒲侯 213, 366, 480

布恔 162

蒲蘗 480

爆 162, 184, 267, 267,
271, 348, 348, 353

曝 53, 162, 246, 267,
327, 348

瀑 53, 162, 246, 267,
327, 348

暴	53, 184, 246, 247, 271, 327, 328, 352, 353	剽	154, 306, 431	辟	197, 198, 285, 286, 365, 366, 480
幅	54, 198, 247, 273, 285, 303, 328, 354, 401, 409	慓	154, 306, 431	詖	67, 302, 318, 319, 384, 387, 401, 413, 430
輻	54, 247, 328	瓢	154, 306, 431	披	67, 303, 318, 319, 384, 385, 401, 413
墼	196, 302, 401	表	154, 306, 431	陂	67, 67, 172, 248, 249, 267, 302, 311, 318, 319, 329, 330, 348, 384, 387, 401, 413, 413, 430, 458
壕	232, 315, 443, 463	驃	154, 306, 431		
壖	150, 318, 320, 385, 387	勡	154, 306, 431		
壤	233, 283, 305, 314, 427, 435, 442, 455, 456, 463	嘌	154, 306, 431	被	67, 68, 302, 303, 319, 320, 386, 388, 400, 401, 413, 430, 455
		殍	154, 306, 431		
乃	90, 318, 319, 384, 385	熛	154, 306, 431		
杓	154, 191, 265, 271, 306, 346, 352, 431, 456	鏢	154, 306, 431	鞁	68, 302, 303, 401, 413, 455
		鑣	154, 306, 431		
鰾	154, 285, 285, 319, 395, 419, 420, 452, 468	嫖	155, 306, 431	髲	68, 302, 303, 401, 413, 455
		夲	117, 300, 429		
票	154, 285, 286, 306, 365, 366, 395, 431, 480	奈	240, 315, 446, 467	疲	68, 303, 401, 413
		稟	112, 314, 314, 407, 423, 459	皮	68, 303, 401, 413
摽	154, 285, 286, 306, 365, 366, 431, 480	品	112, 314, 407, 423	皮駕	175, 350, 366, 480
		稟	112, 314, 407, 423, 459	披耕	198, 400
飄	154, 285, 306, 316, 365, 366, 395, 408, 431, 448	葑	318, 319, 384, 387, 54	避列	144, 345, 366, 480
標	154, 306, 318, 319, 384, 386, 431	馮	54, 198, 246, 272, 327, 353	皮命	198, 354, 366, 395, 400, 481, 481
縹	154, 306, 318, 319, 384, 386, 431	風	54, 318, 319, 384, 387	皮電	311
漂	154, 306, 318, 320, 385, 387, 431	馮貢	54	披班	135, 429
		鼻	161, 282, 427	陂病	197, 365
儦	154, 306, 318, 320, 385, 387, 431	妣	175, 291, 319, 320, 386, 388, 396, 410	彼小	154, 431
		妁	190, 305, 306, 316, 403, 408, 447, 456	陂驗	237, 446, 447, 467
		妮	78, 308, 404, 457	膃	198, 303, 401
俵	154, 306, 431	妸	170, 300, 454	妣	57, 307, 432
		妑	87, 318, 319, 384, 385	轡	112, 197, 258, 272, 339, 354
		姊	64, 316, 437, 449	鵯	112, 257, 339
		奿	137, 305, 456	泌	112, 258, 339
		姹	175, 291, 319, 320, 386, 388, 396, 410	弼	112, 303, 401, 414

鮭	100, 308, 456
解	64, 68, 70, 72, 78, 80, 96, 99, 100, 106, 173, 175, 176, 204, 248, 250, 251, 254, 256, 268, 269, 273, 278, 279, 280, 295, 308, 319, 320, 329, 331, 332, 335, 336, 337, 349, 350, 354, 360, 374, 386, 388, 432, 456, 484
奚	80, 309, 457
頦	96, 99, 280, 295, 318, 319, 360, 374, 384, 385, 452, 484
楷	99, 280, 307, 308, 360, 432, 456
咳	99, 281, 295, 361, 375, 485, 96
駭	99, 303, 401, 414
痃	99, 307, 308, 432, 456
偕	99, 307, 308, 456
懈	99, 308, 432, 456
廨	99, 308, 432, 456
亥雅	176, 375, 380, 485
解韻	254
核	120, 208, 259, 273, 304, 341, 355, 402, 455
翮	208, 304, 402, 455
覈	208, 304, 402, 455
劾	99, 208, 255, 273, 304, 336, 355, 402, 455
行	187, 201, 270, 272, 273, 302, 318, 319, 320, 351, 352, 353, 354, 384, 385, 386, 387, 388, 389, 401
倖	201, 302, 401
幸	201, 302, 401
杏	201, 302, 401
荇	201, 302, 401
悻	201, 302, 401
婞	201, 302, 401
婥	190, 305, 306, 316, 403, 407, 447, 456
向	190, 191, 292, 294, 372, 374
嚮	191, 319, 320, 386, 389
婬	224, 315, 439, 460
嫭	190, 305, 306, 316, 403, 408, 447, 456
嬎	87, 213, 251, 274, 333, 355
許	87, 252, 333
許葛	127, 342, 400
許竭	146, 346
許箇	173, 458
虛檢	240, 374, 446, 467
虛庚	208, 402, 431, 455
許拱	60
許敎	165, 348
虛交	165, 374
許救	218, 357, 374, 401
許久	218, 401
許斤	114, 374, 401
虛金	224, 401, 439, 460
虛陵	201, 401
虛到	164
許兩	191
虛良	191, 351
許亮	191, 374
虛呂	87, 333
許里	72
墟里	76, 331, 361, 403, 457
虛放	193, 352, 405, 433, 453, 458
許我	170
虛訝	176, 350
許御	87
虛嚴	240, 374, 444, 445, 465, 466
虛延	344
許用	60
許容	60, 327, 374
虛尤	218, 355, 356, 401
許云	123, 339, 374, 456
許六	60, 328, 374
許應	201
虛宜	72, 328, 329
許意	72, 330, 374
許刃	114, 401
許照	158, 432
許旱	127, 341, 399, 429
虛汗	127, 342, 399, 429
許皓	164
許候	215, 374, 453
許訖	116, 360
獻	146, 169, 264, 267, 300, 345, 349, 454
驗	236, 283, 315, 427, 447, 467
獫	240, 241, 295, 297, 315, 374, 377, 446, 447, 467
嶮	240, 315, 446
險	240, 315, 446, 466
玁	240, 315, 446, 467
媞	77, 308, 404, 457
婿	168, 300, 400, 413, 454
嫼	67, 285, 395

瓠	93, 94, 295, 318, 319, 384, 387, 417, 485
濩	94, 194, 253, 271, 310, 334, 352, 458
乎	94, 295, 417, 485
弧	94, 295, 417, 485
胡駕	176
虎可	454
戶感	232, 375, 442, 443, 443, 463, 485
胡紺	232, 444, 464, 465
胡剛	187, 351
胡江	191, 375, 485
呼介	170, 454
呼格	208, 355, 402, 431, 434, 455
胡結	146, 346, 375, 484
呼決	149, 458, 468
胡兼	240, 444, 465
胡計	81, 332, 374, 457, 484
呼高	164, 374
胡故	94, 334
胡谷	56, 328
胡昆	120, 339, 374, 375, 379, 484, 485
胡困	120, 412, 419, 485
胡骨	120, 341, 375, 485
呼骨	120, 374
呼貢	56
胡貢	56, 327
胡公	56, 327, 374, 484
胡孔	56, 412, 485
胡果	173, 349, 458
戶戈	173, 381, 458
虎果	173, 458
呼瓜	177, 374
胡瓜	177, 375, 398, 405, 485
胡郭	193, 352, 405, 458, 458
呼官	132, 341, 406
胡官	132, 341, 406, 428, 485
胡管	132, 375, 405, 406, 415, 428, 484, 485, 485
呼括	132, 342
戶括	133, 342, 375, 406, 484
戶廣	193, 398, 412, 419, 485
胡挂	177, 350, 375, 405, 415, 485
乎乖	101, 335
胡瑰	108, 336, 337, 374, 484
呼宏	209, 406, 415, 458
呼驕	158, 346, 398, 411, 432
胡敎	165, 375, 485
胡口	215
胡南	232, 379, 412, 413, 441, 442, 462, 463, 485
呼談	461, 462
胡對	108, 337, 374, 375, 398, 406, 407, 412, 415, 421, 422, 484, 485
呼對	108, 338, 374, 374
胡刀	164
胡到	164
胡得	208, 354, 355, 375, 402, 455, 485
虎覽	233, 374, 380, 443, 455, 456, 464
呼來	98, 374
戶禮	81, 457
胡老	164, 348, 375, 485
胡買	100, 374, 456, 484
胡孟	201, 354, 401
胡猛	209, 354, 375, 406, 415, 433, 453, 459, 485
胡盲	209, 382, 406, 433, 459
戶孟	210, 406, 433, 459
呼木	56, 327, 328
胡茂	216, 375, 485
湖本	120, 374, 453, 484
胡岩	233, 358, 380, 442, 455, 456, 463, 463
呼淵	149, 344
呼榮	211, 353, 404, 458
胡臥	170, 379, 400, 413, 454
呼臥	173, 458
戶瓦	177, 350, 453, 458, 485
呼玩	132, 374, 406
胡玩	132, 406
呼正	211, 354, 404, 458
戶頂	211, 404, 411, 414, 421, 458
呼罪	108, 337, 398, 406, 411
戶版	140
胡八	138, 398, 411, 485
戶八	140, 343
虎何	170, 454
胡閣	232, 358, 375, 379, 399, 413, 429, 435, 485
胡夾	234, 359, 375, 485
胡頰	240, 359, 375, 419,

	485	禍	45, 173, 312		360, 375, 484
呼洪	56	華賣	101, 374, 484	還	140, 261, 263, 342, 344
呼回	108, 336, 374, 394, 406, 407, 415	火逈	211, 404, 458	環	140, 318, 320, 384, 387
呼昊	211, 374, 381, 404, 415, 458, 459	鑊	188, 193, 280, 305, 306, 310, 316, 394, 403, 408, 448, 456, 458	紈	202, 303, 304, 401, 430, 431
乎韶	233, 375, 444, 455, 456, 485	攫	188, 280, 305, 306, 316, 394, 403, 408, 448, 456	活	128, 133, 280, 295, 311, 311, 360, 375, 405, 406, 484
混	116, 120, 280, 295, 360, 374, 484	矍	188, 280, 305, 306, 316, 394, 403, 408, 448, 456	闊	128, 311, 405
渾	120, 318, 319, 384, 385	確	188, 306, 456	蛞	133, 311, 406
囫	94, 295, 417, 485	擴	193, 310, 458	滑	140, 262, 343
忽郭	193, 374, 381, 458	穫	94, 193, 253, 271, 310, 334, 352, 458	嬎	172, 311, 312, 405, 458
弘	209, 312, 406, 433	穫北	210, 355, 375, 382, 406, 485	況	193, 294, 310, 311, 405, 433, 453, 458
泓	209, 312, 406, 458	嫿	153, 285, 306, 365, 431	恍	193, 295, 398, 412, 419, 485
紅	52, 280, 360	丸	132, 295, 311, 406, 428, 485	慌	193, 295, 398, 412, 419, 485
烘	56, 295, 318, 319, 374, 384, 387, 484	桓	132, 295, 311, 406, 428, 485	悅	193, 311, 381
汞	56, 295, 412, 485	紈	132, 295, 311, 406, 428, 485	睍	193, 311, 405, 433
洪狐	93, 375, 417, 485	晥	132, 311, 405, 415	喤	209, 312, 312, 406, 433
和	170, 173, 300, 311, 312, 379, 381, 400, 458	皖	132, 311, 405, 415		
禾	173, 312, 458	脘	132, 311, 405, 415	荒故	93
貨	173, 312, 458	喚	132, 311, 406	況遠	149, 344
龢	173, 312, 458	奐	132, 311, 406	荒胡	93, 333, 374
華	177, 295, 295, 318, 374, 375, 387, 485	換	132, 311, 406	嬞	224, 315, 440, 461
譁	177, 295, 310, 398, 405, 485	歡	132, 311, 406	孋	81, 309, 404, 457
攉	178, 209, 269, 350	渙	132, 311, 406	嫡	186, 291, 299, 316, 396, 399, 407, 447
畫	178, 210, 274, 310, 312, 355, 405, 406, 415	煥	132, 311, 406	澮	100, 103, 255, 256, 336, 337
畫	178, 269, 310, 350, 405, 415	驩	132, 311, 406	獪	100, 103, 255, 256, 336, 337
話	178, 310, 405, 415	懽	132, 311, 406	會	103, 108, 280, 295, 360, 374, 484
火	312, 458	擐	138, 140, 280, 295,	匯	108, 295, 398, 411

回	108, 318, 320, 384, 387
賄	64, 68, 69, 75, 80, 98, 149, 167, 176, 218, 248, 249, 250, 254, 256, 263, 268, 269, 275, 278, 279, 329, 330, 331, 335, 336, 337, 344, 349, 350, 357
灰	67, 68, 81, 92, 98, 101, 117, 120, 123, 129, 132, 167, 168, 169, 172, 213, 216, 248, 248, 250, 253, 254, 255, 256, 258, 259, 260, 267, 268, 274, 275, 278, 279, 329, 331, 334, 335, 336, 337, 339, 340, 341, 348, 349, 356, 394
灰韻	255
賄韻	256
劃	209, 295, 312, 398, 406, 459
嚄	209, 295, 312, 411
獲	210, 312, 406
橫	209, 210, 312, 318, 388, 406, 433, 459
鐄	209, 312, 406, 433
梟	152, 306, 431
驍	152, 306, 431
晶	157, 294, 294, 306, 397, 411, 432, 453
囂	158, 161, 265, 266, 282, 299, 306, 346, 347, 394, 399, 427, 432

熇	158, 187, 246, 247, 265, 265, 271, 306, 327, 328, 346, 352, 432, 56
效	52, 53, 60, 81, 106, 184, 185, 188, 190, 192, 205, 217, 246, 250, 257, 267, 271, 273, 274, 278, 279, 327, 331, 338, 348, 353, 355, 356
爻	53, 153, 154, 155, 158, 164, 177, 187, 214, 216, 217, 218, 231, 246, 251, 265, 266, 269, 271, 274, 275, 277, 278, 279, 327, 332, 346, 347, 348, 350, 353, 356, 357, 358
曉	56, 60, 72, 86, 93, 98, 108, 114, 158, 246, 247, 248, 249, 252, 255, 256, 257, 258, 260 261, 263, 264, 265, 266, 267, 269, 270, 271, 272, 273, 274, 275, 299, 300, 302, 303, 304, 305, 306, 307, 309, 310, 311, 312, 327, 328, 329, 330, 333, 336, 337, 338, 339, 341, 342, 344, 345, 346, 347, 348, 350, 351, 352, 353, 354, 355, 356, 357, 360, 361, 362, 365, 366, 367, 369, 371, 372,

	373, 374, 375, 376, 377, 380, 381, 394, 396, 398, 399, 400, 401, 402, 403, 404, 405, 406, 407, 411, 412, 415, 419, 429, 431, 432, 433, 434, 439, 441, 443, 444, 445, 446, 447, 453, 454, 455, 456, 458, 459, 460, 461, 462, 464, 465, 466, 467, 468, 479, 483, 485
后	215, 216, 319, 320, 387, 389
後	216, 319, 320, 387, 389
嗅	218, 302, 401
朽	218, 302, 401
煦	87, 318, 319, 320, 384, 385, 386, 387, 388
洄	94, 187, 253, 271, 334, 352
侯幹	127, 399, 429
侯古	94, 374, 375, 484, 485
侯頑	140, 342
詡往	193, 381
侯旱	127, 399, 429
暈	123, 307, 403
葷	123, 307, 456
宲	157, 158, 306, 319, 320, 386, 388, 432
欻	123, 295, 412, 419, 485
玄	177, 282, 427
麮	209, 312, 406, 415, 458

烜	108, 149, 256, 263, 312, 337, 344, 406
卉	108, 312, 319, 320, 386, 388, 406
毇	108, 312, 319, 320, 386, 388, 406
燬	108, 312, 406
虫	108, 312, 406
虫黎	81
虫范	443, 464
虫奎	56, 301, 400, 413
寁	229, 315, 442, 463
揮	108, 120, 255, 258, 312, 336, 339, 406, 415
煇	108, 123, 255, 258, 295, 297, 307, 312, 336, 339, 374, 376, 403, 406, 415
徽	108, 312, 406, 415
暉	108, 312, 406, 415
輝	108, 312, 406, 415
麾	108, 312, 406, 415
撝	108, 312, 406, 415
翬	108, 312, 406, 415
烋	165, 218, 266, 274, 302, 347, 356, 401
休	218, 302, 401
咻	218, 302, 401
㷌	218, 302, 401
鵂	218, 302, 401
携	80, 309, 404, 457
畦	80, 309, 404, 457
休居	87, 374
休筆	123, 374, 403
卹	122, 307, 381
鷸	123, 307, 403
兇	60, 318, 319, 384, 385
洶	60, 318, 319, 384, 385
尒	73, 302, 317, 430, 437, 450
黑	208, 304, 402, 455
黑角	187, 352, 352, 353
黑乙	114, 401
訢	111, 114, 282, 294, 302, 362, 374, 401, 427
昕	114, 302, 401
欣	114, 302, 401
炘	114, 302, 401
忻	114, 302, 401
焮	114, 302, 401
釁	114, 302, 401
朩	59, 292, 307, 314, 428, 432, 434
疙	111, 116, 258, 259, 282, 316, 339, 340, 427, 435
屹	111, 282, 316, 427, 435
仡	111, 282, 316, 427, 435
紇	116, 280, 360
齕	116, 295, 301, 374, 398, 400, 413, 484
迄却	191, 403, 407, 447, 456
訖岳	188, 352, 353, 360, 380, 383, 394, 403, 408, 448, 455, 456, 467
訖逆	196, 354, 380, 401
迄逆	201, 374
訖點	137, 343
欽	221, 314, 439, 460
歆	224, 302, 315, 401, 439, 460
欠	236, 314, 446, 467
歟	239, 278, 359
興	201, 302, 318, 320, 385, 388, 401
噫	72, 100, 248, 254, 294, 308, 329, 335, 456
咥	72, 113, 143, 249, 258, 264, 330, 339, 346
燹	72, 144, 249, 263, 330, 344
犧	72, 169, 248, 267, 300, 329, 348, 454
稀	72, 318, 319, 384, 385
唏	72, 318, 319, 384, 387
欷	72, 318, 319, 384, 387
熺	72, 318, 385, 387
嬉	72, 319, 320, 384, 386, 388
喜	72, 319, 320, 386, 388
戲	72, 93, 247, 249, 318, 319, 328, 330, 333, 384, 387
姬	75, 308, 403, 414, 457
屎	78, 308, 404, 414, 457
屜	77, 308, 404, 457
屆	99, 308, 432, 456
詰	111, 302, 400
頡	137, 146, 262, 265, 343, 346
詰結	142, 345, 346, 361

憁	108, 312, 407, 415
憛	239, 293, 315, 373, 444, 465, 483
懡	152, 306, 431
懍	225, 315, 440, 461
懰	54, 205, 246, 273, 286, 300, 303, 318, 320, 327, 354, 385, 386, 387, 395, 401, 414, 430, 454
憒	79, 309, 404, 457
憎	54, 205, 246, 286, 300, 303, 318, 319, 320, 327, 384, 385, 386, 387, 388, 395, 401, 414, 430, 454
懱	188, 280, 305, 306, 316, 360, 380, 383, 394, 403, 408, 448, 456
戴	114, 146, 257, 263, 338, 344
居	237, 315, 319, 320, 387, 389, 446, 466, 467
扐	208, 304, 402, 455
扞	127, 299, 399, 429
扤	117, 282, 316, 427, 435
扰	218, 296, 398
拎	222, 314, 440, 460
抓	163, 290, 299, 454
拊	91, 318, 319, 384, 387
抳	78, 308, 404, 457
抶	73, 249, 330
挧	130, 139, 144, 260, 261, 264, 310, 311, 341, 342, 345, 405, 433
拳	52, 57, 301, 307, 379, 381, 400
揚	232, 240, 277, 278, 359
挈	76, 251, 308, 332, 457
挩	129, 311, 405
挭	202, 303, 304, 402, 430, 431
抄	169, 300, 454
按	104, 106, 169, 255, 267, 284, 289, 300, 337, 348, 364, 369, 454
捒	90, 284, 421, 480
挎	133, 311, 406
挏	188, 306, 456
接	120, 121, 287, 288, 301, 307, 367, 368, 379, 381
挽	140, 310, 405, 415
捽	97, 204, 254, 273, 304, 335, 355, 402, 455
揉	104, 169, 255, 267, 300, 337, 348, 399, 413, 454
捽	121, 287, 307, 316, 396, 403, 410, 414, 452, 456, 467
掔	140, 310, 405, 415
挣	206, 207, 290, 291, 304, 370, 371, 402, 430
掞	239, 315, 446, 467
掣	70, 145, 249, 264, 316, 330, 345, 438, 451
掤	197, 302, 455
揩	223, 315, 440, 461
揞	122, 124, 289, 293, 298, 370, 373, 377, 397, 398, 412, 482, 483, 484
揙	231, 240, 277, 278, 315, 358, 359, 443, 446, 464, 467
搭	229, 315, 443, 463
揩	231, 315, 443, 464
揆	222, 314, 440, 461
搓	169, 300, 454
揸	69, 301, 316, 430, 436, 449
搧	187, 299, 429
搦	184, 197, 271, 274, 299, 302, 316, 353, 355, 399, 400, 407, 417, 447
搧	145, 318, 320, 385, 387
搵	120, 123, 294, 301, 307, 320, 321, 373, 379, 381, 389
椿	59, 307, 403, 432
摐	186, 299, 399, 429
摑	209, 312, 314, 406, 433, 434
摞	171, 300, 400, 413, 454
摡	72, 96, 249, 254, 330, 335
撕	231, 315, 444, 465
搏	129, 311, 405
摺	221, 229, 276, 277, 315, 357, 358, 439, 443, 460, 464
搏	238, 289, 315, 370,

械	210, 282, 283, 309, 314, 394, 404, 409, 414, 452, 458, 459	
棱	208, 303, 401, 430	
梣	225, 315, 440, 460	
桎	52, 188, 246, 270, 327, 351	
椐	84, 280, 394	
椓	193, 310, 458	
榴	66, 316, 435, 448	
棫	233, 305, 314, 442, 455, 456, 463	
楅	54, 198, 247, 273, 303, 328, 354, 401	
椲	108, 312, 406, 415	
楉	90, 94, 281, 295, 361, 375, 485	
椳	87, 318, 319, 384, 385	
梯	77, 308, 403, 457	
榪	98	
榱	150, 296, 412	
榲	120, 123, 294, 301, 307, 373, 379, 381	
橙	76, 308, 403, 457	
槒	203, 304, 402, 455	
橓	221, 230, 276, 277, 315, 318, 319, 357, 358, 385, 388, 439, 440, 443, 460, 461, 463	
橇	218, 219, 318, 319, 320, 384, 385, 386, 387	
槷	142, 282, 409	
槾	131, 406, 433	
櫄	186, 290, 299, 427, 429	
橘	81, 309, 404, 457	

檽	118, 131, 258, 260, 300, 311, 339, 341, 406, 429, 433	
槵	73, 302, 317, 430, 438, 451	
橑	158, 164, 265, 266, 306, 346, 348, 432	
檉	446, 466	
樏	169, 300, 454	
檜	205, 304, 402, 430	
楷	224, 238, 276, 277, 315, 357, 359, 439, 444, 460, 465	
檁	225, 315, 440, 461	
櫐	114, 319, 320, 386, 388	
樹	231	
檞	99, 308, 432, 456	
欀	73, 296, 398, 422	
檻	75, 308, 457	
欄	78, 308, 404, 457	
欑	210, 309, 433	
欐	172, 311, 458	
欖	240, 315, 445, 466	
欓	138, 262, 282, 306, 316, 343, 403, 427, 435	
欐	61, 307, 403, 414, 432	
欛	170, 300, 454	
欘	82, 309, 457	
欵	114, 302, 401	
欲	227, 232, 295, 299, 314, 399, 413, 429, 435	
欶	128, 311, 405	
歇	114, 146, 257, 263, 338, 344	
歆	158, 306, 318, 320,	

	385, 387, 432	
歃	117, 300, 318, 319, 384, 387, 429	
歡	156, 306, 431	
歌	59, 230, 247, 307, 314, 328, 432, 434	
歎	201, 273, 354	
歾	119, 301, 429	
殂	211, 309, 310, 314, 404, 415, 458, 459	
殯	214, 301, 400	
殊	239, 241, 292, 296, 372, 376, 483	
殼	188, 306, 456	
殿	129, 311, 405	
毧	98, 106, 254, 255, 335, 336	
毬	61, 307, 432	
毽	106, 255, 336	
氊	127, 300, 400	
氅	81, 162, 250, 266, 309, 347, 404, 457	
氀	61, 307, 432	
涵	299	
汛	132, 295, 311, 406, 428, 485	
泜	69, 70, 247, 248, 290, 291, 301, 316, 318, 319, 328, 329, 370, 372, 385, 388, 430, 436, 437, 449, 450, 482	
沂	130, 311, 311, 405, 433	
沭	122, 293, 397, 411, 484	
汆	82, 309, 457	
洎	92, 286, 395	
沛	79, 308, 404, 457	

洦	67, 76, 249, 250, 308, 330, 332, 403, 414, 457
洒	73, 302, 317, 430, 436, 449
洔	69, 302, 316, 430, 437, 450
洙	78, 308, 404, 457
洱	73, 302, 317, 319, 320, 386, 388, 430, 437, 438, 450, 451
洿	93, 318, 319, 384, 387
浘	187, 293, 293, 397, 411, 484
洚	56, 188, 246, 270, 327, 352
沖	59, 291, 396, 411, 421
浼	105, 312, 433
洪	66, 289, 316, 396, 437, 449, 482
洺	224, 239, 276, 277, 315, 315, 357, 359, 440, 446
滿	167, 280, 318, 361, 386, 454
浄	240, 315, 446, 467
潛	99, 100, 280, 295, 307, 308, 360, 374, 432, 456, 484
湢	198, 285, 303, 401, 409
湨	210, 309, 404
溔	157, 294, 306, 397, 411, 432
潊	69, 302, 455
渦	167, 454
滲	221, 315, 440, 461

滮	218, 294, 294, 397, 411, 422
漣	137, 291, 396, 411
漆	79, 308, 404, 457
肴	122, 293, 293, 397, 411, 453, 484
潑	232, 315, 443, 464
滎	71, 293, 302, 316, 397, 400, 428, 430, 436, 449, 483, 484
漩	148, 318, 320, 385, 387
漴	55, 186, 246, 270, 299, 319, 327, 352, 385, 429
滬	132, 295, 295, 311, 374, 375, 406, 428, 485
潷	193, 209, 271, 274, 310, 312, 353, 355, 406, 458
馮	146, 296, 412
滲	158, 306, 432
澈	68, 143, 249, 264, 330, 345
澇	164, 318, 319, 385, 387
瀝	112, 144, 200, 257, 263, 264, 272, 293, 338, 344, 345, 353, 397, 411, 484
澥	100, 308, 456
濆	64, 316, 436, 448
澶	60, 318, 320, 384, 387
澟	221, 222, 280, 281, 314, 360, 362, 440, 441, 461, 479
過	458

澈	223, 290, 302, 400, 410
瀾	78, 308, 404, 457
瀌	114, 318, 319, 384, 385
灘	69, 302, 303, 401, 455
濼	56, 184, 188, 247, 271, 285, 297, 316, 328, 352, 366, 376, 383
灙	130, 311, 406, 433
瀘	154, 306, 431
漢	119, 301, 429
渝	192, 306, 456
灘	318, 320, 384, 387, 60
濁	238, 315, 445, 465
灘	81, 309, 404, 457
瀵	232, 315, 443, 464
濼	133, 311, 406
瀟	52, 227, 246, 277, 314, 327, 358, 444, 464
炟	180, 288, 288, 396, 410, 482
焌	59, 292, 307, 314, 428, 432, 434
焆	156, 306, 431
煤	224, 315, 439, 460
煅	129, 311, 405
煏	198, 303, 401
黏	315, 442, 463
熅	215, 318, 319, 385, 388
熠	238, 315, 445, 466
爐	156, 306, 431
燀	145, 318, 319, 385, 388

碪	104, 107, 283, 291, 363, 371, 482
磁	161, 282, 299, 394, 399, 427
磤	221, 315, 440, 460
磧	237, 315, 447, 467
碑	76, 308, 403, 457
礚	227, 314, 358
磺	209, 312, 458
衲	192, 306, 456
禒	222, 288, 315, 368, 396, 410, 440, 460
祿	105, 312, 433
褅	78, 308, 404, 457
禧	190, 305, 306, 316, 403, 408, 447, 456
祡	211, 296, 309, 398, 404, 458
裞	65, 316, 435, 448
禑	248, 251, 252, 253, 254, 255, 266, 267, 268, 269, 273, 277, 278, 279, 332, 333, 334, 335, 336, 347, 349, 350, 351, 355, 358
襘	103, 108, 280, 295, 360, 421, 422, 484
禱	82, 309, 457
秄	64, 316, 436, 449
种	59, 291, 307, 396, 411, 421, 432
秔	202, 303, 304, 305, 402, 430, 431
秪	69, 301, 316, 436, 449
秠	67, 105, 248, 255, 303, 312, 330, 336, 401, 413, 433
秴	64, 316, 437, 449
桼	64, 316, 436, 448
稉	202, 303, 305, 402, 430, 431
稑	56, 301, 400, 413
稡	106, 256, 338
稫	198, 285, 303, 401, 409, 414
稯	169, 300, 413, 454
稭	99, 137, 254, 262, 308, 335, 343, 432, 456
稸	59, 307, 314, 432, 434
稺	79, 308, 404, 457
糜	68, 118, 248, 258, 300, 303, 329, 339, 401, 413, 429
概	76, 308, 403, 414, 457
穆	56, 246, 301, 327, 400, 413
機	75, 308, 403, 403, 414, 457
穚	152, 306, 431
檽	169, 300, 413, 454
穧	80, 309, 404, 457
穮	154, 306, 431
窌	164, 280, 394
窒	103, 312, 406
窏	157, 306, 320, 386, 432
窩	228, 315, 443, 464
窨	224, 315, 441, 461
篠	153, 306, 431
窵	153, 306, 431
窰	107, 149, 256, 264, 291, 338, 345, 396
笄	75, 308, 457
笋	121, 307, 381
第	64, 70, 287, 290, 301, 302, 316, 368, 370, 379, 380, 396, 410, 437, 449
筰	206, 304, 402, 455
笴	126, 299, 399, 429
篓	164, 165, 280, 295, 360, 375, 484
箅	132, 311, 406
筱	233, 236, 277, 278, 359, 359
箇	121, 281, 282, 361, 362, 479
箸	192, 306, 456
箏	121, 307, 381
箚	93, 295, 417, 485
箹	191, 305, 306, 316, 403, 408, 447, 456
篍	155, 217, 265, 274, 306, 318, 346, 356, 387, 431
篣	204, 303, 401, 430
篱	81, 309, 404, 457
籐	221, 229, 276, 277, 315, 318, 319, 357, 358, 439, 441, 444, 459, 462, 464
篷	70, 80, 98, 247, 248, 250, 254, 292, 302, 308, 309, 316, 328, 329, 331, 335, 400, 403, 413, 414, 428, 430, 436, 449, 457
簂	209, 312, 314, 406, 433, 434
籍	186, 291, 299, 316, 396, 399, 407, 447

耕	66, 316, 437, 449	
耿	209, 312, 406, 433	
聯	103, 312, 406	
聸	227, 315, 442, 462	
肮	218, 296, 398, 412	
肺	64, 287, 316, 396, 410, 437, 449	
胅	69, 301, 316, 430, 436, 449	
齒	64, 316, 438, 450	
胲	96, 319, 384	
胹	73, 302, 317, 430, 436, 449	
胱	153, 306, 431	
胳	119, 301, 429	
脖	208, 304, 305, 402, 431, 455	
腔	172, 288, 288, 311, 312, 396, 406, 410, 415, 458, 481	
脡	197, 284, 395, 409, 427, 480	
脢	105, 106, 312, 312, 320, 384, 387, 433	
脥	238, 278, 359	
腌	239, 241, 294, 297, 315, 374, 376, 412, 419, 422, 445, 466	
脸	225, 315, 440, 461	
膈	84, 213, 251, 274, 275, 283, 318, 319, 333, 355, 356, 384, 386, 427, 427	
腧	86, 293, 397, 411, 484	
腩	229, 315, 442, 463	
腳	305, 306, 448, 456	
膁	233, 236, 276, 278, 281, 305, 314, 358, 359, 361, 442, 446, 455, 456, 463, 467	
膃	209, 312, 406	
膘	154, 285, 306, 431, 452	
膫	87, 216, 251, 274, 333, 355	
膠	158, 306, 432	
膲	155, 306, 431	
臁	241, 315, 445, 466	
臒	189, 282, 305, 306, 316, 403, 407, 447, 456	
臉	236, 281, 314, 446, 452, 467	
臑	154, 306, 431	
臠	78, 308, 404, 457	
臼	234, 305, 315, 444, 455, 456	
臽	218, 265, 294, 296, 306, 347, 397, 398, 411, 432	
舋	114, 302, 401	
舘	128, 311, 405	
舴	206, 304, 402, 455	
艋	205, 303, 401, 414, 430	
艙	237, 315, 447, 467	
芳	208, 304, 402, 455	
芄	164, 216, 266, 274, 280, 281, 347, 356, 360, 362, 479	
芁	53, 54, 286, 287, 366, 367, 481	
芃	132, 295, 311, 406, 428, 485	
芉	79, 308, 404, 457	
芑	76, 308, 403, 457	
芓	64, 316, 436, 449	
苐	77, 308, 404, 457	
苘	210, 309, 433	
笠	225, 297, 398	
苊	78, 308, 315, 404, 444, 457, 464	
茶	143, 237, 265, 278, 346, 359	
茆	162, 266, 348	
茇	118, 130, 259, 261, 285, 286, 311, 340, 342, 365, 366, 406, 480	
茗	202, 304, 402, 455	
茋	61, 307, 432	
芫	58, 307, 432	
芪	58, 307, 432	
荄	96, 99, 303, 307, 308, 380, 381, 432, 456	
茰	152, 306, 431	
荔	82, 309, 457	
荸	118, 300, 316, 429, 435	
芧	318, 387	
芎	123, 307, 403	
黃	202, 303, 304, 402, 430, 431	
莎	169, 300, 454	
茵	205, 303, 401, 414, 430	
荅	201, 302, 401, 401	
莜	153, 306, 431	
莫	138, 262, 305, 343, 456, 456	
菀	123, 149, 259, 263, 340, 345	
菆	131, 311, 406	
荷	167, 170, 280, 295, 300, 319, 361, 375,	

堇　107, 109, 290, 298, 371, 398, 412
菸　86, 146, 252, 262, 333, 344
葵　228, 315, 443, 463
萁　66, 75, 247, 250, 308, 328, 331, 403, 414, 457
蓇　228, 315, 443, 464
萑　107, 255, 337
琵　78, 308, 404, 414, 457
蘋　92, 214, 253, 275, 301, 334, 356, 400
葥　206, 304, 402, 455
菭　128, 280, 311, 394, 405
捪　128, 280, 311, 394, 405
苴　85, 287, 396, 410
葙　189, 289, 369
蔆　221, 315, 439, 460
葴　223, 315, 440, 460
蕙　80, 308, 309, 403, 414, 457
施　70, 292, 302, 316, 428, 430, 436, 449
蔞　157, 306, 432
純　122, 293, 453, 484
菹　82, 309, 457
蔵　237, 315, 446, 466
蔓　169, 175, 268, 269, 288, 300, 349, 350, 396, 400, 410, 413, 454, 481
菻　171, 300, 400, 413, 454
葆　153, 306

蓬　59, 307, 314, 432, 434
蓶　80, 308, 309, 403, 414, 457
蓿　58, 307, 314, 432, 434
藁　154, 306, 431
煒　127, 299, 399, 429
薮　55, 215, 247, 275, 328, 356
蔲　215, 294, 453
蒲　213, 283
蕈　223, 315, 440, 460
蘭　137, 305, 456
藐　106, 149, 256, 264, 290, 338, 346, 396, 410
蕢　103, 256, 312, 337, 459
薪　238, 287, 288, 315, 368, 369, 445, 446, 466, 481
薋　64, 316, 436, 448
虆　138, 282, 427
薹　171, 311, 458
薛　68, 204, 249, 273, 304, 304, 330, 354, 402, 455
蔉　240, 241, 297, 315, 377, 446, 467
燔　139, 310, 405, 433
薢　99, 100, 280, 295, 308, 360, 374, 432, 456, 484
薧　161, 164, 281, 294, 361, 374
薳　108, 294, 397, 422
藻　154, 306, 431
薿　73, 202, 249, 273,

　　296, 314, 330, 354, 398, 422, 428, 434
萸　85, 87, 289, 296, 370, 376, 482
藿　153, 306, 431
薰　154, 285, 286, 306, 365, 366, 410, 431, 480
藫　228, 315, 442, 463
薑　187, 296, 316, 398, 407, 447
衡　201, 302, 401
薇　240, 241, 295, 297, 315, 318, 374, 377, 386, 445, 446, 465, 466
薸　108, 294, 397, 422
蘛　103, 280, 360, 422
蘸　230, 315, 444, 464
蘺　81, 309, 404, 457
蘁　79, 308, 404, 457
蘦　158, 306, 432
蘽　118, 300, 429
虒　65, 316, 435, 448
虖　93, 94, 294, 295, 374, 375, 417, 485
號　209, 312, 314, 406, 433, 434
虭　206, 304, 402, 455
蚄　204, 272, 303, 401, 414
蚑　66, 76, 247, 250, 308, 328, 331, 457
蚖　150, 296, 412, 422
蚘　108, 218, 256, 274, 296, 337, 356, 398, 412
蚙　236, 314, 445, 466
蚰　59, 307, 432, 456

蚝　65, 316, 438, 451
蚡　119, 300, 429
蚶　241, 315, 445, 466
蚵　170, 300, 454
蚶　232, 295, 315, 412, 442, 463, 485
蚾　172, 311, 458
蚌　214, 301, 400
蚍　65, 316, 438, 451
蛄　205, 304, 304, 402, 455
蛺　233, 234, 236, 277, 278, 280, 295, 359, 361, 375, 485
蜄　113, 320, 386
蜑　145, 290, 307, 370, 381
蜍　86, 292, 397, 411, 483, 483
蜎　148, 149, 282, 294, 362, 373, 479
蜓　143, 263, 345
蜒　146, 197, 263, 272, 344, 353
蚣　57, 307, 432
蜢　205, 303, 401, 414, 430
蛓　210, 282, 309, 314, 362, 381, 394, 404, 409, 414, 452, 458, 459
蜼　109, 218, 256, 257, 275, 297, 312, 337, 338, 357, 376, 377, 406
蜛　77, 308, 403, 457
蜩　113, 199, 258, 273, 339, 355
蠂　146, 150, 297, 307,

310, 376, 381, 398, 403, 412, 414
蝀　124, 150, 259, 263, 318, 319, 340, 344, 384, 386
蝯　150, 296, 412
螶　205, 303, 401, 414, 430
螾　150, 296, 296, 412, 422
蟓　78, 308, 404, 414, 457
蟷　77, 308, 403, 457
螯　161, 282, 427
螷　111, 114, 282, 296, 362, 375, 427
蟈　152, 306, 431
蠋　209, 312, 314, 406, 433, 434
蟉　216, 302, 401
螺　309, 404, 457
蟪　109, 312, 313, 407, 415
蟬　224, 228, 276, 315, 357, 358, 439, 441, 460, 462
蠃　170, 171, 300, 319, 384, 386, 399, 400, 413, 454
蠙　206, 304, 402, 455
螺　149, 318, 319, 384, 385
蠋　55, 301, 413, 429
蟣　79, 309, 404, 457
蠓　54, 300, 454
蠹　188, 193, 280, 305, 306, 310, 316, 394, 403, 408, 448, 456, 458

蠨　112, 143, 257, 318, 338, 408, 468
蠟　156, 306, 431
蟥　86, 292, 397, 411, 483
蠩　97, 209, 254, 272, 335, 354
蠾　80, 309, 404, 457
蠣　59, 291, 307, 314, 371, 403, 432, 434, 482
衃　105, 312, 433
衵　98, 175, 255, 269, 291, 336, 350
袡　241
衼　69, 301, 316, 430, 436, 449
袞　214, 301, 400
袤　169, 300, 454
袛　225, 315, 319, 320, 387, 389, 440, 441, 461
袷　233, 277, 359
袿　103, 312, 406
裏　241, 278, 297, 359, 412, 419, 422
袺　239, 315, 445, 465
褐　77, 199, 251, 273, 308, 332, 354, 404, 457
褆　69, 71, 247, 290, 293, 301, 302, 316, 328, 370, 373, 428, 430, 436, 449, 483, 484
褍　128, 311, 405
褒　217, 219, 274, 296, 356, 376
褭　217, 289, 296, 370,

벽자 색인

* 본문 가운데 컴퓨터 입력작업에서 글자 없는 한자를 모아 가나다순으로 색인 처리함.

ㄱ

ㄴ

ㄷ

ㄹ

ㅁ

ㅂ

ㅅ

積癭嶄轆驫搚檄幡靀愬礦慾窓堀揣敊柝髈儋絉髣餻龜銷哨憔癄麷粨蹴囑蠲襠擑偲愲冢

厮眺跫跁稡从埀重稇鐘噇腄獸翻[illegible]橙籃胀胘乑伍㵘觧瞠

痳篧釵疋瓚𧎐鑹鑪遷

猎觲戔腏𥊋壺㒼婆鵠庽泋覿掌樿踅屗歏鰔䈄战心垈䟫幒㝎眰喕蛦罞𨑹蝥罺瑹擦雕舠疕胇

批趾蚜泚菉諫糁兹樾鵭

銩轀𢎭迖喧邒韵貟𪊧袁暲悋莈雅瘞瘞旇瘖絅迳弐腫飪焦滕

哀猗㯮腋瀲𧤧隷阢詭抳柈𡳦薵咘㖧翳麧瀘泄壓桷𥋆瞀攡䞈粉袯婹傜蘊窨窨幡

攉弋叁掺甞翯塞籫愆械痏痲瞀蛬淀藋屍鞁壁泗挒觧埤𣲷瀟龖磬甦醻㬥鶑狋煩乿匜戻虒䁹藻

0

ㅊ

ㅈ

ㅈ

ㅇ

ㅌ

蔬 鬖 鍠 穢 庵 嘗 蜮 澡 溫 烇 槐 魃 微 煇 瘣 鬖 髡 燅 飜 飜

邢 媄 貕 朕 鞊 褐 蹦 磕 醋 裾 覗 輠 囚 恝 簍 孃 孃 孃 奐 萑 萑 湲 孌

崔 罦 輆 骳 賷 蚰 湫 歁 涵 腦 錔 樞 衎 喃 磕 劦 樆 憪 鱳 憪 貃 隲 邂 瘊

特 蜥 睨

ㅍ

旆 茷 砨 爆 爆 嶙 暍 甄 莎 芰

ㅎ

襥

隳 �514 榇 揉 鍒 鰖 涶 馳 蛇 跎 舮 揉 詎 琢 妭 眈 緵 馱 罦 襷

ㅌ

烓 㾩 瘖 柬 緅 攲 緎 蜮 菫 躕 苬 薪 藗 犺 衚 俋 臭 糦 餼 癙 燺 霴 樑

◈ 지은이 / 이강로

한글학회 사전편찬 위원
인천교육대학 교수, 단국대학교 교수, 신구대학 이사장 역임

저서 : 〈화성성역의궤〉(상·중·하 공저)
　　　〈한글과 한자의 만남〉
　　　〈국어교육의 바른길〉
　　　〈국어과 현장교육의 문제점〉
　　　〈월인천강지곡 상〉(공저)

사성통해의 음운학적 연구

2004년 3월 10일 인쇄
2004년 3월 15일 발행

지은이: 이 강 로
발행인: 박 찬 익
발행처: 도서출판 박이정
130-070 서울시 동대문구 용두동 129-162
전화: 922-1192~3, 팩스: 928-4683
Http://www.pjbook.com　　E-mail book@pjbook.com
온라인 (국민) 576037-01-001536 (우) 010447-02-011581
등록1991년 3월 12일 제1-1182호

ISBN 89-7878-658-8　93710　　　　　　값40,000원

◈ 지은이 / 이강로

한글학회 사전편찬 위원
인천교육대학 교수, 단국대학교 교수, 신구대학 이사장 역임

저서 : 〈화성성역의궤〉(상·중·하 공저)
       〈한글과 한자의 만남〉
       〈국어교육의 바른길〉
       〈국어과 현장교육의 문제점〉
       〈월인천강지곡 상〉(공저)

사성통해의 음운학적 연구

2004년 3월 10일 인쇄
2004년 3월 15일 발행

지은이: 이 강 로
발행인: 박 찬 익
발행처: 도서출판 박이정
130-070 서울시 동대문구 용두동 129-162
전화: 922-1192~3, 팩스: 928-4683
Http://www.pjbook.com   E-mail book@pjbook.com
온라인 (국민) 576037-01-001536 (우) 010447-02-011581
등록1991년 3월 12일 제1-1182호

ISBN 89-7878-658-8 93710   값40,000원

玉 兒 [illegible] 同 下 又 [illegible]

壺 蓋 上 同 下 [illegible] 同 籠 [illegible] 竹 [illegible] 鹿 角 [illegible] 生 里 谷 [illegible] 名

鏌 [illegible] 記 也 齒 也 [illegible] 收 也 [illegible] 也

[illegible] 腕 轉 [illegible] 退 木 [illegible] 井 [illegible] 圓 [illegible] 樂 [illegible]

[illegible] 釀 酉 音 [illegible] 或 韻 [illegible] 呼 如 [illegible] 音 字 [illegible]

蛭 綠 [illegible] 色 也 驟 馬 [illegible] 名 [illegible] 陸 [illegible] 音 高 韻 [illegible]

穜 穋 [illegible] 會 中 介 原 下 音 [illegible] 今 作 也 厚 辱 也 [illegible] 勠 [illegible] 力 [illegible] 今 [illegible]

摩 [illegible] 陳 [illegible] 草 之 役 卓 生 又 [illegible] 褥 [illegible] 藉 也 [illegible] 常 柔 [illegible] 色 也 [illegible] 澤 [illegible] 熱 [illegible]

[illegible] 號 [illegible] 弓 以 [illegible] 角 音 [illegible] 以 至 [illegible] 縛 又 細 [illegible] 篩 也 [illegible] 躬 身 也 身 親 也